LAROUSSE de la *Santé* au *féminin*

LAROUSSE de la Santé au féminin

LAROUSSE

21 Rue du Montparnasse 75283 Paris cedex 06

Direction de la publication
Marie-Pierre Levallois

Direction éditoriale
Carole Bat

Coordination éditoriale
Tatiana Delesalle-Féat
assistée de :
Marie-Jeanne Miniscloux, Isabelle Poullalié
avec la collaboration de :
Élisabeth Andréani, Rupert Hasterok

Lecture-correction
Annick Valade, Jean Delaitre,
Françoise Mousnier, Édith Zha

Direction artistique
Emmanuel Chaspoul
avec la collaboration de :
Jacqueline Bloch, Michel Delporte

Maquette
Catherine Le Troquier

Conception graphique
Olivier Caldéron, Catherine Le Troquier

Iconographie
Nathalie Bocher-Lenoir, Valérie Perrin, Marie-Christine Petit

Illustrations
Delphine Bailly, Laurent Blondel, Sylvie Rochart

Fabrication
Annie Botrel

Malgré tout le soin apporté à la rédaction de cet ouvrage, et en raison de l'étendue des domaines embrassés, une erreur aura pu s'y glisser. Nous ne saurions être tenus pour responsables de ses conséquences ou d'une interprétation erronée, car, rappelons-le, aucun livre ne peut remplacer l'avis du médecin.

Distributeur exclusif au Canada :
Messageries ADP, 1751 Richardson, Montréal (Québec)

ISBN : 2-03-560283-1

CET OUVRAGE A ÉTÉ RÉALISÉ
AVEC LE CONCOURS DE

Corinne Antoine *(psychologue clinicienne)*
Dr Oscar Banini *(généraliste/gériatrie)*
Dr Laura-Ilaria Bonora-Adès *(psychiatre, psychothérapeute)*
Dr Marianne Buhler *(gynécologue)*
Dr Anne Cabau *(gynécologue)*
Dr Bernard Croisile *(neurologue)*
Dr Élisabeth Le Nestour *(endocrinologue)*
Dr Sophie Lepeule *(pédiatre)*
Dr Sylvain Mimoun *(gynécologue, andrologue, psychosomaticien)*
Dr Jean-Sylvain Pagès *(gynécologue)*
Dr Marie-Françoise Pagès *(gynécologue)*
Dr Catherine Solano *(généraliste, sexologue)*

ONT ÉGALEMENT COLLABORÉ AUX TEXTES :

Élisabeth Andréani, Véronique Blocquaux, Nicolas Bourrié, Anne-Laure Guiot, Rupert Hasterok, Mathilde Ferguson, Brigitte Nérou, Bénédycte Transon Capone

L'ÉDITEUR REMERCIE TOUT PARTICULIÈREMENT
POUR LEUR COLLABORATION :

Dr Sylvie Angel *(pédopsychiatre)*
Dr Marie-Claude Bertière *(médecin nutritionniste)*
Dr Anne Cabau *(gynécologue)*
Brigitte Coudray *(diététicienne)*
Dr Catherine Laverdet *(dermatologue)*
Dr Véra Lemaire *(rhumatologue)*

AINSI QUE :

Dr Pascal Cassan *(Croix-Rouge française)*, **Pr Gisèle Kanny** *(allergologue)*, **Guillaume d'Oléac**

Préface

Aujourd'hui, une jeune femme estime normal de consulter un médecin parce qu'elle a mal au moment de ses règles, parce qu'elle déprime sans raison apparente alors qu'elle vient d'avoir un bébé pourtant désiré, parce qu'elle se trouve trop grosse ou trop fatiguée... Autant de raisons qui n'auraient sans doute jamais incité sa grand-mère à franchir le seuil du cabinet médical. Cette attitude, propre à la femme des années 2000, reflète pour partie les progrès de l'hygiène et de la médecine ; elle montre aussi combien la perception du corps et la façon de s'en préoccuper ont évolué, du moins dans les sociétés occidentales. La santé passe désormais par la prise en compte de la personne dans son ensemble. Jamais le désir de bien-être à la fois physique et mental n'a été si fort...

Ce désir de « vivre mieux » s'accompagne d'un besoin croissant d'informations : pour être à même de comprendre ce qui se passe dans son corps et dans sa tête, pour participer de manière éclairée aux décisions du médecin, pour pouvoir prendre davantage soin de soi (et de son entourage) au quotidien... L'objectif du *Larousse de la santé au féminin* est de répondre à ces attentes. Car il n'est pas si facile de s'informer, en dépit – et peut-être même à cause – du foisonnement des magazines et des émissions radio ou télé consacrés à la santé. L'information des médias est parcellaire, parfois déformée par des effets de mode ou masquée par des controverses, dont les enjeux restent confus aux non-spécialistes.

Les femmes sont encore plus en demande que les hommes. Il est vrai que leur « condition » a radicalement changé dans les années 1970. Pour mémoire, en 1967, la loi française autorisait la commercialisation de la pilule, non sans peine, non sans réticences – mais toute publicité sur la contraception, préservatif masculin excepté, restait encore interdite... Pour celles qui sont nées après, difficile de mesurer tout ce que cela a pu modifier. Ce fut une possibilité inédite de maîtrise du corps, l'affirmation que la sexualité visait aussi le plaisir, un réel bouleversement dans les mentalités et les modes de vie... Les relations avec le médecin ne pouvaient plus demeurer les mêmes. Par le simple fait de demander la pilule, la femme a bousculé les rapports en place ; dès lors, ce n'était plus lui seul qui savait ce qui était bon pour elle : elle aussi avait son mot à dire.

Parallèlement, l'amélioration des conditions de vie et les progrès en matière de prévention ont permis d'accroître de manière très nette l'espérance de vie : elle était en moyenne de 65 ans en 1951, elle dépasse désormais, en France, 83 ans pour une femme. On vit plus longtemps et on vieillit mieux ! Il suffit de comparer deux portraits de femmes autour de la cinquantaine, l'une photographiée au milieu du siècle dernier, l'autre aujourd'hui, pour vérifier que ce ne sont pas de vains mots. Or, la prévention n'est efficace après 60 ans que si elle commence bien avant – dans l'idéal avant 20 ans...

Et plus la médecine est susceptible de procurer un meilleur confort de vie, plus chacun souhaite en bénéficier. Nous voulons tous un corps qui fonctionne bien et réponde à nos désirs, et la plupart d'entre nous ont conscience d'en être pour partie responsables. Beaucoup ne remettent pas leur santé et leur bien-être dans les seules mains du médecin. Et quand son intervention est nécessaire, on ne lui signe plus de chèque en blanc ; on attend au moins de lui qu'il explique et expose les options de traitement possibles.

Le *Larousse de la santé au féminin* ne cherche pas seulement à combler des lacunes ou à rendre accessibles des problèmes complexes. Il traque aussi des vieilles idées fausses transmises de génération en génération – combien d'adolescentes pensent que le premier rapport sexuel fait toujours saigner, par exemple ? Les réponses aux questions que l'on évoque seulement entre femmes, sans fausse pudeur ni tabous – ou celles dont on n'ose parler – s'appuient sur des explications claires sur le fonctionnement du corps. Quel type de soutien-gorge privilégier au moment de la puberté ? Envie ou pas de faire l'amour pendant la grossesse ? Comment repérer sa période d'ovulation ? Traitement hormonal ou non à la ménopause ?... Toutes ces interrogations s'inscrivent dans le vécu quotidien.

Ce livre de référence, en abordant les divers aspects de la santé et du bien-être à toutes les grandes périodes de la vie d'une femme, permettra à chacune de trouver aisément ce qui l'intéresse en priorité.

Ce n'est pas uniquement de physiologie dont il s'agit : les conseils nécessaires pour bien se nourrir, entretenir sa forme ou soigner sa peau, mais aussi la sexualité, les relations amoureuses et familiales, les remises en question qui jalonnent l'existence y ont toute leur place.

Les auteurs se sont attachés à vous donner le maximum de clés pour prendre votre bien-être en mains, décider ce qui est le mieux pour vous, mesurer ce qu'impliquent vos choix et, plus simplement, veiller à votre santé au quotidien.

L'éditeur et les auteurs

L'enfance, prémices de la vie féminine

À l'adolescence, une femme en devenir

L'âge de l'épanouissement et de la maturité

Au tournant de la ménopause

Le temps d'un nouvel équilibre

Prévenir et se soigner

Annexes

L'enfance, prémices de la vie féminine

Un corps en devenir

Mon enfant grandit-il correctement ? Une petite fille a-t-elle besoin d'une hygiène intime particulière ? Quelles sont les vaccinations recommandées ? Quand consulter un pédiatre ? Le corps et la santé de l'enfant avant la puberté exigent une attention particulière même quand tout va bien...

Comment se développe le corps de la petite fille

Seul le sexe distingue à la naissance, puis lors de la petite enfance, les filles et les garçons. Jusqu'à la puberté, leur croissance suit un parcours similaire. Pour tous deux, ce n'est pas tant la taille et le poids à tel ou tel âge qui importent, mais plutôt le fait de grandir et de grossir de manière régulière.

Il est normal pour l'enfant de mimer un parent dans ses gestes comme dans sa façon de penser.

Les organes génitaux du nouveau-né

À la naissance, les organes génitaux de la fille sont œdematiés, c'est-à-dire gonflés d'eau. La vulve est positionnée en avant, les grandes lèvres sont peu développées, les petites lèvres et le clitoris apparaissent plus saillants les premiers jours ; l'hymen a le plus souvent la forme d'un anneau avec un orifice central, bien que cela varie beaucoup d'un nouveau-né à l'autre.

Crise génitale et mammite, rien d'anormal

Souvent, des pertes vaginales blanchâtres, parfois sanglantes, comme de petites règles, surviennent à la naissance. C'est la crise génitale du nouveau-né, qui dure de quelques jours à trois semaines. Elle peut s'accompagner, autant chez le garçon que chez la fille, d'une poussée mammaire, avec même un écoulement laiteux si l'on presse les seins. Cette mammite dure parfois quelques semaines et disparaît d'elle-même. Mammite et crise génitale sont dues aux hormones maternelles qui imprègnent le bébé avant sa naissance – une hormone est une substance fabriquée par une glande, qui passe dans la circulation sanguine et va agir sur certains organes, dits « organes cibles ».

La petite fille comprendra plus tard que la beauté ne réside pas seulement dans l'apparence...

Avant la puberté, que surveiller ?

Avant la puberté, aucune sécrétion particulière, aucun saignement ne doit provenir de la vulve. Les organes génitaux ne présentent en outre aucune pilosité. Il serait anormal que des poils apparaissent sur le pubis avant 8 ans. Si ce phénomène est isolé, il peut être le signe d'une maladie ; s'il est accompagné d'un développement des seins et d'une poussée de croissance, il s'agit d'une puberté précoce. Mais, dans tous les cas, il convient de consulter un médecin.

La puberté survient chez la fille à 10 ans et demi en moyenne, avec l'apparition d'un bourgeon mammaire, associée à une poussée de croissance. Une pilosité pubienne l'accompagne ; parfois, elle la précède un peu ou la suit. Les premières règles, en moyenne, surviennent deux ans et deux mois après. L'absence de poitrine à 14 ans témoigne d'une puberté retardée dont il faut rechercher la cause.

Quand les petites lèvres sont partiellement « soudées »

Ce que les médecins appellent « coalescence » des petites lèvres est un phénomène fréquent. C'est la fusion médiane, peu épaisse, plus ou moins étendue, des bords libres des petites lèvres ; elle n'est jamais totale puisqu'elle laisse s'écouler les urines. Elle n'existe pas à la naissance et, quand elle survient, n'est pas visible d'emblée : le praticien la découvre en général par hasard, quand l'enfant a quelques mois ou vers l'âge de 6 ou 7 ans. Ce phénomène est dû à l'immaturité de la muqueuse vulvaire lorsque la sécrétion d'œstrogènes est faible. Il disparaît spontanément à la puberté sous l'influence de ces hormones. Il suffit donc de patienter...

La croissance de la petite fille

Une croissance normale après la naissance nécessite un système hormonal et un squelette sans anomalie. Contrôlée par des facteurs génétiques, elle est liée à l'état nutritionnel,

Courbes de croissance

En l'absence de repères, on se demande parfois si l'enfant grandit bien, s'il n'est pas trop gros ou trop petit. La réponse apparaît sur les courbes de croissance figurant sur le carnet de santé... à condition de savoir les interpréter.

Pour comprendre les différentes courbes

Dans le carnet de santé français figurent des courbes de croissance sur lesquelles le pédiatre (ou le parent) reporte régulièrement le poids (P), la taille (T) et le tour de tête, ou périmètre crânien (PC), de l'enfant.

Ces mensurations permettent d'apprécier la qualité de la croissance. Sur les graphiques apparaissent notamment une courbe de référence (M) et des déviations (écarts) standards (σ) : pour 95 % des enfants bien portants, la taille, le poids et le périmètre crânien se situent entre - 2 σ et + 2 σ.

• ***La vitesse de croissance*** est régulière si la taille et le poids restent sur la courbe particulière à l'enfant. Chacun a son propre « couloir de croissance », c'est-à-dire l'espace entre deux courbes qui évolue parallèlement à la courbe de référence, et se définit entre l'âge de 0 et 2 ans, au fur et à mesure que l'on note les mensurations. La vitesse de croissance est rapide chez les grands, lente chez les petits. Tout écart par rapport au couloir de croissance (passage d'une déviation standard à une autre, cassure sur la courbe...) signale un problème.

• ***Le périmètre crânien*** témoigne de la croissance du cerveau qui « pousse » les os du crâne, séparés par des sutures non encore soudées. Ces sutures ne sont palpables que sur le dessus de la tête, au niveau de la fontanelle antérieure qui se fermera entre l'âge de 1 et 2 ans. C'est entre la naissance et l'âge de 2 ans que la croissance du périmètre crânien est la plus importante. La tête des nouveau-nés est d'ailleurs proportionnellement plus grosse que celle de l'adulte.

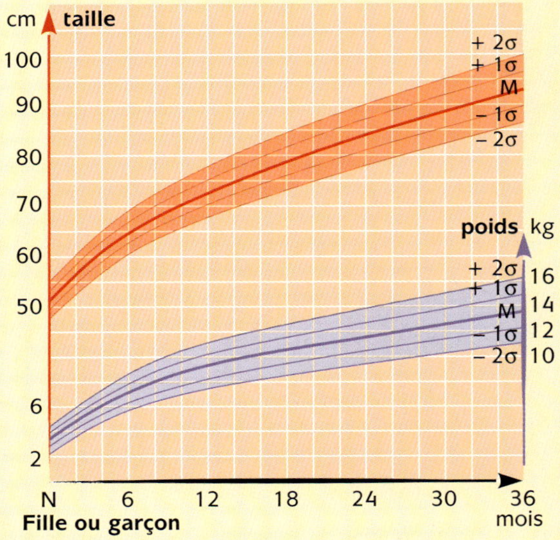

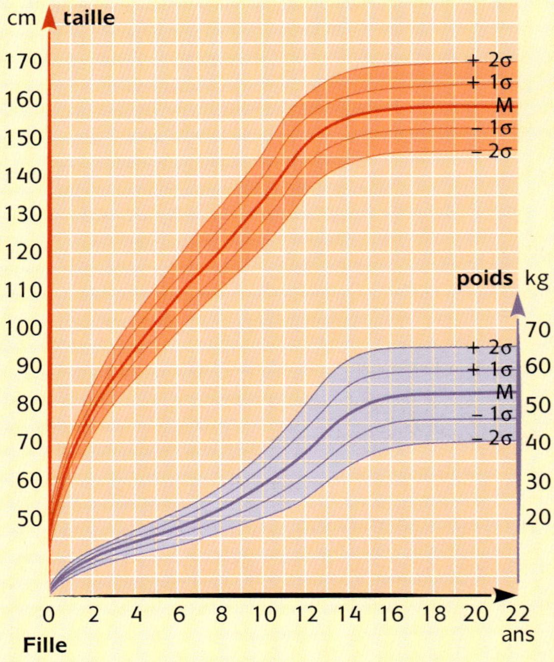

La toilette est un moment très agréable, mais un bébé n'a pas forcément besoin d'être baigné tous les jours.

et peut être également influencée par des maladies aiguës ou des facteurs psychosociaux. Jusqu'au début de la puberté, les courbes de croissance des deux sexes se superposent. Le pic de croissance est toutefois plus précoce, moins ample et moins prolongé chez la fille, d'où une différence de taille à l'âge adulte par rapport à l'homme.

Les mensurations d'un nouveau-né

La fille née à terme (après 39 à 40 semaines sans règles) pèse en moyenne 3 300 g (+/- 400 g) et mesure 49,5 cm (+/- 1,8 cm). Le garçon est un peu plus lourd (3 400 g avec une variation de +/- 400 g) et un peu plus grand (50 cm ; +/- 2 cm). Tous les deux présentent en général un tour de tête de 34 cm (+/- 1 cm). Même si le bébé est né prématuré (avant 37 semaines sans règles), ou présentait un petit poids à la naissance, rien n'empêche qu'il connaisse par la suite, avant l'âge de 2 ans, une croissance accélérée et atteigne les mensurations d'un enfant né à terme ou de poids normal à la naissance.

De la naissance à la période prépubère

De la naissance à l'âge de 2 ou 3 ans, la vitesse de croissance, très rapide, est la même pour la fille et le garçon. L'influence des facteurs intra-utérins diminue, cédant devant celle de la génétique. À 6 mois, l'enfant atteint son poids de naissance multiplié par deux, et à 1 an, son poids de naissance est multiplié par trois. Il grandit en moyenne de 24 cm durant la première année, puis de 11 cm la deuxième, et de 8 cm la troisième.

De l'âge de 2 ou 3 ans à la phase prépubère (vers 9-10 ans), la vitesse de croissance demeure stable – l'enfant grandit de 5 à 6 cm par an – et ralentit même juste avant la puberté. Cette période dépend surtout de l'hormone de croissance sécrétée par la glande

L'indice de masse corporelle

L'indice de masse corporelle, ou IMC (poids en kilos divisé par la taille exprimée en mètres au carré), figure sur une courbe dans le carnet de santé et précise la corpulence de l'enfant. Une fille de 2 ans qui pèse 12 kg et mesure 85 cm a donc un IMC de 16,6 : soit 12 divisé par 0,85 au carré, c'est-à-dire par 0,72 (0,85 x 0,85) – ce qui est normal pour son âge. Un IMC supérieur à 25 ou 30 décèle une obésité de degré 1 ou 2 selon la gravité. L'IMC permet de repérer tôt les anomalies et d'y remédier avec parfois de simples conseils alimentaires.

hypophyse du cerveau. Puis, entre le début de la puberté et l'âge adulte, la jeune fille, sous l'influence des hormones sexuelles et de l'hormone de croissance, grandit en moyenne de 25 cm (+/- 4 cm) tandis que le garçon, lui, croît de 27,6 cm (+/- 3,6 cm).

La toilette et l'hygiène intime

La toilette est un moment privilégié de la relation avec le nourrisson, puis avec le petit enfant. Temps de découverte puis d'apprentissage, elle implique longtemps l'aide parentale, même quand l'enfant commence à vouloir se laver tout seul.

L'hygiène intime d'une fille demande en outre des précautions particulières.

L'hygiène du nourrisson

La structure de la peau du nouveau-né n'est pas différente de celle de l'adulte. Mais, comme le bébé porte en permanence des couches, tous les produits restent concentrés sur les fesses, ce qui augmente le risque d'intoxication. Quand on change le nourrisson, il est ainsi recommandé d'utiliser du coton imbibé d'eau minérale plutôt que des lingettes, même si celles-ci sont bien pratiques – moins on utilise de produits, mieux c'est.

Un bain de préférence sans savon

Soigner son bébé, c'est apprendre à le baigner (pas trop longtemps car ça dessèche et pas forcément chaque jour), en utilisant des produits sans parfum et plutôt sans savon. Le shampoing peut occasionner, si le bain se prolonge, des inflammations de la vulve. Les « croûtes de lait » peuvent être massées doucement dans le bain avec un gant. L'emploi du sèche-cheveux est à proscrire (il est agressif pour la peau du bébé). Coupez les ongles avec précaution pour ne pas créer de panaris.

Que faire en cas d'acné néonatale ?

L'acné néonatale n'est pas anormale ; elle touche fille et garçon et est due aux modifications hormonales après la naissance. Elle

La peau et le soleil

La protection solaire est indispensable dès le plus jeune âge. Veillez à une exposition modérée, progressive, adaptée au lieu et au climat, avec des vêtements à mailles serrées, teints ou imprimés, secs et amples, sans oublier des lunettes anti-UVA et UVB (car le cristallin de l'enfant laisse passer les ultraviolets). Les produits antisolaires, appliqués en quantité suffisante toutes les trois heures, doivent présenter un facteur de protection supérieur ou égal à 15, être photostables, résistants à la sueur et à l'eau, et actifs sur les UVA. La survenue de mélanomes chez l'adulte semble liée en grande partie à la « qualité » de l'exposition solaire durant l'enfance. Elle ne touche pas seulement les personnes à peau claire, avec des taches de rousseur ou ayant tendance à développer certains grains de beauté, mais aussi celles qui ont connu de fortes expositions, surtout pendant l'enfance : les coups de soleil (ceux dont on se souvient !), les expositions brutales et intenses, plutôt que progressives, sont ainsi à proscrire.

Même si la lumière naturelle apporte beaucoup à l'organisme, l'exposition au soleil impose certaines précautions, d'autant plus strictes que l'enfant est jeune ; plus elle est modérée et progressive, mieux c'est.

atteint les joues, le nez et correspond à une hyperplasie (multiplication des cellules normales) des glandes sébacées. Elle survient à l'âge de 2 ou 3 semaines et disparaît parfois toute seule en deux ou trois mois. Quand elle est très importante, elle nécessite toutefois un traitement antimycosique.

La toilette de la fillette

Quand la fillette devient plus autonome, vers 2 ou 3 ans, la toilette est l'occasion pour la mère ou le père d'énumérer les différentes zones du corps et de montrer comment procéder pour ne pas oublier les parties plus cachées : le cou, l'arrière des oreilles, les aisselles, le sexe, les fesses et les orteils. Si l'enfant peut à cet âge se laver seule, un adulte doit en revanche l'aider à se rincer – les « picotements » dus à un mauvais rinçage sont bien désagréables.

Comment éviter les inflammations de la vulve ?

Le port d'une culotte en coton et une hygiène quotidienne d'avant (le sexe) en arrière (l'anus), que ce soit lors du bain ou après que la fillette est allée sur le pot, ou plus tard sur les toilettes, sont vivement conseillés. Ces pratiques constituent la meilleure façon de prévenir – et de traiter – la vulvite, une inflammation de la

Transmises de mère en fille, certaines règles d'hygiène intime s'apprennent bien avant la puberté.

vulve liée à la proximité des orifices anal et génital. Bien que rare avant la puberté, cette affection peut en effet survenir vers l'âge de 2 ou 3 ans ou lors de l'entrée à l'école maternelle : la vulve est alors rouge, parfois jusqu'à l'anus, avec un possible suintement. Éventuellement due à la masturbation, l'inflammation peut être également liée à une oxyurose : ce sont des petits vers éliminés dans les selles qui entraînent un prurit anal, surtout le soir. Cette parasitose, très fréquente en milieu scolaire est particulièrement contagieuse et implique un traitement de l'ensemble de la famille.

Et les vaginites ?

Les vaginites sont très rares chez la petite fille. Si des pertes vaginales malodorantes, voire striées de sang, apparaissent, il est possible que l'enfant – qui, naturellement, explore son corps – ait introduit un objet dans son vagin. Si c'est le cas, il est préférable de consulter un gynécologue habitué aux enfants.

La prévention des maladies

Le médecin joue bien sûr un rôle essentiel dans le domaine de la prévention : des consultations régulières et les vaccinations limitent en effet les risques de maladie. Mais encore faut-il suivre ses conseils au quotidien, en matière d'alimentation par exemple...

Le rôle du pédiatre

Médecin spécialiste des enfants, le pédiatre consacre toute son activité au suivi du nouveau-né (avant 1 mois), du nourrisson (jusqu'à 2 ans), puis de l'enfant jusqu'à l'adolescence, et l'accompagne dans son évolution physique, psychologique et sociale. Il repère les situations pathologiques, les troubles sensoriels et les difficultés psychologiques et les traite ou confie leur suivi à un autre spécialiste. Il joue un rôle important en matière de prévention, en particulier des maladies infectieuses, grâce aux vaccinations. Un généraliste est toutefois tout à fait apte à s'occuper d'un enfant s'il n'existe pas de pédiatre à proximité ou si vous préférez recourir à votre médecin traitant.

Les différentes vaccinations

Les vaccins introduisent dans l'organisme des antigènes inoffensifs de bactéries ou de virus et conduisent à l'apparition d'anticorps protecteurs. La mémoire immunologique persistant longtemps chez l'être humain, la personne rencontrant de nouveau la bactérie ou le virus reste protégée. Les vaccins obligatoires ou recommandés varient selon les pays. Il convient donc de bien s'informer à ce sujet avant tout déplacement avec l'enfant à l'étranger, même si l'on ne quitte pas l'Europe.

La fréquence des consultations

La confiance est un élément essentiel de la relation qui s'établit entre l'enfant, son médecin... et ses parents, voire ses grands-parents. La ou les premières consultations du nouveau-né avec ses parents, et sa mère en particulier, sont très importantes, car il n'est pas si simple de devenir parent et les séjours en maternité sont de plus en plus brefs. Il est conseillé de consulter une fois par mois jusqu'à l'âge de 7 mois, ne serait-ce que pour peser et mesurer le bébé. Par la suite, une visite tous les deux à trois mois jusqu'à 3 ans devrait suffire, le rythme des rendez-vous étant surtout déterminé par vos besoins. Puis deux ou trois visites annuelles sont utiles, voire nécessaires, au moment de la puberté.

Les vaccins contre les méningites

Les méningites sont des infections des méninges (enveloppes qui entourent le cerveau et la moelle épinière) et du liquide cérébrospinal (un liquide clair qui circule entre le système nerveux et les méninges). Elles peuvent être virales et habituellement bénignes, ou bactériennes (purulentes) et alors bien plus redoutables.

- **Le vaccin contre l'hemophilus B** (à tort confondu avec l'hépatite B) est recommandé en France, associé avec les vaccins diphtérie-tétanos-poliomyélite-coqueluche. L'hemophilus B est responsable des méningites avant l'âge de 1 an et des épiglottites – des infections asphyxiantes de l'arrière-gorge qui ont bien régressé depuis la vaccination.
- **Le vaccin contre le pneumocoque ;** l'infection par ce germe est la cause principale des méningites purulentes survenant avant l'âge de 3 ans, lesquelles succèdent très souvent à une otite à pneumocoque. Le vaccin contre le pneumocoque est recommandé chez tout enfant de moins de 2 ans qui présente une pathologie ou un mode de vie l'exposant à un risque élevé ; c'est par exemple le cas s'il se trouve souvent en collectivité.
- **Le vaccin contre le méningocoque C** est recommandé pour les enfants au contact d'un malade, pour ceux résidant dans les zones où les nouveaux cas sont nombreux ou pour ceux souffrant de certains déficits immunitaires.

Le méningocoque C est responsable d'une méningite qui touche plus fréquemment les enfants entre 1 et 4 ans et les jeunes entre 15 et 25 ans. Depuis quelques années, le nombre de cas recensés augmente régulièrement, quoique de façon modérée ; la vaccination est ainsi devenue obligatoire au Canada, en Grande-Bretagne et en Belgique.

La prise régulière de calcium et de vitamine D jusqu'à 5 ans favorise la maturation du squelette.

Controverses et polémiques autour du BCG...

Le BCG, le vaccin antituberculeux, n'est plus pratiqué dans certains pays européens où la prévalence de la maladie, c'est-à-dire le nombre de cas nouveaux et anciens pour une population donnée, est inférieure à 10 cas pour 100 000 habitants. En France, la prévalence est en moyenne de 11 cas pour 100 000 habitants, mais s'élève toutefois à 49 cas pour 100 000 habitants à Paris ! Bien que son efficacité soit sujette à controverses, ce vaccin protège contre les formes graves de la tuberculose, et cette maladie progresse toujours de 2% chaque année dans les pays pauvres.

... et du vaccin contre l'hépatite B

C'est seulement en France que le vaccin contre l'hépatite B est l'objet d'une polémique, liée à la sclérose en plaques – bien qu'aucune étude n'ait démontré à ce jour de relation entre le vaccin et cette maladie. La vaccination est d'ailleurs systématique dans tous les pays à forte endémie et protège contre le cancer du foie, une complication majeure de l'hépatite B.

Deux raisons incitent à vacciner le tout-petit : plus l'hépatite B le frappe jeune, plus il risque de développer une maladie chronique ; d'autre part, le vaccin est plus efficace chez l'enfant et le protège plus longtemps.

Comment prévenir le rachitisme

Le rachitisme se manifeste par des déformations variables du squelette ; il est lié au fait que les os ne parviennent pas à fixer des quantités suffisantes de calcium et de phosphore. Cette maladie propre à l'enfance est due en

Pourquoi vacciner filles et garçons contre la rubéole ?

La rubéole est une maladie virale bénigne, sauf quand elle touche la femme enceinte : elle entraîne alors chez le bébé une rubéole congénitale avec des malformations et une atteinte cérébrale sévère. La vaccination des filles n'est donc pas discutable – à défaut, un rattrapage est possible entre 16 et 18 ans. La vaccination des garçons est également souhaitable car elle permet de diminuer la circulation du virus avec l'espoir d'éradiquer un jour la maladie.

Calendrier vaccinal chez l'enfant en France, édition 2003

Dès le 1er mois	• Tuberculose (enfants vivant en milieu à risque)
À partir de 2 mois	• Diphtérie, tétanos, coqueluche, poliomyélite, infections invasives à hemophilus de type B : 3 injections à un mois d'intervalle • Hépatite B : 2 injections à un mois d'intervalle, puis une troisième cinq à douze mois après la deuxième
À partir de 12 mois	• Rougeole, oreillons, rubéole
Entre 16 et 18 mois	• Diphtérie, tétanos, coqueluche, poliomyélite, infections invasives à hemophilus de type B : premier rappel
Entre 3 et 6 ans	• Rougeole, oreillons, rubéole : deuxième dose
Avant 6 ans	• Tuberculose
À 6 ans	• Diphtérie, tétanos, poliomyélite, deuxième rappel • Rougeole, oreillons, rubéole (si pas encore fait)
Entre 11 et 13 ans	• Diphtérie, tétanos, poliomyélite, troisième rappel • Coqueluche : deuxième rappel • Hépatite B (rattrapage, si pas encore fait) • Rougeole, oreillons, rubéole (rattrapage, si pas encore fait) • Épreuve tuberculinique et revaccination des négatifs
Entre 16 et 18 ans	• Diphtérie, tétanos, poliomyélite, quatrième rappel • Rubéole (jeunes femmes non encore vaccinées)

Les vaccins de ce calendrier sont remboursés en France par la sécurité sociale. Certains sont obligatoires, d'autres simplement recommandés, mais paradoxalement exigés lorsque l'enfant fréquente la collectivité ! Le calendrier évolue dans le temps en fonction des épidémies et de la fabrication de nouveaux vaccins.

général à une carence en vitamine D, cette dernière favorisant l'absorption du calcium et du phosphore par l'intestin. Le rachitisme est aisé à prévenir. Il suffit de donner quotidiennement, outre du calcium (lait), de la vitamine D en complément à l'enfant de la naissance jusqu'à 18 mois, voire 2 ans, en toutes saisons ; puis, jusqu'à l'âge de 5 ans, seulement pendant les mois d'hiver. (Les aliments riches en vitamine D sont la volaille, les poissons, le foie, les œufs... celle-ci est surtout fabriquée par la peau sous l'action des ultraviolets.)

De la vitamine D aussi à l'adolescence

Un bon apport en vitamine D et en calcium sont également essentiels à l'adolescence, associés à cet âge à la pratique d'une activité physique. Lors de la poussée de croissance de la puberté, la formation osseuse connaît en effet un pic. Un apport supplémentaire de vitamine D permettra alors d'augmenter la masse osseuse initiale, ce qui participera à long terme à la prévention du risque d'ostéoporose après la cinquantaine – une fragilisation des os favorisant entre autres les fractures.

Les troubles du sommeil

Bien que fréquents, les troubles du sommeil de l'enfant méritent d'être pris au sérieux. Le mieux est de consulter dès que les difficultés à s'endormir et les réveils nocturnes semblent devenir une habitude. Plus vite on en parle au pédiatre, plus tôt son aide portera ses fruits.

Différents degrés de troubles

Les difficultés à s'endormir et les réveils nocturnes sont parmi les troubles les plus fréquents et peuvent avoir de sérieuses conséquences sur les relations des parents avec leur enfant. Pourtant, ils correspondent le plus souvent à des réactions banales, propres à l'âge de l'enfant ou liées à un événement particulier. Le refus systématique du coucher est plus rare, plus grave, et s'accompagne en général de perturbations dans d'autres domaines.

Quoi qu'il en soit, la prise de médicaments constitue rarement une solution. Elle est inutile quand les troubles sont banals et recule la prise en charge psychiatrique quand celle-ci s'avère nécessaire.

Des angoisses propres à chaque âge

Il existe des petits et des grands dormeurs, et ce dès le plus jeune âge. En général, un bébé se réveille de lui-même plus ou moins complètement environ toutes les heures et, pour se rendormir, réclame très vite les mêmes conditions que lors de l'endormissement (sucette, bercements, biberon d'eau...). Sans le savoir, certains parents se préparent à en devenir esclaves, si avec tout leur amour et leur bonne volonté, ils ont du mal à fixer aussi des limites à l'avidité de l'enfant.

- ***De 0 à 3 mois.*** Il est habituel et normal que le bébé confonde alors le jour et la nuit.
- ***Vers 8 à 10 mois.*** À cet âge, le nourrisson va apprendre et confirmer la séparation d'avec sa maman ; mais c'est angoissant et, au moment d'entrer dans le som-

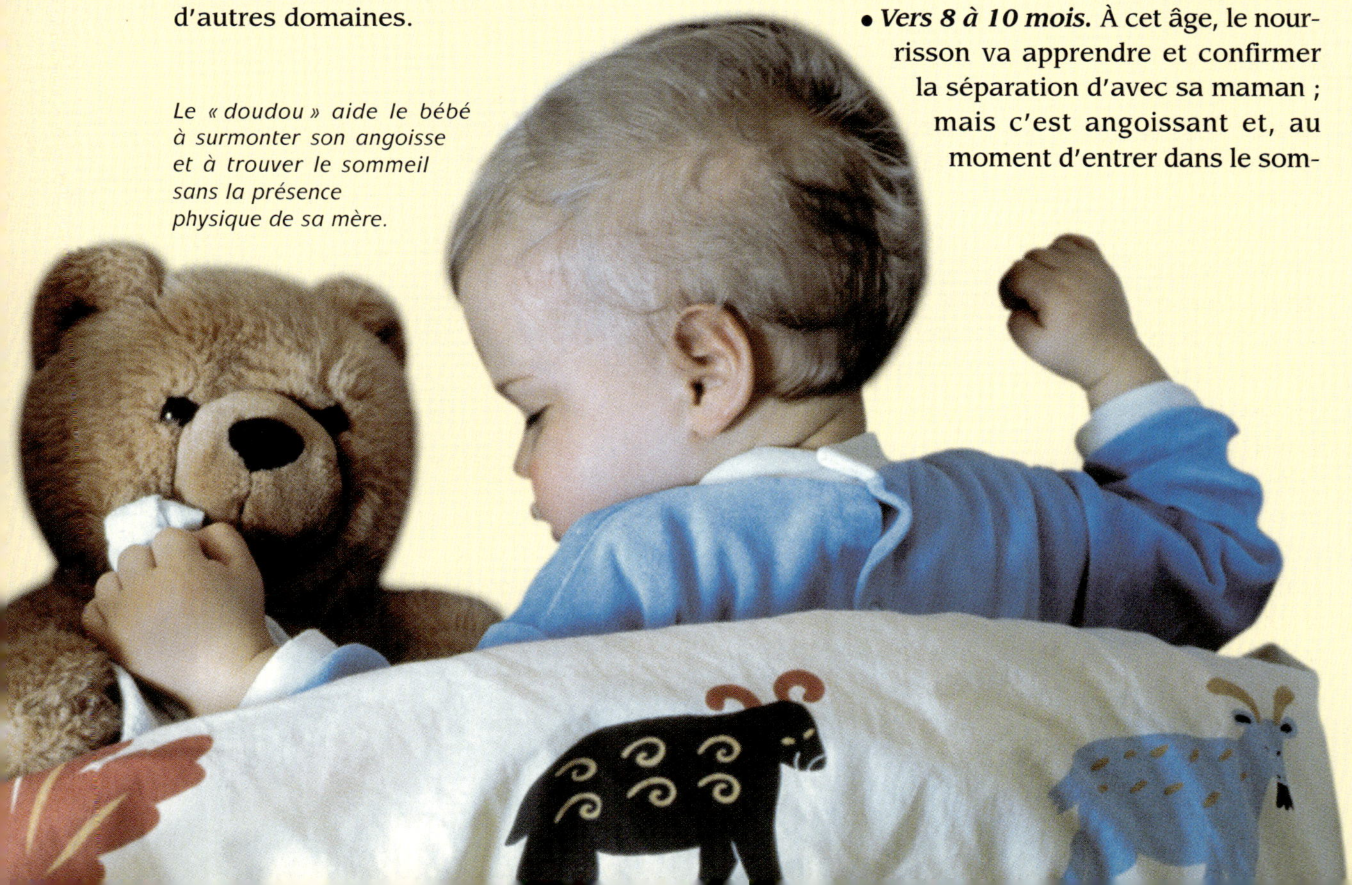

Le « doudou » aide le bébé à surmonter son angoisse et à trouver le sommeil sans la présence physique de sa mère.

meil, il doit trouver en lui-même assez de force et d'assurance pour ne plus avoir besoin de sa présence physique : c'est à cet âge que le « doudou » ou le foulard qui garde l'odeur de sa maman le sécurisent, tout comme les rituels du coucher.

• ***De 2 à 5 ans.*** Vers 2 ans, l'enfant s'oppose à ses parents pour l'alimentation, l'habillage... et le sommeil : il recherche les limites, les repères qui diminueront son anxiété. Plus tard, entre 3 et 5 ans, pendant la phase œdipienne, les désirs interdits (se rapprocher du parent de sexe opposé) le culpabilisent : c'est l'âge de la peur du noir, des monstres, des fantômes et des sorcières. Le rôle des parents est alors de rassurer de nouveau (veilleuse, porte ouverte), tout en posant des règles structurantes (on ne dort pas dans le lit de papa et maman), afin que l'enfant puisse progressivement sortir de l'angoisse et dépasser ce « conflit œdipien ».

Des perturbations diverses

Mais les événements extérieurs entraînent aussi des troubles du sommeil passagers, qui deviennent parfois chroniques : un déménagement, le décès d'un proche, la naissance d'un autre enfant... Sont également source de perturbations les changements de rythme, notamment entre les vacances et la période scolaire, et, bien sûr, une maladie douloureuse telle une otite. Là encore, les parents doivent se montrer capables d'entendre ce que l'enfant ressent ou redoute.

• ***Problème de végétations et d'amygdales ?*** Parfois, l'enfant est gêné dans son sommeil par des arrêts respiratoires (apnées), le plus souvent dus à l'existence de grosses végétations et/ou amygdales qui obstruent en partie ou en totalité le passage de l'air : les éveils sont répétés, l'enfant ronfle, respire par la bouche et se tient la tête rejetée en arrière ; le jour, il somnole et a du mal à se concentrer. Le traitement consiste en l'ablation des végétations et/ou des amygdales.

Aider l'enfant à s'endormir

Dans tous les cas, quel que soit l'âge, il est indispensable de parler à l'enfant et de le prévenir de l'imminence du coucher, et aussi de respecter les rituels d'endormissement. Pour éviter les difficultés futures, il convient de le laisser s'endormir dans son lit et non dans les bras, sans le bercer ni le promener en poussette et, s'il a besoin de sa sucette ou d'un biberon, de lui apprendre à les retrouver tout seul. Une mère ou un père anxieux qui réveille l'enfant en voulant vérifier qu'il dort bien, gêne son sommeil. Plus tard, il s'agit aussi de rester cohérent...

Le « vas te coucher » ne doit pas être une parole en l'air. Enfin, il est important que les parents s'accordent sur les modalités du coucher, les troubles du sommeil de l'enfant révélant parfois une difficulté dans le couple.

Cauchemars, terreurs nocturnes et somnambulisme

• ***Les cauchemars.*** Fréquents ou occasionnels, ils surviennent vers l'âge de 2 ans au cours du sommeil paradoxal (la phase durant laquelle on rêve, avec souvent des gestes et des mimiques). Habituellement, l'enfant se réveille et, le lendemain, s'en souvient.

• ***Les terreurs nocturnes.*** Elles surviennent environ deux à trois heures après le coucher, lors du sommeil lent, entre 4 et 12 ans. L'enfant, plus souvent le garçon, pousse brutalement un cri suivi de pleurs. Mais quand on accourt à son chevet, il a l'air absent et il est impossible de le réveiller. Le lendemain il ne se souvient de rien. Ces troubles disparaissent spontanément.

• ***Le somnambulisme.*** Il se manifeste aussi lors du sommeil lent. L'enfant se lève, marche ou joue en état d'inconscience, se recouche, et, en général, a tout oublié au réveil. Dans 10 à 20 % des cas, il existe des antécédents familiaux. Le trouble disparaîtra spontanément.

L'enfant à la découverte

Apprentissage de la propreté, prise de conscience de son sexe… l'enfant découvre peu à peu les différentes sources de plaisir liées au corps. Jusqu'à l'âge de 6 ans, il « s'apprend » ainsi lui-même, non sans déconcerter parfois ses parents… Quelques éléments pour comprendre.

▶ *Du plaisir de manger à la fierté « d'être propre »*

C'est en partie à travers les fonctions essentielles du corps, d'abord manger, puis expulser selles et urines, que le petit enfant découvre le plaisir. L'apprentissage de la propreté, vers l'âge de 2 ans, n'est ainsi pas seulement une question de muscles, mais aussi de désir et de volonté.

Après la conscience de soi et de son corps, vient la compréhension d'appartenir à l'un ou l'autre sexe.

Comprendre la sexualité infantile

Sigmund Freud (1856-1939), le père de la psychanalyse, définit la « sexualité infantile » comme *tout ce qui concerne les activités de la première enfance en quête de jouissance locale que tel ou tel organe est susceptible de procurer*. La sexualité infantile ne se limite donc pas à la « génitalité » (qui implique les organes génitaux dans le plaisir). Elle est plus tournée sur la recherche des plaisirs que tout le corps peut apporter. Dès que le tout-petit découvre qu'il éprouve du plaisir quand il satisfait un besoin, il commence à chercher le plaisir en soi, et il utilise comme source de plaisir la partie de son corps qui lui a permis de satisfaire son besoin.

Premières recherches du plaisir

Stade oral (0 à 1 an environ), stade anal (2 à 4 ans) et stade génital (3 à 5 ans)… les différentes phases décrites par Freud se succèdent

de son corps

mais coexistent un temps et répondent à cette recherche de plaisir. Le stade oral répond à la satisfaction du besoin de manger, puis au plaisir que prend l'enfant quand il s'alimente. Ce dernier tète ensuite pour son plaisir son pouce ou sa tétine, puis porte les objets à la bouche, les mord… Le babillage est aussi une manifestation de cet « investissement » par l'enfant de la bouche et des lèvres.

Qu'est-ce que le stade anal ?

Lors du stade anal, le plaisir est lié à la rétention et à l'évacuation des selles et à l'excitation de la muqueuse rectale et anale. Les premières pulsions anales sont autoérotiques, puis le plaisir pris à éliminer ou à retenir les selles prend une valeur symbolique : de façon schématique, l'élimination des selles par l'anus équivaut sur le plan symbolique à une « destruction » et le fait de les conserver dans le rectum à un « contrôle agressif ». C'est dans ce contexte que s'inscrivent pour l'enfant l'acquisition du contrôle des sphincters et l'opposition au désir des parents.

L'acquisition de la propreté

L'apprentissage de la propreté, d'abord pour les selles, puis pour les urines, débute vers 2 ans. Devenu autonome – il marche –, l'enfant, conscient de son corps et de son existence, est animé d'un sentiment de toute-puissance : il veut et croit pouvoir tout faire. Cependant, sa dépendance affective est totale, et tous ses comportements, toutes ses façons de se conduire recherchent soit l'approbation de sa mère, soit, par défi, ses reproches. Alors, plusieurs conditions sont nécessaires pour qu'il « devienne propre ». Il faut que les sphincters musculaires retenant selles et urines soient assez matures pour fonctionner, ce qui dépend des centres nerveux. Il faut que l'enfant le désire et le décide. Et, enfin, que l'éducation soit convenable : il est inutile, voire néfaste, de mettre un enfant trop jeune sur le pot !

De couches au pot, comment procéder ?

Dans un premier temps, les parents peuvent profiter du moment du change pour nommer les selles et les urines ainsi que les différentes parties du corps, et notamment le sexe (zézette, nénette… pour la fille, chaque famille ayant son vocabulaire en la matière).

Quand l'enfant manifeste sa gêne à rester dans des couches sales, qu'il sait ce que sont le pot ou les toilettes, on peut lui demander s'il veut ou non garder les couches – tout en lui expliquant que c'est à lui de réclamer le pot. Si c'est un échec, ce n'est pas grave, on remet les couches et on recommence plus tard. Les enfants en collectivité prennent souvent exemple sur leurs aînés. Un enfant est propre le jour entre 2 et 3 ans. Quand, vers 3 ou 4 ans, il ne contrôle pas ses selles, on parle d'encoprésie ; cela est plus préoccupant que les troubles de la miction et doit conduire à consulter.

Les troubles de la miction après 6 ans

À partir de 5 ou 6 ans, en général, l'enfant ne mouille plus sa culotte le jour et n'a pas besoin de couches la nuit. Si ce n'est pas le cas, une consultation s'impose. Les troubles mictionnels perturbent beaucoup la vie de l'enfant (et de sa famille), mais n'ont rien d'une fatalité.

La complicité entre un père et sa fille est parfois très forte, non sans jeu de séduction de la part de l'enfant.

L'enfant mouille sa culotte le jour (et le plus souvent aussi la nuit), avec des mictions fréquentes, peu abondantes, impérieuses : surtout chez la petite fille, le problème provient souvent d'une immaturité vésicale, un contrôle imparfait de la vessie. C'est le temps qui permettra une meilleure maîtrise, mais un traitement peut atténuer ces troubles. Il est en tout cas important de prévoir une visite médicale sur ce thème, car le médecin pourra prodiguer des conseils adaptés au problème spécifique de votre enfant en tenant compte du contexte.

Quand les fuites urinaires ne surviennent que la nuit, il peut s'agir aussi d'énurésie. Souvent héréditaire, et concernant davantage les petits garçons, ce trouble peut exprimer une souffrance ou le besoin de capter l'attention. Un traitement est possible, même si chaque année 15 % des enfants concernés guérissent d'eux-mêmes. Quand l'énurésie survient chez un enfant déjà propre, elle est souvent liée à un bouleversement dans sa vie. Mais il faut parfois penser à une infection urinaire – il y a alors des fuites aussi dans la journée.

▶ Prendre conscience de son sexe *À partir de l'âge de 3 ans, l'enfant découvre les différences entre hommes et femmes. C'est aussi pour lui l'occasion de comprendre sa place dans la famille face à papa et maman. C'est enfin le temps de la découverte et de l'assimilation de certaines règles morales telles que les tabous.*

Masturbation et curiosité sexuelle de 3 à 5 ans

Lors du stade génital, entre 3 et 5 ans, les organes génitaux deviennent pour l'enfant la zone érogène dominante. Les tensions nerveuses se déchargent surtout par la masturbation. Ce fait est moins connu – et moins accepté ? – pour la fille que pour le garçon. Il n'empêche que celle-ci se caresse, avec sa main ou des objets, parfois de façon intense et gênante pour l'adulte. Garçon ou fille, l'attitude à adopter par les parents est la même : c'est une affaire privée à pratiquer dans sa chambre.

Je suis une fille, je suis un garçon

La curiosité sexuelle s'éveille en effet à cet âge. Elle s'accompagne d'un comportement souvent exhibitionniste (qui s'atténuera vers 5 ou 6 ans), avec des jeux de manipulations et d'explorations – « jouer au docteur » est naturel entre enfants du même âge. L'enfant prend alors réellement conscience de ce que représente la différence des sexes : être un garçon signifie que l'on pourra faire des enfants à une femme mais pas en porter ; être une fille signifie que l'on n'aura jamais de pénis mais que l'on portera les enfants dans son ventre.

Maman, papa et les mystères de la naissance

L'enfant entre 2 et 6 ans comprend peu à peu qu'il existe entre ses parents une relation intime dont il est exclu. Il réalise que ce qui se passe entre eux peut entraîner la naissance d'autres enfants. Ses fantasmes suscitent bien des questions sur la naissance et sur la sexualité adulte. Le plus souvent, il élabore des théories sur la façon dont « viennent » les bébés : fabrication dans la bouche, par les urines, naissance par l'anus ou l'ombilic, etc. Il questionne aussi ses parents. Ces derniers répondront de manière plus ou moins précise, selon ce qu'il est capable d'entendre, mais aussi selon leur éducation... Peu importe... mais le besoin de réponses de l'enfant doit être pris au sérieux.

Les effets du complexe d'Œdipe

C'est lors du stade génital qu'est vécu le complexe d'Œdipe. L'enfant, en s'identifiant au parent de son sexe, cherche à prendre sa place. En constatant non sans douleur la relation entre ses parents, il se sent détrôné de sa place de petit « roi » auprès du parent de sexe opposé. Il va surmonter peu à peu ce chagrin : si la petite fille ne peut maintenant être la femme de papa, elle épousera plus tard un homme comme lui et portera son propre bébé. Bien sûr, ce parcours n'est pas si simple et les parents sont souvent mis à l'épreuve, a fortiori si les circonstances les ont fragilisés (famille monoparentale par exemple).

La découverte des interdits

Pour progresser, l'enfant a besoin à la fois que ses parents lui fixent des limites incontournables (tabou de l'inceste) et qu'ils lui prodiguent amour et réassurance ; le père assure sa fille de son amour tout en lui signifiant bien qu'elle est sa fille et non sa femme. Ces limites, posées au quotidien (on ne dort pas dans le lit de papa et maman, par exemple), confirment à l'enfant qu'il a changé et qu'il grandit. C'est ainsi que, soutenu dans toutes ces étapes, il entrera dans la phase de latence, avec le refoulement de sa sexualité... jusqu'à ce que vienne l'adolescence.

L'enfant et la pudeur

Entre 3 et 5 ans, l'enfant commence à revendiquer son intimité. Aux parents de la préserver aussi bien sur les plans physique que psychique. Pour respecter cette pudeur naissante, il ne faut plus se baigner avec lui ni se promener nu devant lui. Il est aussi essentiel de lui expliquer que son corps lui appartient. Enfin, il importe de ne pas parler de lui en sa présence sans s'adresser à lui, sans s'inquiéter de sa réserve : ce n'est pas un objet, mais une personne. Tout cela lui permet de se respecter et de respecter les autres. Bien sûr, les habitudes familiales, culturelles et religieuses influent sur l'attitude de l'enfant vis-à-vis de son intimité. Mais c'est à l'adolescence, avec les changements du corps et la découverte des désirs, que la pudeur prendra toute son ampleur.

Les relations affectives

S'éveiller à la vie, se sentir sécurisée, découvrir les relations avec autrui... la petite fille construit sa personnalité peu à peu. Dès sa naissance, elle a besoin de grandir dans une enveloppe de soins et d'amour, avant de voler de ses propres ailes vers une vie épanouie.

Premiers liens, premiers échanges *Entre dépendance et communication, le tout petit enfant noue très tôt, avec sa mère mais aussi son père, des relations intimes et fortes qui l'aideront à se développer. Une responsabilité pour les parents, qui ne doivent pas pour autant se sentir écrasés par celle-ci.*

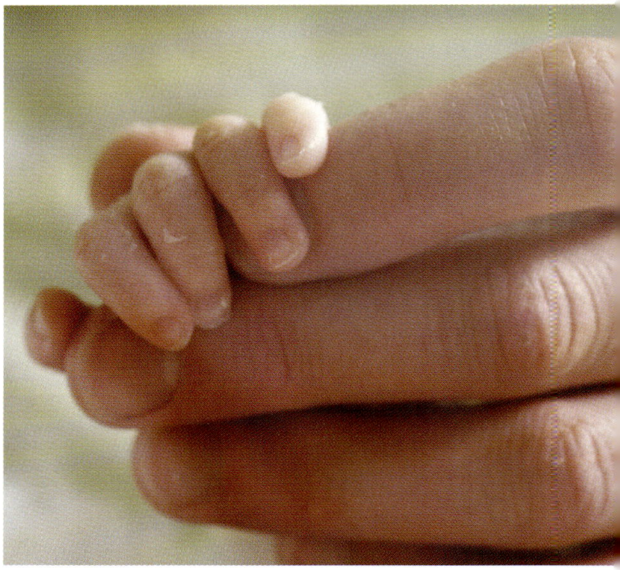

Dès sa naissance, le bébé a besoin du « contact affectif » avec sa mère et aussi avec son père.

Avant même de naître...

On sait aujourd'hui que « l'aventure humaine », en d'autres termes l'existence personnelle de l'être humain, commence avant le moment de la naissance. L'imagerie médicale concrétise cette idée en montrant le futur bébé (fœtus) dans sa vie utérine. De plus, bien avant sa naissance, l'enfant existe dans l'imaginaire de ses parents, dans leur désir et dans leurs représentations conscientes et inconscientes, qui vont influencer sa personnalité et sa vie future. L'aventure de chaque individu naît de la rencontre entre une potentialité génétique et l'histoire singulière de chacun de ses parents et du couple qu'ils forment, et de toutes les adaptations réciproques qui en découlent dans le temps.

Un besoin d'interactions précoces

Aussitôt né, le bébé a besoin de trouver dans son environnement familial un ensemble de structures sensorielles et affectives qui favo-

et la vie familiale

risent sa maturation. C'est à partir de ces interactions précoces qu'il peut se construire et petit à petit affirmer son identité propre.

Le visage de sa mère et son sourire, la mélodie de sa voix, son odeur sont, dès les premiers jours de vie, des repères que le bébé reconnaît de préférence à d'autres. Autour de cette relation fusionnelle mère-enfant, une tierce personne, le père, joue aussi un grand rôle. De nos jours, il s'implique davantage qu'auparavant dans les soins quotidiens et la relation avec son enfant. Un phénomène favorisé par certaines évolutions socioculturelles, notamment dans les rapports homme-femme, et par le congé parental pour les pères, qui en découle. Les publicités de produits de toilette pour bébé, par exemple, ont de plus en plus recours à des figures masculines dans des attitudes de soins et de tendresse. Les « papas poules » sont à la mode ! Pourtant, le père n'est pas une seconde mère, mais plutôt l'élément tiers qui permet progressivement à l'enfant de se tourner vers le monde extérieur et d'en appréhender le fonctionnement et les règles. Cela lui donne la curiosité, le courage et la confiance nécessaires pour aller à la découverte des autres – et cela montre aussi, malgré la réalité des familles monoparentales, à quel point « on n'est pas trop de deux » pour élever un enfant…

Dans une enveloppe de soins et d'amour

Le pédiatre et psychanalyste britannique Donald W. Winnicott (1896-1971) est à l'origine d'un concept auquel on attache beaucoup d'importance dans le domaine de la psychologie de l'enfance, celui du *holding*. Littéralement, le *holding* (de l'anglais « tenir », « maintenir ») définit le « maintien » physique et psychique de l'enfant. Mais ce terme, difficile à traduire en français, recouvre tout l'ensemble des contacts physiques intensément affectifs liés au « maternage », notamment les soins, les échanges et les câlins que la mère (ou la personne qui prodigue les soins – et pourquoi pas le père ?) associe à la toilette, au toucher, aux manipulations et aux caresses du bébé.

Cet ensemble de contacts est capital pour le développement physique, mental et affectif

Quelle est l'influence de l'inné et de l'acquis sur le bébé ?

Le nourrisson se construit progressivement à partir d'une base biologique : dans son monde psychique, les perceptions sensorielles s'organisent au fur et à mesure en représentations sensorielles d'odeurs, d'images, de voix et de sons familiers, pour se traduire enfin en paroles. Ce qui est inné et ce qui est acquis s'articulent grâce à la richesse affective de l'interaction entre le bébé et sa mère ou la personne donneuse de soins. Associées au développement des structures neuromusculaires et cérébrales du bébé, ces relations précoces permettent la maturation de l'enfant. Dès les premiers jours de vie, les cris et les mimiques du nouveau-né sont « décodés » par la mère : celle-ci donne un sens aux signes de l'enfant, qui répondra à son tour. Ces interactions, à chaque fois uniques, « façonnent » l'enfant selon les codes comportementaux de ses parents, leur histoire et leur propre culture.

Aider ses enfants à grandir, c'est les laisser acquérir leur autonomie dans un climat de sécurité affective.

du bébé : il lui offre une « enveloppe sensorielle » de soins et d'amour qui à la fois l'éveille, le stimule et le sécurise, lui permettant de grandir harmonieusement, de se construire peu à peu en tant qu'individu à part entière et d'organiser ses relations avec les autres. De nombreuses études ont montré que les échanges affectifs associés à ces gestes, comme le fait d'être touché, câliné, aimé sont aussi essentiels à sa survie et à son développement que les soins « basiques » (être nourri, lavé) dont le nouveau-né fait l'objet.

Qu'est-ce qu'une « bonne mère » ?

Et l'instinct maternel, dans tout ça ? Avec l'idée du « devoir » d'aimer son enfant « naturellement » et d'emblée, et la peur de ne pas être une bonne mère, même d'en faire un « bon » à rien s'il n'est pas assez aimé... Un mythe ?

Le poids d'un modèle idéal

Écartelées entre les exigences de leur vie professionnelle et celles de leur vie familiale, entre leur vie de femme et de mère, beaucoup de mères « modernes » se réfèrent inconsciemment à un modèle idéal de « bonne mère », aimant avec une dévotion absolue ses enfants.

La référence à ce modèle et aux sacrifices qu'il implique fait souffrir nombre de femmes : « Je suis un monstre, j'ai parfois envie de sortir m'amuser, alors que ma petite fille a besoin de moi ; ce n'est pas normal, n'est-ce pas ? », demandait ainsi une jeune mère à son médecin. Ces sentiments de culpabilité et d'angoisse sont souvent encore plus forts si la mère a fait un enfant « toute seule » ou si elle est en train de se séparer du père et se retrouve seule.

Être une mère « suffisamment bonne »

Winnicott a été parmi les premiers à aider les parents à comprendre que les sentiments négatifs vis-à-vis de leurs enfants font également partie de la relation avec ces derniers, qu'ils sont donc aussi « normaux » et naturels. L'idée la plus novatrice apportée par Winnicott est que sans culpabilité ou ambivalence, une mère ne pourrait pas être sensible aux besoins complexes de son enfant. Il a introduit le concept d'une mère « suffisamment bonne » pour le développement de l'enfant, c'est-à-dire une mère capable de lui donner une base affective solide, qui lui permette un jour de voler de ses propres ailes.

... et accepter ses contradictions

Ainsi, une mère suffisamment bonne n'est pas une mère complètement bonne, mais une mère consciente de ses propres limites, de sa propre ambivalence vis-à-vis de ses enfants, et qui n'est pas écrasée par la culpabilité de sa propre imperfection.

▶ En route vers l'autonomie

Grâce aux liens affectifs qu'il noue avec ses proches, en particulier avec sa mère, l'enfant se sent sécurisé ; il peut ainsi développer sa personnalité et aller petit à petit vers une plus grande autonomie.

Une perception croissante de ce qui l'entoure

C'est à partir des événements quotidiens qui interviennent dans son environnement familial que se construisent ce que les médecins appellent les « compétences » sensorielles et motrices du nouveau-né. L'ouïe, le goût, le toucher ont commencé à être actifs pendant la grossesse ; après la naissance, le bébé reconnaît très vite sa mère grâce à son odorat, et sa vue se développe rapidement. Il a aussi certains réflexes, comme celui de la succion, qui précèdent les comportements volontaires. Ces capacités précoces montrent bien que la vie du nouveau-né ne se limite pas à dormir et à téter, mais qu'il accumule déjà des expériences et des souvenirs, se bâtissant, au fur et à mesure, un mode de comportement propre et donc une personnalité.

L'attachement : mémoire et relations

On se réfère souvent à la notion d'« attachement », élaborée par le psychanalyste anglais John Bowlby, pour souligner le rôle des relations précoces dans le développement psycho-affectif de l'enfant. La proximité physique, psychique et affective du bébé avec sa mère, ou avec la personne donneuse de soins, crée un premier lien fondamental, un processus d'« attachement », que l'enfant n'aura de cesse d'essayer de reproduire tout au long de sa vie dans ses relations affectives.

Le développement de l'enfant passe aussi par celui de son fonctionnement mental et affectif. Il varie d'un individu à l'autre. Des projections inconscientes des parents, liées par exemple à l'histoire familiale, influencent souvent les enfants. Certains porteront parfois le poids de ces héritages et devront « négocier »

Respecter son « doudou »

« Doudous » et autres nounours que le tout-petit a adoptés (généralement vers 8 mois) ont une fonction de réconfort et une valeur affective. Gare au parent qui va essayer de s'approprier le doudou pour le ranger ou, pire, le laver ! Car son odeur compte aussi beaucoup pour l'enfant. Les tout-petits supportent mal que leur jouet préféré soit abîmé, volé ou malencontreusement oublié quelque part. Et un nouveau jouet, comme disent eux-mêmes les enfants, « ce n'est pas pareil » ! Devant un tel attachement, le parent « suffisamment bon », selon l'expression de Winnicott, respectera ces objets de jeu pour consolider la relation de confiance avec l'enfant. L'adulte doit comprendre en effet l'importance de ces objets dits « transitionnels », car ils aident à faire la « transition » vers le monde extérieur, en attendant que l'enfant n'ait plus besoin de ce type de réassurance. Le doudou fait partie de l'univers du berceau et du landau ; il offre la présence d'une base affective rassurante même quand la mère n'est pas là ; il calme l'angoisse de l'enfant et lui permet d'intégrer que l'absence temporaire n'est pas irréversible.

les ressemblances réelles ou imaginaires avec tel ou tel membre de leur famille. « À moins d'un an, elle a déjà le même caractère que sa grand-mère ! » confiait une mère au pédiatre, témoin d'un caprice de sa fille…

Un développement jalonné de crises et de conquêtes

Le développement infantile se divise en grandes étapes fondamentales, sources de joie et d'enthousiasme pour les parents : conquête par le tout-petit de la position debout, puis de la marche, acquisition de la propreté et bien sûr du langage. Le rythme et les modalités de ces grands apprentissages sont très variables selon les enfants ; ils dépendent du contexte intellectuel et affectif dans lequel se trouve l'enfant, de son équilibre psychologique et de celui de son entourage. Tous ces changements, qui procèdent par crises successives, demandent aux parents une grande capacité d'adaptation. Vers l'âge de 2 ans, par exemple, l'enfant découvre le « non » comme moyen de s'affirmer en tant qu'individu, ce qui ne va pas sans heurts avec les parents. Vers 5-6 ans survient, selon la théorie psychanalytique proposée par Sigmund Freud, la période œdipienne. Comme dans le conte *Peau d'âne*, la petite fille est amoureuse de son père ; inconsciemment, elle désire « prendre la place de sa mère » et « épouser » son père. C'est un passage crucial dans son développement affectif : la résolution harmonieuse du « complexe d'Œdipe » permettra à la petite fille, en s'identifiant à sa mère, de trouver son identité féminine. Des situations moins bien résolues compliqueront souvent la vie affective et les comportements de la future femme, ainsi que ses choix personnels.

En cas de séparation, plus que des preuves matérielles d'amour, c'est la qualité des relations qui compte.

Individuation, distanciation, autonomisation

La maturation progressive de l'enfant se réalise schématiquement dans ces trois phases. Grâce à une prise de conscience de son identité personnelle et à la sécurité affective que lui offrent les siens, la petite fille parvient avec le temps à prendre de la distance par rapport à son environnement familial et enfin à devenir autonome.

Ce schéma idéal présente évidemment bien des difficultés et des exceptions, surtout aujourd'hui. Les petites filles des années 2000, en effet, ont pour la plupart bien intégré l'idée d'une autonomie professionnelle et financière de la femme. En revanche, sur le plan affectif, la diversité des modèles familiaux de référence, entre familles traditionnelles, recomposées ou monoparentales, rend peut-être l'équilibre plus difficile à trouver. Le recours à une aide psychothérapeutique peut parfois être utile. « Mais à quoi ça sert, un papa ? » demandait une fillette de 8 ans, dont les parents étaient divorcés, à son psy, qui, sans vouloir les lui imposer, essayait de lui donner quelques points de repère. Mais les repères sont-ils faciles à trouver si l'on veut éviter de faire référence à des modèles trop traditionnels inconnus de l'enfant ? Au fond, la seule solution adaptée est celle que chaque petite fille, et puis chaque femme, « invente » pour elle-même et son entourage.

« Chez papa, on a toujours des cadeaux ! »

Face aux bouleversements liés aux séparations et aux divorces, les parents se sentent souvent coupables et ont peur de traumatiser leurs enfants. Alors, ils ont tendance à compenser par des cadeaux, en donnant ainsi des preuves matérielles de leur affection. Ceux-ci deviennent parfois aussi l'enjeu d'un conflit non résolu entre le père et la mère, qui continuent ainsi de régler leurs comptes.
De son côté, la fillette comprend très vite les avantages secondaires et les compensations qu'elle peut tirer de cette situation : c'est le chantage aux cadeaux ! C'est pourquoi, tout en préservant la portée symbolique d'une fête ou d'une tradition et de sa célébration, qui permet à l'enfant de se structurer grâce à des relations de confiance et à des valeurs fortes, il importe d'éviter une escalade qui serait destructrice pour la petite fille.

Trouver sa place

Enfant de parents divorcés, fille unique ou entourée seulement de frères..., il n'est pas toujours aisé de grandir dans un environnement familial qui n'est pas celui qu'on se serait choisi. Et puis bientôt la puberté, qui remet tout en question. Mais chacune dispose de ressources, pour peu que les parents évitent de leur côté quelques écueils.

Quand les parents sont séparés

Il est de plus en plus fréquent aujourd'hui qu'une enfant grandisse dans une famille monoparentale ou recomposée. Lorsque ses parents se séparent, elle doit affronter les nombreux bouleversements qui affectent son équilibre familial et cherche des points de repère affectifs dans ces nouveaux contextes. Le dialogue avec l'enfant, adapté à son âge, à son niveau de maturité et à sa sensibilité, est alors essentiel pour maintenir des relations de confiance et, malgré tous ces changements, lui conserver une base affective solide.

Un cadre familial bousculé

D'une manière générale, l'enfant, véritable « thermomètre » du climat familial, ressent les conflits de ses parents de façon vague et diffuse. Dans le cas d'une séparation effective ou d'un divorce, elle se trouve confrontée à quantité de modifications pratiques, de lieux, d'horaires, d'entourage, et aussi aux changements d'attitude de ses parents entre eux,

Frères et sœurs... Des relations parfois difficiles, mais surtout l'apprentissage des différences individuelles.

éventuellement à leurs disputes ou à leurs silences, dont elle peut être l'enjeu.

Expliquer et rassurer

Il est donc très important de prendre le temps de choisir les mots pour expliquer à l'enfant la nouvelle situation familiale et ses conséquences. En effet, très souvent, la fillette a d'abord tendance à culpabiliser, à vouloir assumer la faute de la mésentente ou de la séparation de ses parents, qui se disputent « à cause d'elle ». Elle pense que si elle avait été moins « méchante » vis-à-vis d'eux, ils ne se fâcheraient pas et ne se quitteraient pas. Rassurer la petite fille est indispensable, pour qu'elle parvienne à intégrer l'idée que ses parents peuvent ne plus s'aimer et préférer se séparer, mais en continuant à l'aimer, elle, et à ne pas regretter son existence.

Filles et garçons, frères et sœurs

C'est au contact des adultes – ses parents, ses grands-parents, l'instituteur ou l'institutrice...– que l'enfant se développe, mais aussi de ses semblables : ses frères, ses sœurs, ses cousins, ses cousines et tous les enfants rencontrés à l'extérieur de sa famille, à la crèche, à l'école, en centre de loisirs, en colonie de vacances.

On ne naît pas femme, on le devient

Les relations avec les autres enfants jouent en particulier un grand rôle en ce qui concerne la notion de différence de genre et l'affirmation de l'identité sexuelle. « On ne naît pas femme, on le devient », cette phrase de Simone de Beauvoir résume bien la dimension culturelle de la féminité : chaque étape du développement de la petite fille dépend des critères culturels et sociaux à un moment historique donné. Les attentes familiales et sociales vis-à-vis de la fille ne sont pas les mêmes que celles vis-à-vis du garçon. « Je dois travailler le double pour être la meilleure... », soupirait une petite fille qui n'avait que des frères et des cousins.

L'aînée, la cadette et la petite dernière

On attache aujourd'hui une importance croissante à l'influence de la position dans la fratrie sur le développement de l'enfant et sur certains traits de sa personnalité. Ainsi, la fille unique aurait une tendance à l'égocentrisme et une certaine difficulté à partager avec les autres. L'aînée serait davantage encline à assumer des responsabilités et à s'engager dans la vie, portant sur ses épaules tout le poids des attentes de ses parents, qui « apprennent » leur rôle avec elle. Le « numéro deux » d'une fratrie de trois aurait souvent des problèmes d'identité et du mal à trouver sa place dans la famille. La petite dernière, elle, serait à la fois

En présence d'autres enfants, la fillette affirme son identité sexuelle souvent sous forme de jeux.

chouchoutée et déresponsabilisée, mais plus libre dans ses choix de vie, par rapport à des parents qui sont différents de ce qu'ils étaient avec leur aîné(e)...

Il faut cependant se méfier de ces stéréotypes, qui se révèlent souvent trompeurs et même dangereux. La situation de chaque enfant est unique, au sein d'une famille également unique ; par son histoire, ses références, sa culture. C'est cette unicité qu'on retrouve dans les relations entre frères et sœurs, et qui fondent l'apprentissage des lois sociales, de la tolérance, de l'ouverture au monde et du respect des autres.

Entre enfance et adolescence

« Mais c'est encore une enfant ! », disent souvent les parents, angoissés de voir leur fille changer brusquement d'attitude à leurs yeux. Difficile de situer à un âge précis ce moment où elle cesse d'être une enfant pour devenir une adolescente ; de plus en plus tôt sans doute, du fait des sollicitations de l'environnement liées à l'évolution de la société et de la responsabilisation de plus en plus précoce des enfants. Et comment ne pas rater ce passage ?

Or il s'agit d'une transition délicate, qui transforme l'image de soi et tout l'équilibre psycho-émotionnel de la petite fille. Avec la pulsion hormonale de la puberté apparaît le désir sexuel, le besoin de s'affirmer, de prouver ses capacités et son identité. Parfois, les premiers bouleversements physiques et psychologiques liés à la puberté sont assez mal vécus par la préadolescente : sans pouvoir vraiment le dire, elle ne reconnaît plus son corps, ni ses envies, et, du coup, ne se reconnaît plus. Elle a l'impression que le temps est comme « dilaté », que les jours sont interminables et pleins de mini-événements qui prennent une énorme importance à ses yeux. L'extrême intensité de ses émotions s'accompagne de changements d'humeur soudains, incompréhensibles aux autres. De la part des parents et des adultes en général, le respect de cette phase, qui fragilise ces enfants qui n'en sont déjà plus, permet de garder un contact et un dialogue qui va s'avérer capital lorsque, quelque temps plus tard, « l'adolescente apparaît »...

À chacun son tour

Faut-il vraiment « faire pareil » entre frères et sœurs pour calmer les rivalités ? Parfois les parents ont tellement peur qu'on leur fasse des reproches sur leur manque d'équité qu'ils s'efforcent de « faire pareil », en niant même les différences liées à l'âge ou au sexe de leurs enfants. Pourtant, le message qui prépare l'enfant à la vie adulte est qu'il faut respecter le tour et les différences de chacun. « Chacun son tour », entre frères et sœurs, est sans doute la bonne formule.

Jeux et activités d'éveil

En jouant, le tout-petit devient grand… Pour mieux s'épanouir et développer sa personnalité, ses jeux et autres activités doivent être libres et spontanés, mais sous votre regard attentif. Récit d'une aventure, source de vie et d'équilibre.

▶ De la naissance aux premiers pas

Durant la première année de sa vie, votre enfant va vivre de véritables bonds en avant : il va découvrir le monde qui l'entoure grâce à ses sens, y participer activement dès qu'il saura se déplacer et agir sur les objets, nouer des liens affectifs intenses avec ses proches. Grâce au jeu, source d'infinis plaisirs et expériences, il s'éveille à la vie et se construit.

Câliner, soigner, gronder… Avec son poupon, le tout-petit explore le monde des relations humaines.

L'éveil des sens

Regarder, entendre, palper, sentir, déguster… le bébé explore son environnement grâce à ses cinq sens. À sa naissance, il a une vision imparfaite. Il fixe souvent des yeux. À 4 semaines, il suit du regard un objet animé face à lui, puis les personnes autour. À partir de 4 mois, le nourrisson fait la différence entre les couleurs vives et contrastées. Il tourne sa tête pour regarder un jouet bouger.

Le nouveau-né perçoit des sons et des bruits comme il en avait déjà l'habitude dans le ventre de sa mère. Aux alentours de 4 mois, le tout-petit détecte la source sonore et, un mois plus tard, reproduit les sons émis par sa mère. Il commence vraiment à comprendre le sens de quelques mots à partir de 9 mois.

Le bébé se sert d'abord de sa bouche pour entrer en contact avec les objets. À 2 mois, il les caresse avec ses joues, les effleure avec ses lèvres, les lèche ou les suce. Ensuite, il explore le monde extérieur avec ses mains. Le nourrisson ressent le chaud et le froid et la texture plus ou moins douce des éléments.

Sucré, salé, acide, amer : le nouveau-né reconnaît et apprécie très tôt les quatre saveurs de base. Comme l'adulte, le tout-petit a déjà une nette préférence pour le sucré. Lors de la tétée, il manifeste son plaisir ou son dégoût par des mimiques.

Bonnes ou mauvaises odeurs, le bébé a aussi du nez. À sa naissance, il fait la différence entre les senteurs qui stimulent son odorat. Il est particulièrement attentif aux odeurs corporelles de sa mère, qui le réconfortent. Cette dernière est elle aussi très sensible aux odeurs de son bébé.

À la découverte de nouvelles sensations

Dès l'âge de 2 ou 3 mois, votre bébé ne se lasse pas d'observer tout ce qui l'entoure. L'objectif des activités d'éveil est de répondre à ses attentes sensorielles, très vives à cette période de la vie. Pour procurer à votre bébé de nouvelles sensations, vous pouvez lui proposer un panneau de découverte tactile, grâce auquel il découvrira le souple, le dur, le râpeux, le doux, le froid... Une belle image accrochée à hauteur des yeux dans son berceau, dénuée de couleurs trop vives et de contrastes trop violents, fera son bonheur et stimulera sa vue. Pour développer son odorat, proposez-lui de découvrir les parfums des légumes que vous préparez, l'odeur d'un livre neuf, de l'herbe froissée, d'un bouquet de fleurs... Un portique muni de parties mobiles, fixé à son lit et installé à portée de main, lui permettra, d'abord involontairement, puis avec détermination, de donner du mouvement aux objets.

Un corps tout en mouvement

Assis, à quatre pattes ou à la renverse, votre tout-petit bouge dans tous les sens. Remplir ou vider un cylindre, faire flotter un bateau, s'accrocher à un portique : il a déjà envie de « déplacer des montagnes » !

Entre 4 mois et 1 an, votre enfant fait une découverte extraordinaire : celle du mouvement volontaire autonome. Il apprend à ramper, se redresse même sur ses jambes dans son berceau ou dans son parc, prend et jette les objets, agite ou frappe ce qui peut produire des sons amusants. Les activités d'éveil vont l'aider à construire son autonomie physique, à organiser ses apprentissages en les rendant logiques et cohérents, à apprivoiser totalement son environnement en devenant « propriétaire » de ses sensations.

Les bébés nageurs

Dans vos bras au début, puis au milieu des ballons, tapis et autres jouets, votre petit évolue en toute liberté lors des séances de bébés nageurs. À partir de 4 mois, vous pouvez l'accompagner dans un centre adhérent à la Fédération des activités aquatiques d'éveil et de loisir. Ces séances d'adaptation à l'élément liquide sont sources d'épanouissement pour l'enfant. Encadrée par des animateurs (maîtres nageurs, professeurs de sport...), cette activité familiale favorise aussi son équilibre. À vous de le laisser mener sa propre expérience ! Il goûtera ainsi pleinement aux bienfaits et plaisirs de l'eau. Il ne s'agit pas de lui apprendre à nager, mais de respecter ses capacités et son rythme de découverte du milieu aquatique. À la verticale, en surface ou en profondeur, le nourrisson prend conscience de son corps. Tout en abordant ses limites. Faire la planche, pédaler, sauter même... il a besoin de ce contact avec l'eau et de votre confiance pour progresser.

Grâce aux jeux « d'empilement », l'enfant exerce à la fois sa dextérité et son sens logique.

Manipuler des objets et créer des sons

Cubes, boules, cylindres, mais aussi ustensiles du quotidien, bien avant de savoir les nommer, votre enfant peut commencer à appréhender les notions de forme et de taille, en manipulant des objets. Entasser et démolir une pile de cubes, prendre et rejeter de façon répétée : votre enfant prend peu à peu conscience de son pouvoir sur les choses.

Fabriquer des sons en frappant sur des objets est une des occupations préférées de votre bébé. Une cuillère en bois et, devant lui, une petite casserole retournée, une bouteille en plastique, une boîte de conserve vide : montrez-lui que chaque objet résonne différemment.

Tourner les pages d'un livre

Lové dans son lit ou installé sur vos genoux, votre enfant adore vous écouter lui lire une histoire : ce moment d'échange éveille la curiosité, le goût des mots associés à l'image, la cohérence. Les livres spécialement conçus pour les tout-petits sont fabriqués dans des matériaux résistants ou en tissu, associant lecture et plaisir tactile, tandis que les images aident à comprendre le sens.

▶ *Les jeux de 1 à 3 ans*

Faire des grimaces devant un miroir, se boucher le nez, tripoter..., le jeu est indispensable au développement de l'enfant. Grâce aux activités d'éveil, le tout-petit apprend à se connaître, avant de partir à la conquête de son monde.

Des jeux pour grandir en toute confiance

D'expériences en expériences, de réussites en échecs, l'enfant teste ses capacités. Au niveau corporel d'abord : il adopte de nouveaux gestes (porter, lancer, tirer) et comportements. Au niveau intellectuel ensuite, le jeu lui permet d'apprendre, et de développer son intelligence (faire des différences...) et son imagination. Le tout-petit cherche à comprendre. Du coup, il gagne confiance en lui et s'ouvre davantage aux autres. Le jeu contribue à son équilibre.

Bouger, encore et toujours

Fier et bien campé sur ses jambes, votre enfant se tient debout. Courir après un ballon, pousser une brouette, sauter, grimper sont autant d'exercices qui lui permettent d'explorer l'espace tout en développant ses capacités motrices. Dans les jardins publics, des aires de jeu sont spécialement conçues pour qu'il puisse s'adonner sans danger aux joies de l'escalade.

Faire comme les grands

Bâtir une cabane, cuisiner son dîner, papoter au téléphone, baigner sa poupée, lire le journal : votre petit adore « faire comme les grands ». Recherchant le contact d'adultes ou d'enfants plus âgés dont il reprend les gestes, il élargit son univers. Ces jeux fondés sur l'imitation du monde réel et des adultes des deux sexes l'aident à construire sa personnalité.

Comprendre la logique des choses

Le bébé va avec le berceau, la pomme avec le pommier, le bateau avec l'eau... Les jeux d'association sont l'occasion pour votre jeune enfant d'exercer son sens logique. En préparant des objets à associer à une image, vous pouvez l'aider à établir des liens entre objets et situations, mais également à inventer ses propres logiques. C'est aussi un bon moyen d'entretenir et d'enrichir son vocabulaire.

Jeux de filles, jeux de garçons

Souvent, l'univers de jeu que les enfants reproduisent varie selon leur sexe, surtout après 3 ans. Les parents ont, de façon inconsciente, un comportement différent avec leur enfant selon qu'il s'agit d'une fille ou d'un garçon, ce qui oriente dès le début le développement de son identité sexuelle. Pression sociale, affective et familiale ou réelle différence d'intérêt de la part de l'enfant, il est difficile d'en démêler l'origine. Les filles ont plus tendance à jouer à la poupée, à la cuisine, à s'habiller en « dames » et les garçons à se déguiser en héros ou à foncer avec leur camion. Mais n'ayez aucune inquiétude si votre fille veut jouer aux voitures ou votre garçon à la dînette : cela n'affectera en rien sa féminité ou sa virilité future.

Jouer seul ou à plusieurs

Dans sa chambre ou près de vous, votre enfant peut jouer seul durant des heures. Saisir ses pieds, tendre l'oreille au bruit d'un trousseau de clefs..., tout est prétexte au jeu. Souvent, il découpe son activité en plusieurs étapes : il manipule des objets, imite les autres, reproduit une scène de la vie courante, établit des projets, invente des histoires, réfléchit. En s'appuyant sur ce qu'il a déjà vécu, il utilise toutes les possibilités que lui offre l'objet ou une situation. Puis vient le temps de partager les expériences. Dès son plus jeune âge, votre petit adore s'amuser avec vous. Plus grand, il vous fait participer à des jeux de société. Plus il avance dans la vie, plus il a besoin d'agir en toute liberté – mais avec votre reconnaissance. De tendres moments de complicité et de partage en perspective. Avec vous, il part aussi à la découverte de l'autre.

Que faire en cas de bêtises ?

Coups de feutres sur la tapisserie, salle de bains transformée en mare à canards, télécommande en panne, « gros mots » : autant de maladresses ou d'exploits... souvent originaux ! Comment réagir ? Tout d'abord, montrez-vous très présente lors de sa quête d'autonomie et respectez son rythme. Sachez anticiper et prévenir les faux pas avec quelques précautions : mieux vaut mettre à l'abri les objets fragiles ou trop dangereux, surtout autour de un an. Faites prendre conscience à votre enfant de ses bêtises en lui montrant leurs conséquences et en l'aidant à « recoller les morceaux ». Expliquez calmement et répétez les mêmes mots pour qu'il comprenne vraiment le mode de fonctionnement et les règles de sécurité des objets, et respecte les autres personnes. Posez quelques limites et interdictions avec, quand même, une certaine marge de manœuvre et de souplesse : proposez-lui des alternatives. Si vous vous êtes emportée, rétablissez le dialogue. Instaurez une sorte de « pacte » de confiance en lui accordant des responsabilités.

▶ Les jeux de 3 à 10 ans

Voici l'âge de jouer au papa et à la maman, de conduire son baigneur chez le docteur et bientôt de jouer ailleurs que sous votre regard. Voici aussi l'âge de l'école… votre enfant fait face à de nouvelles « responsabilités ». Tout en trouvant le temps de faire de la balançoire ou de se déguiser.

Des jeux pour accompagner la vie à l'école

À partir de 3 ans, votre enfant découvre l'école. Il va peu à peu y acquérir les apprentissages abstraits que sont notamment la lecture et les mathématiques. Proposez-lui des activités d'éveil qui auront sans doute un rapport avec ce qu'il apprend à l'école, mais qui ne soient pas des leçons ou des confrontations à de nouvelles difficultés. Il a désormais besoin de partager ses jeux avec des camarades de son âge : il se chamaille avec eux pour mieux se réconcilier. C'est l'âge des jeux en collectivité.

Les jeux de société : apprendre à respecter les règles tout en s'amusant !

Captivants, stimulants pour l'esprit ou simplement drôles, les jeux de société font appel à la mémoire, à la logique, à la culture générale, à la réflexion. Billes, dominos, petits chevaux, jeu des sept familles, dames… tous ont en commun d'apprendre à votre enfant le partage, le respect des règles, la patience d'attendre son tour, la volonté de gagner, mais aussi la « sagesse » de savoir perdre.

Assurez-vous cependant que le jeu choisi correspond à son niveau et à ses centres d'intérêt. Vérifiez la simplicité des règles et la durée de la partie : avant 10 ans, elle ne devrait pas excéder 1 heure.

Nourrir son imagination

Petites voitures, couverts de table, boîtes en tout genre (de chaussures, de conserves…), feuilles de papier, pots de yaourt vides sont les « acteurs » des scénarios que votre enfant improvise au gré de son imagination. Avec son déguisement, panoplie ou vieux habits récupérés, votre petit garçon ou votre petite fille se rêve en pompier ou en princesse et laisse libre cours à sa créativité.

Le vélo pour développer la coordination

Le vélo est une des activités préférées des enfants. Outre le plaisir et le sentiment de valorisation que l'enfant en retire, il permet de développer la musculature, la capacité respiratoire, l'endurance cardiaque et la coordina-

Partager ses jeux avec frères, sœurs ou copains, que de rigolades en perspective !

tion des mouvements. Au début, un tricycle est particulièrement recommandé. L'utilisation de roulettes (ou stabilisateurs) permet en effet de résoudre le problème de l'équilibre chez le très jeune enfant. C'est aussi la meilleure façon pour lui d'apprendre à pédaler. Ensuite, le vélo doit être adapté à l'âge de l'enfant et à l'activité envisagée (route, VTT...). Le port d'un casque est fortement conseillé !

Les centres de loisirs et les colonies de vacances

Jouer en groupe avec les autres enfants, rien de plus structurant ! Objectifs : le respect du rythme de chacun, la découverte de nouveaux horizons, d'amis et de la vie en collectivité, la quête d'autonomie...

Les centres aérés pour se distraire et se cultiver en dehors de la maison

L'accueil : la fameuse équipe d'animateurs chapeautée par un directeur diplômé, avec Nicolas, « le clown de service », Caroline et son atelier peinture-sculpture, Pascal, « le joueur de guitare », Grégoire, « le conteur d'histoires » – soit un animateur pour huit enfants. Et aussi des intervenants extérieurs (artisans, comédiens...). Le programme : que de la détente ! Avec la pratique d'activités artistiques, culturelles (spectacles divers), de sports et autres loisirs, adaptés aux enfants. Le tout alternant avec des moments de repos.

Accessibles à partir de 3 ans, les centres de loisirs sont ouverts pendant la période scolaire (le mercredi, matin et soir avant et après l'école) et aussi durant les vacances, avec des horaires souples. Et, bien sûr, vous retrouvez votre enfant chaque soir. Cela a parfois un côté rassurant !

Partir en « colo » et découvrir de nouveaux horizons !

L'aventure commence au bout du chemin ! Lors de son séjour, votre « petit » est indépendant ou presque, mais bien encadré. Donc ce n'est pas vraiment l'inconnu. Mais simplement un nouveau départ. Calendrier, valise, argent de poche, nouveaux repères..., il va chercher à se débrouiller comme un grand. Les colonies sont accessibles à partir de 4 ans, mais mieux vaut souvent attendre 6-8 ans, et, surtout la première fois, opter pour des courtes périodes (dix à quinze jours). Et vous devez vous-même vous sentir prête à franchir ce cap, pour préparer au mieux la séparation et que votre enfant parte en toute confiance.

Apprendre à manger

Les bonnes habitudes alimentaires, essentielles au développement de l'enfant, s'acquièrent très tôt. Pour éveiller les papilles gustatives de votre petit, variez les goûts et les couleurs dans son assiette et faites-lui découvrir le plaisir de manger grâce à quelques bonnes astuces.

Les aliments dont a besoin l'organisme d'un enfant *Un solide petit déjeuner pour bien démarrer la journée, un déjeuner et un dîner diversifiés, sans oublier un vrai goûter : voilà le secret d'une alimentation équilibrée. Les quantités indiquées ici valent pour un enfant d'environ 6 ans. Il ne s'agit pas de les appliquer à la lettre, mais de respecter les proportions entre les différentes catégories d'aliments.*

Laissez l'enfant « goûter » avec ses doigts pour qu'il découvre le plaisir de manger.

Des produits laitiers pour les os et les dents

D'une grande variété de choix, les produits laitiers sont la meilleure source de calcium. Ce minéral joue un rôle crucial dans la constitution des os et des dents. Lait, fromages, yaourts, crèmes desserts, etc., fournissent des protéines de bonne qualité. Leur teneur en matières grasses varie beaucoup : certains fromages affichent 30 % de matières grasses, d'autres produits laitiers 0 %. Sachez que de nombreux laitages sont enrichis en sucre.

Pour couvrir les besoins quotidiens de votre enfant, prévoyez un demi-litre de lait ou une quantité équivalente de produits laitiers que vous pouvez choisir selon les goûts du petit, en sachant que 125 ml de lait correspondent à un yaourt, à 100 g de fromage blanc, à 30 g de fromage ou à 4 petits-suisses.

Si votre enfant boude son lait, quelques trucs vous permettront d'y remédier. Parfumez le lait avec une goutte de sirop ou un peu de poudre chocolatée… « Cachez-le » dans les soupes, les purées ou les desserts (flan maison, riz au lait…). Ou proposez-le lui sous forme d'autres produits laitiers ; profitez, par exemple, de sa curiosité pour l'initier à de nouvelles saveurs en lui faisant goûter aux fromages des « grands ».

Fruits, légumes, féculents pour le plein de vitamines et d'énergie

Pour être en forme et protégé de certaines maladies, votre enfant a besoin de minéraux (surtout de fer et de calcium) et de vitamines ; pour fournir de l'énergie aux muscles et au cerveau et pour calmer la faim, de l'amidon et des fibres sont nécessaires. Les nutritionnistes recommandent donc de consommer cinq légumes ou fruits par jour et de manger des féculents ou du pain à chaque repas.

Les légumes et les fruits apportent à l'organisme des fibres, des vitamines (A, groupe B, C, K) et des minéraux (potassium, magnésium). Crus (sous forme de crudités, par exemple) ou cuits (en potage ou en légumes d'accompagnement), les légumes, qui sont peu caloriques, doivent avoir leur place au déjeuner comme au dîner, éventuellement associés avec des féculents. Idéal pour finir un repas, un fruit peut aussi être servi au début de celui-ci, ou lors de collations. Pour apporter de la vitamine C, préférez les fruits crus comme le kiwi ou l'orange.

Vrai ou faux ?

Quand il boit un verre de jus de fruit, l'enfant ne grossit pas.
VRAI. Pris à bonnes doses, le jus de fruit ne fait pas prendre de poids. Donnez un verre de 50 à 100 ml de jus de fruit par jour à votre enfant. À partir de 8 ans, vous pouvez prévoir un verre de 150 ml, surtout si l'enfant est sportif, mais pas plus pour ne pas provoquer de fringales entre les repas.

Les jus de fruits sont trop sucrés.
FAUX. Les « pur jus » (ou 100 % pur fruit pressé) et la plupart de ceux à base de concentré ne contiennent pas de sucre ajouté. Ils proviennent du fruit pressé. Quant aux nectars de fruits, ils sont plus caloriques car on y rajoute du sucre (jusqu'à 20 %). Lisez toujours l'étiquette de l'emballage où figure obligatoirement l'addition de sucre.

Un jus de fruit remplace un fruit frais.
FAUX. Même si un verre de 150 ml de pur jus d'orange contient autant de calories (près de 75) qu'une orange de 150 g. Les purs jus de fruits pressés renferment les mêmes vitamines et minéraux que le fruit dont ils sont extraits. Mais, à moins d'être fabriqués à base de pulpes, ils sont très pauvres en fibres. Or les fibres du fruit facilitent le transit intestinal et rassasient pour longtemps, contrairement au jus de fruit.

Légumes secs, soja et aliments d'origine céréalière (pâtes, riz), les féculents, source de fibres, de vitamines et de minéraux (lentilles riches en fer), sont aussi riches en protéines (sauf les pommes de terre) et surtout en amidon, un glucide lent qui libère, à un rythme régulier, l'énergie dont l'organisme a besoin en permanence, même la nuit. Véritables « carburants », ils évitent à l'enfant des coups de fatigue et réduisent ses envies de grignoter entre les repas. Veillez à ne pas abuser de féculents rendus trop gras par une friture.

Une tartine avec de la confiture ou du miel est à préférer à un goûter de fabrication industrielle.

Des œufs, de la viande et du poisson, pour sa croissance

Tout pour sa « matière grise » et ses muscles ! Les protéines sont essentielles au bon fonctionnement de l'organisme et, faute de pouvoir les fabriquer et stocker lui-même, celui-ci en a besoin tous les jours. Sachez toutefois que 60 à 70 g de viande ou de poisson, ou bien un gros œuf par jour suffisent à un enfant de 6 ans. Évitez donc de lui en servir trop, car il risque alors de ne pas manger assez d'autres catégories d'aliments. Mieux vaut aussi varier en alternant viande, poisson et œufs.

Ces aliments riches en protéines animales le sont également en minéraux (fer, zinc, iode, phosphore, etc.) et en vitamine B12.

▶ Éduquer son goût et éviter les excès

C'est au cours des toutes premières années que s'acquièrent de bonnes habitudes : manger à heures régulières, éviter le grignotage, et savoir apprécier à peu près tout. Cela ne va parfois pas sans mal. Mais, en dépit des aversions le plus souvent passagères, le goût s'éduque, et, avec un brin de fantaisie, vous parviendrez à mettre votre enfant en appétit...

Petit gourmet deviendra grand

Il revient aux parents d'éduquer le goût de l'enfant pour que ce dernier mange de tout, même en petites quantités ! Ajoutez une pincée d'originalité à ce qu'il aime déjà (mais inutile de rajouter du sel). Sentir de bonnes odeurs chocolatées ou qui piquent un peu le nez (moutarde, épices...), entendre la viande rissoler, découvrir de jolies couleurs (citron, orange), piocher par poignées (dans les cerises), palper de nouvelles textures (velouté de l'abricot), triturer d'autres consistances avec ses doigts..., tout cela est source de plaisir – a fortiori pour les plus jeunes dont tous les sens ne demandent qu'à être stimulés.

Dès que l'enfant sait se tenir à table, vous pouvez l'emmener au restaurant – pourquoi

Ses repas de 1 à 3 ans

Biberons, bouillies, purées mixées ou écrasées... Passé les premiers mois, votre petit fait ses premières dents de lait. Il se sert de son pouce et de ses doigts pour empoigner des objets, telle sa petite cuillère ou sa fourchette. De sa chaise haute, il vous imite quand vous lui donnez de petits morceaux.

Ses besoins quotidiens

Votre bambin sait vous dire quand il a faim. Il fait presque les mêmes repas que vous, mais en plus petites quantités. Pour bien faire, comptez 3 repas et 1 ou 2 collations par jour. Misez sur cinq fruits ou légumes crus ou cuits, différents, pour recharger ses batteries en vitamine C, minéraux et fibres. Variez aussi les produits laitiers (lait, yaourt, fromages...), source de calcium et de bonnes protéines animales pour bien grandir.

À chaque repas, l'enfant a besoin de féculents pour aller de l'avant : pain ou céréales 2 fois par jour, et pâtes ou pommes de terre 1 fois par jour. Les légumes secs sont introduits après 2 ans, bien cuits et servis de préférence en purée délayée. Limitez à une fois par jour viandes, volailles moulinées, poissons (30 à 40 g, le poids calculé cru) ou remplacez par un demi-œuf. Jusqu'à 3 ans, de telles portions en protéines animales et en fer suffisent à lui donner des forces. Lors de la préparation, évitez de saler et d'utiliser trop de graisses.

PETIT DÉJEUNER

- Un verre, un bol, un biberon de lait demi-écrémé ou « de croissance », enrichi en fer et en acides gras essentiels, parfumé s'il le veut, ou un autre produit laitier : yaourt à boire, yaourt nature ou aux fruits mixés en pot de 125 g, ou 2 petits-suisses de 30 g, ou un ramequin de 50 g à 100 g de fromage blanc, ou une portion de 20 à 30 g de fromage à tartiner...
- 2 tartines de pain (blanc, aux céréales...), ou 2 biscottes, ou un bol de céréales spéciales bébé ou ordinaires.

DÉJEUNER

- En entrée : des légumes crus ou cuits légèrement assaisonnés (tomates, carottes râpées, asperges...).
- En plat principal : de 30 à 40 g de viande ou de poisson, ou 1/2 œuf ; des légumes verts (printanière de légumes, carottes Vichy, épinards hachés...), des féculents, le tout en purée ou en petits morceaux avec une noisette de beurre ou une cuillère à café d'huile d'olive ou de colza. Les féculents peuvent être remplacés par 2 tranches de pain.
- En dessert : un produit laitier (yaourt, morceau ou part de fromage) ; un fruit de saison cru en quartiers ou en salade.

GOÛTER

- 2 tartines de pain (blanc, aux céréales, d'épices...), ou 2 biscottes, ou 2 tranches de cake, ou 2 biscuits au chocolat, ou un bol de céréales.
- Un verre, un bol, un biberon de lait, parfumé ou non, ou un autre produit laitier : un yaourt à boire, un yaourt nature ou aux fruits mixés en pot de 125 g, 2 petits-suisses de 30 g, un ramequin de 50 à 100 g de fromage blanc, ou une portion de 20 à 30 g de fromage à tartiner...
- Un fruit de saison en cas de grande faim.

DÎNER

- En entrée (s'il n'en a pas eu au déjeuner) : des légumes crus ou cuits légèrement assaisonnés (un fond d'artichaut...).
- En plat principal : une assiette de soupe (légumes, féculents : petites pâtes en forme de lettres, vermicelles) ou des légumes ou féculents à alterner suivant le déjeuner ; 1 tranche de pain pour accompagner le plat.
- En dessert : un produit laitier ; un fruit ou un dessert à base de fruits.

pas italien, chinois, japonais… et l'éveiller ainsi aux goûts et recettes du monde entier. Plus les mets sont diversifiés lorsque l'enfant est encore très jeune, plus il appréciera les cuisines variées quand il sera grand. Vous serez parfois surpris qu'il mange chez autrui ce qu'il dédaigne à la maison, notamment lors de repas en tête à tête avec ses grands-parents ou d'invitations chez ses copains et copines…

Que faire en cas d'allergie alimentaire ?

Qu'est-ce qu'une allergie alimentaire ?
C'est une réaction anormale du système immunitaire envers un allergène contenu dans un aliment. L'organisme produit des anticorps qui se fixent sur certaines cellules, qui libèrent alors de l'histamine, à l'origine des signes de l'allergie.

Comment se manifeste-t-elle ?
Simples rougeurs autour de la bouche, crise d'asthme, rhinite, poussée d'urticaire et d'eczéma, vomissement, diarrhée… Soyez attentive à ces réactions pendant ou après la consommation d'un aliment.

Est-elle héréditaire ?
Si vous, votre conjoint ou un des vos enfants a connu une maladie allergique (rhume des foins, asthme, allergie alimentaire), l'enfant à naître aura un risque accru de présenter une allergie alimentaire. Les réactions peuvent se déclarer tôt ou tard dans la vie et disparaître avec l'âge. Mais plus tôt l'enfant est en contact avec un aliment allergisant, plus grand est le risque d'être affecté.

Comment la prévenir ?
En cas de risque pour votre enfant, retardez la diversification, qui se fera à l'âge de 6 mois, et n'introduisez les aliments les plus allergisants (poisson, œuf, fruits exotiques) qu'après 1 an. Évitez arachide, noix et noisettes jusqu'à 3 ans. Consultez attentivement les étiquettes et, surtout, prenez conseil auprès de votre médecin.

La découverte par le jeu

Il existe mille façons d'intéresser un enfant à la cuisine. Faites-le participer aux courses au marché ou au supermarché, après avoir composé le menu du jour avec lui. N'hésitez pas à l'associer à la préparation de certains plats, ne serait-ce que pour la confection de canapés. Organisez des concours du chef cuisinier le plus créatif. Préparez des tests de saveurs pour qu'il distingue bien le sucré du salé, le goût acide du goût amer. Faites des « tables d'enfants » qui permettent aux petits récalcitrants et chipoteurs d'essayer de nouveaux plats. Si vous disposez d'une terrasse, apprenez-lui à jardiner : ciboulette, thym, persil… Tout cela sera vite un jeu… et une initiation à la diversité des saveurs.

Comment réagir s'il se montre difficile

Il n'est pas dans son assiette. Il n'aime pas les pommes de terre à l'eau, mais adore les frites ! Il affirme ses préférences et ses aversions. Autrement dit, il fait le difficile, chipote pour un rien et change d'avis tout le temps. Lorsqu'il trie ou délaisse sur le bord de son assiette, voire recrache à pleines bouchées, grande est la tentation de s'énerver. Mais rabâcher : « Finis ta viande ! » n'a en général pour résultat que… la soupe à la grimace, et le chantage au dessert est à proscrire. S'il n'est pas nécessaire que l'enfant finisse son assiette, il ne s'agit pas pour autant de déclarer forfait. Préparez-lui plutôt ce qu'il aime. En aucun cas, ne lui offrez plusieurs menus et ne proposez rien en remplacement. Et, s'il n'a pas mangé, évitez de le laisser grignoter ensuite. Ne jouez pas avec lui au moment du repas pour le distraire. Insistez sur le petit déjeuner (laitage impératif). N'ayez pas peur, il ne se laissera pas mourir de faim. Et la cantine apportera souvent la « solution »…

Au petit déjeuner, vous pouvez laisser à l'enfant le choix de boire son lait ou son chocolat chaud ou froid.

Ruser quand l'enfant refuse viande ou légumes

Les dégoûts alimentaires des enfants sont souvent passagers. Pour lui faire manger un aliment qu'il n'aime pas, il est toujours possible de le lui présenter sous une autre forme. Si, un temps, il n'aime pas les légumes cuits, vous pouvez user de ruses. Par exemple, les choux-fleurs cuisinés en purée et mêlés à des pommes de terre seront peut-être plus appréciés. Les fruits pourront compenser une moindre consommation de légumes. La viande, elle, peut être introduite sous forme de hachis dans les légumes farcis ou dans de la purée, ou remplacée par du poisson ou des œufs. De moindres doses en protéines animales devront toutefois s'accompagner d'une augmentation des produits laitiers.

Veiller aux bonnes habitudes alimentaires

Un enfant qui rechigne sans cesse à table est parfois aussi un enfant qui grignote beaucoup. Il est normal qu'il ne finisse pas son assiette s'il sait qu'il pourra ensuite puiser dans le placard barres chocolatées, gâteaux et autres sucreries. Sur ce point, restez fermes. Grignotages et boissons sucrées sont à proscrire entre les repas, et ce même si l'enfant mange volontiers à table. Les excès de sucre ou de matières grasses ne conviennent ni aux enfants ni aux adultes. Il est très difficile de remédier aux problèmes d'obésité. Or, celle-ci s'installe souvent dès l'enfance.

Les sucreries pour les jours de fête, les graisses et le sel avec modération

Gare, donc, aux excès de matières grasses (mayonnaise, sauces...) ! Les frites une fois par semaine suffisent amplement. Inutile que l'enfant s'y habitue. Ayez la main légère sur le beurre, la margarine, les huiles ou la crème fraîche, mais aussi sur le sel. Méfiez-vous des aliments préparés, trop caloriques !

Ne vous laissez pas « piéger » par la publicité. Le chocolat au lait ne remplacera jamais un verre de lait entier. La nouvelle orangeade à la mode à base de colorants est souvent dépourvue de vitamines. À table, ne donnez que de l'eau à boire. Sodas, biscuits apéritifs, chips, viennoiserie, gâteaux, pâtisseries et autres friandises sont à réserver pour les jours de fête et les occasions exceptionnelles.

Un solide petit déjeuner

C'est en général à partir de 3 ans que la composition du petit déjeuner et du goûter change, sans que ces deux repas perdent pour autant de leur importance. Si votre enfant continue de

Veiller à une alimentation équilibrée ne doit pas empêcher le repas de rester un moment de plaisir.

réclamer son biberon de lait – pourquoi pas si c'est la seule façon qu'il prenne un laitage le matin. Offrez-lui en même temps quelques tartines pour qu'il commence à prendre des habitudes qui deviendront nécessaires. S'il ne boit pas de lait, proposez-lui du fromage ou du yaourt et préparez-lui un jus de fruit frais. Une boisson chaude le matin n'est pas indispensables. En résumé, un petit déjeuner équilibré doit comporter du lait ou un équivalent (yaourt, petits-suisses, fromage blanc), des féculents (céréales, pain, biscottes) et un fruit ou jus de fruit. Quant à la quantité, vous pouvez lui donner autant qu'il veut, mais en veillant bien à ce qu'il ne consomme pas trop d'aliments sucrés.

Même si, à l'école, l'enfant se voit offrir une collation en milieu de matinée, il a besoin d'un vrai petit déjeuner. Il ne suffit donc pas de le laisser partir le matin avec une tartine ou quelques biscuits qu'il grignotera en route. Si nécessaire, réveillez-le plus tôt afin de lui laisser le temps de prendre son petit déjeuner sans qu'il se sente bousculé.

Un goûter plein de vitalité

Le goûter, c'est sacré pour un enfant. Pour ne pas le retrouver en train de grignoter devant la télévision, préparez-lui une pause gourmande qu'il pourra manger lors de la récréation ou à la sortie de l'école. Ce moment de détente est nécessaire pour « recharger les batteries » avant de commencer les devoirs.

Quand elle est variée, cette collation permet aussi de compenser les éventuels excès du déjeuner (à la cantine, par exemple) et donc de rééquilibrer l'alimentation. À la maison, n'hésitez pas à l'animer de tomates cerises, de bâtonnets de carottes, de rondelles de concombre... Inversement, ne proposez pas des produits trop sucrés : gâteaux, barres chocolatées, boissons du commerce...

Comme pour le petit déjeuner, préparez-lui un goûter équilibré, composé de féculents – par exemple, 2 tranches de pains avec confiture, 2 madeleines, 2 petits-beurre ou 1 part de cake –, de lait ou d'un produit laitier, ainsi que des fruits, entiers ou en compote. Comme boisson, hormis le lait, vous pouvez lui proposer un jus de fruit ou simplement un verre d'eau. Ensuite, l'enfant sera prêt pour un dîner plus léger.

Des fruits secs pour les petits qui sont sportifs

Si votre enfant pratique un sport, donnez-lui au goûter une banane, ou 4 à 5 fruits secs (abricots, dattes, figues...) ou bien une poignée (50 g environ) d'oléagineux (noisettes, noix, pistaches...) à la place des sucres lents. Ces aliments permettront aussi, si besoin, de pallier, les « coups de pompe ».

Avant son cours, n'hésitez pas à compléter le déjeuner par un laitage plus conséquent : flan aux œufs, ou entremets au caramel, ou gâteau de riz ou de semoule.

Ses repas de 3 à 10 ans

N'oubliez pas de proposer à tous les repas du pain et de l'eau.

LUNDI

PETIT DÉJEUNER

DÉJEUNER

Carottes râpées
Chou-fleur
Filet de daurade
Un morceau de cantal
Un fruit de saison

GOÛTER

DÎNER

Soupe de légumes
Gnocchis
à la semoule
Un yaourt

MARDI

PETIT DÉJEUNER

DÉJEUNER

Salade de lentilles
Petits légumes
Sauté de veau
Un ramequin
de fromage blanc
aux poires

GOÛTER

DÎNER

Radis
Omelette aux herbes
et au fromage
Un fruit de saison

MERCREDI

PETIT DÉJEUNER

DÉJEUNER

Salade de concombre
Haricots verts
et pommes de terre
à la vapeur
Lapin sauce forestière
Un flan à la vanille

GOÛTER

DÎNER

Salade de pâtes
Gratin
de courgettes
Poires cuites

JEUDI

PETIT DÉJEUNER

DÉJEUNER

Betteraves rouges
Petits pois
Foie
Un yaourt
2 sablés

GOÛTER

DÎNER

Salade de thon et
de tomates
Spaghettis au beurre
Un morceau de mimolette
Compote

VENDREDI

PETIT DÉJEUNER

DÉJEUNER

Pamplemousse
Purée
Rôti de bœuf
1 à 2 petits-suisses (30 g)

GOÛTER

DÎNER

Potage de vermicelles
Épinards à la béchamel
Gâteau de semoule
Un fruit de saison

SAMEDI

PETIT DÉJEUNER

DÉJEUNER

Un demi-avocat
Riz et ratatouille
Soufflé de poisson
(merlan)
Un morceau
de tomme

GOÛTER

DÎNER

Salade
Gratin dauphinois
Pomme au four

DIMANCHE

PETIT DÉJEUNER

DÉJEUNER

Salade de tomates
Jardinière
de légumes
Sauté de dinde
Crème renversée

GOÛTER

DÎNER

Asperges
Quiche lorraine
Salade de fruits frais

À l'adolescence, une femme en devenir

La puberté

Quelques poils apparaissent, les tétons qui ne sont pas encore des seins deviennent sensibles, une pudeur qui n'existait pas s'installe soudain : c'est le début de l'aventure de la puberté. Trois ou quatre ans pour qu'une petite fille se transforme en adolescente et s'y habitue…

En l'espace des quelques années de la puberté, la petite fille se transforme en une jeune femme.

Les séquences de la puberté

C'est entre l'âge de 9 ans et demi et 10 ans et demi (deux ans plus tôt que chez le garçon) que la fillette remarque le début de changements dans son corps. Ils viennent lui signifier, ainsi qu'à son entourage, qu'une métamorphose a débuté. Pour la majorité des filles, le développement complet des caractères sexuels sera atteint à 14 ans.

L'enchaînement habituel

Les caractères sexuels dits primaires sont ceux qui existent dès la naissance : vulve, vagin, utérus, ovaires ; les caractères secondaires sont ceux qui surviennent à partir de la puberté. La pilosité et les seins apparaissent en premier, puis, peu à peu, la voix se modifie et la silhouette se féminise grâce au développement du bassin, des fesses et des hanches. Les transformations physiques suivent une séquence bien déterminée. La poussée hormonale agit sur le corps, mais aussi sur le développement des fonctions intellectuelles et psychiques. Cette métamorphose est naturelle et ne pose en général pas de problème, même si un début trop précoce ou trop tardif, un décalage entre l'évolution du corps et celle de la personnalité peuvent créer des difficultés.

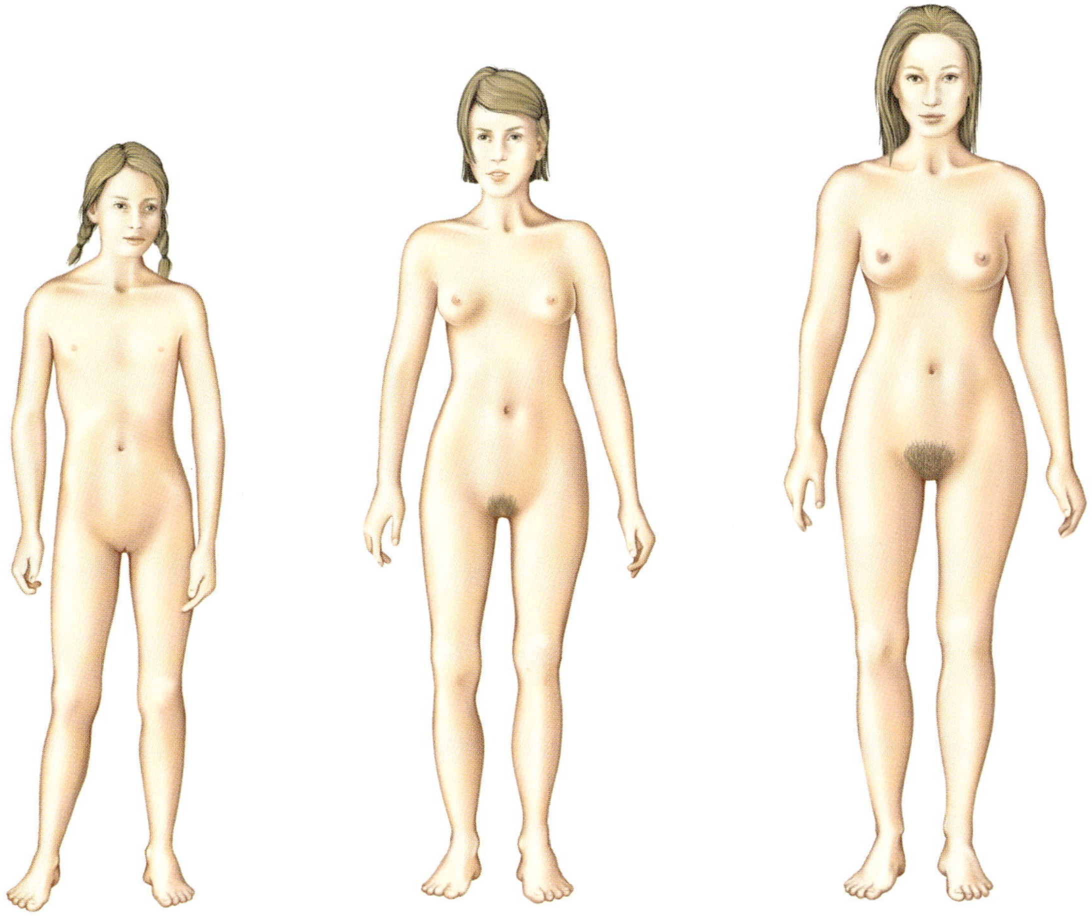

Du corps de l'enfant à celui de la jeune fille. *Le développement des seins et l'apparition de la pilosité sur le pubis marquent le début de la puberté. La transformation de la silhouette et de la voix sont plus tardives.*

Le développement des seins

Le meilleur repère du début de la puberté, c'est d'abord une discrète surélévation de l'aréole des seins (difficile à reconnaître si la fillette est un peu potelée), conséquence de l'apparition des œstrogènes, hormones féminines par excellence. Le mamelon et le bourgeon mammaire bombent et deviennent sensibles, l'aréole se pigmente et les seins « poussent » : leur développement prendra environ quatre ans.

La pilosité, d'abord sur le pubis

En même temps ou un peu avant, un discret duvet pubien se forme et quelques poils apparaissent sur les grandes lèvres (cette pilosité est due aux hormones produites par les glandes surrénales). La pilosité des aisselles apparaît 12 à 18 mois après celle du pubis alors que les seins commencent à être bien développés. Le développement de la pilosité du pubis – sur le mode féminin, en triangle à pointe vers le bas – et celui des aisselles se font en deux ans environ.

La transformation du sexe et les premières règles

La vulve aussi se transforme ; elle suit la bascule du bassin vers l'arrière et, en reculant, devient moins visible. Les petites lèvres se développent et se colorent (le rose carmin de l'enfance est remplacé par des tons plus bruns) ; le coussinet pubien s'arrondit (« mont de Vénus ») ; la taille des grandes lèvres et du clitoris s'accroît, de même que celle du vagin, de l'utérus et des ovaires.

C'est aussi le début des sécrétions vaginales, qui, souvent, inquiètent – à tort – les filles et parfois leurs mères. Quant aux règles, elles apparaissent 18 à 24 mois après les premiers signes de puberté, soit en moyenne entre 12 ans et demi et 13 ans.

Quand survient la poussée de croissance ?

La poussée de croissance prépubertaire existe beaucoup moins chez la fille que chez le garçon, et la vitesse de croissance s'accélère surtout à partir de 11 ans. Elle est maximale pendant l'année qui précède les premières règles et elle est ralentie puis arrêtée par les hormones ovariennes qui soudent les cartilages de conjugaison : voilà pourquoi les filles réglées tard sont en moyenne plus grandes. Ce qui reste des possibilités de croissance après les premières règles est plus faible si les règles sont arrivées tôt. Une jeune fille déjà réglée qui a grandi de moins de 2 cm l'année précédente approche de la fin de sa croissance…

Quelques points de repère

• 11 ans (entre 8 ans et demi et 13 ans et demi) : âge moyen d'apparition des bourgeons mammaires
• 10 ans et demi (entre 8 et 13 ans) : âge moyen d'apparition de la pilosité pubienne
• 12 ans et demi à 13 ans (entre 10 et 15 ans) : âge moyen d'apparition des règles
• 25,3 cm (21 à 29 cm) : gain moyen de taille entre le début de la puberté et l'âge adulte
• 7 cm (4 à 13 cm) : gain moyen de taille entre les premières règles et l'âge adulte

► *Pour en savoir davantage sur les organes sexuels féminins…* *Bien caché et mal connu : le sexe féminin est dissimulé entre les deux cuisses, et les grandes lèvres laissent à peine entrevoir les petites lèvres et le clitoris. La vulve ouverte des livres d'anatomie n'existe pas en tant que telle. Même observés dans un miroir, en écartant bien, l'hymen et le méat urinaire ne ressemblent guère à ce que montrent les dessins de ces livres. Et ce ne sont là que les organes externes…*

Hymen et virginité

L'hymen n'est pas facile à voir parce qu'il n'est pas cette « membrane tendue comme la peau d'un tambour » et percée d'une petite fente ou de quelques trous que l'on imagine habituellement. C'est un petit anneau membraneux qui fait le tour de l'entrée du vagin juste sous le méat urinaire, et qui est replié sur lui-même. Il faut, pour voir son ouverture, écarter vraiment beaucoup les petites et les grandes lèvres.

Chez une adolescente vierge, l'hymen est habituellement assez ouvert pour laisser passer un doigt. L'usage de tampons périodiques facilite d'ailleurs les premiers rapports sexuels. Ni la gymnastique (en particulier le grand écart), ni l'équitation ne modifient l'hymen.

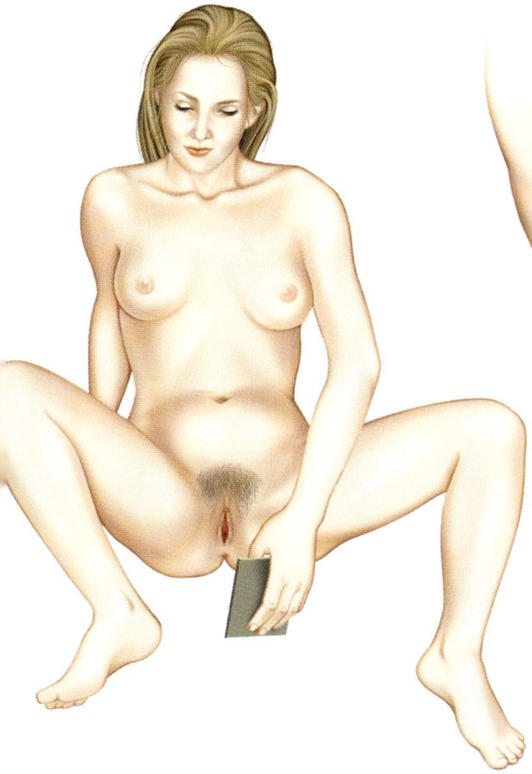

Bien connaître son corps. *L'usage d'un miroir est le seul moyen d'observer le clitoris et les grandes et petites lèvres.*

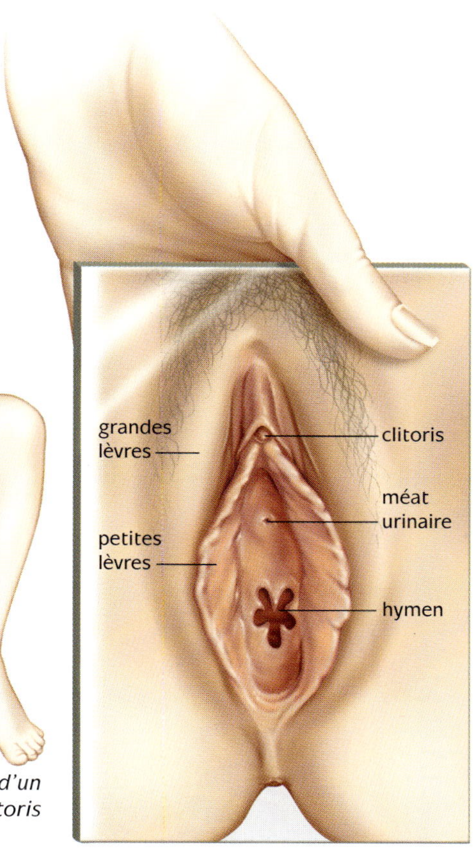

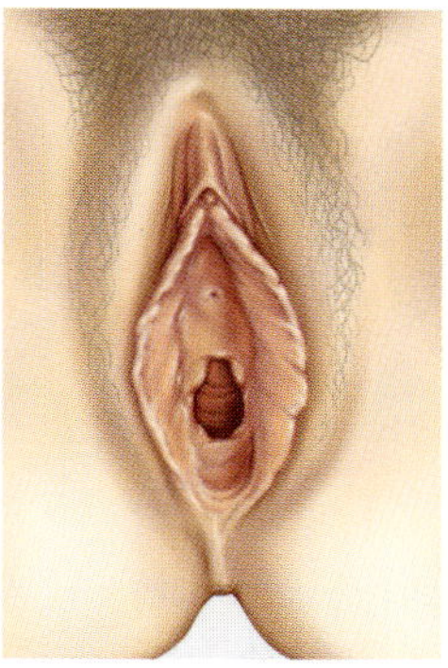

La vulve. *Quand la femme a eu un enfant (ci-dessus), l'hymen est plus ouvert.*

Saigne-t-on toujours lors du premier rapport ?

La défloration (jadis, l'hymen était appelé la « fleur »...) agrandit simplement l'ouverture en provoquant une déchirure d'une petite partie de l'hymen. C'est la taille de l'orifice initial qui va déterminer la facilité ou la difficulté du premier rapport et l'importance du saignement. Dans la grande majorité des cas, la douleur est minime et cette petite échancrure saigne peu.

Beaucoup plus rarement, quand l'ouverture est très petite (4 ou 5 mm de diamètre), l'hymen se déchire en créant une brèche qui saigne abondamment. Il arrive aussi à l'inverse, chez une fille vierge, que l'ouverture de l'hymen soit naturellement assez large pour se laisser distendre sans saignement : on imagine quelle situation cela peut créer dans les cultures où la virginité est une valeur sacrée... L'hymen ne disparaissant pas avec la défloration, il est possible de recréer chirurgicalement les quelques petites « fronces » nécessaires pour reconstituer une virginité.

Quelques situations exceptionnelles

Très exceptionnellement, l'épaisseur de l'hymen est trop importante pour qu'il puisse se déchirer, et la pénétration est impossible. Dans ce dernier cas, il est conseillé de consulter un gynécologue qui, après un examen, pourra, par un recours à la chirurgie, résoudre ce problème (parfois confondu avec le vaginisme – contraction involontaire des muscles périvaginaux). Encore plus rarement, l'hymen n'a pas d'orifice, et il faut en créer un, sous anesthésie, pour que les règles puissent s'écouler.

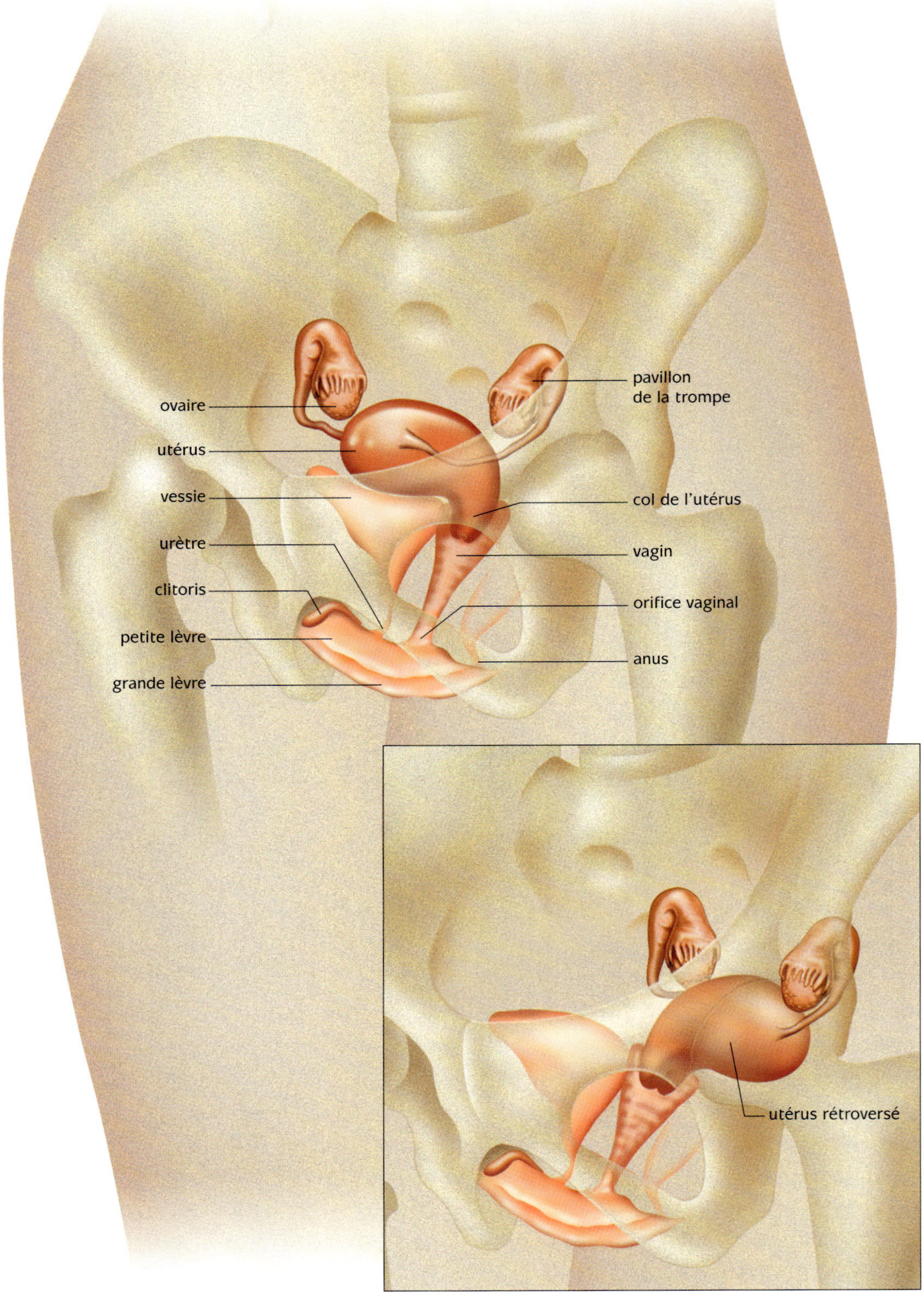

Les organes génitaux. *L'utérus est soit basculé en avant (antéversé), vers la vessie, dans la plupart des cas, soit basculé en arrière (rétroversé) – ce qui ne change rien pour la femme, même lors de la grossesse.*

La position du vagin et de l'utérus

L'axe du vagin n'est pas vertical, mais franchement incliné vers l'arrière : c'est important à savoir pour mettre en place un tampon. Les premiers centimètres du vagin sont étroits, la muqueuse qui les tapisse est plissée et très sensible. Passé 3 ou 4 cm de profondeur, c'est plus large et beaucoup moins sensible : un tampon ne peut plus y être perçu alors qu'il gênerait beaucoup s'il restait à l'entrée du vagin.

Utérus antéversé ou rétroversé ?

Le col de l'utérus se trouve au fond du vagin ; le corps de l'utérus qui le surplombe dans la cavité abdominale est le plus souvent basculé en avant, vers la vessie : on dit qu'il est antéversé. Chez un nombre important de femmes, le corps de l'utérus est basculé en arrière, vers le rectum : on dit qu'il est rétroversé. Dans cette position, il est plus difficile à examiner pour le médecin, d'autant que les ovaires sont alors souvent aussi plus en arrière. Mais cette difficulté technique de l'examen ne correspond que très rarement à un inconvénient médical.

Le clitoris, organe érectile

Le clitoris, situé en haut de la vulve, est recouvert par un mince capuchon cutané et constitué d'une tige de quelques centimètres terminée à son extrémité inférieure par un renflement, le gland clitoridien. C'est la seule partie visible d'un appareil érectile plus important et souvent peu connu, comparable à celui du pénis, mais qui produit un gonflement plus qu'une érection.

Les récepteurs du plaisir

La densité des récepteurs nerveux, percevant pour les uns les caresses superficielles, pour les autres une pression plus appuyée, augmente depuis les petites lèvres jusqu'au clitoris. Le gland du clitoris est plus richement innervé que son équivalent masculin et contient un plus grand nombre de récepteurs du plaisir (corpuscules de Krause).

▶ *Quand viennent les premières règles...*

De nos jours, même les toutes jeunes filles pensent avoir une idée plutôt précise de ce que sont les règles. Le premier cycle menstruel n'en reste pas moins un événement, qui suscite nombre de questions, d'ordre pratique, bien sûr, mais aussi sur le fonctionnement du corps féminin.

Qu'annoncent les premières règles ?

Avec l'arrivée des premières règles, l'adolescente voit, comme ses aînées, sa vie rythmée par le cycle menstruel (du latin, *menstrua*, de *mensis* : mois), dont les règles ne sont que la partie apparente. Il en sera ainsi jusqu'à la ménopause, environ 500 cycles plus tard... Désormais, tout est en place, ou presque, pour qu'elle devienne éventuellement un jour mère. Dans le cerveau, stimulée par l'hypothalamus, l'hypophyse produit les deux hormones indispensables au fonctionnement des ovaires : l'hormone folliculostimulante (FSH), qui « recrute » et stimule les follicules contenant les futurs ovules, et l'hormone lutéinisante (LH), qui déclenche l'ovulation. Habituellement, les premiers cycles après les premières règles ne sont pas ovulatoires et ne le deviennent de façon régulière qu'au bout de 10 à 12 mois. Il arrive souvent qu'au début du fonctionnement menstruel, le cycle soit irrégulier. Il peut même s'interrompre pendant plusieurs mois.

Le déroulement du cycle menstruel

Pour se repérer dans la boucle que forme le cycle, on a choisi de prendre pour début le premier jour des règles. À ce moment-là, l'hypothalamus et l'hypophyse reprennent leur activité en direction des ovaires. Leur action s'intensifie dans la partie préovulatoire, dont la durée peut être variable, puis culmine lors de l'ovulation ; elle décroît ensuite, dans une seconde phase, relativement stable, qui dure environ 14 jours, jusqu'aux règles suivantes.

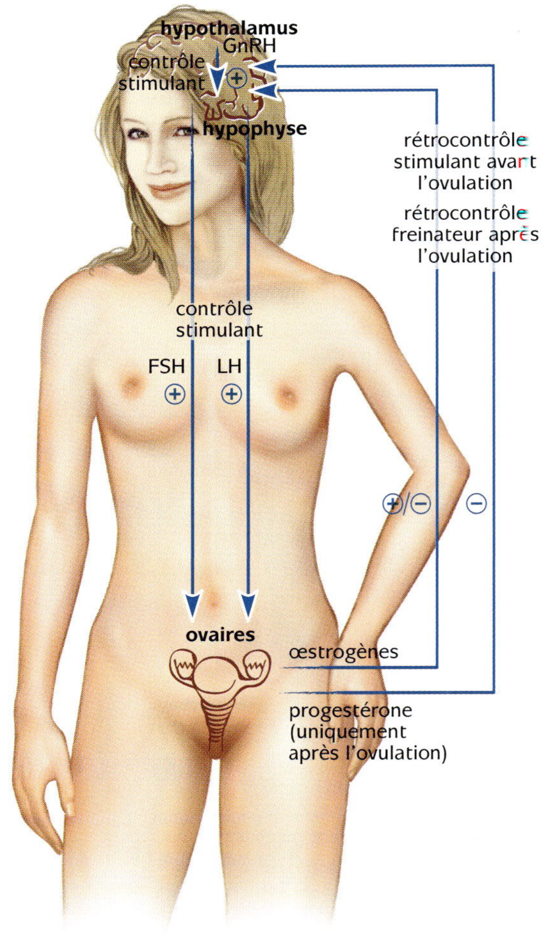

Le rétrocontrôle hormonal. *On nomme ainsi le contrôle par les hormones ovariennes de l'activité de l'hypothalamus et de l'hypophyse.*

Des règles jusqu'à l'ovulation

Au début du cycle, la FSH stimule dans les ovaires la croissance d'une douzaine de follicules – à la naissance, les ovaires contiennent 300 000 follicules, qui restent en attente (quiescents), jusqu'au jour où ils sont activés. Les parois de ces follicules sélectionnés sécrètent des œstrogènes, lesquels stimulent en retour l'ensemble hypothalamus-hypophyse (c'est ce qu'on appelle le rétrocontrôle ou feed-back positif). Puis, un follicule va prédominer, grâce en particulier aux inhibines. Placé à la surface de l'ovaire, il contient l'ovule dans une petite bulle de liquide d'environ 15 mm. L'ovulation se produit quand la LH présente un « pic » de sécrétion. Le follicule se rompt le lendemain de ce pic, et l'ovule se retrouve dans la cavité abdominale où l'une des trompes l'aspire. S'il n'est pas fécondé dans les 24 heures par un spermatozoïde, l'ovule meurt et disparaît.

De l'ovulation jusqu'aux règles

Après avoir ovulé, le follicule se referme et devient le « corps jaune » sécrétant la progestérone. Celle-ci provoque la transformation de la muqueuse utérine (endomètre) nécessaire à l'implantation éventuelle d'un œuf fécondé : elle est progestative. Elle est également responsable de la petite hausse de température qui caractérise la deuxième partie du cycle et

Histoires d'hormones

Produites par les glandes, puis libérées dans le sang, les hormones modifient le fonctionnement de certaines cellules (dites cellules cibles) régulant le métabolisme, la croissance, la fonction sexuelle...

Un système régulateur

Le système hormonal (ou endocrinien) est composé de plusieurs glandes dont l'activité est commandée par les hormones qu'elles sécrètent et qui agissent sur d'autres organes ou tissus de l'organisme. L'hypophyse, elle-même contrôlée par l'hypothalamus, en est le chef d'orchestre. Ces deux glandes sont capables d'apprécier instantanément le taux d'une hormone dans le sang et d'ajuster, tel un thermostat, la sécrétion d'une hormone particulière par une des glandes périphériques (thyroïde, surrénale, ovaires, testicules...) qu'elles contrôlent.

- ***La LH-RH (ou GnRH)*** est une hormone produite par l'hypothalamus, situé à la base du cerveau – un centre de contrôle qui intègre de très nombreuses informations et sert de relais entre le système nerveux et le reste du corps. Elle agit sur l'hypophyse. C'est l'apparition d'une sécrétion pulsée de la LH-RH qui marque le début de la puberté.
- ***La FSH et la LH*** sont produites sous l'influence de la LH-RH par l'hypophyse. Elles stimulent les ovaires qui sécrètent alors les œstrogènes, puis la progestérone.

Les hormones féminines par excellence

- ***Les œstrogènes,*** produits par les ovaires, provoquent le développement du muscle utérin et de sa muqueuse, de la muqueuse vaginale, des seins ; ils agissent sur le cerveau, consolident la trame de l'os, donnent du tonus à la peau, du lustre aux cheveux, féminisent la voix. Ils sont responsables des graisses « gynoïdes » qui féminisent la silhouette et rendent les femmes plus vulnérables aux troubles veineux. L'ovaire produit l'œstradiol, l'œstrone et l'œstriol.
- ***La progestérone,*** l'autre grande hormone féminine, est produite par l'ovaire à partir de l'ovulation. Indispensable partenaire des œstrogènes, elle complète et contrôle leurs effets, permettant notamment l'implantation d'un œuf fécondé dans l'utérus (la nidation).
- ***Les inhibines*** sont également produites par l'ovaire. Elles participent à la prédominance d'un follicule sur les autres mais aussi au freinage de la sécrétion de FSH.

Des hormones « masculines »

- ***Les androgènes*** existent chez la femme à des taux beaucoup moins élevés que chez l'homme. Ils sont produits pour la moitié par les ovaires et pour le reste par les glandes surrénales. Ces hormones « masculines » favorisent le développement de la masse musculaire, mais semblent également jouer un rôle essentiel pour la libido féminine...

Hormones et poids

- ***L'insuline et la leptine*** sont fabriquées, la première par le pancréas, la seconde par le tissu graisseux ; leur rôle dans le contrôle de la glycémie, du stockage des graisses et de la prise de poids est de toute évidence capital, mais pas encore complètement élucidé. Elles interagissent avec le fonctionnement du cycle hormonal, comme le montrent le troubles menstruels lors des prises et pertes de poids excessives.

elle participe au renversement du rétrocontrôle qui freine maintenant les centres cérébraux. La production hormonale des ovaires diminue progressivement jusqu'à ce que les règles se déclenchent à nouveau – sauf si, entre-temps, un œuf fécondé s'est implanté dans l'utérus et stimule directement les ovaires par l'HCG (hormone gonadotrophine chorionique) que détectent les tests de grossesse…

Petit mémo sur ce que sont les règles

L'arrivée des règles n'est pas toujours bien acceptée, certaines femmes rêvent parfois de ne pas « les avoir », et le sang menstruel est, encore aujourd'hui, l'objet de bien des tabous (même si avoir ses règles ne fait plus rater la mayonnaise et n'empêche plus de se baigner ou de se laver les cheveux !). Pourtant, en assurant que le corps fonctionne bien, qu'il peut être fécond, les règles sont aussi riches de symboles et de promesses.

De trois à sept jours de pertes…

La survenue des règles est provoquée par la diminution du taux des hormones ovariennes, œstrogènes et progestérone, qui, au cycle précédent, avaient entraîné l'épaississement de la muqueuse utérine. Cette chute hormonale provoque des spasmes des petites artères (artérioles) de la muqueuse, et des micro-hémorragies apparaissent, relativement en profondeur. Toute la surface de l'endomètre va se détacher, se cliver, autour de cette zone, « desquamer » et s'évacuer, en trois à sept jours, par le vagin.

… de sang, mais pas seulement

La perte de sang globale est à chaque cycle d'environ 4 centilitres dont 90 % dans les trois premiers jours, avec une variation individuelle de la moitié au double. Cela va donc de 2 à 7 centilitres : un peu moins ou un peu plus qu'une petite tasse à café… Peu de femmes ont l'impression de « perdre » si peu ! Cela tient

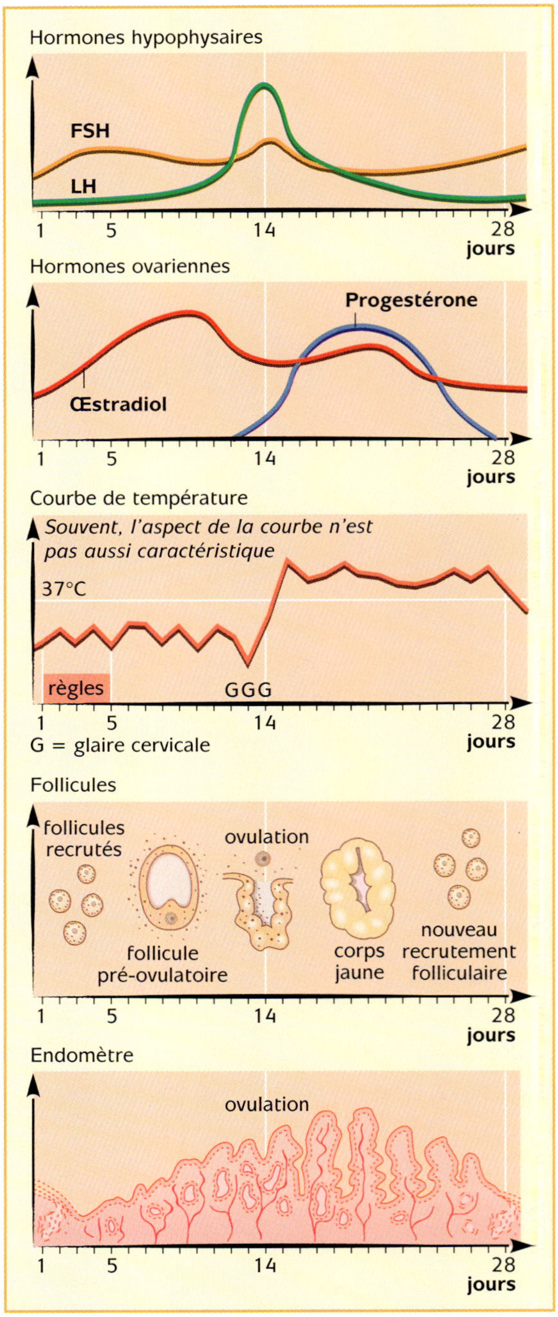

Le cycle menstruel. *Toutes ces courbes montrent ce qui se passe à diffférents niveaux lors de chaque cycle.*

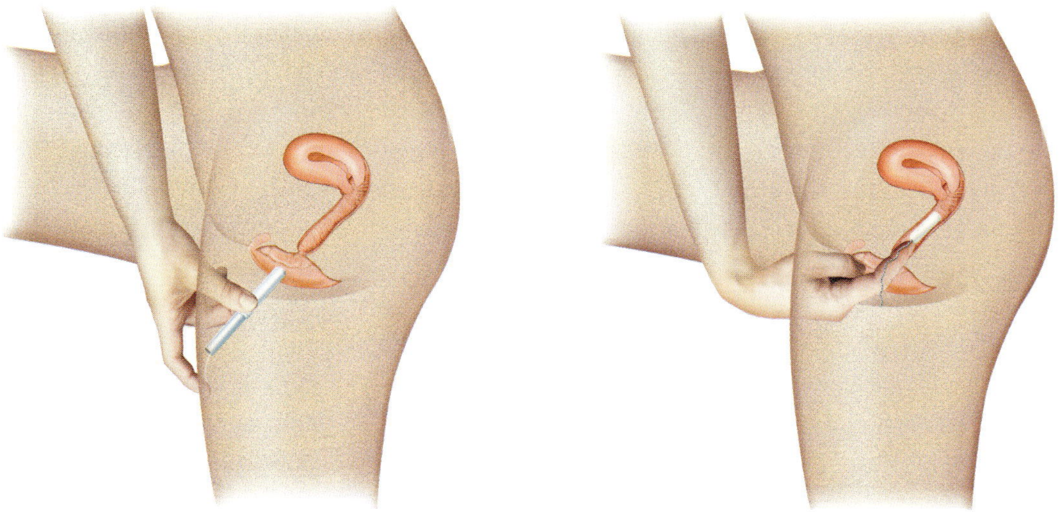

La pose d'un tampon. *Que le tampon soit avec ou sans applicateur, il convient de l'enfoncer assez profond en l'inclinant bien vers l'arrière. Pour que le vagin soit accessible, on peut s'aider en surélevant une jambe.*

sans doute à l'importance symbolique des règles, mais pas uniquement.

Les règles sont en effet composées pour l'essentiel de sang, mais aussi de liquide qui filtre à travers la muqueuse, en quantité très variable, de très petits morceaux d'endomètre, car fragmentés par d'abondantes enzymes, de prostaglandines. Normalement, il n'y a pas de caillots, et le sang des règles est incoagulable.

Peut-on s'y préparer ? Et comment ?

Il est bien sûr impossible de prévoir le moment exact de la première arrivée des règles, et elles tombent parfois vraiment mal ! Si la jeune fille le désire, elle peut emporter dans ses affaires une protection (serviette périodique). Il est bon qu'elle sache que, en cas de survenue intempestive, elle peut toujours demander l'aide d'une copine ou d'une adulte (infirmière scolaire, mère d'une amie). Avoir ses premières règles est quelque chose de très intime et personnel, et ce sera donc à l'intéressée de décider qui elle souhaite informer de l'événement...

Protections ou tampons ?

Les protections sont de plus en plus efficaces, faciles d'usage, peu encombrantes. Faut-il céder à la mode des produits déodorants et désinfectants ? Non, car c'est une cause possible d'irritations et d'allergies.

Les tampons périodiques permettent de se dispenser des serviettes : ils ne se voient pas, ils n'empêchent pas de se baigner – bref, presque comme si on n'était pas réglée. Ne supprimant pas la virginité, ils peuvent être utilisés dès les premières règles. Les choisir avec ou sans applicateur n'est qu'une question de préférence personnelle. Avec l'applicateur, on est plus sûre de placer le tampon à la bonne profondeur ; la version sans applicateur prend moins de place dans le sac et, pour certaines, est plus simple d'emploi.

Du bon usage des tampons

Sous peine d'irriter les parois du vagin, il convient d'éviter de changer tout le temps de tampon. Par précaution, mieux vaut aussi ne pas garder un même tampon trop longtemps (pas plus de 10 à 12 heures), même si les risques de complication sont minimes. Le *toxic shock syndrom* (développement de staphylocoques produisant une toxine) était dû à l'usage de tampons beaucoup plus absorbants que les « maxi » actuels. Quand on ne supporte pas un tampon, c'est le plus souvent qu'on ne l'a pas enfoncé suffisamment ou pas assez incliné vers l'arrière. Certaines filles ne peuvent toutefois pas en mettre, car l'orifice de leur hymen est trop petit, même pour laisser entrer un tampon mini... Mais c'est rare, et il vaut peut-être mieux vérifier avec un médecin que ce n'est pas simplement une maladresse.

En cas d'oubli d'un tampon...

Il arrive parfois que l'on mette trop vite un nouveau tampon, en oubliant qu'il y en avait déjà un, même si ce genre d'incident est très rare chez les adolescentes. Le premier tampon se trouve alors poussé en travers au fond du vagin, et on l'oublie... jusqu'à ce que les pertes deviennent horriblement nauséabondes. Puisqu'il est impossible de retirer soi-même un tampon ainsi placé, il faut consulter en urgence un médecin qui verra tout de suite de quoi il s'agit et le retirera sans difficultés.

La première consultation gynécologique

« À partir de quand dois-je faire consulter ma fille ? », s'interrogent les mères. Même si, en dehors d'un problème réel, elle n'est pas vraiment indispensable avant 18 ou 20 ans, la première consultation est bien plus facile lorsqu'elle n'est pas imposée dans l'urgence. Il est donc préférable qu'elle ait lieu relativement tôt, entre 14 et 16 ans. Lors d'une première entrevue, sauf raison évidente (douleurs, infection...), l'examen gynécologique (déshabillage, spéculum et toucher vaginal) n'est pas nécessaire. L'examen physique n'aura lieu que lorsque la jeune fille l'aura décidé. On peut lui expliquer à cette occasion que, d'un point de vue médical, la présence des règles ne constitue aucune gêne. Ce premier rendez-vous permet surtout d'aborder les thèmes de la contraception, des risques infectieux et de leur prévention. Pour l'intéressée, il conforte aussi la reconnaissance de son statut de jeune fille, de femme en devenir : un rite de passage en quelque sorte...

Petits soucis... ou vrais problèmes ?

Être réglée lorsque les autres filles ne le sont pas encore, connaître des poussées d'acné, s'arrondir un peu trop à son goût... la puberté est parfois source d'inquiétudes. Reste à distinguer les « vraies » anomalies qui justifient une prise en charge médicale, de telle ou telle particularité avec laquelle il faudra s'arranger du mieux possible.

Trop tôt ou trop tard ?

La puberté précoce est définie par le développement des caractères sexuels secondaires avant l'âge de 8 ans. C'est essentiellement le début du développement des seins qui est le signe le plus constant, avec la poussée de crois-

Un petit bouton suffit parfois pour obséder la jeune fille, très attentive à l'image qu'elle peut donner.

sance. Les autres caractères surviennent en suivant plus ou moins la séquence normale, en fonction des causes de cette puberté précoce.

Les causes de puberté précoce

Le plus souvent, c'est le centre de commande hypothalamo-hypophysaire qui a débuté trop tôt son activité (on parle de puberté centrale). Et, en général (70 à 80 % des cas), il s'agit d'un phénomène physiologique, souvent familial. Des traitements permettent de bloquer ce mécanisme, et de prolonger ainsi la croissance. Un bilan est pourtant nécessaire, car il peut s'agir d'un problème sérieux et en particulier d'un kyste ou d'une tumeur dans le cerveau.

Il existe aussi des pubertés précoces qui ne sont pas liées à l'activation prématurée du système de commande hypothalamo-hypophysaire mais à une production anormale d'hormones par les ovaires ou par les glandes surrénales (du fait d'une anomalie enzymatique congénitale ou d'une tumeur).

Quand craindre une puberté tardive ?

Le retard pubertaire est défini par l'absence de tout développement mammaire à l'âge de 13 ans, qu'une pilosité pubienne isolée soit apparue ou pas. Ici aussi, il peut s'agir d'un simple retard, souvent familial. Par ailleurs, certaines causes semblent évidentes : retentissement d'une maladie grave, d'une anorexie importante... Un bilan médical est toujours indispensable pour éliminer l'hypothèse d'une anomalie centrale (congénitale ou tumorale) ou surtout périphérique (anomalies chromosomiques, enzymatiques).

Si les pubertés tardives sont le plus souvent des retards simples chez le garçon, celles des filles sont presque une fois sur deux liées à une anomalie des ovaires.

Des douleurs lors des règles et autres troubles

Une fille sur cinq a des règles franchement douloureuses (dysménorrhée) au point d'être quasi immobilisée durant une journée. Aux douleurs pelviennes et lombaires s'associent alors souvent fatigue, maux de tête, évanouissements, vomissements ou diarrhée, fièvre. Ces règles douloureuses apparaissent dans un tiers des cas dès la première année, pour un second tiers l'année suivante... Il arrive que cela soit dû à un excès de la production des prostaglandines, ces hormones qui provoquent des contractions de l'utérus et des spasmes du col. Des anti-inflammatoires, qui inhibent ces hormones, sont souvent prescrits pour diminuer le caractère douloureux et l'abondance des menstruations. La pilule contraceptive contribue aussi à atténuer ces symptômes.

La recherche du bon maquillage passe souvent par une expérimentation ludique avec des copines.

En cas de saignements excessifs

Trop ou pas assez, la question est toujours difficile, car les points de comparaison manquent à chaque femme... S'il faut changer de serviettes ou de tampons plus souvent que les copines, si une protection « maxi » ne suffit pas pour protéger une nuit entière, il s'agit sans doute de règles trop abondantes. Cette abondance, comme une durée excessive (plus de 6-7 jours), provoque souvent une perte de fer et une anémie qui sont des causes importantes de fatigue. Il faut donc s'en préoccuper.

Un grand besoin de sommeil

Les adolescent(e)s ont besoin de davantage de sommeil que les adultes. Le week-end ou pendant les vacances, il peut leur arriver de dormir plus de 12 ou de 13 heures d'affilée pour compenser les soirées de travail ou... de sortie. C'est là un processus nécessaire qu'il faut respecter. Cette récupération n'a rien à voir – et ne doit pas être confondue – avec la fatigue chronique et la fuite dans le sommeil qui accompagnent souvent une tendance dépressive, pour laquelle le recours à l'aide d'un professionnel est nécessaire.

Vergetures et acné

L'apparition de vergetures est fréquente, et souvent précoce, au niveau des seins ou des hanches. D'abord rosées, elles pâlissent en quelques mois. C'est généralement une poussée de croissance ou une prise de poids rapide qui est à leur origine. L'efficacité des crèmes antivergetures n'est pas avérée, mais il serait dommage de ne pas les essayer...

L'acné est, elle aussi, malheureusement banale, liée aux petits déséquilibres hormonaux. Pour autant, il ne faut pas la négliger, surtout si elle est mal vécue. Afin de ne pas l'aggraver, l'exposition au soleil, les lavages fréquents, les savons asséchants et la manipulation des boutons sont à éviter. En revanche, il est possible d'utiliser des produits cosmétiques dits « non comédogènes » pour le maquillage. Si les soins de peau habituels ne suffisent pas, il vaut mieux demander l'avis d'un dermatologue.

Trois ans cruciaux pour établir sa masse osseuse

La période entre 11 et 14 ans est essentielle pour la constitution de la masse osseuse, laquelle s'acquiert pour la vie... Les régimes carencés, l'insuffisance d'activité physique – comme d'ailleurs l'entraînement trop intensif –, l'anorexie surtout (au lieu de gagner de la masse osseuse, une anorexique en perd 4 à 6 % par an) constituent des facteurs déterminants pour un risque qui ne se manifestera que bien plus tard, celui d'une ostéoporose...

La question du poids, quand s'en inquiéter ?

La masse musculaire augmente jusqu'aux premières règles, puis c'est le tour du tissu graisseux, au niveau des fesses, des cuisses et des seins, ce qui se traduit par un gain de 5 à 15 kilogrammes. Cette arrivée soudaine des rondeurs mérite d'être contrôlée. Les cellules graisseuses interagissent en effet d'une façon essentielle avec le système hormonal féminin, d'où les perturbations que peut engendrer un excès de poids prolongé.

Inversement, ce souci de « faire attention » peut conduire à des régimes inadaptés ou à d'authentiques – et graves – troubles du comportement alimentaire.

Normalité, surpoids et obésité

Un calcul simple permet de se repérer entre « normalité », « surpoids » et « obésité ». L'indice de masse corporelle (IMC) est obtenu en divisant le poids (en kilogrammes) par le carré de la taille (en mètres) : une fille de 1,65 m pesant 67 kg a ainsi un IMC de 24,63 (67 divisé par 2,72, soit le carré de 1,65).

Le surpoids est défini par un IMC entre 25 et 30 ; il se corrige en modifiant, selon les conseils d'un spécialiste, les habitudes diététiques et le mode de vie.

L'obésité correspond à un IMC supérieur à 30. Elle impose une prise en charge médicale. Il faut cependant savoir que la majorité des obésités de l'adulte ne se constituent pas à la puberté, mais bien avant, entre 3 et 9 ans.

Anorexie et boulimie : attention danger

L'anorexie et la boulimie apparaissent à l'adolescence et concernent le plus souvent les filles, peut-être parce qu'il est plus difficile d'accepter ce corps qui, en changeant, attire trop certains regards et devient capable des extraordinaires transformations de la grossesse. L'anorexie, qui se traduit par le refus de s'alimenter, avec des conséquences potentiellement graves, concernerait environ 1 % des adolescentes. La boulimie nerveuse, elle, se manifeste par l'ingestion de quantités énormes, ensuite vomies... L'anorexie peut s'associer à des épisodes de boulimie et de vomissements, à la prise de laxatifs.

Repérer ces troubles n'est pas si facile : les parents ont a priori envie de relativiser la situation, et la jeune fille s'emploie intensément à dissimuler sa difficulté. C'est pourtant au moment où ces troubles se constituent qu'une prise en charge spécifique est le plus efficace. Il convient donc d'être vigilant et de prendre un avis spécialisé si un régime persiste longtemps, si les repas ne sont plus pris en famille, si le comportement autour du réfrigérateur et des toilettes est étrange, si les vêtements cachent de plus en plus le corps, si les règles disparaissent, si le poids augmente.

Quel soutien-gorge ?

Avoir un bon soutien-gorge, bien adapté à sa poitrine, est important, surtout si les seins sont lourds. Même avec une petite poitrine, il faut mettre un soutien-gorge lorsqu'on fait du sport : le tissu qui attache les seins aux muscles pectoraux est assez lâche et c'est la peau qui constitue leur principal soutien. Il existe d'ailleurs des modèles spécialement adaptés pour le sport ; ils procurent un excellent confort.
Si l'on utilise un soutien-gorge à baleines, l'extrémité de celles-ci ne doit pas laisser de marques, ces dernières indiquant qu'il ne convient pas ou qu'il est trop petit.
Si l'on a une poitrine volumineuse, il faut apprendre à bien placer les seins dans les bonnets, par exemple en se penchant en avant quand on met le soutien-gorge.

Je n'aime pas...

Avec la puberté et l'adolescence se constituent les principales caractéristiques du corps adulte. Il n'est pas toujours facile d'accepter de devoir hériter de traits que l'on n'aurait pas forcément choisis, et il faut du temps pour apprendre à exploiter ses atouts.

... mes seins

Souvent, l'un des bourgeons mammaires précède l'autre de quelques mois. Mais, en dehors des cas particuliers d'asymétrie persistante et importante et d'hypertrophie vraie, il faut attendre quelques années pour juger de l'aspect définitif d'une poitrine. Une chirurgie précoce ne mérite d'être envisagée que lorsque les seins sont vraiment trop développés et constituent un handicap du fait de leur poids et de ses conséquences sur le dos (statique) et de douleurs possibles.

Quant aux mamelons « ombiliqués », rentrés, ils ne constituent pas une anomalie ; éventuellement, si vous rêvez de les voir sortis, il existe une opération assez simple.

... mes fesses

Trop grosses ou trop petites, pas assez rondes ou un peu tombantes, elles peuvent se transformer avec un bon contrôle du poids et de la gymnastique : les abdo-fessiers, vous connaissez ?

... ma pilosité

L'excès de pilosité est le plus souvent dû à des facteurs familiaux et ethniques. Parfois, une anomalie hormonale en est responsable, et une consultation chez un dermatologue ou un gynécologue vous éclairera sur ce point. En l'absence d'anomalie, on peut utiliser certaines pilules contraceptives ou des progestatifs à action antiandrogénique, ou bien recourir à l'épilation électrique.

... mon sexe

Les petites lèvres en particulier varient beaucoup d'une femme à l'autre. Il arrive souvent qu'elles soient asymétriques et, lorsqu'elles sont relativement longues, elles se voient davantage que celles des autres. Si cela vous déplaît vraiment trop, par exemple, en maillot de bains, parlez-en à votre médecin, il vous rassurera sans doute sur votre normalité. Et si malgré tout, à la longue, cela vous reste insupportable, il reste bien sûr possible de les faire « retoucher » par un chirurgien. Mais est-ce que ça en vaut bien la peine ?

... mes sécrétions

Très peu de femmes n'ont pas de pertes blanches : elles sont aussi normales dans le vagin que la salive dans la bouche ; elles ne sont pas « sales », même si elles jaunissent un peu en séchant dans le slip. Juste avant l'ovulation, elles peuvent être particulièrement abondantes, transparentes et « élastiques » : c'est la glaire qui permet aux spermatozoïdes de monter dans l'utérus. Ne pas confondre ces pertes normales avec celles d'une infection, associées à des brûlures, parfois à des odeurs, et qui sont nettement colorées.

... mes règles

Le sang des règles n'est pas toujours rouge ; lorsqu'il s'écoule lentement, il peut devenir brun ou noir, parce qu'il a commencé à s'oxyder : ce n'est pas en soi une anomalie.

Un âge fragile

L'adolescente est une femme qui se cherche, et cette quête d'une identité autonome n'est pas toujours aisée alors que les points de repère changent, que le corps évolue rapidement et que l'on ne sait trop comment se situer par rapport à sa famille et au monde extérieur.

Une personnalité en construction

Confrontée à sa propre image, à de nouvelles émotions et à de nouveaux désirs, sans pour autant pouvoir encore vraiment les assumer, la jeune fille s'efforce de faire émerger une estime de soi, de trouver un équilibre dans les bouleversements physiques et psychiques de la puberté qui représente une des phases fondamentales de son développement.

Même si elle a à peine quitté sa meilleure amie, la jeune fille l'appellera parfois aussitôt rentrée chez elle.

Une identité qui se cherche

La caricature de l'adolescente complexée par ses problèmes d'acné ou d'appareil dentaire, qui cache les changements trop soudains de son corps dans des pulls informes et répond par monosyllabes à ses parents tandis qu'elle passe des heures au téléphone avec ses copines ou à se maquiller enfermée dans la salle de bains, n'est pas si éloignée de la réalité. Pourtant, même si l'adolescence est parfois un moment très difficile à vivre, pour la jeune fille et pour ses parents, c'est dans cette « crise d'adolescence » que les conflits non résolus de l'enfance peuvent enfin trouver une solution et que l'identité de la personne adulte se forme.

La confiance et l'estime de soi dépendent beaucoup de la façon dont la jeune fille vit son adolescence.

Cela est d'autant plus vrai que, de nos jours, le cycle de l'adolescence s'allonge de plus en plus.

Des manières multiples de vivre son adolescence

Parfois, cette identité se forme « contre » celle du père ou de la mère, et c'est de cet affrontement que l'adolescente a besoin pour s'affirmer et trouver la force de voler de ses propres ailes. Mais la diversité des modèles familiaux empêche aujourd'hui de généraliser. Comment comparer en effet les problèmes d'une adolescente qui grandit dans une fratrie et ceux d'une adolescente qui vit dans une famille monoparentale, en quelque sorte « en couple » avec l'un de ses parents ?

Dans tous les cas, la manière de vivre son adolescence, et en particulier la perception de l'image de son corps et de son identité sexuelle, aura une influence profonde sur la confiance et l'estime de soi et donc sur toute sa vie ultérieure.

Le corps qui change et l'éveil de la sexualité

La puberté, avec son cortège de bouleversements physiologiques, s'étend sur une durée d'à peu près deux ans, les premières règles apparaissant en général entre 12 ans et demi et 13 ans, même s'il existe d'importantes variations individuelles. C'est aussi la période où s'éveille la sexualité. L'âge des premiers rapports sexuels (17 ans et demi en moyenne) est lui aussi très variable, dépendant à la fois de l'éducation reçue, du milieu familial et de la personnalité de l'adolescente. Dans l'idéal, l'éducation sexuelle devrait pouvoir s'appuyer sur un dialogue suscité avec tact par les parents, autant que sur l'information fournie au lycée – sans oublier les échanges avec les amies !

L'importance de l'image du corps et du regard des autres

Sur le plan psychologique, la période d'incertitude, de doute, nécessaire pour élaborer cette nouvelle identité sexuelle et pour intégrer tous ces changements physiques et ces émotions, est souvent plus longue et difficile à délimiter que la puberté. L'adolescente a d'abord besoin de reconnaître ce nouveau corps qui est le sien, en l'examinant dans la glace, parfois très souvent et pendant des heures. L'image du corps est le résultat de ce travail de reconnaissance et d'acceptation de soi, mais aussi du regard des autres et de leur attitude devant cette nouvelle identité sexuée.

C'est pourquoi l'échange avec les autres notamment avec ses copines, est tellement important : une jeune fille isolée est sans doute une jeune fille qui souffre. C'est en fait aux copines que l'adolescente se confie, et c'est avec elles qu'elle parlera de ses problèmes, de ses désirs, de ses premières expériences et émotions sexuelles.

Entre dépendance et autonomie, la crise d'adolescence

Ces transformations physiques et psychologiques impliquent pour l'adolescente une modification de ses relations familiales et le passage progressif de la dépendance vis-à-vis de ses parents à une autonomie plus ou moins rapidement atteinte. L'adolescente se pose des questions sur elle-même et cherche à trouver une nouvelle place dans sa famille et un rôle plus adulte dans la société. Une quête d'identité et d'autonomie qui peut être l'occasion de profondes et angoissantes remises en question tant pour la jeune fille que pour son entourage. Véritable crise d'adolescence, cette période d'instabilité, qui signe le changement de personnalité de l'enfant à l'adolescente, est alors émaillée de colères, de bouderies, de moments de tristesse ou même de désespoir. Elle est jalonnée de phases de contestation de l'autorité des adultes, de disputes plus ou moins violentes et parfois de troubles du comportement et de passages à l'acte, notamment des fugues. Dans ces conditions, la vie de famille devient souvent tendue et pénible.

Un corps à soi dans un lieu à soi

La pudeur et le besoin d'intimité que l'adolescente ressent par rapport à son corps se retrouvent vis-à-vis de son espace personnel, en particulier de sa chambre. C'est là qu'elle s'enferme souvent, pour téléphoner aux copines, mais aussi pour s'observer, apprendre à reconnaître son corps, se l'approprier et l'accepter.
C'est dans ce lieu bien à elle qu'elle essaye de nouvelles tenues ou confie à son journal intime les émotions ou les angoisses du jour. La chambre est ainsi au cœur du monde de l'adolescente, elle représente son refuge, le lieu où elle cache parfois très soigneusement ses secrets, les lettres de son petit ami, ses souvenirs, ses rêves...
Il est bien sûr très important de respecter le « territoire » de l'adolescente, de ne pas l'envahir : les intrusions des parents sont souvent vécues par la jeune fille comme un manque de respect inadmissible.
L'adolescente demande le même respect pour la pudeur de son corps que pour l'intimité de sa chambre, et ce respect peut vraiment l'aider à se construire.

Développer l'estime de soi

Étape plus ou moins difficilement vécue, la crise d'adolescence est en fait une expérience de maturation vers la constitution d'une identité de femme adulte. C'est à cette période que la personnalité de la jeune fille se définit, dans ces processus de changement complexes qui permettent de sortir de l'enfance. L'adolescente devra concilier peu à peu ses aspirations idéalistes, sa quête d'absolu avec les exigences et les contraintes d'une réalité dans laquelle s'inscrira sa vie de femme. Dans la plupart des cas, l'adolescente trouve au terme de cette évolution un équilibre psychologique, marqué par le plein épanouissement de sa personnalité adulte : le papillon est sorti de sa chrysalide.

L'estime de soi n'est pas le moindre élément de ce nouvel équilibre. Elle est progressivement acquise lorsque l'amour des parents peut être intériorisé et permet une juste appréciation de sa valeur personnelle et de sa capacité d'entrer en relation avec les autres. C'est grâce à cette vision positive qu'elle peut avoir d'elle-même que la jeune femme s'affirmera dans sa vie affective et sociale. Bien des fragilités psychologiques sont liées à une défaillance de l'estime de soi, qui rend la jeune fille, puis la jeune femme, douloureusement dépendante du jugement des autres.

La complicité entre jeunes filles joue un rôle important dans la formation de leur nouvelle identité sexuelle.

Le temps des menaces

Dans toute cette période de crise et de maturation, l'adolescente est particulièrement fragile. Sa personnalité, encore insuffisamment structurée, la rend très influençable et vulnérable aux sollicitations de l'environnement, mais l'expose aussi parfois à des souffrances graves, qu'il importe de bien identifier pour mieux les traiter.

Le défi et le goût du risque

Les conduites à risque ne sont pas rares à l'adolescence : consommation d'alcool ou de drogues, recherche de la vitesse en voiture ou à moto, pratique de sports extrêmes tels que parachutisme, escalade à mains nues, voire saut à l'élastique... Ces comportements semblent plus fréquents chez les garçons, mais il existe des filles « casse-cou », qui jouent avec le danger et mettent en scène leur prise de risque. La jeune fille recherche ainsi des sensations fortes, une affirmation de sa toute-puissance, de sa négation des limites. Par là peut s'exprimer le rejet des modèles parentaux et souvent aussi une certaine « revendication virile » marquant un refus des stéréotypes traditionnels de la féminité.

Une mise en danger de soi

Outre la consommation de tabac – en augmentation chez les filles – et de substances comme les drogues douces ou dures, la plupart des conduites à risque chez la jeune fille recouvrent une mise en danger du corps. Dans le domaine sexuel, le défi se traduira par des rapports non protégés, une multiplication des partenaires, une absence de contraception. Dans un registre plus nettement pathologique, cette mise en jeu de sa propre vie sous-tend les troubles des conduites alimentaires, en particulier l'anorexie mentale, ou encore certaines tentatives de suicide par absorption de médicaments ou par phlébotomie (incision volontaire des veines du poignet), dans le but d'appeler l'autre ou les autres à l'aide ou au moins d'attirer leur attention.

L'anorexie mentale

Refus plus ou moins systématique de s'alimenter, l'anorexie constitue un trouble psychiatrique grave, souvent associé à un trouble de personnalité, qui peut commencer à se manifester vers 13-14 ans, en général chez des jeunes filles qui réussissent très bien à l'école et dans leurs pratiques sportives, et qui ont en commun une grande exigence vis-à-vis d'elles-mêmes et une cruelle intransigeance vis-à-vis de leur corps.

C'est cette extrême volonté de contrôle de son corps et de sa vie qui pousse l'anorexique à faire de la course tous les matins avant d'aller au lycée, à travailler beaucoup pour être la meilleure en classe, et à se nourrir de moins en moins – en imaginant bien des ruses pour le cacher autant que possible.

Une perception pathologique de son corps

Très souvent, le début de l'anorexie coïncide avec un premier régime que l'adolescente entreprend, se trouvant trop grosse par rapport à ses copines ou à ses modèles d'identification. La perte de poids, vite considérable, s'accompagne d'une absence de règles (aménorrhée) et d'une hyperactivité physique et mentale qui fait « tenir » la jeune fille et contraste avec sa maigreur. Même étant très maigre, l'anorexique continue de se trouver grosse et de vouloir maigrir, et c'est justement cette perception pathologique du corps qui, avec certains traits de personnalité, fournit les éléments pour établir un diagnostic.

Nier sa féminité

Une telle maigreur représente une sorte de triomphe de l'esprit sur le corps, ses besoins et ses désirs, même sexuels. L'aspect asexué du corps de l'anorexique est en fait une façon de nier les attributs de la féminité, une tentative désespérée de ne pas devenir une femme « qui ressemble à sa mère ». Très souvent, en effet,

Le besoin parfois risqué de faire comme les autres...

Son besoin d'être acceptée et reconnue par son entourage – famille et amis – rend l'adolescente disponible à « faire comme les autres ». C'est en général comme ça qu'elle fume sa première cigarette, comme ça aussi qu'elle peut boire de l'alcool, parfois même beaucoup d'alcool lors des soirées entre amis, ou essayer des drogues. Toutes ces attitudes sont en effet d'abord un moyen de s'intégrer au groupe et, en même temps, une manière d'échapper à la menace principale à laquelle l'adolescente est confrontée, celle de la dépression. Pour elle, en effet, le risque est de céder aux angoisses et au sentiment d'incertitude par rapport à soi et à l'avenir, à la vie même qui apparaît parfois très, trop difficile à affronter. Le contexte socio-économique actuel renforce ces sentiments de doute et d'impuissance, qui vont quelquefois jusqu'à des moments de désarroi total et se traduisent par des appels à l'aide, voire des tentatives de suicide. Ces gestes, dans certaines situations, sont le premier déclic où la famille prend vraiment conscience de la souffrance de la jeune fille et souvent déclenchent une prise en charge psychothérapeutique.

une relation problématique mère-fille se retrouve chez l'anorexique, dans un contexte familial par ailleurs globalement très perturbé. L'évolution de ce trouble peut être très grave dans certains cas. Une prise en charge spécialisée, physique et psychologique, le plus rapide possible, de l'adolescente et de sa famille, est donc indispensable.

La boulimie nerveuse

Caractérisée par le besoin irrépressible d'absorber de la nourriture, la boulimie est un autre trouble sévère du comportement alimentaire qui débute souvent à l'adolescence, mais en général plus tard que l'anorexie.

Au cours d'épisodes répétés, dans un climat très ritualisé, la boulimique, seule à la maison ou en cachette, avale très vite de grandes quantités de nourriture, avant de se faire vomir. Il arrive que ces phases de boulimie alternent avec des périodes d'extrême restriction alimentaire, voire d'anorexie. Parfois même, l'adolescente peut changer radicalement de comportement alimentaire d'un mois à l'autre, d'une semaine à l'autre, voire d'un jour à l'autre.

Sur un fond dépressif

Ces crises sont très éprouvantes pour l'adolescente, qui essaie de lutter contre cette impulsion et finit par y céder, en se sentant honteuse, très coupable et malheureuse. C'est l'état psychologique de la jeune fille et l'état dépressif de repli sur soi qui suit les crises qui permettent le diagnostic de boulimie, en le différenciant d'autres « crises de fringales » ponctuelles ou d'autres excès non pathologiques. La boulimie nerveuse se retrouve souvent chez des personnalités dépendantes et à tendance dépressive.

Face au danger

Illustration de la fragilité et de l'extrême sensibilité de l'adolescente face à l'image de son corps, ces troubles, qui risquent d'affecter gravement sa santé, témoignent d'une grande souffrance et demandent beaucoup d'attention et de délicatesse de la part des adultes. Un regard vigilant et une disponibilité à l'écoute peuvent permettre à la jeune fille d'exprimer son mal-être et aussi faciliter le recours à un véritable travail psychothérapeutique.

Véritables troubles ou simples « caprices » alimentaires ?

L'anorexie et la boulimie sont des troubles psychiatriques graves qu'il faut distinguer des changements de goûts et d'habitudes alimen-

Hors de la famille, des soutiens psychologiques

Le premier soutien pour la jeune fille est souvent représenté par son entourage amical, sa ou ses « meilleures amies », alliées précieuses pour travailler ensemble et améliorer les résultats scolaires, mais aussi véritables confidentes, avec lesquelles elle passe parfois des heures au téléphone, afin d'avoir leur avis et leur réconfort dans les moments de découragement. Mais, dans certains cas, la nécessité d'un suivi psychologique ou médical, d'un travail de psychothérapie et/ou d'une prise de médicaments s'impose. Aujourd'hui, le recours à ce type d'aide devient plus banal et l'accès à des consultations appropriées s'en trouve facilité. Un espace de parole, de liberté, un « jardin secret » dans le cadre d'une relation thérapeutique peuvent apporter aux adolescentes perdues dans leurs angoisses un énorme bénéfice, les aidant à se structurer et à renforcer leur confiance et leur estime de soi.

À travers ses goûts alimentaires parfois choquants pour les parents, l'adolescente affirme son identité.

taires, en fait assez banals à l'adolescence. En effet, très souvent, la jeune fille revendique des goûts assez fantaisistes et des horaires de repas différents, comme une manière de s'affirmer au sein de la famille et comme un défi aux traditions familiales.

Selon l'humeur

À travers ces nouvelles attitudes, l'adolescente conteste « l'ordre établi » par ses parents et, en même temps, manifeste sa volonté de s'approprier son corps et de maîtriser ses besoins physiologiques. Selon son humeur, elle a parfois très faim et parfois pas du tout, et cette faim ou absence de faim a aussi une valeur symbolique : volonté d'« incorporer » le monde ou bien de le refuser. Dès lors, la jeune fille peut se nourrir de façon anarchique – repas oubliés, grignotage, fast-food, cacahuètes, olives et coca-cola –, ou même décider d'absorber un seul type d'aliments, par exemple des fruits rouges. Ou encore décider soudain de devenir végétarienne, simplement parce qu'elle a lu que son idole, une chanteuse dont elle connaît tous les goûts, aurait choisi ce type de régime... Dans d'autres cas, fréquents aujourd'hui, la jeune fille se met à suivre un ou plusieurs régimes, parfois sur les conseils d'un magazine, à la veille des vacances, ou sur ceux d'une copine – ce qui peut entraîner des variations de poids considérables selon les périodes (régime « yo-yo »), et éventuellement signaler le début d'un désordre alimentaire plus sérieux.

Se nourrir bien ou mal : un moyen d'expression

Quelquefois, ces changements d'alimentation montreront le désir d'adhérer aux valeurs religieuses d'un groupe auquel la jeune fille souhaite s'identifier et qui, bien sûr, ne sont pas celles de ses parents. D'autres fois, ce seront des attitudes régressives : une adolescente expliquait ainsi à son psy que, puisqu'elle passait son bac, elle avait le droit de réclamer à ses parents plus d'autonomie, ajoutant par ailleurs qu'elle prenait « en ce moment » uniquement du lait et des yaourts et voulait que sa mère lui achète des petits pots pour bébés...

L'alimentation et l'organisation plus ou moins traditionnelle des repas est donc au cœur des interactions familiales au moment de l'adolescence et deviennent facilement l'objet de disputes.

De tels conflits signent certes les désaccords sur les limites de la liberté de l'adolescente, mais ils marquent aussi une étape pour trouver un nouvel équilibre dans les relations d'interdépendance au sein de la famille.

▶ L'univers social et familial, contradictions et paradoxes

Si l'adolescence est l'époque des contradictions et des paradoxes, c'est que l'ado vit souvent entre autonomie et dépendance, opposition et identification. Les médias parlent du « monde des ados », comme s'il s'agissait d'un univers à part, dans lequel les adultes seraient incapables d'entrer. C'est dire si cela peut être frustrant et ingrat pour les parents !

Les valeurs et attitudes vers lesquelles les adolescentes s'orientent doivent plus à leurs pairs qu'à leurs parents.

Le monde des ados

Les magazines et les phénomènes de mode, la culture des jeunes entretiennent l'idée que les ados constituent un monde à part, avec son langage codé, ses modes vestimentaires et ses coutumes propres – qui agacent les parents, qui ont du mal à le comprendre : l'adolescent, lui, a besoin de penser qu'on ne le comprend pas, ce qui lui permet de s'affirmer dans son identité adulte. Très souvent, les problèmes rencontrés par la jeune fille avec le couple de ses parents sont l'occasion d'un véritable « conflit des générations » : les parents sont à la fois un modèle d'identification et l'exemple de ce qu'il ne faut surtout pas reproduire. Autrement dit, l'adolescente veut être comme ses copines, plutôt que comme ses parents.

Les copines d'abord

La référence au groupe est permanente. Les adolescentes s'observent, se copient, se jalousent parfois, mais, au bout du compte, elles se reconnaissent comme semblables et ont les mêmes aspirations. Ce qu'elle n'arrive pas à confier à ses parents, l'ado le partage avec des filles (et des garçons) de son âge : avec ses copines, elle se rassure sur son identité, sur la « normalité » des changements qu'elle vit.

Bien plus que les parents, c'est le groupe – d'abord des « bandes » séparées filles/garçons, voire opposées, puis peu à peu mixtes – qui initie beaucoup des comportements de l'adolescente. L'intégration au groupe des pairs est ainsi une des conditions nécessaires au développement psychologique de la jeune fille.

Un énorme besoin d'identification

Une des caractéristiques du monde des ados est l'identification des jeunes filles à des modèles médiatiques, chanteuses ou actrices le plus souvent, qui incarnent un idéal de réussite, de richesse, de pouvoir d'attraction. Mais, confrontées également à d'innombrables sujets de doute, elles ne s'accrochent pas uniquement aux vestes d'idoles inaccessibles. À la recherche de rôles qui répondent mieux à leur situation, elles préfèrent alors des jeunes « comme elles » que des émissions de télévision érigent en stars, nourrissant leurs rêves d'accéder au statut de vedettes, de passer en quelques instants de l'autre côté du miroir.

Les relations avec les parents

L'évolution rapide de la jeune fille entraîne bien sûr des changements importants dans les rapports qu'elle entretient avec ses parents. Le lien mère-fille, déterminant et complexe, a fait l'objet de multiples études psychologiques et psychanalytiques, avec, entre autres, les apports de Freud (1856-1939) et de Jacques Lacan (1901-1981). Plus accessibles, les ouvrages de la psychanalyste Françoise Dolto (1908-1988) offrent aussi un éclairage sur ces relations structurantes. Moins couramment évoquées jusqu'à une époque récente, les relations avec le père sont tout aussi complexes et soumises aux mêmes aléas.

Sous le signe de l'ambivalence

Tout se passe comme si l'adolescente supportait mal les tentatives de rapprochement de ses parents à son égard et encore moins leur tendance à faire comme elle. « On ne sait plus qui est qui » confiait, excédée, une adolescente dont la mère portait des jeans « comme elle ».

C'est là toute l'ambivalence de l'adolescente qui a besoin d'un modèle maternel « classique », de rôles bien définis, qui la rassurent : il lui faut que ses parents assument leur rôle de parents, justement pour pouvoir s'y opposer et donc se construire à travers cette opposition. Se sentant volontiers injustement traitée et incomprise, elle rêve d'une liberté qu'elle n'a pas et trouve systématiquement les parents des copines plus « cool », plus tolérants (les copines disent la même chose de leurs propres parents...). On voudrait toujours avoir les parents des autres !

Comprendre et dialoguer

Une adolescente représente dans bien des cas une lourde responsabilité pour les parents. Si l'adolescence est une véritable aventure pour la jeune fille, elle l'est aussi pour eux. Parvenir à être suffisamment attentifs sans être intrusifs, vigilants sans devenir anxieux, proches de leur fille sans l'être trop, et encore réussir à être assez ouverts et permissifs sans pour autant être laxistes relève souvent de l'exploit sinon de la mission impossible ! Aussi n'est-il peut-être pas inutile de rappeler que les parents idéaux n'existent pas – pas plus qu'il n'existe de mode d'emploi pour parents d'adolescentes – et que chacun peut seulement faire appel à ses ressources propres pour « inventer » des solutions appropriées au cas par cas. Un parent qui s'autorise à exprimer ses émotions négatives, sans pour autant submerger sa fille, l'aidera à intégrer l'idée qu'il y a des limites et des règles à respecter. Une jeune fille qui affronte ses parents, sans chercher à les détruire, pourra un jour être suffisamment forte et autonome dans sa tête pour les quitter et voler de ses propres ailes.

Les relations mère-fille

Au moment de l'adolescence, les conflits de la période œdipienne, sous-tendue par la rivalité mère-fille, font place à une relation plus apaisée, mais parfois tumultueuse. Car elle est souvent empreinte d'une forte ambivalence du fait de la nécessité pour l'adolescente de s'identifier à sa mère tout en s'en différenciant. « Je voudrais être une femme comme ma mère, mais j'ai tellement peur de lui ressembler… ». En fait, toutes les nuances sont possibles, entre une hostilité déclarée entre mère et fille et une complicité de « copines » qui nie la différence des générations et le rôle de chacune. « Personne ne me comprend comme elle, ma mère est ma meilleure amie », disent certaines ados, entretenant ainsi une confusion dont, par ailleurs, il leur arrive de se plaindre.

Les relations père-fille

Au cours de la période œdipienne, le père, idéalisé, a été l'objet de l'admiration et de l'amour de la fillette, alors rivale de sa mère. Dépassant un attachement excessif et prolongé à ce père perçu comme un héros dans l'enfance, la résolution, plus ou moins tardive, du complexe d'Œdipe permettra à la jeune fille de construire un rapport moins passionnel avec cet homme, reconnu désormais comme père, et de s'investir dans des relations amoureuses avec des garçons, avec les autres hommes. Le rapport à une image paternelle forte et rassurante est ainsi nécessaire : un « bon père » serait celui qui aime suffisamment sa fille pour lui donner confiance en elle, mais qui sait aussi lui donner la liberté nécessaire à son épanouissement.

Une relation de grande confiance s'instaure parfois entre la jeune fille et sa grand-mère.

Continuer quand même à être parents

Il n'est pas facile pour les parents de trouver la juste attitude entre une complicité laxiste (« je suis la copine de ma fille, on aime les mêmes émissions de télé, les mêmes chanteuses ») et des attitudes trop rigides, qui provoqueront incompréhension et révolte. Pendant l'adolescence, l'âge de la majorité, les « 18 ans » sont attendus avec impatience, espérés comme le moment où toutes ces injustices vont changer… En réalité, la majorité n'a rien à voir avec une maturité psychologique. Au contraire, on constate aujourd'hui une immaturité de plus en plus prolongée des adolescentes, renforcée par un contexte socio-économique peu favorable à une évolution vers l'autonomie.

Règles et repères

Des règles familiales sont à édicter – autorisation des sorties le soir, heure de rentrer, fré-

« Heureusement que Mamie est là ! »

C'est ainsi que telle adolescente résume la relation avec sa grand-mère. En effet, souvent – et pas seulement dans le cas de parents divorcés –, le rôle des grands-parents consiste à servir de « parachute affectif », compensant les conséquences de perturbations familiales. La grand-mère, surtout si elle est encore jeune et en bonne santé, peut alors assurer la permanence d'un lien familial et représenter une sécurité affective. Sans oublier que la distance entre les générations favorise une communication plus libre qu'avec la mère, car davantage dégagée des questions d'autorité et des échanges conflictuels. Le tout débouchant sur une relation empreinte de confiance et de respect. Il arrive donc que, même en pleine crise d'adolescence, la jeune fille dise de sa Mamie : « J'aimerais être comme elle plus tard. »

quentations –, qui tiennent compte de la protection de la jeune fille, de sa sécurité, mais aussi de son besoin vital d'autonomie et du sentiment de mériter la confiance de ses parents. Les négociations et la contestation de ces règles, pourtant nécessaires, sont souvent au cœur de la crise d'adolescence. Le maintien du rôle parental n'en est pas moins capital ; les parents qui renoncent à ce rôle provoquent aussi des réactions négatives de colère, de bouderie, des moments de profonde tristesse. « Ils n'ont rien à faire de moi, je peux rentrer quand je veux », confiait une adolescente à sa meilleure amie, qui, elle, pensait qu'elle avait beaucoup de chance...

Conflits et dialogue

L'expérience montre que la disponibilité à l'écoute et l'ouverture au dialogue constituent, pour les parents confrontés à cet âge si délicat, l'axe de l'attitude à adopter. Or chaque parent, dans cette phase, est renvoyé à sa propre adolescence et à ses relations avec ses propres parents, plus ou moins bien résolues. C'est cela qui rend parfois l'identification trop forte et donc gênante dans les relations avec la jeune fille. « À son âge, je m'occupais déjà de mes trois frères et sœurs », confiait la mère d'une adolescente, « alors qu'elle ne bouge jamais un doigt pour m'aider... ! ».

Dans d'autres cas, les parents, trop culpabilisés par la gravité de leur rôle et la peur de « rater » l'éducation de leur fille, redoutent le conflit et sont prêts à tout pour l'éviter. En réalité, une absence de conflits exprimés dans le cadre familial n'est pas forcément rassurante ; une adolescence trop calme et passive n'exclut pas des tensions inévitables.

Patience et confiance

Heureusement, toutes ces difficultés n'empêchent pas de pouvoir établir, parfois après quelques vives discussions, des échanges pleins de complicité, qui valorisent l'adolescent et... réconfortent les parents. Derrière des attitudes d'assurance, voire de défiance et de provocation, se cache souvent une grande incertitude sur soi-même et sur ses capacités à vivre dans un monde qui peut apparaître compliqué et menaçant. « C'est comme si l'on ne m'avait pas donné de mode d'emploi ! » disait, angoissée, une adolescente confrontée pour la première fois à des démarches administratives.

On sait aujourd'hui que l'adolescence est une période de la vie cruciale, pour la confiance en soi, l'audace devant l'inconnu, la relation au groupe et avec la société. C'est dans ce moment difficile et en même temps très riche et privilégié sur le plan du dialogue que des liens précieux peuvent être tissés, grâce à une relation faite de patience et de confiance.

À la découverte de la

Se retrouver avec une anatomie de jeune fille, voire un corps de femme, ne signifie pas forcément que l'on soit prête à s'en servir sexuellement. Si les comportements sexuels continuent d'évoluer, l'alchimie du moment, du partenaire, du désir reste toujours aussi complexe.

La sexualité adolescente en chiffres *Même s'il ne s'agit nullement de les utiliser comme modèles de comportement, les enquêtes sur la sexualité des adolescents n'en contiennent pas moins quantité de renseignements intéressants. Elles montrent entre autres que l'attitude des filles, en un demi-siècle, a bien plus changé que celle des garçons, notamment en ce qui concerne l'âge du premier rapport.*

Au cours des dernières décennies, la sexualité des jeunes filles a changé plus que celle des garçons.

Premiers baisers, premières expériences

Réactualisées par la lutte contre le sida, plusieurs grandes études, à partir du milieu des années 1990, ont porté sur la sexualité. Les chiffres mentionnés ici proviennent de deux d'entre elles, menées respectivement en 1993 et en 1995 : « Analyse des comportements sexuels en France (ACSF) » et « Analyse des comportements sexuels des jeunes (ACSJ) ».

Du flirt au rapport sexuel...

Statistiquement, pour les deux sexes, c'est vers 13-14 ans qu'ont le plus souvent lieu les premières expériences et les premiers baisers. Les premières caresses, les premiers flirts suivent

sexualité

d'un an. Ils sont le plus souvent bien innocents, parce que l'on n'est pas prêt(e) à aller plus loin. Ces flirts plus ou moins poussés vont être l'essentiel de l'activité sexuelle partagée pendant quelque temps, rythmés par les occasions de se rencontrer (fêtes, cinéma, vacances) et par les histoires sentimentales (qui sort avec qui ?). En général, les premiers rapports sexuels ont lieu trois ans et demi après les premiers baisers.

Qu'en disent les parents ?

Quatre filles sur dix et un garçon sur trois choisissent leur domicile pour le premier rapport. 26 % des filles ont parlé de cet événement à leurs parents, contre 16 % des garçons : dans 90 % des cas, les adolescents considèrent alors que les parents ont « bien réagi ». Les parents peuvent reconnaître l'existence du « petit ami » et le recevoir en tant que tel ; c'est beaucoup plus souvent le cas dans les milieux populaires que dans les couches plus aisées de la société, où l'on semble craindre davantage de « fixer » trop tôt ce qui n'est encore qu'une amourette.

La plupart font l'amour avant d'atteindre la majorité

Les données concernant les générations nées après 1970 montrent que les jeunes hommes et les jeunes filles débutent leur vie sexuelle pratiquement au même âge. L'âge médian, c'est-à-dire celui où 50 % des jeunes interrogés ont eu un rapport sexuel, est de 17 ans et 3 mois pour les garçons, et de 17 ans et 6 mois pour les filles. Si l'on examine la question par tranches d'âge, le résultat est le suivant : entre 15 et 18 ans, 57 % des garçons et 52 % des filles disent avoir connu des rapports avec pénétration, 32 % disent avoir eu des flirts (baisers sur la bouche et caresses ne concernant pas les organes génitaux), et 10 % des garçons et filles n'ont encore aucune activité sexuelle.

Les filles plus précoces qu'auparavant

Une quarantaine d'années plus tôt, pour les générations nées entre 1922 et 1936, l'âge médian était de 18 ans et 2 mois pour les garçons, et de 20 ans et 6 mois pour les filles. En un demi-siècle, l'âge médian pour les garçons ne s'est abaissé que de onze mois, tandis que les filles ont pratiquement rattrapé leurs trois ans de retard.

Les femmes qui ont le plus contribué à cette évolution sont celles qui ont débuté leur sexualité dans les années 1960... Le sida, mis

Être vierge sans complexes

Encore vierge ?! Faut-il un point d'interrogation ou d'exclamation ? La virginité, faut-il la garder ou s'en débarrasser ? Une chose semble certaine : notre société, du moins telle qu'elle apparaît à travers les différents médias, semble considérer le fait d'être vierge après 18 ou 20 ans comme une particularité, voire une anomalie. Même si l'idée de se préserver pour la vraie histoire d'amour reste une valeur importante. Fait remarquable, bien que les conventions autour de la virginité se soient en quelque sorte inversées (ce n'est plus d'avoir perdu sa virginité qui ferait problème, ce serait de l'avoir encore), on continue à penser et à parler de la virginité des filles, et non de celle des garçons...

au jour vers le milieu des années 1980, n'a pas induit de changement sensible sur l'âge du premier rapport. Le fait le plus marquant reste la raréfaction des premiers rapports sexuels « tardifs » : dans les années 1940, un quart des filles de 23 ans n'avaient pas encore fait l'amour ; cette proportion concerne aujourd'hui les filles de 19 ans.

Les premières histoires à deux

Flirter, puis franchir le pas et faire l'amour la première fois supposent une maîtrise de la capacité de relation et du jeu de la séduction, une autonomie qui permette de franchir le fossé qui sépare de l'autre, une maturité suffisante pour le laisser entrer dans son intimité et pénétrer dans la sienne. Même si la société est bien plus permissive qu'autrefois, cette maturation psychologique n'en est pas moins nécessaire.

Un premier partenaire souvent plus âgé

Les filles comme les garçons ont un premier partenaire qui est statistiquement plus âgé : trois ans de différence pour les filles, et cette différence reste stable malgré l'abaissement de l'âge du premier rapport. Une fois sur trois, le premier partenaire d'une fille sera lui-même vierge, alors que, pour les garçons, ce sera le cas une fois sur deux.

Quand les couples se font et se défont…

La proportion des premiers rapports correspondant à l'instauration d'un couple ne représente pour les filles que 10 % des premières histoires d'amour et 7 % pour les garçons. La première relation, pour 58 % des garçons et 41 % des filles, a duré entre un jour et un mois.

Pour passer du flirt au rapport sexuel, l'adolescent doit faire preuve d'une certaine maturité psychologique.

Elle ne dépasse un an que dans 3,8 % des histoires masculines et 10,3 % des féminines…

Même si l'image du couple est importante il ne devient dans la réalité le mode de vie prédominant qu'à partir de 25 ans. Les adolescents ont plus souvent des partenaires successifs et des aventures brèves et espacées

Les garçons plus inconstants ?

Entre 15 et 18 ans, chez les adolescents ayant des rapports sexuels avec pénétration, les garçons et les filles ne déclarent pas le même nombre de partenaires. Une majorité de 55 % des filles déclare un seul partenaire, 17 % en déclarent deux, 26 % plus de deux. Chez les garçons, 38 % disent avoir eu des rapports avec une seule partenaire, 21 % avec deux et 41 % avec plus de deux. Il y a 22 % des garçons qui revendiquent avoir connu cinq partenaires ou plus dans l'année écoulée, contre seulement 10 % des filles.

Et avec quelles précautions ?

En 1993, on ne recensait que 16,5 % des premiers rapports sexuels sans contraception (en 1988, 31 %), et les préservatifs auraient été utilisés trois fois sur quatre (une fois sur dix, en 1988) : cette évolution favorable ne peut qu'inciter à informer toujours davantage sur les préservatifs, et la contraception en général.

▶ *Quels risques et comment s'en prémunir ?* *La fréquence des conceptions chez les mineures, après avoir diminué lentement jusqu'en 1990, a augmenté très légèrement depuis. Ce fait souligne la nécessité d'une contraception efficace, pilule et préservatif demeurant la meilleure combinaison pour éviter à la fois les grossesses et les maladies ou infections sexuellement transmissibles.*

Où s'informer et avec qui parler ?

Dans un contexte familial harmonieux, on a recours au médecin de famille ou au gynécologue. Lorsque les choses ne sont pas si faciles, une adolescente peut vouloir gérer elle-même sa démarche. Elle peut alors se rendre dans un des centres de planning familial : là, la consultation, les examens biologiques et même les plaquettes de pilule sont pris en charge, et l'anonymat est garanti. Si le problème rencontré est grave (violences physiques, inceste, viol...), en parler est indispensable, que ce soit à l'assistante sociale de l'école, à l'infirmière, à un médecin – toutes ces personnes sont tenues au secret professionnel et ont le devoir d'aider. Il existe également des numéros verts pour contacter des associations spécialisées.

Que faire en cas de grossesse ?

Prendre la décision d'aller ou pas au terme de la grossesse n'est évidemment pas facile. Et le dialogue reste la meilleure manière d'y voir plus clair. En parler avec le garçon avec lequel cette aventure a pris corps, avec la famille, même si elle n'est pas toujours coopérative, avec les copines... En outre, le médecin, l'assistante sociale de la mairie, la conseillère du centre de planning familial, de PMI (protection maternelle et infantile) ou de la maternité la plus proche sont autant d'aides possibles pour cette décision si importante.

Interrompre la grossesse...

En 1997, les moins de 18 ans représentaient environ 10 000 des quelque 230 000 interruptions volontaires de grossesse (IVG) effectuées chaque année en France. La loi de 2001 a permis aux mineures d'être éventuellement dispensées de l'accord parental, un adulte désigné par elles pouvant suffire en cas de difficultés familiales importantes. Pour elles seulement, l'entretien avant et après l'IVG reste obligatoire. L'IVG est réalisable jusqu'à la fin de la douzième semaine de grossesse.

… ou garder l'enfant

Plus on s'approche de la majorité, moins les IVG sont fréquentes, surtout à partir de 16-17 ans. Après 17 ans, plus de la moitié des grossesses ne seront pas interrompues. Les jeunes filles qui font le plus souvent ce choix sont celles qui sont le moins scolarisées (la grossesse n'entrave pas un projet professionnel et est perçue comme une ouverture positive) et celles d'origine étrangère. Plus les mères sont jeunes, plus les risques de naissance prématurée, de retard de croissance et de maladie vasculo-rénale (toxémie) sont importants. La probabilité d'être contrainte à abandonner le bébé (temporairement ou définitivement) est alors plus élevée. Si cette décision est prise pendant la grossesse, l'enfant pourra être adopté directement dans le cas d'un accouchement « sous X ».

Quelle contraception choisir ?

Le préservatif masculin ne suffit pas ! Son efficacité est beaucoup moins bonne contre les grossesses qu'elle ne l'est contre le HIV (le taux de rupture des préservatifs n'est pas nul). Et parmi les autres moyens de contraception disponibles, certains sont davantage que d'autres adaptés aux adolescentes.

Le préservatif féminin, peu prisé

Le préservatif féminin, sorte de socquette en polyuréthane insérée dans le vagin, n'a sans doute pas le succès que ses qualités techniques méritent : excellente efficacité contraceptive, car il est très solide ; pas d'allergie possible, car il n'est pas en latex ; très bonne protection anti-infectieuse parce que toute la vulve est protégée… Malheureusement, sa mise en place laborieuse et son aspect (il a tendance à dépasser de la vulve) sont souvent jugés dissuasifs par les intéressées !

Le préservatif masculin

Attention, ne pas attendre trop longtemps après l'éjaculation et bien tenir le petit anneau du préservatif en se retirant, sinon la capote risque de rester dans le vagin. S'il y a deux rapports sexuels à la suite, le préservatif serait moins fiable la deuxième fois, car il reste des spermatozoïdes dans le canal de la verge, qui risquent de glisser le long du préservatif : il faut en changer.

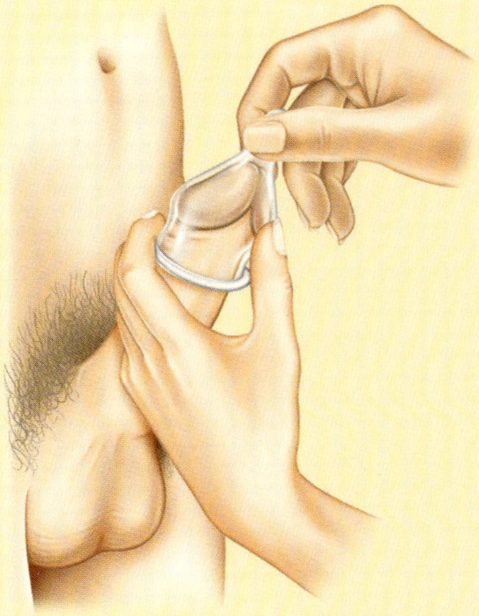

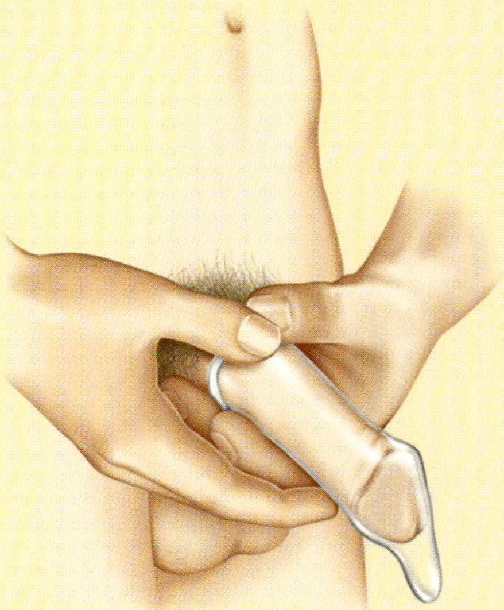

La prévention des MST

Aucun adolescent n'ignore que la prévention du sida passe d'abord par l'usage du préservatif, et éventuellement par un test négatif. Mais le virus HIV n'est pas la seule infection (ou maladie) sexuellement transmissible (IST ou MST) qui impose d'être vigilant...

Le HIV

Face au sida, le préservatif reste la défense de première intention, celle à laquelle on pense d'abord, celle qui est, malgré tout, la plus simple à mettre en œuvre et très efficace. L'autre solution consiste à faire l'amour avec un partenaire séronégatif.

C'est en général le cas lorsque le (la) partenaire est vierge. Faire le test du sida est aussi une option si la relation est suffisamment stable et fiable, ce qui ne vaut pas pour tous les adolescents. Un test négatif donne une excellente garantie sur le passé de celui qui le fait, sauf pour les deux ou trois derniers mois : c'est là que la qualité de la relation est importante.

Les chlamydiae

Ce sont des microbes sensibles aux antibiotiques. Malheureusement sournois, les chlamydiae (prononcer « klamidié ») génèrent souvent peu de symptômes chez la femme (des pertes pas tout à fait normales, souvent rien de plus) comme chez l'homme (un écoulement urétral minime, indolore, transparent). Mais ils sont dangereux : ils peuvent abîmer les trompes (et les canaux du testicule) et constituer une cause ultérieure de stérilité et de grossesses extra-utérines. Seule solution préventive : les rechercher systématiquement, d'autant qu'il existe maintenant des tests urinaires (test PCR) qui ne nécessitent aucun examen. Ce dépistage est d'autant plus important que les défenses naturelles sont beaucoup moins efficaces chez les femmes jeunes et les complications plus fréquentes. Faute d'un dépistage systématique en France, c'est aux médecins (ou aux jeunes filles !) d'en prendre l'initiative.

Le HPV

HPV est le sigle de Human Papilloma Virus, aussi désigné par les termes de condylomes, végétations vénériennes ou crêtes de coq. Ces virus sont responsables de l'ensemble des verrues (plantaires, planes, séborrhéiques, génitales). Ils peuvent donner des verrues sur le sexe, au masculin et au féminin, mais aussi des anomalies des cellules du col de l'utérus, dont certaines peuvent favoriser la survenue ultérieure d'un cancer. Le dépistage par le frottis vise précisément à prévenir ces cancers (heureusement exceptionnels chez les femmes très jeunes).

La syphilis et les gonocoques

Ces deux fléaux, qui sévissent encore en Afrique, en Asie et en Europe de l'Est, sont devenus des raretés en France et les cas observés sont « importés ». La possibilité d'une recrudescence inquiète toujours, mais ne pose pas de problème réel actuellement.

Les fausses IST

Elles peuvent s'attraper en faisant l'amour, mais pas obligatoirement. Parmi elles, on trouve divers germes désagréables, mais peu dangereux : champignons (candida), gardnerella, mycoplasmes...

La pilule, la solution la plus efficace

La pilule reste la solution la plus efficace, à condition de respecter strictement les règles et conditions de sa prise.

- Elle a l'avantage de régulariser le cycle et de résoudre assez bien le problème des règles douloureuses et de divers désagréments cutanés.
- Elle a l'inconvénient d'imposer un suivi médical – mais celui-ci favorise aussi la prévention – et de ne pas être anodine, surtout pour les pilules œstroprogestatives, les plus efficaces et les plus confortables en termes de contrôle du cycle. Il existe en effet des complications cardiovasculaires dangereuses si on ne respecte pas les contre-indications dont l'usage du tabac, même si ce risque augmente surtout avec les années.

Pour mettre fin à quelques idées fausses...

• « Une douche vaginale juste après un rapport peut éviter d'être enceinte » : faux. Les spermatozoïdes sont très vite à l'abri dans la glaire cervicale.

• « On ne peut pas être enceinte si on fait l'amour à la fin des règles ou juste avant les règles » : faux. Si le cycle suivant a décidé d'être court, l'ovulation va être précoce et les spermatozoïdes déposés à la fin des règles pourront rencontrer un ovule quelques jours après le rapport. Inversement, si le cycle doit être long, l'ovulation sera tardive et surviendra au moment où l'on croit ne rien risquer.

• « On ne peut pas être enceinte la première fois qu'on fait l'amour » : faux. La probabilité est la même qu'aux rapports suivants.

• « On peut tomber enceinte même si on est vierge » : vrai. Les rapports sexuels externes sans pénétration, s'il y a éjaculation au niveau de la vulve, permettent aux spermatozoïdes de trouver la glaire cervicale et de remonter dans l'utérus.

Les micropilules sans œstrogènes (et une faible dose de progestatif) sont utilisables s'il existe des contre-indications aux pilules classiques. Elles doivent être prises à heure fixe : la fonction réveil des portables est commode.

Les spermicides et l'implant, non sans inconvénients

- Les spermicides, présentés en ovules, minidoses ou tampons, sont un complément satisfaisant aux préservatifs. Utilisés seuls, ils risquent d'être insuffisants (et la présence de savon dans le vagin peut les rendre inefficaces).
- L'implant est une méthode très efficace et sans danger, mais qui a l'inconvénient important de désorganiser souvent les cycles. Il a la taille d'une petite allumette et diffuse pendant trois ans de très faibles doses de progestérone. On le pose facilement en consultation : sous anesthésie locale, on le glisse avec une aiguille sous la surface de la peau, à la face interne du bras, en arrière du biceps. On le retire pour le changer ou lorsqu'on n'en veut plus.
- Quant au stérilet, ce n'est pas une contraception pour les adolescentes, du fait de la plus grande difficulté de la pose et du risque accru d'infection...

La pilule postcoïtale, occasionnellement

La pilule postcoïtale n'est qu'un rattrapage, utilisable jusqu'à 72 heures après le risque encouru (mais plus c'est tôt, mieux c'est...). Elle est en vente libre et gratuite pour les mineures. Ses effets secondaires sont minimes. Elle évite les trois quarts des fécondations qui auraient dû avoir lieu, ce qui donne un taux global d'échec d'environ 3 % : un test de grossesse 15 jours plus tard est nécessaire, si les règles suivantes ne sont pas normales, ou au moindre doute.

... et les garçons ?

N'ayant pas d'occasion de prendre en charge leur santé de façon précoce, les hommes s'habituent à considérer qu'elle ira d'autant mieux qu'ils s'en occuperont moins : cela n'est malheureusement pas vrai.

Pour une offre de suivi

Lorsque le préadolescent sort de l'âge du suivi pédiatrique, tout se passe comme si on lui signifiait qu'il n'a plus besoin de consulter en dehors de quelques bobos de temps à autre. Ce n'est que bien plus tard, lorsqu'il sera depuis longtemps entré dans l'âge d'homme, qu'on lui demandera de surveiller sa tension, son taux de cholestérol et son mode de vie.

Pourtant, les statistiques montrent la vulnérabilité de la gent masculine en termes de maladies, d'accidents et de mortalité. La situation est particulièrement dramatique pour les suicides d'adolescents (ils tentent de se suicider deux fois moins souvent que les filles mais meurent deux fois plus souvent) et pour les accidents des ados et des hommes jeunes (la route surtout...), avec la mortalité mais aussi les souffrances et les séquelles qu'ils causent.

Au même âge, les jeunes filles savent qu'un suivi systématique est prévu pour elles. Bon gré mal gré, elles s'habituent à consulter, ce qui est une contrainte mais aussi une discipline bénéfique pour sa santé et une réassurance. Cela permet d'avoir un interlocuteur professionnel avec qui dialoguer. En apprenant à gérer leurs problèmes de cycles, de règles, de contraception, les jeunes femmes prennent aussi l'habitude de considérer qu'un problème doit être exprimé, débattu et, autant que possible, résolu. Il existe une véritable culture féminine de la gestion précoce de sa propre santé dont l'équivalent masculin manque cruellement.

Les jeunes hommes se posent en effet beaucoup de questions : sur leur anatomie (la taille du sexe, le prépuce...), sur les premiers rapports, sur les filles, sur les tendances homosexuelles, sur les maladies, et même parfois (déjà !) sur leur fécondité...

L'expérience des pays nordiques montre que lorsque l'on ouvre des dispensaires pour ados, des « sex clinics » avec des demi-journées réservées aux garçons, ces structures rencontrent le succès. Les autorités de santé publique en France sont conscientes de cette situation et les années qui viennent devraient voir s'ébaucher quelques réponses. Les parents peuvent d'ores et déjà proposer à leur fils de consulter leur médecin traitant, voire un gynécologue, pour faire le point, pour l'information et la prévention.

Pouvoir déjà en parler

Cette attitude de repli a d'autres conséquences. Si l'on en croit le témoignage de leurs partenaires et compagnes (tel qu'elles l'expriment chez le médecin), il en résulte aussi une très forte réticence lorsqu'il s'agit pour eux d'aborder les questions personnelles, relationnelles, de couple : ce ne serait (d'après ce qu'elles en disent) jamais le moment d'en parler, ce serait elles qui créeraient ces difficultés, ce ne serait pas un vrai problème... Reconnaître que celui-ci existe – et a fortiori entreprendre de le résoudre – semble être pour les hommes, dans le domaine de l'intime, une sorte de tabou, non exprimé mais puissant : à la jeune fille partenaire d'un jeune homme de lui apprendre le plus tôt possible à s'en ouvrir, et déjà au moins en parler, voire à l'inciter à consulter.

Plaire, séduire, choisir et être choisie..., les jeux de l'amour commencent à l'adolescence.

Et l'amour dans tout ça ?

Les premières amours sont sans doute les amours enfantines, et elles peuvent être bouleversantes. Mais c'est la puberté et ses métamorphoses qui marquent l'entrée dans le monde des grands et le début des amours « pour de vrai ». Émotions amoureuses et plaisir sexuel vont bien ensemble, mais ce n'est pas toujours automatique : un apprentissage est souvent nécessaire.

Le retrait et la méthode Ogino, à vos risques...

Le coït interrompu, ou retrait, suppose un partenaire expérimenté, et sa fiabilité varie tant d'un homme à l'autre qu'il est difficile de le conseiller comme contraception. Ponctuellement, c'est mieux que rien, mais il est préférable de le compléter par une pilule postcoïtale.

De même, la méthode des dates (Ogino-Knaus) est pour le moins aléatoire. Elle repose sur l'identification de la date de l'ovulation et l'absence de rapports sexuels pendant les 6 jours qui précèdent et les 4 jours qui suivent l'ovulation prévue. Cette méthode qui paraît simple ne l'est pas (il faut étalonner les cycles en faisant une courbe de température), et elle est peu fiable (même avec l'aide d'un petit ordinateur qui analyse dans les urines les variations hormonales, le taux d'échec est encore de 6%).

Les filles motivées par le cœur, les garçons par le sexe

Qu'elles commencent à faire l'amour par amour, par désir, par curiosité ou pour faire comme les autres, l'Amour avec un grand A reste la grande affaire pour toutes les adolescentes. Bien sûr, il y a l'envie de la sexualité, mais le mécanisme essentiel, c'est le désir d'être amoureuse, de plaire, de séduire, d'être choisie élue.

Que montrent les enquêtes récentes ? Pour les 15-18 ans, 61 % des filles disent avoir fait l'amour la première fois « par amour » (38 % des garçons), 26 % par attirance physique (46 % des garçons), 7,8 % par curiosité (12,6 %). La séduction et l'affectif motivent davantage les filles, alors que les garçons sont davantage intéressés par la « génitalité ».

Entre désir et peur

Comme l'a souligné la neuropsychiatre et psychanalyste Françoise Dolto, les fonctionnements masculin et féminin sont aussi différents et complémentaires que le sont les sexes. Faire l'amour renvoie la fille à la possibilité et au risque d'être enceinte, ce qu'elle refuse et désire à la fois. Alors que l'idée de la survenue d'une grossesse (et de la paternité qu'elle impliquerait) est assez lointaine dans l'esprit masculin, surtout préoccupé par la recherche de l'expérience et du plaisir. L'existence de la contraception, dont la légalisation, en 1967, est très récente dans notre histoire, n'a pas changé cette donnée fondamentale.

Il est d'autres peurs, comme celle d'avoir mal, de saigner, de ne pas avoir l'air « d'être à la hauteur ». On peut craindre aussi d'avoir à regretter sa virginité, ou bien d'avoir franchi le pas avec un partenaire qui n'est pas vraiment celui dont on aurait rêvé...

? Des frontières encore floues entre homosexualité et hétérosexualité

Elles n'étaient que des « amitiés particulières », mais depuis leur médiatisation, les enfants comme les ados connaissent l'existence de l'homosexualité. Dans les incertitudes de la construction de l'adolescence, la frontière est bien floue entre la tendresse de l'amitié et les premières émotions sexuelles, entre une expérience physique partagée avec quelqu'un du même sexe et l'affirmation d'une réelle homosexualité. Si la question se pose, il faut se garder aussi bien de rejeter ce qui sera peut-être la vie de votre enfant que de considérer comme acquis ce qui n'est peut-être qu'une tendance transitoire. Ne pas dramatiser et laisser un peu de temps au temps...

Deux perceptions de l'érotisme

Ces appréhensions expliquent probablement que la majorité des filles aient besoin d'une relation sentimentale suffisamment intense pour sauter le pas. De leur côté, les garçons, qui craignent surtout de montrer leur inexpérience ou leur éventuelle incompétence, préfèrent peut-être tenter leurs premières expériences lors d'aventures qu'ils pourront facilement interrompre...

Le fonctionnement érotique en dehors d'une relation d'amour diffère également. Faire du corps de l'autre un objet de jeux érotiques, utilisable sans rapport réel avec l'être humain qui l'habite, est sans doute surtout une attitude masculine, tandis que l'érotisme féminin est davantage fondé sur la situation et la relation.

À la découverte du plaisir

Les enquêtes le disent, ça doit donc être vrai : l'accès au plaisir sexuel ne se conjugue pas de la même manière au masculin et au féminin. Interrogées dans l'enquête ACSJ, 65 % des filles de 15 à 18 ans disent avoir du plaisir lors des rapports sexuels, contre 93 % des garçons. Plus généralement, 11 % des femmes disent que « souvent » elles n'ont pas d'orgasme, et 19 % que « parfois » elles n'en ont pas (la question de l'absence permanente d'orgasme n'avait pas été posée dans cette enquête).

La masturbation, une pratique masculine ?

La pratique de la masturbation est souvent perçue comme un apprentissage du plaisir. Très largement majoritaire chez les hommes (91 % des adolescents, 87 % des hommes tous âges confondus), elle ne concerne qu'une minorité des jeunes filles : de 35,2 % à 15 ans, de 42,5 % à 18 ans (atteignant 60 % pour les 25-34 ans avant de redescendre progressivement aux environs de 30 % pour les plus de 35 ans). Il existe peut-être une sous-déclaration féminine, mais la différence reste considérable.

Avant 5-6 ans, les petites filles ont pourtant une activité autoérotique aussi importante que celle des petits garçons. Pourquoi la puberté la réveille-t-elle beaucoup moins ? Un petit garçon qui joue avec son « zizi » déclenche peut-être moins de réprobation qu'une petite fille se masturbant ? Peut-être aussi l'intrusion des sécrétions vaginales, souvent vécues comme « sales », puis des règles, rend-elle les relations avec leur sexe plus complexe pour les femmes qu'elles ne le sont pour les hommes...

Le lent apprentissage de la jouissance féminine

Pour arriver à l'orgasme, que ce soit seule ou avec un partenaire, par caresses externes ou par pénétration, la majorité des femmes semble donc avoir besoin d'un apprentissage qui durera quelques mois... ou davantage. Il peut être important de le savoir, justement de façon à se donner le temps d'apprendre et à ne pas s'enfermer dans une situation angoissante et inhibante, ou bien, piège fréquent, dans une simulation du plaisir qui empêche de le découvrir.

Au-delà des gestes, laisser sa part au rêve

La stimulation mécanique du clitoris et du vagin n'a guère d'action si elle n'est pas associée à une érotisation de la situation qui va amplifier ce que les centres du plaisir perçoivent dans le cerveau. La part de l'émotion amoureuse, du fantasme, des rêveries érotiques est indispensable pour faire naître et amplifier la sensation de jouissance sexuelle. C'est parce qu'elle est perçue comme érotique que la stimulation peut devenir plaisir sexuel et s'accroître.

Respect de soi et de l'autre, confiance en soi et en l'autre amènent une relation qui rend heureuse.

Vient ensuite un apprentissage plus pratique des modalités précises selon lesquelles doit être exercée la stimulation (le bon rythme, les bonnes zones, la bonne durée, la bonne ambiance...) pour permettre à cette sensation agréable de s'amplifier – jusqu'au jour où le « truc » pour arriver à l'orgasme est découvert, puis bien apprivoisé et maîtrisé.

La maîtrise qu'ont les hommes de leur plaisir par la masturbation tend à faire croire que la sexualité masculine est automatiquement épanouie. Mais, si l'on en croit les chiffres, cela ne va pas toujours de soi, loin de là. Pour ne donner que deux exemples : 7 % d'entre eux se plaignent d'épisodes d'impuissance, et un même nombre d'absence d'orgasme... Il semble bien que les hommes aussi doivent apprendre à faire l'amour, pour eux comme pour leurs partenaires...

Beauté, forme, sport

Acquérir dès l'adolescence quelques réflexes pour une bonne hygiène de vie – des tout premiers soins de la peau jusqu'à la pratique d'un sport – est crucial pour le bien-être, présent et futur. Car c'est souvent à cette époque de la vie que se forment les bonnes comme les mauvaises habitudes...

Prendre en main son bien-être *Au fur et à mesure qu'elles mènent une vie de plus en plus autonome, les jeunes filles deviennent également responsables de ce qu'elles peuvent et doivent faire elles-mêmes pour se sentir bien et pour se préparer un avenir en bonne santé. Voici quelques pistes à suivre, en matière de beauté, de forme ou de sport.*

Maquillage ou non ? À chacune de choisir. Mais l'emploi d'une crème hydratante est nécessaire dès cet âge.

Protéger sa peau

Acné ou pas, c'est en effet le b.a.-ba. Le matin (et le soir), il faut commencer par bien se nettoyer le visage avec un gel moussant, de l'eau et du savon ou encore avec un tonique sans alcool, avant d'appliquer une crème hydratante légère – le fond de teint peut être oublié à cet âge ! Ensuite, pour le maquillage des yeux ou des lèvres, mieux vaut choisir des produits testés « non comédogènes », en particulier pour les adolescentes qui ont de l'acné. Au moins un nettoyage par jour est indispensable. Pour celles qui se maquillent, une lotion ou un lait doux est recommandé pour le démaquillage des yeux.

Autre automatisme à acquérir : protéger la peau du soleil avec des crèmes solaires. C'est la première parade d'abord contre le risque de cancer de la peau, ensuite contre les rides, une menace, certes encore lointaine, mais qui ne manquera pas de se présenter !

Pour un ventre d'acier, miser sur les abdos

Les abdominaux (le transverse, les obliques et les grands droits, supérieurs et inférieurs) sont les muscles qui constituent la paroi abdominale : tel un corset, ils maintiennent le contenu de l'abdomen grâce à la direction croisée de leurs fibres musculaires.

Voici quatre exercices pour raffermir ces muscles. Chacun est à répéter 10 fois. Après chaque série, respirez profondément pendant 30 secondes puis recommencez. Faites au moins deux séries de chaque exercice.

Le transverse

Asseyez-vous, le dos bien droit, les jambes allongées, les pieds coincés sous un meuble. Descendez le buste en arrière en expirant et en serrant bien le ventre, puis remontez-le lentement en inspirant. Attention, ne jamais descendre le buste trop bas afin de ne pas cambrer le dos.

La première épilation

Les adolescentes n'apprécient guère de voir leurs poils devenir plus longs et plus abondants, en particulier sur les jambes. Cette pilosité peut être pour certaines la source d'un réel complexe et les inciter à porter des jeans même par 40 °C ! Avant de procéder à la première épilation, mieux vaut savoir que ce sera le début d'une longue série... À cet âge, la méthode la plus douce et la plus efficace semble être l'épilation à l'aide d'une crème ou d'un lait dépilatoire. À la différence du rasoir, qui fait repousser les poils trop rapidement, ces produits les dissolvent pendant le temps de pause ; ensuite, le rinçage à l'eau est rapide et évacue les poils. Pour les adolescentes, l'épilation électrique ou au laser est à déconseiller.

Quelques exercices réguliers bien avant les vacances d'hiver garantiront de meilleures performances.

Les obliques

Allongez-vous sur le dos, les genoux pliés, les pieds au sol. Muscles relâchés, les deux mains posées à plat sur la cuisse droite, inspirez profondément en gonflant le ventre. Puis, à l'expiration, décollez la tête et l'épaule gauche du sol en faisant glisser les mains sur la face externe du genou droit. Les vertèbres lombaires doivent être collées au sol et les abdominaux contractés. Après avoir réalisé une série du côté droit, changez de côté.

Les grands droits supérieurs

Allongez-vous sur le dos, les genoux pliés, les pieds au sol. Muscles relâchés, une main posée à plat sur chaque cuisse, inspirez à fond. Puis, à l'expiration, décollez les épaules du sol en faisant glisser les mains vers les genoux. Les vertèbres lombaires doivent être collées au sol et les abdominaux contractés.

Les grands droits inférieurs

Allongez-vous sur le dos, les genoux pliés, les cuisses verticales, les jambes et bras décollés du sol. Muscles relâchés, inspirez profondément en gonflant le ventre. Puis, à l'expiration, rentrez le ventre, contractez les abdominaux sans ramener les genoux vers vous mais en les faisant légèrement monter vers le haut (d'environ 2 cm) et, sans toucher le sol, poussez les mains de chaque côté des fesses en décollant seulement la tête et le haut des épaules.

De l'énergie à revendre…

Les bienfaits du sport sur l'organisme ne sont plus à prouver. Le corps a besoin de dépense physique à tous les âges de la vie et l'adolescence n'y échappe pas. La pratique d'un sport permet d'accroître les qualités musculaires et la densité osseuse, de développer les capacités de réflexe et de dépenser une énergie, souvent forte à cet âge. Le sport sollicite le muscle cardiaque et ainsi le protège pour plus tard. Il s'avère en outre un bon régulateur de poids pour celles qui se trouvent quelques kilos en trop : la dépense énergétique réalisée lors de l'effort rééquilibre le trop-plein de calories.

Incontournables : les chaussures de sport

Quel que soit le sport que vous pratiquerez, c'est un achat dont vous ne pouvez vous dispenser. Même si l'on fait du sport chez soi, il faut de bonnes chaussures. Véritables articles de mode, les chaussures de sport existent en une multitude de modèles avec des écarts de prix très importants.
Un conseil : restez classique. Choisissez de préférence un modèle en cuir et qui respecte bien la voûte plantaire. En tout cas, il doit être compatible avec toutes les activités sportives que vous souhaitez exercer, car, à moins d'être une sportive confirmée, on pratique rarement plus de deux ou trois sports dans l'année.

Autre avantage : l'activité sportive est un excellent moyen d'évacuer le stress et les angoisses ; le défoulement physique oxygène l'esprit qui se trouve ainsi libéré pour un temps de l'anxiété qui le tenaille parfois à cette période de la vie. Sur le plan psychologique aussi, l'adolescente sportive acceptera mieux son corps en pleine transformation : les performances qu'elle réalise la « réconcilient » avec une silhouette qui parfois la laisse dubitative…

… mais attention à l'overdose !

Vous adorez nager, sauter, bouger. La simple vue d'une raquette de tennis vous donne envie de jouer à Roland-Garros… Bref, toutes les occasions sont bonnes pour enfiler une tenue de sport. Seriez-vous en train de devenir « accro » ? Il semblerait que oui. Et tout cela grâce à l'endorphine, parfois appelée aussi « hormone du bonheur », dont les propriétés analgésiques sont semblables à celle de la morphine. Sécrétée par le cerveau, cette « morphine naturelle » augmente le dynamisme, la sensation de bien-être, la résistance au stress. Mais elle a aussi l'inconvénient d'anesthésier la douleur. Dans l'euphorie du moment, on peut donc, sans s'en apercevoir, dépasser ses limites. D'où le risque d'accidents musculaires (claquages, tendinites) ou cardiovasculaires.

Veillez aussi à ce que la pratique du sport ne déstabilise pas le reste de votre vie. Posez-vous sincèrement la question de savoir si tout le temps que vous y consacrez n'est pas une façon de fuir devant des problèmes rencontrés dans un autre domaine, comme celui des études ou de vos relations avec les autres. Dans ce cas, employez une partie de votre énergie à rétablir l'équilibre, et vous poursuivrez le sport non plus par compensation, mais pour le plaisir.

Sculptez votre silhouette

Quelques rondeurs à perdre, des formes à préciser... Quinze minutes d'exercices quotidiens suffisent pour pouvoir enfiler son maillot de bain sans complexe.

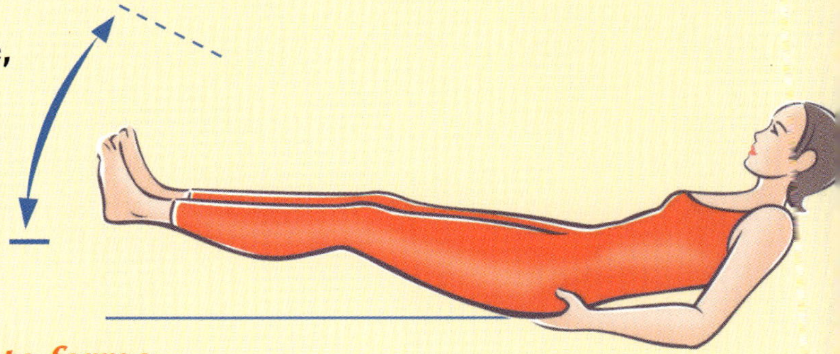

Un buste ferme

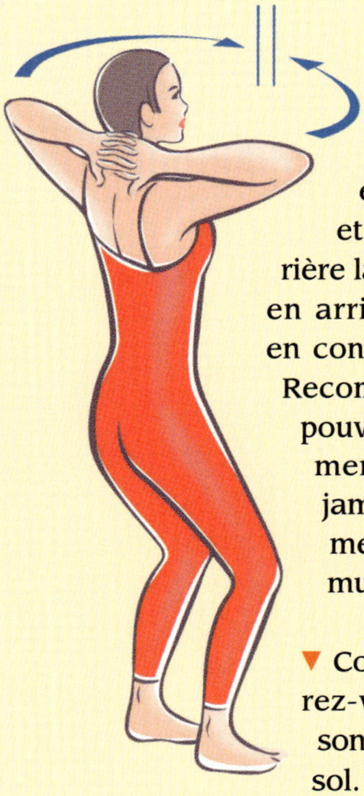

◀ Debout, les jambes légèrement fléchies et écartées, levez les bras et croisez les doigts derrière la tête. Étirez les coudes en arrière et rapprochez-les en contractant les pectoraux. Recommencez 12 fois. Vous pouvez « corser » le mouvement en fléchissant les jambes tous les 4 mouvements (excellent pour les muscles fessiers).

▼ Couchée sur le dos, assurez-vous que les lombaires sont bien en contact avec le sol. Les jambes croisées et fléchies, pliez les bras sur la poitrine, les paumes tournées vers le plafond, deux annuaires ou haltères de même poids posés dessus. Levez les bras et gardez-les pendant 2 secondes dans cette position, puis redescendez. Répétez 10 fois en alternant deux grandes et deux petites élévations.

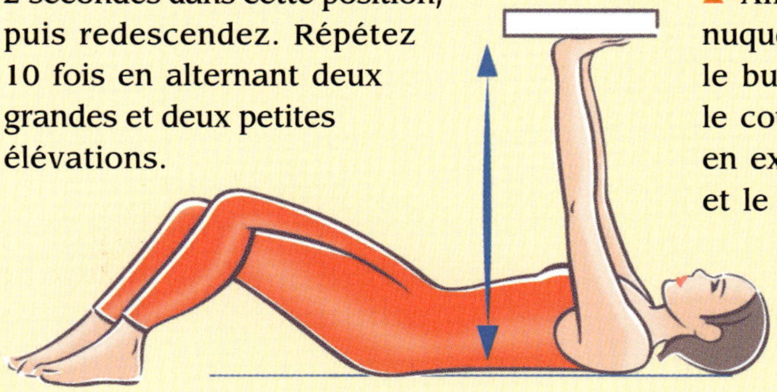

Une taille fine et un ventre plat

▲ Assise sur le sol, en appui sur les coudes et les mains placées sous les hanches pour bien maintenir le bassin, levez et redescendez les jambes jointes sans les reposer sur le sol. Faites 2 séries de 10 pour commencer, puis passez progressivement à des séries de 15, puis de 20 élévations. Cet exercice muscle les abdominaux du bas-ventre.

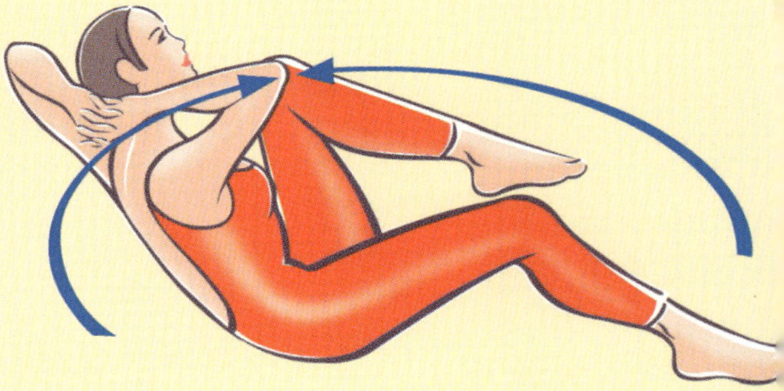

▲ Allongée sur le dos, les mains sous la nuque, pieds au sol et genoux pliés, soulevez le buste pour toucher le genou droit avec le coude gauche en inspirant. Redescendez en expirant et recommencez avec le coude et le genou opposés. Faites 2 séries de 10. Cet exercice a pour but de muscler les abdominaux du bas-ventre.

Attention, ne creusez pas le dos et gardez le menton sur la poitrine.

Des bras fuselés

- Les bras tendus, l'un en l'air et l'autre le long du corps, les épaules légèrement tirées en arrière, effectuez 2 battements, puis inversez et répétez le mouvement. Faites 2 séries de 10.

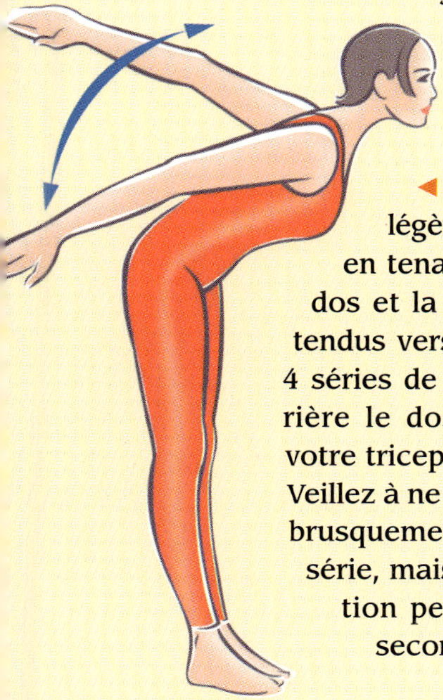

◄ Le buste penché légèrement en avant, en tenant bien droits le dos et la nuque, les bras tendus vers l'arrière, faites 4 séries de 10 ciseaux derrière le dos pour muscler votre triceps.
Veillez à ne pas vous relever brusquement entre chaque série, mais gardez la position pendant quelques secondes.

Des fesses musclées

- Sur le dos, les bras le long du corps, les jambes pliées, contractez les fessiers et soulevez votre bassin le plus haut possible en montant. Maintenez la position pendant 10 secondes, puis redescendez le bassin au sol. Recommencez 10 fois.

▼ À plat ventre, jambes droites, pieds tendus, les bras croisés, le menton posé sur les poignets, soulevez les jambes en contractant les fessiers et en décollant bien les genoux et faites 2 séries de 10 ciseaux.

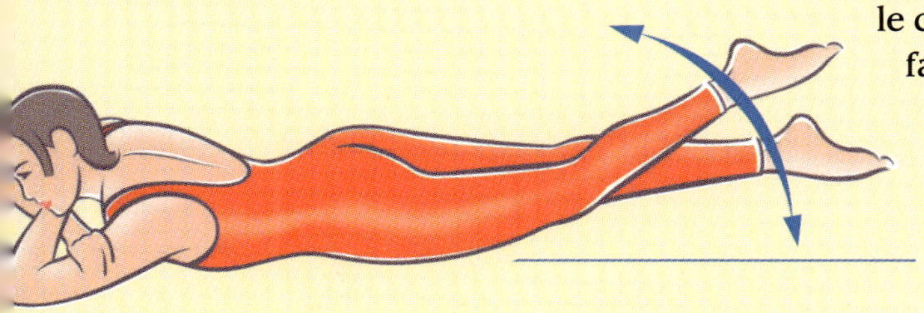

Des jambes fines et toniques

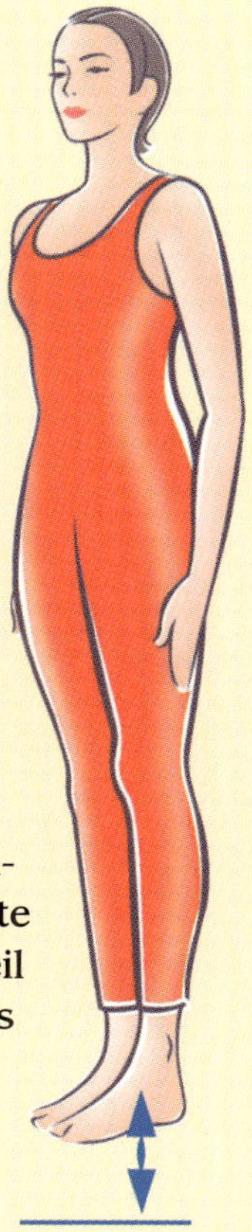

- Debout, une main posée sur un meuble, levez et redescendez une jambe sur le côté, sans poser le pied sur le sol. Ne prenez pas d'élan pour lancer la jambe le plus haut possible, c'est le muscle qu'il faut entraîner. Répétez 15 fois. Ensuite changez de jambe. L'exercice peut être effectué avec des poids fixés autour des chevilles.

- Debout, les pieds serrés, montez sur la pointe du pied de droite et redescendez, puis faites pareil pour le pied de gauche. Faites 5 séries de 10.

► En gardant la même position, pieds serrés, jambes tendues, faites des petits sauts en vous réceptionnant sur la pointe des pieds. Faites 5 séries de 10.

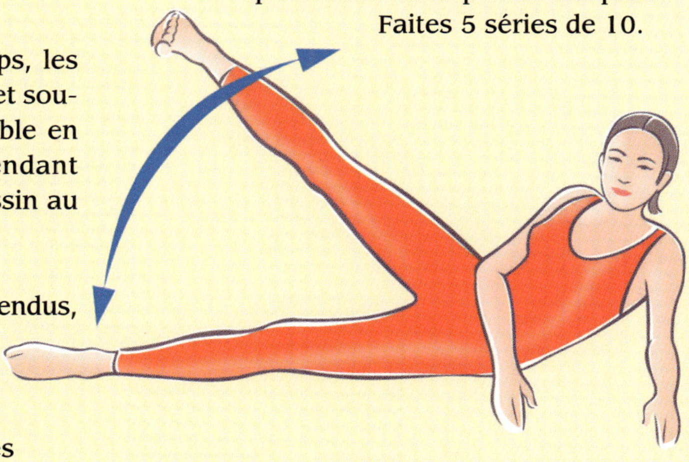

▲ Allongée sur le côté, en vous appuyant sur le coude, une jambe repliée, l'autre tendue, faites des élévations (sans prendre de l'élan), puis changez de côté et de jambe. Commencez par une série de 20, puis, petit à petit, augmentez le nombre de séries, si possible jusqu'à 3.

Comprendre les besoins

Les changements physiques et hormonaux que vivent les adolescentes jouent sur leurs besoins nutritionnels. Il leur faut manger davantage, et de préférence pas n'importe quoi ! Délicat à cette période où leur mode de vie change aussi. Mais l'équilibre alimentaire ne se fait pas sur un seul repas.

► Comment savoir ce qu'il leur faut ?

Pizzas, sandwichs et hamburgers font le bonheur des ados et le désarroi des parents ! L'équilibre alimentaire n'étant pas sa priorité, « l'ado » le met souvent à rude épreuve, en cette période de croissance accélérée qui multiplie ses besoins. Une façon comme une autre de revendiquer son autonomie et de contester les contraintes familiales...

Le comportement alimentaire des ados et leurs « caprices » ne sont qu'un aspect de leur mode de vie.

La rébellion alimentaire

L'adolescence entraîne une modification importante du comportement face à la nourriture, liée à la perception que les jeunes ont de leur corps en pleine mutation. C'est la période du déséquilibre alimentaire presque inévitable. Du point de vue des ados, leur problème n'est plus de se nourrir mais de se faire plaisir : d'où le refus du repas classique, la préférence pour les sandwichs sur un banc, le grignotage à la récré, la virée au fast-food ou les trois assiettes de frites à la cantine ! Ils mangent selon leur humeur, la nécessité du moment, leur stress,

alimentaires des ados

leur relation avec leurs parents ou leurs copains, bref sans régularité ni cohérence. Et l'environnement en rajoute : les publicités les attirent vers les barres chocolatées, tandis que la mode et ses silhouettes parfaites transmet aux jeunes filles l'obsession du kilo en trop.

Pics de croissance, pics d'énergie

Les pics de croissance qui jalonnent l'adolescence influent sur les besoins alimentaires. En l'espace de deux ou trois ans, l'adolescent va acquérir 15 % de sa taille d'adulte, 50 % de son poids et 40 % de sa masse osseuse ! Une transformation considérable, qui s'accompagne de besoins énergétiques élevés. Pour une jeune fille, cet apport énergétique va passer de 2 000 kcal par jour avant la puberté à environ 2 600 kcal en fin de croissance, entre 15 et 18 ans. Ces besoins sont à articuler en fonction du niveau d'activité physique, de la tendance à la minceur ou à l'embonpoint.

Aliments énergétiques, protéines et calcium : le trio gagnant

Les aliments énergétiques à privilégier sont les sucres lents : pain, céréales, féculents. Pour avoir de l'énergie et éviter les coups de pompe, pain, pâtes, riz et pommes de terre sont donc au menu à chaque repas, mais sans excès et pas toujours sous forme de frites ou noyés de sauces grasses !

Essentielles au développement de la masse musculaire, les protéines, présentes dans la viande, le poisson et les œufs, doivent être consommées quotidiennement. Trois à quatre produits laitiers par jour sont nécessaires : ils apportent le calcium indispensable à la croissance.

L'apport régulier en vitamine D peut se faire par les poissons gras, comme le saumon ou le thon, à raison de deux fois par semaine. Et pour éviter une carence en fer (élément

Le « craving » : une tendance très ado

Le « craving » – de l'anglais to crave for *: être affamé de quelque chose – est cette envie subite de craquer sur de grosses quantités de chocolat, une pizza entière, des paquets de biscuits apéritif.... Le craving n'est pas à confondre avec la boulimie, ce besoin impérieux et répété d'avaler très vite et beaucoup de nourriture avant de se faire vomir et qui s'accompagne d'un état dépressif, ni avec le simple grignotage. Ces accès de fringale sont en général dus à une carence énergétique, une restriction calorique ou un peu d'anxiété. Craquer de temps en temps n'a pas réellement d'importance. On y prêtera cependant attention si de ponctuel cela devient compulsif à la moindre contrariété, lors d'un état de stress ou d'une situation conflictuelle. La meilleure solution est alors d'en discuter avec l'adolescente pour la déculpabiliser et l'aider à mieux cerner les moments où elle craque. Une autre façon de la soutenir : éviter d'avoir des placards qui regorgent de ces « aliments piège ». Faites plutôt le plein de petits légumes prêts à être mangés (radis, tomates cerises, carottes, concombres) et de yaourt ou de fromage blanc (nature, de préférence) en variant les choix chaque semaine.*

La convivialité d'un repas familial reste le meilleur cadre pour une alimentation équilibrée.

constitutif des globules rouges), à laquelle les filles sont plus exposées que les garçons du fait de leur perte de sang lors des règles, on ne négligera pas la viande, les abats (foie, cœur, etc.), les légumes secs, les épinards…

Ce que peuvent faire les parents

S'il paraît difficile d'empêcher les ados d'avoir un comportement alimentaire bien caractéristique de leur âge, la famille joue cependant encore pour eux un rôle important : malgré ce que l'on pourrait penser, des enquêtes révèlent que le repas familial reste le préféré des jeunes ! Moment de convivialité et d'échange, il est l'occasion de leur offrir une nourriture variée et équilibrée. Encore faut-il ne pas dîner les yeux rivés sur la télévision et prendre son temps pour vider son assiette ! Manger lentement, c'est manger mieux et moins : il faut dix à quinze minutes au cerveau pour recevoir l'information selon laquelle on est rassasié. En mangeant trop rapidement, on risque de continuer à se resservir sans même se rendre compte que l'on n'a plus faim…

L'eau étant la seule boisson nécessaire à l'adolescent(e) – se méfier des sodas trop sucrés ! –, il est préférable de ne pas lui proposer d'alcool : un réflexe qui repoussera le moment de son premier verre alcoolisé.

Et, pourquoi, de temps en temps, ne pas mettre votre ado aux fourneaux ? Préparer des plats traditionnels lors de fêtes familiales lui fera gagner quelques galons de fierté ; chez des copains ou plus tard seule, elle se lancera alors avec plaisir dans la confection de recettes plus recherchées que la pizza surgelée.

Si votre fille maigrit trop

Nombre d'adolescentes se trouvent trop grosses et entament un régime draconien, tout en se portant apparemment bien. Il faut parfois se méfier de ce type de comportement, susceptible de dissimuler les prémices d'une anorexie mentale, trouble grave, qui touche plus les filles que les garçons, et peut se définir comme une peur obsessionnelle de devenir gros, même quand on est déjà mince, voire maigre, et à s'interdire toute alimentation. La jeune anorexique ruse pour masquer son refus alimentaire. Mais – plus que la recherche de l'apport calorique sur les emballages ou le tri dans l'assiette de certains aliments – un amaigrissement, en général accompagné de la disparition des règles, des pesées systématiques avant et après les repas, et une hyperactivité physique et mentale, sont autant de signes qui doivent alerter.

Mais il n'y a pas forcément à paniquer si une adolescente saute de temps en temps un repas, ou se nourrit de façon anarchique, à coup de yaourts ou de cacahuètes : elle cherche peut-être simplement à contester l'ordre établi et à s'affirmer. Il existe aussi chez certaines jeunes filles une « maigreur constitutionnelle », qui devient plus visible avec l'allongement du corps à la puberté ; simple question de morphologie qui peut surprendre mais ne doit pas inquiéter.

▶ L'équilibre autour de quatre repas

Si l'alimentation standard parfaite n'existe pas, il reste important d'assurer la régularité des repas et la variété des aliments. Quelques repères, pour contrebalancer erreurs et excès, tels que l'absence de petits déjeuners et le grignotage à toute heure !

Le petit déjeuner et le goûter, indispensables

Il semblerait bien que les consommateurs de petit déjeuner et de goûter soient ceux qui arrivent le mieux à se concentrer pendant les cours ! Au réveil, le métabolisme énergétique est changé, les cellules de l'organisme ont besoin de sucre. Le petit déjeuner idéal se composera d'un produit laitier (yaourt, fromage), d'un produit céréalier (pain, biscuits, céréales), d'un fruit et d'une boisson chaude. Il pourra être complété par des protéines (œufs, poisson fumé ou viande froide), ce qui évitera le « coup de barre » du milieu de matinée. Le goûter calme la faim, offre l'occasion de faire une pause et de se détendre, d'autant plus si réfrigérateur et placards garnis permettent de compenser les manques du déjeuner. Un produit laitier, des biscuit secs ou du pain beurré et un fruit éviteront de grignoter en attendant le dîner.

Le déjeuner et le dîner, complémentaires

Ces deux repas doivent arriver à se compléter : féculents le midi inviteront le soir à des légumes verts dans l'assiette, par exemple. L'idéal d'une alimentation équilibrée reste toutefois de varier féculents et légumes verts et d'en servir à chacun des deux repas.

Un déjeuner, c'est une entrée, un plat et un dessert, mais le plat principal reste cependant le plus important, car il est souvent source de protéines et de féculents. Si, de temps en temps, l'adolescent choisit d'opter pour un « sandwich-copains », rien n'empêche d'y ajouter un fruit ou un yaourt à boire, afin de rééquilibrer un repas moins complet. Et s'il va au fast-food, on peut lui souffler de prendre une salade avec son hamburger (300 kcal !) plutôt que de terminer par des sucreries...

Le dîner est souvent l'occasion de rattraper les dérapages du midi. Plus léger que le déjeuner, il comportera néanmoins des aliments protéiques pour que la sensation de faim disparaisse vraiment, évitant ainsi le grignotage de fin de soirée, surtout quand l'adolescent doit travailler avant d'aller se coucher.

Tout cela n'exclut pas un peu de fantaisie : en acceptant de comprendre que la façon de se nourrir des adolescents fait partie – au moins pour un temps – de leur mode de vie, les adultes contribueront à éloigner le spectre du conflit autour de l'assiette tout en leur distillant quelques rappels essentiels !

L'âge de l'épanouissement et de la maturité

Pour un corps épanoui

Quoi de plus agréable, de plus essentiel pour mener à bien sa vie, qu'un corps en bonne santé ? À condition d'en prendre soin, il restera alors longtemps un précieux allié. Mode de vie, perception de soi, suivi médical participent à son bon fonctionnement et à son épanouissement...

Le corps, un allié précieux à respecter *À 20 ans, une femme a passé la tempête de l'adolescence. Elle entre dans l'âge adulte et devient de plus en plus sûre d'elle. C'est maintenant à elle de jouer. La voici désormais responsable de son corps, de sa santé, de son équilibre psychologique, bref de sa vie...*

Satisfaire au mieux les besoins de son corps, sans abus ni restriction, est une des clés de l'équilibre.

Un compagnon de chaque instant

Le corps est le support de tous les rêves qu'une femme (ou un homme) a envie de réaliser : couple, projets de vie, enfants, voyages... Il est aussi le meilleur allié pour parvenir à les concrétiser. Pas seulement comme une évidence ou comme une base indispensable, mais aussi comme un ami qui peut procurer du plaisir et exprimer son bonheur. Il sait chanter, faire l'amour, pratiquer des sports, humer un parfum, écouter une musique, se montrer gourmand... Il semble fonctionner « tout seul », comme par magie, surtout à 20 ans : c'est pourtant le moment de le respecter profondément, de le chouchouter. Parce qu'il prépare déjà les années qui vont suivre, celles de l'épanouissement... et les autres.

Apprendre à connaître son corps

Pour respecter ce corps qui est le vôtre, vous avez d'abord besoin de le connaître. Savoir comment il est fait, comment il fonctionne, découvrir sa capacité à vous donner du plaisir lors des moments d'intimité du couple, l'aider à exprimer la beauté qui est en lui, sa beauté propre, pas celle des magazines. Ensuite, il vous faut prévenir les soucis, l'entretenir pour qu'il reste en bon état de fonctionnement, comme une petite machine très précieuse – même s'il est bien plus que cela. C'est par lui que passent toutes les sensations, les émotions que vous éprouvez. Il exprime ce que vous ressentez, il rit ou il pleure, il câline, il embrasse ou il se met en colère... Il est l'image que vous montrez de vous à l'entourage. C'est pourquoi il a beaucoup d'importance.

Le temps, auxiliaire ou ennemi ?

À travers le corps, vous vivez des aventures uniques. Vous découvrez l'amour, le plaisir, la maternité si vous choisissez d'avoir des enfants. Le temps est alors un allié. Il aide à atteindre l'épanouissement sexuel, à se sentir bien dans son rôle d'amante, de mère, de femme au travail – à la maison comme à l'extérieur. Mais il peut aussi devenir un adversaire lorsqu'on n'est pas suffisamment vigilant.

Les écueils à éviter pour garder la forme...

Année après année, le corps va connaître des modifications dues aux grossesses, aux expériences de la vie et au vieillissement. La plupart sont normales et naturelles, mais toutes sont à surveiller pour se maintenir au mieux de sa forme. Les ennemis du corps sont connus : le soleil sans protection (pour votre peau), le tabac (pour vos artères et vos poumons), l'alimentation déséquilibrée (pour votre ligne et votre métabolisme), la sédentarité (pour votre résistance), le manque de sommeil (pour votre état général), les drogues (pour votre mental) et le stress (pour votre équilibre).

... et trouver les « bons » choix de vie

Le temps peut aussi se révéler un ennemi si vous surchargez votre vie et votre organisme de tâches moins essentielles. Au même moment se jouent votre vie de femme, éventuellement de mère, et votre vie professionnelle. C'est à vous de trouver le chemin, de choisir parmi toutes les voies qui s'ouvrent à vous.

À vous de décider en fonction de vos désirs propres, de votre manière d'imaginer le bonheur, sans vous laisser manipuler par votre entourage ou par des diktats de la société. Vous

Veiller à son alimentation

Notre corps est fait de ce que l'on mange. Car chaque aliment apporte une petite « brique » qui construit les cellules. Pour un corps épanoui, la sagesse voudrait que l'on mange seulement quand on a faim, que l'on s'arrête quand on n'a plus faim. Combien de fois grignote-t-on par gourmandise, stress, vide à combler, entraînement, habitude ? Avec une bonne connaissance de soi, on donne à son organisme exactement ce dont il a besoin. Il faudrait ne jamais considérer le corps comme un ennemi à combattre et lui imposer de restrictions alimentaires comme une punition, sinon il se vengera. Même quand il vous fait souffrir, il ne s'agit là que d'un message d'alerte, d'un appel à faire attention. Si vous le percevez comme un ami, votre corps restera longtemps celui par qui viennent les plaisirs (manger, dormir, nager, faire l'amour...).

Pour préserver son énergie et sa bonne humeur, rien ne vaut les temps de pause, rien que pour soi.

êtes unique, et votre vie aussi est unique. Vous seule saurez trouver les clefs de l'épanouissement physique et émotionnel, et les utiliser.

De l'intérêt de penser à soi

Encore aujourd'hui, les femmes sont souvent éduquées comme aux siècles précédents, pour penser d'abord aux autres, telles des « mères en puissance ». Elles sont nombreuses à se diriger vers des métiers de service. Elles ont envie d'être utiles, d'aider les autres. C'est certes une belle facette de la condition féminine. L'envers de la médaille est que beaucoup ne pensent pas suffisamment à elles.

En se consacrant aux autres, à leur amoureux ou leur conjoint, à leurs enfants, leurs parents, leurs collègues, leurs copines, leurs frères et sœurs, elles s'oublient un peu... Pourtant, penser à soi permet de trouver son équilibre, d'être heureuse et de posséder justement des réserves de bonne humeur à communiquer aux autres. Quand on se vide de toute son énergie pour donner, on le paye tôt ou tard. Alors songez que vous êtes unique et que vous méritez de profiter de plaisirs rien que pour vous. Être un peu égoïste de temps en temps, ça ressource ! Et cette attitude permet au final de se montrer encore plus généreuse à d'autres moments.

Les conditions d'un bon suivi médical

La médecine de la femme ne se résume pas à l'obstétrique, qui concerne la grossesse et l'accouchement. Elle intègre les grandes étapes de la vie ; puberté, règles, première contraception, ménopause... Si c'est vers leur gynécologue que les femmes se tournent en premier lieu, le médecin généraliste a aussi un rôle à jouer.

Le généraliste, une fonction centrale

Le médecin généraliste joue un rôle clé, dans la mesure où il est le coordonnateur entre tous les spécialistes que vous êtes amenée à consulter. Il peut également assurer une prise en charge gynécologique pour les femmes n'ayant pas de gynécologue. Libre à vous de choisir un praticien proche de votre domicile ou de votre lieu de travail, ou bien un autre, plus éloigné, mais qui a votre préférence.

Le gynécologue, une fois par an

Le gynécologue est l'interlocuteur privilégié de la femme pour tout ce qui concerne le suivi intime et les pathologies typiquement féminines. Parfois même, il est le seul médecin que la femme consulte. De la puberté à la ménopause, en passant par la contraception, le suivi obstétrical, le dépistage des cancers gynécologiques (sein, utérus, ovaires), il est présent à toutes les grandes étapes de la vie. On conseille une visite par an lorsqu'il n'y a pas de maladies particulières. La gynécologie est un des rares domaines où les femmes qui consultent sont a priori en bonne santé. Choisissez un médecin avec qui vous vous sentez à l'aise : vous devez pouvoir lui parler de tout sans tabou. Certaines préfèrent consulter une femme, peut-être parce qu'elles la sentent sur la même longueur d'onde ; d'autres, un homme. À chacun son choix.

Le médecin du travail

Le médecin du travail n'a pas le droit de soigner. Son rôle est de dépister et de s'assurer qu'un suivi médical, quel qu'il soit, est effectué régulièrement. Il procède en général à un interrogatoire médical assez complet : poids, tension, analyse d'urine... Il devrait aussi pouvoir palper les seins afin de détecter une éventuelle tumeur. Malheureusement, beaucoup de femmes sont réticentes et y voient une atteinte à la pudeur. Cela est d'autant plus regrettable que 40 % des femmes seulement consultent un gynécologue de façon régulière. En revanche, celles qui travaillent voient toutes un médecin du travail.

La relation avec son médecin

La manière dont on se présente au médecin importe beaucoup, parce qu'elle va déterminer la relation, l'approche du suivi et des soins. La meilleure consultation est celle qui se déroule dans un climat de confiance réciproque. Quand on l'agresse, le praticien se place souvent sur la défensive, et ce n'est pas une bonne attitude. Par ailleurs, arriver avec des questions, c'est bien, mais si l'on vient aussi avec les réponses, le travail du médecin s'en trouve compliqué.

Pas de questions taboues

Certaines femmes appréhendent l'examen gynécologique. On ne saurait trop insister : il faut qu'elles parlent, qu'elles le disent au médecin, qui pourra les rassurer. N'hésitez pas à formuler vos angoisses, vos questions. Il n'existe pas de sujets tabous, que ce soit en gynécologie ou en sexologie. Exprimer ses doutes ou ses inquiétudes est utile à plus d'un titre. D'abord parce qu'ils peuvent constituer les premiers signes d'une pathologie qui n'a pas été encore identifiée. Ensuite parce qu'il existe souvent une solution.

Pour une consultation réussie

Lorsque vous consultez un médecin pour la première fois, apportez les bilans médicaux, radios, prises de sang... des (cinq) dernières années. Notez également vos antécédents médicaux familiaux (cancer, infarctus...). Toutes ces informations sont précieuses pour le praticien.

Avant chaque consultation, essayez de préparer à l'avance en les notant sur un carnet toutes les questions que vous souhaitez poser : cela permet d'éviter les oublis frustrants. Sachez toutefois que vous pouvez rappeler votre médecin traitant si vous avez oublié d'aborder un point qui vous semble important.

Le cerveau au féminin

Si les différences cérébrales entre les femmes et les hommes semblent parfois relever de stéréotypes populaires, elles ont été néanmoins étudiées par de nombreux travaux scientifiques. Éducation, culture, neurones, hormones, l'explication n'est pas simple !

Les fonctions cognitives

Le cerveau est le centre de la vie physique, psychique et cognitive (qui fait appel à la connaissance). Il analyse le monde extérieur, régule le monde intérieur (contrôle des organes et des glandes), élabore la pensée et gère les comportements et les émotions. Les grands domaines cognitifs sont la mémoire, le langage, l'attention, l'analyse de l'espace, la reconnaissance des perceptions, la créativité, le raisonnement et la résolution de problèmes. Au même titre que les performances physiques, l'efficacité cognitive diffère d'un individu à l'autre. Quatre facteurs modulent ces performances : le patrimoine génétique individuel, l'âge, l'éducation et le genre.

Des compétences propres à chaque sexe ?

Les hommes et les femmes n'ont pas les mêmes compétences cognitives. On oppose ainsi les compétences de « chasseur » des hommes (visée et déplacement) à celles de « cueilleuse » des femmes (agilité des doigts). Les femmes auraient une meilleure mémoire des événements du quotidien que les hommes, aussi bien au niveau des détails que de leur date de survenue, mais les hommes seraient plus performants lors d'un raisonnement mathématique ou d'épreuves de rotation mentale (faire tourner en imagination un plan, une carte ou un objet).

Dans certains cas, il s'agit d'une réelle supériorité d'un genre par rapport à l'autre. Dans d'autres, un délai supplémentaire de réalisation réduit la différence entre l'homme et la femme. Certains troubles confirment

Malgré des variations selon les personnes, les femmes mémoriseraient mieux les événements quotidiens.

ces différences : la dyslexie (difficulté d'apprentissage de la lecture) est plus fréquente chez les garçons, et les femmes récupèrent plus facilement d'une aphasie (altération du langage après une lésion cérébrale).

Plusieurs explications possibles

Sans éliminer la contribution de facteurs socio-éducatifs, les différences cognitives liées au sexe reflètent surtout des différences du fonctionnement cérébral. Celles-ci sont cependant seulement des tendances, qui n'empêchent pas, bien sûr, d'observer des exceptions individuelles !

• ***Les pratiques d'éducation, une influence relative.*** Les différences cognitives apparaissent souvent dès le plus jeune âge et se manifestent dans toutes les sociétés humaines ; elles ne peuvent donc pas s'expliquer uniquement par l'éducation. De même, des études ont montré que la taille plus fine des mains ne suffit pas à expliquer la plus grande dextérité des femmes dans les mouvements précis des doigts.

• ***Une organisation cérébrale différente.*** Contrairement à une idée répandue, il n'existe pas de différence majeure entre l'anatomie des cerveaux féminin et masculin. Le corps calleux, qui unit les deux hémisphères cérébraux, serait toutefois plus volumineux chez les femmes. Les différences les plus flagrantes apparaissent au niveau microscopique : ainsi les régions cérébrales de la compréhension et de la reconnaissance des mélodies et des intonations présenteraient une densité de neurones plus grande chez les femmes. Quelques études suggèrent également que certaines composantes du langage seraient réalisées par le cerveau gauche chez les hommes, alors que les femmes utiliseraient davantage les deux hémisphères.

• ***Les hormones jouent un rôle important.*** L'établissement de ces différences cognitives est fortement affecté par la présence des hormones sexuelles. Chez les hommes, la testostérone influence le développement des aptitudes spatiales et du raisonnement mathématique, alors que chez les femmes l'aisance du langage, la mémoire verbale et la dextérité sont modulées par les fluctuations des concentrations d'œstrogènes lors du cycle menstruel et de la ménopause.

Ainsi, des tests complexes montrent que, lors de la seconde partie du cycle (après l'ovulation), les taux élevés d'œstradiol s'accompagnent d'une moindre habileté spatiale mais de meilleures aptitudes langagières et manuelles. Par ailleurs, la ménopause entraîne une diminution modérée des capacités de mémoire, baisse que le traitement hormonal substitutif peut contrecarrer.

Les différences cognitives entre hommes et femmes

Fonctions	Prédominance masculine	Prédominance féminine
Gestes	*visée et lancer d'objets, rapidité*	*coordination fine des doigts*
Espace	*géométrie d'un itinéraire, rotation mentale*	*repères d'un itinéraire*
Mathématiques	*raisonnement, résolution de problèmes*	*calcul*
Vision, audition	—	*rapidité perceptive, interprétation des expressions faciales et du ton de la voix*
Langage	—	*orthographe, aisance verbale*
Mémoire	*mémoire spatiale*	*textes, listes de mots, dates et détails des événements*

Conjuguer l'amour et le

Quand tout se passe bien, les ébats amoureux procurent à la fois un plaisir physique et un grand bien-être mental. Lieu d'expression de toutes les émotions, la sexualité a pour seules limites les barrières que l'on porte en soi. Envers de la médaille, découvrir la jouissance demande parfois du temps…

Du désir à l'orgasme *Malgré tous les efforts pour la démystifier, voire la banaliser, la sexualité garde une part de mystère. Nul autre acte n'implique à ce point la personne tout entière, témoignant combien la physiologie et le psychisme sont liés. Du désir au bien-être ressenti après l'orgasme, corps et esprit ne peuvent être dissociés.*

Le désir qu'une femme et un homme ont l'un pour l'autre est le fruit d'une alchimie qui résiste à toute analyse.

De l'évolution des mœurs

La découverte du plaisir féminin ne date pas d'hier, loin de là. Du moins par les femmes elles-mêmes. Car la société, elle, occultait la question… jusqu'à ce que sa perception ne change radicalement. Tabou encore au début du XXe siècle, la sexualité féminine n'a été réellement dissociée de la procréation – et du devoir conjugal – que dans les années 1960. Avec l'autorisation de commercialiser la pilule, la sexualité « pour le plaisir » eut enfin droit de cité. Certaines femmes ont pu alors évoquer, entre autres, les vertus du clitoris, parlant haut et fort de leur plaisir. Sortie des alcôves, la sexualité bien vécue devint peu à peu sur la place publique une des conditions du bien-être.

plaisir au féminin

Pas de normes pour le plaisir

Même si tel n'est pas le but, la médiatisation de la sexualité amène toutefois certaines femmes à percevoir leur vécu selon des normes, voire à considérer des pratiques marginales comme des modèles de référence. La tentation est toujours grande de se comparer aux autres, de se demander si l'on est « normale » et si tout fonctionne bien. Or, là où la jouissance doit suivre un chemin précis, ou devient obligation, il n'y a justement plus de plaisir, et la quête d'une sexualité idéale produit souvent l'effet inverse.

Une subtile alchimie

La sexualité ne saurait se réduire à une simple question de savoir-faire. La première des zones érogènes est l'esprit. Il n'est qu'à voir comment fonctionne le désir, qui peut naître d'un rien. Cela ne signifie pas que, une fois au lit, tout se passe dans la tête. Mais si toute émotion est absente, ou si l'imaginaire est en panne, il y a de fortes chances que cela se déroule mal. Faire l'amour, c'est aussi se trouver dans un certain état d'esprit qui déclenchera les réactions du corps.

Les interactions avec le psychisme

Des mécanismes complexes entrent en effet alors en jeu. Ils sollicitent à la fois le système vasculaire (circulatoire), le système nerveux – c'est le nerf qui « fait » la douleur ou le plaisir – et le système hormonal, qui régule et met en quelque sorte de l'huile dans les rouages. Et le corps réagit aussi en fonction de l'état psychique. Par exemple, un état d'angoisse peut réduire la lubrification du vagin… mais, même sans cela, il y a fort à parier que cet état en lui-même suffirait à perturber la relation. Inversement, un sentiment de confiance place le corps dans de bonnes dispositions, propices au plaisir, et cela est vrai pour la femme comme pour l'homme.

Ce que décrivent les sexologues

Les descriptions scientifiques de l'acte sexuel peuvent paraître bien éloignées du vécu de chacune. Pourtant, les travaux des sexologues, et notamment de Masters et Johnson en 1966, ont contribué à une meilleure connaissance de la sexualité féminine. En étudiant les diverses manifestations physiques (chaleur, rougeurs, gonflement des seins…), bien trop nombreuses pour être énumérées ici, ils ont décrit quatre

? Les ambiguïtés du désir

Au premier abord, on pourrait croire que rien n'est plus évident que le désir, et qu'une femme sait quand elle éprouve ou pas cette sensation. Ce n'est pourtant pas si vrai quand on manque d'expérience. Désir de séduire ? désir sexuel ? : la frontière entre les deux est parfois fragile car, bien souvent, le regard d'un homme sur soi et la satisfaction de le séduire masquent le fait que l'on n'éprouve en réalité ni désir de le toucher, ni aucune émotion physique particulière. Si cela débouche tout de même sur une relation, celle-ci risque de durer peu et de s'arrêter dès que l'envie de séduire s'atténuera. S'il reste vrai que le désir sexuel de la femme est souvent lié au désir que manifeste l'homme à son égard, la distinction entre désir physique et désir de plaire a tout de même son importance.

L'image positive que l'on a de soi et l'acceptation de son corps jouent un rôle important dans la vie sexuelle.

phases dans la relation sexuelle : excitation, tension, orgasme et résolution. Ce découpage a l'intérêt de montrer que la montée du plaisir féminin (excitation, tension) comme sa diminution (résolution) sont progressives, suivent en quelque sorte une pente douce – ce qui explique que certaines femmes connaissent des orgasmes multiples. L'orgasme est le point culminant, entre la montée des tensions et leur relâchement. La durée des différentes phases n'en demeure pas moins très variable d'une femme à l'autre, chacune ayant en la matière son propre rythme.

L'orgasme, forme élaborée du plaisir

L'orgasme, qui se traduit (si on l'enregistre d'un point de vue physiologique) par une série de contractions d'intensité plus ou moins forte, correspond au moment où l'on sent que quelque chose a abouti. Bien des femmes ont des orgasmes sans le percevoir vraiment ; elles ont l'idée d'un ressenti extraordinaire et estiment à tort que ce qu'elles éprouvent n'y correspond pas. À la différence, d'autres ont la sensation de ne jamais parvenir au bout, quels que soient le plaisir et le temps passé, et ne connaissent effectivement pas cette jouissance finale. Ainsi, dans une étude publiée en 1993 sur les comportements sexuels en France, 32 % des femmes interrogées déclaraient ne pas connaître d'orgasme, mais éprouver pourtant du plaisir en faisant l'amour.

Pourquoi c'est encore mieux passé 30 ans

Un grand nombre de femmes ne découvrent d'ailleurs l'orgasme qu'après 30 ans. À cela, plusieurs raisons, surtout liées à l'image de soi ou à la connaissance de son corps et à son acceptation. La première est que, pour s'offrir à l'autre, il faut d'abord s'aimer soi-même. Une jeune femme se sent en général plus séduisante qu'une adolescente, car elle a appris à voir sa beauté au sens large, sans plus se focaliser sur tel ou tel point qui lui déplaît. D'où une plus grande facilité à se trouver bien sous le regard de son partenaire… La seconde tient à ce que l'on s'autorise à savoir de son corps – et les interdits en la matière diminuent bien souvent avec l'âge.

L'importance des préliminaires

La recherche du plaisir n'est pas systématique chez toute femme. Certaines se masturbent, explorent ainsi leur corps et savent notamment comment réagit leur clitoris. D'autres pas, mais redécouvrent un jour en faisant l'amour le plaisir qu'il peut générer. Pour près de 80 % des femmes, la jouissance ne survient en effet que s'il y a stimulation de la zone clitoridienne. Savoir cela et, surtout, l'expérimenter aident à rechercher l'orgasme au moment de la relation à deux. Dès lors, on accorde souvent plus d'importance aux préliminaires, aux baisers et aux caresses corporelles dans toute leur variété. Si le clitoris est douloureux sous la main du partenaire, c'est que le toucher est trop direct.

Tout cela dépend bien sûr du désir que l'on a de ces caresses. Ainsi, accepter de se stimuler soi-même, ne serait-ce que par frottement, gêne dans l'idée certaines femmes. De façon plus générale, le fait de participer activement quand on fait l'amour, sans crainte aucune du regard de son partenaire, est peut-être le fait d'une certaine maturité.

Et l'amour dans tout ça ?

Lors des premières relations, il arrive que l'on soit déçue : on aime son partenaire, lui aussi est amoureux, et pourtant, ce n'est pas vraiment le septième ciel... Puis un jour, on se surprend à éprouver un plaisir jusqu'alors inconnu avec son amoureux. Mais parfois, c'est avec un homme que l'on n'aime pas... Bien que très liés dans les esprits, amour et sexualité peuvent être tout à fait dissociés. D'ailleurs, des femmes de plus en plus nombreuses font l'amour hors du cadre du couple, changeant souvent de partenaire. Elles ne réagissent pourtant pas nécessairement comme les don Juan masculins, ceux que l'on pourrait qualifier « d'incorrigibles coureurs ». L'absence d'amour n'exclut pas toute une autre gamme de sentiments ou d'émotions. Surtout, que surgisse un homme qui leur inspire un attrait plus vif, et ces femmes délaissent souvent ce « nomadisme » pour une relation durable. Si tout cela n'est pas une règle absolue, il semblerait tout de même que les femmes restent en la matière assez « entières »...

▶ *D'éventuels écueils à la jouissance* *Le plaisir sexuel est pour une bonne part conditionné à la capacité à s'abandonner, et c'est souvent là que le bât blesse. Les barrières mentales peuvent être superficielles, comme une mésentente conjugale, ou plus profondes. Quand elles sont liées au passé ou à l'éducation, les dépasser sans aide médicale et psychologique n'est parfois pas si simple.*

Quand on se refuse du plaisir...

Même si les mentalités ont beaucoup évolué, l'idée de prendre du plaisir n'est pas toujours exempte d'un sentiment de honte, plus ou moins conscient. Les esprits gardent encore en mémoire les interdits d'autrefois. La forme moderne de cette gêne, voire de ce refus du plaisir, assimile la recherche du plaisir à l'égoïsme. Penser à soi ? On n'a pas été éduquée ainsi... Or, si l'on ne s'intéresse qu'au ressenti de son partenaire, la relation est souvent frustrante. L'acte d'amour est une histoire à deux. Le plaisir de sa compagne est souvent le meilleur aphrodisiaque qui soit pour un homme ; il en ressent des sensations d'autant plus fortes. Se négliger soi-disant au profit de l'autre est ainsi tout l'inverse d'un don. Encore faut-il pouvoir donner...

Questions de morale et d'éducation

Les barrières mentales ne sont pas toujours aisées à franchir. En la matière, les « il faut » apportent bien peu de solutions. L'éducation pèse encore lourd sur les jeux amoureux des femmes et des hommes. Une parole de dénigrement de la mère vis-à-vis des rapports sexuels, le sentiment qu'elle vivait cela comme une corvée, une punition lorsque, enfant, on se touchait... tout cela a pu laisser des traces, même si la morale familiale n'était pas particulièrement rigide.

Le poids de ce passé produit souvent l'impression de se trouver sous surveillance lorsqu'on fait l'amour, et cette autosurveillance empêche de se laisser aller. Or, dans un premier temps, la capacité d'abandon est bien plus essentielle pour obtenir un orgasme que toutes les positions du *Kama-Sutra*. Si l'on accepte de songer à tout ce qui stimule (situations, caresses...), cela aura un effet excitant. Et, comme on ne peut penser à deux choses à la fois, cela empêchera aussi de garder présent à l'esprit ce qui inhibe.

De l'effet de la pilule sur le fantasme d'enfant

Une idée reçue voudrait que la pilule agisse sur le plaisir et puisse gêner l'épanouissement sexuel. D'un point de vue strictement physiologique, c'est faux. Mais la réponse demande tout de même quelques nuances... Pour un grand nombre de femmes, le fantasme d'être « engrossée » au moment des rapports amoureux, avec un sens très charnel, est bien réel, même si elle n'a pas de véritable désir d'enfant. Une femme qui assume tout à fait sa contraception a elle aussi parfois besoin de cet espace de rêve. Si l'homme est sensible à cette ambiguïté, la reconnaît et accepte d'en parler, ce sera plus simple. Quand ce n'est pas le cas, ou quand la femme perçoit la pilule comme imposée par son compagnon, ce type de contraception, par son efficacité, pourra perturber indirectement à certains moments le désir et le plaisir de la femme.

... ou quand on court après la performance

L'acceptation active du plaisir est un état de concentration sur soi, d'écoute de son corps qui fait que, paradoxalement, on s'oublie. Il ne s'agit pas de la confondre, et la nuance est essentielle, avec une observation quasi clinique de ses réactions. Dans le premier cas, on baigne en quelque sorte dans ses sensations ; dans le second, on les observe, et donc on s'en détache. Ce dernier schéma est fréquent quand on commence à vouloir à tout prix atteindre l'orgasme ou à en accroître l'intensité.

On se trouve alors face à un problème qui était autrefois typiquement masculin : l'angoisse de la performance ! Rien n'est pire que de se dire : « Il faut que ça marche. » C'est comme courir après son ombre. Plus on pense la toucher, plus elle s'éloigne. Tout simplement parce que l'on se déconnecte de soi pour se placer en position de spectatrice...

« Tout ou rien », la pire des solutions

Le principal risque de la course à la performance, qu'elle soit liée à un réel sentiment de frustration ou à la volonté de jouir autant que madame Y, est une diminution du plaisir. À terme, cela influe aussi sur le désir si l'on vit chaque étreinte comme un échec. Alors, la première des recommandations à suivre serait peut-être justement de lâcher prise, de revenir à son plaisir à soi. Si petit le juge-t-on, il est là, il ne mérite pas le mépris. Oublier un instant les normes pour profiter d'être dans les bras de

Dans l'intimité de l'étreinte, chacun vit ce qui lui plaît, mais la sensation d'être surveillé par un autre soi-même perturbe parfois le plaisir. (« Amoureux sous une moustiquaire », par Koyusai, 1721-1789, collection privée, Japon.)

l'autre. Apaiser les tensions que l'insatisfaction sexuelle peut générer dans le couple. Il ne s'agit pas de se contenter de peu, mais peut-être seulement de refaire le chemin à son rythme. Tout va à vive allure dans la société actuelle, mais le plaisir n'obéit pas à ces lois-là.

Toujours un aspect psychique

À de très rares exceptions près, toutes les difficultés sexuelles que rencontrent les femmes (et les hommes) sont liées à des facteurs psychologiques. Même si le médecin met au jour un trouble physique, ce dernier ne suffit pas en général à tout expliquer. Que l'on se plaigne d'une absence de désir ou d'orgasme ou de la présence de douleurs chroniques, l'aspect psychique est toujours là. Il est aussi essentiel quand on ne supporte pas la pénétration, un trouble appelé « vaginisme » (contraction réflexe des muscles périvaginaux).

Des douleurs lorsque vous faites l'amour ?

Quand tout va bien, et que, brusquement, sans explication apparente, la pénétration devient douloureuse ou que l'on souffre après au niveau du bas-ventre, il est vivement conseillé d'en parler à un gynécologue. Ces manifestations gênantes peuvent révéler, entre autres, la présence d'une infection, d'une endométriose, d'un fibrome, voire, plus simplement, signaler une allergie à un nouveau produit de toilette. En revanche, s'il s'agit de douleurs chroniques (depuis plus de six mois), ce problème peut être en relation avec une difficulté sexuelle.

Le rôle possible du médecin

Le médecin est capable d'entendre, et éventuellement de traiter, les difficultés sexuelles. On peut en parler d'abord à son généraliste ou à son gynécologue, qui orienteront si besoin vers un sexologue qu'ils jugeront compétent (les recherches sur le Bottin sont en revanche déconseillées). Les éventuelles perturbations organiques ou hormonales seront bien sûr prises en compte : un relâchement des muscles entourant le vagin impliquera par exemple une rééducation du périnée. Mais très rares sont les cas où les causes psychologiques, qu'elles soient profondes ou plus superficielles, ne seront pas abordées. Soit avec une orientation psychanalytique, soit par le biais de l'hypnose, ou bien en suivant une méthode psychodynamique (c'est-à-dire en cherchant à résoudre les symptômes par des conseils de sexothérapie tout en tenant compte des manifestations inconscientes si des résistances au changement apparaissent).

« Le Plaisir de l'empereur Jahangir », par Bikaner Mahesh (1678-1698), Rajasthan.

Pour éviter quelques malentendus au sein des couples

Apprendre le corps de l'autre, découvrir ses réactions, est un lent et passionnant apprentissage. Encore faut-il accepter la différence et voir où elle se situe. Certains décalages entre hommes et femmes peuvent encore causer bien des malentendus après des années de vie commune.

Connaître le corps de l'autre

Nombre de malentendus liés au sexe proviennent d'une méconnaissance réciproque du corps de l'autre. La première des erreurs étant de considérer le (la) partenaire comme un autre soi-même. En clair, mieux vaut éviter de façon générale de prodiguer à l'autre les attentions que l'on attend soi-même. Un simple exemple, concernant les préliminaires : si une femme caresse longuement le corps de son amant sans s'intéresser à son sexe, comme elle aimerait

Le corps de la femme et celui de l'homme ne réagissent pas de la même manière à telle ou telle stimulation.

qu'il le fasse pour elle, l'intéressé risque fort de s'ennuyer un peu... À l'inverse, si un homme touche sans aucun préalable le sexe de sa compagne, celle-ci trouvera peut-être qu'il va un peu vite en besogne. Ce décalage classique entre les envies de l'un et de l'autre n'est qu'une illustration des nombreuses différences qui séparent les sexualités féminine et masculine.

Les zones érogènes chez la femme et chez l'homme

Dans la plupart des cas, les femmes montrent une plus grande sensibilité aux caresses que les hommes, elles sont plus sensuelles. Qu'on leur touche le cou, le dos, la plante des pieds ou n'importe quelle partie du corps, elles en ressentiront souvent du plaisir – même si chacune a bien sûr ses préférences. Pour l'homme, du moins durant les rapports amoureux, la seule zone véritablement érogène demeure son sexe. Cela ne signifie pas qu'au moment de la jouissance, il ne ressente pas lui aussi un plaisir dans tout le corps. Mais, en matière de stimulation, ses besoins n'en demeurent pas moins liés aux parties génitales.

Pourquoi il s'endort après l'amour

Quelle femme n'a pas un jour reproché à son amant, même sans le dire, de s'endormir aussitôt après l'amour, ou interprété son attitude comme un désintérêt pour elle ? Et pourtant, rien de plus normal. Pour lui, le plaisir survient et chute brutalement, d'où parfois une grande fatigue – et l'endormissement qui suit renforce les sensations de plaisir qu'il a eues. Pour elle, au contraire, le plaisir s'atténue progressivement. Pour lui, c'est déjà fini, mais, pour elle, pas encore. Quand tout se passe bien, ce décalage trouve aisément une solution ; souvent, la femme ne demande que d'être un peu gardée dans les bras... Certains hommes savent d'ailleurs redoubler de vigilance après avoir joui, de façon à demeurer bien présent pour leur partenaire. Mais cela ne va pas de soi !

La caresse des mots

Tous les grands séducteurs le savent, une femme est très sensible à la caresse des mots quand ils disent le désir, le sentiment amoureux. Mais ceux qui croient qu'il suffirait d'user de formules toutes faites se trompent, car, à travers ces mots, c'est l'établissement d'une réelle connivence, le témoignage d'un intérêt sincère, qui séduit en général les femmes. Plus rares, en revanche, sont celles qui aiment entendre quelque parole que ce soit, ou en prononcer, durant le rapport sexuel lui-même – au grand désespoir de certains hommes, qui, eux, apprécient tout particulièrement les mots crus dans ces moments-là.

En famille, ni tabous, ni

« Et si le petit nous entend ? » : dans les premiers temps, la présence d'un enfant perturbe parfois la vie sexuelle des jeunes mamans, avant que ces craintes ne s'effacent. Car l'enfant, lui, ne voit aucun mal dans les câlins de ses parents, sauf si ceux-ci ont fait de la sexualité un domaine tabou.

Après une première grossesse...

Certaines femmes connaissent une sexualité encore plus heureuse après avoir eu un enfant, tant la maternité a fortifié l'image qu'elles ont d'elles-mêmes. D'autres ont besoin d'un peu de temps pour retrouver du plaisir. Les éventuelles difficultés varient selon chacune. Aimer de nouveau son corps, dépasser la crainte que l'enfant entende, faire face à une disponibilité moindre... autant de points à surmonter pour que l'existence du nourrisson ne perturbe pas les ébats amoureux. Parfois, il arrive que certaines soient dans l'incapacité d'être à la fois mère et amante, deux « statuts » qu'elles perçoivent comme incompatibles : lié à l'image qu'elles gardent de leurs propres parents, ce blocage ne disparaît souvent qu'avec l'aide d'un psychothérapeute. Mais, dans la plupart des cas, les solutions sont plus simples.

... retrouver les plaisirs à deux

La venue d'un enfant implique bien sûr des bouleversements, et il serait faux d'affirmer que tout reprend comme avant. Le plus souvent, par exemple, les parents se sentiront désormais davantage à l'aise dans une pièce qui se ferme. Mais, de même que l'on parvient toujours, dans des délais plus ou moins longs, à réorganiser le quotidien à sa convenance, de même la vie sexuelle reprend à son rythme après la pause imposée par le retour de couches. Ces retrouvailles méritent toutefois que l'on y accorde un peu d'attention, car elles ne vont pas toujours de soi. Beaucoup de femmes étant gênées dans un premier temps par la proximité du bébé, les soirées à deux, en amoureux, seront plus propices pour renouer une intimité charnelle. Si l'on utilise alors tout ce que l'on sait de son plaisir, les relations à venir reprendront sur de bonnes bases. À condition, bien sûr, que la vie sexuelle, avant la naissance, ait été satisfaisante.

Pas de fausse honte devant l'enfant

L'enfant est heureux que ses parents se désirent. S'embrasser devant lui n'est pas interdit. Sans verser dans l'exhibitionnisme, inutile de dissimuler les gestes tendres. Plus tôt les parents peuvent affirmer devant l'enfant qu'ils sont des êtres sexués, mieux ce sera. Un petit enfant, même âgé de 1 an à peine, est tout à fait capable d'entendre que son papa et sa maman ont envie d'être seuls ensemble dans leur chambre parce qu'ils s'aiment : il interprétera cela de manière différente année après année, ne comprenant tout le sens de ces mots qu'à partir de 6 ans, mais, dans tous les cas, ne verra là rien de « mal ». Et il apprendra ainsi à respecter la vie intime de ses parents.

• ***Surpris au lit ?*** Il arrive qu'un enfant surprenne les ébats de ses parents, par exemple après un réveil nocturne. Ce n'est pas dramatique, mais il est essentiel d'expliquer, de dire en substance ceci : « Tu nous as vus en train de nous aimer ; quand on t'a fait, on s'est aussi beaucoup aimés », et de bien insister sur le plaisir de s'aimer et le bien-être. S'il exprime alors la crainte d'avoir un petit frère, il est bon de le rassurer et de préciser que l'on peut aussi s'aimer sans faire de bébé !

Comment lui parler de la sexualité ?

Les enfants sont très curieux, et ce sont eux en général qui poseront les questions les premiers. Il n'est pas utile de précéder leur besoin de savoir. La difficulté est plutôt de trouver des mots simples et de répondre en fonction de leurs attentes. Par ses réactions émotionnelles, l'enfant indique clairement quand l'adulte va trop loin dans les explications ou, au contraire, pas assez. Tous ces échanges, aux différents âges, permettront que la sexualité soit perçue comme une chose naturelle. À l'inverse, devant un refus d'en parler, l'enfant cherchera des explications dans l'imaginaire, puis à l'extérieur, avec le risque qu'il ne trouve que des réponses d'ordre anatomique, trop crues et sans tendresse.

Si le sujet était jusqu'alors tabou, quand viendra l'adolescence, l'enfant sera d'autant moins prêt à entendre les explications de ses parents. À cet âge, en effet, il est rare que l'on ait envie de parler de sexualité en famille. Et, à moins que ne se pose un problème précis, forcer le dialogue n'est pas la meilleure solution. Vous serez plus souvent amenés à répondre aux questions d'amis de votre enfant, tandis que lui préférera aborder ce qui le tracasse avec d'autres adultes.

Face au porno, comment réagir ?

Un jour ou l'autre, à l'adolescence, des filles, et a fortiori des garçons, ont vu ou verront un film pornographique. Que ce soit par hasard ou pour satisfaire une simple curiosité. Pousser de hauts cris ne pourra qu'inciter le jeune à récidiver.

La pornographie à elle seule ne représente pas un danger pour l'adolescent(e), il s'agit seulement de veiller à ce qu'elle ne devienne pas un plaisir dont il/elle ne pourrait se passer et qui le/la couperait des réalités de la vie.

Quand l'enfant a moins de 10 ou 11 ans, la situation est un peu différente. Si l'on apprend qu'il a vu un porno – ou si l'on s'en doute du fait de ses questions –, il est souhaitable d'engager le dialogue.

De façon détournée, sans dramatiser, on peut demander par exemple ce qu'en pensent ses ami(e)s : il sera ainsi amené à donner son opinion, en fonction de laquelle on pourra réagir et exprimer le désir qu'il ne le fasse plus. La première règle étant bien sûr de ne pas laisser traîner soi-même des cassettes porno...

Quand les grands enfants font l'amour à domicile...

Il arrive vers la fin de l'adolescence, ou plus tard, que le jeune garçon ou la jeune fille ait des rapports sexuels sous le toit parental. Pour certains pères et mères, cela ne pose aucun problème. D'autres acceptent malgré eux, parce qu'ils pensent que c'est mieux pour l'enfant. Mais, en leur for intérieur, ils ne vivent pas très bien la situation, au point que cela perturbe leur propre sexualité. Certaines femmes ont l'impression de passer le relais, certains hommes se sentent en situation de compétition... Ce mal-être ne doit pas être pris à la légère. Rien n'oblige à accepter ce qui dérange, et dire « non » n'est pas bien grave, quitte à ce que son point de vue de parent évolue avec l'avancée en âge de l'adolescent(e).

Les hauts et les bas du désir

Il arrive dans un couple que le tourbillon des activités quotidiennes entraîne une baisse de la fréquence des rapports sexuels, et que la femme surtout soit moins demandeuse. On pourrait arguer que celle-ci est davantage sollicitée, notamment quand elle est mère, et par conséquent plus fatiguée. Une journée épuisante empêche pourtant rarement un homme de faire l'amour, car il verra là au contraire un moyen de se détendre… alors que la femme, en général, éprouve plus souvent ce désir quand elle est justement détendue.

Si, de façon schématique, l'homme veut tout tout de suite, la femme, elle, préfère que son désir grandisse par touches successives, dans une ambiance propice, où le sentiment d'être désirée ira croissant. Chacune a sa propre vision des conditions idéales. Et il s'agit rarement de l'ordinaire de la vie en famille.

La vaine quête des moments parfaits

Entre se forcer à faire l'amour pour faire plaisir à l'autre et ne le faire que quand on se trouve dans des conditions idéales, il existe des voies intermédiaires. C'est ce subtil équilibre, souvent à reconstruire, que trouvent les couples heureux de leur sexualité. Pour la femme, cela implique d'accepter que les « petits rapports » parfois un peu « à la va-vite », ont également du charme, en se laissant prendre de temps en temps au jeu. À l'homme aussi de découvrir la sensibilité de sa compagne et de lui offrir à son tour des moments d'amour correspondant davantage à ses envies à elle.

Les périodes creuses ne sont toutefois pas bien graves. Mais il convient de s'en méfier davantage quand on prend de l'âge. Une sexualité qui s'appauvrit quant on atteint la soixantaine peut mener un couple à tourner insensiblement la page. Car, en ce domaine, il est bien connu que, moins on le fait, moins on en a envie, et inversement…

La part des fantasmes

Il n'est rien de plus personnel qu'un fantasme, et il n'est pas utile de le raconter. Produit de l'imaginaire, c'est une mise en scène par et pour soi-même, une idée qui reste dans la tête, et dont on ne souhaite pas qu'elle se réalise. Parfois, on a peur de ses fantasmes, parce qu'ils peuvent être violents, très crus, et se situer à mille lieues de ce que l'on veut réellement, dans la vie consciente. Pourtant, si on les refuse quand ils viennent à l'esprit, on pose une barrière mentale qui peut gêner le déroulement de la relation à cet instant-là. Cette part de soi au-delà de toute morale, aussi gênante soit cette idée, participe aussi au plaisir.

Absence d'érection n'égale pas absence de désir

Un homme, en général, est très préoccupé par une absence d'érection et n'a alors plus qu'un souhait : que cela ne se reproduise plus. Il vivra cette « panne » d'autant plus mal que sa compagne la percevra comme une absence de désir pour elle, réaction fréquente mais infondée. Car c'est mécaniquement que cela ne marche pas, même si les causes sont psychologiques – un trop grand stress, par exemple : ni le désir ni les sentiments ne sont en jeu.

L'essentiel, dans ce type de situations, est de dédramatiser, et cela vaut pour l'homme comme pour la femme. Lui, le plus souvent, se persuadera que ce n'est pas grave seulement si elle-même éprouve un orgasme, les caresses de toutes sortes remplaçant alors la pénétration. Il tirera alors de ce jeu à deux une satisfaction qui l'aidera à ne pas se sentir en situation d'impuissance.

S'aimer encore et encore, sans se lasser... les élans amoureux ne s'estompent pas avec les années quand on sait satisfaire à deux un besoin partagé de nouveauté. (« L'Instant désiré », par Jean-Honoré Fragonard, 1732-1806.)

Une découverte qui n'a pas de fin

On l'aura compris, rien n'est figé une fois pour toutes dans la sexualité d'un couple, et la découverte de l'autre et de soi, jamais achevée, en fait tout le piment. D'un jour à l'autre, les pratiques, le ressenti, tout peut varier. Les surprises ne sont jamais exclues, et cette possibilité fait que le désir ne s'use pas.

Si la répétition, l'habitude, la banalisation ont aussi leur importance parce qu'elles rassurent, le besoin de nouveauté et d'invention reste fort. La seule condition est que les deux partenaires soient désireux de telle ou telle expérience. Certaines pratiques comme la fellation, voire la sodomie, devenant plus banales qu'autrefois, on croit parfois à tort qu'il faut nécessairement essayer. Les hommes surtout, avec la médiatisation de la sexualité, voient parfois leur compagne plus « libérée » qu'elle ne l'est en réalité – puisqu'elle peut parler facilement de ce sujet... – et ne réalisent pas toujours quand leurs demandes la gênent.

À l'écoute de l'autre...

La connivence, la complicité, la mise à bas des interdits ne se fait pas en un jour. Les demandes insistantes bloquent le désir. Et, surtout, la sexualité n'est pas séparée du reste. Plus le bien-être et la communication se développeront dans le couple, plus il sera facile de passer outre les barrières mentales. Ce qui est refusé un soir sera peut-être accordé un autre. Comme pour tout chemin à deux, saisir où se trouve l'autre, quelles sont ses réticences ou au contraire ses désirs, à tel ou tel instant, est le meilleur moyen de faire du rapport amoureux un lieu de partage et de liberté.

La pilule et le stérilet

En permettant de faire l'amour sans le risque d'une grossesse non désirée, la contraception apporte une vraie liberté. Si les préservatifs et les spermicides sont souvent des solutions d'appoint (voir pages 84 et 86), la pilule et le stérilet, utilisés par la plupart des femmes ayant des rapports sexuels réguliers, restent les méthodes les plus fiables.

La contraception hormonale

• **Les pilules antiovulatoires** bloquent l'ovulation, empêchent le passage des spermatozoïdes dans la glaire du col utérin et modifient la muqueuse utérine, la rendant impropre à la nidation d'un œuf. Elles sont le plus souvent faites d'une association d'œstrogènes et de progestatifs, ou parfois de progestatifs seuls. Quand on utilise une pilule sans œstrogènes, le contrôle des « règles » est moins bon et les effets sur la peau plus problématiques, sauf avec certains progestatifs qui bloquent l'action des hormones masculines et qui sont alors utilisés dans les problèmes d'acné et d'excès de pilosité.

La fiabilité est excellente, avec un taux d'échecs – lorsqu'il n'y pas d'oubli – bien inférieur à 1%. Avec d'autres avantages : atténuation ou disparition des douleurs des règles, régularité des cycles, possibilité de décaler volontairement la date des règles, amélioration de l'acné, de certaines alopécies (chutes de cheveux), diminution à long terme du risque de cancer de l'ovaire.

En revanche, les pilules œstroprogestatives augmentent légèrement le risque d'apparition de caillots dans les vaisseaux sanguins (thromboses) et par conséquent d'accidents cardiovasculaires : phlébites/embolies, infarctus, accidents vasculaires cérébraux. Ces risques sont surtout nets chez les femmes ayant des anomalies héréditaires de la coagulation (d'où la contre-indication s'il existe des antécédents vasculaires familiaux), chez les fumeuses, chez les femmes hypertendues et chez celles qui présentent trop de graisses ou de sucre dans le sang (d'où la surveillance par des tests sanguins).

• **Les micropilules** ont été développées pour les femmes présentant des contre-indications aux pilules classiques. Elles contiennent seulement un progestatif, et à très faible dose ; leur action se limite à la glaire cervicale.

Ces pilules doivent être prises à heure fixe, sans interruption. Leur fiabilité est moindre (taux d'échec proche de 1%), le contrôle des règles est moins bon et les bénéfices escomptés sont moins nets qu'avec une pilule classique. Elles peuvent même dans certains cas majorer des problèmes de peau et de kystes (seins, ovaires).

• **L'implant** est un tube de plastique de la taille d'une allumette qui contient un progestatif. Il se pose, après anesthésie locale, sous la peau de la face interne du bras, derrière le biceps.

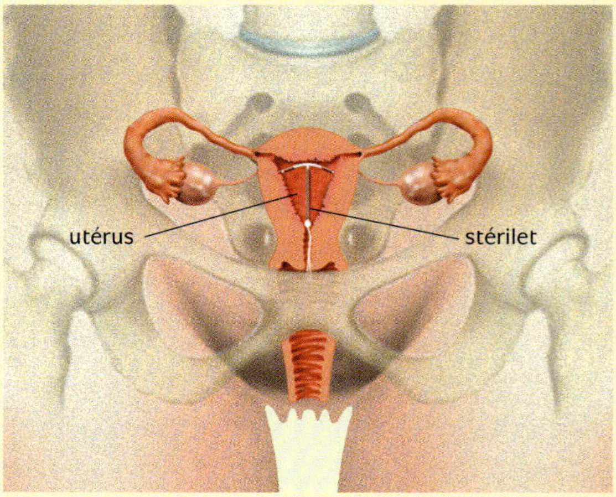

Le stérilet. *Toujours mis en place par le médecin, il est efficace durant trois à cinq ans, selon les modèles.*

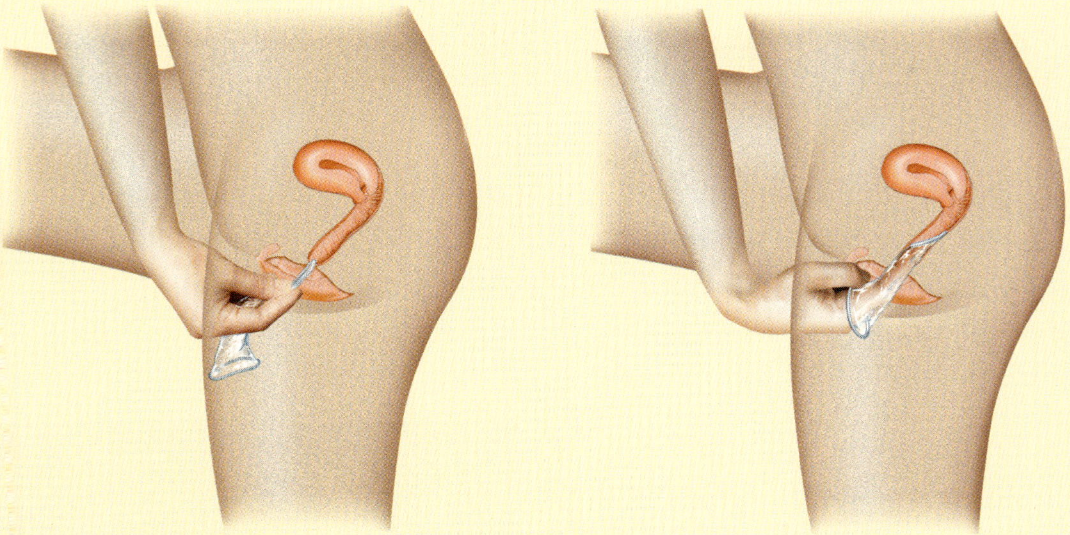

Le préservatif féminin. *Il comprend dans le fond un anneau mobile que l'on introduit, plié, aussi loin que possible dans le vagin. C'est une très bonne protection, mais peu esthétique, le bas du préservatif pendant hors de la vulve.*

Ses avantages sont évidents : très faible dose d'hormones, pas d'oubli possible, efficacité proche de 100 %, validité de trois ans.
Ses inconvénients tiennent à un mauvais contrôle du cycle (saignements parfois prolongés ou, au contraire, absence de règles) et à une tolérance dermatologique qui peut ne pas être parfaite.

Chaque femme trouvera la contraception hormonale qui lui convient le mieux, en s'appuyant sur l'expérience de son médecin.

Les différents stérilets

En plastique souple, le stérilet, ou dispositif intra-utérin (DIU), a le plus souvent la forme d'un T d'environ 3 cm et se prolonge par un ou plusieurs fils qui descendent jusqu'à l'orifice du col, ces derniers signalant sa présence et permettant de le retirer. C'est le médecin qui le met en place dans l'utérus. Les stérilets sont presque tous pourvus, autour de la branche verticale du T, soit d'un fil de cuivre, soit d'un réservoir de progestérone, ce qui les rend plus efficaces. Selon les modèles, ils sont actifs durant trois à cinq ans.

- **Les stérilets au cuivre** agissent surtout en empêchant la nidation d'un œuf dans l'utérus. Ils ont un taux d'échec de 0,5 à 1 % et présentent l'inconvénient fréquent d'augmenter l'abondance et la durée des règles. La question de savoir si la prise d'anti-inflammatoires diminue l'effet contraceptif de ces DIU n'est toujours pas résolue...
- **Le stérilet à la progestérone** agit aussi au niveau de la glaire du col en diminuant la probabilité de fécondation. Sa fiabilité est supérieure (0,1% d'échec environ) et il diminue les douleurs et l'abondance des règles, au point qu'elles disparaissent souvent plus ou moins complètement.

La pose d'un stérilet dans l'utérus (outre qu'elle est désagréable, parfois douloureuse) expose au risque de réveiller une infection dormante des trompes. De surcroît, sa présence rend une femme plus vulnérable en cas d'infection sexuellement transmissible. Le choix d'un stérilet impose donc un bilan soigneux et cette contraception est, a priori, réservée aux femmes vivant une relation stable. On peut utiliser un stérilet lorsqu'on n'a pas d'enfant, mais cette possibilité doit être bien discutée avec son médecin. Les fibromes, parce qu'ils augmentent le risque de saignement et déforment la cavité utérine, sont souvent une contre-indication.

Réconcilier désirs et...

S'engager dès maintenant ou attendre encore ? Avoir un deuxième enfant ou poursuivre sa carrière ? Rester ensemble ou se séparer ? Parvenues à l'âge adulte, les femmes doivent, tôt ou tard, prendre des décisions. C'est l'heure des choix ! En quête d'un équilibre délicat...

Couple rêvé, couple réel *Plus variée dans ses modalités, mais aussi moins stable, la vie de couple reste une référence importante pour la plupart des jeunes femmes. Une plus grande exigence quant à ce qu'on attend de la vie à deux semble toutefois rendre plus difficile la recherche d'un partenaire. Elle demande aussi de savoir faire la part entre l'indépendance personnelle et ce qui peut être partagé.*

Le souci d'indépendance est l'une des raisons pour lesquelles les jeunes femmes tardent à se marier.

La tentation du célibat

Aujourd'hui, le nombre de jeunes femmes qui vivent seules, en particulier dans les grandes villes, est en augmentation. Parfois, cette solitude est bien vécue ; elle correspond alors souvent à un choix de vie et s'accompagne d'une activité professionnelle épanouissante et d'un environnement psychoaffectif satisfaisant, grâce à un réseau de relations et d'amis fiables. À l'inverse, une jeune femme dont les perspectives professionnelles paraissent peu satisfaisantes verra peut-être dans le mariage une possibilité d'échapper à cette situation.

réalités

Pour d'autres, le célibat est perçu de façon plus ambiguë, comme si l'idée de devoir renoncer aux avantages du célibat était aussi difficile à accepter que celle de finir sa vie toute seule. C'est le cas si bien décrit par Helen Fielding, dans son *Journal intime de Bridget Jones,* d'une jeune femme autonome sur le plan financier et entourée de bons amis, mais qui a peur de se lancer dans la vie de couple.

D'autres encore vivent à contrecœur un tel célibat, résultat d'une déception amoureuse, d'une difficulté d'ordre relationnel ou bien d'un isolement social et affectif.

Une difficulté à s'engager

La pression sociale est en effet très forte – ou du moins souvent ressentie comme telle – vis-à-vis de ces femmes qui n'ont pas de raison apparente de ne pas vivre en couple et de ne pas être heureuse. Cette période de la vie est donc parfois difficile à traverser pour certaines ; en témoigne la demande croissante d'aide psychologique de la part des jeunes femmes appartenant à cette tranche d'âge. La solitude involontaire peut induire une profonde remise en cause, voire des épisodes dépressifs, des troubles psychosomatiques ou des symptômes d'angoisse.

Il arrive que la difficulté de trouver un partenaire conduise certaines à se décourager ou à rejeter la « faute » sur les hommes, alors qu'en fait, ce sont elles qui ont du mal à s'engager. « Je ne tombe que sur des hommes qui cherchent des aventures... », disent-elles. Souvent, une vie professionnelle trop bien remplie les mène au point où le travail en vient peu à peu à occuper l'essentiel de leur existence : « C'est comme si j'étais mariée à mon travail ». Si les week-ends, seuls moments « libres », finissent par être consacrés au repos nécessaire, ils sont aussi l'occasion d'un repli sur soi... plutôt que de rencontrer des gens.

Sortir d'un tel cercle vicieux pour créer une nouvelle vie sociale et affective n'est jamais simple. Cela demande d'abord de prendre conscience d'une situation qui s'est installée progressivement et qui, avec le temps, risque de conduire à un véritable isolement.

Des modèles qui évoluent

Du mariage traditionnel célébré par un rite religieux à la vie commune pleine de projets – mais sans celui de passer devant monsieur le maire – ou au pacs, qui offre à l'union homosexuelle

Une adolescence prolongée ?

Selon une tendance que l'on peut observer dans la société actuelle, la majorité des jeunes femmes quittent le foyer familial, entrent dans la vie active, se marient et ont des enfants plus tard que la génération de leurs parents. De ce fait, elles semblent atteindre plus tardivement aussi « l'âge de l'épanouissement et de la maturité ». Les raisons en sont nombreuses : plus ou moins longue durée des études, difficulté de trouver du travail ou un emploi satisfaisant...
Mais beaucoup de femmes attachent aussi une importance plus grande à leur autonomie sociale et financière et affichent une tendance plus marquée à s'affirmer en tant qu'individu, si elles en ont les moyens...

une reconnaissance publique..., les façons de vivre ensemble ne cessent d'évoluer en pratique comme dans la loi. En même temps, un tiers des mariages s'achèvent par un divorce, donnant parfois naissance à des familles monoparentales, mais aussi à des familles recomposées. En effet, ce n'est pas parce que les couples divorcent ou se séparent plus souvent de nos jours que la notion de couple a perdu de son importance. Au contraire.

Toujours à la recherche du couple idéal

Plus que jamais, le choix de vivre ensemble est envisagé aujourd'hui dans la perspective d'y trouver le bonheur personnel. De ce fait, le couple est devenu une relation qui bénéficie d'un investissement privilégié et intense, parfois soumis à un véritable diktat du bonheur.

Après la rupture...

Malgré le changement des mentalités, l'échec d'une relation conjugale reste difficile à accepter et implique parfois une profonde remise en question personnelle. À cela peuvent s'ajouter, pour une femme qui doit élever seule un ou plusieurs enfants, des problèmes matériels, financiers et d'organisation pratique, surtout si le père, pris par son travail et souvent par une nouvelle vie, « néglige ses devoirs ». Dans bien des cas, il est moins facile pour elle que pour lui de « refaire sa vie ». Dans d'autres, fréquents de nos jours, le couple se sépare sans se quitter tout à fait – une façon de gérer l'échec et de « limiter les dégâts » résultant de la fin d'une relation affective. Quelle que soit la solution adoptée, il faut veiller à épargner les enfants, qui ne doivent pas devenir les enjeux ou être pris à témoin des conflits opposant les deux partenaires.

Certaines femmes recherchent ainsi inlassablement l'union exemplaire – couple modèle d'un amour parfait à la sexualité épanouie et qui entretient des relations sociales enrichissantes. Le tout sans tomber dans la routine ! Pour elles, l'idée que l'intensité de la relation puisse se perdre au profit de sa stabilité est insupportable. Et, à mesure que les attentes se font plus aiguës, la peur d'être déçue croît elle aussi. L'angoisse de se tromper de partenaire pousse même parfois à une poursuite sans fin de sensations de plus en plus fortes, d'une « perfection » de plus en plus grande.

Malgré la réalité des nombreuses unions à la dérive, la quête de l'homme idéal, le désir de la complémentarité absolue d'un couple éternel continue d'imprégner l'imaginaire romantique de certaines femmes. Même si ces idées coexistent souvent avec une image plus réaliste : « Je sais que la vie est longue et que les situations peuvent changer, mais je rêve toujours qu'il vienne me chercher comme au cinéma et qu'on ne se quittera plus jamais. »

Fort heureusement, la rencontre avec « l'homme de sa vie » finit en général par arriver, ce qui offre alors à la femme la possibilité de réconcilier désirs et réalités : dépasser le mythe du prince charmant pour se confronter à un homme bien réel.

Un équilibre sans cesse réaménagé

Dans ce climat de grande exigence personnelle, il n'est pas facile de réussir une vie à deux. Pour y parvenir, il faut constamment redéfinir l'équilibre entre les projets partagés et l'indépendance, entre l'investissement dans le couple et l'épanouissement personnel. Si ces « réaménagements » n'ont pas lieu, surgissent disputes et conflits. Les partenaires se renvoient alors mutuellement les « fautes » qui seraient à l'origine de leur insatisfaction, au lieu de prendre en considération ce qui ne va plus dans leur relation. Parfois, il ne reste que le recours à une thérapie de couple pour aider à recadrer les attentes, à comprendre le point de vue de l'autre et à redéfinir le « contrat » implicite sur lequel est fondée toute relation de couple, mais qui risque de devenir, au fil des années, source de frustration et de souffrance.

Le désir d'enfant insatisfait conduit parfois à des démarches longues et pouvant se révéler éprouvantes.

Le désir d'enfant en question

La maternité continue d'être perçue comme un accomplissement dans le cycle de vie d'une femme. Mais il arrive que le désir d'enfant ne puisse être réalisé ou tout simplement n'existe pas : deux situations qui mettent parfois le couple à rude épreuve.

Quand l'enfant ne vient pas

La plupart des couples partagent un désir d'enfant. Il leur permet de se projeter dans l'avenir et d'accéder à une nouvelle étape identitaire, celle de parents. Parfois, l'enfant « ne vient pas », alors que le désir en est exprimé, ce qui peut entraîner une remise en question au sein du couple : l'enfant « inconcevable » existe-t-il vraiment – et jusqu'à quel point – dans le désir des deux partenaires ? Dans d'autres cas, l'absence d'enfant est liée à un problème de stérilité, imputable à l'homme ou à la femme. Et réaliser ce désir d'enfant passe par le recours à l'une des nombreuses techniques de procréation médicalement assistée ou à l'adoption. Mais ces techniques, bien que de plus en plus performantes, et l'adoption soulèvent des questions éthiques complexes, et la législation dans ce domaine varie d'un pays à l'autre. Certains couples en viennent à pratiquer une sorte de « tourisme médical » à la recherche de la « bonne » méthode. Souvent, ce n'est qu'au terme d'un long parcours, physiquement et psychologiquement très éprouvant, que de telles démarches aboutissent.

« Je ne veux pas d'enfant »

Certaines femmes ne souhaitent pas avoir d'enfant. Ce refus de la maternité a parfois pour origine une appréhension plus ou moins avouée et avouable : peur de la grossesse, de l'accouchement, de leurs conséquences sur le corps. Ou il peut avoir pour toile de fond un traumatisme psychologique lié à sa propre histoire – la perte prématurée de la mère, d'un frère ou d'une sœur, ou une enfance malheureuse, par exemple : « Je ne veux pas d'un enfant si c'est pour qu'il vive ce que j'ai vécu. » Dans d'autres cas, il s'agit d'une décision réfléchie du couple (ou de la femme) qui souhaite donner la priorité à sa vie professionnelle ou bien tout simplement conserver une certaine forme de liberté.

Faire face à la pression sociale

Le non-désir d'enfant n'est pas toujours facile à revendiquer et à assumer. Par leur choix, la femme et son partenaire s'exposent à d'incessantes pressions de la part de leur entourage : « Je n'en pouvais plus de devoir répondre à ces éternelles questions sur l'arrivée d'un petit... » – « Ma mère m'a même dit qu'elle aurait bien mieux compris si mon mari et moi n'avions pas pu avoir d'enfants, alors qu'elle sait que ce n'est pas le cas. »

Accusés d'égocentrisme ou d'égoïsme, ils se voient souvent reprocher de ne pas vouloir se conformer aux règles sociales, avec parfois pour conséquence une mise à l'écart ou même un isolement social : « Je n'étais plus invitée à ces dîners où les exploits des enfants monopolisent toutes les conversations et, au fond, je ne le regrette pas. »

Bien assumer le choix

Répondre par la négative à la question « Avez-vous des enfants ? » implique presque toujours de devoir se justifier. Il est possible qu'une telle pression familiale et sociale crée un sentiment de malaise, voire de profonde culpabilité. Pour certaines femmes, elle conduit à une remise en question et suscite une souffrance qui les pousse à consulter un psychothérapeute : « Je ne veux pas d'enfants : suis-je normale, docteur ? » Un travail sur soi, ou bien une thérapie de couple, peut alors être une occasion d'approfondir les raisons de ce choix, et aider la femme et son partenaire à mieux le comprendre, en mettant au clair leurs motivations réelles, et donc à l'assumer plus sereinement.

Je ne suis pas Superwoman !

Réconcilier au quotidien vie familiale et obligations professionnelles reste l'une des préoccupations majeures des femmes modernes. Ce double fardeau et les renoncements auxquels il les contraint sont parfois source de souffrance psychique. Alors, une mission impossible ? Pas si l'on juge la formidable capacité des femmes à « assurer » !

Une inégalité qui perdure

À peine ont-elles achevé leurs heures de travail que la plupart des femmes vivant en couple sont obligées de se consacrer aux activités ménagères. Car, malgré tous les beaux discours sur les hommes « modernes » et les quelques avancées sur le partage des tâches domestiques, celles-ci continuent en grande partie de leur incomber. L'arrivée d'un bébé alourdit encore cette charge de travail : l'énorme inves-

Pour mieux concilier maternité et envie (ou nécessité) d'exercer une activité professionnelle, certaines femmes choisissent de travailler à domicile, une solution qui demande à la mère une bonne organisation.

tissement d'amour et d'énergie qu'il mobilise demande beaucoup de temps et de disponibilité. En même temps, leur nouveau rôle de mère donne souvent un coup de frein aux projets ou ambitions professionnels des femmes. Dans les premiers temps de la vie du couple, si les deux travaillent, les perspectives d'évolution de carrière qui se présentent à l'un ou l'autre peuvent être similaires. Mais la maternité, surtout à partir de la naissance d'un deuxième enfant, contraint souvent la jeune mère à revoir ses priorités, voire à arrêter de travailler. Résultat : un avancement qui patine alors qu'on se voyait déjà..., des frustrations liées à ce qui peut être ressenti aussi comme une coupure avec « l'extérieur », sans oublier des moyens financiers réduits, en l'absence d'un deuxième salaire.

Une charge lourde et assez peu valorisante

Assumer ce double, voire triple, « fardeau » de femme active, d'épouse (et de mère) n'est donc pas si simple. Entre les soucis professionnels et l'organisation de la vie familiale, « je dois tout avoir dans la tête », entend-on ainsi certaines se plaindre. Être en permanence disponible pour les autres – au travail et à la maison –, lorsqu'on a envie de l'être aussi pour soi-même, mène à une insatisfaction. Quand l'équilibre ne s'instaure pas spontanément, la charge est vite ressentie comme trop lourde : « Je me sens toujours coupable : pour la maison, pour mon mari, pour les enfants ou pour mon travail. » Pour celles qui trouvent déjà une gratification dans leur activité professionnelle, les tâches domestiques sont souvent vécues comme peu

Stressée, vous avez dit stressée ?

Le stress est aujourd'hui si fréquent et, semble-t-il, si « fatal » qu'on en parle comme de la maladie du siècle ! Il est vrai que les conditions de vie, en particulier lorsqu'on habite dans une grande ville, sont rarement propices à une existence tranquille et sereine. Mais le stress n'est pas pour autant une fatalité…

Bon stress et mauvais stress

Le stress est une réaction de l'organisme à une agression brusque aux sources les plus variées : maladie physique, environnement bruyant, choc émotionnel… Lorsqu'il reste mineur, il augmente la résistance et les performances physiques et intellectuelles de l'individu (lors d'un examen à passer, par exemple). Cependant, au-delà d'un certain niveau, ses conséquences deviennent négatives, avec des troubles du sommeil, une grande fatigue, des états d'anxiété plus ou moins prolongés, développés en réaction à un surmenage, jusqu'au point de bloquer toute capacité de réaction.

Canaliser l'angoisse

Bien gérer le stress auquel on doit faire face a pour objectif premier de ne plus se laisser submerger par l'angoisse, mais d'arriver à la canaliser dans un but précis. Il est alors souvent possible d'éviter la prescription d'antidépresseurs, d'anxiolytiques ou d'hypnotiques lorsqu'ils ne sont pas vraiment nécessaires. Certaines femmes se disent ainsi « déprimées » alors qu'elles sont en fait épuisées. Stress et dépression peuvent certes être liés (un surmenage provoque parfois des symptômes d'angoisse et de dépression), mais il s'agit de souffrances bien distinctes, comme l'a bien compris cette femme expliquant à son médecin : « Si je suis stressée, ce n'est pas parce que je suis déprimée. »

Comment se protéger ?

Le meilleur traitement contre le stress consiste à améliorer la résistance de l'organisme, et il est donc préventif. Au premier titre, il est conseillé de veiller à une bonne hygiène de vie : limiter, voire supprimer les facteurs qui sont à l'origine du stress, aménager des moments de repos et de détente, créer les conditions nécessaires pour un sommeil réparateur, adopter un régime alimentaire équilibrée, prévoir quelques divertissements de l'esprit, exercer une activité physique régulière… Inversement, certains facteurs augmentent le stress : abuser du café et de la cigarette « pour tenir le coup »,

Ne pas confondre !

Le stress :
- *conscience des facteurs du stress ;*
- *fatigue, voire épuisement ;*
- *parfois difficultés à s'endormir.*

La dépression :
- *sentiment de tristesse et de désespoir intense et durable ;*
- *malaise ancré en soi-même ;*
- *absence de plaisir dans la vie ;*
- *réveils pendant la nuit ou tôt le matin.*

manger de manière trop abondante ou boire trop d'alcool. Face à un stress répété, difficile à surmonter, on peut avoir besoin du soutien de sa famille et de ses amis.

Parfois, certaines techniques de relaxation, à l'aide d'une respiration profonde et d'une détente musculaire, contribuent à créer un sentiment de bien-être. En parvenant à « faire le vide », on se retrouve dans un état d'apaisement physique et psychologique.

Lorsque les symptômes du mauvais stress persistent, on peut envisager de recourir, par exemple, à une psychothérapie interpersonnelle ou, si le stress est provoqué par une maladie somatique, à une psychothérapie de soutien qui accompagne le traitement.

Stress ou dépression ?

La femme stressée est bien consciente en général des facteurs extérieurs qui expliquent sa situation : surmenage, conditions de travail inadaptées, temps de transport prolongés... Elle garde cependant l'espoir de trouver des solutions qui lui conviennent. Elle a souvent l'impression de ne pas en faire assez, alors qu'elle n'arrête pas de courir, et d'être de plus en plus vite fatiguée. Elle commence sa journée avec l'intention de faire « mille choses » pour son travail, pour la maison et pour les enfants, mais ne tient pas toujours la distance. Le soir, elle rumine parfois ces soucis et tout ce qui lui reste à faire, ce qui l'empêche de s'endormir. Elle rêve de vacances au soleil et de moments de détente.

La femme qui souffre d'une dépression éprouve un sentiment de tristesse intense et durable. Elle perçoit que son état n'est pas seulement dû à des conditions extérieures stressantes, mais que son malaise est profondément ancré en elle-même et qu'elle n'a plus aucun plaisir dans sa vie. Dès le réveil, elle se sent anéantie par la perspective d'une nouvelle journée qui lui paraît insurmontable. Son sentiment de désespoir ne lui permet pas d'envisager un avenir meilleur. Le soir, elle se sent légèrement mieux. Elle s'endort parfois facilement, mais se réveille dans un état d'angoisse intense pendant la nuit ou bien tôt le matin, avant que le réveil ne sonne.

Les techniques de relaxation aident à mieux se détendre et à faire face au stress.

valorisantes, finissant par déboucher sur un véritable rejet : « Faire la popote, ce n'est vraiment pas mon truc ! » Au-delà de ce rejet, certaines éprouvent même « l'impression de ne plus exister en tant que personne ».

Enfant et/ou travail : lorsqu'il faut choisir...

Pour beaucoup de jeunes femmes, le désir de s'affirmer en tant que personne trouve sa meilleure expression dans un travail qui les valorise, qu'elles aiment et dans lequel elles s'investissent. La naissance d'un premier enfant, puis éventuellement d'un deuxième, provoque un bouleversement ; elle demande au couple, et en particulier à la femme, une série de réajustements pour faire face aux contraintes qu'implique le nouveau rôle de parent.

Pour s'adapter à cette nouvelle situation familiale, les femmes se voient fréquemment obligées de renoncer à une vie professionnelle aussi active qu'auparavant – ce qui signifie parfois d'accepter de changer d'emploi ou que leur carrière ralentisse, alors que leur partenaire continue en général de progresser. Malgré cela, le temps semble toujours manquer : « Je n'ai pas de marge de manœuvre », constatent souvent ces femmes qui doivent gérer au mieux un emploi du temps chargé – et un budget familial plus serré. Certaines d'entre elles n'arrivent pas à se faire à l'idée d'employer une nounou ou une femme de ménage : « Je ne supporte pas l'idée de payer quelqu'un pour vivre en quelque sorte ma vie à ma place. » D'autres choisissent de manière délibérée d'arrêter de travailler afin de préserver leur vie familiale. Et ce n'est pas forcément le plus mauvais choix. L'essentiel est que cela soit vraiment leur souhait, et qu'elles soient en mesure, y compris au plan matériel, de l'assumer, de le vivre de façon positive.

En effet, trouver un équilibre entre le désir d'affirmation personnelle et d'une autonomie financière, d'un côté, et celui d'exercer pleinement son statut de femme et de mère, de l'autre, est plutôt perçu comme « la quadrature du cercle ». Et les décisions qui en résultent sont parfois difficiles à mettre en œuvre au quotidien. Sur un plan psychique, elles demandent un travail sur soi afin de ne pas être subies mais vécues comme une chance de mieux épanouir les différentes dimensions de son existence.

Le harcèlement moral

Sous ce terme, la loi (2002) désigne des comportements (paroles, gestes, attitudes...) qui entraînent une dégradation des conditions de travail, en portant atteinte à l'intégrité psychique ou physique d'une personne. Les pressions exercées, qu'elles proviennent d'un supérieur, de collègues ou des deux à la fois, peuvent faire l'objet de sanctions civiles ou pénales. L'expression « harcèlement moral » est vite entrée dans le langage courant et a trouvé un large écho suite à l'ouvrage de Marie-France Hirigoyen (Le harcèlement moral, la violence perverse au quotidien, *1988) : selon un sondage Ipsos, près d'un tiers des Français déclarent avoir été victimes d'un tel harcèlement.... De façon schématique, les situations évoquées sont ramenées à la relation entre une « victime » et son « bourreau ». La réalité est souvent plus nuancée et plus complexe, et il n'est pas toujours facile ni possible de départager les responsabilités dans une situation conflictuelle. Par ailleurs, le terme en est venu à désigner toutes sortes de malaises ou de souffrances psychiques et physiques liées à des conflits ou au stress dans le monde du travail. Souffrances mises sur le compte tantôt de frustrations personnelles ou d'une « intolérance aux relations hiérarchiques », tantôt de changements récents dans l'organisation du travail (surcharges, etc.) au sein de l'entreprise.*

Attendre un enfant

La venue au monde d'un enfant est un moment unique, un temps de bouleversements psychiques et physiologiques. Pour les futurs parents, la grossesse, spontanée ou attendue, suscite toujours des interrogations tant sur la vie au quotidien ou sur le futur bébé que sur eux-mêmes.

Un bébé dans la tête *Donner la vie est un saut vers l'inconnu, et cela peut faire peur, surtout si c'est votre premier enfant. Avant même d'être né, le futur bébé est déjà présent dans votre tête et il y grandira jusqu'à devenir si réel que vous aurez le sentiment de le connaître avant même de l'avoir vu. Le lien avec le bébé et la conscience d'être parent se construiront peu à peu.*

L'enfant à venir est souvent paré par la future mère de toutes les qualités d'un enfant idéal.

Un grand bonheur mêlé d'inquiétudes

Ça y est, vous êtes enceinte, une grande aventure commence. Vous êtes très heureuse de devenir mère, mais aussi peut-être un peu désemparée par les changements qui s'annoncent. Beaucoup de femmes, y compris celles qui ont ardemment désiré être enceintes, se retrouvent angoissées à l'idée d'abord de vivre une grossesse, ensuite de devenir mères. C'est le paradoxe de la vie. Il n'est rien de plus naturel pour une femme que de porter un enfant, mais les futures mamans ont besoin d'être rassurées. C'est à l'écoute de votre corps pendant neuf mois que vous allez découvrir de nouvelles sensations, de nouvelles émotions. Sachez que votre physiologie est prévue pour la grossesse : votre corps s'adaptera. Il n'y a donc pas lieu de changer aussitôt votre mode de vie, même si certaines précautions s'imposent.

Plus le terme de la grossesse approche, plus la future maman est impatiente de découvrir enfin son enfant.

De l'état d'enfant à celui de mère

Outre les bouleversements physiologiques, la grossesse entraîne un remaniement structurel profond au plan psychologique. On passe de l'état d'enfant de ses parents à celui d'adulte futur parent soi-même, et on entraîne la génération précédente vers le statut de grands-parents ! Le couple conjugal va devenir couple parental, et il est légitime de se poser des questions sur ces transformations.

Le désir d'enfant

Presque toutes les femmes éprouvent à un moment donné de leur vie le désir charnel d'être enceinte. Cependant, le désir d'enfant est soumis à des aléas aussi bien chez l'homme que chez la femme, parce qu'il s'élabore en référence à notre propre passé d'enfant que l'on cherche à retrouver à travers lui. Ce désir est en effet transmis par la mère et par le père : les petites filles vont s'identifier à leur mère et désirent inconsciemment un enfant de leur père, tout comme les petits garçons désirent prendre la place de leur père et épouser leur mère – ce que Freud a appelé le complexe d'Œdipe. Il va ensuite mûrir, et la jeune femme, pour concevoir son premier enfant, devra obtenir de sa mère « un laissez-passer implicite », c'est-à-dire que sa propre mère la reconnaisse à son tour comme mère : c'est la transmission.

Le temps des interrogations

C'est le moment où la femme va s'interroger sur ses capacités à être mère. En effet, on parle toujours de l'instinct maternel, mais il ne coule pas de source, et les futures mamans peuvent se demander si elles sauront aimer ce petit étranger. Savoir si le bébé sera « normal » est parfois aussi une source d'inquiétude, bien qu'aujourd'hui le suivi de la grossesse permette de détecter très tôt certaines anomalies.

L'accouchement est un moment très fort dans l'existence, dans l'histoire individuelle, il réveille des éléments inconscients de l'histoire personnelle de chacun des parents. Tout en étant « propulsé » en avant en tant que père ou mère, chacun est également tiré en arrière vers son enfance, vers le temps où l'on est soi-même venu au monde. En parallèle à la notion de cycle de vie, la venue d'un enfant est une grande étape dans la vie d'un couple.

Quand les futurs pères s'investissent

En quelques années, le rôle du père a connu des changements importants. Alors que, durant des décennies, les hommes étaient (s'étaient ?) tenus à l'écart des soucis et du quotidien des enfants, dorénavant, ils prennent part à leurs activités. Cette volonté de s'investir, peut se manifester dès lors que la femme est enceinte, parfois de manière extrême. Environ 20 % des pères connaissent en effet un phénomène appelé la « couvade », vivant les mêmes symptômes que la future maman : nausées, indigestion et prise de poids. À côté de cela, ils ont aussi le sentiment qu'ils sont en train de concevoir une nouvelle vie, et certains partagent avec leur compagne les instants privilégiés et uniques de la grossesse.

Apprendre à distinguer les rôles

Peut-être y a-t-il néanmoins une différence, car si la femme est « naturellement » mère, l'homme, lui, devient père. Et son rôle n'en est pas moins fondamental pour le développement de la personnalité de l'enfant. C'est dès l'annonce de la grossesse que le futur bébé va prendre une place dans l'esprit de son père. Puis, dès la naissance, par ses gestes, ses jeux, le papa va aider le tout-petit à s'adapter au monde. Il apportera tour à tour à l'enfant et à la mère amour et sécurité affective.

Que faire si l'enfant se fait attendre ?

La fécondité diminue à partir de la trentaine. Par conséquent, vers cet âge-là, les couples mettent plus de temps à concevoir un enfant. En outre, il arrive que le désir conscient d'avoir un enfant en masque d'autres, plus inconscients (comme prouver sa fertilité), et que l'identification à la mère demande plus de temps chez certaines femmes et retarde la grossesse.

- *Si vous êtes dans la tranche des 25-30 ans et que vous venez d'arrêter la pilule, vous pouvez vous laisser au moins un an sans trop vous inquiéter. Passé ce délai, il vaut mieux consulter.*
- *À plus de 30 ans, si vous n'avez jamais eu d'enfant, vous pouvez envisager d'effectuer des tests après une attente de 6 mois, afin de démarrer vite un traitement en cas de problème de stérilité.*
- *À 40 ans, les chances d'être enceinte diminuent très rapidement. Mais les nouvelles connaissances et techniques médicales permettent à des femmes même plus âgées de mener à bien leur grossesse en toute sécurité.*

Mois par mois, de nombreux bouleversements physiques et psychiques

Ce corps qui change est vécu par les unes avec plénitude et par les autres avec un certain malaise. Les sentiments qui accompagnent la grossesse, comme les changements physiques, permettent à la future maman de se préparer petit à petit à son prochain rôle.

Au premier mois, déjà des effets tangibles

Dès que l'ovule est fécondé, un processus se met en place, et le corps se transforme rapidement. L'absence de règles marque cette transformation. Bien souvent, ce sont les effets des modifications hormonales, ressenties dès ce premier mois, qui sont le plus difficiles à vivre pour les futures mamans.

D'éventuels soucis d'ordre digestif

Les hormones de la gestation, libérées en grande quantité, vont être la cause directe des premiers soucis, qui sont d'ordre digestif. La digestion, comme le transit intestinal, sont plus lents (ils favorisent ainsi l'absorption des éléments nutritifs par l'organisme). Ces inconvénients s'accompagnent d'une hypersensibilité aux odeurs, de passages nauséeux ou, parfois, de brûlures d'estomac. Pour limiter tous ces petits maux, il est bon d'adopter certains réflexes : prendre le petit déjeuner au lit, fractionner l'alimentation en plusieurs repas, éviter tous les produits acides. Des envies de dormir et quelques fringales peuvent accompagner les troubles digestifs.

De plus en plus présent lors de toutes les étapes de la grossesse, le père doit lui aussi apprendre son rôle

Le développement des seins et de l'utérus

Dès le premier mois, le volume des seins augmente. Ils deviennent plus lourds, plus durs, avec parfois des picotements : les veines qui les irriguent sont beaucoup plus apparentes sous la peau ; l'aréole fonce, s'élargit, et les bouts sont plus sensibles et mieux formés. L'utérus grossit lui aussi et peut donner l'impression que l'on est constamment ballonnée. Il pèse sur la vessie et peut provoquer, en début de grossesse, de fréquentes envies d'uriner.

Le moment d'arrêter tabac et alcool

Il est temps d'essayer d'arrêter de fumer. Le tabagisme peut en effet être responsable de naissance prématurée, d'enfant de trop petit poids ou de grossesse extra-utérine. Des consultations d'aide à l'arrêt du tabagisme sont proposées dans certaines maternité. Renseignez-vous si vous êtes concernée.

Quant à l'alcool, il peut provoquer des malformations, surtout pendant les trois premiers mois. Vous pouvez vous autoriser un verre de vin de manière exceptionnelle, mais les alcools forts sont à bannir. La prise de drogue est absolument prohibée, et, en cas de problème de ce type, la désintoxication se fera sous contrôle médical, un sevrage brutal pouvant avoir ces effets sur l'embryon puis sur le fœtus.

Au début du troisième mois, la première échographie

Vos seins continuent à s'épanouir tandis que votre utérus, tout en se développant, s'oriente vers l'avant. À la sixième semaine, il aura la taille d'une mandarine.

Tous les organes du futur bébé se mettent définitivement en place durant les 4 premières semaines. À la fin du deuxième mois, l'embryon mesure 3 cm et pèse de 2 à 3 grammes. Vous pouvez le voir lors de la première échographie, qui renseigne sur l'âge de la grossesse et son bon déroulement, ainsi que sur d'éventuelles anomalies chromosomiques.

Nausées, douleurs à l'aine et saignements

Vous avez toujours peut-être des nausées, de l'aérophagie, mais d'autres désagréments peuvent apparaître, telle la constipation. Contre cette paresse musculaire de l'appareil digestif, il est recommandé d'adopter une alimentation équilibrée et riche en fibres (fruits et légumes), de boire de l'eau de façon régulière dans la journée et de faire un peu d'exercice. Mais le conseil vaut aussi quand tout va bien !

Si vous sentez de légères douleurs au bassin ou à l'aine, ne vous inquiétez pas, car les muscles et les ligaments qui maintiennent l'utérus travaillent. Commencez à vous accorder des petits temps de pause.

Des saignements peuvent également inquiéter les futures mamans : de simples traces de sang n'ont rien d'affolant, mais il faut consulter et, si la quantité est importante, ne pas hésiter à se rendre à la maternité.

Quelle sera la date de l'accouchement ?

La date théorique de l'accouchement peut être calculée de deux manières : en semaines d'absence de règles ou en mois.

- *Pour le premier calcul, ajoutez 41 semaines à la date du début des dernières règles, date dont la plupart des femmes se souviennent mieux que de celle de l'ovulation. Si les dernières règles ont débuté un 1er mai, l'accouchement aura lieu vers le 14 février.*
- *Pour le second calcul, comptez 9 mois du calendrier à partir de la date de la conception ou 9 mois et demi après le début des dernières règles. La date de l'ovulation, donc de la conception, se situe vers le 14e jour d'un cycle normal de 28 jours. Facile à calculer si vous utilisez la méthode des températures, elle l'est beaucoup moins si vos cycles sont plus longs, plus courts ou irréguliers, si vous avez arrêté la pilule le mois précédent ou si vous avez oublié la date du début de vos dernières règles.*

Les problèmes de circulation sanguine

Il arrive que dès le deuxième mois, ou un peu plus tard, vous sentiez vos jambes lourdes, vos chevilles gonflées, et des crampes peuvent vous réveiller la nuit. Veines et vaisseaux se dilatent, les valvules veineuses sont paresseuses, et la circulation dans les membres inférieurs est de moins bonne qualité.

Faute de précautions, vous risquez même de voir apparaître des varices. Par conséquent, prenez quelques dispositions : dormez les jambes surélevées, évitez les bains chauds et les stations debout prolongées. La mauvaise circulation sanguine et la compression du bassin de l'utérus génèrent aussi parfois des hémorroïdes qui sont de petites varices autour de l'anus.

Au troisième mois, l'embryon devient fœtus

L'utérus a désormais la taille d'un pamplemousse. Ce n'est plus un embryon mais un fœtus que vous portez. Le placenta est déjà bien délimité ; il relie la mère au fœtus par le cordon ombilical et assure, tout au long de la grossesse, les échanges entre la mère et l'enfant. Jouant un rôle indispensable dans le développement du bébé, il sert à la fois de poumon, de rein, d'intestin et de foie et remplit les fonctions de respiration, de nutrition, de protection.

Comme le mois précédent, buvez, détendez-vous, et faites de la marche ou de la natation – la pratique de telles activités permet en effet une bonne oxygénation du corps, une meilleure circulation du sang et aide à combattre la constipation.

Bien s'alimenter

La grossesse n'implique nullement de bouleverser son alimentation, sauf quand on a pour habitude de sauter des repas ou de se limiter à certaines catégories d'aliments : là, il est temps de changer de cap. Pour les autres, il suffit de veiller à certains besoins spécifiques, en particulier en fer et en calcium.

Fractionner les repas à volonté

Les femmes enceintes supportent en général mal de rester longtemps à jeun. Tant mieux, car sauter des repas est vivement déconseillé. Le futur bébé, via le placenta, puise à tout moment, selon ses besoins, les éléments nutritifs présents dans le sang maternel. Même la nuit. Vous pouvez donc manger 4 à 5 fois dans la journée, voire plus. En suivant votre appétit, vous prendrez normalement les kilos nécessaires.

Les règles de base, avec un peu plus de protéines

Toutes les règles d'une alimentation équilibrée s'appliquent à la femme enceinte : boire au moins 1,5 litre d'eau par jour et manger de chaque catégorie d'aliments (légumes et fruits, féculents et céréales, viande, poissons, œufs, produits laitiers, matières grasses...). Les apports en protéines animales sont particulièrement importants, surtout durant les trois derniers mois : mangez deux fois par jour viandes, poissons ou œufs. Si vous aviez pour habitude d'exclure les graisses ou certains aliments pour préserver votre ligne, il est temps de revenir à un régime normal.

Quelques micronutriments indispensables

Il convient aussi de veiller à consommer certains micronutriments, qui participent à la croissance de l'embryon – mais, attention, ne prenez aucun supplément sous forme de comprimés sans prescription médicale.

- ***Le fer,*** présent à bonnes doses dans le gibier, le boudin et le cacao en poudre, mais aussi dans toute viande ou poisson, dans les œufs, lentilles, haricots secs...
- ***L'acide folique,*** ou vitamine B9, dans les légumes verts, certains fruits (banane, fraise, orange, kiwi, melon) et les œufs.
- ***Le calcium,*** présent dans les produits laitiers – consommez-en un 3 à 4 fois par jour.
- ***La vitamine D,*** dans les produits laitiers non écrémés, les poissons gras... et en profitant des journées ensoleillées.

Prévenir la listériose et la toxoplasmose

Les principales maladies liées à l'alimentation et éventuellement dangereuses pour le futur bébé sont la toxoplasmose et la listériose. Les précautions contre la première consistent à cuire à point les viandes, à bien laver fruits et légumes et à éviter tout contact avec les litières de chat.

Quant à la listériose, elle peut toucher tout un chacun, mais c'est une maladie rare. Pour l'éviter, veillez à une bonne hygiène dans le réfrigérateur et lors de la préparation des repas : rincer bien fruits et légumes, enlever la croûte des fromages et cuire à point viandes et poissons. Attention aussi à certains aliments crus (produits de la mer ou au lait cru, graines germées tel le soja) et aux charcuteries à la coupe, aux rillettes, pâtés et produits en gelée.

Au quatrième mois, la silhouette a changé

Désormais, les nausées ont disparu, ainsi que la fatigue excessive. Le moral est en général au beau fixe quand la prise de poids et la modification de la silhouette sont bien acceptées. Dès le quatrième mois, ces changements peuvent toutefois commencer à susciter de réelles angoisses chez les femmes qui refusent cette évolution. Néanmoins, les « réaménagements » psychiques nécessaires durant cette période amènent des comportements nouveaux chez la future maman qui permettent souvent de dépasser ces angoisses et d'accéder à une certaine plénitude. Tout ceci témoigne qu'un petit nid se prépare aussi dans la tête !

La deuxième échographie et l'amniocentèse

La deuxième échographie, réalisée, en France, entre 22 et 24 semaines, donne une image plus détaillée et permet de détecter d'éventuels problèmes, car le médecin peut passer en revue l'image agrandie de tous les organes.

Votre bébé bouge, connaît maintenant des phases d'éveil et de sommeil et réagit aux bruits extérieurs. Vous réalisez vraiment qu'il est là en vous, qu'il vit. Il devient plus actif, ses organes se développent et votre petit ventre aussi. Le médecin proposera un dosage de marqueurs sériques pour dépister un facteur de risque d'anomalies chromosomiques. Si ce test montre un risque, il conseillera une amniocentèse. En France, celle-ci est proposée à toute femme âgée de plus de 38 ans.

L'âge de la mère peut être un facteur de complications. Après 40 ans, les risques se multiplient (trisomie, hypertension, fausse couche spontanée). Les femmes dans cette tranche d'âge doivent bénéficier d'une surveillance médicale plus étroite.

Au cinquième mois, comme il s'agite !

Le futur bébé fait des galipettes, et toute sa structure fondamentale est formée. Il dort de 16 à 20 heures par jour, sa peau commence à s'épaissir. Fille ou garçon ? Le sexe est connu à ce moment-là. Préférez-vous que ce soit une surprise, ou bien demandez-vous au médecin de vous dire ce qu'il voit lors de l'échographie ? Cette période représente pour la plupart des femmes une période de rêve : on se sent active, on éprouve le désir d'entreprendre et de bouger. Si vous avez envie d'un petit voyage, c'est le moment ou jamais. Attention toutefois à vos jambes ! Plus rarement, il peut aussi arriver que le médecin vous conseille plus de repos.

Prendre soin de son corps, hydrater sa peau

La grossesse est une période où le corps a besoin de soins réguliers et d'attention. Prenez le temps de vous reposer, de faire de l'exercice physique et de vous oxygéner.

- ***Votre peau.*** *Veillez à ce qu'elle soit toujours bien hydratée, même si cela ne vous met pas à l'abri des vergetures. Pour le ventre, les hanches, la poitrine et les cuisses, utilisez un peu d'huile d'amande douce au moins deux fois par jour. Pour le visage, appliquez une crème hydratante et, afin de ne pas accentuer l'éventuel masque de grossesse, optez dès les beaux jours pour une crème solaire écran total.*
- ***Vos seins.*** *Il faut choisir un soutien-gorge qui maintienne bien la poitrine lorsque vous faites des exercices. Préférez les douches fraîches aux bains chauds.*
- ***Vos dents.*** *Une bonne hygiène dentaire est conseillée afin d'éviter les éventuelles caries qui peuvent s'aggraver.*
- ***Vos cheveux.*** *Aucun problème, vos cheveux ne seront jamais aussi beaux. Après l'accouchement, par contre, vous en perdrez temporairement un certain nombre.*

Au sixième mois, se préparer à l'accouchement

Une préparation à l'accouchement est proposée à partir du sixième mois pour être vraiment sereine le jour J. Autour d'une information complète sur les différentes étapes de l'accouchement, vous rencontrerez d'autres femmes qui partagent la même expérience que vous. Ce sera aussi l'occasion d'effectuer une série d'exercices physiques et de contrôle respiratoire ainsi qu'une éducation des muscles du périnée, le « plancher musculaire » du bassin.

Votre ventre s'arrondit. Vos vertèbres et vos jambes le sentent. Reposez-vous. Le mois dernier, vous avez pu apprendre le sexe de votre bébé et déjà vous commencez à choisir un prénom avec votre compagnon, si ce n'est déjà fait. Ce prénom est souvent chargé de représentations inconscientes. Il traduit les attentes, les désirs et les angoisses que le futur bébé réveille.

Différentes préparations à l'accouchement

La sophrologie. *En quelques séances, on apprend à pratiquer la relaxation profonde afin d'appréhender plus sereinement d'éventuels problèmes.*

Le yoga. *Les exercices de respiration visent à une maîtrise du souffle, utile le jour de l'accouchement. Certaines postures permettent d'assouplir le bassin, de relâcher le ventre ou le périnée.*

La préparation en piscine. *Les futures mamans apprennent des exercices complexes qui seraient difficiles au sol. Le travail repose sur les jambes en améliorant sensiblement la circulation sanguine.*

Le chant prénatal. *Le bébé réagit aux sons, et principalement à la voix de sa mère in utero ; chaque note se répercute sur une zone précise du corps. Cette approche est indiquée tout au long de la grossesse.*

L'haptonomie. *C'est une approche affective qui se propose d'aider la future mère, ainsi que son partenaire, à prendre conscience de l'enfant à naître et surtout à établir avec lui, grâce à des contacts tactiles affectifs, les premières relations.*

Au septième mois, déjà des contractions ?

Si votre bébé naissait maintenant, il pourrait vivre, mais les semaines à venir sont très importantes pour lui, car il va s'étoffer et se fortifier pour sa venue au monde. Le septième mois est parfois un cap délicat à franchir afin d'éviter une naissance prématurée.

Vous pouvez ressentir des contractions, jusqu'à une dizaine par jour : elles peuvent être désagréables mais doivent rester indolores (si elles deviennent douloureuses, il faut les prendre au sérieux et vous rendre à la maternité). Vous risquez d'être fatiguée car tous vos organes ont grossi pour assumer une surcharge de travail. Vos réflexes se ralentissent, vous vous essoufflez plus que d'habitude.

Écoutez votre corps, on sait que le fœtus ressent déjà un peu vos bonheurs et vos stress. Il perçoit votre voix, vos paroles, vos chansons, il sent vos mouvements. Vous aussi, vous faites connaissance avec ce petit être qui mûrit en vous.

Au huitième mois, un peu d'inconfort

Le fœtus continue à grossir et, le plus souvent, il se retourne pour s'orienter dans la bonne direction. Ce sera la position définitive pour l'accouchement : tête en bas, fesses en haut. Continuez à vous occuper de vous. Préparez vos affaires et celles de votre bébé. Vous pouvez éprouver des difficultés à dormir, vos

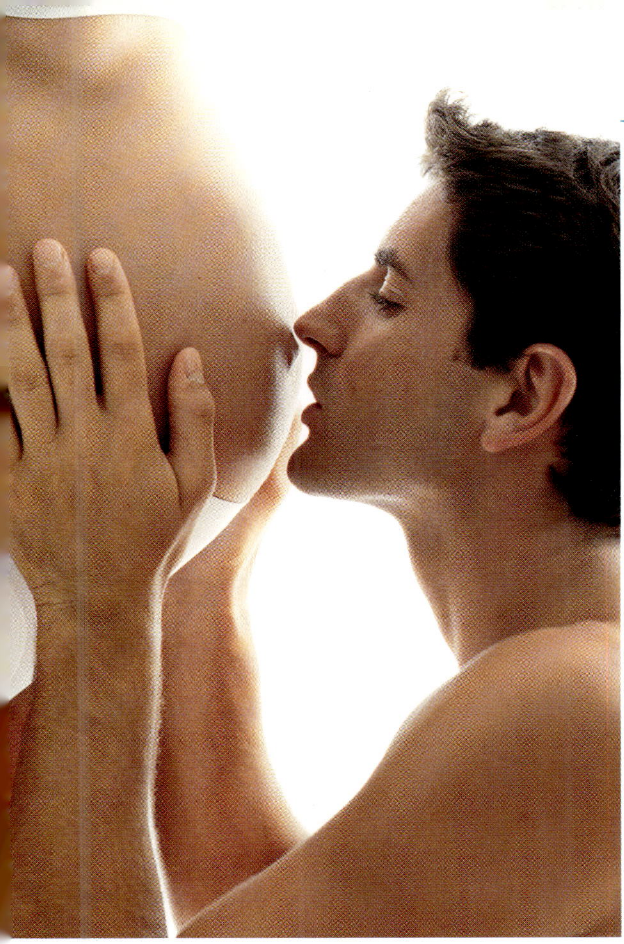

En touchant le ventre pour sentir bouger l'enfant, le père peut établir un lien avec le futur bébé dès la grossesse.

positions habituelles devenant malaisées avec ce ventre si rond. Il arrive que des envies d'uriner vous réveillent plusieurs fois par nuit. Cette période bouleversante pour le psychisme est également souvent riche du point de vue des rêves, ou des cauchemars, qui traduisent parfois les désirs conflictuels de la future maman.

Au neuvième mois, avant le jour J

Les dernières semaines, le futur bébé continue de grandir et pèse de plus en plus ; il est prêt à venir au monde, il n'a presque plus de place dans l'utérus pour bouger. Le temps paraît long, vous êtes pressée de le rencontrer ! Encore un peu de patience, c'est la dernière ligne droite. Vous guettez les signes avant-coureurs de l'accouchement – une sensation de grande fatigue, un état nauséeux, la perte du bouchon muqueux –, vous pouvez aussi sentir des contractions.

Vous vous préparez à être maman, même si ce statut ne va pas de soi. La femme a besoin de se souvenir de sa mère pour se construire elle-même en tant que mère. En cas d'absence ou de défaillance maternelle, elle ira chercher un modèle féminin dans son entourage. Il est bénéfique pour la future maman d'essayer de régler ses conflits intérieurs et familiaux. Et maintenant, vous êtes prête pour le jour J.

Les relations sexuelles pendant la grossesse

La grossesse est un moment où la plupart des couples devraient naturellement faire l'amour. S'ils attendent un enfant, c'est qu'ils s'aiment ! Mais les bouleversements du corps et du psychisme demandent quelques adaptations si l'on veut continuer à se donner du plaisir à deux.

Au premier trimestre, rien de changé ?

Lors du premier trimestre, tous les fréquents petits troubles de la future maman, qu'il s'agisse des nausées, des malaises ou des grosses fatigues, ne sont pas propices à l'amour.

La peur d'une fausse couche peut aussi refroidir les ardeurs : pourtant, jamais un rapport sexuel n'en sera la cause. Mais, rassurez-vous, de nombreuses femmes enceintes sont en pleine forme. Dans ce cas, leur vie sexuelle continue exactement comme auparavant… avec un petit plus si le bébé est attendu avec joie.

Au deuxième trimestre, des sensations accrues

Au deuxième trimestre, ça va mieux. La fatigue s'efface, les nausées disparaissent… Et le désir sexuel grandit. Ce phénomène est dû à l'augmentation du débit sanguin dans la zone génitale. Les sensations de volupté, les réactions sexuelles, la lubrification vaginale fonctionnent alors à plein régime ! C'est la lune de miel de la grossesse.

Certaines femmes toutefois éprouvent au contraire un manque d'intérêt sexuel ou même un dégoût. Car il y a plusieurs manières de vivre les changements de sa silhouette. Voir son ventre s'arrondir, ses seins gonfler peut donner l'impression que son corps devient étranger et rendre mal à l'aise.

Au dernier trimestre, question de positions

Côté forme, tout va bien. Une gêne peut cependant venir du volume occupé par le futur bébé : il devient très encombrant ! Si le couple tente de faire l'amour dans la « position du missionnaire », l'homme appuie sur le bébé qui écrase certains gros vaisseaux sanguins de la maman. Elle en ressent une gêne importante. C'est le moment d'essayer d'autres positions plus confortables. Par exemple, celle des « petites cuillères », sur le côté, votre dos contre son ventre, est particulièrement bien adaptée. La plupart des couples ont moins de relations sexuelles quand l'accouchement approche. Mais cela n'empêche pas tous les autres gestes de l'amour, massages, câlins, baisers, et les caresses les plus intimes.

En cas de menace d'accouchement prématuré ou de contractions utérines suspectes par exemple, l'espacement des rapports ou l'abstinence est souvent conseillée. En effet, les rapports sexuels, même sans pénétration, peuvent déclencher des contractions, surtout du fait de l'orgasme.

Les sentiments parfois ambigus du futur papa

Un décalage s'installe parfois entre votre compagnon et vous. Pour lui, surtout au début, tout est comme avant. Il ne sent pas l'enfant, il ne voit pas ce qui change dans votre corps ; alors, il peut avoir du mal à comprendre vos réactions. Ensuite, il vous trouvera peut-être très attirante, belle et très sensuelle, plus ronde, féminine, avec les cheveux brillants… Tout ça grâce aux hormones de la grossesse. Mais il peut aussi réagir plus mal. Avoir l'impression d'être devant une inconnue, qu'il considère « grosse » (or il faut bien que bébé pousse !), « molle » (elle est fatiguée !), mal « fagotée » (difficile de s'habiller comme un mannequin !).

En réalité, il a plutôt du mal à intégrer le fait que sa femme, son amoureuse soit une future mère. Et une maman, c'est sacré, et surtout pas un objet de désir sexuel. Il va donc falloir qu'il apprenne à concilier ces deux facettes de celle qu'il aime. Votre rôle, c'est aussi de l'y aider ! C'est pour cela que parler ensemble de ce que l'on ressent est important. Et rappelez-vous que le médecin est là aussi pour vous aider en ce domaine.

L'arrivée du bébé

Le voici. Il naît. Vous attendiez cet instant depuis tant de mois. Un accouchement n'est pas seulement une épreuve physique, tant d'émotions affluent à la vue et au toucher de ce tout-petit. Les premières semaines sont riches d'une découverte réciproque, mais pas toujours paisibles…

▶ L'accouchement

La poche des eaux s'est peut-être rompue ou les contractions sont assez intenses et régulières ? Il est temps de partir à la maternité. Sur place commence parfois une longue attente avant que le bébé ne vienne au monde.

La reconnaissance mutuelle de la mère et de l'enfant se fait grâce à une grande proximité physique.

Le temps que le col se dilate

Tolérables à l'arrivée à la maternité, les contractions vont aller au fur et à mesure crescendo et durer plus longtemps (une minute). Elles permettent la dilatation du col de l'utérus, qui représente la phase la plus longue de l'accouchement : en moyenne sept à huit heures pour un premier enfant et quatre à cinq heures pour un deuxième. Ce sont les 3 premiers centimètres de dilatation qui sont le plus longs à atteindre. Ensuite, on peut accélérer le processus avec une perfusion contenant des ocytociques – des substances qui reproduisent l'effet de l'ocytocine, une hormone provoquant l'accouchement. La poche des eaux se rompt en général entre 2 et 5 cm de dilatation ; il faut parfois la percer au moment du début de l'accouchement, mais elle peut se rompre bien avant le début des contractions, auquel cas il faut se rendre très vite à la maternité.

La surveillance par monitoring

On pose généralement le monitoring dès l'arrivée à la maternité, car il permet d'apprécier le bien-être du bébé et d'évaluer comment il réagit aux contractions utérines. L'appareil

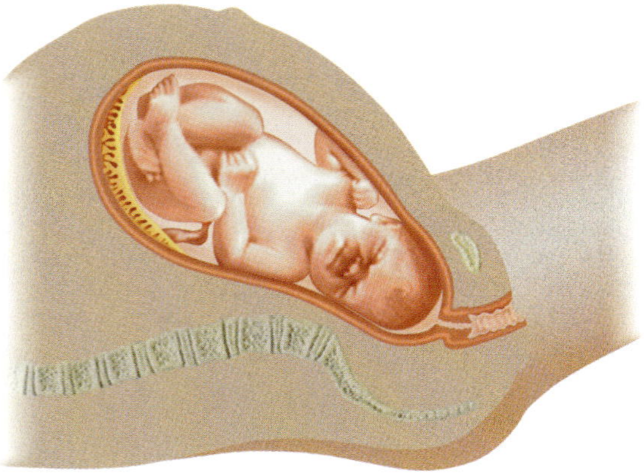

L'engagement de la tête. *Le bébé s'engage dans le petit bassin par la partie arrière du crâne.*

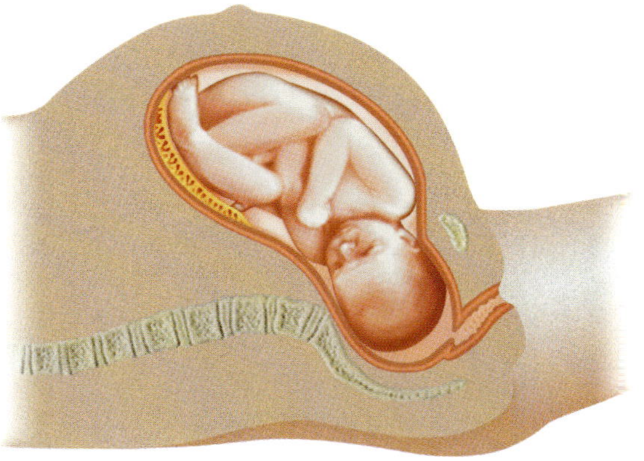

Descente et rotation. *La tête progresse ensuite vers le bas avec une rotation d'un quart de tour.*

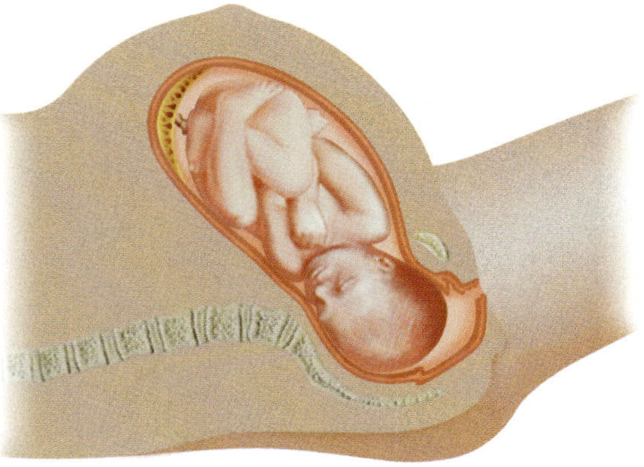

La pression sur le périnée. *La tête, avant de se redresser, appuie sur le périnée, d'où l'envie de pousser.*

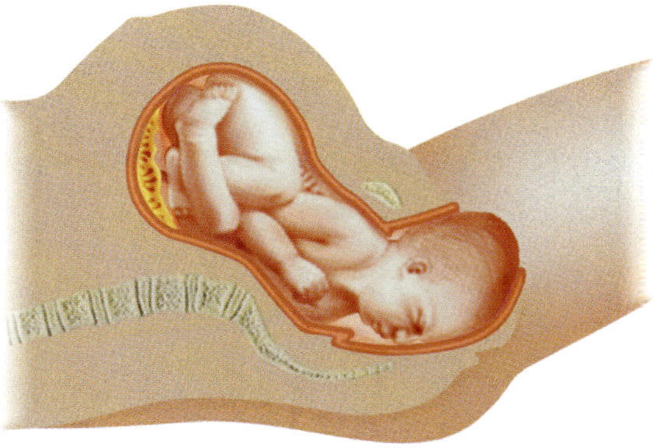

La sortie de la tête. *C'est le médecin ou la sage-femme qui aidera à dégager la tête et les épaules.*

est constitué de deux capteurs externes que l'on installe sur l'abdomen. En haut du ventre, sur le fond de l'utérus, on enregistre les contractions et, au niveau du bas-ventre, le cœur du bébé. Les deux courbes s'inscrivent sur une feuille. Le battement sourd et rapide que l'on entend est le rythme cardiaque fœtal. Tant que vous n'êtes pas en salle de naissance, le monitoring peut être intermittent, mais, dès que le travail a commencé, l'appareil est posé presque systématiquement en continu jusqu'à la naissance.

Accoucher avec ou sans péridurale

Opter ou non pour la péridurale est un choix personnel. La péridurale supprime ou diminue la douleur, mais peut aussi, dans certains cas, endormir le corps au point que l'on ne ressent rien. Aujourd'hui, cependant, les anesthésistes savent ajuster les doses de façon à préserver les sensations tout en atténuant la douleur.

L'expulsion et la délivrance

Une fois la dilatation du col achevée, le bébé va voir le jour d'ici une à deux heures au maximum. Il n'a plus qu'à se laisser glisser, porté par le rythme des contractions. L'expulsion dure environ trente minutes pour un premier enfant et moins de vingt minutes pour un second. En fin de dilatation, la tête du bébé, qui vient de franchir l'orifice de sortie du bassin osseux, appuie sur les muscles du périnée. L'envie de pousser devient alors si intense qu'elle domine même la douleur. À cette étape, il faut suivre les indications du médecin ou de la sage-femme. Après la naissance, les contractions se poursuivent, mais beaucoup plus légères, afin d'expulser le placenta : c'est la délivrance.

Qu'est-ce que l'épisiotomie ?

L'épisiotomie est pratiquée très souvent, afin d'éviter les déchirures. C'est une petite incision de la paroi vaginale qu'effectue le médecin lorsque la tête de l'enfant est visible, au moment de la poussée. Les deux à trois jours qui suivent l'épisiotomie seront gênants, mais, au bout de trois à quatre semaines, la cicatrice sera tout à fait insensible.

Comment se déroule une césarienne ?

La césarienne est généralement pratiquée en cas de problèmes du bassin, de souffrance fœtale ou si le bébé n'est pas dans une bonne position, ou bien en cas d'hypertension artérielle ou de diabète grave. Elle consiste à inciser la peau de l'abdomen, les muscles et enfin l'utérus, afin de sortir l'enfant qui ne peut le faire par les voies naturelles. Aujourd'hui, cette intervention s'effectue de plus en plus sous péridurale afin que la future maman puisse profiter de la venue de son enfant au monde et le voie passer du dedans de son ventre au dehors ; cela lui permet de faire plus vite connaissance avec son bébé et de ne pas se sentir privée d'un moment psychologiquement intense.

La présence du père

Pendant des siècles, l'accouchement a surtout été une affaire de femmes. Aujourd'hui, les choses ont changé et la future maman sur le point d'accoucher se retrouve rarement entourée d'une tribu féminine. Ce rôle revient donc au futur papa, qui en est plus ou moins heureux. Certaines maternités proposent aux futurs pères des discussions, ne serait-ce que pour répondre aux questions qu'ils n'osent pas formuler. Mais, si vous préférez, vous pouvez aussi vous faire accompagner par votre mère, une sœur, une amie. Ce qui compte, c'est de vous préparer avec le futur papa à cette naissance, qu'il y assiste ou pas.

Les premiers temps après la naissance

Bébé est là, et tout est à apprendre. C'est dès les premiers instants, par un contact charnel, que se tissent les liens avec ce petit être bien réel et non plus fantasmé. Il faudra pourtant un peu de temps et de tâtonnements pour mieux le connaître, savoir interpréter ses pleurs… et réorganiser le quotidien.

La rencontre avec son bébé

Dans les premières heures qui suivent la naissance, vous allez prendre conscience de votre enfant et faire connaissance avec lui. Cette rencontre avec ce bébé de la réalité – et non celui

La naissance, surtout celle d'un premier enfant, est un moment clé dans la vie du couple.

imaginaire que vous aviez « construit » pendant neuf mois – constitue une étape. Il vous faudra un certain temps pour vous « re-lier » avec lui de façon symbolique : « Ce bébé-là est bien le mien.» Alors que durant neuf mois il faisait partie de vous, le voici maintenant à l'extérieur, marquant par sa présence au dehors une frontière, une différence entre vous et lui.

Quand la mère contemple son enfant, tous deux sont comme dans une bulle, et le lien psychique, cette fois-ci, se construit. Ces moments d'extrême proximité permettent de tisser l'attachement primaire. La mère regarde, touche beaucoup son bébé, et le bébé, lui, va se coller à sa mère et reconnaître son odeur au bout de quelques jours. Il arrive parfois que la maman vive très difficilement et avec angoisse ces premiers instants : elle peut se sentir plus vulnérable et sujette à quelques sautes d'humeur. Dans ce cas-là, il lui faudra peut-être un peu plus de temps pour réaliser vraiment sa nouvelle situation.

Le retour à la maison

Le retour à la maison est un grand événement pour tous, y compris pour le bébé. Le mode de vie sera bouleversé durant quelque temps puisque tout va tourner autour du nourrisson : changes, toilettes, tétées, câlins... Attention quand même à ne pas négliger le papa et les autres enfants, car le nouveau venu peut déclencher des crises de jalousie. Progressivement, le bébé deviendra un membre de la famille, et un nouvel équilibre sera trouvé.

Les éventuels soucis lors des suites de couches

Après l'accouchement, le corps connaît une phase de réadaptation. Les suites de couches immédiates couvrent les dix premiers jours suivant la naissance, et les suites de couches tardives sont de durée variable. Les petits troubles normaux durant cette période sont des douleurs intermittentes rappelant les contractions (l'utérus se contracte pour retrouver sa taille d'avant la grossesse) ; des douleurs mammaires ; des saignements, appelés « lochies », d'abord abondants, puis de plus en plus réduits. Le retour à la normale intervient avec les règles – c'est le retour de couches –, six à huit semaines plus tard si la femme n'allaite pas, et en général quatre à six mois plus tard si elle allaite.

Il est recommandé, quelques semaines après l'accouchement, de commencer une rééducation du périnée et des abdominaux avec un spécialiste, tous les muscles ayant été distendus lors de l'accouchement. Ces exercices de contraction, qu'il est bon de pratiquer plusieurs fois par jour, redonneront du tonus au vagin.

Le baby blues, un passage obligé?

Que se passe-t-il ? Vous êtes heureuse d'être maman et pourtant vous pleurez pour un rien. Tout va bien et, malgré tout, vous voyez tout en noir ! C'est le « blues du post-partum », dû à la fois au bouleversement hormonal, à l'épreuve physique et à l'intense émotion que vous venez de subir. Après l'expulsion du placenta, le taux d'hormones chute en quelques heures, c'est un choc pour le corps. La fatigue peut aussi être en cause.

Toute jeune mère doute en outre à un moment ou à un autre de ses capacités, désarmée devant les pleurs du bébé qui n'ont pas encore vraiment de sens pour elle. Surtout si c'est son premier enfant, elle peut se sentir envahie par le sentiment de ne rien connaître et craindre de ne pas satisfaire pleinement son enfant.

Le baby blues touche environ 50 à 70 % des jeunes mamans. Il débute souvent entre le troisième jour et le onzième jour après l'accouchement, mais ne dure jamais très longtemps. Si le malaise s'installe et que les symptômes deviennent plus sévères, n'ayez pas peur de consulter : vous avez besoin d'aide.

? Pourquoi la libido diminue-t-elle ?

Il existe bien des raisons à une baisse de la libido après la naissance d'un enfant. La prolactine, hormone de l'allaitement, a une action antidésir. Le nourrisson comble sa maman de contacts peau contre peau, d'où un moindre besoin de corps à corps amoureux. La paroi du vagin, très amincie, se lubrifie difficilement, et les rapports sexuels peuvent se révéler douloureux. À cela s'ajoutent le baby blues et le manque de sommeil. Il faut donc du temps pour retrouver son corps et ses émotions de femme amoureuse. Le papa doit faire preuve de patience et d'amour. En général, quelques mois sont indispensables pour retrouver un équilibre. Non pas un mois, comme on le croit souvent, mais jusqu'à six mois, voire un an.

L'allaitement

Pourquoi ne pas allaiter si vous en avez envie ? Vos seins sont faits pour votre enfant et votre lait aussi ! Voici quelques conseils pour passer les premiers caps parfois difficiles (rythme, crevasses...).

Un « geste » pas si naturel

Certes, les premiers liens avec le bébé n'en sont pas moins forts si vous choisissez le biberon. Mais l'allaitement donne souvent une confiance de soi plus grande à la maman : « Ce bébé si beau, c'est mon corps qui le fait grandir. » Pourtant, l'allaitement n'est pas si naturel qu'on pourrait le penser. Pour le réussir, il faut trouver les bons gestes, le bon rythme, ce qui n'est pas toujours facile, surtout pour un premier enfant. En outre, l'encadrement dans la maternité et les attitudes de l'entourage y sont pour beaucoup. Un manque d'information ou des phrases comme « ton lait n'est peut-être pas bon » peuvent faire douter la future maman et compromettre la suite de l'allaitement.

Les vertus du lait maternel

Avant même la montée du lait proprement dite, le colostrum, riche en anticorps naturels, protège des infections les premiers jours, au cas où un virus menacerait la mère. Puis, le lait maternel fournit à l'enfant tous les nutriments nécessaires à sa croissance et à son développement. Il contient des cellules, des hormones qui lui sont utiles. Il évolue au cours de la tétée. Il est comme de l'eau au début, et devient de plus en plus épais et nourrissant. Si le bébé a soif, il tète quelques minutes ; s'il a faim, il continue plus longtemps. Le lait, de saveur différente selon l'alimentation, évolue au fil des jours. Il s'adapte à l'âge et aux besoins de l'enfant.

Faut-il prévoir une alimentation particulière ?

L'alimentation durant l'allaitement suit les mêmes principes que lors de la grossesse, mais doit comporter davantage de produits laitiers et de boissons. Le mieux est de boire au moins 2 litres de liquide par jour. Souvent, vous constaterez que vous avez soif au moment où vous allaitez. Une bouteille d'eau à portée de main est alors bien utile ! Eau, jus de fruit, tisane..., vous pouvez varier, mais ne prenez pas de thé corsé ou de café, et limitez les jus d'agrumes susceptibles de donner la diarrhée au bébé. Pendant les quinze premiers jours, certains aliments, plus difficiles à digérer, ne sont pas conseillés : légumes secs, salsifis, petits pois et choux. Certains goûts, par exemple ceux de l'oignon ou d'épices un peu fortes, peuvent aussi déplaire au nourrisson.

Se munir du nécessaire pour allaiter

Préparer l'allaitement, c'est d'abord se procurer le nécessaire. Deux ou trois soutiens-gorge adaptés, faciles à ouvrir et à fermer d'une seule main, de préférence d'une taille légèrement plus grande, car les seins gonflent encore lors de la montée de lait. Des rondelles absorbantes en coton lavable. Des coques, placées aussi dans le soutien-gorge, pour recueillir le lait s'il coule beaucoup. Pour allaiter discrètement, le vêtement idéal est un pull ou un tee-shirt un peu large qui puisse se soulever pour que bébé passe sa tête dessous.

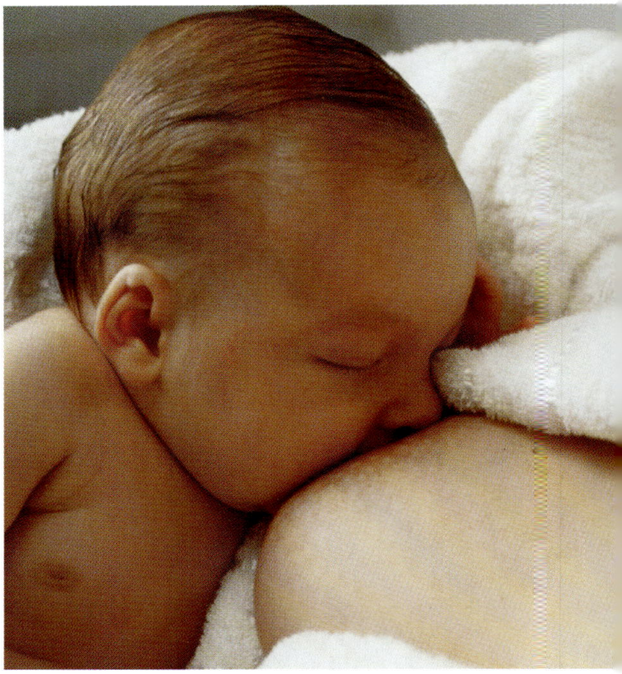

Pour faciliter l'allaitement, la mère place d'abord tout le corps de son bébé face au sein.

Quels soins pour les seins ?

Il est démontré qu'une toilette avant ou après la tétée apporte des microbes sur les seins. Une douche par jour suffit. Le lait étant sain, exempt de microbes, il ne sert donc à rien de nettoyer le mamelon. Si vous êtes gênée par des irritations, des crevasses ou des petites fissures, il existe des crèmes adaptées.

Les premières tétées

Il convient de commencer à allaiter le plus tôt possible. Car le réflexe de succion est le plus efficace dès 30 minutes après la naissance, et dans les heures qui suivent. La maman positionne tout le corps du bébé face au sein pour que sa bouche prenne le mamelon qu'il semble avaler avec une grande partie de l'aréole ; les deux lèvres doivent être apparentes et la langue en forme de gouttière. On peut allaiter allongée ou assise, et s'entourer de coussins pour bien caler le bébé et le bras afin de se sentir plus à l'aise. Allaiter n'est pas fatigant, c'est même très simple et reposant. Rien à préparer, à acheter, juste un moment de bonheur avec son enfant.

C'est l'enfant qui donne le rythme

Le meilleur rythme est celui qui respecte la demande de l'enfant, que ce soit au début ou à la fin de la période d'allaitement. Le nourrisson peut, les premiers jours, téter 20 fois en 24 heures... ou beaucoup moins, et durant quelques minutes ou jusqu'à une heure d'affilée. Cela dépend de nombreux facteurs. Il faut le laisser faire. La tétée est très importante pour déclencher la montée de lait et bien démarrer l'allaitement. Dès qu'il vit une poussée de croissance, le bébé tétera tout à coup beaucoup plus pour inciter vos seins à produire un peu plus de lait. En effet, c'est la succion qui stimule la fabrication du lait. En quelques jours, les tétées retrouveront un rythme régulier.

Combien de temps allaiter ?

La durée recommandée par l'Organisation mondiale de la santé est de 6 mois d'allaitement complet, et de 2 ans avec compléments. En France, on est souvent loin du compte, ne serait-ce qu'en raison de la durée des congés de maternité (limités à 2 mois environ).

Si vous recommencez à travailler et souhaitez arrêter d'allaiter, mieux vaut commencer le sevrage progressivement quelques semaines avant la reprise du travail. Si vous désirez conserver une tétée le matin et le soir, allaitez jusqu'au dernier jour. Vos seins s'adapteront très vite. Dans tous les cas, faites donner si possible le biberon par quelqu'un d'autre. Le nourrisson ne comprendrait pas pourquoi sa maman qui sent si bon le lait lui en refuse.

Que faire en cas de lymphangite ?

Il arrive que, dans le sein, un petit canal se bouche, bloqué par du lait. Il gonfle et une forte fièvre peut apparaître. Il ne s'agit pas d'une infection. C'est fréquent et bénin, à condition de savoir que faire. Tout d'abord, se reposer, passer, si possible, la journée au lit avec le bébé sans rien faire. Le faire téter longtemps et souvent du côté concerné afin de déboucher le canal engorgé. Puis appliquer des compresses chaudes sur le sein, ou prendre un long bain chaud et masser l'endroit gonflé en appuyant en direction du mamelon. Surtout ne pas arrêter l'allaitement : le lait s'accumulerait et augmenterait la tension et la fièvre.

Pour tout savoir sur la tétée

Faut-il l'allaiter dès qu'il pleure ?
Oui, au début – bébé sort de votre ventre où il était à votre contact 24 heures sur 24. Il s'habituera petit à petit à être loin de vous. Mais pour lui, une demi-heure seul, c'est beaucoup ! Vous apprendrez vite à comprendre ses pleurs et à y répondre.
Comment savoir s'il boit suffisamment ?
Votre enfant doit mouiller six à huit couches par jour et avoir deux à cinq selles par jour. S'il ne prend pas assez de poids, c'est en général qu'on ne le met pas assez souvent ou assez longtemps au sein.
Et si je n'ai pas assez de lait ? *Toutes les mamans ont du lait en quantité suffisante. Si vous avez l'impression de ne pas combler votre bébé, faites-le téter plus souvent, plus longtemps certaines fois, et la sécrétion de lait augmentera automatiquement.*
Faut-il prévoir des compléments ? *Aucun. Pas d'eau, pas de lait maternisé. Le lait de la mère apporte à l'enfant tout ce dont il a besoin. Une seule tétée au biberon peut faire oublier au bébé le bon réflexe de tétée du sein et compromettre la suite de l'allaitement.*

Après la grossesse, retrouvez votre forme...

Impatiente de retrouver votre corps d'avant la grossesse ? Après une période de repos, commencez d'abord par quelques exercices simples, mais bien utiles...

Renforcez les muscles du dos

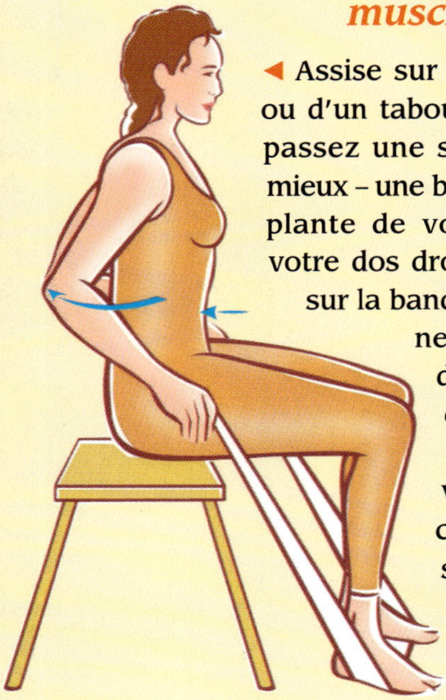

◄ Assise sur le bord d'une chaise ou d'un tabouret, jambes fléchies, passez une serviette roulée – ou mieux – une bande élastique sous la plante de vos pieds. Maintenez votre dos droit. En expirant, tirez sur la bande élastique et entraînez vos coudes fléchis derrière votre dos. Pensez à rentrer votre ventre pour ne pas creuser vos lombaires ; sentez vos omoplates se serrer, se rapprocher de votre colonne vertébrale. Enchaînez l'exercice 10 fois, puis relâchez.

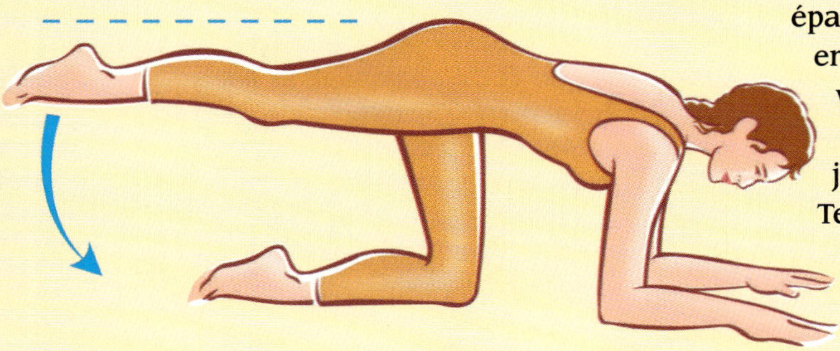

Tonifiez vos muscles fessiers

▼ Couchée sur le dos, jambes fléchies, pieds posés à plat à la largeur du bassin, bras légèrement écartés du corps. Inspirez par le nez, puis en expirant par la bouche, soulevez progressivement votre bassin pour l'amener dans le prolongement de votre buste et de vos cuisses. Tenez la position une dizaine de secondes grâce à la contraction des muscles fessiers.

Descendez lentement en posant votre dos de haut en bas. Relâchez vos muscles et reprenez l'exercice 6 fois.

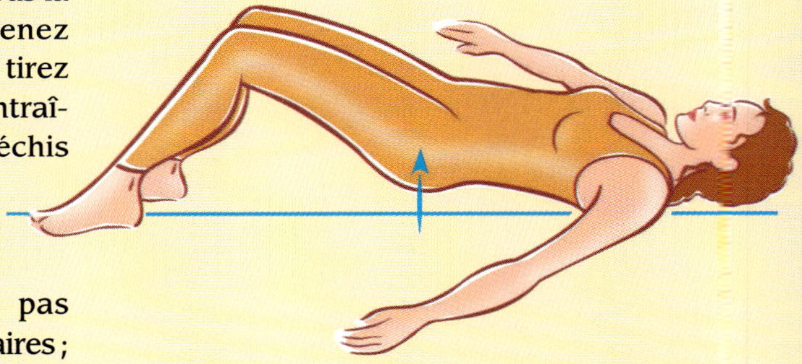

Pour préserver votre dos

▼ Sollicitez tous les muscles de votre « centre de force » : muscles du dos, abdominaux et plancher pelvien, qui entourent le bassin.

À quatre pattes, genoux écartés sous les hanches, coudes posés au sol sous les épaules, inspirez, puis expirez par la bouche en rentrant votre ombilic comme si vous vouliez le « presser » contre votre colonne lombaire. En étirant le dos, allongez une jambe dans le prolongement du corps. Tenez cette position pendant 10 secondes, relâchez et reprenez l'exercice avec l'autre jambe.

... et faites bien travailler votre périnée

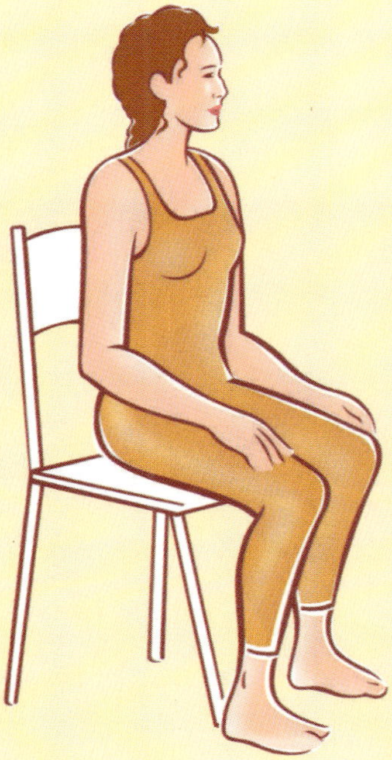

Pourquoi le périnée ?

Les muscles du périnée (situés entre l'anus et la vulve) maintiennent en place les organes du petit bassin (utérus, vagin...) et jouent un rôle important, entre autres, dans la maîtrise de la vessie et la tonicité des parois vaginales. Prenez conscience du périnée, en imitant ce que vous faites lorsque vous tentez de retenir l'urine ou en plaçant deux doigts dans votre vagin, puis en contractant la paroi vaginale. Pendant la grossesse, demandez au médecin si vous commandez bien votre périnée et, après l'accouchement, en attendant une vraie rééducation, faites quelques exercices... Si vous portez votre bébé dans un kangourou, placez-le très haut, presque entre les seins. Évitez aussi de porter des charges lourdes et ne soulevez aucun poids sans contracter le périnée puis les abdominaux.

Travaillez votre périnée

▲ Dès le retour de la maternité, pensez à tonifier votre périnée au moins 3 fois par jour, à raison de 20 contractions chaque fois. Si vous n'arrivez pas à localiser votre périnée, vous pouvez vérifier qu'il durcit bien en posant l'extrémité de votre index dessus. Assise sur une chaise, contractez d'abord le périnée de façon rapide et répétée, puis maintenez serrés l'anus et le vagin pendant au moins 5 secondes, en ménageant de longues phases de relâchement entre 2 contractions.

▶ Sur le dos, jambes posées sur une chaise en face de vous, mains sur le ventre, inspirez, puis expirez par la bouche en contractant les muscles du fond de votre bassin comme lorsque vous vous retenez d'uriner. Continuez à expirer et sentez votre ventre se creuser sous vos mains : c'est le muscle transverse de l'abdomen qui se contracte. Relâchez tout et inspirez amplement. Reprenez 10 fois au minimum. Attention à ne pas pousser vers l'extérieur et à ne pas serrer en même temps muscles du fessier et adducteurs en serrant les cuisses !

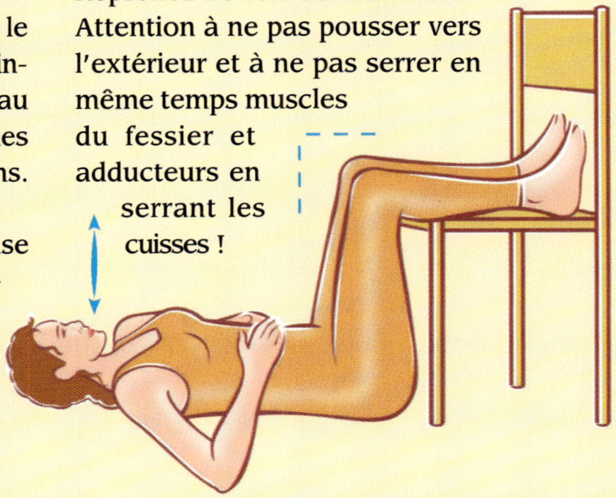

Face à l'infertilité

N'est pas stérile tout couple qui ne réussit pas à avoir un enfant aussi vite qu'il le souhaiterait. Certains ont besoin simplement de plus de temps que d'autres. Mais, quand des causes objectives au problème sont mises au jour, nombre de solutions restent pour traiter ou pallier la stérilité.

Peut-on avoir un bébé quand on veut ? *Le développement de méthodes contraceptives efficaces est à l'origine d'un malentendu qui fait souvent raisonner comme suit : « Puisque je peux éviter de faire un enfant quand je n'en veux pas, je peux en faire un dès que je le veux. » Mais, en la matière, il ne suffit pas de vouloir, et, si vous pouvez aider la nature, celle-ci a aussi son mot à dire...*

Un bébé se fait à deux : il faut penser à se ménager des moments d'intimité et de détente.

Tous les individus ne sont pas également fertiles

La probabilité de concevoir un enfant au cours d'un cycle donné, notion appelée « fécondabilité », est d'environ 25 %. Cela signifie qu'une femme souhaitant un enfant a une chance sur quatre de réussir à chaque cycle. Mais ce constat ne vaut que pour les couples les plus fertiles : le plus souvent, l'attente est d'environ six mois pour que la femme soit enceinte. D'autres couples, en revanche, connaissent une fécondabilité par cycle n'excédant pas 10 %, voire moins. Pour eux, le délai avant l'arrivée d'un bébé est plus long : un an de patience, voire davantage...

Une fécondabilité réduite avec l'âge

L'âge compte également. Aujourd'hui, en France, l'âge moyen de la maternité, en sensible recul, est de 29 ans pour la naissance du premier enfant, soit deux ans de plus que dans les années 1970. Pourtant, plus on vieillit, plus on réduit ses chances. La fécondité de la femme diminue à partir de 30 ans, et surtout à partir de 35 ans. Après 40 ans, peu réussissent à avoir un premier enfant : non seulement la fécondité a baissé, mais le risque de fausse couche a augmenté. Après 45 ans, la fécondité est quasi nulle. Mieux vaut donc se décider avant 35 ans, surtout lorsqu'on souhaite plusieurs enfants.

Quelques pistes pour se donner toutes les chances...

Une bonne santé physique et psychique n'est pas sans influence sur le fait de se trouver enceinte. Tout comme l'est la qualité de la vie sentimentale et sexuelle du couple. Il est connu que le surmenage et les soucis entravent parfois le désir, voire retentissent sur la qualité de l'ovulation. Reste alors à se ménager des moments de vraie détente. Loin du stress parfois lié au travail, les vacances sont souvent le moment le plus propice pour mettre en route une grossesse – à condition, bien sûr, de ne pas choisir une destination qui implique des vaccins ou traitements déconseillés chez la femme enceinte.

Multiplier les moments intimes

Lorsque les partenaires n'habitent pas la même ville et ne se retrouvent qu'en week-end, il est normal qu'une grossesse tarde à venir. Ce problème, fréquent dans une société où il est difficile de trouver du travail, peut à lui seul retarder la conception. Car il existe évidemment une corrélation entre la fréquence des rapports sexuels et la probabilité de grossesse. Il est conseillé de faire l'amour régulièrement, plutôt que de chercher à tout prix le bon moment. Rythmer sa vie sexuelle sur la période féconde pourrait transformer un plaisir en devoir, sans s'avérer toujours efficace, notamment en cas de cycles irréguliers.

Le poids, un facteur non négligeable

Surveiller son corps a également de l'importance. L'obésité peut diminuer la fécondité, parfois de façon évidente car les cycles s'allongent. À l'inverse, un amaigrissement important présente aussi des effets négatifs. Quand une femme perd 10 à 15 % de son poids habituel, que ce soit pour suivre les diktats de la mode, par peur du cholestérol ou par la pratique intensive d'un sport, elle court le risque de ne

La pilule n'a jamais rendu stérile !

Non, la pilule ne rend pas stérile. C'est une idée fausse datant des débuts de la contraception orale, quand la libération de la femme rencontrait encore bien des oppositions, y compris dans le corps médical. Certes, la pilule peut retarder de quelques cycles la remise en route de l'horloge biologique, mais c'est rare. Il est bien connu que certaines femmes se trouvent enceintes en oubliant une pilule ou en omettant de recommencer une plaquette... La pilule n'influence nullement la fécondité ; en revanche, comme elle permet de reculer la décision de faire un enfant, certaines femmes, à force d'attendre, laissent derrière elles leurs années de plus grande fertilité.

Avant d'arrêter la contraception en vue d'une grossesse, il est utile de voir son médecin.

plus ovuler et donc de devenir stérile. Exemple extrême, l'anorexie mentale, caractérisée par le refus de s'alimenter, induit un arrêt brutal des règles. De même, les crises de boulimie, suivies de vomissements volontaires, perturbent l'ovulation même si le poids reste normal.

Les dépistages conseillés avant une grossesse

Quand on envisage une grossesse, une visite médicale est l'occasion de confirmer que les vaccinations sont à jour et que l'on ne prend pas de médicaments proscrits aux femmes enceintes. Surtout, c'est le moyen de vérifier son immunité vis-à-vis de la rubéole et de la toxoplasmose, à moins que cela n'ait déjà été fait, si l'on est mariée, dans le cadre des tests prénuptiaux.

Le vaccin contre la rubéole, quand il s'avère nécessaire, doit être pratiqué avant l'arrêt de la pilule. Et, en cas de non-immunité contre la toxoplasmose, le praticien prodigue des conseils à suivre dès le début d'une grossesse.

Fumeuses, attention !

Depuis longtemps, on sait que le tabac est dangereux pour le futur bébé, qui notamment risque de naître avec un poids insuffisant. Mais des études plus récentes ont montré que la cigarette a également des répercussions négatives sur la fécondité des femmes. Aussi incite-t-on fortement les fumeuses à renoncer au tabac dès qu'elles envisagent une grossesse, et non seulement au moment où elles se retrouvent enceintes.

Que faire lorsque l'enfant ne paraît pas ? *Un couple sur six peut être amené à consulter pour une difficulté à concevoir. Dans 40 % des cas, le problème de stérilité est dû à la femme, dans les mêmes proportions à l'homme, et dans 20 % des cas aux deux. Pour en déterminer les causes, on recourt au bilan de stérilité en général après plus d'un an de tentatives infructueuses.*

Quand commencer à s'inquiéter ?

Pour l'Organisation mondiale de la santé (OMS), un couple est considéré comme infécond si aucune conception n'est survenue après deux années de rapports sexuels non protégés ;

mais, en pratique, si les intéressés le demandent, le médecin accepte d'entreprendre des investigations au bout d'un an, surtout si la femme est âgée de plus de 35 ans. Seulement 15 % des couples, en effet, ne réussissent pas à concevoir après douze mois. Dans le meilleur des cas, les différents examens montrent que tout est normal et qu'il suffit de patienter. La grossesse survient alors d'elle-même pendant la deuxième année. Quand, en revanche, les examens révèlent de véritables facteurs de stérilité, il devient possible d'envisager un traitement.

Quels sont les facteurs de stérilité chez la femme ?

Dans un tiers des cas, la stérilité féminine est liée à des troubles de l'ovulation. Dans un quart des cas, elle a pour origine une pathologie tubaire, c'est-à-dire une altération des trompes : la cause peut en être une endométriose ou une ancienne infection qui n'a pas été traitée. Plus rarement, il arrive que la présence dans l'utérus d'un polype ou d'un fibrome empêche l'implantation de l'œuf, ou encore que la composition de la glaire cervicale interdise la pénétration des spermatozoïdes, alors que le rôle de cette sécrétion est justement de favoriser leur montée dans le col de l'utérus, à la rencontre de l'ovule.

… et chez l'homme

Une stérilité masculine s'explique parfois par l'absence de spermatozoïdes (azoospermie) dans le liquide séminal, due à un problème de fabrication par le testicule ou de transport dans le canal déférent. Dans d'autres cas, le sperme est déficient à cause d'une insuffisance du nombre (oligospermie) ou de la mobilité (asthénospermie) des spermatozoïdes ou à cause d'une élévation du taux des formes anormales (tératospermie) – ces anomalies sont d'ailleurs souvent associées les unes aux autres.

Quelles informations donne une courbe de température ?

La courbe thermique d'un cycle normal se compose de deux parties : une première, basse, avec une température entre 36,5 °C et 36,8 °C, et une deuxième, haute, avec une température au-dessus de 37 °C. La seconde phase dure de 11 à 14 jours : sauf en cas de grossesse, elle se termine par une chute thermique, avant l'arrivée des règles. La période féconde ne dure que quelques jours et précède la montée thermique. Une température très variable tout le long du cycle indiquerait que l'ovulation ne se produit pas.

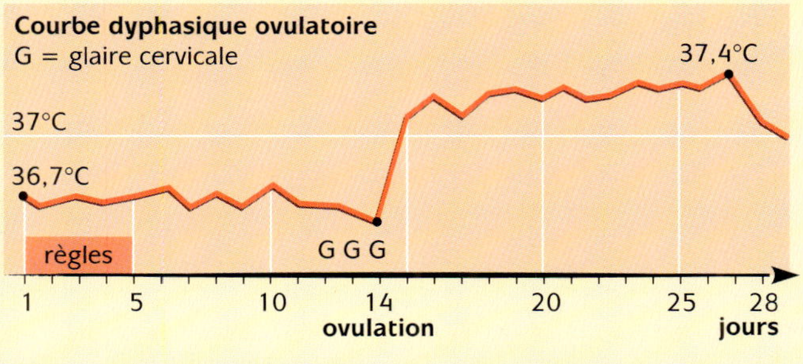

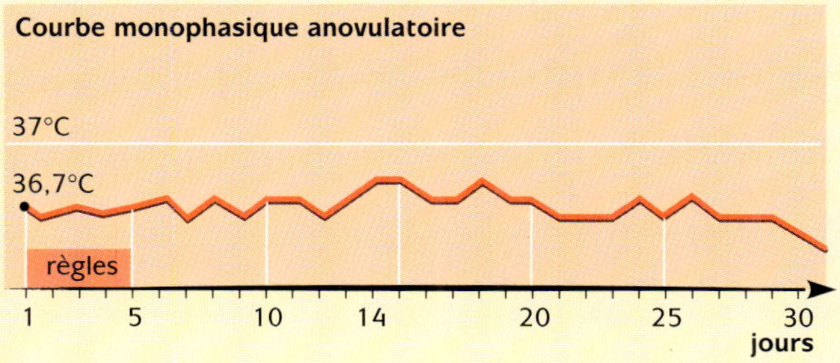

En quoi consiste le bilan de stérilité ?

Un bilan de stérilité comprend toute une série d'examens que le médecin prescrit habituellement dans l'ordre qui suit, les premières recherches concernant les capacités d'ovulation, l'état du sperme, et la fécondabilité du couple. Il va sans dire que ce bilan s'accompagne d'un dialogue avec le couple et ne peut être effectué qu'à deux.

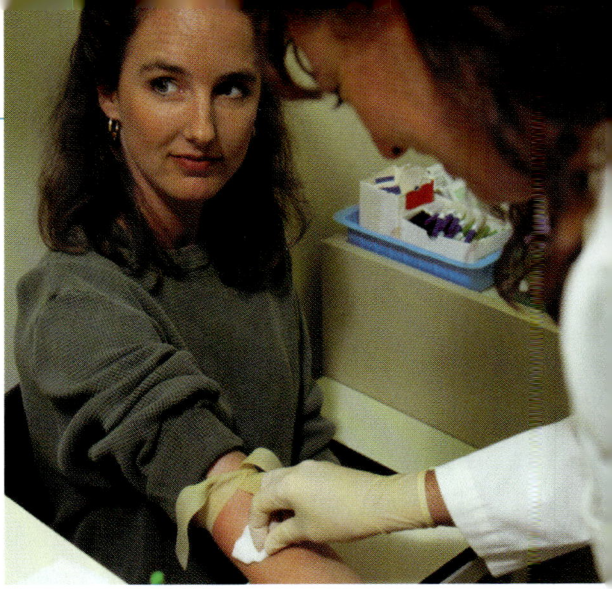

Pour bien doser les hormones, il faut effectuer ces prélèvements sanguins à différentes périodes du cycle.

Pour la femme, vérifier qu'il y a bien ovulation

En matière d'ovulation, la durée ou l'irrégularité du cycle n'apporte aucune indication. Quelques femmes ont des cycles très réguliers, sans ovulation, tandis que d'autres connaissent des cycles de deux ou trois mois, irréguliers, et ovulent, mais de manière imprévisible. Pour savoir ce qu'il en est, le seul moyen simple consiste à établir une courbe thermique (voir schéma page précédente). L'intéressée doit noter sa température rectale tous les matins avant le lever, pendant 2 ou 3 cycles, sur une feuille millimétrée fournie par le praticien. Au vu des données recueillies, ce dernier pourra vérifier qu'elle ovule bien et repérer sa période féconde, située juste avant la montée de température.

Si, après observation de la courbe, le médecin a des doutes, il prescrit des dosages hormonaux. Pratiqués sur des prélèvements sanguins à différentes périodes du cycle, ces dosages renseignent sur la cause hormonale d'une absence de règles ou d'ovulation.

Pour l'homme, examiner l'état du sperme

Dès le début du bilan du stérilité, il est important de vérifier l'état du sperme, et ce au moyen d'un spermogramme. Le recueil se fait dans un laboratoire spécialisé, après masturbation. L'analyse renseigne à la fois sur le nombre, la mobilité et la morphologie des spermatozoïdes.

À faire à deux, le test postcoïtal

Bon témoin de la fécondité du couple, le test postcoïtal (TPC), ou test de Hühner, évalue notamment la capacité des spermatozoïdes à pénétrer dans le col de l'utérus, trajet qu'ils effectuent grâce à la glaire cervicale. Le gynécologue pratique ce test, ou le fait effectuer par un laboratoire, à la période féconde, entre J12 et J14 (pour un cycle de 28 jours), et demande, au préalable, que le couple ait un rapport la veille au soir. Il prélève alors de manière indolore la sécrétion glaireuse à l'entrée du col, puis l'observe au microscope. Si elle est de bonne qualité et contient des spermatozoïdes bien mobiles, le test est positif.

L'examen de l'utérus, des trompes et des ovaires

Dans un second temps viennent des examens visant à détecter des anomalies au niveau de l'appareil génital de la femme.

- Le premier, l'hystérographie, consiste à radiographier l'utérus et les trompes en injectant à travers le col un produit iodé, opaque aux rayons X. Le but est de rechercher un éventuel obstacle au passage des spermatozoïdes ou de l'œuf fécondé.

- Le second, la cœlioscopie, pratiqué sous anesthésie générale, utilise un tube optique très fin relié à un écran vidéo pour observer les trompes et les ovaires. Il permet de s'assurer que l'ovocyte pondu par l'ovaire ne rencontre aucun obstacle au passage vers la trompe.

▶ Comment la médecine peut-elle aider un couple stérile ?

Prise de médicaments, traitements chirurgicaux, les moyens classiques de traiter la stérilité de la femme sont aussi nombreux que le sont les causes. Quand ils se sont révélés vains, il reste les techniques de procréation assistée. Par ce biais, la médecine accomplit bien des prouesses, mais il serait illusoire de tout en espérer…

Des traitements probants seulement chez la femme

Chez la femme, certains traitements permettent de corriger l'anomalie qui est à l'origine de la stérilité, qu'il s'agisse d'un obstacle mécanique ou d'un trouble fonctionnel. L'intervention est soit chirurgicale – ablation d'un fibrome, d'une endométriose ou réparation des trompes –, soit à base de médicaments, appelés « inducteurs d'ovulation ». Ceux-ci sont prescrits notamment à celles qui n'ovulent pas, ainsi que lors de stérilités « inexpliquées » ou pour compenser une hypofécondité masculine. Le but est de provoquer plusieurs ovulations simultanées – non sans risque de grossesse multiple.

Pour l'homme, en revanche, peu de traitements s'avèrent vraiment efficaces. C'est pourquoi les médecins, dans le cas d'une stérilité masculine, proposent souvent au couple soit une insémination artificielle, soit une autre méthode d'assistance médicale à la procréation, afin de provoquer la rencontre des spermatozoïdes et de l'ovocyte.

L'assistance médicale à la procréation

L'assistance médicale à la procréation englobe les différentes techniques qui permettent à un couple d'avoir un enfant quand cela s'avère impossible par des rapports sexuels. Bien que ces techniques parviennent parfois à pallier des stérilités considérées comme définitives, il ne faut pas s'attendre à des solutions « miracles ».

L'insémination intra-utérine

L'insémination intra-utérine consiste à déposer directement dans la cavité utérine un sperme préparé en laboratoire. Pratiquée avec des inducteurs d'ovulation, elle est utilisée pour traiter certaines hypofécondités masculines, les insuffisances de glaire cervicale et les stérilités mixtes, à condition que la femme possède au moins une trompe perméable.

La fécondation in vitro et ses variantes

La fécondation in vitro (FIV) permet de faire rencontrer dans une éprouvette les ovocytes d'une femme, dont les ovaires ont été stimulés par des médicaments, et les spermatozoïdes de son conjoint. Les embryons obtenus sont replacés dans l'utérus (2 ou 3 au maximum), et les surnuméraires sont congelés en vue d'un replacement ultérieur.

L'injection intracytoplasmique de spermatozoïdes

L'injection intracytoplasmique de spermatozoïdes (ICSI) est pratiquée en France depuis 1994. Son but est de pallier une déficience sévère en spermatozoïdes, car il suffit d'injecter un seul spermatozoïde dans un ovocyte pour obtenir une fécondation. Les spermatozoïdes proviennent soit de sperme obtenu par éjaculation, soit d'un prélèvement au niveau de l'épididyme ou du testicule. Cette technique est actuellement utilisée dans la moitié des fécondations in vitro.

La glaire cervicale

La glaire est sécrétée au niveau du col de l'utérus. Translucide (comme du blanc d'œuf cru) pendant la période de l'ovulation, elle a pour fonction de favoriser la fécondation de l'ovocyte en permettant l'ascension des spermatozoïdes. Elle protège ces derniers du milieu vaginal acide qui leur est fatal, retient, grâce à des filaments qui fonctionnent comme les mailles d'un filet, ceux qui sont trop lents ou présentent une anomalie, et permet aux meilleurs de survivre quelques jours, en les nourrissant, lorsque le rapport sexuel n'a pas lieu au moment précis de l'ovulation. Aussitôt après cette dernière, la glaire redevient épaisse et opaque, et empêche dès lors tout spermatozoïde de passer.

Avec l'intervention de donneurs

Lorsqu'il est impossible de recueillir des spermatozoïdes chez un homme stérile, les médecins peuvent proposer, en dernier recours, une insémination avec sperme de donneur (IAD). De même, quand une femme souffre de ménopause précoce ou n'a plus d'ovaire, on recourt parfois au don d'ovocytes. Les embryons sont alors obtenus par fécondation in vitro avec les ovocytes d'une autre femme et le sperme du conjoint.

Jusqu'où aller pour satisfaire un désir d'enfant ?

Quand un couple entame un traitement, et surtout quand il se lance dans une démarche d'assistance médicale à la procréation, la route est souvent longue. Le découragement vient rapidement quand les échecs se répètent, et il arrive que ce désir d'enfant obsède douloureusement au point d'occuper l'essentiel de l'existence. Peut-être est-il bon alors de se donner le droit de penser à autre chose, de lâcher prise, quitte à cesser un moment de consulter, pour prendre le temps de profiter de nouveau de la vie à deux.

Ces répits sont l'occasion de réfléchir à ce désir d'enfant : besoin de transmission, devoir vis-à-vis de ses propres parents, trop-plein d'amour ? L'autre question est de savoir jusqu'où l'on est prêt à aller ? Combien de solutions se sent-on encore la force d'essayer ? Et jusqu'à quand ? Aucun médecin, si compétent soit-il, n'est capable d'affirmer à un couple stérile qu'il pourra le satisfaire. Il arrive d'ailleurs que l'enfant vienne un jour chez ce couple, de manière naturelle. Mais, en cas d'échecs répétés, chacun se trouve à un moment donné face au choix suivant : continuer encore, faire son deuil, ou élever un enfant en l'adoptant.

La vie avec l'enfant

Devenir père ou mère change tout. Désormais, un petit être est là, qui attend beaucoup de ses parents, à la fois de l'amour, des soins et les moyens de devenir autonome. Le quotidien en est bouleversé, mais, pas à pas, en tâtonnant, on apprend à jouer ce nouveau rôle.

▶ S'organiser dans la vie quotidienne *Quand l'enfant arrive, la vie au jour le jour se réorganise, que l'on reprenne une activité à l'extérieur ou que l'on reste au foyer. Dans le tourbillon des obligations quotidiennes, le plus difficile est de préserver les moments de détente, avec le bébé ou sans lui. S'épuiser n'apporte rien à personne.*

Grâce à la position assise, le bébé expérimente d'autres rapports avec ce qui l'entoure.

Quand il faut reprendre le travail

La fin du congé maternité est parfois un moment difficile à vivre. Alors que les journées se déroulaient jusqu'alors suivant les rythmes de l'enfant, la vie professionnelle va désormais poser des limites et bouleverser l'équilibre qui s'était établi. Finies les siestes ponctuelles avec le bébé pour compenser la fatigue, finie la petite bulle chaude où vivaient dans une très grande proximité la mère et l'enfant. Désormais, les heures réservées à la vie privée sont d'une durée limitée. Même si beaucoup de femmes reprennent avec plaisir leur travail, les sentiments à ce sujet n'en restent pas moins ambigus. Il ne s'agit pas seulement d'organiser autrement le temps, mais aussi de bien vivre une séparation. Ce passage est plus facile si l'on s'y prépare progressivement.

Pour que la séparation se passe bien

Que l'enfant soit gardé par une assistante maternelle, une grand-mère ou en crèche – autant de solutions qui ont leurs avantages et leurs inconvénients –, il importe avant tout qu'il soit confié toujours à la même personne, dans le même cadre. Si l'on s'y est pris à l'avance, on peut habituer le tout-petit à cette séparation de façon progressive. Passer plusieurs heures avec lui chez la nourrice, avant la reprise, rendra le jour J plus facile, pour la mère comme pour l'enfant. Par la suite, le soir, on sera parfois tentée de faire durer les retrouvailles... mais pas trop longtemps, car le bébé a besoin de sommeil s'il n'a pas assez dormi à la sieste.

Gérer les tâches ménagères

Entre les contraintes professionnelles et les nécessaires moments d'intimité à deux ou à trois, il reste peu d'heures pour faire face aux tâches ménagères. En ce domaine, il n'existe pas de solution miracle, même pour la femme la mieux organisée. Mais est-ce vraiment grave si la maison est moins bien rangée qu'avant et si vous abaissez un peu la barre de vos exigences ? À chacune d'établir une liste de priorités, sachant que la présence d'un enfant oblige tout de même à une hygiène certaine. L'essentiel est de parer au plus pressé, quitte à établir des pense-bêtes et à sacrifier quelques heures dans le week-end. La plupart des pères, du moins quand leurs horaires de travail le leur permettent, participent aujourd'hui aux obligations de tous les jours. Ce partage des tâches est une des clés pour un quotidien plus confortable.

Quelques précautions si l'on possède un animal familier

La naissance d'un bébé n'oblige nullement à se séparer d'un animal domestique, sauf si l'enfant souffre d'une maladie allergique, en particulier respiratoire – certains asthmatiques, par exemple, ne supportent pas les poils d'animaux. Mais la présence d'un chien ou d'un chat demande quelques précautions, comme interdire l'accès à la chambre du bébé. En général, l'animal, s'il est toujours aussi choyé, ne se montre pas jaloux et accepte le nouvel arrivant. Mais, les réactions du bébé comme celles de l'animal demeurant imprévisibles, mieux vaut rester vigilant. Plus tard seulement, vous pourrez apprendre à l'enfant à ne pas importuner l'animal à certains moments, à ne pas lui tirer la queue, ni lui toucher les yeux ou lui crier dans l'oreille, et les laisser enfin seuls ensemble.

À quel âge un enfant range-t-il ses jouets ?

Dès 18 mois, l'enfant est capable de ranger ses jouets, à condition que le mobilier soit adapté et que vous le fassiez avec lui. Il adore vous imiter et sait déjà repérer qu'un objet n'est pas à sa place habituelle. À partir de 3 ans, en général, il peut de temps en temps mettre tout seul un peu d'ordre dans sa chambre. Dès cet âge, il cherche à copier l'adulte dans de nombreuses activités quotidiennes – essuyer la table, rassembler les chaussettes par paires, passer le (petit) balai –, dans le souci de se comporter « comme un grand ». Sur le moment, sa bonne volonté ne vous satisfera pas toujours, surtout en semaine... Mais soyez patiente, car il commence ainsi à apprendre le partage du travail à la maison, ce dont vous vous féliciterez plus tard.

Disponible pour lui, oui mais...

Chacun sait que la disponibilité diminue proportionnellement à la fatigue. Rester présente quand on est épuisée tient de la gageure. On

Choisissez des jouets variés et adaptés à l'âge de l'enfant, mais ne lui en donnez pas trop en même temps.

accomplit alors juste les gestes indispensables, et point final. L'enfant, même petit, peut comprendre la fatigue de ses parents, et moins les solliciter, mais il réagit aussi parfois à l'inverse. Perdre son calme de temps en temps n'est pas dramatique, mais il faut accepter alors comme normal que l'enfant lui aussi tombe dans l'excès et prenne l'habitude de crier si vous criez vous-même souvent. Laisser l'enfant à la charge de son père et aller faire un petit tour est parfois une solution temporaire quand tous deux sont à la maison. En revanche, si l'on se sent énervée en permanence, mieux vaut chercher un vrai moyen de souffler un peu.

Appeler les proches à la rescousse

Peut-être avez-vous besoin de prendre plus de temps pour votre couple ou pour vous-même, de voir davantage vos amis, de sortir un peu plus souvent ? Il ne sert à rien de tirer sur la corde, ni pour vous ni pour l'enfant. On se lasse plus vite quand on se prive de tout plaisir autre que celui de la maternité. Si vos revenus ne vous permettent pas de faire appel à une baby-sitter, pensez à vos amis et à vos proches. Il y a bien quelqu'un qui peut garder votre bébé durant une soirée ou un samedi. L'important est seulement de prévenir l'enfant, de lui expliquer, même s'il paraît bien petit pour comprendre. On partage d'autant mieux les moments avec lui que l'on a pu soi-même « se ressourcer » et satisfaire des envies personnelles. Ce qui vaut tout autant pour une mère qui travaille que pour une maman au foyer.

▶ Éduquer ses enfants au quotidien

Plus l'enfant grandit, plus la responsabilité éducative des parents est mise à l'épreuve. Tout comme la propreté ou le langage, le respect d'autrui et la vie en société nécessitent un apprentissage. Le temps des premiers interdits vient dès que l'enfant sait se déplacer, avec, en parallèle, d'inévitables petits conflits.

Poser les premières limites

Quels que soient les principes d'éducation, poser des limites fait vite partie du quotidien des parents. Dès qu'il commence à savoir se

La naissance d'un petit peut susciter des sentiments de jalousie chez les aînés qui se sentent un peu négligés.

déplacer, l'enfant est susceptible de mille « bêtises », qu'il ne conçoit pas comme telles. Il touche à tout, prend des risques, sans conscience du danger, et, ne serait-ce que pour le protéger, sa mère (ou son père) n'a d'autre choix que le « non », répété encore et encore. Progressivement, le tout-petit apprend qu'il « ne doit pas » – même s'il transgresse tout de même les interdits. Si on lui explique pourquoi ceci ou cela n'est pas autorisé, il est souvent capable de comprendre. Ces minibatailles sont certains jours fatigantes. Mais, sans elles, l'enfant n'aurait aucun repère. L'essentiel est de rester cohérent, que vous posiez beaucoup ou peu de limites. Si l'interdit varie d'un jour à l'autre, ou du père à la mère, le tout-petit n'y comprendra plus rien – et il en profitera.

Il est en colère, c'est normal...

Même à 12 mois, l'enfant manifeste lui aussi sa volonté. Il ne parle pas encore, mais il peut crier, pleurer, parfois se rouler par terre ou se laisser tomber brutalement pour exprimer son mécontentement ou un conflit intérieur. Réagir avec colère à ces « crises » ne peut qu'envenimer la situation. Il ne s'agit pas d'un défi. Parfois, il suffit de détourner son attention, de l'intéresser à un autre objet, de le surprendre, et les cris cessent aussi vite qu'ils ont débuté. Le but est de toute façon de calmer, mais sans pour autant céder à un éventuel caprice ni se laisser malmener – une maman qui ne manifeste pas un « non » clair et net quand sa petite fille lui donne un coup de pied risque plus tard des problèmes. L'enfant vers 2 ans cherche les limites ; s'il ne les trouve pas, il devient anxieux. À partir de 3 ans, il exprimera mieux ses désirs, et ses tensions s'apaiseront un peu.

? Comment savoir si la vue ou l'ouïe fonctionnent bien ?

Les tests effectués à la naissance détectent en général les anomalies les plus graves en matière de vue et d'ouïe, mais des problèmes plus mineurs passent parfois inaperçus. Certains signes doivent alerter.

- *Pour la vue : si le bébé est indifférent à la lumière, ne sourit pas, ne suit pas du regard ce qui traverse son champ visuel ou qu'il se balance selon des mouvements stéréotypés... ou si les globes oculaires font des mouvements désordonnés.*
- *Pour l'ouïe : un désintérêt pour les jouets qui font du bruit, la manipulation d'objets de façon très bruyante, l'absence de réaction aux appels de l'entourage, le fait d'émettre des sons très peu variés, de ne pas dire « atata », « apapa » ou « amama » dès 9 mois, ou de ne prononcer aucun mot à 18 mois sont autant de faits à signaler au pédiatre.*

Quand l'enfant expérimente le monde

Face au besoin du petit d'explorer le monde, l'adulte trouve souvent plus confortable d'interdire ou de protéger que de laisser s'exprimer cette insatiable soif de découvertes. L'équilibre est parfois difficile à trouver : on voudrait lui éviter les chutes, les plaies et les bosses, on préférerait qu'il se tienne tranquille, mais on sait bien qu'il doit vivre ses propres expériences. Selon les jours, on penchera plus dans un sens ou dans l'autre. Mais freiner sans cesse ses initiatives ne serait pas profitable. Bien sûr, les premières escalades ou autres prouesses sont aussi une épreuve pour la mère, qui doit accepter que l'enfant prenne un risque. La tentation d'éviter toute peine à l'enfant est un sentiment très fort, et c'est peu à peu que l'on apprend à y résister. Ce dilemme intérieur, sous des aspects différents, sera présent jusqu'à ce que le tout-petit devienne adulte...

Quelques aménagements souhaitables pour sécuriser la maison

En ce qui concerne les petits enfants, inutile, toutefois, de cumuler les risques. Quelques dispositions aideront à sécuriser le cadre de vie. On n'en applaudira que mieux les prouesses des jeunes explorateurs. Beaucoup de parents barrent dans un premier temps l'accès à la cuisine et à la salle de bains, les lieux les plus dangereux d'une maison. En tout cas, il est fortement conseillé de garder enfermés les produits à risques (médicaments, etc.). Mais il existe bien d'autres astuces, comme de ne laisser traîner aucun objet coupant ou susceptible d'être avalé, ou d'éviter de placer un moyen d'escalade sous la fenêtre, et les magasins spécialisés regorgent d'accessoires : caches pour les prises, antipince-doigts pour les portes, coins molletonnés pour les angles des meubles.

Les relations avec les aînés

La naissance d'un petit frère ou d'une petite sœur ne va pas toujours sans peine pour l'aîné. Dans les premiers temps, il éprouve parfois une certaine jalousie envers l'intrus, même si le bébé l'attendrit et qu'il se montre affectueux. Puis, quand ce dernier commence à déranger ses jeux, à le suivre partout, il ressent de l'agacement, voire de l'hostilité. Tous ces sentiments sont normaux, mais les parents peuvent tout de même aider leur aîné à mieux vivre la situation : lui aussi a besoin de moments de tranquillité. De temps en temps, faire avec lui du vélo, cuisiner, regarder un livre en tête à tête, l'aidera à comprendre que rien ne lui est enlevé et que vous l'aimez toujours autant. Et les liens et la complicité avec le cadet se construiront peu à peu, ponctués d'inévitables disputes.

? Accueillir un enfant adopté

Attendu, désiré souvent durant des années, ne serait-ce que du fait de la lenteur des démarches administratives, l'arrivée dans un foyer d'un enfant adopté est un événement aussi intense qu'une naissance. L'accueil de ce petit dont la vie a déjà été marquée par un abandon demande énormément d'amour. Plus il est âgé, plus l'enfant a une personnalité affirmée. De son passé, il garde des modes de comportement, des angoisses, des images, et, s'il vient de l'étranger, sa santé est parfois fragile. Dans un premier temps, il attend beaucoup de vous et en même temps se méfie. Rassurer, respecter ce qu'il a vécu avant, faire preuve de patience aideront à tisser les liens réciproques. Sa vie se poursuit avec vous, elle ne recommence pas à zéro. Aujourd'hui, on s'accorde à penser que la vérité ne doit pas être cachée à l'enfant, et qu'il faut le préparer très tôt à l'accepter. Le pire serait en effet qu'il la découvre par un tiers.

Bien dans son corps,

Le bien-être est le plaisir de vivre au meilleur de sa forme, physique et mentale. Les deux vont en effet souvent ensemble : avec un poids idéal, vous vous sentez à l'aise, avec une activité sportive, vous améliorez en même temps votre moral. . Encore faut-il entretenir cette forme et les atouts dont vous disposez.

La question du poids

Notion très personnelle et donc subjective, le poids idéal, ou poids de forme, est celui grâce auquel vous vous sentez bien et en harmonie avec votre corps. C'est aussi un atout de votre santé, qui mérite d'être préservé. Un régime alimentaire bien ciblé est le premier pas dans la bonne direction.

Sorte de réveil musculaire, l'étirement doit toujours accompagner les sports d'endurance comme le footing.

Faire d'une pierre deux coups

Le regard porté sur le poids est largement déterminé par la mode et, de manière plus générale, par la culture, qui tendent à imposer aux femmes le modèle d'une silhouette idéale. L'image de ce « corps parfait » devient souvent l'objectif à atteindre. Les raisons invoquées pour justifier la lutte contre un excès de poids sont donc souvent d'ordre esthétique. Mais il ne faut pas perdre de vue une évidence médicale : trop de kilos prédisposent à des ennuis de santé. Le surpoids peut ainsi être à l'origine d'une hypertension artérielle, de problèmes cardiovasculaires ou même d'hémorragies cérébrales. Lorsqu'on est âgé de 20 ou 30 ans, ces préoccupations paraissent lointaines. C'est oublier que la prévention est plus efficace quand elle intervient tôt. Se débarrasser de quelques kilos superflus est donc une bonne

bien dans sa peau

chose pour votre santé. Une motivation qui ne peut que se rajouter à la promesse d'une silhouette harmonieuse…

Des moments où il faut faire attention…

Au cours de leur vie, les femmes connaissent des périodes qui les rendent plus vulnérables à la prise de poids. Jusqu'à l'âge de 40 ans, ce sont en premier lieu les grossesses qui risquent de leur laisser quelques kilos supplémentaires. Pour certaines, le retour à leur poids normal après la naissance d'un enfant peut alors s'avérer une étape difficile. Il est pourtant préférable de chercher à retrouver, à 1 ou 2 kilogrammes près, le poids « d'avant » pour ne pas « accumuler » à la fin de chaque grossesse plusieurs kilos de trop. Et cela vous aidera, plus tard, à mieux affronter les bouleversements qui entourent la ménopause, autre période où le contrôle du poids aura tendance à vous échapper.

Toutes les rondeurs ne se valent pas

Pour décrire les différents surplus graisseux, on parle de deux types de profils : le premier, dit « androïde » (du grec *andros*, « homme »), est caractérisé par une localisation de la graisse surtout autour de la ceinture et sur le haut du corps, tandis que le second, dit « gynoïde » (du grec *gunê*, « femme »), évoque une concentration de la graisse sur les cuisses et les fesses. Ces localisations n'interviennent pas dans le choix du régime à adopter, en revanche, il est bon de savoir que la graisse située sur le haut du corps représente une menace pour le système cardiovasculaire.

Un régime ? Pourquoi pas, mais pas n'importe lequel !

Pour retrouver votre poids de forme et pour ensuite le conserver, commencez par mettre au placard tous les modes d'emploi des régimes « fantasques » qui promettent de vous faire perdre 6 kilos en 8 jours. Vous réussirez peut-être un tel exploit, mais il se fera de façon inappropriée, et les kilos perdus se retrouveront encore plus mal placés dès le plus petit relâchement. Et jouer ainsi au « yo-yo » avec votre poids n'est pas bénéfique pour votre santé.

Si vous voulez gagner la partie contre les rondeurs, la première carte à jouer est celle d'une alimentation équilibrée, qui respecte les apports nécessaires en protéines, glucides, lipides, minéraux et vitamines. Ensuite, il faut admettre qu'il n'existe pas de « régime

L'indice de masse corporelle : un calcul facile

Connu aussi sous le terme de Body Mass Index (BMI), l'indice de masse corporelle (IMC), qui exprime la corpulence, repose sur la formule suivante :

$$IMC = \frac{\textbf{Poids (en kilogrammes)}}{\textbf{taille (en mètre) x taille}}$$

Exemple : une femme mesurant 1,60 m et pesant 55 kg a un IMC de 21,5 (à savoir 1,60 x 1,60 = 2,56 ; IMC = 55 divisé par 2,56 = 21,48). Si l'indice se situe entre 18,5 et 25, votre poids est considéré comme « normal ». Au-dessous de 20, on parle de déficit en poids, entre 25 et 30, de surpoids et, au-delà de 30, d'obésité. Si ce calcul fait aujourd'hui autorité, il s'agit avant tout d'une définition médicale.

Courir à plusieurs est plus entraînant : veillez à maintenir un rythme qui ne vous empêche pas de bavarder...

miracle ». Le seul principe de base est celui de la restriction calorique : trouvez une alimentation moins riche..., mais qui correspond tout de même à vos goûts personnels. Le bon régime est celui qui vous permet de vous nourrir différemment sans pour autant vous obliger à renoncer aux plaisirs de la table. Dernier point à retenir : une fois que le régime suivi a rencontré du succès, passez à la vitesse de croisière avec une « ligne diététique ».

Et surtout ne pas se tromper de coupable !

Quel que soit le régime adopté, il faut qu'il soit bien ciblé : c'est à la masse grasse (la graisse) qu'il doit s'attaquer et non à la masse maigre (les muscles et les organes). Parfois, les 2 ou 3 kilos que l'on juge superflus sont dus à la masse musculaire ou même au squelette qui pèse plus qu'on ne l'imagine. Un examen rapide et sans douleur permet de connaître la répartition des différentes masses corporelles avant de se lancer dans un régime rigoureux : il serait dommage de faire fondre ses muscles lorsque l'on veut perdre de la graisse ! Et quand vous souhaitez perdre de la graisse, n'oubliez pas qu'il est bon de faire travailler les muscles, ce qui d'ailleurs préserve une peau souple et lisse.

Investir dans son capital santé

Vous avez peut-être cessé de faire du sport parce que le travail ou les enfants ne vous en laissent plus le temps. Ce n'est pourtant pas le moment de lâcher ! Dès que vous faites un peu d'exercice régulièrement, vous vous sentez bien mieux. Et surtout, vous engrangez du bonus et « capitalisez » des années où vous serez en forme. Voici, en vrac, quelques idées pour entretenir sa forme, même à domicile.

Toutes les bonnes raisons pour se remuer

Les bienfaits du sport pour la santé sont nombreux. L'exercice améliore la capacité respiratoire, protège le cœur, régénère la circulation sanguine, limite les risques d'hypertension, aide les articulations à mieux vieillir et les muscles à conserver leur tonicité. Le squelette tout entier y trouve son compte : en fabriquant du muscle, la densité osseuse augmente, éloignant le spectre des fractures qui surviennent plutôt chez les sédentaires.

Même un exercice aussi simple que la marche à pied maintient votre forme et préserve votre silhouette. En effet, « bouger » aide à se maintenir droit, à ne pas se tasser, bref à s'éloigner d'une image qui donne « l'air vieille » avant l'âge. En cela, le sport joue, indirectement, sur le moral : on se sent « tonique », « capable de... ». Mais il le fait aussi de façon plus directe, car l'activité physique reste le meilleur remède « naturel » contre le stress et l'anxiété. Grâce à l'énergie que vous déployez, vous évacuez les tensions nerveuses et vous vous « videz la tête ». Difficile de trouver des prétextes pour s'en passer !

Et si l'on a déjà quelques soucis de santé ?

Rares sont les cas où toute pratique sportive est interdite. Car, même avec quelques « soucis de santé », le sport reste bénéfique. Voici quelques exemples parlants.

- Si vous souffrez d'hypertension, envisagez de pratiquer des sports d'endurance, tels la marche, la randonnée, le vélo, le jogging ou la natation, qui peuvent faire baisser la tension.
- En cas d'arthrose, le sport, s'il est pratiqué sans excès, stimule les articulations et favorise la réparation du cartilage. Si vous souffrez de douleurs articulaires, choisissez plutôt la natation, le vélo ou l'équitation (sauf en cas d'arthrose de la hanche), disciplines où le corps est porté.
- Même en étant diabétique, vous bénéficierez d'une amélioration de votre condition si vous pratiquez un sport 3 fois par semaine pendant au moins 30 minutes.

Faire des exercices chez soi

« Pas le temps d'aller à la gym. » – « Il y a trop de monde. » – « Les horaires sont incompatibles avec mon emploi du temps. » – « J'ai horreur de la promiscuité. » – « Il faut faire la queue pour les appareils de musculation. »... Autant d'arguments pour ne pas faire de sport en salle. Qu'à cela ne tienne, rien ne vous empêche de consacrer une dizaine de minutes par jour (ou une demi-heure 2 à 3 fois par semaine) à faire des exercices chez vous. Pour cela, il n'est pas nécessaire de disposer d'un matériel sophistiqué. Quelques accessoires simples, peu onéreux, suffisent... L'intérêt principal réside dans la régularité.

? À chaque besoin son activité

Savoir ce qu'on recherche dans une activité sportive est essentiel pour la choisir.

- ***Combattre le stress :*** *step, VTT, natation, roller, tennis, jogging, plongée, rafting, ski...*
Ces sports éliminent le stress par le défoulement physique assez « violent » qu'ils demandent.
- ***Se muscler :*** *pump, musculation, escalade, judo, culture physique...*
En cas de problèmes cardiovasculaires ou articulo-tendineux, l'aquagym permet une musculation plus en douceur.
- ***Perdre du poids :*** *squash, badminton, tennis de table, vélo et VTT, natation, boxe, jogging, randonnée, cardio-training...*
Ces sports ne font pas de miracle sans être couplés avec une bonne hygiène alimentaire. En cas de problèmes cardiovasculaires, la musculation douce, la randonnée et la danse classique sont plus appropriées.
- ***Vaincre la fatigue :*** *cardio-training, natation, stretching, yoga ou tai-chi (gymnastique chinoise).*
Vous vous sentirez moins éreintée et moins fatiguée au réveil, et ce malgré les heures de sommeil, si vous pratiquez une activité physique.

Les grands classiques : tapis de gym, haltères, élastique...

• Le tapis de gym se trouve dans tous les magasins de sport et la plupart des grandes surfaces. Ne le prenez pas trop épais de façon à pouvoir l'enrouler au moment de le ranger. Et n'ayez pas peur d'avoir mal au dos ou froid, il suffit de l'installer sur le tapis du salon.

• Les haltères. Inutile d'acheter tout le rayonnage d'haltères, à moins que vous n'ayez l'intention de les recycler en roues pour la voiture à pédale du petit dernier ! Deux suffisent pour des exercices à répétition. Et ne surestimez pas vos forces en prenant des haltères trop lourds au départ. Vous devez pouvoir effectuer une série de 10 mouvements sans fatigue. En cas de doute, demandez conseil au vendeur pour déterminer quel poids vous convient. Si vous souhaitez augmenter la charge au fur et à mesure de l'entraînement, choisissez un kit d'haltères, constitué de deux barres sur lesquelles on monte différents poids.

• L'élastique, ou la bande élastique, sert à faire travailler l'abdomen, les bras, les cuisses, les fesses et le dos. Évitez celui que nos grands-mères utilisaient pour rafistoler les petites culottes. Achetez-le plutôt dans un magasin de sport où il sera à peine plus cher, et vous ne risquerez pas de vous blesser. Le modèle le plus classique est formé de quatre bandes de caoutchouc reliées entre elles par un anneau métallique, la tension pouvant aller jusqu'à 10 kilogrammes. Une brochure informe en général sur tous les exercices possibles. Mais attention, lorsque vous travaillez le torse et les bras, l'élastique peut provoquer des douleurs dorsales si les efforts de traction sont trop importants.

... et autres accessoires pour aller un peu plus loin

• La barre à tordre est une barre en métal munie d'un ressort au milieu et de deux poignées. L'objectif est de chercher à la plier en deux, vers le bas ou vers le haut, pour faire travailler les pectoraux et pour muscler bras et épaules.

• La coque, en plastique rigide, se glisse sous les fesses afin de mieux positionner le bassin lorsque l'on travaille les abdominaux. Certaines lui préfèrent désormais un appareil muni de deux poignées, d'un système de balancier et d'un siège recouvert d'une gaine en mousse qui permet une meilleure assise et soulage le dos lorsque l'on fait des abdominaux.

• Le piston, qui s'apparente à ceux que l'on trouve dans les moteurs, est de forme cylindrique et monté sur un ressort et un appareil de traction. Il est conseillé pour renforcer la sangle abdominale. On appuie le piston sur le ventre en poussant avec les bras sur les poignées de traction. Vos muscles abdominaux, en résistant à la pression, vous permettront d'avoir le « ventre plat ».

• Les masses additionnelles sont des bandes lestées de plomb que l'on fixe aux poignets et aux chevilles, ou encore des semelles. (Le même principe est utilisé pour les chevaux de course pour créer un handicap.) Comme pour

Les précautions à prendre

Respectez les limites de votre organisme. Aucun exercice n'est dénué de risque, tout dépend de votre condition physique. L'apparition d'une douleur est un signal d'alerte par lequel le corps vous avertit que vous lui en demandez trop. À partir de 40 ans, il est préférable de consulter un médecin du sport ou un cardiologue avant toute reprise d'une activité physique. Certains exercices peuvent se révéler particulièrement éprouvants pour le système cardiovasculaire.

Plutôt que de rester allongée des heures en plein soleil, faites quelques excercices de gymnastique sur la plage.

les haltères, il existe de nombreux modèles adaptés aux besoins de chacune. En variant la charge, vous pouvez augmenter la difficulté d'un exercice ou faire travailler, de façon plus intense, certains muscles.

Sans accessoires : la gymnastique douce

Si la gymnastique traditionnelle accorde une grande place à la technique et valorise la musculature, la gymnastique douce bannit l'effort violent et le remplace par un travail fondé sur la sensation et la détente. De façon très subtile, cette méthode, qui est aussi un art de vivre, explore le système musculaire dans son intégralité, éveillant en particulier les muscles qui ne sont sollicités ni dans la vie courante ni par aucune autre technique sportive. Le but est de prendre conscience de son corps, avec toutes ses articulations, pour qu'il puisse s'exprimer librement.

Les exercices d'étirements, de musculation, de coordination et de relaxation font une large part au placement et à la respiration. Ils peuvent être pratiqués à domicile, sans accessoire particulier. La gymnastique douce est idéale pour celles qui veulent recommencer une activité physique en douceur ou avant d'envisager de reprendre un sport plus intense.

Deux ennemis de la forme : l'alcool et le tabac

- L'alcool. Certes, le bon vin rouge a la réputation d'apporter quelques bienfaits aux artères. Mais le corps a surtout besoin d'eau. L'alcool, consommé à l'excès, est à l'origine de nombreux cancers et de maladies cardiovasculaires. Pour une femme, la consommation quotidienne maximale recommandée, celle qui ne présente pas un danger pour la santé, est de 2 verres de vin. Quant aux alcools forts (whisky, vodka, etc.), il vaut mieux ne les déguster que lors des grandes occasions.
- Le tabac. Les méfaits de la cigarette pour la santé sont bien connus : elle est l'une des principales causes de toutes les maladies des voies respiratoires et multiplie par deux le risque de cancer du col de l'utérus. Et il faut savoir que la pilule et la cigarette forment un couple qui n'a jamais bien cohabité, augmentant le risque de problèmes d'hypertension et de maladies cardiovasculaires. Le tabagisme nuit en outre à l'apparence : il accélère le vieillissement de la peau, qui prend un teint gris et sans éclat, et affecte l'émail des dents, altérant ainsi les plus beaux sourires.

Un cœur bien entraîné...

Une bonne condition physique va de pair avec un cœur en bonne santé. Vélo d'appartement, tapis de course, rameur, stepper permettent de faire travailler régulièrement l'appareil cardiovasculaire, sans qu'il faille attendre de voir réunies d'improbables conditions extérieures idéales...

Le vélo d'appartement

Il a été conçu au départ pour les personnes accidentées ou malades qui avaient besoin d'une rééducation musculaire et/ou cardiaque. Facile à utiliser, il a depuis été adopté par tous ceux ou celles qui souhaitent développer ou entretenir leur forme physique, surtout pendant les longs mois d'hiver. Il est aussi particulièrement indiqué pour les personnes âgées.

Comment l'utiliser : échauffez-vous pendant 5 minutes en réglant la résistance au plus bas. Puis augmentez un peu celle-ci. Les premières séances ne doivent pas durer plus d'un quart d'heure. N'arrêtez pas d'un seul coup, mais procédez comme au début, en ramenant la résistance au minimum et en pédalant encore quelques minutes. Essayez de maintenir votre rythme à 60 tours par minute sans tenir compte de la résistance. Au fur et à mesure de votre entraînement, vous augmenterez progressivement la résistance (jamais plus de 10 % d'une semaine à l'autre) et la durée des séances.

Conseil du spécialiste : le bon réglage des pédales et de la selle est très important. En effet, une mauvaise position peut entraîner des douleurs lombaires et des crampes.

Le tapis de course

Le jogging est l'un des sports les plus pratiqués. Tout d'abord parce qu'il s'agit d'une excellente activité physique pour le cœur, et puis parce qu'il ne nécessite qu'un équipement minimal. L'idéal serait de courir tous les jours. Mais cela est rarement compatible avec l'emploi du temps quotidien. Entre les transports, le travail, les courses, les enfants..., il est difficile de trouver une demi-heure pour courir, sauf peut-être à partir de 10 heures du soir. D'où l'intérêt du tapis roulant, qui permet de s'entraîner chez soi quelles que soient l'heure ou... les conditions climatiques.

Le vélo d'appartement, pour être efficace, demande un bon réglage de la selle et des pédales.

à domicile !

Comment l'utiliser : tenez-vous aux barres de maintien, transversales ou frontales, selon le modèle que vous aurez choisi. Le buste doit être légèrement penché en avant dans la position classique de course. Lorsque vous êtes suffisamment entraînée, vous pouvez corser l'exercice en inclinant le tapis comme si vous montiez une côte. Comme pour le vélo d'appartement, augmentez peu à peu la durée des séances.

Conseil du spécialiste : commencez très doucement. Vous ne devez pas ressentir d'essoufflement. Nombre de foulures et de tendinites sont dues à un entraînement trop intensif et trop rapide.

Le rameur d'appartement

La bicyclette et la course à pied sont deux disciplines sportives faciles à pratiquer. Il n'en est pas de même pour l'aviron : tout le monde n'a pas un plan d'eau près de chez soi et, qui plus est, un club nautique ! Mais c'est bien dommage, car c'est un sport assez complet qui fait travailler équitablement les muscles et les articulations. D'où l'intérêt du rameur d'appartement.

Comment l'utiliser : pour éviter qu'apparaissent des problèmes de dos et de cervicales, il est crucial de bien maîtriser la technique utilisée pour l'aviron – décomposée en deux temps. Lors de la première phase, le corps est penché vers l'avant, les bras et les jambes sont pliés, puis on détend les jambes, ensuite on redresse le buste et enfin on tire sur les bras. Au cours de la deuxième phase, on revient à la position de départ en pliant simultanément le buste, les jambes et les bras. Travaillez ce mouvement de façon continue et sans à-coups pendant un quart d'heure au début. Puis augmentez peu à peu la durée des séances.

Conseil du spécialiste : le rameur est de loin l'appareil le plus intéressant dans la mesure où il fait travailler en même temps les bras et les jambes, les abdominaux et l'appareil cardiovasculaire. À utiliser toutefois avec modération les premiers temps si l'on veut éviter crampes, courbatures ou douleurs articulaires.

Le « stepper »

Monter les escaliers est un excellent exercice. Cela fait travailler le souffle, l'appareil cardiovasculaire et les membres inférieurs. Cependant, la plupart des immeubles étant équipés d'ascenseurs, on est de moins en moins enclins à prendre les escaliers, d'autant que, dans les immeubles modernes, les escaliers de secours, avec leur lumière blafarde, ne sont guère accueillants. C'est pourquoi le stepper est intéressant. Il est surtout conseillé aux personnes ayant un mode de vie sédentaire, aux adeptes des marches en montagne et à ceux qui souhaitent se préparer au ski de fond ou alpin. Il muscle harmonieusement les jambes, affine les mollets et apprend à réguler le souffle.

Comment l'utiliser : les pieds bien tenus par les cales, les bras le long du corps, ou en appui sur la barre, montez et descendez comme vous le feriez dans un escalier. Commencez doucement. Au début, cinq minutes à un rythme moyen sont bien suffisantes. Puis augmentez peu à peu la durée et la rapidité. Vous serez largement récompensée de vos efforts quand vous pourrez impressionner vos ami(e)s en grimpant cinq étages avec le sourire et sans être au bord de l'asphyxie !

Conseil du spécialiste : assurez-vous que vous n'avez pas de problème d'articulation au niveau des genoux.

Du rasoir au laser

Rasoir, crème dépilatoire, épilation à la cire ou au laser..., parmi toutes les méthodes proposées pour avoir les jambes nettes, il y en a forcément une qui vous convient.

Les méthodes classiques

- ***Le rasoir*** est certainement l'instrument le plus économique et le plus pratique lorsque vous êtes pressée. Mais le résultat reste éphémère : 2 jours tout au plus...
- ***Les crèmes dépilatoires*** conviennent bien aux femmes qui ont peu de poils. Plus efficaces que le rasoir, ces crèmes doivent être appliquées environ tous les 5 jours. Un lait hydratant compense leurs effets agressifs sur la peau.
- Pratiquée dans les instituts de beauté ou à domicile, ***l'épilation à la cire*** offre le meilleur rapport efficacité-durée : entre 2 et 3 semaines de tranquillité.

La cire froide, appliquée sous forme de bandelettes jetables, assure une épilation parfaite tout en étant beaucoup moins douloureuse que la cire chaude et moins « agressive » pour la peau et les veines.

- Une recette naturelle venue d'Orient, le caramel fait à base de sucre, d'eau et de jus de citron, ou ***épilation dite « au sucre »***, donne les mêmes résultats que la cire. Après application sur la peau à l'aide d'une spatule, on retire la « pâte » grâce à des bandelettes.
- Parmi les ***épilateurs électriques*** destinés à un usage personnel, il en existe de deux types : ceux qui coupent le poil sont bien pratiques pour effectuer des retouches rapides ; les autres, qui arrachent les poils, et dont l'utilisation est un peu plus douloureuse, garantissent une épilation d'environ 10 jours.

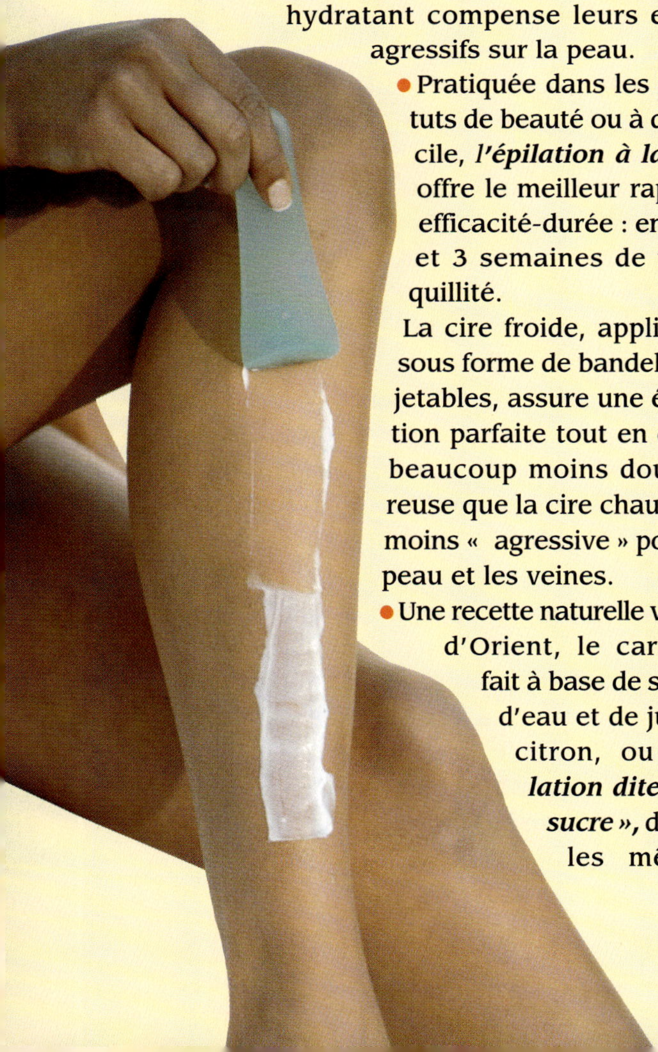

Les techniques modernes

- ***L'épilation électrique pratiquée par un médecin*** est la seule méthode qui puisse prétendre à un résultat définitif. Le dermatologue introduit dans la gaine capillaire du poil une aiguille très fine dans laquelle passe un courant électrique – rassurez-vous, de très faible intensité. La décharge va détruire, dans le bulbe pilaire, les cellules qui fabriquent le poil. Selon l'étendue de la surface à épiler, plusieurs séances seront nécessaires puisque le médecin intervient poil par poil. Le traitement peut se révéler assez douloureux – d'où l'application, trois heures avant le rendez-vous ou la séance, d'une crème anesthésiante.
- C'est aussi un médecin qui procède à ***l'épilation au laser***. Le laser émet des rayons qui sont absorbés par la mélanine présente dans le bulbe du poil, l'énergie étant transformée en chaleur qui détruit ce dernier. Qui dit destruction du bulbe, dit arrêt de la repousse. Mais si le laser détruit la mélanine du poil il n'épargne pas non plus celle de la peau. Cette technique est surtout destinée aux femmes ayant une peau claire et des poils bruns ; elle est déconseillée à celles qui ont une peau mate. Et sachez que, contrairement à ce qui est parfois affirmé, elle ne garantit pas un succès définitif...

▶ Prendre soin de sa peau

À la fois protectrice et révélatrice, la peau mérite une attention particulière. Les soins qu'elle reçoit doivent autant assurer son bon fonctionnement que viser à l'embellir, et porter sur toute la surface du corps et pas seulement sur les parties exposées aux regards. « Être bien dans sa peau » est à la fois une question d'esthétique et de santé.

Le vieillissement de la peau est un processus naturel, mais son rythme dépend de nombreux facteurs.

Au-delà de l'hygiène corporelle...

Aucune peau n'est semblable à une autre. Dans chaque région du corps, la peau varie dans son épaisseur (de celle très fine des paupières jusqu'à celle très épaisse de la plante des pieds), sa pigmentation, sa pilosité ou sa sensibilité nerveuse. D'autres différences sont liées aux variations hormonales ou à l'environnement.

Organe au même titre que le cœur ou les poumons, la peau remplit d'importantes fonctions (protection, régulation thermique, etc.) qu'une hygiène insuffisante ou, au contraire, trop agressive risque de perturber. À l'état normal, la peau est capable de s'hydrater en retenant une partie de l'humidité ambiante.

Le vieillissement naturel de la peau se fait selon un rythme qui n'est pas le même pour toutes les parties du corps (la peau couverte vieillit moins vite) ni pour tous les individus. Des facteurs héréditaires, un climat rude, la pollution atmosphérique, une vie trop sédentaire, un manque de sommeil, mais aussi une mauvaise alimentation ou le tabagisme peuvent accélérer le processus. Ce sont encore des mesures de prévention qui assurent le mieux sa jeunesse : emploi de produits hygiéniques et cosmétiques adaptés au type de votre peau, protection adéquate lors du bronzage...

De l'acné aux vergetures : les maux de la peau

Bénignes ou graves, les affections de la peau reflètent votre état de santé. Parmi elles, certaines sont assez répandues : les voici, avec une description de leur origine et de leur évolution, et comment les traiter.

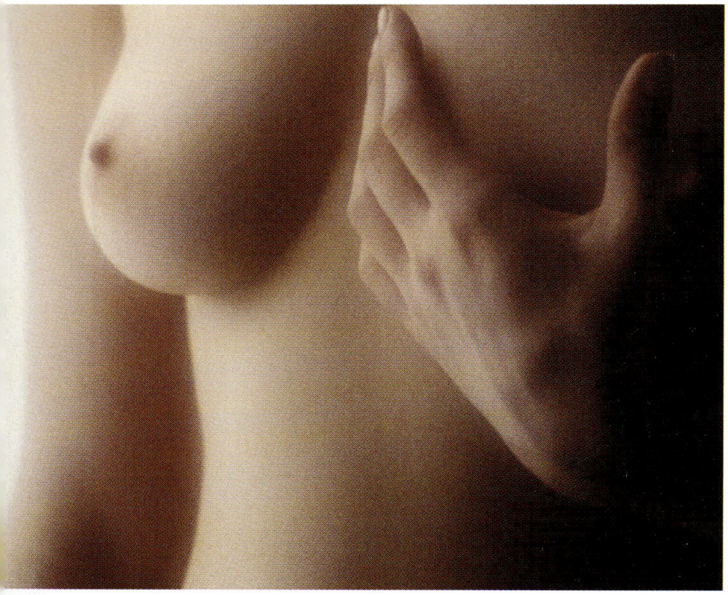

Quelle que soit l'attention portée à la peau, des ennuis dermatologiques ne peuvent pas toujours être évités.

Acné

Due à un excès de sécrétion de graisse cutanée (sébum) qui bouche les pores de la peau et entraîne l'apparition de comédons, l'acné se localise le plus souvent sur la ligne médiane du visage (front et menton), l'arrière du cou, les épaules, le décolleté et le dos.

Traitement : il faut avant tout respecter une hygiène à la fois rigoureuse et modérée (produits de nettoyage doux, cosmétiques non comédogènes, démaquillage soigneux) et éviter de manipuler les boutons et d'exposer la peau au soleil. Pour guérir une acné, on utilise des rétinoïdes, qui diminuent la sécrétion de sébum, des antiseptiques ou antibiotiques, qui éliminent les bactéries à l'origine de l'inflammation, ou un traitement hormonal. Selon que l'atteinte est légère ou grave, le traitement est local (lotion, etc.) ou général (par voie orale).

Bouton de fièvre (herpès buccal)

Il apparaît sous la forme de petites vésicules groupées en bouquets (explosion d'un bouton), qui perdurent pendant une dizaine de jours. Il surgit lors d'une poussée de température, au moment d'un fort stress, pendant les règles ou après une exposition au soleil en grande altitude. Situé sur les lèvres, il est dû à un virus, le HSV1, qui, de même que son cousin, le HSV2 (herpès génital), est très contagieux et a tendance à réapparaître fréquemment.

Traitement : on soigne l'herpès buccal par l'application d'un antiseptique local qui assèche l'éruption ou, dès les premiers signes, d'une pommade à l'aciclovir, qui raccourcit l'évolution.

Cicatrice

Accident, chute, opération, maladie de jeunesse (varicelle, acné...), les cicatrices ont de nombreuses origines. Leur persistance varie selon l'hérédité, l'âge et le type de peau ; elles évoluent pendant un an avant de se stabiliser.

Traitement : il dépend de l'origine de la cicatrice. Pour les cicatrices peu profondes, on recourt à la dermabrasion ; pour les autres, il existe une multitude de traitements : peeling, chirurgie, injection de collagène...

Comédon (point noir ou blanc)

- Ouvert, c'est le point noir, signe qu'un bouchon de kératine empêche l'écoulement du sébum.
- Fermé, il s'agit du point blanc (microkyste), qui résulte d'une obstruction du canal d'une glande sébacée.

Traitement : on peut extirper un point noir soi-même, mais avec beaucoup de précautions, en assurant en particulier une asepsie préalable pour éviter toute infection du follicule. Pour les points blancs, il faut consulter un dermatologue qui les pince et les excise au bistouri.

Couperose

Cette coloration rouge du visage (pommettes, nez, parfois menton et front), souvent familiale, est due à une dilatation permanente de petits vaisseaux qui ont perdu la faculté de se contracter. Apanage des peaux fines et claires, elle est toujours aggravée par l'exposition au soleil et au froid, ainsi que par l'abus de mets épicés et d'alcool. Elle apparaît aussi bien sur une peau grasse que sèche.

Traitement : le seul remède efficace est l'électrocoagulation classique ou au laser argon, ou au CO_2, qui supprime les vaisseaux dilatés.

Dartres (ou dermite séborrhéique)

Fréquentes mais bénignes, elles se présentent sous forme de petites plaques rouges et rugueuses sur les ailes du nez, entre les sourcils ou sur le cuir chevelu : la texture de la peau ressemble à du papier de verre. Trait caractéristique, ces taches desquament et démangent.

Traitement : pour soigner les dartres, on emploie une crème à base de cortisone et un antifongique à base de kétoconazole.

Dermites des parfums

Exposée au soleil, la peau parfumée réagit parfois violemment par une hyperpigmentation des zones parfumées : c'est la classique dermite « en breloque » des deux côtés du cou. Ces taches peuvent mettre des mois, voire des années à disparaître.

Traitement : application de substances dépigmentantes, toutes prêtes ou formulées par le pharmacien.

Eczéma

C'est une réaction inflammatoire de la peau, qui s'accompagne toujours de démangeaisons. On distingue deux grands groupes :

- les eczémas allergiques de contact sont dus à des substances présentes dans l'environnement (vêtements, cosmétiques, métaux, médicaments...) et en contact avec la peau ;
- l'eczéma atopique ou constitutionnel (héréditaire et non contagieux) est caractérisé par des plaques rouges et par un prurit important.

Traitement : pour déterminer l'origine d'un eczéma allergique, le médecin procède à un interrogatoire précis et à des tests cutanés. Du sérum-zinc pulvérisé (antiseptique) et une crème à base de cortisone sont employés pour soulager les lésions. L'eczéma atopique est traité avec des crèmes corticoïdes et des antihistaminiques.

Grain de beauté (ou Nævus)

Les grains de beauté sont des tumeurs bénignes qui dérivent des mêmes cellules que le mélanome malin, à savoir des mélanocytes, et leur aspect est parfois très proche.

Traitement : il est conseillé de faire examiner ses grains de beauté au moins une fois par an par un dermatologue, et sans attendre en cas de modification.

Hyperhidrose axillaire

Sous l'effet de la chaleur, de l'activité physique, mais aussi du stress et de chocs émotionnels, les glandes sudoripares produisent une transpiration excessive sous les bras.

Traitement : si les cosmétiques antitranspirants s'avèrent insuffisants, on peut faire appel à l'électrothérapie, voire à la chirurgie.

Kératoses (pilaire ou solaire)

Ces kératoses se manifestent par des petites élevures rugueuses : rougeâtres, en cas de kératose pilaire (touchant bras et cuisses), maladie souvent familiale ; rosées, grisâtres et brunâtres, s'étendant en épaisseur en surface, pour former une corne cutanée, en cas de kératose solaire, affection due à une forte exposition au soleil pendant des années.

Traitement : application de médicaments kératolytiques (kératose pilaire) ; destruction par le froid, le courant électrique ou le laser à gaz carbonique (kératose solaire).

Lucite estivale bénigne

La plus fréquente et la plus banale des allergies au soleil affecte surtout les femmes de 25 à 40 ans. Après quelques jours d'exposition, des boutons apparaissent sur les zones exposées.
Traitement : il vaut mieux prévenir que guérir en limitant l'exposition au soleil et en utilisant des crèmes antisoleil et, dans certains cas, prendre du bêtacarotène ou des antipaludéens, ou recourir à la puvathérapie (UV).

Mélanome

Due principalement à une exposition excessive au soleil, cette tumeur maligne, qui présente différents stades de gravité, se développe à partir des mélanocytes, soit sur une peau normale, soit à partir d'un grain de beauté. La lésion est foncée, plate ou en relief, son contour, irrégulier, et sa couleur n'est pas uniforme. Toute modification d'une tache ou d'un grain de beauté doit aussi alerter et conduire à consulter.
Traitement : ablation chirurgicale et par chimiothérapie. Un dépistage régulier effectué par un dermatologue est fortement recommandé, notamment pour les peaux claires.

Mycoses

Il en existe plusieurs types, souvent tenaces, mais bénines, qui ont la même origine : des champignons microscopiques surtout attrapés sur les plages et dans les piscines. Ceux-ci parasitent la peau (qui desquame), ainsi que les ongles, les cheveux et les muqueuses.
Traitement : des crèmes fongicides.

Pityriasis versicolor

Cette mycose courante sans gravité, qui revient souvent, se manifeste en général au retour des vacances, par de petites taches blanches ou rosées sur le thorax – comme si le bronzage partait par endroits. C'est un champignon présent sur la peau et proliférant sous l'effet de la chaleur et de l'humidité qui en est responsable.
Traitement : application d'une poudre à base de nitrate d'éconazole ou d'un antifongique

Rosacée

Cette pustule qui se forme sur des plaques rouges a longtemps été appelée à tort acné rosacée ; mais, à l'inverse de l'acné juvénile, ce n'est pas une maladie du follicule pilosébacé. D'ailleurs, ces éruptions surviennent plutôt après la quarantaine, souvent associées à des troubles digestifs.
Traitement : la rosacée est traitée par un antibiotique, associé à des soins locaux.

Vergetures

Apanage de l'adolescence et de la grossesse, striant la peau sur le ventre, la poitrine, les hanches, elles résultent de la distension ou de la rupture des fibres élastiques du derme. Violettes, rouges ou roses, elles deviennent ensuite blanc ivoire.
Traitement : il n'existe pas de traitement curatif. L'effet de divers traitements préventifs (crèmes, collagène, élastine) est limité.

Vitiligo ou dépigmentation

C'est une maladie bénigne mais très inesthétique, familiale ou d'origine psychoémotionnelle. Elle se manifeste par une disparition, par plaques limitées, de la pigmentation de la peau. La mélanine n'est plus fabriquée. Les taches apparaissent sur les aisselles, les organes génitaux, le visage, le dos des mains, le pourtour des orifices, les genoux et les chevilles.
Traitement : long et difficile, il fait appel, entre autres, à la puvathérapie.

Bien dormir

Fatigue, tensions, stress..., vous avez besoin de dormir pour récupérer. Réparatrice, cette phase de repos est essentielle pour compenser l'activité de la journée et ses excès. Pourtant, il arrive que le sommeil ne vienne pas... Plutôt que de recourir tout de suite à un somnifère, il suffit parfois de réunir les conditions nécessaires pour passer une bonne nuit.

Sommeil normal, sommeil troublé *Le sommeil n'est pas une simple suspension des activités physiques et mentales, il joue un rôle actif et complexe – d'où son importance pour le bien-être. Comprendre son fonctionnement aide à mieux profiter de ses vertus réparatrices.*

Pouvoir dormir tranquillement et selon ses besoins est une des conditions fondamentales du bien-être.

Comment fonctionne le sommeil ?

Premier mécanisme à l'œuvre : presque tous les êtres vivants suivent un rythme dit « circadien » d'environ 24 heures, responsable de l'apparition régulière du sommeil. Une « horloge interne » régit ainsi de nombreuses fonctions physiologiques, comme la sécrétion de certaines hormones ou la baisse de la température interne du corps pendant la nuit. Ce rythme et, surtout, ses pics – gens « du matin » et « du soir » – varient un peu d'un individu à l'autre, tout comme les besoins en sommeil (en moyenne 7 heures et demie par jour, chez l'adulte). Lorsque c'est nécessaire, l'homme peut d'ailleurs ne pas s'y conformer (travail de nuit, décalage horaire lors d'un voyage, etc.), mais l'adaptation ne réussit pas à tous de la même manière. Un autre mécanisme a une fonction compensatoire : plus la veille a été longue, plus le sommeil qui suit sera durable et profond. Un troisième mécanisme est responsable du déroulement du sommeil par cycles.

Les cycles du sommeil

Depuis les années 1960, on sait qu'une nuit de sommeil est composée de 4 à 5 cycles d'environ 110 minutes, divisées en deux phases successives : le sommeil lent, lui-même divisé en plusieurs stades, et le sommeil paradoxal.

Le premier stade du sommeil lent, l'endormissement, est normalement d'une durée très courte. Puis, progressivement, la tension artérielle diminue, le rythme cardiaque se ralentit, les muscles se relâchent, l'activité mentale est faible. C'est l'heure de la récupération physique.

Au bout de quelque 90 minutes, le dormeur entre dans la phase du sommeil paradoxal. Alors que le corps est presque immobile (absence de tonus musculaire), le dormeur vit une intense activité cérébrale, accompagnée de mouvements oculaires rapides et d'une respiration irrégulière : c'est l'heure des rêves. Ensuite, un nouveau cycle commence...

La sieste : vrai ou faux besoin ?

Faute d'étude précise, la réponse n'est pas simple. La sieste paraît avant tout un phénomène culturel lié au climat... Dans certaines régions, la chaleur du plein midi en fait une nécessité, évitant une fatigue inutile. La sieste permet aussi de récupérer mieux après une nuit courte ou blanche. Il faut alors la pratiquer dans les mêmes conditions que le sommeil de nuit. Trop longue ou trop tardive, la sieste peut perturber le sommeil nocturne. Mais c'est plutôt à chacun et à chacune de découvrir ce qui lui convient le mieux.

Les troubles du sommeil

Difficultés d'endormissement, sommeil insuffisant, éveils répétés au cours de la nuit ou réveils précoces, ces troubles sont le plus souvent d'ordre psychologique. Le stress, les tensions ou les soucis sont parfois à l'origine d'insomnies pendant plusieurs jours, voire plusieurs semaines. Une insomnie mais aussi un excès de sommeil (hypersomnie) qui perdurent sont souvent liés à une dépression. Par ailleurs, une forte et inhabituelle somnolence dans la journée, éventuellement signe d'une affection, doit inciter à consulter.

► Un cadre propice au sommeil

Dormir n'est pas le simple résultat de la fatigue, mais implique une véritable rupture avec l'état éveillé. La seule peur de ne pas pouvoir s'endormir peut empêcher tout sommeil. La plupart des insomnies sont en effet dues à la difficulté de se laisser glisser dans les bras de Morphée. Heureusement, il est possible de favoriser ce passage...

Température, bruit et lumière

Même s'il est difficile de définir des normes pour un sommeil confortable, il est préférable de régler la température à 18-19 °C dans la chambre (qu'il faut bien aérer tous les jours). Réduire le bruit favorise le sommeil, mais sans le garantir : les insomniaques ont l'oreille fine ! Toutefois, un environnement trop bruyant, même si l'on s'y habitue, perturbe le sommeil : éteignez le poste de télévision ou l'ordinateur et, si les bruits de la rue ou de la circulation vous gênent, envisagez l'installation d'un double vitrage. L'obscurité totale n'est pas nécessaire, mais veillez néanmoins à une lumière atténuée. Une trop forte luminosité empêche la sécrétion de la mélatonine, hormone dont l'action prolonge le sommeil.

Mieux manger pour mieux dormir

Un dîner copieux est parfois à l'origine d'un sommeil agité, tout comme la faim peut réveiller en pleine nuit ! Pour passer une nuit tranquille, le dîner ne doit être ni trop lourd ni trop léger, et il vaut mieux laisser s'écouler deux heures après le repas avant de se coucher.

La nature des aliments entre également en jeu. Ainsi, il est conseillé de ne pas consommer trop de protéines (viande, poisson) le soir – moins de 100 g –, car elles gardent en éveil. De même, trop de matières grasses, difficiles à digérer, risquent de troubler le sommeil. Sachez aussi que les fruits riches en vitamine C (oranges, kiwis, etc.) sont susceptibles d'énerver, et que certains légumes (betterave, asperge, poireaux, etc.) ont des effets diurétiques qui peuvent gêner le sommeil, voire obliger à se lever en pleine nuit...

Pour combler un « petit creux » avant de se coucher, on peut boire un verre de lait ou manger un yaourt, un ramequin de fromage blanc ou une part de fromage. Et rien n'empêche de céder à une envie de sucres rapides à la dernière minute. Bien au contraire, car un carré de chocolat, par exemple, accroît la production d'endorphines, « hormones de plaisir », et d'insuline, à l'effet apaisant.

À bonnes habitudes, sommeil harmonieux

Pour bien dormir, il vaut mieux se coucher à heures fixes et se lever de bonne heure. Les activités physiques, comme le sport, doivent être réservées à la journée, mais une petite promenade le soir pour aérer les poumons est bénéfique. Prendre un bain peut être relaxant, mais attendez au moins deux heures avant de vous coucher et ne le prenez pas trop chaud, car alors il réveille. En fin de journée, évitez le tabac, l'alcool, le café et le thé, qui risquent de vous tenir éveillée. Préparez plutôt une infusion calmante (tilleul, valériane). Une fois au lit, si le sommeil ne vient toujours pas, faites quelques exercices de relaxation. Pour faciliter la circulation sanguine, surélevez légèrement vos jambes.

Et le matin, réveillez-vous doucement, en bâillant copieusement et en vous étirant de la tête aux pieds !

Comme on fait son lit, on se couche

Préférez un lit avec un sommier à lattes et un matelas à la fois bien ferme, pour éviter le mal de dos, et assez souple, pour amortir la pression et les mouvements nocturnes du corps. Traversin ou oreiller : choisissez celui qui soutient le plus confortablement votre tête sans vous « casser » la nuque. Et ne négligez pas les petites touches d'ambiance qui rajoutent au plaisir de dormir : glissez-vous en douceur dans de beaux draps en coton, lin ou satin ; chemise de nuit vaporeuse ou pyjama rayé de monsieur, ou encore toute nue, cela ne regarde que vous !

Bien se nourrir

Un peu de ceci, pas trop de cela... au premier abord, les principes diététiques apparaissent parfois un peu compliqués quand on mène une vie bien remplie. Ce n'est pourtant pas le cas : ne pas exclure d'aliments essentiels, varier les menus, cuisiner sans trop de matières grasses... les règles de base sont simples.

Les effets de l'alimentation sur le corps *Les glucides et les lipides procurent l'énergie ; les protéines assurent l'entretien ; les vitamines, les fibres et les minéraux jouent chacun un rôle complémentaire et non moins essentiel. Pour que le corps bénéficie des bienfaits de chacune de ces substances nutritives (nutriments), il faut lui fournir différentes catégories d'aliments...*

Un mets sucré est mieux utilisé par l'organisme lorsqu'il est consommé dans le cadre d'un repas complet.

Qu'est-ce que le métabolisme de base ?

Le corps brûle en permanence de l'énergie, ne serait-ce que pour se maintenir en vie, et cette énergie, ce sont les aliments qui la lui fournissent. Cellules et tissus ne se renouvellent pas et ne fonctionnent pas sans cela : on appelle métabolisme de base ou métabolisme de repos l'ensemble de ces dépenses énergétiques incontournables. Le corps a également besoin d'énergie pour la moindre activité physique et pour maintenir sa température normale ; il en brûle en outre lors de la digestion. Pour quelqu'un de sédentaire, les dépenses du métabolisme de base représentent environ 65 à 70 % du total. Lorsqu'on se nourrit de manière à subvenir à ces besoins, le poids ne varie pas. On ne grossit ou ne maigrit qu'en cas de déséquilibre. C'est la masse graisseuse qui varie : l'énergie fournie par les aliments, quand elle n'est pas utilisée, est en effet stockée à 95 % sous forme de graisse corporelle et pour 5 % dans les muscles et le foie. Privé de nourriture, on demeurerait en vie tant que le corps pourrait puiser dans ces réserves.

Les nutriments fournissant de l'énergie

L'énergie dont le corps a besoin, exprimée en kilocalories (kcal), se trouve dans les protéines, les glucides et les lipides. Chacun de ces nutriments, présents dans différents aliments, contient ainsi un certain nombre de kcal : 1 g de lipides équivaut à 9 kcal, 1 g de glucides ou 1 g de protéines à 4 kcal. Sachant cela, on peut aisément calculer les valeurs caloriques des aliments sous emballage, ce dernier précisant toujours la teneur en lipides, glucides et protéines. Schématiquement, on estime qu'un adulte sédentaire a besoin en moyenne de 2 000 kcal par jour (1 800 pour une femme, 2 200 pour un homme) tandis qu'un athlète de haut niveau en brûle environ 4 000.

Les protéines animales et végétales

Les protéines, d'une part déterminent l'architecture et les particularités des organes et des muscles, d'autre part gouvernent le bon fonctionnement du corps (hormones, anticorps, enzymes...). Les plus équilibrées sont les protéines animales, présentes dans les viandes, les poissons, les fruits de mer, les laitages et les œufs (deux œufs équivalent à un steak de 100 g). Elles contiennent l'ensemble des acides aminés indispensables à l'organisme, ce qui n'est pas le cas des protéines végétales que l'on trouve dans les céréales, les légumes secs, le soja. Contrairement à ce qui se passe pour les glucides et les lipides, le corps n'a pas de réserves de protéines : c'est pourquoi il faut consommer chaque jour des protéines, animales et végétales.

Les glucides, pas seulement dans le sucre

Les glucides, qui se transforment essentiellement dans le corps en glucose, sont importants pour le cerveau et les globules rouges. Ce sont eux aussi qui servent de « carburant », et, en cas d'effort, ils peuvent être rapidement utilisés par les muscles et les organes. Ils se trouvent dans les féculents, à savoir céréales, légumes secs et pommes de terre, le pain, les produits laitiers, excepté le fromage, les fruits, le sucre et les aliments sucrés (pâtisseries,

?

L'eau, seule boisson indispensable...

La seule boisson indispensable à l'organisme est l'eau : 1,5 litre par jour environ, à répartir pendant, avant et après les repas, et notamment au lever. En revanche, les autres boissons influent, comme les aliments, sur l'équilibre nutritionnel, avec d'éventuels inconvénients en cas d'excès. Un litre de soda, par exemple, correspond à l'absorption de 20 morceaux de sucre... Les jus de fruits sont également sucrés mais ils apportent des vitamines. L'alcool est riche en calories, mais peu utile à l'organisme (ce dernier les dissipe sous forme de chaleur sans en tirer bénéfice) et dangereux pour la santé : il est conseillé de s'en tenir à 1 ou 2 verres par jour.

chocolat, friandises...). Dans l'idéal, la moitié de l'énergie dont a besoin le corps devrait être fournie par les glucides, mais de préférence grâce à la consommation de pain, de riz ou de pommes de terre plutôt que d'aliments sucrés.

Les lipides, les plus énergétiques

Les lipides satisfont les besoins en énergie des cellules et apportent des vitamines et des acides gras essentiels. On les trouve non seulement dans les huiles, le beurre, la crème, la margarine, la mayonnaise, mais aussi dans l'avocat, les olives, les cacahuètes, les amandes, les viennoiseries, les biscuits, le chocolat, les frites, les chips, les viandes, les poissons et les laitages gras, les œufs et la plupart des charcuteries. On consomme généralement plutôt trop de lipides que pas assez, du moins dans les pays riches.

Les fibres, vitamines et minéraux

Les fibres, les vitamines et les minéraux ne fournissent pas d'énergie à l'organisme, mais leur rôle n'en est pas moins important. Les fibres, pour l'essentiel, régularisent le transit intestinal ; elles calment également la faim. Elles ne sont présentes que dans les aliments d'origine végétale (légumes, céréales, fruits...).

Quant aux vitamines..., il faudrait ne rien manger pour ne pas en ingérer. Par exemple, la vitamine A, qui intervient au niveau de la vision, se trouve dans presque tous les légumes, les produits laitiers, les viandes, les poissons gras... Chaque vitamine a ses propres vertus. Il en est de même pour les sels minéraux, tels le calcium ou le magnésium, et les oligoéléments, comme le fer, le zinc et l'iode. Avec une alimentation variée, les risques de carence sont quasi nuls.

Qu'est-ce qu'une alimentation équilibrée ?

Sans entrer dans des calculs savants sur la proportion de glucides, lipides et protéines que vous ingérez chaque jour, quelques règles simples permettent de fournir au corps les nutriments qui lui sont nécessaires. Aucun aliment seul ne satisfait tous les besoins ; tous ont leurs vertus.

Il s'agit donc de consommer :

- à chaque repas, c'est-à-dire trois fois par jour, les types d'aliments suivants : un féculent ou un de ses dérivés, tel le pain ; un produit laitier ; des légumes et des fruits ;
- au moins une fois par jour, de la viande, du poisson ou des œufs ;
- tous les jours, des matières grasses (huile, beurre), mais avec modération.

Prenons par exemple le petit déjeuner à prendre dans les trois heures suivant le réveil. Le traditionnel, à la française, avec ses tartines légèrement beurrées à la confiture et son bol de

Trop de sel ?

Le sel satisfait les besoins de l'organisme en sodium. Enrichi en iode, il est nécessaire au bon fonctionnement de la glande thyroïde. Le sel non raffiné (fleur de sel, sel de Guérande) est plus riche en oligo-éléments et en minéraux. Environ 2 g de sodium (équivalant à 5 g de sel) par jour suffisent, mais la consommation journalière moyenne en France est de 7 à 9 g (hors sel ajouté à table).
Or, chez certaines personnes, l'excès de sel augmente la tension artérielle, source de problèmes cardiaques et cérébraux. Dans ce cas, on conseille de limiter l'usage de la salière (en goûtant les plats avant de saler, par exemple) et la consommation d'aliments riches en sel (charcuteries, certains plats cuisinés, certains fromages...)

lait (demi-écrémé) avec du café, est assez équilibré ; mais l'ajout d'un fruit serait encore mieux, et, à défaut de lait, un yaourt ou un peu de fromage devraient le compléter. Toujours suivant les mêmes principes, déjeuner et dîner, qu'ils se composent d'un seul plat ou de plusieurs, doivent comprendre des féculents et/ou des légumes, en plus grande quantité que la viande ou le poisson (100 g suffisent) ou les œufs. Mais un gratin de pâtes précédé de carottes râpées ou un filet de poisson-pommes vapeur-petits légumes sont tout aussi satisfaisants. Le dessert sera l'occasion de manger un fruit ou un produit laitier – deux catégories d'aliments qu'il convient de consommer deux à trois fois par jour.

Repas à part entière, le petit déjeuner participe à une alimentation équilibrée.

▶ Le temps des courses, un moment clé

Dans l'idéal, il faudrait faire ses courses tous les deux ou trois jours pour se procurer des aliments frais, plus riches en vitamines. Mais les modes de vie d'aujourd'hui ne le permettent pas toujours.

Le plein de vitalité au supermarché

Le supermarché est parfois le lieu de toutes les tentations, d'où l'intérêt de dresser au préalable une liste déroulant les principaux menus de la semaine. Ce sera mieux pour votre santé et, peut-être aussi, pour votre bourse. Pour certaines femmes, le principal danger réside au rayon des biscuits apéritifs, pâtisseries et autres friandises, qui favorisent le grignotage et font prendre du poids. Pour d'autres, ce seront les innombrables plats cuisinés, certes très pratiques, mais qui, consommés très régulièrement, peuvent induire un apport excessif de sel. Préférez-leur, si possible, les surgelés non cuisinés. Côté produits frais, prenez le temps de vérifier la date limite d'utilisation optimale, au-delà de laquelle les qualités nutritives du produit ont quasi disparu. De temps en temps, comparez la liste des ingrédients de deux produits de même type en sélectionnant le moins riche en sucre et en matières grasses. Vous pourrez alors croquer à pleines dents ce que vous aurez acheté selon vos besoins. Le tout sans complexe !

Meilleurs pour le goût, les légumes de saison le sont aussi pour la santé, car ils apportent de la variété.

Privilégier les produits frais

Un melon qui sent bon, des tomates bien fraîches, des carottes qui rappellent la terre..., tous les fruits et légumes de saison à portée de main ! Rien n'est plus goûteux qu'un fruit mûr qui vient d'être cueilli. Sans compter que plus les aliments sont frais, plus ils sont riches en éléments nutritifs.

Si vous le pouvez, profitez du marché pour les mettre aux menus des premiers jours de la semaine – les grandes surfaces et les petits commerces où les stocks sont renouvelés rapidement en fournissent aussi... La viande rouge doit être d'un aspect brillant, sans trace d'oxydation. La fraîcheur d'un poisson se reconnaît à son œil vif, à sa chair ferme et à sa peau ou à ses écailles brillantes. Quant aux fruits et légumes, il convient de les acheter sans taches, et de préférence en petites quantités pour les consommer assez vite – dans les 2 ou 3 jours qui suivent (le double pour les agrumes).

Fruits et légumes de saison

Certes, c'est presque toute l'année que l'on trouve désormais la plupart des fruits et légumes, mais leur goût est souvent meilleur lorsqu'ils ont mûri à la bonne saison et, pour ceux qui viennent de loin, n'ont pas souffert lors d'un voyage trop long.

Au printemps : fraise, cerise... Salade, tomate, concombre, radis, asperge, artichaut, pomme de terre, petit pois, chou, navet, oignon...

En été : fraise, framboise, cerise, abricot, pêche, prune, raisin, groseille, cassis, myrtille... Melon, pastèque, salade, tomate, concombre, artichaut, haricot, fève, poivron, aubergine...

En automne : pomme, poire, prune, raisin, kiwi, figue, noix, noisette, châtaigne... Carotte, courgette, brocoli, potiron, chou, champignon, échalote, céleri, fenouil...

En hiver : pomme, poire, orange, clémentine, banane, kiwi, ananas, mangue... Mâche, endive, avocat, pomme de terre, chou-fleur, poireau, navet, céleri...

Faut-il négliger les légumes surgelés ou en conserves ?

Les fruits et légumes consommés une semaine après leur cueillette contiennent moins de vitamines et de minéraux que ceux qui ont été surgelés ou congelés immédiatement après la récolte. Par exemple, la perte en vitamine C d'un légume surgelé avoisine les 20 %, contre une perte de 50 % pour un légume frais consommé 48 heures après sa cueillette. De même, la mise en conserve (de fer-blanc) évite des pertes importantes en vitamines (A, groupe B, C, E). Même si leur saveur n'égale pas toujours celle des fruits et légumes vendus à l'étal, ces produits peuvent être consommés sans le moindre souci. Bien plus, ils remplacent de façon utile les légumes et fruits frais les jours et même les mois où ils ne sont pas disponibles.

Les produits « bio », meilleurs pour la santé ?

Les produits issus de l'agriculture biologique présentent un moindre taux de pesticides, de nitrates ou de résidus de médicaments vétérinaires. Tout cela est sans conteste bénéfique pour l'environnement.

En revanche, en ce qui concerne les qualités nutritives et gustatives des aliments, aucune différence systématique n'a pu être démontrée entre l'agriculture biologique et conventionnelle. Les qualités d'un fruit ou d'un légume dépendent en effet d'un ensemble de facteurs extrêmement complexes, parmi lesquels le climat et les propriétés du sol...

Labels alimentaires : la sécurité sur l'origine des produits

Difficile parfois de s'y retrouver entre les différents sigles officiels de qualité et d'origine dont se parent les produits de supermarché. Points de repère...

Le Label rouge *prouve la qualité supérieure d'un produit.*

Sur quels aliments ? Fruits et légumes, charcuteries, viandes, volailles, produits laitiers, de la mer...

Le label AB (agriculture biologique) *certifie que le producteur a respecté un cahier des charges qui interdit notamment l'emploi de produits chimiques de synthèse, qu'il s'agisse d'engrais ou de produits de traitement.*

Sur quels aliments ? Produits laitiers, légumes, fruits...

La mention AOC (appellation d'origine contrôlée) *désigne un savoir-faire et un produit du terroir où il puise son origine.*

Sur quels aliments ? Fruits et légumes, produits laitiers, huiles d'olive, vins...

Le logo Atout qualité certifié *garantit un produit avec des qualités et des règles de fabrication très contrôlées.*

Quelques pistes pour une cuisine saine

Nous n'avons pas toutes les mêmes besoins caloriques, ceux-ci étant fonction de notre mode de vie. Mais, de manière générale, on consomme souvent trop de sucres et de graisses. La façon de cuisiner a une grande influence en la matière et sur la teneur en vitamines des aliments. Voici donc quelques conseils pour l'améliorer...

Conserver les qualités nutritives des aliments

Les légumes frais perdent rapidement leur qualités nutritives si on les prépare sans précautions. Pour préserver leurs vitamines, mais aussi leurs fibres, souvent placées sous la peau, il vaut mieux les gratter que les éplucher, même avec un économe. La majorité des légumes contiennent en outre des vitamines hydrosolubles (C et groupe B) qu'un trempage ou une cuisson trop longs risquent de dissoudre. C'est pourquoi on conseille de les cuire à la vapeur ou de les immerger dans de l'eau bouillante en couvrant la casserole pour hâter la cuisson. Les viandes sont moins fragiles, même si, là aussi, certains modes de cuisson, tels que la grillade pour le bœuf ou la cuisson à l'étouffée pour la volaille, préservent mieux les nutriments...

Quant aux pâtes, elles fournissent moins de sucres lents quand on les cuit au point de les rendre molles, mais des sucres rapides, moins profitables à l'organisme.

Cuisiner plus « léger »

Il ne s'agit nullement de bannir toute graisse de l'alimentation. Mais, sachant que l'on en consomme souvent sans s'en rendre compte, que ce soit avec le croissant beurre du matin ou le filet de bœuf du midi, il est préférable de réduire les matières grasses lorsqu'on cuisine. Certaines pratiques culinaires aident à cuisiner plus « léger ». Une poêle dotée d'un revêtement antiadhésif permet déjà de cuire sans ajout de beurre ou de margarine. Pour la viande rouge, rien ne vaut le gril, mais le rôtissage aussi peut s'envisager sans matières grasses : il suffit d'entourer la pièce de garnitures aromatiques et de quelques légumes contenant beaucoup d'eau. Un exemple parmi d'autres... En l'absence de beurre, herbes, épices et condiments offrent en effet un large éventail de parfums pour relever toutes sortes de plats. Beaucoup d'entre eux apportent en outre des vitamines et des minéraux et ont des effets bénéfiques sur l'organisme.

Les légumes frais sont particulièrement riches en éléments nutritifs tout en étant peu caloriques.

De manière générale, il est conseillé de consommer beurre et huiles plutôt crus que cuits. Manger plus de deux ou trois plats frits ou en sauce par semaine n'est pas forcément recommandé. En revanche, les huiles végétales d'assaisonnement (colza, soja, maïs, tournesol...) fournissent certains acides gras (polyinsaturés), dont le corps ne saurait se passer.

Les fines herbes et les plantes aromatiques

Utilisées essentiellement pour leur parfum, qui compense souvent une cuisine sans graisse et sans sel, ces herbes et plantes doivent être cueillies ou achetées fraîches (ou congelées) afin que leurs qualités aromatiques et nutritionnelles soient préservées. Beaucoup d'entre elles ont également des vertus curatives reconnues et on les utilise, par exemple, pour faire des infusions. Il faut toutefois savoir que leurs effets sont différents d'une personne à l'autre et que certaines peuvent provoquer des allergies ou des réactions secondaires si elles sont mal employées.

Du bon usage des épices

Amères, piquantes, brûlantes, voire sucrées, les épices rehaussent le goût de la cuisine tout en mettant l'eau à la bouche. Alors encensez vos petits plats en toute légèreté !

Le piment : salades, marinades, ragoûts, chili, biscuits, gâteaux, vin cuit...

Le clou de girofle : pot-au-feu, pommes cuites, choucroute, oranges pochées, gâteaux, pains d'épices, puddings, vin chaud...

La noix de muscade : soufflés, légumes (purées de pommes de terre, gratins...), sauces blanches (béchamel...), fromages, salades de fruits, biscuits, gâteaux, mousse au chocolat, crème anglaise, vin chaud...

La cannelle : couscous, riz, curry, compotes et tartes aux pommes, poires, fruits secs, biscuits, gâteaux, pains d'épices, riz au lait, punch, vin chaud...

Le cumin : pain, croissants salés, curry, haricots secs, tomates, ratatouille, céréales, biscuits, gâteaux...

La coriandre : soupes (carottes...), salades, curry, boulettes de viandes, crèmes, glaces...

La badiane ou anis étoilé : légumes, gâteaux, pains d'épices, tisanes...

Le safran : soupes, bouillabaisses, riz, ragoût, paellas, puddings...

Le gingembre : marinades, légumes sautés, céréales, curry, carottes râpées, fruits pochés, pâtisseries, sirop de sucre...

Le paprika : pommes de terre, viandes, ragoûts, goulaschs, poissons, fromages de brebis...

Le lait est une des meilleures sources de calcium, dont l'apport est essentiel pour prévenir l'ostéoporose.

De la variété avant tout

Tous les régimes ne sont pas bons à suivre. Parfois, le goût ou encore le désir de mettre en place un régime amaigrissant peuvent conduire à exclure certains produits. Mais, en la matière, mieux vaut rester prudentes. Un exemple : vous n'aimez pas la viande rouge... soit, mais celle-ci contient du fer, dont l'absence peut induire une anémie. Il faudra alors compenser par de la viande blanche, du poisson ou des légumes secs. On ne s'improvise pas végétarienne sans de solides conseils, l'absence de protéines animales privant le corps d'acides aminés essentiels. Les régimes qui ne laissent place qu'aux légumes ou aux fruits sont franchement dangereux. Seules les sucreries peuvent être éliminées sans conséquence négative, tandis que la suppression du pain et des féculents, elle, fera fondre les kilos, mais sur du court terme.

Il n'est nullement utile de se forcer à manger ce que l'on n'aime pas, mais il faut veiller à ce que figurent régulièrement au menu les différentes catégories d'aliments. Ne cherchez pas à faire trop « maigre » si vous vous dépensez beaucoup dans la journée, ni trop « riche » si vous menez une vie très sédentaire, variez les plaisirs pour ne pas vous priver de certaines vitamines ou minéraux différents... et votre corps y trouvera son compte.

Santé et voyages

Rien ne perturbe davantage les vacances que de se trouver malade, surtout dans des pays lointains, parfois mal équipés. Les risques sont bien moindres si l'on se montre prévoyant avant le départ et prudent sur place. Petit passage en revue des précautions utiles.

Avant de partir, contrôler ses vaccinations

« Mieux vaut prévenir que guérir ». Quelques précautions s'imposent avant de boucler sa valise. Souvent, le voyageur court davantage de risques en matière de maladies infectieuses. Plusieurs vaccinations sont parfois nécessaires : non seulement celles obligatoires ou recommandées en France (tétanos, typhoïde, hépatites A et B, etc.), mais aussi celles exigées ou conseillées pour l'entrée dans tel ou tel pays – méningites A, C, fièvre jaune quand on part en Afrique tropicale, en Amérique du Sud et en Asie. Si vous consultez deux mois à l'avance, le médecin aura le temps d'établir un bon calendrier – certains vaccins demandent plusieurs injections ou ne sont pas efficaces tout de suite. Des conseils médicaux sont en outre indispensables si vous souffrez d'une maladie chronique ou suivez un quelconque traitement.

Destination « tropiques » ? Attention au paludisme

Le paludisme, ou malaria, fait des ravages dans un grand nombre de pays tropicaux et subtropicaux. Cette infection est due à un parasite et se transmet par la piqûre d'un moustique appelé anophèle. Il existe aujourd'hui des traitements préventifs, qu'il faut débuter souvent avant le départ et poursuivre au retour durant quelque temps. Ces médicaments évoluent régulièrement et varient selon le pays de destination. Il n'en reste pas moins qu'il vaut mieux éviter de se faire piquer : sur place, ne lésinez pas sur les produits antimoustiques, préférez les chambres munies de moustiquaires, couvrez-vous les bras et les jambes dès le crépuscule, et proscrivez les parfums, qui peuvent attirer ces insectes.

Quelques astuces face au mal des transports

Les voyages par la route ou par mer provoquent chez certains le mal des transports, ou cinépathie. On peut prendre au préalable un des antinauséeux vendus en pharmacie.

Qu'emporter dans une trousse de premiers secours ?

La trousse de premiers secours doit comporter bien sûr les médicaments d'usage le plus fréquent, ceux adaptés à votre situation et au pays où vous vous rendez – pas de suppositoires, par exemple, dans les pays chauds –, mais aussi :

- *lingettes désinfectantes (à la chlorhexidine, bactéricides, au calendula) ;*
- *compresses stériles ;*
- *rouleau de sparadrap anallergique ;*
- *pansements prédécoupés ;*
- *pansement compressif ;*
- *bande extensible ;*
- *bande de contention ;*
- *paire de ciseaux ;*
- *pince à épiler en métal (échardes) ;*
- *produit antimoustiques ;*
- *crèmes contre les piqûres d'insectes et contre les brûlures ;*
- *gants vinyle et seringues à usage unique.*

Partir le ventre vide n'est d'aucune aide, même si un repas riche et bien arrosé est aussi déconseillé. Si vous vous sentez mal, en bus, ouvrez les fenêtres ; en bateau, rejoignez la partie centrale du navire, de préférence à l'air libre. Inutile de lire, cela risque de vous étourdir. Le principal remède consiste à fixer un point jugé immobile – le plafond de l'automobile, la côte en vue –, le mal des transports étant lié à la perte des repères spatiaux. Se laisser gagner par la peur de vomir est le pire. En mer, on conseille même de grignoter en cas de mer houleuse.

En avion, des douleurs aux oreilles surviennent parfois lors du décollage ou de l'atterrissage : mastiquer un chewing-gum ou bâiller fortement les atténuent beaucoup. L'atmosphère étant sèche en cabine, il est conseillé de boire beaucoup pour éviter la déshydratation et les maux de tête.

Soulager la sensation de jambes lourdes

Vous avez les jambes lourdes et vous êtes confrontée à des problèmes de circulation sanguine (insuffisance veineuse, varices...) ? Avant de prendre l'avion, vous pouvez vous procurer des collants de maintien, ou simplement porter des chaussettes, puis, lors du trajet, marcher de temps en temps, éviter le port de ceintures, et éventuellement ôter vos chaussures. Si vous avez eu des phlébites ou souffrez de problèmes cardiaques, il est toutefois préférable de consulter un médecin. Il prescrira éventuellement des médicaments adaptés et des bas de contention. La chaleur, quelle qu'en soit la source, gêne les personnes souffrant de varices. Dormir les jambes surélevées et se masser des chevilles en remontant vers les cuisses sous la douche aident en revanche à la circulation sanguine.

Pour éviter la « turista »

La diarrhée des voyageurs, ou turista, est l'un des inconvénients des voyages dans les pays chauds. Douleurs au ventre, diarrhée, nausées, fièvre... tels sont les signes de cette gastroentérite parfois fulgurante. Due souvent à l'infection par une bactérie, elle menace bien moins quand on fait très attention à l'eau. On peut se munir de comprimés permettant de purifier l'eau, mais l'essentiel est surtout de bien veiller à ne pas boire de liquide autre qu'en bouteille encapsulée et ne manger ni glaces ni aucun aliment cru (fruits, légumes, etc.). De même, il vaut mieux se rincer les dents à l'eau minérale. Un voyageur prévoyant emportera toutefois des antidiarrhéiques. Quand la turista persiste ou que du sang apparaît dans les selles, une visite médicale devient indispensable.

Au tournant de la ménopause

La préménopause, une

La quarantaine est pour bien des femmes synonyme de plein épanouissement. Mais elle correspond aussi à l'approche d'une période souvent redoutée, qu'il est pourtant possible d'aborder sereinement : la préménopause, ensemble des signes annonciateurs de la ménopause, qui marquera la fin de leur fertilité.

Prémices d'un bouleversement hormonal *Chez la majorité des femmes, la ménopause ne survient pas du jour au lendemain. Les ovaires, avant de cesser de fonctionner, commencent par avoir des « ratés » pendant plusieurs années. Le bouleversement hormonal en cause est sans grand retentissement sur la santé, mais à l'origine de troubles souvent inconfortables.*

Exercer une activité sportive contribue à la prévention de certaines maladies comme l'ostéoporose.

Une transition annonciatrice

Les femmes ne demeurent pas fécondes toute leur vie. Autour de la cinquantaine (l'âge moyen est plus précisément de 51 ans), les ovaires interrompent leur activité : c'est la ménopause, dont le signe le plus caractéristique est la disparition totale des règles, ce qui marque la fin de la période de fertilité. Le passage entre période de fécondité et ménopause s'annonce souvent par des troubles tels que des bouffées de chaleur, des crises de sueurs, une irrégularité des cycles menstruels accompagnée de tension dans les seins. C'est cet ensemble de troubles que l'on désigne sous le terme de préménopause.

période charnière

À quel âge débute la préménopause ?

Ses premiers signes apparaissent à un âge variable, en moyenne autour de 48 ans. Mais ils ne concernent pas toutes les femmes : chez celles qui sont traitées par hormones ou qui suivent une contraception orale, ils peuvent ne jamais survenir avant l'arrêt du traitement.

Chez certaines femmes, des bouffées de chaleur se manifestent épisodiquement dès l'âge de 40 ans, sans que cela doive les inquiéter outre mesure : il s'agit, dans la grande majorité des cas, d'épisodes brefs et passagers. De même, les premières perturbations de la régularité des cycles, qui touchent la moitié des femmes, peuvent apparaître à la quarantaine, mais elles ne se produisent le plus souvent qu'à partir de 45 ans.

Un facteur paraît déterminant pour estimer la date des dernières règles chez une femme : l'âge auquel la ménopause s'est installée chez sa propre mère. Il faut aussi savoir que chez les fumeuses, la ménopause est avancée en moyenne de 18 mois. Les raisons de ce phénomène sont encore mal connues.

Combien de temps dure cette période ?

La préménopause dure généralement de 3 à 5 ans, si l'on comptabilise la période qui débute avec les premières irrégularités du cycle menstruel et s'achève 12 mois après les dernières règles (un an après la fin des règles, on parlera de ménopause). Cette définition suppose bien sûr que les règles sont spontanées, c'est-à-dire survenant en dehors de toute prise de pilule contraceptive, de traitement hormonal, ou d'antécédent chirurgical tel qu'une ablation de l'utérus, associée ou non à l'ablation des ovaires.

Un peu de physiologie pour comprendre

Les ovaires ont une double fonction : d'une part produire des hormones sexuelles, d'autre part abriter les follicules ovariens, précurseurs des cellules sexuelles (ovocytes) susceptibles d'être fécondées à chaque cycle menstruel.

Ce qui se passe en temps normal

Ce sont ces follicules qui, stimulés par les gonadotrophines hypophysaires, des hormones sécrétées par l'hypophyse depuis la puberté jusqu'à la fin de la vie, produisent les hormones sexuelles femelles : œstrogènes et progestérone. Les ovaires produisent aussi, en faible quantité, des hormones mâles, les androgènes.

L'ovulation est précédée d'une sécrétion d'œstrogènes, puis l'émission d'un ovocyte par l'ovaire (ponte ovulaire) s'accompagne de la création d'un corps jaune, qui sécrète de la progestérone. C'est la succession de l'imprégnation

Prendre la pilule retarde l'apparition de la ménopause : vrai ou faux ?

Faux ! Même si on la prend en continu pendant de nombreuses années. En effet, le fait de prendre une pilule contraceptive bloque l'ovulation, mais ne modifie pas l'âge où intervient l'épuisement du stock de follicules ovariens, ces précurseurs des cellules sexuelles susceptibles d'être fécondées. Il semble que l'époque de l'atrésie (la mort, en quelque sorte) totale des follicules est déterminée génétiquement. L'âge de la ménopause n'est donc pas modifié par la prise d'une contraception orale.

La préménopause correspond souvent au moment où le couple entre dans une nouvelle phase de sa vie.

de l'utérus par les œstrogènes puis par la progestérone, suivie de la chute brutale de ces deux hormones, qui provoque les règles.

Ce qui change

Le capital en follicules ovariens est déterminé chez la fille dès sa vie intra-utérine. Lors de la préménopause, ce capital commence à s'épuiser : la ponte ovulaire est parfois incorrecte, c'est-à-dire qu'un ovocyte n'est pas expulsé vers une des trompes utérines à chaque cycle, alors qu'une sécrétion de progestérone suivie de règles se produit pourtant. Cette anomalie entraîne une sécrétion hormonale irrégulière d'un cycle à l'autre : la production exagérée d'œstrogènes par les ovaires peut entraîner des douleurs dans les seins lors de la deuxième partie du cycle (dans les dix jours qui précèdent les règles), alors qu'une production insuffisante occasionne surtout des bouffées de chaleur et des crises de sueurs.

Par ailleurs, il arrive que les cycles soient plus longs ou plus courts qu'ils ne l'étaient auparavant. Avec l'épuisement des follicules, la production d'hormones mâles diminue également, mais d'autres organes produisent aussi des androgènes chez la femme et restent actifs toute la vie : ce sont les corticosurrénales, petites glandes situées au-dessus des reins. La diminution d'androgènes pourrait être responsable de la baisse de la libido, dont se plaignent certaines femmes ménopausées.

Les signes de la préménopause

En période de préménopause, le déséquilibre hormonal se traduit d'abord par des épisodes de bouffées de chaleur chez une femme sur deux et/ou par l'apparition (pour certaines, par la réapparition) du syndrome prémenstruel, en particulier de douleurs dans les seins.

Les douleurs mammaires

Le plus souvent, ces douleurs surviennent dix jours environ avant les règles et disparaissent lorsque celles-ci débutent. Elles touchent les deux seins et peuvent être d'intensité très variable, allant d'une simple tension qui se fait sentir lors de la toilette à une véritable gêne au moindre mouvement ou effleurement, ce qui peut constituer une véritable entrave à une activité sportive ou à la vie sexuelle, par exemple. À ces douleurs, susceptibles de s'accompagner d'une augmentation peu importante et passagère du volume de la poitrine, s'associent, dans certains cas, d'autres symptômes entrant dans le cadre de ce qu'on appelle un syndrome prémenstruel.

Les douleurs mammaires ne doivent pas inquiéter outre mesure les femmes qui en sont atteintes ; elles peuvent être dues à des kystes bénins, mais ne sont qu'exceptionnellement un symptôme de maladie grave.

Par ailleurs, nombreuses sont les femmes à souffrir de telles douleurs pendant tout ou partie de leur activité génitale, sans que cela n'augure en rien de la proximité de la ménopause. Ce n'est que lorsque ce type de douleurs apparaît aux alentours de la quarantaine, ou reparaît après avoir disparu, qu'elles en constituent l'un des signes précurseurs.

Les bouffées de chaleur

Autre source d'inconfort, les bouffées de chaleur, qui concernent trois femmes sur quatre. Survenant par salves et éventuellement provoquées par des émotions fortes – ce qui les rend d'autant plus importunes –, elles sont naturelles et passeraient inaperçues auprès de l'entourage si elles ne procuraient pas souvent une grande gêne. Elles créent en effet des situations incommodes lorsqu'elles se manifestent par des suées ou des yeux larmoyants ; elles peuvent en outre s'accompagner d'insomnie.

Le nombre et l'intensité des bouffées de chaleur n'a pas valeur de gravité ni de signification particulière. Certaines femmes n'en ont que très peu, d'autres très souvent, sans qu'on en sache la cause. Divers médicaments peuvent être responsables de leur survenue (certains antidépresseurs, notamment). Les femmes qui ont subi l'ablation chirurgicale des ovaires alors que ceux-ci étaient encore en activité sont toutes sujettes aux bouffées de chaleur.

Des cycles instables

Troisième symptôme, en général plus tardif, de la préménopause, l'horloge bien rodée du cycle menstruel, jusqu'alors bien « apprivoisée », commence à présenter des signes d'irrégularité. D'un cycle à l'autre, l'intervalle entre les périodes de règles devient variable, soit qu'il se réduise, soit qu'il s'allonge.

De plus, la durée des règles et leur abondance peuvent, elles aussi, être modifiées. Voilà bien de quoi susciter une anxiété qui risque

? Quelle est l'origine des bouffées de chaleur ?

L'irrégularité de la production hormonale peut être responsable, dès la quarantaine, de ce phénomène bien connu : les bouffées de chaleur. Elles peuvent survenir à n'importe quel moment et se traduisent par une rougeur passagère du visage et du décolleté, suivie d'une transpiration bien souvent source d'embarras. En outre, elles apparaissent plus volontiers dans un contexte de stress. Les bouffées de chaleur semblent être des anomalies du contrôle de la température centrale du corps par l'hypothalamus. Mais leur origine n'est pas encore totalement expliquée, bien qu'elle soit liée à des épisodes de carence en œstrogènes. En effet, d'autres médicaments que les médicaments hormonaux peuvent les soulager dans certains cas.

de perturber le quotidien, d'autant qu'à cette période de la vie, les femmes, dans leur majorité, mènent une vie très active sur le plan familial ou professionnel, voire sur les deux plans à la fois. Des règles plus fréquentes, plus abondantes ou prolongées peuvent en effet entraîner une fatigue importante, voire un épuisement, dont la cause reste incompréhensible pour l'entourage.

Une possible source d'angoisse

Souvent, ce dérèglement des cycles exaspère aussi la femme qui en souffre. Les saignements inattendus et inopportuns qui n'en finissent pas perturbent l'équilibre des journées et des activités. Il devient difficile d'anticiper le moment où les règles vont survenir, de penser à se protéger de fuites intempestives avec des protections adéquates. D'où une angoisse d'autant plus compréhensible que les règles peuvent être brutalement plus abondantes, au point de faire dire à certaines femmes qu'elles « saignent comme des jeunes filles ».

Un allongement du cycle, à l'inverse, fera craindre une grossesse tardive, ni planifiée ni voulue, ou espérer au contraire un dernier enfant passionnément désiré ; cette éventualité, en effet, n'est pas à écarter d'emblée tant que subsistent des règles spontanées – encore qu'elle devienne exceptionnelle à l'approche des 50 ans.

Quel retentissement sur le corps ?

Les irrégularités hormonales de la préménopause sont responsables de modifications sur le fonctionnement de l'organisme, normalement légères à ce stade.

- La diminution de la sécrétion d'œstrogènes a non seulement une influence sur les taux sanguins de graisses (lipides) mais aussi sur la répartition des graisses, qui se concentrent en de nouvelles zones, comme la taille.
- La baisse de la production d'œstrogènes provoque également dès cette période une accélération de la perte de masse osseuse – ce qui est sans gravité lorsque le capital déjà acquis est confortable.
- Enfin, les modifications hormonales ont un retentissement sur certaines maladies, dont on peut observer l'apparition (insuffisance de la sécrétion de la glande thyroïde, ou hypothyroïdie), la recrudescence (asthme) ou l'amélioration (lupus).

Tous ces phénomènes risquent d'être source d'un manque de confiance en soi, d'irritabilité et d'anxiété. En règle générale, pendant la préménopause, ils sont toutefois rares et passagers. S'ils se répètent au point d'affecter la vie quotidienne, il ne faut pas hésiter à consulter.

Qu'est-ce que la ménopause précoce ?

C'est un arrêt des règles survenant avant l'âge de quarante ans, qui trouve son origine dans un épuisement prématuré des follicules ovariens. Comme la ménopause « normale », elle est précédée de signes avant-coureurs telles les bouffées de chaleur. Cette affection serait d'origine auto-immunitaire (destruction des ovaires par les propres anticorps de la femme). La ménopause précoce est un phénomène rare, mais très difficile à vivre par les femmes qui en sont atteintes et n'ont pas eu d'enfants, alors qu'elles croyaient leur potentiel de fertilité encore bien présent pour quelques années. En cas de ménopause précoce, il est conseillé de pratiquer un bilan médical susceptible de trouver une origine curable, et de vérifier l'état de fonctionnement des autres glandes hormonales qui pourraient être atteintes par une affection auto-immune.

Quel soutien médical ?

S'assurer d'un soutien médical pour passer le cap de la préménopause, pourquoi pas ? Si un traitement ne s'avère pas toujours indispensable, un rendez-vous chez le médecin est à cette période charnière une excellente occasion d'effectuer un point santé approfondi...

Choisir le bon médecin *L'expérience prouve que les femmes attendent généralement un an après le début des troubles pour se décider à consulter. Et, bien souvent, seul l'interrogatoire patient d'un praticien averti permet de leur faire « avouer » l'existence de symptômes pourtant assez fréquents pour gêner leurs activités normales ou générer une inquiétude.*

La préménopause n'a aucun caractère pathologique. Mais c'est l'heure d'établir un bilan médical.

Le diagnostic de la préménopause

Il existe pourtant des solutions, et il ne faut pas accepter de se faire rejeter par un médecin pressé ou peu compréhensif, affirmant que tout cela est parfaitement normal et ne mérite pas qu'on s'y arrête ou qu'on s'en préoccupe. Il n'est pas davantage obligé d'avoir à souffrir des désagréments liés à l'approche de la ménopause, sous prétexte que les générations précédentes les qualifient de « phénomène naturel » – comme elles pouvaient trouver normal d'enfanter dans la douleur...

En général, il n'est pas plus difficile de diagnostiquer la préménopause que la puberté ! Le diagnostic s'impose de lui-même en cas d'association de bouffées de chaleur, de sueurs nocturnes et d'irrégularité des cycles menstruels survenant chez une femme de 48 ans environ. Néanmoins, pour mettre en place un

Une fois que les enfants ont quitté le foyer, la vie suit un nouveau rythme, laissant enfin du temps pour soi.

éventuel traitement, il demeure indispensable que la patiente formule ses symptômes gênants le plus précisément possible et les décrive sans fausse honte : ressenti, fréquence, association à des phénomènes annexes tels que troubles du sommeil ou de la libido…

Quand faut-il s'inquiéter ?

Aborder sereinement la préménopause passe par une bonne information. Il est crucial de conserver à l'esprit que cette période n'a aucun caractère pathologique. Il s'agit d'une période de transition entre la vie de femme potentiellement mère et celle d'une femme dont l'activité ovarienne s'est éteinte.

Dans certains cas, toutefois, mieux vaut consulter sans tarder, en particulier lorsque les règles deviennent nettement plus abondantes que d'habitude et/ou plus rapprochées, ou lorsque des saignements surviennent en milieu de cycle. Attendre que les choses s'arrangent n'est pas recommandé : ces saignements peuvent entraîner une anémie chronique, responsable d'une pâleur inhabituelle, d'une fatigue physique permanente et d'un essoufflement, mais aussi d'un surcroît de travail du cœur, voire d'une véritable dépression, provoquée par la diminution de la résistance physique à l'effort, même le plus habituel.

La nécessité d'un diagnostic rapide

Une consultation chez le gynécologue permettra de diagnostiquer rapidement l'origine des troubles grâce à différents examens complémentaires (échographie ou hystéroscopie) et de les traiter, le cas échéant, par hormonothérapie ou chirurgie, pour les faire disparaître au plus vite. En effet, à cette période de la vie, les désordres hormonaux ne sont pas les seuls responsables de règles trop abondantes.

D'autres causes sont possibles et peuvent en outre occasionner des saignements en cours de cycle, en dehors de la période normale des règles : ce sont les fibromes et l'épaississement, ou hyperplasie, de l'endomètre, ainsi que les cancers de l'endomètre. Il arrive aussi que les saignements soient tout simplement favorisés par la présence d'un stérilet qu'il conviendra alors de retirer.

Généraliste ou spécialiste ?

Il n'y a pas de règle, car le facteur humain, la qualité de la relation sont au moins aussi importants que le besoin d'informations. Plutôt qu'avec un gynécologue peu disponible du fait, par exemple, de ses responsabilités chirurgicales ou obstétricales, vous pourrez vous sentir mieux avec un praticien généraliste averti.

La plupart des gynécologues connaissent bien la façon d'aborder cette délicate période de la vie féminine qu'est la préménopause. Toutefois, ceux qui sont spécialisés en chirurgie, spécialistes de la procréation médicalement assistée ou de la chirurgie pelvienne de pointe, par exemple, ne seront pas forcément les meilleurs interlocuteurs. Et si un excellent contact avait pu être instauré avec eux quand la discussion d'une fécondation ou d'un examen endoscopique était une priorité, le tempérament un peu expéditif de ces médecins « d'action » ne s'accorde pas toujours très bien avec la nécessité de prendre le temps de dialoguer.

Certains généralistes sont en revanche tout à fait à l'aise pour une prise en charge de ce type de troubles, et peut-être plus susceptibles de consacrer le temps qu'il faut à un bon dialogue. Cependant, ils ne sont pas tous parfaitement en mesure d'assurer le suivi d'une prescription hormonale. Il semble donc raisonnable d'envisager une consultation en gynécologie au moins pour un premier contact ou pour l'adaptation d'un traitement. En tout état de cause, mieux vaut un praticien qui vous écoute et, surtout, qui réponde clairement à vos questions, même si cela implique parfois de faire quelques kilomètres de plus pour aller le consulter.

? Soigner déjà l'ostéoporose ?

Normalement, la perte de la masse osseuse est sans gravité au stade de la préménopause (elle est d'autant plus importante que les règles sont très espacées). Elle ne représente vraiment une menace pour la santé que chez les femmes qui souffrent d'une autre maladie – fonctionnement trop important des glandes parathyroïdes (hyperparathyroïdie) ou de la thyroïde (hyperthyroïdie) – ou qui poursuivent un traitement dont l'action est néfaste sur la construction osseuse (prise de médicaments corticoïdes). Chez ces patientes, et chez celles qui ont des antécédents de fractures, il peut être recommandé d'effectuer sans attendre une mesure de la densité osseuse.

L'occasion d'une mise à jour médicale

Une consultation pour des troubles liés à la préménopause est une excellente occasion de se mettre à jour en matière de dépistage du cancer du col de l'utérus et du sein, deux cancers dont la prise en charge précoce, grâce à une politique de dépistage systématique, a considérablement fait reculer la mortalité.

L'examen du col de l'utérus

Le dépistage du cancer du col de l'utérus repose sur un examen simple et indolore, le frottis cervico-vaginal, qu'il est recommandé de renouveler tous les trois ans. Pratiqué par le gynécologue, il consiste à effectuer un prélèvement sur le col.

Les cellules prélevées sont disposées sur une lame de verre et envoyées en laboratoire où elles seront examinées au microscope. En cas de résultat anormal, un contrôle plus approfondi du col de l'utérus sera effectué par colposcopie (une sorte de grosse loupe qui permet une meilleure appréciation des lésions) et par biopsie (prélèvement de tissus).

L'examen des seins

Il repose sur la palpation des seins : il est conseillé aux femmes, à tout âge, de procéder régulièrement à une autopalpation pour déceler une éventuelle anomalie : irrégularités, boules... À partir de l'âge de 50 ans, on recommandera une mammographie tous les deux ans. Il est bon de savoir que la grande majorité des anomalies décelées : kystes, microcalcifications et zones plus denses, accompagnés ou non de douleurs, sont autant de lésions bénignes. La perception de boules dans les seins peut correspondre à une poussée de la maladie fibrokystique des seins. Cette affection bénigne est souvent source d'inquiétude car elle peut s'accompagner de douleurs. En outre, elle se traduit par des anomalies sur les mammographies dont l'interprétation, délicate, nécessite souvent le recours à un examen complémentaire (échographie).

Un traitement ? Pourquoi pas ? *Il n'y a aucune raison de gâcher cette étape de la vie qu'est la préménopause, ni d'endurer stoïquement des troubles certes mineurs, mais parfois réellement handicapants, alors que différents traitements sont susceptibles de les soulager.*

Les médicaments de la préménopause

Il existe des compléments hormonaux qui permettent de diminuer les douleurs mammaires survenant quelques jours avant les règles et aussi de régulariser les cycles – et ainsi de mettre un terme à l'éventuelle anxiété engendrée par l'inconfort de leur irrégularité. Ce traitement, non contraceptif, ne peut être prescrit qu'en l'absence de saignements importants. Il

Un traitement médical adapté aide parfois à vivre de façon plus sereine cette période de transition.

consiste en progestatifs, à prendre dix jours par mois du milieu du cycle jusqu'aux règles (habituellement du 16e au 25e jour du cycle), et peut être suivi jusqu'à ce que les règles ne surviennent plus à l'issue des 10 jours de prise.

Le complément par œstrogènes

Sous progestatifs dix jours par mois, certaines femmes continuent à se plaindre d'une gêne conséquente due aux bouffées de chaleur ; d'autres sont particulièrement exposées aux risques liés à la carence hormonale (ostéoporose). Dans ces cas, le traitement peut être poursuivi en parallèle avec une prise d'œstrogènes. Il faut toutefois savoir qu'un tel traitement demande un ajustement régulier, donc une participation active de la patiente et une disponibilité certaine du praticien. En effet, au fil des mois, les doses d'œstrogènes vont être adaptées, constituant un passage progressif vers le traitement substitutif de la ménopause.

Des effets secondaires mineurs

Si l'on en croit les notices de ces médicaments, la liste des effets secondaires est longue ! Prise de poids, acné et séborrhée, jambes lourdes, augmentation de la pilosité, maux de tête, troubles gastro-intestinaux... Ces troubles surviennent en fait rarement de façon spécifiquement associée au produit, et le rapport bénéfice/risque de ces molécules penche dans le sens du bénéfice, à condition que la dose, la molécule et la durée de prise aient été correctement définies, et si besoin adaptées.

Les contre-indications

Toutes les femmes ne peuvent pas bénéficier d'un traitement hormonal. Ainsi, la « classique » pilule contraceptive œstroprogestative est fortement déconseillée aux fumeuses, aux femmes souffrant d'hypertension artérielle, d'obésité, d'hypertriglycéridémie (augmentation anormale du taux sanguin de graisses), de diabète ou d'une affection de l'utérus (par exemple, d'un fibrome ou d'une endométriose).

En ce qui concerne le traitement progestatif, il est contre-indiqué en cas de troubles thrombo-emboliques et d'insuffisance de fonctionnement du foie – deux problèmes de santé toutefois rarement rencontrés.

Par ailleurs, chez les femmes ne souffrant que de faibles bouffées de chaleur, dont le cycle ne présente presque aucune, voire aucune irrégularité, et qui ne souhaitent pas recourir à la contraception, une simple surveillance par le praticien suffit.

Les traitements chirurgicaux

Le traitement chirurgical est plus ou moins radical, consistant en l'ablation de l'utérus ou seulement de l'endomètre ou de fibromes. Certes, il peut présenter des avantages, notamment lorsque les règles abondantes ne cèdent pas sous traitement médical, mais ce type d'intervention constitue toujours une étape pénible. Aussi chaque femme devrait-elle pouvoir prendre un deuxième avis si un médecin lui propose cette possibilité, afin de la choisir en toute connaissance de cause, aidée par un dialogue approfondi et clair avec le praticien.

Lorsque l'ablation de l'utérus (hystérectomie) est réalisée tout près de « l'heure » probable de la ménopause, une ablation des ovaires (ovariectomie) est en général pratiquée en même temps. Celle-ci s'accompagne alors de nombreuses bouffées de chaleur, traitées par la prise d'œstrogènes pendant plusieurs mois ou années.

Les « fausses règles »

On appelle « fausses règles », ou hémorragies de privation, les règles qui surviennent chez les femmes qui sont sous traitement hormonal, dès lors que ce traitement bloque l'ovulation, donc la production de progestérone et le renouvellement cyclique de la muqueuse utérine en vue de la nidation d'un embryon. Prendre une pilule œstroprogestative entraîne en effet, dans la plupart des cas, un saignement de faible abondance et de courte durée lors de l'interruption de sept jours de la plupart des produits commercialisés : le simple fait de priver la muqueuse utérine d'hormones pendant cette période d'arrêt provoque une desquamation, c'est-à-dire une perte de la couche superficielle de la muqueuse utérine, ce qui se traduit par un saignement. La prise de progestatifs, souvent prescrits 20 ou 21 jours sur 28 pour régulariser le rythme de survenue de règles et diminuer leur flux, produit le même effet. La faible abondance du saignement, ou son absence, n'ont aucune conséquence sur la santé.

Passer le cap en beauté

La préménopause n'est pas qu'une affaire d'hormones à gérer. C'est aussi l'occasion de réviser en profondeur son hygiène de vie et, pourquoi pas, de se créer d'autres centres d'intérêt et de débuter une nouvelle existence alors que les enfants commencent à quitter le foyer...

► Du temps pour soi et devant soi

Consulter le praticien de son choix, se nourrir à son gré, programmer de nouvelles activités : les femmes ont aujourd'hui toutes les clés en main pour traverser la préménopause en beauté... à condition de trouver l'envie de s'en servir.

Tournant de la vie, la préménopause peut être l'occasion de changer de maquillage ou de coiffure.

Une période souvent anodine

Pour aborder la préménopause, les références au temps de nos aïeules ou même de nos mères sont peu adaptées, tant la démographie et la société ont évolué en l'espace de cinquante ans. Aujourd'hui, les femmes de 45 à 50 ans sont le plus souvent au pic de leur épanouissement et aux prises avec de grandes responsabilités professionnelles, alors que leurs enfants, conçus à leur heure grâce à l'accès à la contraception, sont adolescents ou même plus âgés, et vivent déjà selon leurs choix. L'espérance de vie des femmes dépasse désormais 80 ans : la vie à partir des prémices de la ménopause, qui représente donc encore plus d'un tiers de l'existence, a pris de nouvelles dimensions. Dans les pays occidentaux, en effet, la population féminine de cette tranche d'âge est nombreuse et se voit proposer des traitements et des attitudes médicales spécifiques que nos grands-mères n'ont pas connus. L'accès aux soins s'est simplifié, et la prise en charge gynécologique permet de soulager les troubles fréquents qui retentissent sur la vie quotidienne.

Mais aussi un tournant de la vie

Au plan symbolique, la préménopause n'en demeure pas moins un tournant de la vie. Elle survient à un moment où les enfants prennent leur envol. C'est l'heure – bien ou mal venue – d'une réévaluation de sa vie de couple et de ses centres d'intérêt au sens large.

Certaines peuvent vivre comme une nouvelle adolescence cette période qui fournit l'occasion de redéfinir ses besoins de loisirs, d'activités, de relations amicales, devant ce temps libre qui se dégage ou s'impose maintenant que le nid familial s'est vidé. Réagir à cette nouvelle situation sans anxiété démesurée, c'est remettre à leur place des activités parfois fatigantes (comme la préparation des repas pour toute la famille !) et reprendre une vie équilibrée seule ou à deux. Car ce ne sont pas les présences ou visites épisodiques des enfants qui troubleront vraiment ce mode d'existence... Il est donc nécessaire d'adapter son hygiène de vie à ces nouvelles possibilités de loisir, mais aussi aux nouvelles contraintes d'un corps qu'on commence à sentir vieillir.

La contraception en période de préménopause

Une grossesse étant en fait toujours possible tant que subsistent des règles spontanées, elle justifie la poursuite d'une contraception adaptée à la vie sexuelle de chaque femme tant que la ménopause n'est pas installée.
La contraception orale est toujours possible durant cette période, sous forme de traitement progestatif 20 à 21 jours sur 28, ce traitement présentant en outre l'avantage d'éviter les irrégularités de cycle et de diminuer, voire d'éviter, des symptômes gênants telles les bouffées de chaleur et la tension mammaire.

▶ Un quotidien à réapprivoiser

La préménopause s'accompagne parfois d'effets gênants, mais dont il est possible d'atténuer la portée en observant quelques précautions simples. Au-delà, pour rester en forme et en bonne santé, rien de tel qu'une alimentation saine et une activité physique régulière.

Conseils pour tous les jours

Lorsque l'on sent venir une bouffée de chaleur, l'idéal est de se détendre, ce qui – hélas – est souvent plus facile à dire qu'à faire ! En période de préménopause, ces épisodes restent rares et peuvent donc être surprenants. Donc, apprendre à les reconnaître et savoir qu'ils resteront peu fréquents est la meilleure manière de les apprivoiser. Lorsqu'on s'est fait surprendre une fois par des règles du type « inondation soudaine », on apprend vite à transporter un kit d'urgence dans son sac à main, et à bien observer le calendrier. Lorsque les règles sont d'apparition brutale et abondantes, la prise d'anti-inflammatoires non stéroïdiens (type ibuprofène ou autre), en l'absence de contre-indications, notamment gastriques, permet de diminuer le flux de sang et les douleurs pelviennes de manière assez spectaculaire. Une prise trois fois par jour pendant les deux ou trois premiers jours des règles facilite souvent beaucoup la vie.

Enfin, si une tristesse persistante survient, qui retentit durablement sur le sommeil, l'appétit, la libido, il ne faut pas hésiter à consulter un médecin, car les antidépresseurs d'aujourd'hui permettent un véritable soulagement de la souffrance morale, évitant ainsi la spirale vers la dépression mélancolique.

Garder la ligne

Les femmes prennent en moyenne de 10 à 12 kg entre l'adolescence et la ménopause. La responsabilité en incombe à un excès de nourritures trop riches (qui servent parfois à combler insatisfactions ou anxiété...), conjugué avec une diminution de l'activité physique.

Ne laissez pas un surcroît de poids vous gâcher l'existence ! Quelques principes doivent être conservés à l'esprit. L'augmentation du poids correspond toujours à un excès des apports par rapport aux dépenses. Aucun médicament ne fait grossir, ni maigrir de façon efficace ; seule la réduction des apports alimentaires entraîne une perte de poids. Il est cependant vivement recommandé de faire appel à un diététicien plutôt que de se lancer dans une suite de régimes drastiques, sitôt abandonnés et qui n'auront le plus souvent comme effet, à terme... qu'un surpoids encore plus conséquent. Enfin, le suivi d'un régime hypocalorique doit s'accompagner du respect de quelques grandes règles : ne jamais sauter un repas, ne manger qu'assise à table, prohiber les grignotages, prendre une petite portion de chaque plat et ne pas se resservir.

Et la sexualité ?

À cinquante ans, fort peu de femmes se plaignent d'une diminution de leur libido... se considérant d'emblée comme naturellement moins actives sur le plan sexuel. Pourtant, pour peu que le médecin leur pose la question, l'aveu est fréquent, de même qu'une tendance à minimiser les conséquences de cette baisse du désir. Oui, mais que faire ? Bien plus que les hormones, dont il a été démontré qu'elles n'ont finalement que peu d'influence, la confiance en soi, la disponibilité d'un partenaire attrayant sont déterminantes pour restaurer une vie sexuelle épanouie.

Du sport, enfin !

Bien souvent, les premières activités sacrifiées par les jeunes femmes au début de leur vie de famille sont les activités sportives. Malheureusement, nombre d'entre elles ne reprennent jamais « le chemin des vestiaires ». Pourtant, s'adonner à un exercice physique régulier – peu importe lequel (jogging, natation, gymnastique...), pourvu qu'il soit assez plaisant et facile à exercer pour être pratiqué de façon suivie – est le bon sens même. C'est l'une des clés permettant le contrôle d'un poids stable et d'une silhouette élancée... à un âge où, du simple fait des hormones, la masse grasse tend à gagner aux dépens des muscles. Et s'il est vrai que le sport donne faim, une activité sportive régulière améliore bien souvent le moral. Pendant qu'on s'y adonne, on ne mange, ni ne boit ni ne fume, et il est fort agréable de se sentir « vraiment » fatiguée et débarrassée de ses tensions. Si une ruée boulimique vous guette à l'issue de l'effort physique, anticipez en mettant un fruit dans votre sac !

La ménopause

Toute femme connaît à son heure, en général vers 50 ans, un bouleversement équivalent à celui de la puberté : c'est la ménopause, la fin de la fécondité... Les ovaires cessent alors de fonctionner, non sans effets sur le corps, bien sûr, mais aussi sur la vie psychique – et la vie tout court.

Comment savoir si vous êtes ménopausée ? *Vous avez près de 50 ans et, depuis deux ou trois mois, vos règles se sont interrompues tandis que de brusques sensations de chaleur vous indisposent par moments. Oui, c'est bien la ménopause. Ces signes-là ne trompent pas, qu'ils soient accompagnés ou pas d'autres manifestations plus aléatoires.*

Avec l'arrivée de la ménopause vers l'âge de 50 ans, la femme entre dans une nouvelle phase de sa vie.

Les manifestations spécifiques

Déjà, lors de la préménopause, le cycle menstruel est devenu irrégulier, et, parfois, des douleurs mammaires ou des bouffées de chaleur se sont manifestées. À la ménopause, le processus engagé arrive à son terme : la femme cesse d'être féconde et son corps ne sécrète plus d'œstrogènes. Tout cela se traduit de manière spécifique : bouffées de chaleur, sueurs nocturnes, sécheresse vaginale, et, bien sûr, absence de règles... Celles-ci s'interrompent définitivement, parfois après s'être espacées.

Savoir exactement quand survient la ménopause n'est pas une nécessité, mais peut s'avérer important pour les femmes souhaitant un traitement hormonal, ou pour celles qui prennent une contraception orale et ignorent de ce fait où elles en sont...

Parmi les changements hormonaux, certains sont visibles comme ceux affectant la peau ou la silhouette.

Confirmer la fin des règles

Lorsque l'absence de règles (aménorrhée) est installée depuis quelques mois, l'absence d'activité ovarienne peut être testée par un traitement progestatif : on prend alors des substances mimant la progestérone (progestomimétiques), et ce dix jours par mois pendant trois mois. Si ce traitement ne provoque aucun saignement, la ménopause est avérée – en l'absence de sécrétion œstrogénique, la muqueuse de l'utérus n'est plus stimulée. Si, en revanche, les règles se produisent à l'arrêt de chaque séquence de traitement, les ovaires fonctionnent et sécrètent encore des œstrogènes, même si les bouffées de chaleur témoignent de leur insuffisance.

Pour les femmes prenant une contraception orale (un progestatif pendant 20 ou 21 jours par mois ou une pilule œstroprogestative), la situation est un peu différente, leurs règles étant de « fausses règles » ou absentes. Elles ne peuvent donc savoir si leurs ovaires fonctionnent encore qu'en interrompant leur traitement contraceptif.

Les bouffées de chaleur

Les perturbations liées à la ménopause proviennent du déficit en œstrogènes. Celui-ci n'agit pas seulement sur les seins et les organes génitaux, mais intervient aussi au niveau du système nerveux, participant en quelque sorte à la bonne marche du « thermomètre central ». D'où les bouffées de chaleur, qui se manifestent en moyenne durant dix-huit mois, parfois moins, parfois pendant plusieurs années, tant chaque femme est différente. Elles concernent en moyenne deux ou trois femmes sur quatre, et sont bien plus fréquentes quand la privation œstrogénique est soudaine – ainsi, en cas d'ablation chirurgicale des ovaires, plus de neuf femmes sur dix s'en plaignent.

Les bouffées de chaleur sont facilitées par le stress, ce qui les rend encore plus inopportunes. Une sensation de chaleur, accompagnée d'une rougeur plus ou moins importante survient au visage et se déplace vers le haut du corps, durant quelques minutes, puis disparaît complètement. Durant ce laps de temps, on transpire et ressent des palpitations modérées, mais ce n'est pas un malaise, on n'éprouve ni douleur ni essoufflement, ni douleur stomacale ou diarrhée, ni troubles neurologiques.

Les sueurs nocturnes

La plupart des femmes connaissent aussi des sudations nocturnes, dont la fréquence varie suivant la personne. Ces sueurs peuvent être abondantes au point de mouiller le linge de nuit et les draps. Une situation inconfortable qui conduit parfois à des réveils désagréables, troublant alors le sommeil et favorisant les insomnies. La fatigue qui s'ensuit explique aisément que l'on soit plus vite irritable dans la journée !

La sécheresse vaginale

Toujours du fait du déficit en œstrogènes, la ménopause se traduit souvent par une sécheresse de la muqueuse vaginale. Ce sont en effet ces hormones qui préservent la souplesse des tissus du vagin et assurent leur bonne lubrification, nécessaire au confort des rapports sexuels. Il existe toutefois différents produits permettant de pallier cet inconvénient.

Des troubles aléatoires

Lors de la ménopause, il arrive que les femmes se plaignent d'insomnies et de troubles de l'humeur, ressentent une baisse de tonus ou souffrent de douleurs articulaires. Cependant, tout cela n'est pas forcément lié aux changements que connaît alors leur corps ou à l'absence d'œstrogènes.

Insomnies et irritabilité

De fait, l'insomnie est assez rare quand le repos n'est pas troublé par les sueurs nocturnes. Il en va de même pour la fatigue, l'anxiété ou l'irritabilité, bien moindres quand le sommeil est réparateur et serein. Tous ces troubles témoignent d'un déséquilibre psychique et physique plus ou moins important, et peuvent être associés à la façon dont on perçoit tel ou tel événement. Ils se manifestent aussi chez la femme, comme chez l'homme, dans de tout autres circonstances. La ménopause ne peut être toujours tenue pour responsable... ou alors indirectement.

Baisse de tonus et douleurs articulaires

Une certaine baisse du tonus et la survenue de douleurs articulaires pourraient être davantage liées à la privation œstrogénique, mais ces symptômes sont également un des effets du vieillissement. Les crises d'arthrose en particulier, qui provoquent douleurs et raideur articulaires chez les deux sexes, ne présentent pas de véritable lien avec un déséquilibre hormonal. Dans tous les cas, vous courez d'autant moins le risque de pâtir de tels désagréments si vous préservez votre forme physique, et donc votre tonus musculaire, en faisant régulièrement de l'exercice. De même, en limitant les excès de poids, vous éviterez l'essoufflement et la surcharge des articulations.

▶ *Quelles conséquences sur le corps ?* *Certains des effets de la ménopause peuvent être visibles, tant sur la peau que sur la silhouette. D'autres, moins apparents, concernent le squelette et les organes internes. Ils ne sont pas nécessairement négatifs : la ménopause marque notamment la fin de toutes les maladies bénignes de l'utérus ou des seins.*

Des effets sur la peau et l'aspect physique

Les cheveux, les poils, les ongles ont une pousse et une qualité déterminées par l'âge, l'hérédité et le « statut » hormonal. La peau aussi est indiscutablement soumise à une influence hormonale. Son épaisseur et sa souplesse tiennent en effet non seulement à l'âge et à l'alimentation mais aussi aux œstrogènes

La ménopause ne signifie pas la fin de la vie sexuelle pour peu qu'un partenaire désiré soit présent.

circulant dans le corps. On a pu prouver que ces derniers agissent sur son contenu en collagène. Or cette substance, responsable de la cohésion des tissus, détermine l'élasticité de la peau et influe donc sur les rides... La prise par voie générale d'œstrogènes peut avoir ainsi un effet bénéfique, bien plus que l'application locale de cosmétiques à base d'hormones, dont l'efficacité n'est pas encore démontrée de manière scientifique.

Par ailleurs, parallèlement à la chute des œstrogènes à la ménopause, la peau subit l'influence accrue des androgènes, ces hormones masculines produites tout au long de la vie par les glandes surrénales. Cette augmentation relative du niveau des androgènes se traduit, dans certains cas – car la sensibilité de la peau à ces hormones-là diffère beaucoup selon les femmes –, par une apparition ou réapparition de l'acné et par un développement de la pilosité. Mais, dans la plupart des cas, le vieillissement et la diminution des hormones entraînent une raréfaction de la pilosité. Chez certaines femmes prédisposées, la perte des cheveux peut être importante sur le dessus du cuir chevelu – l'absence d'œstrogènes favorise dans ce cas l'influence des androgènes.

La dentition semble, elle, mieux préservée si les femmes prennent un traitement à base d'œstrogènes après la ménopause.

Et la silhouette ?

Parfois, arrivée la cinquantaine, la silhouette change : le volume des seins diminue, la taille s'épaissit, les membres s'amincissent... De même qu'à la puberté l'apparition des œstrogènes avait participé à modeler le corps – développement de la poitrine, élargissement des hanches et du haut des cuisses, amincissement de la taille... –, la disparition de ces hormones induit des changements. La graisse sous-cutanée se répartit alors de façon différente, se concentrant en de nouvelles zones, telle la taille.

Même si les traitements à base d'œstrogènes sont efficaces pour préserver les formes aux « bons endroits » (les hanches et les seins), une activité physique régulière demeure le meilleur moyen d'éviter que les muscles ne fondent sous les effets conjugués du vieillissement et d'une vie sédentaire...

Des effets sur le squelette et sur différents organes

Les effets de la ménopause sur le squelette sont bien connus. Par manque d'œstrogènes, la fragilité osseuse, ou ostéoporose, s'accroît. C'est la colonne vertébrale, davantage que les os longs, qui est le plus souvent touchée. Mais il existe aujourd'hui divers moyens de prévenir ce type de problèmes, associant l'alimentation, l'activité physique et des traitements incluant des œstrogènes ; ces derniers, pour être efficaces, doivent être pris toutefois de manière prolongée.

Quant aux conséquences directes de la ménopause sur les organes internes, elles varient selon qu'ils sont plus ou moins sensibles aux hormones...

Les seins et l'utérus

Le déficit en œstrogènes peut avoir des effets positifs sur les parties du corps particulièrement sensibles à ces hormones. Ainsi, les maladies bénignes du sein et de l'utérus (fibromes, fibroadénomes, kystes) vont s'éteindre à la ménopause, tout comme l'endométriose.

Le désir sexuel est-il modifié par la ménopause ?

Le désir sexuel naît de l'esprit, de l'imagination, et n'a que peu de rapport avec le taux des œstrogènes dans le sang, même si une absence totale d'hormones tout au long de la vie rendrait hommes et femmes insensibles au désir sexuel, et physiologiquement non préparés à passer à l'acte. À la ménopause, la diminution brutale des œstrogènes se répercute certes sur la lubrification du vagin, tissu hormonosensible. Mais cette lubrification est une conséquence du désir et de l'excitation. Lorsque le désir est là, et qu'il peut se réaliser avec un partenaire, la ménopause ne tarit pas l'envie ou la fréquence des rapports sexuels. Des produits locaux, hormonaux ou pas, permettent de remédier à la sécheresse vaginale si elle se manifeste. Le traitement de la ménopause ne transforme pas une femme frigide en femme comblée, et la ménopause non traitée ne modifie pas une sexualité jusque-là épanouie. La qualité de la relation, le regard qui s'échange entre les partenaires, et le désir qui en naît sont les plus importants.

Chez une femme présentant l'une de ces affections en période de préménopause, les traitements de substitution hormonale ne sont pas toujours recommandés ; ils peuvent éventuellement raviver la maladie. Ne vous étonnez donc pas en ce cas si votre médecin se montre prudent.

Toujours pour une raison de sensibilité aux œstrogènes, il semble aussi que le traitement substitutif, quand il est prolongé plus de dix ans, joue un rôle, bien que mineur, dans l'apparition du cancer du sein. On sait en effet que ce dernier est favorisé par une longue exposition aux œstrogènes – quand s'écoulent un grand nombre d'années entre la puberté et la ménopause. Mais cette observation est de peu de valeur au niveau individuel, car ce cancer survient surtout après l'âge de 50 ans.

L'appareil urinaire

Les petites défaillances de l'appareil urinaire – qu'elles soient fréquentes ou seulement provoquées par un effort physique – ont-elles un rapport avec les œstrogènes ? Cette question demeure sujette à controverses... L'appareil urinaire, comprenant la vessie, l'urètre et le sphincter, comporte des zones sensibles aux œstrogènes. La disparition des œstrogènes liée à la ménopause peut être à l'origine de troubles du fonctionnement de la vessie : envies fréquentes d'uriner, incontinence. Selon les types de troubles, différents traitements adaptés à chaque cas peuvent être proposés, parfois en association : hormonothérapie générale ou locale, rééducation, chirurgie.

Dans tous les cas, si l'on est confrontée à des troubles urinaires, il est important d'en parler à un gynécologue ou à un généraliste, car il existe des solutions efficaces à ces problèmes qui peuvent gêner de façon considérable la vie quotidienne.

Le système cardiovasculaire

Côté cardiovasculaire, la situation est ambiguë. Une longue période de fonctionnement des ovaires assure une prévention efficace de l'athérome artériel, qui durcit et rétrécit les artères et induit une hypertension artérielle, ainsi que des maladies coronariennes. Les femmes dont la ménopause survient de façon précoce sont davantage menacées par les maladies cardiaques. En revanche, il semble que le traitement hormonal substitutif ne protège ni de ces maladies ni des accidents vasculaires cérébraux, lesquels sont dus à un rétrécissement des artères irriguant le cerveau (voir pages 224-225).

En outre, les traitements à base d'œstrogènes sont en général contre-indiqués pour les femmes ayant déjà souffert d'une phlébite à l'occasion d'une immobilisation prolongée, que ce soit lors d'une grossesse ou d'une fracture par exemple. Le traitement par œstrogènes peut provoquer en effet – mais c'est exceptionnel – la formation d'un caillot sanguin dans les veines (thrombose veineuse), source éventuelle d'un arrêt du flux sanguin (phlébite), voire d'une embolie pulmonaire quand le caillot migre vers l'une des artères pulmonaires. Les thromboses et les récidives d'accidents artériels ou cardiaques paraissent survenir dans les premiers mois du traitement substitutif.

Les changements physiques sont souvent à l'origine d'une envie de retour sur soi.

Des aspects psychologiques contrastés

Toute vie est marquée par des périodes-clés, qui amènent à s'interroger sur soi. Parfois, ces remises en question, douloureuses, ou pas, coïncident avec les grandes étapes physiologiques : la puberté, une grossesse, la ménopause... Pour autant, rien n'implique que la fin de la fécondité soit vécue de manière négative.

Une crise d'identité plus ou moins bien vécue

« Moi, ménopausée ? » Cette question résume la crise d'identité provoquée par la perte de la fécondité. Face à ce nouvel état, des attitudes opposées sont possibles : « Ouf, c'est fini ! Plus de règles, plus de douleurs, plus de contra-

La dépression, un mythe ?

La dépression n'est pas le corollaire obligé de la ménopause, pas plus qu'elle ne l'est d'autres événements hormonaux tels que l'accouchement. Ce qui importe est la manière dont chaque femme se représente cette étape et la vit. Chez celles sujettes à la mélancolie, une phase de tristesse pourra survenir, surtout si ce passage est vécu comme un deuil, une fin, un renoncement, ou si d'autres événements bouleversants coïncident, tels qu'une séparation avec le conjoint, une maladie, le décès d'un proche. Lorsque les manifestations de la ménopause sont très gênantes, provoquant fatigue et troubles de l'humeur, un syndrome dépressif peut toutefois s'installer... et céder sous traitement hormonal. Plus souvent, les femmes ainsi affectées sont en fait déjà fragilisées par les circonstances. Si le traitement n'est pas souhaité ou s'il est contre-indiqué, le simple fait d'en parler avec un tiers permet déjà de relativiser.

ception, plus de sexe, repos, et vive le retour d'âge ! » Ou, à l'inverse : « Non, quelle catastrophe ! Je me sens jeune, je veux encore pouvoir faire des enfants, je ne veux pas quitter le club des femmes désirables. » Ces deux types de réactions sont bien sûr extrêmes : l'une ferme la porte de la féminité, l'autre pleure une richesse perdue. Or, depuis sa vie embryonnaire, chaque femme porte en elle la féminité, et la conserve jusqu'à la fin : la ménopause n'en est qu'une évolution.

Un temps de retour sur soi

Parfois perçu comme un obstacle à franchir, ce temps de passage et de changements, marqué par des symptômes plus ou moins gênants, induit l'envie de faire un bilan. Quelles sont les réussites, quelles aspirations ne se sont pas concrétisées, quelle tournure a pris la vie quotidienne ? Cette analyse personnelle prend souvent autant d'importance que celle que l'on peut vivre à l'époque de l'adolescence ou lors d'une grossesse.

La conclusion appartient à chacune. C'est en quelque sorte l'histoire de la bouteille à moitié vide ou à moitié pleine ; de ce retour sur le passé peut naître un bilan aussi bien coloré que négatif. Certaines femmes y trouveront l'occasion d'envisager un autre échéancier ou de nouveaux défis et imagineront les réalisations enfin permises par ces nouvelles circonstances. D'autres y verront un gâchis irrattrapable, avec le sentiment de se trouver sur une voie de garage et de n'avoir plus qu'à attendre passivement la fin – même si cette mauvaise image de soi résiste mal, en fait, à l'analyse. Cette introspection, provoquée par la physiologie, par ce corps qui change, est douloureuse, mais pourtant riche de potentiels et d'avenirs...

En parler ou pas

Le statut de femme ménopausée est un statut intime ; libre à chacune, selon sa nature, de se taire, ou d'en parler avec son entourage, d'échanger entre amies, voire entre collègues, des adresses de gynécologues et des impressions sur les traitements.

Pour certaines, le besoin de parole existe, mais l'expression en est malaisée. La ménopause échappe à la tradition maternelle de transmission du savoir-vivre de la femme. Peut-être en ce domaine existe-t-il une lacune de communication. Mais si la pudeur empêche parfois d'évoquer le sujet devant ses proches – parents, enfants, conjoint... –, d'autres interlocuteurs n'en restent pas moins possibles, ne serait-ce que son médecin, qui est là aussi pour aider à passer ce cap.

Bien souvent, au moment de la ménopause, les enfants ont déjà quitté le foyer et fondé leur propre famille.

À mi-chemin d'une vie, de nouvelles perspectives

La fin du rythme menstruel est une liberté, et la perte de la fécondité rarement perçue comme un deuil quand on atteint 50 ans. Et si l'on a choisi de ne pas avoir d'enfant, ou si l'on n'a pas pu, le passage douloureux est le plus souvent déjà derrière soi. La ménopause n'est pas la fin de la féminité. La femme ne perd rien de ses caractères essentiels, elle se transforme, animée du même désir d'exister, de plaire en général, et en particulier à son partenaire. Et les années devant soi ouvrent encore un long chemin, l'espérance de vie d'une femme étant aujourd'hui de plus de 80 ans.

Face aux autres générations

Intégrer la classe d'âge de la ménopause, c'est basculer bien sûr de la catégorie 20-45 ans à la catégorie 50-75 ans. Forcément, on se tourne alors vers l'entourage pour scruter les perspectives du troisième, voire du quatrième âge. On se projette ainsi dans l'avenir. On pense aux maladies, aux décès ; on examine les conditions de vie de ses proches : quels sont leurs plaisirs, leurs besoins, leurs activités, leurs difficultés ?

Parallèlement, le regard se dirige aussi vers les générations plus jeunes, quand la femme a eu des enfants : les « petits » sont devenus des adultes ; leurs mariages, leurs propres enfants, leurs problèmes professionnels sont au cœur de leur vie, et leur maman n'y peut plus grand-chose. Bien contente si elle a le temps et les moyens de les accueillir et de les aider.

À chaque femme, son histoire

Pour une femme menant une vie professionnelle dynamique, la ménopause n'est souvent qu'un épisode, réglé par quelques rendez-vous inscrits dans son agenda : gynécologue, mammographie, passage à la pharmacie. La retraite, surtout quand elle n'a pas été anticipée ou peut-être précédée par celle du conjoint, pourra être un événement plus marquant sur l'échelle des changements d'une vie.

Pour celle qui a jusque-là surtout consacré sa vie à sa famille, il arrive qu'une impression d'injustice, de résignation prédomine. Mais d'autres éprouvent au contraire un sentiment d'accomplissement – passer du rôle de mère à celui de grand-mère constitue alors une source de joies. Toutes ces situations de passage, que chacune affronte à son heure et à sa mesure, sont parfois difficiles en tant que telles, mais elles stimulent la réflexion et enrichissent la personne en débanalisant le quotidien.

L'hygiène de vie au quotidien

À 50 ans, ce n'est surtout pas le moment de se laisser aller. Faire travailler ses muscles, ses articulations, sa mémoire..., il ne s'agit pas seulement d'hygiène de vie, mais aussi de s'aider à profiter du présent. Alors, n'attendez plus !

Le moment ou jamais...

Plus on avance en âge, plus tout retour en arrière devient difficile, qu'il s'agisse de perdre des kilos en trop, de retrouver une souplesse longtemps négligée, ou de renouer avec une activité intellectuelle.

Les circonstances, une déprime passagère, bien des raisons font que l'on n'a pas toujours la disponibilité requise pour s'occuper de soi. Il n'en reste pas moins que reprendre une activité représente un jeu d'enfant à 30 ans, est de l'ordre du possible à 40 ans, mais relève déjà du défi à 50 ans. Si tout exercice a disparu de votre programme hebdomadaire, repensez-y donc très sérieusement !

... de pratiquer une activité physique

Une femme sédentaire depuis trente ans ne commence généralement pas à pratiquer le saut en parachute ou la plongée sous-marine à 50 ans ! Mais, un bagage physique minimal aidant, l'éventail des possibilités reste large. À chacune de choisir selon ses capacités physiques, mais surtout selon ses goûts personnels. Si l'on en éprouve l'envie, c'est le moment ou jamais...

Plus on avance en âge, moins le corps supporte les efforts brutaux ou inconsidérés : la souplesse et l'élasticité des articulations doit être sollicitée avec mesure, a fortiori si l'on souffre d'arthrose. C'est pourquoi il est si important d'entretenir l'acquis. Pour celles qui n'ont jamais réellement cessé de faire du sport, la reprise plus fréquente en est d'autant plus aisée. Pour les autres, la remise en forme sera progressive. Bien sûr, les courbatures, au début, sont garanties, et la progression est loin d'être aussi rapide qu'à 20 ans. Mais, quand on commence à disposer de davantage de temps, une activité physique régulière apporte bien des satisfactions et préserve la force musculaire – une aide précieuse pour accomplir avec plus d'aisance tous les efforts quotidiens. D'un

Exercer régulièrement une activité sportive est le meilleur moyen de préserver un corps souple et musclé.

point de vue plus général, la silhouette, le métabolisme, les systèmes circulatoires et le squelette en profiteront aussi sans nul doute.

… et de préserver sa vitalité intellectuelle et sentimentale

Ce qui vaut pour les muscles vaut aussi pour les neurones. Avec une activité professionnelle, il est plus facile de rester intellectuellement « vive », mais la retraite approchant, envisager déjà de nouveaux centres d'intérêt n'est pas inutile. Les moyens de stimuler l'esprit et la réflexion ne manquent pas, et les occasions de tonifier sa mémoire non plus, ne serait-ce que par de petits défis de mémorisation quotidiens : liste des courses, recettes de cuisine, voire programmes de télé !

Et surtout, rien de tel que les projets pour garder sa vitalité, qu'ils soient tournés vers d'autres horizons ou qu'ils visent à fortifier les édifices déjà en place. Tout cela fait bien souvent appel au désir : c'est un état d'esprit à cultiver avec soin. Essentiel bien sûr aussi dans la vie sentimentale et sexuelle – le corps peut toujours suivre, avec ou sans hormones.

Faire des sorties en commun, découvrir d'autres horizons… tout cela contribue à garder sa vitalité.

Attention au tabac, à l'alcool et aux médicaments

Un corps qui vieillit exige toutefois davantage d'égards. Il supporte encore moins qu'auparavant les produits jugés nocifs à tout âge. D'où ces quelques conseils…

Proscrire le tabac

Le tabac avance l'heure de la ménopause, aggrave les rides et l'ostéoporose… et, surtout, c'est un grand facteur de risque du cancer. Les femmes fumant aujourd'hui davantage les risques de cancer du poumon sont équivalents pour les deux sexes. Est-il utile de préciser qu'il est urgent d'arrêter ? Ce processus étant souvent long et difficile, il est conseillé de faire appel à une aide médicale, en particulier dans les centres d'aide à l'arrêt du tabagisme.

Limiter l'alcool…

En matière d'alcool, tout est question de modération. Il n'est pas d'argument pour l'interdire totalement (sauf au volant !), et une petite consommation de vin ne paraît pas néfaste – une consommation excessive et régulière d'alcool en revanche expose à des risques reconnus de maladies.

… et les médicaments psychotropes

Destinés à traiter l'anxiété, la dépression, l'insomnie… ils constituent des béquilles pour les caps difficiles. Pris sur de longues périodes, ils acquièrent un statut de drogue. Vous gagnerez beaucoup à les remplacer par des thérapies plus douces (homéopathie, acupuncture, relaxation…) et sans effets secondaires.

▶ Quel suivi médical ?

Les femmes prétendent à une espérance de vie de plus de 84 ans, ce qui les place à la merci d'un risque important de maladies et de cancers. Mais nombre d'affections perdent l'essentiel de leur gravité si elles sont traitées tôt. D'où l'importance du dépistage...

Pourquoi consulter si on se sent bien ?

Rien n'impose à une femme de consulter au moment de la ménopause. Il n'existe en la matière aucun acte médical obligatoire, comme le sont les vaccinations de l'enfance ou les échographies lors de la grossesse. Une femme suivie régulièrement va sans doute parler de la ménopause avec son gynécologue. Mais la question se pose pour celle qui ne consulte jamais, qui ne se plaint de rien... Quel est alors l'intérêt d'une telle visite ? D'abord, c'est le meilleur moyen de s'informer et, le cas échéant, d'évoquer librement ce que l'on ressent ; le médecin expliquera les possibilités de traitements, et leurs effets. Mais, surtout, ce sera l'occasion d'effectuer un bilan de santé.

Prévention et dépistage

Vers la cinquantaine, on recherche plus particulièrement les cancers du sein (première cause de mortalité de cancer chez les femmes), au moyen d'une mammographie. Dans le cadre du suivi gynécologique habituel, le médecin pratique aussi un frottis cervico-vaginal pour dépister un cancer du col utérin, mais celui-ci est très rare après 50 ans.

D'autres affections qui se déclarent souvent à cet âge font également l'objet d'une surveillance : hypertension artérielle, troubles des lipides, diabète, ostéoporose. Soignées à temps, malgré tous leurs désagréments, ces pathologies présentent moins de dangers. Les médecins recommandent de renouveler régulièrement ces dépistages à partir de 50 ans – que l'on prenne ou pas un quelconque traitement lié à la ménopause.

? Le dépistage du cancer du sein

Une Française sur sept est atteinte d'un cancer du sein au cours de sa vie. Mais, dans la majorité des cas, un diagnostic et un traitement précoce offrent de meilleures chances de guérison. Le dépistage est donc essentiel. Certaines lésions, ou nodules, sont détectées au toucher ; d'autres, plus petites, ne peuvent être observées qu'au moyen d'une mammographie – cet examen radiologique est prescrit en général tous les deux ans à partir de la cinquantaine. Plus on avance en âge, plus la mammographie est efficace, la diminution de la densité mammaire laissant voir plus clairement sur la radio l'éventuelle tache blanche du nodule ou les microcalcifications pouvant laisser suspecter un cancer. En cas de présence de lésions, d'autres examens sont nécessaires pour déterminer s'il s'agit ou non d'un cancer : une échographie et une biopsie, consistant à prélever du tissu sous anesthésie locale. Si le cancer est avéré, on effectue une intervention chirurgicale, suivie éventuellement d'une radiothérapie, et parfois d'une chimiothérapie. Dépistée tôt, la tumeur est encore petite et ne mettra pas en danger la vie de la femme.

Prévenir l'ostéoporose

Les os se fragilisent avec l'âge, surtout après la ménopause : en cas d'ostéoporose, ce processus s'accélère... Un examen médical permet de mieux appréhender ce danger. Mais rien ne vaut la marche et la consommation de produits laitiers pour prévenir cette affection.

Une fragilisation des os...

L'ostéoporose est une diminution de densité de l'os qui le rend plus fragile. L'os, siège d'un remaniement permanent tout au long de la vie, a une densité, donc une solidité, maximale en fin d'adolescence. Puis cette densité diminue avec l'âge – une femme de 75 ans a perdu 50 % de sa masse osseuse. La ménopause, qui s'accompagne d'un manque d'œstrogènes, accélère cette fragilisation.

... favorisant les fractures

L'ostéoporose provoque très souvent des tassements vertébraux, ou aplatissements des vertèbres, conduisant à une diminution globale de la taille. Les fractures de côtes, du poignet (appelée de Pouteau-Colles), ou en dessous du genou (cheville, pied) sont moins fréquentes. Quand on avance en âge, passé 75 ans, ce sont des fractures de la hanche ou du col du fémur qui peuvent survenir.

Certaines femmes sont davantage exposées à de tels risques : celles dont la mère souffre d'ostéoporose, celles ayant connu une ménopause précoce, celles traitées par corticothérapie ou pour une maladie des parathyroïdes – les hormones sécrétées par ces glandes assurent la bonne répartition du calcium dans l'organisme. Il en va de même pour les fumeuses, les personnes plutôt maigres et celles ayant un mode de vie sédentaire.

La prévention pour toutes

Même les femmes sans facteurs de risque et n'ayant jamais eu de fractures ont tout intérêt à prévenir l'ostéoporose. Si chacune perd de la densité osseuse à un rythme qui lui est propre et déterminé en partie par ses gènes, la fragilisation des os avec l'âge n'en concerne pas moins toutes les femmes...

- ***Consommer des produits laitiers.*** La prévention passe avant tout par l'absorption de calcium (laitages, fromage) et de vitamine D (beurre, exposition à la lumière solaire) en quantité suffisante. Cela est valable tout au long de la vie, mais surtout au moment de l'adolescence et après la ménopause.

L'ostéodensitométrie

Il existe un examen qui permet de diagnostiquer l'ostéoporose. Il s'agit de l'ostéodensitométrie ou densitométrie osseuse, couramment pratiquée par les radiologues et les rhumatologues, en cabinet médical comme à l'hôpital. Le praticien mesure la densité des os, c'est-à-dire leur contenu en minéral (donc en calcium), au niveau de la colonne lombaire, du col du fémur et du poignet. Lorsque le résultat est significativement plus bas que la densité osseuse normale pour l'âge, le diagnostic d'ostéoporose est porté. Cet examen se pratique systématiquement en cas de fracture ou de tassement vertébral (affection qui se manifeste par une douleur dorsale), mais il peut être effectué à votre demande. Parlez-en à votre médecin qui vous conseillera, entre autres, en fonction de vos antécédents personnels et familiaux.

Lorsqu'on n'aime pas le lait et que l'on se méfie du fromage parce qu'il apporte aussi beaucoup de gras et de sel (on le déconseille parfois dans les régimes sans graisses ou en cas d'hypertension artérielle), reste la possibilité de manger des yaourts et des fromages blancs allégés ou de prendre chaque jour des comprimés de calcium.

La marche est particulièrement recommandée pour prévenir l'ostéoporose.

- ***Pratiquer une activité physique.*** Le renouvellement du tissu osseux, qui est généré et détruit en permanence, dépend pour beaucoup des pressions exercées sur le squelette. En l'absence de sollicitations, un déséquilibre se crée. C'est pour cette raison que l'activité physique est tellement importante (et que, par exemple, les cosmonautes qui restent longtemps en apesanteur subissent une diminution de leur densité osseuse).
- ***Trop de maigreur nuit.*** Les femmes présentant un léger surpoids sont plus rarement atteintes d'ostéoporose : l'abondance de leur tissu graisseux a pour effet de transformer les androgènes sécrétés par les glandes surrénales en œstrogènes ; les phénomènes de pressions sur le squelette sont plus importants, et, en cas de traumatisme ou de chute, le coussinet graisseux fait davantage écran et atténue le choc.

Un traitement pour certaines

Devant une ostéoporose avérée, c'est-à-dire après le constat d'une ou plusieurs fractures, la probabilité que d'autres fractures se produisent augmente considérablement. D'où l'importance, en ce cas, d'un traitement. Les médicaments, pris sous la forme d'hormones ou d'autres molécules, favorisent la reconstruction osseuse ou bloquent sa destruction. Sachez toutefois qu'aucune thérapie ne remplacera jamais une bonne heure de marche quotidienne et la consommation de produits laitiers...

Traitement ou non ?...

Arrivées à la ménopause, bien des femmes se posent la question de prendre ou pas un traitement, notamment pour ne plus subir de bouffées de chaleur. Face à la multiplicité des produits proposés, et aux débats qu'ils suscitent parfois, voici un petit tour d'horizon, histoire de choisir avec toutes les cartes en main...

Loin des contraintes quotidiennes d'une mère, la relation avec une petite-fille est souvent très détendue.

Un choix personnel, pas une obligation *Suivre un traitement à la ménopause est un choix, jamais une recommandation médicale. C'est de votre bien-être dont il est question. Êtes-vous gênée ou pas par les bouffées de chaleur? Souhaitez-vous intervenir sur certains effets du vieillissement ? Ou, au contraire, préférez-vous laisser faire la nature ? Réfléchir à tout cela vous aidera à décider...*

Plusieurs critères de choix

À la ménopause, lorsque les ovaires ne sécrètent plus d'hormones, notamment d'œstrogènes dont l'absence provoque des bouffées de chaleur, se présente la décision de prendre ou pas un traitement hormonal de substitution. Éthique personnelle, souci de son bien-être ou encore considérations strictement médicales (certaines pathologies plaidant en faveur de la prise d'œstrogènes, et d'autres pas) : toutes ces questions sont à examiner toute seule, mais aussi en dialoguant avec son

À vous de décider !

praticien. Avant même d'envisager le problème sous ses aspects médicaux, la question peut susciter des positions de principe.

Une question d'éthique personnelle

Traitement ou non ? Certaines répondront par la négative, arguant que la ménopause est un événement naturel, physiologique, inscrit dans la vie de la femme, et qu'il ne faut pas toucher à ce que fait dame Nature. D'autres répondront par l'affirmative, considérant qu'il est inutile de subir l'inconfort que peuvent entraîner les symptômes de la ménopause alors qu'il existe des traitements adaptés. Quoi qu'il en soit, chacune peut avoir vis-à-vis des traitements de substitution sa propre éthique. Encore faut-il bien mesurer aussi les incidences de sa décision sur sa santé et son bien-être.

Les avantages d'un traitement...

La prise d'œstrogènes fait disparaître immédiatement les bouffées de chaleur, les sueurs diurnes ou nocturnes et leurs conséquences très négatives sur le sommeil et l'humeur. En parallèle, on observe aussi que la lubrification vaginale demeure intacte, et que tous les tissus dépendant des œstrogènes se maintiennent en l'état : solidité de l'os, tonicité de l'appareil urinaire, volume des seins, féminité de la silhouette, souplesse et élasticité de la peau en général... Bref, le jackpot pour conserver sa jeunesse !

Autre aspect non négligeable du traitement, quoique moins connu : les avantages pour le métabolisme (sous l'effet des œstrogènes, le taux de cholestérol total diminue et la part de « bon » cholestérol est mieux préservée) et les effets positifs sur les douleurs articulaires et sur le tonus général.

... non sans inconvénients

Des manifestations gênantes liées aux œstrogènes réapparaissent toutefois en certains cas, comme des douleurs mammaires. Des douleurs pelviennes surviennent parfois ; elles peuvent traduire l'évolution de fibromes utérins ou d'une endométriose. Ces deux dernières situations constituent des contre-indications « relatives » à la prise d'un traitement hormonal substitutif. Ce sera alors au médecin de savoir apprécier la situation et de doser l'apport en œstrogènes de manière judicieuse : ni trop peu, sous peine de ne pas calmer les bouffées de chaleur, ni trop, au risque de réveiller des affections bénignes de l'utérus.

? Le traitement hormonal de substitution implique-t-il une prise de poids ?

Non, c'est une idée fausse. Les hormones données à cette occasion, œstrogènes et progestatifs ne stimulent pas l'appétit et ne favorisent pas l'accumulation des graisses. Elles agissent au contraire sur la répartition des graisses, qui reste plus « féminine » (sur les hanches plus que sur la taille) en présence d'œstrogènes . Aussi ne peut-on pas imputer une prise de poids au moment de la ménopause au traitement hormonal substitutif. De nombreux facteurs entrent en compte si l'on grossit lors de cette période : modifications des habitudes alimentaires, baisse de l'activité physique, facteurs psychologiques...

Faire des mots croisés est une façon ludique de stimuler ses capacités intellectuelles et de mémorisation.

Quelques contre-indications

Il existe en outre des maladies qui ne tolèrent pas la prise de certaines hormones de substitution. Une insuffisance hépatique grave interdit ainsi l'apport de progestatifs, tandis que les thromboses veineuses (formation d'un caillot dans les veines) limitent très fortement la prise d'œstrogènes : en cas de thrombose récente, ceux-ci ne peuvent être prescrits ; en cas d'antécédents, il est préférable de proposer une administration sous forme percutanée (gels, timbres, qui agissent à travers la peau).

Les autres contre-indications concernent un petit nombre de femmes, prises en charge par des spécialistes. Par exemple, celles qui souffrent d'un cancer du sein n'ont pas droit aux œstrogènes. Toutefois, dans le cas d'un cancer en rémission depuis plusieurs années, certains praticiens autorisent ces hormones aux patientes qui les réclament. Cette prescription déborde du cadre légal des réglementations et n'est faite que lorsque les risques et les avantages sont parfaitement compris et assumés par les deux interlocuteurs. Faut-il saluer le courage de ces « contrevenants » ? Dénoncer leur irresponsabilité ? Peut-être est-il bon qu'en matière de santé aussi la liberté individuelle puisse s'exprimer. L'histoire de la médecine est jalonnée de découvertes et de déconvenues provenant de telles initiatives.

Le suivi médical en cas de traitement

Avant de prescrire tout traitement hormonal, le médecin va effectuer un vrai bilan de santé : d'une part dépister les cancers gynécologiques et autres affections, d'autre part évaluer l'impact du mode de vie – tabagisme, habitudes alimentaires, activités physiques... Le recueil d'informations complémentaires, parmi lesquelles l'intensité des manifestations liées à la ménopause, permettra d'apprécier l'effet des produits administrés, une fois le traitement en cours. Dès lors, le praticien veillera tout particulièrement au bien-être général, à d'éventuelles tensions douloureuses des seins (mastodynie), aux saignements, au poids, à la pression artérielle...

Une série d'examens préalables

Votre état de santé autorise-t-il la prise d'un traitement hormonal ? C'est pour répondre à cette question que le médecin recherche d'abord certaines affections : les antécédents ou les risques de phlébite, une maladie du sein par la palpation et la mammographie, ou encore une anomalie utérine par l'examen pelvien et les frottis cervico-vaginaux. Avec le bilan sanguin, il évalue les taux de cholestérol, de triglycérides et de glucose (glycémie), un fort taux de triglycérides pouvant notamment influer sur le choix de tel ou tel mode de traitement. Ces examens de base sont complétés, dans certains cas, par une échographie pelvienne, un bilan vasculaire et une mesure de la densité osseuse pour estimer les risques d'ostéoporose. Lorsque tous ces éléments apparaissent satisfaisants (pas obligatoirement normaux), le dialogue sur le choix du traitement peut s'engager avec toutes les données en main.

▶ Les différents traitements

Lorsqu'un médecin évoque les traitements de la ménopause, il s'agit dans la plupart des cas de traitements hormonaux substitutifs, ou THS, à base d'œstrogènes. Ce sont ceux dont on connaît le mieux les effets. D'autres solutions existent toutefois, notamment à base de plantes. Mais leurs résultats sont très variables.

Les traitements hormonaux substitutifs

Les traitements hormonaux substitutifs (THS) consistent en la prise d'œstrogènes, complétés ou pas par des progestatifs, suivant des dosages différents, propres à chaque femme. En dehors des contre-indications, le choix du mode d'administration est libre, les œstrogènes étant efficaces sous toutes leurs formes, tant vis-à-vis des bouffées de chaleur que de l'ostéoporose. Beaucoup de ces traitements, qu'ils soient oraux ou percutanés, avec ou sans règles, sont pris en charge en France par la Sécurité sociale, au contraire des nouvelles molécules.

Des œstrogènes sous diverses formes...

Les œstrogènes prescrits à la ménopause ne sont pas les mêmes que ceux de la pilule contraceptive. Ils reproduisent exactement la sécrétion ovarienne et sont donc dits « naturels »: œstradiol micronisé ou 17-bêta-œstradiol. Ils existent sous forme de comprimés, de timbres hebdomadaires ou bihebdomadaires, de gels et de spray nasal.

Quand le taux de triglycérides dans le sang est trop important (hypertriglycéridémie) et quand on a déjà souffert de phlébite, le choix

? Un traitement avec ou sans « règles » ?

Le choix d'un traitement avec ou sans règles n'est qu'une question de confort. Du point de vue physiologique, l'un et l'autre sont équivalents – les règles dites de privation n'ont ni fonction de « nettoyage », ni rôle « informatif » puisque le potentiel de fécondité est épuisé. En début de ménopause, les traitements ne provoquant pas de règles peuvent toutefois induire de petits saignements continus, et ce durant les trois premiers mois. Cette situation inconfortable fait que beaucoup préfèrent alors un traitement accompagné de saignements réguliers et prévisibles. Plus tard, lorsque l'utérus est devenu moins sensible aux œstrogènes, un traitement sans règles pose souvent moins de problèmes pratiques.

est toutefois restreint : en ce cas, seuls conviennent les œstrogènes sous forme percutanée.

... complétés ou pas par des progestatifs

L'unique rôle des progestatifs, qui miment l'action de la progestérone, est de protéger l'utérus de l'action œstrogénique. Les œstrogènes donnés longtemps sans progestatifs induisent en effet une prolifération de la muqueuse de l'utérus qui peut devenir cancéreuse. Les progestatifs annulent cet effet – ils sont donc inutiles en cas d'ablation de l'utérus (hystérectomie). Plusieurs molécules différentes sont disponibles, dont une forme de progestérone naturelle. Elles sont administrées par voie orale ou sous l'aspect de timbre lorsqu'elles sont combinées aux œstrogènes.

Les plaquettes de comprimés standard

De plus en plus de produits se présentent sous forme de plaquettes comprenant 28 comprimés. Celles-ci comportent des œstrogènes naturels dans chaque comprimé, associés à un progestatif soit tous les jours, soit seulement pendant les 14 ou 12 derniers jours. Dans le premier cas, le traitement ne génère pas de règles, dans le second, la dernière prise est suivie de saignements, ceux-ci n'étant bien évidemment que des saignements dits de privation, comme sous pilule contraceptive.

La DHEA : prudence...

La déhydroépiandrostérone (DHEA), hormone classée dans les androgènes, est produite par les glandes surrénales, en quantité importante chez les jeunes adultes, et de moins en moins en vieillissant ou en cas de maladie. Rétablir le taux de DHEA de ses 20 ans pour rajeunir apparaît ainsi comme une idée séduisante. Mais, pour l'heure, aucun test n'a démontré clairement un tel effet. Après absorption, la DHEA se transforme en œstrogènes et en androgènes de façon variable, et le risque de virilisation (pilosité) n'est pas nul. Il paraît donc plus simple, plus efficace, et surtout plus prudent, de prendre directement des œstrogènes, avec la surveillance médicale nécessaire qui en découle.

Les molécules de synthèse

Outre les traitements hormonaux de substitution classiques, il existe de nouvelles molécules de synthèse. La tibolone, particulière dans son genre, est une molécule d'action mixte, à la fois œstrogénique, progestative et androgénique. On peut l'utiliser si le bilan lipidique est normal. Le raloxifène, pour sa part, est indiqué dans l'ostéoporose ménopausique. Cette molécule est antiœstrogénique et n'empêche pas les bouffées de chaleur, voire peut les susciter, mais protège en revanche le sein et prévient la fragilisation de l'os.

Les traitements hormonaux locaux

Lorsque la sécheresse vaginale persiste malgré un traitement hormonal par voie générale, ou lorsque celui-ci est contre-indiqué, on peut utiliser des produits à appliquer de manière locale (gels, pommades et ovules). Ceux-ci agissent sur la souplesse et la lubrification du tissu vaginal, sans effet sur les autres organes.

Ils peuvent être aussi prescrits en complément d'un traitement en cas d'incontinence urinaire ou d'inflammations répétées de la vessie (cystites). Pour soigner l'incontinence, toutefois, les urologues associent en général différentes solutions : la chirurgie, si un examen urodynamique en montre la possibilité, les

Le jardinage reste une bonne activité physique de plein air, qui sollicite la plupart des muscles du corps.

médicaments favorisant le contrôle de la vessie et la kinésithérapie pour renforcer le contrôle musculaire.

Les traitements non hormonaux

Qu'ils soient à base de plantes ou de vitamines, les traitements non hormonaux n'ont pas encore prouvé leur efficacité. Aucun d'entre eux ne donne des résultats probants chez 100 % des femmes. En moyenne, ils éliminent les bouffées de chaleur chez 4 femmes sur 10 quand le traitement dure au moins trois mois. Mais, en la matière, l'effet placebo joue sans doute également un rôle.

Les phytoœstrogènes et l'homéopathie

Les phytoœstrogènes sont des produits à base de plantes (soja). La plupart des études ne leur reconnaissent pas de vraie efficacité, sauf absorption quotidienne d'une quantité importante, ce qui représente une part considérable de la ration calorique journalière, et ce sous une forme souvent peu appétissante. Quant à l'authentique homéopathie, c'est une excellente médecine douce, dont on salue le caractère non toxique lorsqu'elle est efficace.

L'herboristerie

Au même titre que les médicaments, les plantes sont efficaces – par exemple, l'écorce de saule, qui donne l'aspirine –, mais aussi dangereuses. En 2002, le ministère de la Santé a émis des avertissements, à la suite de cas de décès par maladie du foie liés à la prise de préparations à base de plantes. Comme pour tous les végétaux, le milieu de culture, les engrais utilisés, la préparation sont importants, mais la charte de qualité rigoureuse qui entoure les médicaments n'est pas ici appliquée. Il s'ensuit que la composition d'une préparation varie énormément d'une récolte à l'autre. Prudence, donc ... Camomille et verveine restent d'excellentes tisanes, mais les préparations revendiquant des propriétés particulières sont en fait de mauvaises copies des comprimés qui offrent beaucoup plus de garanties au consommateur.

Les supplémentations en vitamines

Les résultats de plusieurs études sur les supplémentations en vitamines « antioxydantes » (carotène, vitamine E) ont montré des résultats décevants, voire inquiétants. Certains pensaient que ce type de traitement protégerait des maladies cardiovasculaires et des cancers, mais, actuellement, on suspecte même un effet inverse. Rien ne vaut une alimentation variée comprenant des vitamines en quantité adaptée. Sauf exception (vitamine D chez les jeunes et les seniors) ou régime alimentaire déséquilibré, la prise en continu de suppléments vitaminiques n'est pas souhaitable.

Quel traitement hormonal vous convient le mieux ?

Si vous avez opté pour un traitement hormonal, reste maintenant à définir sous quelle forme. Le mode d'administration, le dosage, la durée de prescription, l'association éventuelle avec d'autres médicaments sont autant de paramètres sur lesquels vous avez également votre mot à dire.

De la nécessité de personnaliser

Le choix de tel ou tel traitement hormonal est toujours le fruit d'un dialogue avec le médecin : avec ou sans règles, administré par voie orale, percutanée (gel ou patch) ou encore nasale... Seules d'éventuelles contre-indications, par exemple des risques de phlébite ou un taux trop élevé de triglycérides, réduisent la marge de manœuvre.

Quelle que soit la voie d'administration, la dose d'œstrogènes peut être « normale » ou « basse ». À dose normale, la protection contre l'ostéoporose est assurée, mais des douleurs mammaires demeurent possibles ; à dose basse, il convient de surveiller l'efficacité du traitement sur la densité osseuse. Une véritable discussion peut donc s'engager, et rien n'empêche de modifier ultérieurement le choix initial.

Plus que les hormones, c'est la qualité d'une relation qui intervient dans la stimulation de la libido.

Quels autres traitements peut-on associer ?

Chez les femmes présentant une ostéoporose et des antécédents de tassements vertébraux, le praticien peut proposer d'associer le traitement hormonal substitutif avec des biphosphonates, des molécules qui se fixent dans l'os. Les deux produits se complètent en effet de manière intéressante : les hormones freinent la destruction de l'os tandis que les biphosphonates favorisent sa formation.

Pour les femmes qui demandent de manière précise un effet sur la libido, il est également possible, dans certains pays, d'associer des androgènes au traitement hormonal œstrogénique. Mais les androgènes sont des facteurs de virilisation, et doivent donc être pris en connaissance de cause. En France, leur prescription aux femmes est actuellement illégale, en raison de ces risques.

L'effet controversé des androgènes sur la libido

Les androgènes, ces hormones mâles produites pour moitié par l'ovaire avant la ménopause et pour moitié par les glandes surrénales toute la vie, permettraient seuls de conserver une libido normale. Mais il s'agit là d'un vrai sujet de controverse. Les spécialistes ne s'accordent pas sur la définition du déficit en androgènes de la femme. À la ménopause, il est mathématiquement correct de considérer que la production androgénique a été divisée par deux. Mais quelles en sont les conséquences ? Les recherches sur le lien entre ces hormones et le dysfonctionnement sexuel féminin demeurent encore balbutiantes. Les androgènes à haute dose induisent certes une libido plus forte, mais s'accompagnent d'un risque de virilisme : pilosité, acné, modification de la voix... L'apport d'androgènes à dose physiologique chez les femmes ayant subi une ablation des ovaires ne s'est pas avéré convaincant. De fait, la libido est si cérébrale que l'effet hormonal est bien difficile à discerner.

Quand faut-il arrêter le traitement ?

Convient-il de prendre un traitement hormonal seulement pendant la période des bouffées de chaleur, pour éliminer des manifestations gênantes ? Ou durant une période de dix ans et plus, en faisant le pari d'une meilleure santé, fondée sur les bienfaits des œstrogènes ? La réponse est délicate, car les traitements hormonaux, pris sur une longue durée, comportent également des risques. En la matière, il n'existe pas de prescription standard, et c'est à chaque femme de faire son choix. Le rôle du praticien est de fournir l'information la plus éclairée, mais, au final, la décision vous appartient.

Quelques éléments pour choisir

Un traitement court soulagera simplement les symptômes de la ménopause. Mais, chez certaines femmes, les bouffées de chaleur et les suées ne surviennent que pendant six mois, tandis que, chez d'autres, ces perturbations durent quelques années. Pour prévenir également l'ostéoporose, le traitement est plus long : cinq ans, voire sept ans, semblent un minimum nécessaire. Cependant, ces éléments ne sont pas les seuls qui importent... Différentes études ont mis au jour un risque en matière de cancer. En ce qui concerne le cancer du sein, les données sont contradictoires : le risque augmente après dix ans de traitement, mais la situation revient à la normale après un an d'arrêt. Le dépistage toutefois, toujours effectué chez une femme sous traitement hormonal, permet de soigner la maladie assez tôt pour qu'elle ne présente pas de risque mortel. Pour toutes ces raisons, la durée du traitement relève avant tout d'un choix personnel. C'est à vous d'examiner le bénéfice que vous en retirerez, comparé au risque statistique.

Commencer un traitement hormonal à 60 ans ?

Il est tout à fait possible d'entamer un traitement hormonal à 60 ans. La question peut se poser lorsque la ménopause est tardive, lorsqu'une ostéoporose importante est diagnostiquée, ou encore lorsqu'une maladie œstrogénodépendante, tel un cancer du sein, avait auparavant contre-indiqué la prise d'œstrogènes. Lorsque la ménopause est ancienne, les hormones sont prises d'abord à petite dose, pour éviter les douleurs des seins. La dose est peu à peu augmentée pour être efficace sur l'os et sur d'éventuelles bouffées de chaleur. En général, un traitement sans règles est prescrit et bien toléré, sans provoquer de saignement. Les avantages – et notamment le bénéfice sur la densité osseuse –, comme les inconvénients, restent les mêmes que si l'on prend le traitement à 50 ans.

Les THS, un traitement sous surveillance

Les premiers traitements hormonaux de substitution sont apparus aux États-Unis vers 1940, mais n'ont suscité un réel engouement en France qu'à partir des années 1980. Depuis, leurs effets sont sans cesse réévalués.

Premiers usages et premières réticences

Le concept thérapeutique du traitement hormonal substitutif a été appliqué pour la première fois en France dans les années 1960, lorsque des implants d'œstrogènes ont été proposés à des femmes jeunes ayant subi une ablation des ovaires (ovariectomie) : le but était de leur éviter les désagréments d'une ménopause précoce.

Cependant, ce traitement resta peu populaire, à cause des risques présumés de cancers du sein et de la muqueuse utérine (endomètre) – favorisés, on le savait déjà, par une longue exposition aux œstrogènes. Sans compter que la médecine d'alors se préoccupait moins du « confort » de la vie quotidienne et avait déjà fort à faire pour que les grossesses et les accouchements se déroulent dans de meilleures conditions.

Du développement du Prémarin® aux États-Unis...

Malgré tout, le traitement hormonal de la ménopause s'était déjà développé aux États-Unis avec la mise au point du Prémarin® en 1942, mélange d'œstrogènes extraits à partir d'urine de juments pleines, dits également « œstrogènes conjugués équins ». Le succès de ce produit au niveau international a été tel que toutes les études d'importance sur l'effet thérapeutique et les manifestations secondaires du traitement ont été réalisées avec lui.

L'efficacité du traitement hormonal substitutif dépend de son adaptation à chaque femme.

... à la multitude de produits des années 1980

Les premières études, publiées dans les années 1980, se sont contentées de suivre le devenir de femmes traitées, ou non, par choix personnel. Il en résultait que le traitement par Prémarin® permettait non seulement de soulager parfaitement les symptômes de la ménopause, mais aussi de diminuer de moitié la fréquence des infarctus. Si l'on ajoutait ces avantages aux autres bénéfices supposés sur les fonctions cérébrales, la peau, le tonus musculaire... et surtout – là avec plus de certitude – sur l'ostéoporose, le traitement hormonal de substitution apparaissait comme le « must ». Dès lors, une multitude de produits ont été commercialisés, permettant d'adapter le traitement et de choisir le meilleur pour chacune, ainsi que d'éviter les produits d'origine équine.

En pratique, comment se décider ?

La décision de suivre ou non un traitement hormonal substitutif de la ménopause relève en grande partie de votre choix personnel. Sans aucun doute un tel traitement améliore-t-il la qualité de votre vie, mais à condition d'être tout à fait adapté à votre cas particulier.
Pour cela, il est nécessaire d'évaluer – et de réévaluer de façon régulière – avec votre médecin tous les bénéfices et tous les risques que vous pouvez attendre du traitement. Une telle évaluation permet aussi à votre médecin de déterminer la forme et la durée du traitement (dosage, voie d'administration, etc.) qui répondra au mieux à votre situation individuelle. En cas de risque (de thrombose, par exemple), il existe parfois un traitement alternatif qui vous conviendra mieux. Et, parallèlement, d'autres moyens thérapeutiques se développent. N'hésitez pas à demander à votre médecin de plus amples informations.

Les nouvelles évaluations des risques

Parallèlement, des études plus rigoureuses ont été menées, d'une part pour évaluer les effets des traitements hormonaux en cas de risque d'accident cardiovasculaire mortel, d'autre part pour déterminer si la fréquence du cancer du sein était augmentée. En 1995, une première étude révèle une hausse des risques en matière de cancer du sein – hausse jugée minime par rapport à la diminution prévue du risque de mort par infarctus –, et, en 1998, une autre démontre que le traitement n'apporte aucune protection contre les récidives de maladies cardiovasculaires.

Puis, en juillet 2002, l'interruption prématurée d'une gigantesque étude américaine fait la « une » de la presse : le traitement de la ménopause présenterait à long terme plus de risques que de bénéfices ; les risques vasculaires (cardiaques, cérébraux, thromboses) et cancéreux (sein) l'emporteraient sur la protection contre l'ostéoporose ou les cancers de l'intestin. Dans la foulée, l'autre grande étude, à l'initiative de la Grande-Bretagne, sur le même thème et avec les mêmes produits, est interrompue.

Il n'existe pour l'heure aucune étude similaire menée en Europe continentale, où les produits prescrits sont différents et où la population concernée ne présente pas tout à fait les mêmes caractéristiques. En France, nombre de femmes traitées ont une hygiène de vie qui diminue considérablement le risque cardiovasculaire : alimentation plus saine, poids moins excessif, conservation d'une activité physique. Et leur choix de suivre un traitement hormonal correspond à ce style de vie. Conséquence : les œstrogènes soulagent bien les symptômes de la ménopause, toutefois, la durée de prescription est rediscutée : cinq ans paraissent sans risques au vu des connaissances actuelles, sept à dix ans indispensables pour un véritable bénéfice vis-à-vis de l'ostéoporose...

Sortie des turbulences,

Lorsque les premiers désagréments de la ménopause surgissent, beaucoup de femmes, parvenues à un équilibre, se retrouvent dans un certain désarroi : doutes existentiels, moments pénibles à passer, états dépressifs ou, au contraire, sentiment de libération… avant de découvrir une nouvelle qualité de vie.

▶ *Le temps des remises en cause*

Faire le bilan de la vie passée est une réaction fréquente au tournant de la ménopause. Ces interrogations entraînent parfois une profonde remise en question. Elles sont aussi l'occasion de bâtir de nouveaux projets ou d'acquérir une certaine sérénité.

Au-delà de la période parfois difficile de la ménopause, c'est une nouvelle féminité qui s'offre aux femmes.

Une réalité loin des stéréotypes

L'image de la femme ménopausée reste encore liée à l'idée de la stérilité et du vieillissement, à la perception d'un malaise global de la femme vis-à-vis de sa féminité, avec son cortège de sautes d'humeur imprévisibles. C'est là un portrait peu flatteur et dévalorisant pour les quinquagénaires, qui se voient parfois obligées de lutter contre de tels préjugés. En fait, l'âge de la ménopause recouvre aujourd'hui des réalités bien diverses. Parce que la plupart des femmes autour de la cinquantaine n'ont renoncé ni à une vie très active ni à la séduction et donnent souvent l'image de femmes épanouies. Parce que ces femmes ont parfois des enfants encore relativement petits ou sont déjà de jeunes et dynamiques grands-mères. Parce que certaines sont au sommet de leur carrière, tandis que d'autres – souvent malgré elles – sont sur le point de cesser leur activité professionnelle… En outre, un traitement médical approprié

un nouvel élan

permet d'atténuer, voire d'éviter nombre de troubles physiques et psychiques qui caractérisent cette période. Faute d'un modèle d'existence bien défini, c'est donc à chacune d'« inventer » son rapport à l'âge et à son entourage selon ses ressources personnelles et ses propres références culturelles et familiales.

Des questions « existentielles »

Qui dit vie familiale, sociale ou professionnelle intense dit aussi emploi du temps chargé – ce qui ne laisse guère de disponibilités pour se poser des questions fondamentales. C'est donc souvent à la faveur d'un événement particulier – le départ des enfants de la maison, une séparation, un licenciement – que se déclenche la « crise » liée à la ménopause. Après de longues années de routine où tout semblait aller de soi, beaucoup de femmes se demandent alors si la vie qu'elles mènent est vraiment celle qu'elles ont envie de vivre. Dans cette période de remise en cause, certaines avouent même : « Je ne sais plus où est mon désir, mon plaisir, dans la vie. »

Entre banales fluctuations de l'humeur…

Dès lors, un malaise psychologique et physique peut se développer. D'autant que la ménopause s'accompagne en général de divers désagréments : bouffées de chaleur, sommeil perturbé, prise de poids, fluctuations d'humeur ou même états d'anxiété. Pour certaines, les différentes manifestations de ce « malaise » forment comme une toile de fond de leur vie, sans que l'on puisse vraiment parler d'une dépression.

… et profond mal-être, voire dépression

D'autres souffrent au tournant de la ménopause d'un ensemble de troubles psychiques à tonalité dépressive. Certaines se plaignent ainsi de difficultés à prendre des décisions, de troubles de concentration, d'une perte de motivation pour exécuter les tâches habituelles et d'un manque d'entrain pour concevoir des projets tournés vers l'avenir. À cela peuvent s'ajouter des ennuis de santé, des problèmes sur le plan professionnel, telle la crainte d'un licenciement ou simplement l'appréhension d'une retraite qui se rapproche. Toute une série de facteurs qui contribuent alors à la manifestation d'un véritable épisode dépressif, parfois renforcé par la prise de certains médicaments.

La façon dont ces troubles s'expriment et sont vécus varie beaucoup selon la personnalité

? Les antidépresseurs

Ces médicaments et, d'une manière générale, les psychotropes ont acquis mauvaise réputation, en partie sans doute parce que leur prise est parfois abusive, voire associée à un phénomène de mode. Pourtant, lorsque le traitement est bien ciblé, ils peuvent être très efficaces. L'étape du diagnostic est ici décisive pour distinguer une « déprime » passagère d'une dépression « majeure ». En cas de doute, n'hésitez pas à consulter un psychiatre. Une fois le diagnostic bien posé, un traitement antidépresseur adapté (et pris régulièrement et aux bonnes doses) peut apporter un réel bénéfice après quelques semaines. Et pour mieux comprendre les causes de sa dépression, la patiente désirera peut-être recourir à une psychothérapie.

et même la forme physique générale de chaque femme. Ici encore, une bonne hygiène de vie augmente les chances de bien passer cette étape délicate. La ménopause n'est pas une maladie, mais ses retentissements sur le moral aussi bien que sur le corps n'ont pas à être subis comme une fatalité. Lorsque la souffrance semble trop grande, qu'on ne se sent plus capable d'y faire face, il ne faut pas hésiter à en parler à son médecin ou à consulter un thérapeute.

▶ *À la recherche d'une nouvelle identité*

L'acceptation de soi, de son être dans sa globalité, représente l'une des premières sources du bien-être psychique. Cet équilibre risque d'être perturbé par les changements liés à la ménopause. C'est le moment de s'occuper de soi et, dans la pleine maturité enfin conquise, de trouver un deuxième souffle.

Difficile d'accepter un corps qui change

Les effets de l'âge qui commencent à se faire sentir, comme la moindre résistance aux efforts physiques ou au stress, mais aussi les inévitables frustrations rencontrées au cours de l'existence, sont quelquefois difficiles à assumer. Or, comme d'ailleurs à l'adolescence, la perception que l'on a de soi à travers son corps occupe une place particulière dans cette période. Pour illustrer la souffrance qui résulte du décalage entre l'image plus ou moins idéalisée que l'on a de soi-même et celle que l'on renvoie aux autres, les psychologues parlent de « blessures narcissiques » que le temps qui passe inflige aux femmes. En général, les signes du vieillissement physique précèdent le vieillissement psychique, à savoir le processus mental qui conduit à admettre l'idée de vieillir.

Menacée par une autre image de soi

Certaines femmes nient les changements que subit leur corps, trop pénibles à vivre pour elles, en continuant à penser, à s'habiller et à se comporter « comme avant ». Comme si elles étaient éternellement jeunes. Pour elles, abandonner les attributs extérieurs de la jeunesse est insupportable : cela reviendrait à renoncer à leur féminité et à leur séduction tout court. Le moindre geste dans cette direction leur apparaît comme une menace pour leur identité : « Je ne serais plus moi-même si j'acceptais de me faire couper les cheveux », confiait une femme de 55 ans à son psychothérapeute.

Vulnérable au regard des autres

Souvent, les femmes qui ont investi beaucoup d'énergie dans leur apparence pour rester séduisante ont plus de mal à accepter les signes physiques du temps qui passe. Pour conserver leur estime de soi, elles ont besoin de voir confirmer leur pouvoir de séduction dans le regard des autres. Quand elles en sont privées ces femmes, dont la personnalité peut être qualifiée de « narcissique », se retrouvent plus vulnérables à la dépression : « C'est le jour où les gens n'ont plus marqué un temps d'arrêt en me voyant rentrer au restaurant que j'ai compris que c'était fini. » Fini ? Vraiment ?

La famille autrement...

Alors que les unes se retrouvent dans une maison « vide » après le départ des enfants, d'autres s'adonnent déjà aux joies d'être grand-mère – reste qu'il s'agit d'abord de penser à soi.

Le syndrome du nid vide

Pour certaines femmes, la perte de la fécondité qu'implique la ménopause est une épreuve douloureuse. Elles ont souvent mené une vie affective tournée vers leurs enfants, quand elles n'ont pas dû arrêter de travailler pour s'en occuper. Au moment où ces enfants devenus grands quittent le foyer, elles sont menacées d'une crise dépressive : le « syndrome du nid vide ». À cela s'ajoutent parfois les déceptions quand les enfants refusent de se conformer aux espoirs et aux rêves que les parents ont projetés sur eux. Remise en cause de l'équilibre de la femme, mais aussi du couple, qui doit retrouver une nouvelle stabilité sans la présence des enfants.

Il arrive alors que des tensions cachées ou refoulées jusque-là éclatent soudain au grand jour. Ainsi, bien des femmes se mettent à rejeter les valeurs traditionnelles qu'elles respectaient pour envisager leur vie autrement : « Mon mari me dit que je suis devenue féministe alors que, simplement, je n'en pouvais plus de vivre à travers les autres. C'est au moment du départ des enfants que j'ai enfin réalisé que je pouvais aussi penser à moi... »

Une jeune grand-mère décontractée

Parmi les femmes qui ont des petits-enfants, on compte aujourd'hui de nombreuses quinquagénaires en pleine forme, dont beaucoup exercent encore en outre une activité professionnelle. Une situation qui, pour ces femmes, n'est pas de tout repos. Souvent, elles s'occupent à la fois aussi de leurs parents âgés et de leurs enfants qui, eux, se trouvent parfois aux prises avec des problèmes de travail ou des soucis conjugaux... En revanche, les relations avec les petits-enfants ont tendance à prendre une allure ludique et plaisante. Il n'est pas rare qu'une grande complicité s'instaure entre eux et cette jeune Mamie. Comme elles n'ont pas à assumer le « mauvais » rôle parental lié à l'éducation et à la discipline, ces nouvelles grands-mères peuvent choisir la part belle lorsqu'elles consacrent une partie de leur temps à leurs petits-enfants : plutôt que de surveiller leurs devoirs ou de leur apprendre les bonnes manières, elles préféreront jouer avec eux ou les emmener pour des sorties. Grâce à un emploi du temps moins contraignant et à une plus grande maturité, elles sauront faire preuve de patience et seront disponibles, parfois mieux qu'elles ne pouvaient le faire avec leurs propres enfants.

Une grande complicité s'installe souvent avec les petits-enfants

Vers une nouvelle féminité…

Vieillir dans sa tête signifie aussi reconnaître les limites que le temps impose à la réalisation de ses propres désirs et d'en faire le deuil. L'impression que le compte à rebours de la vie a commencé peut être à l'origine de comportements « incompréhensibles » pour l'entourage. Par exemple, à l'approche de la ménopause, telle femme décidera d'avoir un dernier enfant – parfois, en même temps que sa fille aînée –, comme si elle voulait réaffirmer, à travers sa maternité, une féminité qui semble lui échapper. Telle autre, jusque-là épouse modèle, sera soudain frappée par le démon de midi (comme le sont maints hommes de son âge) et quittera son foyer pour les beaux yeux d'un jeune homme « qui lui fait découvrir la vie ».

Une vraie « maturité » peu à peu conquise

Ces « passages à l'acte » se traduisent donc quelquefois par des ruptures brutales. Mais, dans la plupart des cas, la prise de conscience du temps qui passe donne lieu à un « travail » d'adaptation et à une série de changements qui modifient plus en douceur l'image que la femme se fait d'elle-même.

Si les vies exemplaires proposées par les médias sont celles de l'adolescence et de la jeunesse, l'âge de la ménopause peut devenir le moment où l'on s'affranchit enfin de ces modèles pour laisser libre cours à ses propres aspirations et à son imagination. Ainsi, pourquoi ne pas adopter un style vestimentaire dans lequel on se sent avant tout à l'aise et qui accueille avec grâce un corps qui n'est plus l'enjeu d'un « plan marketing », sans pour autant renoncer à séduire ? Et justement, la séduction, elle aussi, évolue vers d'autres formes dans la richesse d'une féminité qui sait se renouveler.

Faire comprendre « sa » ménopause aux autres

Selon leur personnalité, les femmes se sentent plus ou moins à l'aise pour expliquer à leur partenaire (ou à leur entourage) ce qu'elles ressentent au moment de la ménopause. La profonde remise en cause qu'elles vivent suscite parfois des sentiments de honte ou de culpabilité : « Je sais que ce n'est pas ma faute ; pourtant, je ne peux m'empêcher de m'en vouloir. » Trouver les mots est pourtant une étape cruciale dans le passage de ce cap. Lorsqu'on souffre d'une absence de communication, que les angoisses liées à ce « non-dit » sont trop lourdes, pousser la porte d'un psychothérapeute est un moyen pour retrouver un équilibre.

… et une nouvelle liberté

Il serait cependant faux de penser que la ménopause constitue toujours une épreuve difficile. Pour franchir avec bonheur ce cap, les femmes doivent et savent en effet mettre en jeu toutes leurs capacités psychologiques, déployer leurs ressources familiales, relationnelles et professionnelles. D'ailleurs, certaines ressentent cette étape davantage comme un soulagement, voire une véritable libération. Pour elles, l'heure est enfin venue où elles réussissent à vivre dans le présent – leur présent – plutôt que de remettre toujours à plus tard tel ou tel de leurs projets ou de s'adapter aux désirs des autres. Leur expérience et leur maturité leur donnent une grande confiance en elles-mêmes, une confiance qu'elles n'ont pas connue jusqu'alors : « J'ai appris finalement que la seule personne responsable de ma vie, c'est moi ! » Il en résulte tantôt une grande sérénité et un apaisement, tantôt une énergie qui permet d'explorer de nouvelles voies ou de bâtir de nouveaux projets.

Entretenir sa forme

Assumer avec sérénité les changements que connaît le corps au moment de la ménopause ne signifie pas se résigner. Il n'est jamais trop tard pour reprendre ou même commencer une activité physique régulière. Vous vous sentirez d'autant mieux et bénéficierez à l'avenir d'une meilleure santé.

Quelle activité sportive dans quel but ? *Toutes les études sont formelles : le sport est excellent pour la santé physique et psychique. Or, ni les aptitudes physiques ni les besoins ne sont les mêmes pour toutes les femmes. Avant de vous lancer, posez-vous les bonnes questions sur ce que vous attendez d'une telle activité. Si vous êtes bien motivée, vous risquerez moins de lâcher en cours de route.*

La natation entretient les muscles et les articulations, et elle est bénéfique pour le système cardiovasculaire.

Je protège mon capital santé

On sait aujourd'hui que le sport prévient les maladies cardiovasculaires et retarde les effets du vieillissement. La pratique régulière d'une activité physique augmente la densité osseuse et évite l'ostéoporose. En effet, la sollicitation des muscles mobilise les os qui absorbent mieux les éléments nutritifs. Ce gain peut atteindre 2,5 % de la masse osseuse au bout d'un an d'entraînement. Le sport favorise en outre les échanges cellulaires et permet d'évacuer une plus grande quantité de gaz carbonique. Le retour veineux du sang est accru, ce qui assure une meilleure redistribution de l'oxygène dans les zones à irriguer. En augmentant la concentration de celui-ci dans le sang, le rythme cardiaque se ralentit, le cœur ayant moins d'efforts à faire pour pomper l'oxygène. Même les asthmatiques peuvent bénéficier d'une pratique sportive régulière avec un suivi médical.

Activités conseillées : stretching, yoga, marche, natation, aquagym, tai-chi-chuan, vélo, step salsa…

Le conseil du spécialiste : n'oubliez pas de valoriser les gestes quotidiens. Deux heures de ménage par jour permettent d'entretenir une bonne condition physique et de maintenir une certaine tonicité musculaire, mais on peut préférer la salle de gym au balai !

Je veux me muscler

À partir de 40 ans, la masse musculaire décroît au profit de la graisse si l'on reste sédentaire. Parallèlement, la force physique diminue. Certains sports, et en particulier la musculation, permettent de lutter efficacement contre ce processus. Pour se muscler en finesse, il est conseillé d'effectuer des séries d'exercices d'au moins 25 mouvements chacune et sur un rythme régulier. Il ne faut pas hésiter à demander une aide au responsable de la salle pour sélectionner les poids et les appareils.

Activités conseillées : musculation, aquagym, step, salsa, pump …

Le conseil du spécialiste : les bons abdos – ceux qui font le ventre plat – sont situés en bas de l'abdomen. Pour les faire travailler, seules les jambes doivent être en mouvement, le buste restant en place.

J'ai besoin de « déstresser »

Le stress entraîne une modification du tonus musculaire. L'exercice physique aide à canaliser cette hypertonicité brutale. De nombreuses études ont montré que la pratique sportive réduit les risques liés au stress, tels les maladies cardiovasculaires ou la diminution des défenses immunitaires. Par ailleurs, l'exercice limite l'énervement et, sur le long terme, accroît la capacité de tolérer les frustrations. La baisse du niveau de stress semble s'opérer par le biais d'une série d'adaptations d'ordre physiologique (diminution de la tension neuromusculaire, production d'endorphines qui améliorent la confiance en soi, etc.). Enfin, une augmentation de la consommation d'oxygène de l'ordre de 15 à 30 % suffit pour produire un effet antidépresseur chez les personnes anxieuses ou déprimées.

Le sport n'arrête pas le processus du vieillissement mais un corps en bonne forme aide à vieillir mieux.

Activités conseillées : danse africaine, step, stretching, yoga, roller, natation, randonnée, escalade, équitation…

Le conseil du spécialiste : un entraînement régulier est encore le meilleur moyen de combattre le stress, qu'il s'agisse d'une activité physique intense ou d'un travail plus intérieur (yoga, etc.), lui aussi efficace mais moins brutal.

Je souhaite perdre du poids

Si le sport ne fait pas à proprement parler maigrir, il évite en revanche la prise de poids en « brûlant » des calories et il améliore la silhouette. Une activité physique régulière favorise en effet la dépense calorique, et les muscles d'un corps entraîné absorbent mieux le glucose qui, dans le cas d'une vie sédentaire, sera déposé avec la graisse.

Activités conseillées : natation, randonnée, step, vélo, jogging...

Le conseil du spécialiste : en associant le sport à un régime alimentaire adapté, les résultats seront encore plus probants.

▶ *Soigner sa sensualité*

La sexualité n'a pas d'âge, mais elle évolue avec les années. Autour de la cinquantaine, les femmes doivent faire face à des changements qui influencent leur libido et érodent parfois leur désir. Ce n'est pourtant pas une fatalité !

Continuité ou changement radical ?

C'est entre ces deux pôles qu'évoluera la libido féminine au cours de la deuxième moitié de la vie. De façon générale, la fréquence des rapports sexuels commence à baisser dès l'âge de 30 ans. Cependant, certains couples trouvent autour de la cinquantaine un nouvel épanouissement sexuel. Si des difficultés surviennent, la plupart d'entre elles peuvent être surmontées – d'autant plus facilement bien sûr si l'amour est toujours là !

Pour une grande majorité de femmes, l'activité sexuelle a toutes les chances de se poursuivre sur un mode et un rythme semblables à ceux d'avant, mais qui tiendra compte des changements corporels, de nouvelles envies et d'un plaisir peut-être différent. Pour certaines, la ménopause est synonyme de rapports sexuels désormais sans crainte d'une grossesse : elles découvrent alors les joies d'une sexualité plus libre. Pour d'autres, le désir sexuel peut s'émousser jusqu'à s'éteindre. Une disparition totale du désir reste rare. Elle est presque toujours liée à la façon dont cela se passait avant : si les relations sexuelles avec le partenaire étaient médiocres, la ménopause servira de prétexte à un arrêt complet des rapports qui ne satisfaisaient déjà ni l'un ni l'autre.

Un corps qui change

Avec la ménopause, les organes sexuels de la femme subissent des évolutions liées à la carence hormonale. En l'absence de soins appropriés, le désir sexuel risque d'en faire les frais. En effet, ces modifications – orifice vulvaire rétréci, amincissement des petites et grandes lèvres, parois vaginales moins lubrifiées – entraînent des rapports désagréables, voire douloureux dans certains cas. Il arrive que certaines femmes appréhendent le coït au point de finir par le refuser.

Qu'il soit pris par voie générale ou en application locale, un traitement hormonal de substitution – s'il est choisi – permettra de conserver la souplesse et la lubrification des muqueuses, de redonner de l'épaisseur aux tissus et d'éviter ainsi toute douleur au moment du rapport.

La qualité de la relation joue un rôle plus important que la physiologie dans l'épanouissement sexuel du couple.

Une affaire de couple

Pour faire l'amour, il faut être deux ! Autour de la cinquantaine, il semble que les femmes se sentent moins concernées par le sexe, alors que les hommes continuent « d'avoir envie » … Mais la « dépression » hormonale lors de cette période et son lot de désagréments physiques ne sont pas les seuls en cause. Le climat psychologique dans lequel vit le couple importe beaucoup. Pour continuer à mener une vie sexuelle active au moment et au-delà de la ménopause, les femmes ont besoin de se sentir désirées et désirables. Or, certaines ont plutôt tendance à ne « plus s'aimer » à cause des kilos mal placés, d'un corps moins tonique, d'un visage plus marqué de rides, etc. Le regard qu'elles portent sur leur corps est parfois très dur. Le miroir leur renvoyant l'image d'une femme qu'elles trouvent moins désirable, elles finissent par se persuader qu'elles ne le sont plus. Le rôle du partenaire est alors primordial : à lui de faire comprendre à celle qui partage sa vie qu'il aime cette maturité et qu'il se moque des petits signes du temps – lui non plus n'échappe pas aux rides et aux muscles moins fermes… Des mots qu'il faut au besoin aller chercher par quelques questions !

▶ Rester séduisante

Kilos superflus, rides, cheveux grisonnants… Relevez plutôt le défi en changeant vos habitudes et en adaptant votre style. Car la séduction fait encore partie du jeu et de la vie, et pour longtemps !

Un nouveau look ?

Et puis ne croyez-vous pas justement que vous avez enfin l'âge de vous affranchir des « diktats » de la soi-disant beauté parfaite telle que la publicité ou les médias la proposent ? L'humour, la sociabilité, la maturité, l'intelligence et la générosité qui émanent d'une femme sont autant d'atouts dans le jeu de la séduction. Mais ce n'est pas une raison pour se laisser aller. L'allure passe déjà par les vêtements, l'essentiel étant de choisir un style dans lequel on se sent bien. La cinquantaine n'interdit en rien la fantaisie.

Savoir s'affranchir du « jeunisme » de la mode

Mais faites d'abord preuve de bon sens. Vouloir ressembler à celle que l'on était il y a vingt ans en s'habillant avec ce que porte la « jeune » génération risque de friser le grotesque... La mode s'adresse aussi aux femmes mûres : les lignes, les couleurs, les coupes sont pour elles aussi « tendance ». En prenant le temps, en furetant dans les boutiques, vous trouverez sûrement le « look » dans lequel vous vous sentez à l'aise et qui mettra votre corps en beauté. Votre style peut être différent de celui que vous aviez encore il y a quelques années, mais vous afficherez plus de sérénité. Les survêtements sont à réserver aux activités sportives, mais soigner son apparence, et séduire, ne veut pas forcément dire être en minijupe ! Laisser deviner aux regards des autres une silhouette en pantalon fluide et longue veste est tout aussi sexy.

Pour réveiller sa libido

• La routine est l'ennemi du couple : position, endroit, heure, il faut savoir varier.

• Tout ne se passe pas forcément dans un lit ! Dîner en tête à tête aux chandelles, week-end à deux, soirées imprévues..., ménagez-vous des moments intimes, de complicité et de retrouvailles, qui protègent et stimulent le lien amoureux.

• N'oubliez pas le dialogue : le partenaire n'est pas responsable du chamboulement hormonal qui trouble les envies et perturbe le corps. Plutôt que de lui tourner le dos tous les soirs, expliquez-lui ce qui se passe dans votre corps et dans votre tête.

• N'hésitez pas à « parler sexe » avec votre partenaire : de vos fantasmes quand vous étiez plus jeunes, de vos relations sexuelles d'hier... Rien de tel que de se replonger dans les bons moments du passé pour avoir envie de les remettre au goût du jour.

• Ne craignez pas d'aller consulter un spécialiste (gynécologue, sexologue, psychothérapeute) si, malgré le dialogue, les blocages persistent et empoisonnent votre relation conjugale.

La peau : un capital à sauvegarder

Le maquillage, ce n'est pas seulement un moyen de cacher les rides. Jouez-en plutôt pour mettre en valeur ce qui est beau dans votre visage : les yeux, les lèvres... La peau, en particulier celle du visage, est un véritable miroir : celui de l'âge mais aussi celui des émotions. Tous les événements, heureux ou difficiles, qui jalonnent une vie y laissent une signature, des empreintes qui s'ajoutent aux effets de l'environnement et du temps.

Mais n'oubliez pas que la peau a des ennemis : l'alcool, le tabac et le soleil. Même si ce dernier est source de vitamine D, des expositions inconsidérées entraînent fatalement le vieillissement prématuré de la peau. Les UV B altèrent la surface quand les UV A s'attaquent au derme, plus profond. Il faut donc se protéger avec des crèmes aux indices de protection élevés tout au long de sa vie. Et il n'est jamais trop tard pour commencer !

L'hydratation, qui diminue avec l'âge, peut être conservée avec des gestes quotidiens simples : crème hydratante matin et soir et surtout un démaquillage parfait avant de se coucher, pour que la peau puisse respirer.

Les cosmétiques : que doit-on croire ?

Les produits antiâge sont nombreux. Il est difficile de s'y retrouver. Votre dermatologue vous aidera dans le choix d'un soin adapté à votre type de peau. La recherche dans ce domaine a fait des progrès et des agents actifs, tels que l'AHA, le BHA ou les vitamines, ont fait leur

Les crèmes antivieillissement ne font pas disparaître les rides existantes, mais peuvent estomper les ridules.

preuve pour prévenir les rides. Ces cosmétiques peuvent aussi aider d'une autre manière : ils incitent à prendre du temps pour soi, à s'occuper de soi, et cela compte ! Enfin un conseil : lorsqu'une crème convient à votre peau, il est préférable d'y rester fidèle pendant quelques mois.

Chouchouter ses cheveux

Les cheveux sont une parure, donc à ne pas négliger. Beaucoup de femmes optent pour des coupes plus courtes parce que plus pratiques. Et, à l'inverse de ce que suggèrent certains clichés, les cheveux courts ne font pas vieillir, mais donnent un style enlevé et dynamique. Si vous avez envie de « changer de tête », un rendez-vous chez un visagiste aiguillera vers la coupe qui affinera votre visage, mettra en valeur votre regard ou permettra d'étudier le balayage qui dissimulera vos premiers cheveux blancs.

Les cheveux blancs apparaissent lorsque diminue, avec l'âge, le taux des mélanocytes, cellules qui produisent les pigments (mélanines) responsables de leur coloration. Si leur présence vous devient importune, le coiffeur pourra vous proposer une teinture. Choisissez de préférence un ton légèrement plus clair que celui que vous aviez avant (les cheveux blancs absorbent la totalité des pigments du colorant). Si vous préférez ne pas teindre vos cheveux, entretenez-les bien quand même : l'absence de pigments les rend plus poreux, et ils retiennent plus facilement les poussières et les vapeurs grasses, ce qui a tendance à les jaunir.

Recourir à la chirurgie esthétique ?

Les deux lifts les plus pratiqués autour de la cinquantaine sont :

- *le lift fronto-temporal pour rajeunir la partie supérieure du visage ;*
- *le lift cervico-facial pour repositionner les tissus de l'ensemble du visage qui se sont affaissés.*

Vient ensuite la chirurgie des paupières pour les rehausser et éviter le regard de « chien battu ». Grâce aux progrès techniques, ces interventions sont certes aujourd'hui moins lourdes mais pas anodines. La chirurgie esthétique n'empêche pas de vieillir, elle retarde seulement les effets du temps. Son principal atout est psychologique, car elle réconcilie la femme avec l'image qu'elle a d'elle-même au moins pour un temps. Avant de se décider en faveur d'une telle intervention, il vaut donc mieux s'interroger sur les raisons qui motivent ce choix. Attention : une intervention esthétique ne règle en rien un problème de couple ou de travail.

Adapter son régime ?

On prend souvent à la cinquantaine quelques kilos dont on se passerait bien : un peu par défaut d'activité physique, un peu par excès de grignotage, les deux conjugués faisant encore plus mauvais ménage. Mieux vaut ne pas trop attendre pour perdre les mauvaises habitudes…

Quand l'âge et le mode de vie influent sur le poids *Les femmes grossissent souvent à la ménopause. Certaines quasi délibérément, faute de se penser encore séduisantes. D'autres parce qu'elles traversent des moments de déprime, qu'elles compensent par le plus intime des plaisirs : la gourmandise, la sensation de ventre plein. À cela s'ajoute souvent une vie sédentaire.*

Une alimentation équilibrée et une activité physique contribuent à maintenir une belle silhouette.

Les excès pardonnent moins…

À partir de 50 ans, la silhouette a tendance à se modifier : moins de muscles, un peu plus de graisses, et il n'est pas toujours facile d'équilibrer ses repas une fois que les repères familiaux ont disparu avec le départ des enfants du foyer. Les excès caloriques, que les très jeunes femmes peuvent brûler par une plus grande activité physique ou compenser par quelques repas en moins, ont ainsi tendance à rester sur les hanches de leurs aînées.

… et maigrir prend davantage de temps

Éliminer un excès de poids, petit ou grand, devient plus problématique avec l'âge. Il est sans conteste plus simple de préserver l'avenir de sa silhouette dès 40 ans que de s'en préoccuper soudain à 50 ans, lorsque l'objectif est de perdre 10 kilos ou davantage. L'élimination de la graisse superflue est bien plus lente et plus ardue. Il faudra de la patience pour faire machine arrière quand la silhouette s'est alourdie. Mais, avec de l'exercice physique et en adoptant une alimentation adaptée, cela reste tout à fait du domaine du possible.

Comment l'exercice physique aide à garder la ligne

Si on observe son poids avant et après une séance de sport, on constate une diminution notable... qui disparaît dès que l'on s'est abreuvé : on a donc perdu des kilos (ou au moins des grammes) d'eau. L'effort physique à lui tout seul fait consommer peu de calories : l'équivalent d'environ une pomme pour une demi-heure de bicyclette ou de course à pied. Ce n'est donc pas le sport en lui-même qui fait maigrir, d'autant plus que la dépense physique tend à ouvrir l'appétit. C'est plutôt l'instauration d'un nouveau mode de vie. Le temps de la séance d'aérobic ou de danse, on ne grignote pas... et on ressent avec plus de force l'envie d'une silhouette svelte, ce qui freinera les appétits ultérieurs.

Tomates, carottes et salades vertes..., les crudités apportent des vitamines et des fibres.

Limiter le sucre et les édulcorants

Tous les aliments sucrés apportent des calories, quoique moins que les graisses. Mais la plupart, à l'exception des fruits, ne sont pas nécessaires à l'alimentation. On peut parfaitement faire une croix, au moins temporaire, sur les desserts, le chocolat, les entremets, la confiture... Quant aux édulcorants, ils n'ont de véritable utilité que lorsque le sucre est contre-indiqué, par exemple en cas de diabète. Remplacer un morceau de sucre par une sucrette dans son café ne réduit l'apport en calories que de façon dérisoire (16 calories en moins seulement !). Quand on affectionne les sodas, il est certes préférable d'opter pour les produits « light ». En revanche, les confitures ou chocolats « light » réduisent assez peu l'apport en calories, sont souvent plus chers et ont parfois un goût moins bon.

Les muscles brûlent les calories

À long terme, un corps doté d'une bonne masse musculaire consomme plus de calories qu'un corps dont la masse graisseuse est importante. En bref, une maigre musclée active peut manger davantage qu'une ronde sédentaire, tout en restant mince...

Ce fait s'explique très bien par le métabolisme de base, à savoir la dépense obligatoire inhérente aux composantes du corps. Le muscle consomme, la graisse stocke. Lorsqu'il y a un excès de graisse, les dépenses sont moindres ; donc tout apport alimentaire excessif est stocké de façon plus facile.

▶ Apprendre à se constituer un régime

Lorsque le poids s'alourdit, que la garde-robe de l'année dernière devient ridiculement serrée, il est conseillé de diminuer l'apport calorique. Mais n'oubliez pas que le meilleur régime reste celui qui satisfait le goût et apporte des aliments variés : protéines, laitages, féculents, légumes et fruits frais.

Quelques conseils pour manger moins et mieux

Tout en se plaignant d'avoir grossi, la plupart des femmes diront qu'elles mangent très peu, ou moins que les autres. Mais l'analyse de leur alimentation montre en général des écarts, parfois dans le passé. Noter scrupuleusement tout ce que l'on mange durant deux semaines permet bien souvent de pointer du doigt quelques erreurs... et de les corriger.

Ne pas sauter de repas, pour ne pas grignoter

En suivant quelques recommandations simples, on peut réduire d'environ un tiers l'alimentation habituelle. Une solution consiste à se servir une assiette de chaque plat de 30 % inférieure à la « normale », et sans se resservir. Mieux vaut aussi ne pas sauter de repas, et en prendre plutôt quatre que deux – donc, petit déjeuner et goûter sont au programme. Chaque prise alimentaire fait en effet fonctionner l'appareil digestif dont les muscles consomment des calories. En outre, en cas d'un seul repas, la quantité d'aliments absorbée est généralement amplifiée. Surtout, ne mangez qu'assise à table, ce qui vous aidera à bannir le grignotage avant, pendant et après le repas.

Oublier les chips et autres fritures...

Il faut savoir que toute boisson alcoolisée est calorique, donc à consommer avec modération aussi pour cette raison ; refuser farouchement chips, cacahuètes, olives et toute friture, limiter les matières grasses et résister aux desserts, à l'exception des sorbets. En prévision des moments de creux, approvisionnez-vous en fruits (melon, pommes, poires, fraises, bananes, pastèque) et en laitages peu ou pas sucrés et légers en graisses.

Le pain, les féculents, les pâtes, le riz ne sont pas interdits dans un régime, dès lors qu'on n'y ajoute pas (ou très peu) de matière grasse.

Sans exclure la gourmandise

Il n'est pas nécessaire au bonheur de toutes d'être minces. Même si des éternellement maigres dévorent pour attraper des rondeurs, et si des rondes invétérées se restreignent à midi pour mieux déguster le soir, beaucoup de femmes trouvent leur silhouette en fait plutôt à leur goût. Preuve qu'il ne tient qu'à chacune de surveiller ses variations de poids, et d'y remédier avant que l'écart ne dépasse le supportable. L'alimentation doit correspondre au goût, et le fait d'entretenir une bonne masse musculaire permet de satisfaire régulièrement sa gourmandise. Quant au goût, il n'est pas figé à jamais, il peut évoluer – pour peu que l'on ait la curiosité d'essayer de nouveaux plats ou de nouvelles recettes.

Commencer déjà à préparer sa retraite ?

Même si elle semble encore loin, la retraite sera d'autant mieux vécue qu'elle aura été bien anticipée. Pour « négocier ce virage » en douceur, pour éviter les mauvaises surprises, mieux vaut s'y prendre assez tôt. Cela permet, par exemple, de réfléchir à de futurs champs d'action, d'effectuer certaines démarches et de se libérer d'avance de quelques soucis...

Éviter le passage à vide

Comme tout grand changement dans la vie, le passage à la retraite mérite une bonne préparation. En effet, quelques choix réalisés au bon moment éviteront le passage à vide lorsque cessera l'activité professionnelle. Cela vaut surtout pour les femmes qui se sont beaucoup investies dans leur travail. Pour elles, la perte du statut social et de l'identité que leur a conférés leur activité est ressentie de façon douloureuse et peut entraîner une baisse de l'estime de soi, voire une tendance dépressive. Mêmes celles qui n'ont jamais cessé de se plaindre des conditions de leur

Aider des personnes âgées pour leurs démarches administratives...

travail et qui ont toujours rêvé de le quitter finissent parfois par avoir quelques regrets ! Le stress et les tensions qu'elles ont connus sont devenus au fil des années de véritables « drogues ». Quant aux mères de famille restées au foyer, elles risquent de souffrir du « syndrome du nid vide » après le départ de leurs enfants. Dans tous les cas, pour ne pas laisser s'installer la « déprime », mieux vaut prévoir une retraite active, en rejoignant, par exemple, une association, et commencer dès maintenant à se renseigner et à prendre des contacts.

Et pourquoi pas devenir bénévole ?

Plus en forme et plus actifs, les retraité(e)s d'aujourd'hui participent dans une large mesure à la vie associative, que ce soit pour organiser leurs propres loisirs ou pour faire bénéficier les autres de leur temps libre et de leurs compétences. Organisation d'activités sportives, visites d'enfants dans les hôpitaux, aide aux exclus, défense de l'environnement..., presque toutes les associations manquent de bénévoles compétents. Pour encadrer les loisirs d'enfants, tenir à jour un fonds de documentation, collecter des fonds, prendre en charge la comptabilité... Il serait bien étonnant de ne pas disposer d'un savoir-faire auquel on puisse vouloir faire appel. En général, le bénévolat pratiqué à l'âge de la retraite fait suite à des activités exercées auparavant dans le même domaine. Ce qui change est souvent le degré d'engagement et le nombre d'heures qui y sont consacrées. Celles qui ne savent pas encore où apporter leur concours ou qui souhaiteraient bénéficier d'une formation peuvent prendre contact avec le Centre national du volontariat ou l'Institut national de la retraite active. Pour en savoir plus sur les associations locales existantes, il est conseillé de s'adresser à la mairie ou à la paroisse ou simplement de demander autour de soi.

Faire le point sur votre future retraite

Quels que soient le ou les régimes au titre desquels vous avez cotisé au cours de vos années de travail, vous devriez, vers 55 ans, procéder à une reconstitution de carrière pour connaître vos droits : combien de trimestres avez-vous déjà acquis ? Combien vous en faut-il encore pour obtenir la meilleure pension possible ? En cas de litige, vous aurez le temps de faire les recherches nécessaires pour contester d'éventuelles erreurs avant d'envoyer votre dossier.

Si vous n'avez jamais travaillé parce que vous vous êtes occupée de vos enfants, il vous reste du temps pour trouver un emploi (au moins pendant un trimestre) : un compte sera alors ouvert à votre nom, avec les majorations et bonifications pour enfant.

Les salariés du secteur privé peuvent demander un relevé de carrière à leur caisse régionale d'assurance maladie (Caisse nationale d'assurance maladie, pour les habitants de la région parisienne ; caisse régionale vieillesse de Strasbourg, pour ceux des départements Haut-Rhin, Bas-Rhin ou Moselle). Il est aussi possible de se rendre à un point d'accueil retraite (renseignez-vous auprès de votre mairie) ou d'obtenir ces informations par internet. Pour la retraite complémentaire, il faut s'adresser (mais seulement à partir de 57 ans) à sa dernière caisse ARRCO ou au Centre d'information et de coordination de l'action sociale (non-cadres) ou à la caisse AGIRC (cadres).

Quant aux autres régimes, les exploitants ou salariés agricoles peuvent se renseigner auprès de la Mutualité sociale agricole, les artisans auprès de la caisse Assurance vieillesse artisans (AVA), les commerçants auprès de leur caisse professionnelle ou interprofessionnelle ORGANIC, les fonctionnaires auprès du bureau du personnel et des pensions et les professions libérales auprès de leurs caisses respectives.

Le temps d'un nouvel équilibre

Garder santé, énergie

Dans les pays riches, les femmes qui ont eu 50 ans en l'an 2000 peuvent espérer vivre encore près de quarante ans : du jamais vu dans l'histoire de l'humanité ! Surtout, ces années gagnées le sont sur la maladie et les infirmités, grâce à une prévention adaptée. Pour vieillir en bonne santé…

▶ L'équivalent d'une deuxième vie

Voilà ce que les progrès de la médecine, de l'hygiène, de l'alimentation ont fait gagner aux femmes, en un peu plus d'un demi-siècle. À 50 ans, avoir trente à quarante ans devant soi, c'est disposer d'un temps quasi aussi long qu'entre la puberté et la ménopause. Un nouvel âge à inventer, pour toute une génération.

La vie amoureuse – et sexuelle – ne souffre nullement des années quand on se trouve heureux à deux

À 60 ans, l'air d'en avoir 50…

Après les tumultes de la puberté, l'aventure de la maternité, les turbulences de la ménopause, que se passe-t-il dans la vie des femmes ? Jusqu'aux premières décennies du XXe siècle, pas grand-chose : sauf exceptions, au-delà de la cinquantaine, le temps leur était compté. Une fois passé le « retour d'âge », les voilà vieilles, avec l'air d'octogénaires d'aujourd'hui.

Il suffit de regarder d'anciennes photos : elles illustrent parfaitement ce que disent les statistiques, les démographes et les médecins. En moins d'un demi-siècle, la croissance économique, ainsi que les progrès de la médecine, de l'hygiène et de l'alimentation ont provoqué une véritable révolution.

En France et dans les pays développés, les hommes, et les femmes davantage encore, vivent de plus en plus vieux – une petite fille née

et vitalité

en 2003 a devant elle une espérance de vie de cent ans minimum. Surtout, cette avancée en âge s'accompagne d'un recul impressionnant des incapacités liées au vieillissement.

Reprenons les photos de famille : une sexagénaire du XXIe siècle a l'apparence d'une quadragénaire des années 1940. Elle en a aussi la santé et les capacités physiques – fécondité en moins. Elle devient vieille, oui, mais de plus en plus tard. Les spécialistes placent désormais la barre au-delà de 75 ans.

Des pilules de jouvence ?

Cette idée de vieillir en bonne santé (au sens d'un bien-être complet, pas seulement défini par l'absence de maladie) passait hier pour une absurdité. Aujourd'hui, c'est une possibilité et une réalité. À l'avenir, ce sera une exigence : qui voudrait se priver du privilège de garder forme et vitalité le plus longtemps possible ?

À preuve, l'engouement qu'ont suscité les recherches menées autour des « hormones de jeunesse », et notamment la DHEA (déhydroépiandrostérone). Rappelons que la DHEA est une hormone dont la production diminue à partir de la trentaine pour devenir infime autour de 70 ans, mais dans des proportions très variables selon chaque individu. En 1998 et 1999, une étude a ainsi été menée en France sur les relations entre le vieillissement et la quantité de DHEA sécrétée par l'organisme, avec des volontaires (hommes et femmes) de 60 à 79 ans. Selon les premières conclusions, publiées en 2000, un an de traitement aurait amélioré l'état de la peau, la solidité des os et la sexualité des femmes de plus de 70 ans. Qu'en est-il en fait ?

Ces résultats ont été jugés peu fiables par la suite. Malgré de nombreuses études, on sait toujours peu de choses sur le rôle physiologique de la DHEA. Par ailleurs, aucun lien n'a pu être établi jusqu'à présent entre un taux faible de DHEA et un état pathologique particulier. Ni, inversement, entre un taux élevé et un bénéfice éventuel (prévention cardiovasculaire, esprit alerte et mémoire, sensation de bien-être…). Bien au contraire, la DHEA provoque parfois des effets indésirables chez les femmes (acné, perte de cheveux, hirsutisme) et on la soupçonne même de favoriser l'apparition de cancers (sein et endomètre). La DHEA n'a actuellement aucune indication médicale autorisée par l'Agence française de sécurité sanitaire des produits de santé (Afssaps), ni par ses équivalentes européennes et américaine.

Former, informer, prévenir

Si la pilule de jouvence n'existe pas, vieillir en bonne santé est quand même possible. Dans tous les cas, les maîtres-mots sont « formation » et « prévention ». Formation/information des femmes, mais aussi des médecins, qui

Aussi heureux qu'avant ?

Selon un sondage (Sofres, 1er mars 2003) réalisé auprès de 2 500 Européens (Allemands, Espagnols, Français, Italiens et Britanniques) de plus de 55 ans, 49 % se disent aussi heureux que durant leur jeunesse, 23% plus heureux, 24% moins heureux. Les plus heureux sont les Allemands et les Français : seulement 19% des premiers et 20% des seconds se déclarent moins heureux qu'avant.

Même quand on se sent bien, le corps, avec les années, se fragilise, d'où l'intérêt d'un suivi médical régulier.

doivent apprendre à considérer autrement leurs patientes plus âgées : à 65, 70 ans, elles peuvent encore s'interroger sur leur sexualité, faire des projets, voire vouloir changer de vie. Prévention, surtout, pour limiter au maximum le risque de maladies liées à l'avancée en âge et maintenir le sentiment de bien-être.

Quel bilan de santé ?

Il n'y a pas de bilan « type ». Mais une prévention efficace implique au moins :

- contrôle régulier des dents, de la vue, de l'audition, des réflexes ;
- vaccinations (grippe, tétanos) ;
- contrôle régulier du poids, bilan sanguin (glycémie, cholestérol, dosage thyroïdien), électrocardiogramme, contrôle de la tension ;
- suivi gynécologique (frottis, mammographie).

Au cas par cas :

- radio des poumons, écho-Doppler, ostéodensitométrie ;
- test de dépistage du cancer du côlon, examen de la peau.

La fréquence de ce suivi sera déterminée par votre médecin.

Première clé : un bon suivi médical

Une fois passé le cap de la ménopause, si l'on ne souffre d'aucune maladie déclarée, la tentation peut être grande de relâcher sa vigilance et de se faire suivre moins régulièrement sur le plan médical. Alors que, pour profiter des années gagnées sur la vraie vieillesse, l'heure est venue de s'accorder encore plus d'attention.

« Mieux vaut prévenir que guérir »

De nos jours, si un homme ou une femme sont en bonne santé à 50 ans, ils ont 90 chances sur cent de le rester au-delà de 75 ans. Mais, tout de même, ils vieillissent. Il serait d'ailleurs plus juste de dire qu'ils continuent de le faire, puisque les scientifiques qui se consacrent à l'étude du vieillissement humain savent désormais que le processus commence dès... 18 ans.

Ces spécialistes savent également que le phénomène reste en partie mystérieux, même s'ils ont identifié une cinquantaine de gènes responsables de son déclenchement.

Mais, bien sûr, plus on avance en âge, plus cette « usure » de l'organisme se fait sentir. La puberté, puis la ménopause ont appris aux femmes les conséquences des fluctuations hormonales sur leur peau, leur squelette, leur humeur, leur sommeil… Au fil des années, les choses continuent à changer. La vue, l'audition évoluent, l'odorat et le goût aussi (même si c'est dans une moindre mesure). Le corps se fragilise, se raidit, répond moins facilement. Des maladies risquent d'apparaître…

Or, si la médecine ne sait pas nous éviter de vieillir, elle peut nous aider à le faire dans les meilleures conditions possibles. Ce qui implique de redonner tout son sens à l'idée de prévention : empêcher ou retarder le plus possible l'apparition d'une maladie et, si elle finit par survenir, pouvoir lui opposer un maximum de résistance. C'est donc le moment de nouer (ou de renouer) des relations suivies avec le médecin de famille. Vous connaissant bien, il/elle vous aidera à identifier les soucis dus à l'« usure normale » – et à y remédier. En même temps, il/elle bâtira avec vous un programme de suivi, conçu en fonction de votre histoire et de vos antécédents – état de santé de vos parents, notamment de votre mère, maladies familiales, etc. –, afin de vous prescrire les examens de dépistage nécessaires au bon moment.

Âge et maladie : quels risques ?

Vérifier régulièrement sa tension, par exemple, permet de déceler (et donc de soigner) très tôt une éventuelle hypertension artérielle, un problème qui augmente avec l'âge et auquel les femmes sont exposées dès la ménopause. À terme, l'hypertension risque de provoquer ou d'aggraver de nombreux troubles cardiovasculaires. Ces derniers touchent désormais presque autant de femmes que d'hommes, en particulier à cause de leurs consommations comparables de tabac et d'alcool.

Certaines formes de cancer sont également liées à l'avancée en âge. Le cancer de la peau, par exemple, s'il frappe beaucoup les jeunes, atteint aussi des femmes plus âgées, notamment dans les pays du Nord, où les tentations de s'exposer au soleil sont les plus fortes. Les médecins conseillent donc de se faire examiner la peau une fois par an. Par ailleurs, 46 % des personnes atteintes de cancer colorectal sont des femmes de plus de 60 ans. Là aussi, la prévention s'impose.

? Les fuites urinaires : plusieurs solutions

Il n'est pas facile de confier que l'on souffre de fuites urinaires. Or ce trouble affecte 10 à 30 % des femmes de plus de 65 ans, qui en arrivent parfois à ne plus oser sortir de chez elles ! Les médecins, généralistes ou urologues, connaissent bien le problème et vous conseilleront une solution. Ainsi, il suffit le plus souvent de dix à vingt séances de rééducation chez le kinésithérapeute pour retonifier les muscles du périnée, à condition de faire les mouvements chez soi. Des médicaments permettent aussi de régler le problème, dans 80 % des cas. Les traitements hormonaux de substitution sont aussi efficaces. Dans 5 à 10 % des cas, l'urologue préconise le recours à la chirurgie : l'opération est simple (il s'agit de soutenir l'urètre avec une minuscule bande de tissu synthétique) et réussit dans 90 % des cas. Enfin, une autre technique est à l'étude. D'origine suédoise, elle consiste à améliorer la tenue de l'urètre en y injectant une substance épaississante.

Les seniors en chiffres

Aujourd'hui, les femmes peuvent espérer vivre plus longtemps que leurs aînées. D'où l'intérêt pour elles de préserver au mieux leur santé...

Une grande longévité

Plus que toute autre région du monde, l'Union européenne a une population vieillissante : 15 % des habitants ont au moins 65 ans, contre 13 % aux États-Unis, 6 % en Chine et 3 % en Afrique. En France, 7 millions de femmes ont 60 ans ou plus, contre 5,6 millions d'hommes – une tendance qui s'accentue avec l'âge : au-delà de 85 ans, elles sont trois fois plus nombreuses que les hommes. Leur espérance de vie est en effet très supérieure : 82,8 ans, contre 75,5 ans, l'un des écarts les plus forts en Europe.

La longévité des Françaises est à peine dépassée par celle des Italiennes et des Espagnoles, mais se situe devant les Irlandaises et les Danoises. Il s'agit là de l'espérance de vie à la naissance : pour la calculer, on étudie la mortalité par âge d'une population pour une période donnée (par exemple, celle des Françaises en 2002) et on fait comme si ces conditions de mortalité s'appliquaient à l'ensemble de la population. De la même façon, on peut calculer la longévité des personnes d'un certain âge, en ne retenant que les décès d'individus ayant dépassé cet âge. Ainsi, une femme qui a aujourd'hui 60 ans peut espérer vivre encore presque 26 ans (avec donc une espérance de vie de 86 ans) ; âgée de 84 ans, elle a une chance sur deux de devenir nonagénaire.

Une retraite aisée ?

Parmi les pays industrialisés, la France a le taux le plus faible d'actifs dans la tranche d'âge de 55 à 64 ans : 43 %, contre 80 % en Suède et 64 % au Royaume-Uni. Jusqu'à présent, le départ précoce à la retraite (vers 57 ans en moyenne) n'a pas empêché ces retraités récents d'avoir un niveau de vie comparable à celui des plus jeunes (à condition de ne plus avoir d'enfants à charge). Par contre, le veuvage, plus fréquent chez les femmes, a souvent pour conséquence une situation économique plus fragile, en particulier pour les veuves d'ouvrier et d'exploitant agricole, car la pension de réversion est bien inférieure. Mais le vrai capital de chaque femme ne réside-t-il pas aussi dans sa santé ? Pour vieillir mieux. (Source : INSEE)

Simone de Beauvoir (1908-1986), auteur de romans et d'essais, notamment de cette bible du féminisme qu'est le Deuxième Sexe *(1949), a cherché à promouvoir une nouvelle image de la femme. Annie Duperey, écrivain et comédienne, offre celle d'une maturité souriante et épanouie. Portraits, à quarante ans d'intervalle, de la cinquantaine assumée.*

Ne pas cesser de consulter son gynécologue

Il est fortement déconseillé d'interrompre le suivi gynécologique (examen clinique, examen des seins, mammographie, échographie mammaire et frottis). D'abord, parce que les affections gynécologiques restent fréquentes après 65 ans. Ensuite, parce que c'est avec le gynécologue que vous envisagerez de poursuivre ou non un traitement hormonal de substitution, ou tout autre traitement entrepris à la ménopause. Enfin, parce que, contrairement à une idée reçue, le risque de cancer ne disparaît pas avec l'âge. Les statistiques le montrent : 25 % des nouveaux cas de cancer du col de l'utérus identifiés chaque année concernent des femmes de plus de 65 ans ; le cancer du sein atteint une femme sur dix après 75 ans ; et celui de la vulve se découvre le plus souvent entre 70 et 80 ans.

? Vision : dépister la DMLA pour mieux la traiter

Touchant actuellement 10 % des plus de 65 ans, la dégénérescence maculaire liée à l'âge (DMLA) est une maladie de l'œil due à la destruction de la zone centrale de la rétine. Sans rendre complètement aveugle, elle réduit ou supprime la vision centrale. Les personnes atteintes ne peuvent plus lire, conduire, regarder la télévision, voire se diriger seules. Si elle est dépistée assez tôt, sa progression peut être retardée par des traitements au laser. Font partie des populations « à risque » les personnes très myopes, ou dont les parents sont eux-mêmes atteints, les diabétiques ou certains obèses. Il leur est donc conseillé de se faire examiner la rétine (« fond d'œil ») deux fois par an, ou davantage si leur ophtalmologue le juge utile. L'impression de voir les couleurs changées, les lignes droites déformées, est un signal d'alerte qui doit amener à consulter.

Cela dit, les chiffres sont aussi porteurs de bonnes nouvelles. Dépistés plus tôt, ces cancers se soignent de façon plus efficace et tuent de moins en moins. Ainsi, le risque de mourir de cette maladie a diminué en l'an 2000 de 9 % pour les femmes (7 % pour les hommes).

▶ *La prévention tient à des règles simples* *À 60 ans comme à 30, faire bouger son corps et sa tête, s'intéresser aux autres... permet de garder son énergie et de supporter les soucis quotidiens, parfois causes de stress. Sans oublier de lutter contre quelques idées reçues concernant l'alimentation, la mémoire ou encore la vie sexuelle.*

Des yeux aux dents...

Au-delà du strict bilan de santé, se maintenir en forme implique de garder la « mécanique » de son corps en bon état. Le minimum est de se faire contrôler les yeux une fois par an : pour vérifier l'évolution de la vision, mais aussi pour dépister un éventuel glaucome, un début de cataracte, voire de décollement de rétine. Toutes anomalies qu'il est désormais possible de traiter, par des collyres, des séances de laser ou des opérations parfaitement au point.

Une visite annuelle chez le dentiste est aussi vivement conseillée, pour apprendre à lutter contre le déchaussement des dents, pour contrôler l'état des mâchoires et la solidité des os : autant d'atouts pour perpétuer ses capacités à mâcher, et donc à manger, correctement.

... sans oublier les vaccins

Une autre précaution s'impose, que l'on néglige parfois : se faire vacciner. Pas seulement à l'occasion de voyages lointains, impliquant de se protéger contre la fièvre jaune, par exemple. Mais aussi, plus banalement, contre la grippe (une fois par an) et le tétanos (rappels tous les dix ans) – cette maladie tue encore, et pas seulement les jardiniers victimes d'épines de rose ; une minuscule blessure suffit.

Le meilleur des régimes après 65 ans ? Profiter des plaisirs de la table, sans plus d'excès qu'auparavant.

Garder aussi une bonne ouïe

Avec le temps qui passe, on entend de moins en moins bien. Cette baisse d'audition touche environ 30 % des personnes de plus de 65 ans (et 60 % des plus de 85 ans). Le problème, c'est que l'on ne s'en rend pas compte tout de suite.

À la différence des troubles de la vue, immédiatement handicapants dans la vie quotidienne, la surdité s'installe de façon insidieuse, rendant même la vie plus confortable, en protégeant… du bruit. Mais, à terme, elle enferme et isole, compliquant singulièrement toute relation familiale ou sociale.

Il faut donc… écouter votre entourage s'il vous demande souvent de baisser le niveau sonore de la radio ou de la télévision. Ou bien, si vous devez faire répéter vos interlocuteurs, si vous avez l'impression qu'ils n'articulent pas, consultez un ORL. Il vous conseillera le type d'appareillage le plus adapté.

Marcher, bouger, respirer

Préserver la solidité des os, entretenir la souplesse des articulations, renforcer le tonus musculaire, conserver son souffle, protéger son cœur, etc. : pour se maintenir en forme, rien ne vaut une activité physique régulière (marche à pied, natation, aqua-gym, yoga, gymnastique, vélo, mais aussi jardinage ou grand ménage pour les amatrices…). Un exercice comme le tai-chi, qui associe contrôle de la respiration et lenteur et précision des mouvements, est particulièrement recommandé pour l'équilibre. Et se garder une bonne capacité d'équilibre réduit le risque de chute avec blessures ou fractures dans des proportions importantes.

Rien n'interdit par ailleurs de se lancer dans un programme plus soutenu, après un bilan médical approfondi. On préférera alors des activités qui privilégient la durée de l'effort à son intensité et associent des exercices d'endurance et de résistance, après une période d'échauffement et en aménageant des temps de récupération. La règle d'or est de s'arrêter dès qu'apparaissent fatigue ou douleur.

Bien dormir

L'activité physique a un avantage supplémentaire : elle fatigue, détend, et aide à trouver le sommeil… Or, un Français sur deux se plaint de mal dormir. Cette plainte s'accentue au fil des années, et se généralise après 65 ans.

Avec l'âge, le sommeil se modifie, en durée et en qualité : on a envie de dormir plus tôt dans la soirée, on dort moins profondément, d'un sommeil entrecoupé de plusieurs éveils nocturnes, et on se réveille plus tôt le matin. En moyenne, s'il vous fallait huit heures de sommeil à 40 ans pour vous sentir reposée, il ne vous en faut plus que six ou sept à 60 ans.

Identifier les troubles

Mais, en matière de sommeil, les besoins de chacun sont très variables. Si cinq heures vous suffisent pour vous sentir en forme, il n'y a pas de problème. Si, en revanche, vous avez l'impression durable (hors insomnie passagère lors d'un voyage, par exemple) de « n'avoir pas fermé l'œil » de la nuit, si vous vous réveillez fatiguée tous les matins, mieux vaut consulter. Ce manque de sommeil peut avoir des origines multiples : difficultés respiratoires (souvent associées au ronflement), surpoids, hypertension, troubles dépressifs, voire prise excessive de somnifères… Une fois identifiée, chacune de ces causes a son remède, qui vous permettra de retrouver un sommeil réparateur.

Penser à l'hypothyroïdie

Si la glande thyroïde ne fonctionne pas suffisamment, il en résulte toutes sortes de désagréments, allant de la fatigue à la tristesse, en passant par la prise de poids, la perte de cheveux, les trous de mémoire, la sensation d'avoir toujours froid ou l'impression de devenir sourde. Certains de ces symptômes peuvent faire croire à un début de dépression, voire être simplement associés à l'avancée en âge. Or, l'hypothyroïdie est un trouble extrêmement répandu chez les femmes, notamment avant et après la ménopause. Il se détecte par un simple examen de sang, et se soigne très facilement une fois identifié le dosage d'hormone de synthèse nécessaire pour compenser la trop faible production de la glande.

Bien manger…

« Quand on vieillit, il faut moins manger ». Entre autres idées fausses liées à l'avancée en âge, celle-ci est l'une des plus tenaces. En fait, il faut continuer à manger autant en quantité : c'est le seul moyen de préserver son énergie et d'entretenir sa masse musculaire. Faire de l'exercice et bien se nourrir (ce qui implique aussi d'avoir des dents en bon état…) sont les deux piliers de la forme. C'est vrai à tout âge, mais d'autant plus à la soixantaine et au-delà, car l'organisme absorbe alors moins bien certains éléments nutritifs nécessaires.

Il est ainsi fortement conseillé de continuer à manger autant de viande et de poisson (sources de protéines), d'augmenter sa consommation d'aliments riches en calcium (lait, laitages, fromages) et de ne pas se priver de matières

Multiplier les moments avec ses proches ou ses amis est un bon antidote contre le risque de dépression.

grasses ni de sucre (principal carburant du cerveau !) – sauf maladie impliquant un régime spécial, bien sûr.

... et en profiter !

À savoir aussi : des cinq sens, le goût et l'odorat sont les moins affectés par l'avancée en âge – on constate seulement une légère modification des papilles, qui renforce l'attrait pour les goûts sucrés. Une raison de plus d'entretenir le plaisir de manger, d'autant qu'un repas est aussi une occasion conviviale de partage et d'échanges, familiaux ou amicaux.

Faire travailler sa mémoire

Une deuxième idée reçue, au moins aussi répandue que la précédente, est qu'avec l'âge on perd la mémoire. Cette conviction serait partagée par 50 % des personnes ayant passé la cinquantaine, et par 75 % des plus de 75 ans. Or, sauf maladie neurodégénérative, les capacités de mémoire ne diminuent pas avec les années. La mémoire devient seulement un peu plus lente, et retenir quelque chose exige davantage d'attention et de concentration. D'où l'intérêt de voir et d'entendre correctement ; d'où, également, l'intérêt d'entraîner aussi régulièrement ses neurones que ses articulations !

Cela dit, la terreur causée par la maladie d'Alzheimer a au moins un mérite : elle pousse les personnes tracassées par de petits soucis de mémoire à consulter de plus en plus tôt. Ce qui permet d'abord de les rassurer ou de découvrir et traiter d'éventuels autres problèmes – carences alimentaires, troubles du sommeil, début de dépression... – qui ont des répercussions sur la mémoire.

Gérer le stress...

Souvent, aussi, les problèmes viennent d'ailleurs : la fatigue, l'inquiétude, les conflits sont les pires ennemis de la mémoire. Une autre idée reçue voudrait que le « troisième âge » soit celui d'une heureuse sérénité. La réalité est loin d'être aussi simple. Même à l'âge de 60 ou de 65 ans, les occasions de tensions ou de souffrances sont multiples : fin de l'activité professionnelle, départ des enfants ou soucis liés à leur situation, divorce (28 % de divorcées sexagénaires en plus depuis 1993 ; 39 % pour les hommes), voire deuil...

Se faire aider quand on veille sur un parent plus âgé

Une des situations les plus difficiles, et de plus en plus courante, est d'avoir à prendre en charge un parent très âgé. Se retrouver investi d'un rôle de soignant auquel on n'a pas été préparé est épuisant, physiquement et psychologiquement. Et souvent, pour toutes sortes de raisons propres à chacune, on répugne à se faire aider, au risque de sombrer dans l'épuisement. Accepter de faire appel à des soutiens extérieurs est pourtant une très bonne solution : elle permet de garder de l'énergie pour continuer à s'occuper de son parent, sans la contrainte des soins quotidiens. Là aussi, le médecin est de bon conseil.

Et la vie amoureuse ?

Selon une étude de la revue *Population et Sociétés* d'avril 2003, les Français de plus de 60 ans vivent de plus en plus longtemps en couple. En 2000, c'était ainsi le cas de 79 % d'hommes et de 51 % de femmes de 70 à 74 ans – encore ces chiffres ne prennent-ils pas en compte les « unions libres », qui apparaissent de plus en plus répandues à cet âge.

Ces personnes ont-elles une vie amoureuse (c'est-à-dire sexuelle) satisfaisante ? Avec le temps, le désir ne s'éteint-il pas ? Bref, peut-on être vieux et s'aimer ?

Du point de vue physiologique, rien ou presque ne s'y oppose si chacun des deux est en bonne santé. Les hommes, dont l'érection est plus lente à obtenir et l'éjaculation plus tardive, peuvent désormais avoir recours à des médicaments du type Viagra®. L'âge affecte moins l'orgasme féminin, surtout si la sécheresse vaginale apparue à la ménopause a été traitée en même temps que les carences hormonales. Mais il peut y avoir « désynchronisation » du plaisir, quand l'homme vit sa lenteur à éjaculer comme l'expression d'une virilité exceptionnelle, sans voir la lassitude de sa compagne. Le respect de ces rythmes différents conditionne donc l'harmonie de la vie sexuelle – d'autant plus riche que les deux partenaires auront eu des rapports sexuels réguliers, meilleure prévention contre l'abstinence.

Désirable avec ses rides

Pourquoi, alors, ces difficultés à imaginer une sexualité épanouie à tout âge ? Elles sont, sans doute, d'abord d'ordre social. Nous vivons dans une société obsédée par l'idée de jeunesse, rêvant d'une classe d'âge unique, condamnée à avoir entre 14 et 18 ans du jardin d'enfants à la maison de retraite. Dans ces conditions, l'idée qu'on peut être vieux et beau, ridé/e et désirable, est simplement inconcevable. Cela dit, elle fait son chemin. C'est l'avantage d'appartenir à une génération majoritaire — les « seniors », qui arrivent en nombre à un âge avancé, ont peut-être une chance de faire évoluer le regard social sur la vieillesse.

Le risque insidieux de la dépression

Y a-t-il une « crise de la soixantaine », liée au départ à la retraite, aux premiers deuils, au temps qui passe... ? En tout cas, la dépression est très répandue chez les plus de 60 ans – hommes ou femmes, celles-ci en étant plus souvent victimes. Et elle prend des formes graves, pouvant aller jusqu'au suicide. Mais, à cet âge, la maladie est parfois plus difficile à diagnostiquer, car elle est liée à d'autres pathologies (les cancers, par exemple) ou en constitue un signe avant-coureur (diabète ou infarctus du myocarde). Il est donc fortement conseillé de consulter si vous vous trouvez irritable ou angoissée sans vraiment de raison ; si vous avez envie de ne rien faire ni de voir personne ; si vous avez des crises de larmes ou du mal à dormir ; si vous avez l'impression durable que le monde entier vous en veut, à commencer par votre conjoint... Autant de signaux d'une souffrance que le médecin connaît bien, et dont il vous aidera à sortir.

Vivre une retraite active

Passer de la vie active à la retraite s'avère parfois difficile, car il faut s'adapter à un rythme de vie différent. Une bonne préparation de cette nouvelle étape aide non seulement à la vivre bien et plus heureuse, mais elle promet aussi de repousser le moment où l'on sera peut-être moins autonome.

Gare à l'inactivité et à l'isolement ! *La retraite est vécue d'autant mieux si elle ne conduit pas à un appauvrissement des liens sociaux et des activités. Parfois, le bonheur arrive « tout seul » une fois que les anciennes contraintes de travail ou le stress ne régissent plus la vie. Dans d'autres cas, quelques efforts permettent de ne pas « tomber dans le vide » et de construire une nouvelle vie.*

Garder un réseau d'amis et de relations est l'une des clés du bien-être, après comme avant 60 ans.

Il n'est jamais trop tard…

Il n'est pas rare que les femmes doutent de leur avenir au moment d'entrer dans le fameux « troisième âge ». C'est pourquoi il est rassurant pour elles d'avoir dans leur entourage des « modèles » de femmes épanouies et heureuses, qui ont déjà passé l'âge de 70 ans. « Vous ne pouvez pas savoir à quel point ça me fait du bien de la voir si en forme », confiait ainsi une jeune retraitée à ses amies au sujet d'une tante pétillant de vitalité à 85 ans… Heureusement, beaucoup de femmes affichent aujourd'hui à l'âge mûr leur envie de vivre et de trouver un nouvel équilibre.

et sereine

Pour certaines, les portes d'une maturité sereine et souriante s'ouvrent grâce à un travail sur elles-mêmes – un « travail » qu'il n'est pas trop tard d'entreprendre à cet âge : il faut parfois du temps pour se connaître et pour reconnaître ses véritables valeurs, aspirations et désirs. D'autres femmes puisent dans leurs ressources psychiques et physiques pour découvrir une autre qualité de vie par le biais de nouvelles activités ou en renouant avec celles qu'elles ont dû délaisser dans le tourbillon d'une vie familiale ou professionnelle chargée.

Toute seule ou avec d'autres

Aller régulièrement à la piscine ou à un cours de gymnastique. Pratiquer enfin la broderie, ou l'aquarelle, projet longtemps caressé et sans cesse repoussé. Participer à des sorties en groupe, randonnées, voyages ou soirées de spectacle. Ou tout simplement jouer aux cartes dans un club ou entre amis... Le choix est large, même s'il faut faire la part des habitudes du passé. Par exemple, telle femme qui a abandonné le sport vers l'âge de 35 ans trouvera sans doute moins facile de reprendre une activité physique au moment de la retraite. Telle autre qui a préféré consacrer ses loisirs à jardiner en solitaire ne se passionnera peut-être pas tout d'un coup pour des distractions collectives, même très conviviales.

Pourtant, maintenir un cercle d'amis et de connaissances est particulièrement important à cet âge, et les activités communes, qu'elles soient très organisées ou plus spontanées, sont d'excellentes occasions pour renforcer les liens existants et aussi – pourquoi pas ? – pour se faire de nouvelles relations.

Curiosité d'esprit et volonté de rester « dans le coup »

Quelles que soient les activités choisies, celles-ci représentent en outre autant de manières de solliciter le système nerveux et d'entretenir le bien-être psychologique et physique. Car les neurones, comme les muscles, ne s'usent que lorsqu'on ne s'en sert pas. « Dépensez-vous ! » est en effet le conseil que les gériatres donnent aujourd'hui le plus souvent à leurs patientes, et l'on serait tenté de rajouter : «... et faites travailler vos méninges ! » Ne serait-ce qu'en lisant le journal que vous aviez à peine le temps de

? Un moment difficile pour le couple

Lorsqu'une femme et son mari se retrouvent en tête à tête tout au long de la journée, sans y avoir été vraiment préparés... Parfois au terme d'une vie active ou, si la femme était restée au foyer et se trouve désormais en présence d'un homme qui ne travaille plus... Le risque existe qu'un malaise se glisse dans le couple. Voire jusqu'à l'affrontement : « Depuis qu'il est à la retraite, on se dispute tous les jours. Je me plaignais de ne pas le voir assez, mais c'était plus facile avant ! » Pour préserver une vie harmonieuse, il est alors indispensable que les deux partenaires parviennent à un nouvel équilibre. Pour cela, chacun doit faire preuve d'initiative et d'esprit de concession. C'est le moment de définir et de négocier à la fois des projets communs et des activités plus personnelles, selon sa propre capacité d'autonomie – c'est peut-être l'occasion de réviser son Code de la route pour reprendre de temps en temps le volant...

Aujourd'hui, les grands-mères sont souvent relativement jeunes, et c'est plutôt l'arrière-grand-mère qui correspond à l'image de la vieille aïeule d'autrefois – et encore...

feuilleter auparavant, en faisant des mots croisés ou en assistant à des conférences... Ou pourquoi ne pas rejoindre l'une des mille associations bénévoles toujours à la recherche de bonnes volontés pleines d'énergie et enfin disponibles ? Et organiser le goûter d'anniversaire du dernier petit-enfant est une proposition souvent accueillie avec joie par les parents pris dans le tourbillon de leur vie...

Exercer ses talents de grand-mère

Pour beaucoup de femmes, les liens affectifs avec les enfants et les petits-enfants gardent, en effet, une grande importance. En allant vers eux, elles entretiennent un contact précieux avec le monde alentour, qui leur évite de se replier sur elles-mêmes dans une attitude dépressive et leur permet au contraire de continuer à s'adapter à leur deuxième vie.

Leurs connaissances et leur expérience de la vie, justement, constituent un capital dans lequel elles peuvent puiser, lorsque les plus jeunes leur demandent de l'aide ou des conseils. Et s'ils ne s'adressent pas spontanément à elles, un peu de diplomatie – en veillant à ne pas imposer comme une règle éternelle ce que l'on a vécu autrefois ! – suscitera sans doute davantage de complicité.

Telle passionnée de cuisine prodiguera ses bonnes recettes aux membres plus jeunes de la famille, telle autre initiera à la couture ou au jardinage, telle autre encore fera plutôt partager ses souvenirs. La forme et la qualité qu'un tel échange revêtira dépend beaucoup des centres d'intérêt de la grand-mère, de sa personnalité et de l'histoire de ses relations avec ses proches. À travers la maternité d'une fille ou d'une belle-fille, la femme plus âgée revit souvent sa propre expérience, mais avec plus de recul, d'assurance et de disponibilité.

Quelques grands-mères prendront alors une part plus active, en aidant, par exemple, les petits-enfants pour leurs devoirs ; d'autres préféreront les gâter lors d'une sortie ou d'une visite occasionnelle... Sans oublier que transmettre un savoir ne se fait pas forcément à sens unique : certaines s'appuient ainsi sur ces diables de gamins pour se familiariser avec un domaine que ceux-ci connaissent mieux, comme l'informatique ou l'usage d'Internet.

? Pourquoi ne pas adopter un animal de compagnie ?

Un nombre croissant de femmes, et en particulier celles qui vivent seules, font le choix d'adopter un animal de compagnie. Pour elles, le fait de se sentir utiles, voire indispensables, en prenant soin d'un chat ou d'un chien apporte un bonheur certain. La présence de l'animal fournit une distraction bienvenue et constitue un soutien psychologique. Pour une personne âgée, exposée au risque de la solitude, le chien peut ainsi devenir bien plus qu'un « toutou », une relation parfois mal comprise par l'entourage. Le sortir est certes une contrainte... mais justement : « Promener son chien, c'est mieux que se promener toute seule », disent beaucoup de femmes qui n'auraient pas « mis le nez dehors » autrement. Sans parler du fait qu'une telle promenade offre souvent l'occasion d'engager la conversation, « par chien interposé » d'abord, puis qui sait...

« Ils me quittent les uns après les autres... »

À mesure qu'on avance en âge, la mort de proches pèse de plus en plus sur sa propre vie. Il faut d'abord faire le deuil de liens affectifs qui se sont souvent constitués il y a fort longtemps. Puis ces pertes font croître le risque d'un isolement social. Enfin, ces disparitions successives renvoient les personnes âgées à l'idée de leur propre mort. La peur de la mort, réactivée par ces deuils, est en fait à l'origine de toutes les autres angoisses. Arriver à la vaincre – ou du moins en accepter l'idée sans être paralysée par elle – demande du temps. C'est ce qui explique sans doute pourquoi les personnes plus âgées ressentent moins fortement cette angoisse lorsqu'elles ont fait cet effort et réussi à passer ce cap si fondamental pour l'équilibre psychologique.

Quand on perd son compagnon

La perte du partenaire est l'une des épreuves les plus douloureuses de cette époque de la vie. « J'ai l'impression d'avoir perdu une partie de moi » est l'une des réactions les plus fréquentes à un décès qui met un terme à une longue période de vie commune. De nombreuses études montrent que cet événement rend les femmes très vulnérables à une dépression. Au-delà de la douleur du deuil, les survivantes – car ce sont elles dans la plupart des cas qui sont amenées, bien plus que les hommes, à affronter le veuvage – doivent trouver le courage et la force d'âme d'aménager, souvent au prix de mille difficultés, une vie désormais solitaire, dont elles n'ont peut-être jamais eu l'expérience. Leurs capacités à entretenir des liens et à nouer de nouvelles relations, mais aussi la présence et le soutien de leur entourage familial et amical jouent alors un rôle primordial pour surmonter cette crise.

Refaire sa vie maintenant ?

Certaines femmes envisagent plus facilement la rencontre d'un autre compagnon de route, qui entretiendra le dynamisme et aidera à se projeter à nouveau dans l'avenir. D'autres sont plus réticentes à s'engager, de peur de revivre une perte douloureuse, et préféreront peut-être une relation moins étroite. Un fait est sûr : pour des raisons juridiques, pratiques et personnelles, de plus en plus de seniors, veufs ou non, choisissent de recomposer un couple, sans forcément se marier ni retenter pour autant la cohabitation.

Faire face aux effets de l'âge

Se sentir bien dans sa tête et dans son corps participe au bien-être à la fin de la vie. Avec l'âge, ce dernier risque d'être menacé par la maladie, mais aussi par des difficultés psychologiques et matérielles. Quelques adaptations et ajustements peuvent alors devenir nécessaires. Autant s'y préparer.

Garder intact le bonheur de vivre

Après le « troisième âge » arrive maintenant le « quatrième âge »... Grâce aux progrès de la médecine et à l'évolution des modes de vie, l'espérance de vie moyenne d'une femme en France dépasse aujourd'hui 80 ans ; en même temps, son état de santé lui permet souvent de vivre de façon autonome jusqu'à un âge très avancé. Il n'empêche que le vieillissement est toujours compris comme un déclin des capacités physiques et des facultés intellectuelles. Un point de vue pour le moins réducteur.

Contrairement à une idée reçue, le goût de la vie ne s'atténue pas avec l'âge, pour peu que la vieillesse ne soit pas source de souffrances physiques et morales. Il est vrai que la vue ou l'ouïe « baissent » en général avec les années, que la force musculaire et la résistance aux efforts et au stress diminuent, que les rhumatismes se font sentir... Mais, d'un point de vue psychologique, ces signes de vieillesse ne constituent pas en eux-mêmes un

Faire du vélo est l'une des activités sportives conseillées aux seniors pour préserver une bonne forme physique.

facteur qui rendrait les femmes âgées plus vulnérables à la survenue d'un état dépressif. Cela explique pourquoi ces dysfonctionnements, que l'on doit considérer comme « normaux » à cet âge, sont vécus de façon différente d'une personne à l'autre. La qualité de vie dépend en effet de la capacité de chacune à maintenir une bonne hygiène de vie et à adapter ses efforts.

Une attitude positive et un choix : celui de la bonne humeur

Une bonne alimentation, la pratique modérée d'une activité physique, une curiosité intellectuelle toujours sollicitée et, bien sûr, la préservation de liens affectifs avec l'entourage contribuent à nourrir l'élan vital en même temps qu'elles assurent une bonne forme physique et psychologique.

Mais il faut aussi savoir mesurer ses efforts (en consacrant, par exemple, son énergie aux déplacements vraiment nécessaires) et privilégier les activités porteuses de sens et de joie. Car le bien-être à cet âge repose bien souvent sur des échanges relationnels riches et sur une attitude positive envers l'existence. Bien plus que la santé, c'est un véritable choix d'une certaine manière de vivre qui semble, pour de nombreuses femmes, à l'origine d'une grande vitalité et d'un plaisir de vivre : « J'ai 75 ans, mais j'ai choisi d'être bien dans ma peau et dans ma tête. C'est un parti pris ! »

Mais peut-on vraiment en décider soudain – et au besoin changer, quand on n'a pas été jusque-là d'un « naturel » enjoué – simplement parce qu'il le faudrait, parce que c'est bon ? Question de « caractère » sans doute – qu'on ne se forge pas d'un seul coup parce qu'on aurait atteint l'âge de la... sagesse. Et question de motivation. Autrement dit, jamais trop tard, mais aussi jamais trop tôt !

Jouer au Scrabble exige quelques efforts intellectuels, mais c'est aussi une distraction conviviale.

Rester chez soi ou aller en maison de retraite ?

Vivre chez soi le plus longtemps possible est l'un des désirs le plus souvent exprimés par les femmes âgées. Comment ne pas comprendre qu'elles préfèrent vieillir « dans leurs meubles », là où elles ont vécu depuis si longtemps ? Et qu'elles redoutent le changement, l'inconnu, voire l'image peu engageante que peut représenter la maison de retraite ? Leurs lieux de vie leur ressemblent et les rassurent. Elles s'y sentent à l'aise avec les souvenirs qui y sont attachés, et les habitudes les réconfortent.

Le maintien à domicile, chaque fois qu'il est possible, est certainement la meilleure solution. Encore faut-il tenir compte des difficultés

Vivre à proximité de ses enfants et petits-enfants est parfois préférable à une vie sous le même toit.

qui peuvent survenir lorsque l'autonomie est diminuée, de façon temporaire (après une chute, par exemple) ou parce que l'état de santé se dégrade peu à peu. Faire les courses, entretenir son logement, faire sa toilette et s'habiller… Dans tous ces cas, rester chez soi implique en général un jour le recours, à des degrés divers, à des aides.

Accepter de se faire aider

La prise en charge de certaines tâches par un ou plusieurs enfants est parfois une option. Mais il existe aujourd'hui un grand nombre de services – publics ou commerciaux – qui subviennent aux différents besoins des personnes âgées : d'une aide ménagère jusqu'aux visites de bénévoles qui viennent briser l'isolement, en passant par les repas livrés à domicile.

De nos jours, un nombre croissant d'octogénaires et de nonagénaires continuent donc de vivre chez elles, mais c'est bien souvent à condition d'avoir accepté de se faire aider dans leur vie quotidienne.

Décider au bout du compte

Parfois, s'installer dans une maison de retraite est la meilleure, voire la seule solution pour une personne âgée. Outre l'aide matérielle nécessaire à une vie quotidienne confortable, un tel lieu offre la possibilité de mener encore une vie sociale et de mettre un terme à l'isolement imposé par la perte d'autonomie. Il serait même dangereux de laisser une femme très âgée isolée, sans aide ou la refusant, rester chez elle, sous prétexte de respecter son désir de ne pas vouloir quitter son domicile.

Toutefois, pour qu'un tel changement de lieu soit aussi bien vécu que possible, il faut qu'il ne soit pas compris comme un échec. Aussi est-il nécessaire de prendre le temps de préparer la décision d'entrer dans une maison de retraite, afin qu'elle finisse par résulter d'un véritable choix personnel.

Isolement, perte d'appétit, baisse du moral… attention au cercle vicieux !

Les facteurs de risque pouvant entraîner une baisse du moral, voire une dépression, augmentent avec l'âge. Dans certains cas, celle-ci est liée à la survenue d'une maladie ou à des circonstances extérieures (une retraite mal vécue, la prise en charge d'un partenaire malade…). Dans d'autres, elle s'installe au contraire peu à peu, à la suite d'événements ou de situations s'enchaînant les unes aux autres.
De nombreux octogénaires souffrent en effet de carences alimentaires, elles-mêmes souvent dues à une absence d'aide ou à l'isolement ; des carences qui accélèrent le vieillissement physique et qui, à leur tour, peuvent provoquer une baisse du moral. Or, cette dernière entraîne fréquemment une perte d'appétit… Lutter contre la solitude et se nourrir correctement comptent ainsi autant l'un que l'autre.

Prendre soin de soi

« Prendre de l'âge » et « vieillir » ne veulent pas dire la même chose ! Si l'on est bien obligé de souffler sa nouvelle bougie chaque année, on peut ralentir, sinon stopper, les effets de l'âge. Un peu de coquetterie, une bonne dose d'exercice, sans oublier de faire travailler ses méninges, et les années passeront moins vite !

Comment préserver sa forme ? *Avec le temps qui passe, les signes du vieillissement de la peau et de la silhouette se manifestent. Ce n'est pas pour autant qu'il faut se laisser aller. Il n'y a pas d'âge pour consacrer du temps à s'occuper de soi devant la glace ou sur le tapis de gym ! Et il n'y a pas de raison de maltraiter son corps même dans les activités les plus quotidiennes.*

Les petits-enfants apprécient une grand-mère qui se montre dynamique et en pleine forme.

Commencer par ne pas négliger son image

Avec les années, on a réussi à trouver son style vestimentaire, les tenues dans lesquelles on se sent bien. L'âge n'est pas une raison d'éviter les couleurs vives qui rehaussent le teint et affichent de la personnalité. Sans aller jusqu'aux extrêmes (orange fluo avec du vert pomme !), un foulard ou une veste aux couleurs relevées qui se coordonnent avec celle du rouge à lèvres, par exemple, donnera une allure dynamique.

Si le maquillage fait partie de votre panoplie, il n'y a pas de raison que cela change. Mais il est préférable de prendre des produits cosmétiques qui répondent mieux aux besoins de la peau à cet âge. Les crèmes aux acides de fruits à faible concentration assurent une bonne hydratation ; à concentration plus élevée, elles stimulent l'élasticité de la peau. Il ne faut pas non plus hésiter à continuer de se passer sur le corps des huiles essentielles et à le stimuler par des massages qui redonnent à la peau et aux muscles leur vitalité. Sans oublier une bonne alimentation : les acides gras essentiels (beurre, huile, poissons gras) et la vitamine A (légumes verts, etc.) ont une incidence reconnue sur la sécheresse de la peau.

... et son capital osseux

C'est au cours de l'enfance et de l'adolescence que s'est constitué votre capital osseux. Stable à l'âge adulte, il commence à décroître vers la cinquantaine. Chez les femmes, ce processus est accéléré par les modifications hormonales de la ménopause : dans les cinq à dix ans qui suivent cette période, elles perdent environ 15 à 20 % de leur capital osseux et, à l'âge de 80 ans, il leur en restera en moyenne seulement 60 %. Lorsqu'une partie importante de la masse osseuse aura disparu, l'ostéoporose présentera ses premières fractures... Il existe des examens médicaux précis pour faire le diagnostic de cette affection et pour surveiller son évolution : radiographies, prise de sang, mesure de la densité osseuse, voire, dans certains cas, prélèvement osseux.

Stabiliser cette déperdition osseuse passe surtout par une bonne hygiène de vie : une heure d'exercice modéré trois fois par semaine suffit pour freiner la perte osseuse, même en cas d'ostéoporose déclarée. Une autre mesure préventive consiste à opter, si ce n'est pas déjà fait, pour une alimentation riche en calcium et en vitamine D, présente dans certains aliments tels que le saumon, les sardines, le thon, les céréales, les œufs, le beurre ou encore le foie. Son absorption par l'organisme nécessite de s'exposer au soleil (mais sans en abuser !). Par contre, la cigarette est à bannir, de même que l'alcool et le café consommés en excès : tous trois favorisent l'ostéoporose.

La randonnée est une activité physique qui contribue à préserver le capital osseux et à prévenir l'ostéoporose.

Enfin, il faut savoir que le traitement hormonal substitutif a des effets bénéfiques sur l'ostéoporose, même s'il est pris tardivement ou que la pathologie est déjà avérée.

Contre le mal de dos, les bons gestes au quotidien

Difficile d'échapper au cours de son existence au classique « mal de dos ». Les fameuses lombalgies sont une douleur qui exprime a souffrance de un ou plusieurs éléments de la colonne vertébrale : les vertèbres lombaires, les disques intervertébraux et les muscles. Ces douleurs sont souvent d'origine mécanique.

On peut cependant apprendre à protéger son dos au quotidien, en évitant certains gestes et en favorisant d'autres. Quelques exemples : pour ramasser quelque chose à terre, il faut d'abord s'accroupir et s'incliner plutôt que se baisser en basculant son torse, les jambes tendues. Pour soulever un poids plus lourd, plier les genoux et se redresser en faisant porter l'effort sur les jambes et non sur le dos, qui doit rester bien droit. Lorsqu'on fait ses courses, mieux vaut éviter de porter les sacs d'un seul côté, et plutôt répartir les charges de façon égale sur chaque bras, voire préférer un sac à dos. Pour monter dans une voiture, il est conseillé de s'asseoir d'abord en positionnant le dos face à la porte opposée, puis de faire pivoter le tronc, le bassin et les jambes en s'aidant de ses bras.

Les vertus de la pratique d'un sport

Soyons honnêtes : lorsqu'il s'agit de pratiquer une activité physique, il est davantage question de « vouloir » que de « pouvoir ». Car, hormis certains cas de contre-indication médicale, une activité sportive fait plus de bien que de mal, même s'il faut avoir conscience de certains risques pour les éviter.

La majorité des seniors peuvent pratiquer la natation, le jogging, la gymnastique, le vélo et la marche à pied : ces disciplines ont l'avantage d'être d'accès facile et de répondre à certains besoins du corps à cette époque de la vie. Leur pratique régulière améliore la qualité de la vie en gardant en bonne santé le cœur, les muscles, les os et... la tête !

Tout le monde sait marcher !

Marcher ne coûte rien et peut s'intégrer sans peine aux activités quotidiennes. Voici quelques suggestions pour marcher davantage sans en avoir l'air...

- Prenez l'habitude de descendre à l'arrêt du bus (de tram ou de métro) précédent ou de garer votre voiture plus loin que l'endroit voulu, pour faire le reste du trajet à pied.
- Choisissez l'escalier plutôt que l'ascenseur, déjà pour la descente et peu à peu aussi pour la montée.
- Oubliez la voiture pour les courses qui ne nécessitent pas de porter quelque chose de lourd (poster une lettre, par exemple) et allez-y d'un bon pas en respirant bien fort.
- Durant le week-end, faites régulièrement une petite promenade en famille ou avec des amis plutôt que de rester enfermée.

Les cinq atouts du sport

Selon les bénéfices qu'elles procurent, les activités sportives accessibles aux seniors peuvent être classées en cinq grandes catégories :

- *l'endurance : la capacité à prolonger un effort modéré est renforcée par la marche, le vélo ou encore la natation ;*
- *la souplesse : le développement de gestes amples est facilité par la gymnastique, le stretching, le yoga ou le tai-chi ;*
- *la puissance : l'aptitude à fournir un effort musculaire de courte durée est maintenue grâce à la musculation, modérée mais régulière ;*
- *l'adresse : l'habileté à enchaîner des gestes précis se préserve mieux par la pratique du tai-chi, du tir à l'arc, du ping-pong ou du golf, ou même du mini-golf ;*
- *la résistance : la facilité avec laquelle on peut supporter un effort bref mais violent est accrue par le tennis, par exemple, mais demande un corps déjà bien entraîné...*

• Trouvez le moment où une petite marche d'une demi-heure vous fait le plus de bien : le matin, pour bien commencer la journée ; après le déjeuner, pour digérer ; ou encore le soir, pour mieux dormir. En découvrant à quelle occasion la promenade procure le plus de bénéfice, cette sortie deviendra vite plus qu'une habitude quotidienne, un plaisir, parce que vous la sentirez nécessaire à votre bien-être.

Connaître les risques pour mieux les éviter

Pour qui veut passer soudain d'une vie sédentaire à une existence plus sportive, il est recommandé de demander conseil à son médecin. Par la suite, en étant à l'écoute de son corps, il reste assez facile de déterminer quelle activité lui convient ou pas : l'exercice pratiqué ne doit en aucun cas provoquer de l'inconfort. Bien sûr, nul n'est à l'abri d'un accident, mais le respect de certaines règles élémentaires peut limiter les risques : surveillance médicale, matériel en bon état, respect de ses propres limites

Parmi les blessures les plus fréquentes dues au sport, l'entorse de la cheville est un grand « classique » de la marche, du jogging ou bien encore du tennis. Pour l'éviter, il est conseillé de choisir de bonnes chaussures de sport protégeant bien la cheville et de faire quelques étirements et torsions pour échauffer le corps au préalable. Ceux qui pratiquent le tennis ou le golf souffrent parfois d'une inflammation douloureuse des tendons qui rattachent certains muscles de l'avant-bras au coude, plus connue sous le nom de « tennis-elbow ». Cette lésion, résultant de gestes trop violents, est souvent due aussi à un matériel mal adapté.

Le claquage se manifeste lui par une vive douleur provoquée par la rupture de quelques

Activité non dépourvue d'effort mais créatrice, le jardinage est aussi bon pour la tête que pour le corps

Les massages, des bénéfices assurés

Se faire masser le corps par un partenaire ou par un kinésithérapeute améliore l'état général, en apaisant les tensions et en soulageant les raideurs. Stimulée, la peau y gagne en éclat, et la sensation de détente qui suit est aussi bénéfique pour le corps que pour la tête ! Il existe diverses techniques de massage. L'effleurement léger détend les muscles et réchauffe. Le pétrissage permet de tonifier la peau et les muscles superficiels en les comprimant. La friction, par petits mouvements circulaires du bout des doigts, empêche les fibres musculaires d'adhérer les unes aux autres. Sans oublier « l'automassage » : même si les zones accessibles sont limitées, un massage du visage, des mains ou des pieds aide à se relaxer et à savourer quelques minutes prises pour soi !

fibres musculaires : la cause en est fréquemment la fatigue, un geste trop brusque et, surtout, un manque d'échauffement.

Maintenir une activité cérébrale

De façon naturelle, l'attention et la mémoire deviennent moins efficaces avec l'âge. Il est donc impératif de protéger son potentiel cérébral et de maintenir des activités intellectuelles riches, variées et régulières. Cet entretien se révèle en effet un facteur majeur de bien-être psychologique et social.

Docteur, j'ai la mémoire qui flanche !

L'avancée en âge s'accompagne de modifications traduisant une usure du corps (baisse de l'audition, cataracte, arthrose...). Dès 40-50 ans, on commence à se plaindre de plus en plus aussi de sa mémoire ou de ses capacités de concentration. Ces difficultés sont source d'inquiétude alors qu'elles sont souvent très banales : on cherche ses clés, on oublie ce que l'on vient chercher dans une pièce, on a du mal à retrouver un nom propre. Alors que l'on prête beaucoup d'attention à l'entretien du corps, il est impératif d'apporter le même soin à contrebalancer les effets du vieillissement naturel des fonctions dites cognitives (intellectuelles). Entraîner celles-ci de façon régulière aurait un double intérêt : maintenir un confort fragilisé par l'avancée en âge et peut-être, même, retarder de quelques années la survenue d'une éventuelle maladie d'Alzheimer.

Concentration, mémorisation... le vieillissement cognitif est un phénomène naturel

Progressivement, l'âge entraîne une moindre concentration et un ralentissement de la vitesse de mémorisation ou de raisonnement. De ce fait, certaines tâches cognitives qui demandent beaucoup d'énergie se révèlent moins efficaces ou plus lentes à réaliser à partir de 40-50 ans.

Il devient ainsi moins facile de faire deux choses en même temps ou de se concentrer en cas de bruit ou de conversation parasites. Les mots, notamment les noms propres, reviennent plus difficilement tout en étant sur le « bout de la langue ». Le repérage dans l'espace

Pour ou contre les aide-mémoire ?

Contrairement à une idée répandue, utiliser des aides (agenda, liste, notes) n'affaiblit pas la mémoire. Au contraire, cela la soulage d'efforts sans grand intérêt en la réservant pour des occasions plus importantes. Il vaut mieux faire une liste de courses, et ne pas l'oublier, que de vouloir à tout prix l'apprendre par cœur ! Ou alors, il faut mémoriser ses achats de façon logique, en les regroupant par catégories (légumes, fruits, boissons...). Le simple fait de prendre un peu de temps pour visualiser mentalement les objets que l'on veut acheter facilite souvent leur rappel ultérieur. On peut aussi retenir les initiales des achats (par exemple, BAL = baguette, abricot, lait) ou inventer une histoire reliant les mots à retrouver.

est moins aisé, d'autant plus que l'on réutilise les trajets familiers de façon machinale. Les informations mémorisées récemment sont retrouvées moins facilement ou plus lentement : les stratégies d'apprentissage ou de récupération des souvenirs récents sont en effet moins efficaces. En revanche, les souvenirs personnels anciens, les connaissances culturelles acquises ou les gestes très automatisés sont retrouvés sans peine.

L'angoisse muette du pire

Ces difficultés n'altèrent pas l'autonomie quotidienne mais génèrent une appréhension, car les personnes plus âgées n'ont pas la même attitude que les plus jeunes vis-à-vis de leurs oublis. À 20 ans, on accusera le surmenage ou un manque d'intérêt, et on se concentrera mieux la fois suivante. Mais à 50 ou 60 ans, le même oubli sera attribué à un déclin anormal de la mémoire. Certes, ces oublis peuvent être gênants, mais ils sont peu inquiétants, et il est souvent possible de les compenser par une meilleure organisation – toujours ranger ses clefs au même endroit, par exemple ! Et, en contrepartie, chaque senior se souvient en fait d'une foule d'informations plus intéressantes ! Ces savoirs contribuent à une expérience et à une sagesse qu'il faut valoriser plutôt que de se plaindre d'oublis mineurs.

Envoyer un message à ses proches, consulter l'Internet : de plus en plus de seniors se servent d'un ordinateur.

Les facteurs qui peuvent nuire

Si une alimentation équilibrée et riche en antioxydants naturels (fruits, légumes) est indispensable à un fonctionnement cérébral correct, l'alcool, le tabac, le manque d'exercice ou les troubles du sommeil, au contraire, y nuisent, tout comme certaines maladies (hypertension artérielle, diabète, cholestérol).

Le surmenage, l'anxiété chronique ou une dépression réduisent de façon passagère les capacités de concentration et peuvent expliquer une mémorisation moins efficace. De même, certains traitements de l'anxiété trop prolongés et à des doses trop fortes affaibliront la concentration. En revanche, d'autres traitements appropriés, courts et légers, ou des techniques de relaxation peuvent y remédier.

Maintenir des activités intellectuelles variées

La perte des neurones avec l'âge est moindre qu'on le croyait il y a encore quelques années. En outre, de nouveaux neurones peuvent se développer à partir de neurones souches localisés dans certaines régions du cerveau. En fait, au moins autant que le nombre de neurones, c'est la quantité de connexions établies entre eux qui importe : des activités intellectuelles sortant de la routine créent des connexions qui seront ensuite stabilisées par leur répétition.

Conviviaux et très populaires, les jeux de cartes sont un bon exercice pour entretenir ses « méninges ».

« Entretenir ses neurones » permet de poursuivre confortablement ses activités quotidiennes, et cela retarderait aussi de quelques années la survenue d'une éventuelle maladie d'Alzheimer. En effet, études et recherches scientifiques montrent que les activités sociales et de loisirs nécessitant des initiatives et une organisation sont associées à un moindre risque de démence. Il vaut mieux jardiner, voyager, lire, peindre, bricoler, faire de la musique, des puzzles ou du sport qu'avoir des activités passives. Il est, en outre, important que ces activités soient développées le plus tôt possible, bien avant 60 ans. Conserver un bon réseau social et amical ainsi qu'une attitude volontariste à l'arrivée de la retraite favorisent aussi cet entretien des fonctions cognitives.

Peut-on entraîner sa mémoire ?

Tout au long de la vie, l'éducation, le travail et des occupations diverses permettent d'accroître des connaissances ou d'acquérir des savoir-faire spécifiques. Toutefois, la mémoire n'est pas un muscle qu'il suffirait d'entraîner de façon répétitive. L'entraînement d'un secteur donné ne fait pas nécessairement progresser d'autres secteurs : apprendre des poésies améliore la mémoire des textes mais ne permet pas de mieux retrouver ses lunettes !

La mémoire n'est pas non plus une caméra ni un magnétophone : la mémorisation par cœur, intensive, devient souvent difficile après 30-40 ans. Il est donc préférable d'apprendre en faisant des liens entre ce que l'on sait déjà et ce que l'on désire apprendre, en essayant d'être logique, en approfondissant la compréhension des informations à mémoriser.

Que faire au quotidien ?

Les trucs et astuces sont utiles mais ne sont efficaces que dans les situations de mémorisation volontaire et consciente. Or, nous mémorisons aussi, de façon inconsciente, des centaines d'informations rencontrées chaque jour. En fait, il se révèle plus utile de bien connaître sa mémoire, ses forces et ses limites, que de tenter une « musculation » intensive. On peut faciliter la récupération d'un souvenir en générant une image mentale, en recherchant des indices ou en se remémorant le contexte. Un exercice régulier de sa mémoire peut alors aider à développer des stratégies plus efficaces. Les jeux de société et les jeux d'esprit (lecture, revues, mots croisés, informatique...) sont aussi un bon moyen de stimuler sa sagacité. Enfin, un contexte convivial est une source positive de plaisir, de stimulation et de motivation.

Ainsi, l'avancée en âge doit s'accompagner d'une triple action : protéger son cerveau des agressions physiques (notamment par une bonne hygiène de vie), amplifier le réseau de connexions par des activités intellectuelles variées et régulières, maintenir un bon niveau de motivation et d'enthousiasme constructif.

Calmer les douleurs du dos…

Quelques exercices simples aident à relaxer les muscles lombaires lorsqu'on a mal au dos. Mais pour échapper à ce dernier, mieux vaut encore favoriser les bons gestes dans la vie quotidienne…

La position du sphinx

▼ Couchée par terre à plat ventre, redressez la tête et le buste en vous appuyant sur les coudes. Le bas du dos se creuse. Restez dans cette position jusqu'à ce que la douleur s'apaise.

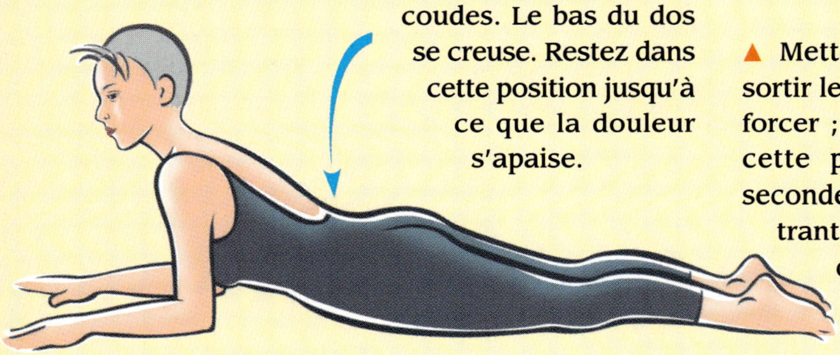

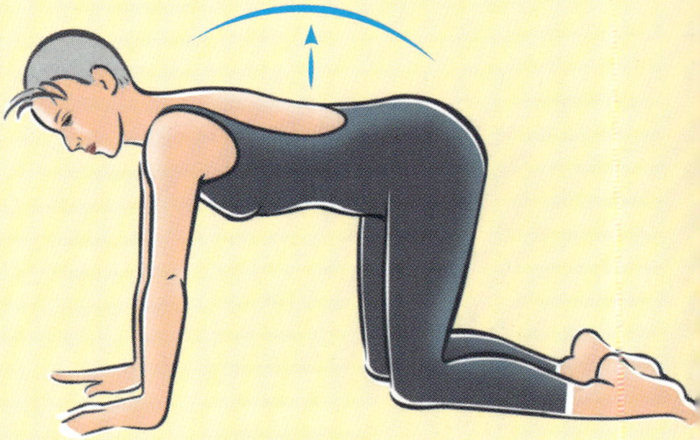

Faire le dos rond

▲ Mettez-vous à quatre pattes, faites ressortir les fesses et creusez le dos, mais sans forcer ; le ventre doit être relâché. Gardez cette position pendant une dizaine de secondes. Ensuite, faites le dos rond en rentrant le ventre. Maintenez la position une dizaine de secondes également. Répétez 5 à 10 fois.

S'enrouler en boule

▼ Couchée par terre à plat dos, ramenez vos genoux fléchis sur la poitrine et maintenez-les à l'aide de vos mains pour enrouler le dos. La cambrure du bas du dos s'atténue. Maintenez cette position jusqu'à soulagement de la douleur.

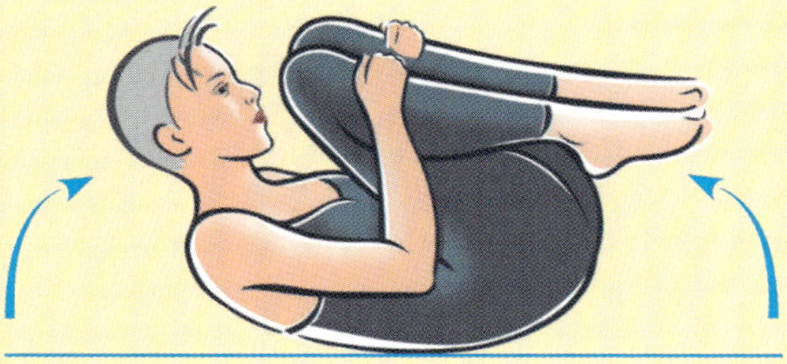

Relever le bassin

▼ Allongée sur le dos, les bras tendus le long du corps au sol, jambes fléchies jointes, pieds au sol. Expirez en décollant les fesses du sol, en rentrant le ventre et en contractant les fessiers, mais sans creuser le bas du dos. Inspirez en redescendant le bassin sans poser les fesses au sol.
Faites 6 séries de 20 répétitions.

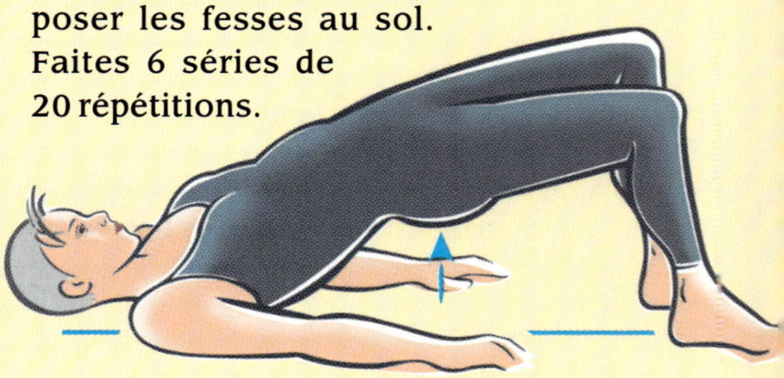

... et adopter de bonnes positions

Debout

Quelle que soit l'activité que vous exercez – depuis le repassage ou la vaisselle jusqu'au bricolage –, le dos doit toujours rester droit. Afin de pouvoir maintenir cette position, écartez légèrement les jambes ou, si vous êtes trop bas, montez sur un tabouret.

◄ Quand les mains se trouvent plus hautes que les épaules, il est préférable de prendre un escabeau, muni, pour réduire le risque d'un accident, d'une barre de sécurité.

Assise

▼ Il est toujours souhaitable d'avoir la nuque soutenue (pour la lecture, par exemple). Face à un bureau, un siège muni d'un dossier et d'une assise légèrement inclinée vers l'avant est recommandé.

En voiture, le siège doit être réglé de façon à ce que les bras soient demi-fléchis pendant la conduite.

Pour monter, asseyez-vous en tournant le dos à la porte opposée, puis faites pivoter le tronc, le bassin et les jambes en vous aidant de vos bras.

Couchée

▼ La position idéale pour le dos est de dormir sur le côté avec une jambe légèrement repliée. La fermeté du matelas est aussi une condition essentielle pour ne pas se réveiller toute « cassée ».

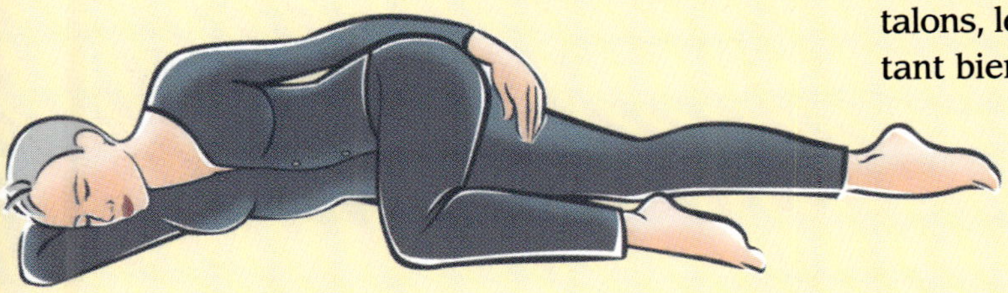

Accroupie

► Pour travailler à mi-hauteur, en jardinant par exemple, évitez de vous baisser les jambes tendues. Mieux vaut plier les genoux et s'asseoir sur les talons, le dos restant bien droit.

Savoir bien manger...

Gâteaux, sucreries, petits plats en sauce, fritures... après 65 ans, la gourmandise n'est plus un « péché ». En revanche, si l'on saute des repas, néglige des aliments aussi essentiels que les produits laitiers, ou si l'on ne boit pas assez, le corps en pâtira bien plus qu'avant. Sans négliger plaisir et convivialité...

Manger de tout sans se priver *On pourrait penser, à tort, qu'avec l'âge le corps a moins de besoins. Or c'est justement l'inverse. Plus que jamais, une alimentation équilibrée est essentielle pour se maintenir en bonne santé... et l'heure n'est plus aux restrictions. Il s'agit au contraire d'éviter les carences et de prendre des rations suffisantes.*

Multiplier les collations est un excellent moyen pour compenser un manque d'appétit lors des repas.

Quatre repas par jour et, si besoin, des collations

La ration quotidienne idéale se répartit en trois, voire quatre repas (petit déjeuner, déjeuner, goûter, dîner). Si l'on n'arrive pas à manger assez à table, il est conseillé de compléter ces repas par une ou deux collations dans la journée. Céder à une perte d'appétit est en tout cas un des principaux pièges à éviter.

Le corps exige autant de calories à 70 ans qu'à 40 ans. Même avec une moindre activité physique, diminuer les doses n'est pas judicieux : le métabolisme vieillissant fonctionne souvent moins bien, et il lui faut plus de calories pour un même résultat. Manger en quantité insuffisante est bien plus dangereux que

pour vieillir mieux

prendre du poids. En se pesant régulièrement, on peut aisément vérifier que l'on ne maigrit pas et que l'on mange assez.

Comment se nourrir de manière équilibrée ?

L'alimentation améliore la qualité de vie et réduit l'incidence de certaines maladies. Mais cela n'est vrai que si l'on se nourrit de manière équilibrée. Plus que jamais, il est indispensable que les différents groupes d'aliments figurent tous les jours au menu, voire à chaque repas sauf précision contraire ou indication médicale. Ce sont :

- **les féculents (pain et céréales, pommes de terre, légumes secs),** riches notamment en sucres lents qui fournissent l'énergie nécessaire à l'organisme, en protéines végétales et en fibres et vitamines ; ils doivent être présents lors de chaque repas ;
- **les produits laitiers,** meilleure source de calcium, et qui contiennent entre autres protéines animales et vitamine D ; ils sont recommandés à chaque repas ;
- **les fruits et les légumes,** source essentielle de fibres et de vitamines, peuvent être consommés à volonté ;
- **les graisses,** riches en lipides et en acides gras essentiels, autre source d'énergie ; 10 à 20 g de beurre et environ 2 à 3 cuillères à soupe d'huile sont conseillés par jour ;
- **la viande, le poisson ou les œufs,** une fois par jour, qui fournissent surtout des protéines animales, des minéraux (fer) et des vitamines (A et B) ;
- **sans oublier de l'eau en abondance.**

La fin des interdits alimentaires ?

Sauf cas exceptionnels, les interdits alimentaires, quels qu'ils soient, ne se justifient plus après 70 ans. Il est conseillé de veiller à une alimentation équilibrée et de manger de tout, quitte à se laisser aller à quelques abus en charcuteries ou en pâtisseries. La plupart des médecins estiment qu'il vaut mieux être un peu rond après 70 ans et que l'excès de poids est seulement à combattre quand il gêne les déplacements ou la respiration.

En revanche, l'amaigrissement, souvent signe de dénutrition, entraîne un affaiblissement musculaire, une moindre résistance aux infections et augmente le risque de fracture du col du fémur en cas de chutes. Cela ne signifie pas pour autant qu'il faille grossir si l'on est de constitution mince, mais au moins les accès de gourmandise peuvent-ils être vécus le cœur léger…

Quand le taux de cholestérol n'est plus un souci de santé

Après 70 ans, le cholestérol ne présente plus un danger important pour les artères et le cœur de ceux qui n'ont jamais eu de problèmes coronariens. Il est peut-être même préférable d'avoir un taux un peu élevé. Par conséquent, pas d'interdit sur les graisses, qui apportent de l'énergie et donnent du goût aux plats.
Chez ceux qui ont déjà eu un problème, le médecin peut conseiller de façon temporaire un régime ou prescrire un médicament.

Savoir contrer les effets du vieillissement

La fonte musculaire et la fragilisation des os sont des effets incontournables du vieillissement. Elles affaiblissent le corps et, à un âge avancé, peuvent limiter l'autonomie. Pour enrayer ce processus, une alimentation riche en protéines et en calcium est nécessaire, sans négliger les bienfaits de la marche.

Des protéines pour lutter contre la fonte des muscles

La « masse maigre » constituée des muscles et des organes (cœur, foie, reins...) diminue avec l'âge, essentiellement au détriment des muscles : les femmes perdent de 4 à 8 kg de muscles entre 50 et 70 ans. L'origine de cette perte est encore mal élucidée. Mais la réduction de l'activité physique et des apports alimentaires, notamment en protéines, jouerait un rôle. Les protéines participent en effet à la constitution des muscles ; elles influent également sur la résistance aux infections et sur la qualité de la mémoire. Lorsqu'on est malade ou stressé, les médecins conseillent d'ailleurs d'augmenter les quantités.

En temps normal, les besoins s'élèvent à environ 1g/kg/j, soit 60 g par jour pour une personne de 60 kg. À titre indicatif, 100 g de viande, volaille ou de poisson, 2 œufs, 300 g de moules en coquille ou 1 demi-litre de lait contiennent 20 g de protéines animales... La ration sera d'autant plus équilibrée si vous consommez une fois par jour du poisson, des œufs ou de la viande, et complétez par des produits laitiers et des protéines végétales (légumes secs, pain, pâtes, riz, maïs et autres céréales).

Des fibres pour bien digérer

Si fruits et légumes procurent les minéraux et vitamines indispensables au maintien de la forme (et à un fonctionnement cérébral correct), ils sont également riches en fibres,

S'activer pour rester autonome

Maintenir une activité physique est tout aussi important qu'une bonne alimentation pour combattre les effets du vieillissement. Les os comme les muscles ne peuvent manquer d'en tirer profit. L'organisme utilisera au mieux les aliments absorbés ; cela se traduira par un gain de force, même après 60 ans. Une à deux heures de marche 3 fois par semaine aideraient à limiter la perte de masse musculaire. Marcher chaque jour, rester active dans sa maison ou son jardin et, si l'on pratique la gym ou un autre sport, continuer, au moins de façon modérée, ne peuvent nuire. Quelle que soit son intensité, l'exercice freine la dégradation des performances musculaires et, de ce fait, accroît les chances de rester autonome à un âge avancé. Selon une étude récente, 65 % des femmes de plus de 75 ans sont incapables de soulever une charge de 4,5 kg. Plus on prend de l'âge, plus la fonte musculaire a des effets au quotidien, rendant pénibles certains gestes. Mieux vaut donc rester active si l'on espère, à 80 ans et plus, faire toujours ses courses, ranger sa maison et sortir avec ses petits-enfants.

Yaourts, fromages blancs, fromages, lait sont la principale source de calcium pour l'organisme.

comme les légumes secs et les aliments d'origine céréalière. Régularisant le transit intestinal, les fibres sont très utiles pour lutter contre la constipation (fréquente à un âge avancé).

Du calcium pour solidifier les os

Mangez des produits laitiers à chaque repas ! Quelle retraitée n'a pas entendu un jour ou l'autre ce conseil. Ou l'une de ses variantes : pour fortifier vos os, prenez du calcium et de la vitamine D. Ce qui revient au même.

Le calcium est un constituant des os et des dents, et c'est pourquoi on le prescrit notamment pour prévenir la baisse de la masse osseuse, ou ostéoporose, une maladie fréquente qui touche en particulier les femmes à partir de la ménopause.

Pour absorber 300 mg de calcium, soit un quart de la dose journalière conseillée, on peut prendre, au choix : un quart de litre de lait, 2 yaourts, 300 g de fromage blanc ou 30 g d'emmental – les fromages à pâte dure sont plus riches en calcium que ceux à pâte molle (camembert). N'hésitez pas à en inclure dans des préparations type purées, crèmes, entremets. Pour diversifier les apports, sachez aussi que certaines eaux minérales et certains légumes (brocolis, choux frisé) fournissent également du calcium.

Boire beaucoup même si l'on a moins soif

Le corps d'un jeune adulte contient plus d'eau que celui d'une personne de 70 ans. Présente essentiellement dans les muscles et les organes, l'eau se trouve en effet en faible quantité dans la masse graisseuse. Son rôle reste pourtant crucial, et si l'on ne boit pas assez, les conséquences peuvent être graves : une déshydratation chez une personne âgée est aussi dangereuse que chez un nourrisson. Même sans envisager une situation aussi critique, des problèmes rénaux peuvent survenir. Il est ainsi essentiel de boire au moins 1,5 litre par jour, pendant les repas et à tout moment de la journée. De l'eau, bien sûr, mais aussi des tisanes, du café, du thé, des bouillons et, éventuellement, des boissons alcoolisées, sans dépasser 1 à 2 verres de vin ou un demi-litre de bière par jour. Méfiez-vous : passé 70 ans, on ressent moins la soif, même lorsque le corps manque d'eau. Vigilance donc, surtout en été et en cas de fièvre…

Conserver le plaisir de manger

La perte d'appétit, quand on prend de l'âge, a souvent des raisons objectives. Les soucis dentaires comme l'atténuation du goût et de l'odorat n'aident pas à savourer les repas.

Il est d'autant plus important d'entretenir sa gourmandise, ne serait-ce que par des goûters incluant des aliments sucrés, et de retrouver les plaisirs de la table en multipliant les déjeuners à plusieurs…

Quand la dentition pose problème…

Pour préserver les dents, une bonne hygiène consiste en des détartrages réguliers, un brossage manuel avec des dentifrices au fluor – ce sel minéral renforçant l'émail –, et des bains de bouche avec solution antiseptique. Il n'en reste pas moins que la chute des dents touche aussi des personnes vigilantes. Outre le recours à des prothèses, ce problème peut nécessiter une adaptation des habitudes alimentaires. Plutôt que les viandes grillées, les légumes fermes ou les fruits difficiles à mâcher, on peut consommer davantage de potages, de purées ou de compotes, privilégier les steaks hachés, la dinde, les poissons et les œufs, choisir du pain de mie… Notez enfin que boire beaucoup favorise la salivation et donc la digestion.

Redonner de la saveur aux aliments

À partir de 50 ans, le goût et l'odorat peuvent perdre une partie de leur sensibilité. Tant la prise de médicaments que le vieillissement font que l'on détecte moins bien les saveurs : c'est d'abord la perception du salé qui s'atténue, puis celle de l'amer, de l'acide et, en dernier lieu, du sucré. Cela explique que les personnes âgées montrent en général un petit faible pour les aliments sucrés et trouvent parfois le salé insipide. Pour elles, les saveurs doivent donc être plus prononcées pour être perçues. Pour que la nourriture demeure savoureuse, n'hésitez donc pas à cuisiner avec des épices, des

Exemple de menu journalier équilibré apportant environ 2 000 Kcal

PETIT DÉJEUNER

- 1 bol de lait (1/4 de litre) + 10 g de sucre + café ou thé
- 2 tranches de pain (50 g) + 10 g de beurre et confiture
- 1 verre de jus de fruit

DÉJEUNER

- 100 g de légumes verts cuits ou crus + vinaigrette avec 10 g d'huile
- 100 g de viande ou volaille ou poisson, ou 2 œufs
- 150 g de féculents
- 2 tranches de pain
- 1 dessert lacté (yaourt, crème, flan) + 10 g de sucre
- 1 fruit frais
- 1 café ou thé + de l'eau en abondance

GOÛTER

- 1 tasse de lait (1/8 de litre) chocolaté
- 1 tranche de pain + 5 g de beurre
- 1 compote

DÎNER

- Potage de légumes dont 50 g de pomme de terre + 5 g de sucre
- 1 plat de légumes verts
- 1 part de fromage
- 1 dessert lacté
- 2 tranches de pain + de l'eau en abondance

Un pique-nique ou un repas avec les enfants et les petits-enfants, un déjeuner ou un dîner entre amis…, l'un des avantages de la convivialité est de stimuler l'appétit, surtout à un âge où il commence souvent à faire défaut.

fines herbes, des condiments et tout autre élément pouvant relever le goût. Prenez votre temps lors des repas, et mastiquez lentement pour mieux apprécier ce que vous mangez.

Si l'on aime le sucré, inutile de se priver

Si une attirance vous pousse désormais vers les gâteaux, viennoiseries et autres aliments sucrés, sources de gourmandise et de plaisir, laissez-vous aller sans état d'âme. L'ajout de sucre fait souvent mieux accepter certaines préparations maison riches en lait et en œufs, et donc en calcium et protéines : riz au lait, flan, gâteau de semoule, entremets, etc. À un âge avancé, ces goûters ou desserts caloriques peuvent compléter une consommation moindre de viandes et de poissons, même s'ils ne peuvent totalement s'y substituer.

Inviter et se laisser inviter

Surtout si l'on a toujours vécu entourée, prendre ses repas en solitaire ne stimule pas en général l'appétit. Seule, on a parfois tendance à moins manger. Pour éviter ce piège, il est conseillé de multiplier les invitations, partir de temps en temps dans sa famille, goûter à plusieurs après une séance au cinéma ou lors d'une partie de cartes. Cela demande parfois un peu d'organisation et d'énergie, mais le résultat en vaut la peine.

Si l'on vit encore à deux, la situation est évidemment plus simple. L'un stimulant l'autre, il est plus facile de préserver le caractère convivial du repas et de s'offrir de temps en temps des menus gourmands à savourer ensemble… ou entre amis. Tout cela implique bien sûr de maintenir une vie sociale, mais cela aussi ne mérite-t-il pas quelques efforts ?

Choisir de prévoir pour

Avec le temps, se projeter dans l'avenir peut paraître de moins en moins facile. Même en bonne santé, même en forme, les années finissent par s'accumuler ; cela s'appelle vieillir. C'est le moment de se poser quelques questions clés, pour gagner en tranquillité. Une façon de se simplifier la vie, pour mieux en profiter !

Déménager ou pas ? *Passé la soixantaine et l'arrivée à la retraite, c'est souvent la première question qui s'impose : après les contraintes de la vie au travail, on rêve de soleil, de bord de mer, d'ailleurs... Tout est possible, à condition de réfléchir un peu avant.*

Regarder vers l'avenir pour aménager sa vie est le meilleur moyen de s'assurer une retraite sereine.

Attention à ne pas s'isoler

De nos jours, dans nos sociétés, dépasser la soixantaine est d'abord synonyme d'une plus grande liberté. On laisse derrière soi la corvée des transports, les emplois du temps obligés, les vacances programmées en fonction de la vie professionnelle et de la scolarité des enfants. La tentation se profile de changer de vie. Quitter la ville pour la campagne, un appartement pour une maison – ou vice versa. Et pourquoi pas, si l'on en a tellement envie ?

Avant de sauter le pas, mieux vaut pourtant prendre le temps de vous interroger sur ce que vous – et votre conjoint éventuel – aimez vraiment. Si vous adorez voir des gens, sortir, aller au cinéma ou courir les magasins, le joli village campagnard où vous passiez des vacances ou des week-ends si reposants risque de vous paraître quelque peu ennuyeux. Certes, avec l'avancée en âge, le coin du feu, les livres et la télévision prennent un charme nouveau. Mais il devient vite pesant de devoir prendre la voi-

mieux pourvoir

ture pour la moindre course, ou de ne pas avoir de médecin (ou d'hôpital) à moins de trente kilomètres. Attention donc, à ne pas rompre totalement avec son mode de vie « d'avant », en laissant derrière soi ses amis ou ses proches, au risque de s'isoler de plus en plus.

Se rapprocher de ses enfants ?

La même réflexion vaut pour la tentation de partir s'installer au soleil ou de retourner vivre sur les lieux de son enfance : c'est possible, à condition d'y trouver (ou d'y retrouver) un solide réseau de relations amicales ou familiales. Enfin, on peut avoir envie de se rapprocher de ses enfants : l'idée est séduisante – surtout si vous avez des petits-enfants –, mais il vaut mieux qu'elle soit partagée. Il est donc fortement conseillé de leur demander leur avis, pour s'assurer qu'ils sont d'accord. Sinon, vous risquez de douloureuses déceptions. Sans oublier que vos enfants aussi peuvent être amenés à déménager, pour des raisons professionnelles, par exemple. Et il est bon, parfois, de garder un peu de distance.

Choisir pour longtemps ?

Quel que soit votre choix, vous vous direz peut-être qu'il n'est pas fait pour toujours, que vous ne vivrez pas forcément là le reste de votre vie, qu'il sera encore possible de repartir dans quinze ou vingt ans. Alors, pour l'instant, autant vous faire plaisir. Là encore, pourquoi pas ? Surtout si votre niveau de retraite vous permet de faire ce genre de projets.

Des questions très pratiques

Mais vous pouvez craindre aussi de n'avoir, à 80 ou 85 ans, ni les moyens financiers ni l'énergie de redéménager. Dans ce cas, avant d'élire définitivement le lieu de votre nouvelle vie, étant entendu qu'il ne vous fait pas rompre avec vos attaches de longue date, il est vraiment indispensable de passer en revue les points suivants : quels sont les moyens de transport existants (autobus, métro, voire train et taxis) ? Y a-t-il des commerces de proximité ? Livrent-ils à domicile ? Qu'y a-t-il comme services de santé (médecins, pharmaciens, infirmières, hôpital) ? Sans oublier les structures de loisirs (associations, clubs, gymnase, piscine, cinéma...). Autant d'éléments qui vous faciliteront la vie aujourd'hui, et pour longtemps.

Préparer « l'après »

On ne peut pas tout prévoir. Mais on peut régler à l'avance des problèmes qui se poseront forcément un jour. Même s'il n'est pas plaisant d'y penser, préparer sa succession, voire ses obsèques, est un bon moyen de gagner en tranquillité d'esprit et de préserver celle de ses proches. En la matière, mieux vaut prendre contact avec un notaire. Il saura vous informer utilement, en vous indiquant par exemple la façon de transmettre une partie de vos biens de votre vivant, de profiter de dispositions fiscales avantageuses ou de rédiger un testament inattaquable. L'important, comme pour son médecin, est de trouver une personne de confiance. Si vous n'en connaissez pas, demandez conseil à des amis, ou adressez-vous à la Chambre des notaires de votre département.

Vivre à proximité de ses petits-enfants est un souhait exprimé par de nombreuses grands-mères.

Opter pour l'habitat collectif ?

Lorsque la fatigue liée à l'âge se fait par trop sentir, on peut décider d'opter pour une forme de vie collective (foyers-logements, résidences services ou maisons d'accueil pour personnes âgées). Là encore, il est préférable d'y penser à l'avance, pour ne pas avoir à agir dans l'urgence. Cela permet de se fixer des critères de choix : facilité d'accès, agrément du quartier et du cadre de vie, taille et confort des logements ou des chambres, mais aussi qualité de l'accueil, des repas, des services médicaux, formation du personnel. Certaines institutions proposent une formule « long séjour » (le temps de la mauvaise saison, par exemple), ou des formules « à l'essai » pour un mois ou deux. Une bonne façon d'apprivoiser l'idée de quitter son chez-soi, rarement facile à vivre.

▶ S'aménager un cadre de vie agréable

Plus on avance en âge, plus c'est important. Pas seulement par souci de confort. Cela devient un impératif de sécurité si l'on souhaite rester chez soi le plus longtemps possible et ne pas avoir à prendre des décisions dans l'urgence.

Essayer de se projeter dans sa propre vieillesse

Rien n'est plus difficile, sans doute. Ces cinq étages sans ascenseur, vous les montez aujourd'hui sans effort, satisfaite même qu'ils vous procurent votre indispensable dose d'exercice quotidien. Comment imaginer, dans quinze ans, dans vingt ans, le souffle raccourci, les genoux en plomb, la vision imprécise qui fait fuir le bord des marches ? Certes, regarder vos parents peut vous y aider. Il suffit d'une séance de courses au supermarché avec un ou une quasi-nonagénaire : impossible de s'accroupir vers les rayons du bas et d'atteindre ceux du haut, difficile de lire les étiquettes, de saisir un bocal sur une pile instable, sans parler du bruit omniprésent qui brouille les aides auditives...

Penser escaliers, chauffage, espace...

S'il est malaisé de ressentir d'avance le poids des années, on sait qu'elles nous feront moins agiles et plus fragiles. Cet endroit où vous vivez, où vous choisissez de vous fixer, il faut donc le considérer avec un peu d'anticipation pour pouvoir y rester le plus longtemps possible – un souhait partagé par la majorité. Quelques questions de base : si vous habitez en immeuble à un étage élevé, y a-t-il un ou plusieurs ascenseurs ? Sont-ils bien entretenus ou souvent en panne? Dans la maison, votre chambre est-elle à l'étage et les W-C au rez-de-chaussée ? Maison ou appartement sont-ils correctement chauffés ? Leur surface est-elle adaptée à vos besoins ? Trop grands, ils sont difficiles à entretenir, sauf à pouvoir s'offrir les services d'un homme ou d'une femme de ménage ; trop petits, ils ne permettent pas de recevoir enfants ou amis, ni de se ménager un espace à soi.

Se garder des pièges de la maison

Les accidents dits « domestiques » (parce qu'ils se produisent chez soi) font 18 000 morts par an – essentiellement des jeunes enfants et des personnes de plus de 65 ans. Il est vrai que se prendre les pieds dans le tapis, à un âge où l'ostéoporose a pu faire des ravages, signifie souvent une fracture aux conséquences graves.

Gare aux chutes !

Premier impératif : éliminer au maximum les risques de chute. Ce qui signifie, notamment, bannir les tapis (ou les fixer au sol pour éviter les glissades) ; multiplier les prises électriques (à une hauteur confortable !) pour éliminer les fils qui traînent ; prévoir un éclairage suffisant, avec des interrupteurs nombreux et à portée de main ; munir l'escalier d'une rampe ou de points d'appui ; préférer la cabine de douche (au sol antidérapant) à la baignoire difficile à enjamber ; faire installer des sanitaires près de sa chambre pour se relever la nuit sans souci.

Se faciliter les gestes quotidiens

Deuxième règle : s'éviter une fatigue inutile. Cela vaut en particulier dans la cuisine. Prendre donc le temps de calculer la hauteur des rangements et des plans de travail, ou de revoir la place du four – rien de plus périlleux que d'avoir à se baisser ou à se relever avec un plat lourd et brûlant dans les mains !

Certes, on ne peut penser à tout, mais on peut faire le tour de son habitation, papier et crayon en main, et dresser la liste des aménagements indispensables. Certains, simples, vous demandent juste de changer vos meubles de place. D'autres exigent quelques travaux. Si le budget est serré, il existe des aides financières (ou des crédits d'impôt) : l'Agence pour l'amélioration de l'habitat, la mairie ou votre caisse de retraite vous renseigneront. Et les banquiers ne rechignent plus à prêter de l'argent aux sexagénaires et au-delà. Profitez-en. Mieux vaut prévoir que devoir aménager dans l'urgence.

? Un simulateur de vieillesse

Le grand âge reste encore synonyme d'articulations douloureuses ou de vision altérée. Dans une Europe vieillissante, ces handicaps vont toucher de plus en plus de gens. D'où la nécessité, pour les industriels, d'adapter produits et services. Ainsi un groupe suisse a-t-il imaginé de faire fabriquer par un cabinet allemand un « simulateur de vieillesse » à l'intention de ses agenceurs de magasins. Il s'agit d'une combinaison proche d'un scaphandre : des poids aux articulations empêchent de plier librement bras et jambes, un casque à visière jaunâtre déforme les couleurs, des gants en étoffe piquante reproduisent les douleurs de l'arthrose... Des fabricants d'électroménager, entre autres, le font revêtir à leurs concepteurs pour qu'ils pensent autrement leurs appareils...

Prévenir et se soigner

Le suivi médical et les

Une femme attentive à sa santé n'attend pas que le corps manifeste des signaux d'alerte pour consulter un médecin. Certains examens jouent en effet un rôle préventif essentiel à des moments clés de la vie, et un suivi médical régulier est le meilleur moyen de prendre soin de son corps.

Quand et pourquoi consulter un médecin

On va voir d'autant plus facilement son médecin que l'on établit avec lui une relation de confiance. Et ce dernier sera bien plus efficace s'il connaît sa patiente et effectue au moins une fois par an un examen clinique pour évaluer son état de santé. Voici quelques indications pour mieux comprendre son rôle : prévenir, dépister les maladies et, bien sûr, soigner.

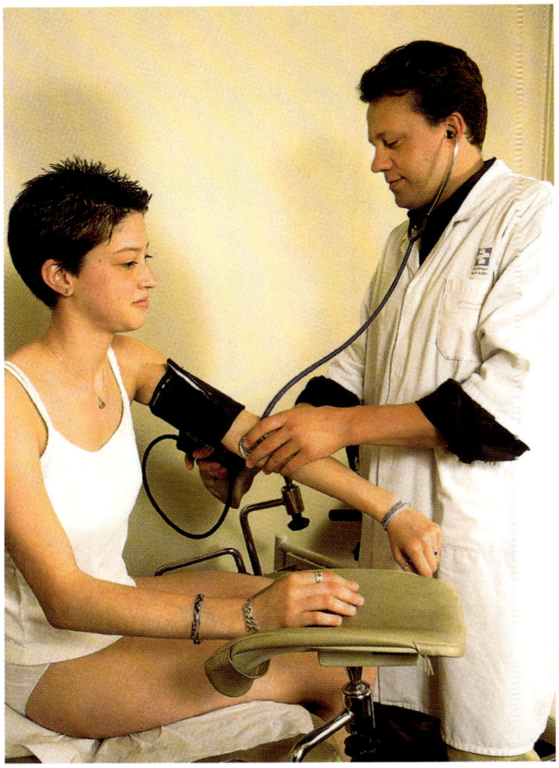

La mesure de la tension artérielle, qui fait partie de l'examen clinique, vise à dépister l'hypertension.

La relation médecin-patient

La médecine a fait un bond formidable au cours des cinquante dernières années. Explosion des thérapeutiques, multiplication des spécialistes, révolutions technologiques ont permis une meilleure appréhension de la maladie. Si les médecins sont plus spécialisés, les patients sont également mieux informés. Médias (télé, radio, presse), internet, associations de malades ont contribué à cette évolution. Un rapport autoritaire n'est plus de mise. Chacun se sent responsable de sa santé. Plus question d'accepter sans réfléchir et sans information un traitement ou une intervention chirurgicale.

principaux examens

Faire tomber les barrières de part et d'autre

Le rôle du médecin n'est plus de décider tout seul ce qui est bien, mais de conseiller et d'aider le patient à décider par et pour lui-même. La plupart des difficultés dans le rapport « médecin-patient » vient du fait que ni l'un ni l'autre n'expriment clairement ce qu'ils attendent de cette rencontre. Le premier est persuadé de savoir ce qui est bon pour son patient et ne prend pas toujours la peine de lui demander des détails sur l'objet de sa visite. Le second ne sait pas ou n'ose pas formuler sa demande. Pour bien communiquer avec son médecin, il est essentiel de déterminer les grandes lignes de son problème et l'objectif de la visite.

Une consultation, cela se prépare

Si c'est une première consultation, signalez-le d'emblée à la secrétaire ; le médecin vous consacrera alors plus de temps. Il vous est conseillé, pour cette première fois, d'apporter vos derniers bilans médicaux (radios, prise de sang...), de vous tenir prête à fournir des informations sur vos antécédents médicaux familiaux (cancer, infarctus...) et sur les éventuelles maladies chroniques (hypertension, diabète, asthme...) dont vous souffrez. De manière générale, pour ne pas oublier les sujets à aborder, vous pouvez si besoin les noter, même s'il est possible de rappeler son médecin après coup. Enfin, dernier point important : soyez à l'heure ! Si vous avez la chance de tomber sur un médecin ponctuel et que vous êtes en retard, il risque d'être moins disponible.

L'examen clinique

Une à deux visites par an chez son généraliste sont l'occasion de faire un tour d'horizon de sa santé, même si l'on se sent en pleine forme. Le médecin effectue alors un examen clinique qui consiste à : prendre le poids ; prendre le pouls au poignet pour mesurer la fréquence cardiaque ; mesurer la tension artérielle pour dépister l'hypertension artérielle ; effectuer une auscultation cardiaque pour écouter bruits normaux et anormaux liés à l'ouverture des valves du cœur.

Un rendez-vous annuel chez le dentiste et, éventuellement, chez l'ophtalmologiste compléteront la visite chez le médecin généraliste.

Les examens complémentaires

Dans le cadre de la prévention des maladies cardiovasculaires et du diabète, le généraliste peut prescrire d'autres examens.

Choisir un médecin avec lequel on se sente à l'aise

Dans des domaines particuliers, comme la gynécologie, certaines femmes parleront plus facilement avec une femme médecin ; pour d'autres, ce sera le contraire : elles se sentiront plus à l'aise face à un homme. Mais l'essentiel est de pouvoir parler clairement et honnêtement à son médecin. Si ce n'est pas le cas, n'hésitez pas à aller consulter quelqu'un d'autre – pour certaines pathologies, un double avis médical n'est d'ailleurs pas de trop. En revanche, si vous avez une relation de confiance avec votre médecin, il est inutile de multiplier les interlocuteurs.

• **Un bilan sanguin :** pour mesurer les taux de cholestérol, de triglycérides et de sucre. Pour le cholestérol et les triglycérides, un examen sanguin doit être effectué tous les cinq ans avant la ménopause si les taux sont normaux, puis tous les trois ans s'il n'y a pas de facteur de risque. La fréquence de la mesure de la glycémie (taux de sucre dans le sang) dépend de ce que le médecin recherche.

• **Un électrocardiogramme :** après 50 ans, tous les trois ans, et, si l'on a des facteurs de risque (hypertension artérielle, tabagisme, excès de cholestérol, excès de triglycérides, sédentarité, obésité, antécédents familiaux), une fois par an. Dans certains cas très particuliers, le médecin prescrit un électrocardiogramme d'effort afin de révéler une insuffisance coronarienne latente qui ne se perçoit pas au repos.

Quels examens en cas de contraception ou lors d'une grossesse ?

Si vous prenez une contraception orale, vous devez pratiquer régulièrement une prise de sang pour évaluer les taux de glycémie, de cholestérol et de triglycérides. Lorsque l'on envisage une grossesse, il est utile de faire une prise de sang pour savoir si l'on est immunisée contre la rubéole et contre la toxoplasmose. Pour la rubéole, si l'on n'est pas immunisée, il est possible de se faire vacciner pendant que l'on est encore sous contraception. Si l'on est déjà enceinte, un examen sanguin en début de grossesse permet de connaître l'immunité contre ces deux maladies. Si les résultats sont négatifs, celle-ci est contrôlée chaque mois par un examen sanguin. La recherche d'une carence en fer et le dosage, dans les urines, du sucre (pour rechercher un diabète de la grossesse) et des protéines (pour dépister une toxémie gravidique) sont également utiles au cours de la grossesse. Une prise de sang, avec dosage de certains marqueurs sériques, peut être réalisée pour rechercher une anomalie chromosomique. Sans oublier les trois échographies (à 12, 22 et 32 semaines).

Pour les fumeuses, des précautions particulières

Quand la patiente est fumeuse, le généraliste en tient généralement compte lors de l'examen clinique en pratiquant un examen pulmonaire et une mesure régulière des capacités respiratoires au moyen d'un débitmètre de pointe. Il peut aussi orienter la patiente vers un ORL (oto-rhino-laryngologiste) si celle-ci a une mauvaise haleine persistante, connaît un changement de voix ou une douleur, et ce afin de dépister un cancer de la zone ORL. Rappelons que le tabagisme augmente les risques cardio-vasculaires, de cancer des poumons, de la zone ORL, de la vessie, du col de l'utérus, de grossesse extra-utérine, qu'il a une incidence sur la fertilité et avance l'âge de la ménopause.

Davantage de suivi en cas de cancers dans la famille

Lorsqu'un membre de votre famille a eu l'un des cancers suivants, certaines mesures préventives sont vivement conseillées.

• **Cancer du sein.** Une mammographie et une échographie régulières, environ une fois par an, sont prescrites par le médecin généraliste et/ou le gynécologue.

• **Cancer de la peau.** Un suivi annuel chez un dermatologue ou chez le médecin généraliste est conseillé. Cette recommandation vaut également pour les personnes qui ont de très nombreux grains de beauté.

• **Cancer du côlon.** La coloscopie (examen du côlon grâce à un tube flexible muni de fibres optiques) est préconisée tous les trois à cinq ans à partir de 45 ans. À noter que pour les familles à très hauts risques (deux parents atteints de ce cancer ou deux générations successives touchées), cet examen est prescrit tous les deux ans à partir de 35 ans. Dans les deux cas, la fréquence de l'examen peut être réévaluée en fonction des risques.

- **Cancer de l'ovaire.** Des échographies des ovaires sont pratiquées régulièrement en cas d'antécédents familiaux et chez les femmes qui ont subi de nombreuses stimulations ovariennes, dans le cadre d'une assistance médicale à la procréation, et qui n'ont pu mener une grossesse à terme.

Les examens gynécologiques

Les examens gynécologiques comprennent un examen au spéculum, qui permet de visualiser le col utérin, un toucher vaginal, pour palper l'utérus et les ovaires, et un examen clinique des seins. Dans le cadre d'un suivi gynécologique habituel, on recommande de pratiquer ces examens une fois par an. Ceux-ci peuvent aussi bien être effectués par un généraliste que par un gynécologue.

Les éventuels examens complémentaires

- **Un frottis vaginal et cervical :** deux frottis doivent être effectués à un an d'intervalle au début de la vie sexuelle, puis tous les deux ou trois ans jusqu'à 65 ans afin de dépister un éventuel cancer du col de l'utérus.
- **Une mammographie :** après 50 ans, dans le cadre d'un dépistage systématique du cancer du sein, une mammographie est conseillée tous les deux ans. S'il existe des facteurs de risque (antécédents familiaux), celle-ci sera prescrite tous les ans. Sur un plan individuel, il est tout à fait possible, si on le souhaite, de pratiquer des mammographies régulières plus tôt.

Ne serait-ce que du fait de la contraception, une femme consulte souvent au moins une fois par an.

- **Une ostéodensitométrie :** cet examen permet d'évaluer la densité osseuse, qui diminue avec l'âge, et de dépister une ostéoporose, caractérisée par une perte osseuse accélérée.

Les symptômes impliquant de consulter rapidement

Chacun perçoit les « ennuis » corporels à sa manière. Même la douleur ne suscite pas des réactions identiques, le seuil du supportable variant beaucoup d'une personne à l'autre. Certains ne voient ainsi un médecin qu'en cas extrême, d'autres fréquemment. Pour points de repères, voici quelques symptômes qui devraient amener toute personne à consulter.

À chaque tranche d'âge correspondent des examens préventifs et des vaccinations spécifiques.

La fatigue

Quand elle apparaît de façon brutale, associée à de la fièvre, la fatigue est en général liée à une infection virale ou bactérienne. Si elle se prolonge et ne semble pas liée à des circonstances particulières, physiques ou psychologiques, elle doit alerter et amener à consulter. Elle peut en effet être le signe d'une anémie, d'une maladie inflammatoire ou tumorale. La fatigue est parfois aussi d'origine psychique : il ne faut donc pas hésiter à préciser à son médecin dans quel contexte psychologique, familial, professionnel elle est apparue.

Une perte de poids continuelle

Toute perte de poids continuelle et inexpliquée nécessite une consultation. On parle d'amaigrissement lorsqu'une personne perd 5 % de son poids en 6 mois ou 10 % en 1 an. Différentes causes sont possibles, selon que la perte de poids s'accompagne ou non d'une perte d'appétit : diabète sucré, hyperthyroïdie, dépression, parasitose, infection, inflammation, tumeur. .

Des douleurs abdominales

Quand les douleurs abdominales sont aiguës, il faut consulter sans attendre. Quand elles sont chroniques, il s'agit très souvent de la colopathie fonctionnelle ou « syndrome de l'intestin irritable » : ce n'est là rien de grave, mais il est préférable de voir son médecin pour être sûre du diagnostic et soulagée par des traitements antispasmodiques.

Une sensation de brûlure en urinant

Une sensation de brûlure en urinant, notamment si elle s'accompagne de fièvre, doit conduire à une consultation dans les 24 heures, pour traiter rapidement l'infection en cause et éviter les risques d'aggravation.

Du sang dans les selles

La présence de sang dans les selles doit aussi amener à consulter. Le médecin recherchera, par un toucher rectal, des hémorroïdes. Si ce signe est associé à une brusque constipation, à une perte de poids et à une altération de l'état général, il complétera cet examen par une coloscopie, pour vérifier qu'il ne s'agit pas d'un polype, voire d'un cancer du côlon ou du rectum.

Le but des principaux examens et vaccinations

Les principaux examens ou vaccinations, pratiqués à des âges différents, sont ici passés en revue. En sachant qui les pratique, comment ils se déroulent et quels sont leurs buts, il sera plus facile de les effectuer sans appréhension et en toute connaissance de cause.

Examen au spéculum, toucher vaginal et frottis

Bien qu'un peu désagréables parfois, l'examen au spéculum, le toucher vaginal et le frottis du col utérin sont normalement indolores.

L'examen au spéculum

L'objectif de l'examen au spéculum est de détecter, au niveau du vagin et du col utérin, des anomalies, des rougeurs, des sécrétions anormales ou des excroissances qui pourraient révéler des maladies. Cet examen permet également d'effectuer des prélèvements de cellules en vue d'un frottis.

Comment se déroule-t-il ? Vous vous allongez sur le dos, les fesses sur le bord de la table d'examen. Les genoux pliés, vous placez les pieds dans deux repose-pieds métalliques appelés « étriers ». Le médecin écarte les grandes lèvres pour voir la vulve. Puis il introduit un instrument constitué de deux valves qui s'écartent à l'aide d'un pas de vis : le spéculum, qui existe en différentes tailles. Normalement l'introduction est indolore, juste un peu désagréable. Le but est de maintenir le vagin ouvert, à la fois pour voir le col de l'utérus et pour introduire, si besoin, d'autres instruments et effectuer des prélèvements.

Le toucher vaginal

Le toucher vaginal permet au médecin de palper l'utérus, les ovaires, voire les trompes. Pour ce faire, le praticien introduit un ou deux doigts recouverts d'un doigtier en polyéthylène au fond du vagin en appuyant sur le bas-ventre avec l'autre main.

Il palpe en premier lieu l'utérus. Lorsque celui-ci est normal, il mesure entre 4 et 6 cm de longueur. Environ 80 % des utérus sont antéversés, c'est-à-dire basculés vers l'avant, et 20 % sont rétroversés, c'est-à-dire basculés vers l'arrière : contrairement aux idées reçues,

Quand pratiquer une biopsie du col de l'utérus ?

Dans certains cas, malgré un examen du col de l'utérus au moyen d'une loupe (colposcopie), le médecin ne décèle aucune lésion alors que le frottis a mis en évidence des cellules anormales. Le médecin va alors prélever des fragments de tissu (biopsie) sur toutes les zones suspectes. Il existe deux types de biopsie cervicale : la biopsie localisée et la conisation.

- *La biopsie localisée consiste à prélever un fragment de tissu du col de l'utérus pour en faire une analyse au microscope.*
- *La conisation consiste à extraire de l'extrémité du col de l'utérus un petit cône de tissu afin de l'observer au microscope. La conisation peut être aussi pratiquée pour enlever entièrement une lésion.*

cela n'a aucune incidence sur la vie sexuelle ou sur une future grossesse. Le médecin tâte ensuite chaque côté de l'utérus, pour s'assurer que l'examen est indolore et qu'il ne rencontre pas de masse palpable. Lorsque tout est normal, le toucher vaginal ne s'accompagne d'aucune sensation douloureuse. Si ce n'est pas le cas, cela peut être le signe d'une affection.

Le frottis du col utérin

Le frottis du col utérin est l'examen qui permet de dépister un cancer du col de l'utérus ou toute autre transformation des cellules du col par un papillomavirus, un virus sexuellement transmissible à l'origine de la quasi-totalité des cancers du col utérin. Le frottis est préconisé pour toutes les femmes âgées de moins de 65 ans. Il consiste à prélever des cellules au niveau du col utérin.

Comment se déroule-t-il ? Il se pratique lors de l'examen au spéculum. Le médecin prélève des cellules qu'il étale sur une lame ou qu'il introduit dans un flacon. C'est indolore et rapide. La lecture du frottis se fait ensuite au microscope, en laboratoire.

Quelles précautions préalables ? Ce frottis doit se faire en dehors des règles et en l'absence d'infection.

L'examen des seins par la mammographie

La mammographie est une exploration radiologique qui permet de surveiller les seins et de dépister un éventuel cancer. Cette technique utilise les rayons X. L'image obtenue en noir et blanc fait apparaître des contrastes en fonction de la densité de la glande mammaire. Plus celle-ci est dense, plus l'image est blanche. L'examen s'effectue aussi bien dans un cabinet de radiologie privé qu'en milieu hospitalier, de préférence durant les dix premiers jours du cycle, comme l'échographie des seins.

Comment se déroule-t-il ? Pour une mammographie, on est assise et dévêtue jusqu'à la taille. Le sein est radiographié en étant « maintenu » entre deux plaques radiologiques de plexiglas. Ce n'est pas très agréable, car les seins sont un peu écrasés, mais pas douloureux. Une fois l'examen terminé, le radiologue vient donner ses conclusions.

Une éventuelle échographie pour compléter

Dans certains cas, on effectue une échographie pour compléter la mammographie lorsque les résultats ne sont pas clairs. Cette technique utilise les ultrasons et est plus performante que la mammographie sur les seins denses. Elle requiert de la part de celui qui la pratique une grande expérience pour bien lire l'image.

La mesure de la densité osseuse ou ostéodensitométrie

L'ostéodensitométrie est un examen radiographique dont le but est de mesurer la masse osseuse et d'évaluer ainsi le risque d'ostéoporose. Il est pratiqué par un rhumatologue et/ou un radiologue et se déroule comme n'importe quelle radio. Cet examen n'est donc pas douloureux et n'impose aucune précaution particulière.

Les différents examens sanguins

Le dosage du cholestérol et des triglycérides dans le sang a pour objectif de rechercher un éventuel excès. Comme tout examen sanguin, il nécessite une prise de sang et se pratique en laboratoire. Il implique d'être à jeun. La mesure de la glycémie (taux de sucre dans le sang) a pour objectif d'évaluer ou d'écarter un risque de diabète ; elle s'effectue exactement dans les mêmes conditions.

L'ECBU, un examen des urines

L'ECBU (examen cytobactériologique des urines) permet de rechercher et d'identifier les germes dans les urines. S'il est positif, il est complété par un antibiogramme. Cet examen exige au préalable un nettoyage soigneux de la vulve (normalement, le laboratoire indique comment procéder). Une fois arrivée au laboratoire, on urine simplement dans un bocal stérile remis sur place.

La coloscopie ou examen du côlon

Pratiquée par un gastro-entérologue, la coloscopie permet d'examiner l'intérieur du côlon pour dépister des polypes ou un cancer. Elle s'effectue sous analgésiques et est donc tota-

L'autopalpation des seins

L'observation et la palpation des seins peuvent être effectuées par le médecin lors des visites annuelles. Mais il est fort recommandé de pratiquer régulièrement cet examen soi-même, dans un souci préventif. Effectuez-le de préférence juste après les règles.

- *Les bras levés, debout devant un miroir, vérifiez qu'il n'y a pas de rétraction du mamelon, de rides, de crevasses, de plis sur la surface du sein... Tout changement apparent doit amener à consulter.*
- *Levez ensuite un bras et palpez le sein avec la main opposée ; commencez par la partie externe et effectuez des petits cercles avec le bout des doigts. Le sein se compose de nombreuses glandes : si l'une d'elles semble différente, plus dure, plus grosse, plus tendue, plus mobile, consultez.*
  Pressez aussi le mamelon, délicatement, pour vérifier qu'il n'y a pas d'écoulement.
- *Pour palper les aisselles, remontez le bout des doigts aussi loin que possible sous le bras. Si l'un des tout petits ganglions présents à cet endroit semble plus gros, plus dur, plus sensible, parlez-en également au médecin.*

Dans tous les cas, le praticien prescrira si besoin des examens supplémentaires. Ceux-ci permettront de vous rassurer (il peut s'agir de simples nodules ou kystes tout à fait bénins) ou de dépister très tôt un éventuel cancer.

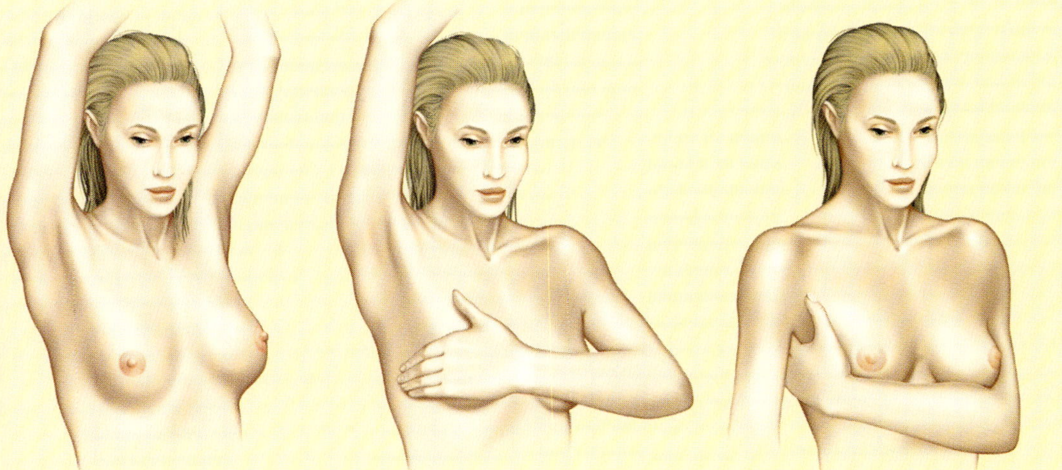

lement indolore. Avant l'examen, le côlon doit être bien nettoyé. Il faut donc bien suivre les instructions prodiguées avant par le médecin.

L'électrocardiogramme

L'électrocardiogramme a pour but d'analyser l'activité électrique du cœur afin de dépister tout dysfonctionnement. Il est pratiqué par le médecin généraliste et/ou le cardiologue. Des électrodes sont posées sur le thorax afin d'enregistrer l'activité cardiaque. Totalement indolore, cet examen ne nécessite aucune précaution particulière.

L'amniocentèse, lors d'une grossesse

Examen prénatal, l'amniocentèse vise à déceler toute anomalie chromosomique, notamment la trisomie 21, en analysant les cellules contenues dans le liquide amniotique. Elle se pratique dans les services spécialisés d'obstétrique ou au cabinet de l'échographiste et se réalise entre la quinzième et la vingtième semaine de grossesse. On prélève du liquide amniotique par une ponction dans la cavité amniotique de la femme enceinte.

En France, elle doit être proposée à toute femme de plus 38 ans. Avant cet âge, elle est conseillée lorsque l'échographie et/ou le dosage de certains marqueurs sériques font suspecter une anomalie.

Le calendrier vaccinal

La vaccination continue d'être l'un des pivots essentiels pour prévenir les maladies transmissibles et pour protéger ainsi l'ensemble de la population. On peut se faire vacciner par son médecin généraliste, en consultation de médecine du travail ou encore dans un centre de vaccination gratuite (renseignements auprès de sa mairie, du conseil général de son département ou tout simplement de son pharmacien).

Les vaccinations recommandées pour les enfants

- **Tuberculose** : elle peut se faire dès le premier mois mais doit être pratiquée de toute façon avant 6 ans. Cette vaccination est obligatoire pour l'entrée en collectivité, qui inclut la garde par une assistance maternelle.
- **Diphtérie, tétanos, coqueluche, polio :** à partir de 2 mois, en trois injections à un mois d'intervalle. Le premier rappel a lieu entre 16 et 18 mois, le deuxième à 6 ans, le troisième entre 11 et 13 ans et le quatrième entre 16 et 18 ans.
- **Hépatite B :** possible dès 2 mois. Elle se pratique en deux injections à un mois d'intervalle puis une troisième six mois après la première.
- **Rougeole, oreillons, rubéole :** dès 12 mois. Elle est recommandée pour les garçons et les filles. La vaccination contre la rougeole peut être pratiquée plus tôt, à partir de 9 mois pour les enfants vivant en collectivité, suivie d'une revaccination six mois plus tard en association avec les oreillons et la rubéole. Le rappel rougeole-oreillons-rubéole a lieu entre 3 et 6 ans. Entre 11 et 13 ans, on peut faire le rattrapage de cette vaccination, si elle n'a pas été réalisée auparavant.

Les rappels et vaccinations chez les jeunes adultes et adultes

- **Tétanos et polio :** tous les dix ans à partir de 18 ans.
- **Hépatite B :** uniquement pour les personnes appartenant à un groupe à risque.
- **Rubéole :** pour les femmes non vaccinées en âge de procréer.
- **Grippe :** tous les ans à partir de 65 ans.

À propos de l'IVG

Malgré tous les progrès de la contraception et de l'information sur ce sujet, les chiffres de l'IVG en France (environ 230 000 par an) ne baissent pas... Statistiquement, une femme sur deux devient enceinte sans l'avoir voulu et, une fois sur deux, ne garde pas cette grossesse.

Les principales causes

L'ignorance, les idées fausses, le non-accès à la contraception n'expliquent qu'une minorité des grossesses non désirées. Parfois, c'est un accident de contraception (grossesse sur stérilet...) ou un fait extérieur (désertion du partenaire, difficulté économique imprévue, viol...) qui rendent le maintien de la grossesse trop difficile. Mais le plus souvent, ce qui conduit à la situation d'IVG (interruption volontaire de grossesse), c'est le désir inconscient de se rassurer sur la crainte d'être stérile, sur son statut de femme, parce que ça fait trop longtemps qu'on attend... même si, « objectivement », on ne veut ou on ne peut pas poursuivre la grossesse. Ces cas sont aussi les plus difficiles à prévenir. Ils expliquent la persistance du nombre d'IVG.

Le soutien psychologique, une donnée essentielle

Sur le plan médical, l'encadrement technique est adéquat et relativement accessible malgré de réelles difficultés pour les délais de rendez-vous et le choix de la méthode. Les complications sont très rares et moins dangereuses que celles de l'accouchement. L'IVG n'augmente pas de façon significative les risques de stérilité, de fausses couches ou d'accouchement prématuré. La prise en charge technique, toutefois, ne suffit pas. C'est la qualité de l'information, de l'écoute et du contact humain, qui aide les femmes à déterminer leurs choix, à donner un sens à ces grossesses, puis à dépasser l'épreuve. Les suites psychologiques sont en général simples ; tristesse et culpabilité s'estompent, et le soulagement d'être sortie d'une impasse prédomine. Les suites sérieuses (deuil qui ne se fait pas, dépression durable, aggravation d'une maladie psychiatrique préexistante) sont très minoritaires (environ 5 %), mais leur prévention concerne tous les soignants impliqués dans l'IVG. Si ceux-ci échouent, cet épisode risque de laisser des traces dans l'histoire psychologique de la femme et éventuellement dans celle de ses enfants à venir.

Ce qu'il faut retenir

*• **Méthodes et délais.** L'IVG par médicaments (RU 486) n'est pas aussi simple que son mode d'administration pourrait le laisser penser ; il vaut mieux la faire avant 5 semaines de grossesse (7 semaines d'absence de règles).*
L'IVG par aspiration sous anesthésie locale (malheureusement d'une efficacité pas toujours totale) peut être faite jusqu'à 7 semaines de grossesse. Au-delà, jusqu'au terme permis par la loi française (12 semaines de grossesse), il faut pratiquer une aspiration sous anesthésie générale.
*• **Après l'IVG.** Il faut vite contacter le médecin en cas de douleurs, de fièvre, de pertes anormales, ou si on a l'impression d'être encore enceinte. Si les règles sont moins abondantes qu'auparavant, il faut vérifier qu'il n'y a pas une synéchie (accolement des deux faces de l'utérus), facile à traiter si elle est diagnostiquée tôt.*
*• **Une contraception** peut être démarrée immédiatement après l'IVG.*

Les maladies et les troubles les plus courants

L'acné juvénile

L'acné n'est pas une affection grave, mais elle peut être vraiment gênante. Parce qu'elle touche la peau et en particulier celle du visage, cette maladie affecte l'image que l'on a de soi, celle que l'on souhaite présenter aux autres. Elle débute le plus souvent à l'adolescence, en pleine construction de la personnalité, et elle complique ce processus difficile... Seules les acnés importantes attirent réellement le regard des autres : pourtant quelques boutons peuvent suffire à obséder leur « propriétaire », à « parasiter » ses relations avec les autres.

CAUSE

- Accumulation de sébum dans les glandes sébacées

SYMPTÔMES

- Peau grasse
- Boutons et points noirs sur le visage, le cou, le dos ou la poitrine
- Différents types d'acné : juvénile, du nourrisson, tardive...

TRAITEMENT

- Bonne hygiène de la peau
- Application locale d'antiseptiques, de rétinoïdes, d'antibiotiques
- Antibiothérapie prolongée
- Traitements hormonaux réservés aux jeunes filles et aux femmes

Comment se forment les boutons d'acné ?

● **Même si elle disparaît le plus souvent spontanément vers l'âge de 18-20 ans,** l'acné mérite une réelle prise en charge par un spécialiste, pour aider l'adolescente à se débarrasser de ce problème. Des habitudes d'hygiène, des soins locaux et une gamme de traitements permettent la guérison ou du moins une très nette amélioration.

● **L'acné est une maladie de peau due à une perturbation du fonctionnement des glandes sébacées.** Situées dans la couche profonde de la peau, ces petites glandes ont pour rôle de sécréter une substance grasse, le sébum, qui vient ensuite recouvrir la peau d'un mince film protecteur, empêchant notamment sa déshydratation. L'apparition d'une lésion d'acné (ou « comédon ») est due en premier lieu à une production excessive de sébum par la glande sébacée. Le pore de la peau se trouve bientôt obstrué par l'accumulation de sébum, auquel s'agglomèrent les cellules mortes de la peau.

● **Le « point noir » est une première sorte de lésion acnéique, correspondant à un comédon « ouvert »,** où le canal issu de la glande sébacée est préservé mais obturé à son extrémité par un bouchon minuscule.

● **Le « bouton » ou « point blanc » (microkyste) est un second type de lésion correspondant à un comédon « fermé »,** causé par une occlusion définitive de ce canal. La glande sébacée gonfle alors dans la peau, formant une petite poche emplie de sébum et de débris cutanés, que peuvent en outre envahir certaines des bactéries présentes normalement à la surface de la peau. Le comédon peut en ce cas être le siège d'une inflammation, plus ou moins douloureuse, et s'emplir de pus. En cas d'atteinte très sévère, ou si elles sont manipulées sans précaution, de telles lésions sont susceptibles d'occasionner des cicatrices définitives. Boutons et points noirs se développent dans les régions du corps où les glandes sébacées sont particulièrement nombreuses : le visage, le dos, les épaules et la poitrine.

● **L'acné juvénile apparaît à la puberté car sa cause est de nature hormonale.** L'activité sécrétrice des glandes sébacées est en effet alors stimulée par les hormones sexuelles mâles.

L'organisme féminin produit lui aussi de telles hormones, quoique en quantité moindre que chez l'homme. L'acné des garçons est par conséquent beaucoup plus intense que celle des filles. La puberté donne lieu à une amplification de cette stimulation hormonale et, en conséquence, à une sécrétion excessive de sébum, responsable d'acné.

Quels sont les comportements à éviter ?

● **La plupart des produits cosmétiques « classiques »** sont riches en substances grasses qui contribuent à aggraver l'acné. Faut-il donc renoncer au maquillage, quand il est justement un recours appréciable pour dissimuler les boutons ? Heureusement non : des produits de maquillage adaptés, dits « non comédogènes », sont aujourd'hui disponibles sur le marché. Ces derniers permettent de se maquiller sans accentuer l'acné.

● **Les mesures excessives** pour éliminer l'acné entraînent souvent son aggravation. Ainsi, des lavages trop fréquents, ou l'utilisation de savons asséchants (tel le savon de Marseille) ou « dégraissants », exercent un effet contraire, en ce sens qu'ils stimulent la sécrétion de sébum, et donc la formation des boutons.

● **La manipulation des boutons** est déconseillée. L'expulsion manuelle d'un point noir ou le perçage d'un bouton ont en effet le plus souvent pour seul résultat d'entraîner une inflammation et une infection, en particulier s'ils sont effectués sans désinfection, et accroissent notablement le risque de cicatrice.

● **L'exposition au soleil,** sans protection, exerce sur l'acné un effet trompeur, car retardé. Une amélioration est ainsi observée tant que dure l'exposition, mais cette rémission n'est qu'apparente : elle ne traduit en effet que la rétention des comédons dans la couche profonde de la peau. Aussi l'acné réapparaît-elle, sitôt que la peau cesse d'être exposée au soleil, avec plus d'intensité encore qu'auparavant.

● **De nombreuses idées reçues** circulent au sujet de l'acné. Le chocolat et la charcuterie, couramment accusés de tous les maux, n'aggravent en rien l'acné, ni plus qu'aucun autre aliment. L'acné n'est par ailleurs aucunement liée à l'activité sexuelle. Elle n'est pas non plus une maladie contagieuse.

Les acnés de l'adulte

L'acné touche aussi les femmes adultes ; elles en relativisent souvent mieux l'importance, mais il est agaçant d'avoir à gérer à 30 ans un problème d'adolescente ! L'acné se manifeste alors souvent avant les règles, sur le pourtour de la bouche et le menton. Les traitements sont identiques à ceux employés au cours de l'adolescence. Parfois, c'est l'arrêt d'une pilule contraceptive qui permet la réapparition d'une acné ancienne, surtout lors des premiers cycles spontanés. L'utilisation de cosmétiques peut par ailleurs entraîner à elle seule une acné, sans qu'aucun facteur hormonal ne soit en cause. L'acné figure enfin parmi les effets secondaires de nombreux médicaments (corticoïdes, certains somnifères...) et de certaines vitamines (B12) et oligoéléments. Sa survenue doit alors être signalée au médecin.

Comment soigner l'acné ?

Le traitement de l'acné repose en premier lieu sur une hygiène à la fois rigoureuse et modérée. La peau doit être nettoyée quotidiennement, matin et soir, à l'aide d'un produit doux tel qu'un pain dermatologique, un lait de toilette ou un savon surgras.

Un démaquillage soigneux doit notamment être réalisé en fin de journée. Il est conseillé de ne pas attendre que l'acné ait pris trop d'ampleur pour consulter un médecin.

Quels sont les médicaments proposés ?

● **Les traitements locaux.** Ils sont appliqués directement sur la peau, et suffisent le plus souvent pour guérir une acné modérée. Les rétinoïdes, des dérivés de la vitamine A, agissent en diminuant la sécrétion de sébum par la peau. Les antiseptiques, notamment le peroxyde de benzoyle, et les antibiotiques, en gel ou en lotion, ont eux pour effet d'éliminer les bactéries responsables des inflammations. Un nettoyage de la peau peut être réalisé par un dermatologue – qui dispose de techniques et de produits adaptés –, de manière régulière ou occasionnelle.

● **Les traitements généraux.** Des atteintes sévères peuvent demander un traitement général, c'est-à-dire pris par voie orale. Les antibiotiques et les rétinoïdes sont en effet, sous cette forme, plus puissants – en contrepartie, ils présentent souvent davantage d'effets secondaires. Le principal rétinoïde oral disponible est le Roaccutane®, médicament très efficace, mais lourd d'effets indésirables. Ce produit entraîne, en effet, une diminution massive de la production de sébum et occasionne, de ce fait, une sécheresse généralisée de la peau, ainsi que des muqueuses (lèvres, nez, bouche, etc.). Il en résulte une gêne, voire des troubles tels que des gerçures ou des saignements de nez, rendant nécessaire l'application régulière de soins hydratants locaux. Des bilans sanguins doivent être pratiqués et une contraception rigoureuse impérativement suivie tout au long du traitement et jusqu'à un mois après son interruption, le Roaccutane® entraînant, en cas de grossesse, de graves malformations du fœtus.

● **Divers traitements hormonaux** peuvent aussi être proposés ; ils agissent en s'opposant aux effets des hormones sexuelles mâles. Ce sont notamment les pilules œstroprogestatives et les traitements progestatifs anti-androgéniques.

Quelles précautions prendre au cours du traitement ?

● **Les traitements locaux occasionnent souvent des irritations.** L'application régulière d'une crème hydratante permet de les prévenir, et, si elles apparaissent, de les atténuer. Il est en outre recommandé d'interrompre le traitement dès qu'une irritation se manifeste, pour le reprendre quand elle a disparu.

De plus, les médicaments anti-acnéiques, tant locaux que généraux, rendent la peau bien plus sensible au soleil, et s'y exposer trop longtemps peut provoquer des réactions bien plus sévères qu'un simple coup de soleil. Modération et crème solaire à fort indice de protection sont donc de rigueur.

● **Les effets d'un médicament antiacnéique,** quel qu'il soit, ne se manifestent qu'au terme de plusieurs semaines, voire de plusieurs mois d'application. Une aggravation transitoire des signes de la maladie peut s'observer en outre, dans certains cas, dans les premiers temps du traitement. Le traitement d'une acné demande donc patience et persévérance.

Acné et contraceptifs

Les contraceptions œstroprogestatives (les plus utilisées) apportent une aide considérable contre l'acné juvénile, en particulier celles qui utilisent un progestatif totalement dénué d'activité « androgénique ».
La progestérone naturelle, les progestatifs synthétiques (qui en sont des dérivés) et les hormones masculines ont des structures assez proches : certaines molécules progestatives gardent de cette parenté plus de souvenirs que d'autres... Les traitement hormonaux ou les contraceptions constitués uniquement de dérivés de la progestérone (contraceptions progestatives) favorisent ainsi l'acné chez les femmes prédisposées. C'est aussi le cas du stérilet à la progestérone et de l'implant progestatif ; mais cet effet ne concerne qu'un pourcentage très faible des utilisatrices. Il existe des exceptions à cet effet ennuyeux des progestatifs : certaines molécules associent une action progestative classique et un effet anti-androgène (elles inhibent les enzymes qui permettent aux hormones mâles d'activer leurs récepteurs). C'est en particulier le cas de l'Androcur® (acétate de cyprotérone) qui est utilisé dans les acnés plus marquées et lorsque l'acné s'associe à des troubles de la pilosité (excès de poils, perte de cheveux...).

L'anémie par manque de fer

Une fatigue inexplicable et importante, avec un sentiment de tristesse et d'inefficacité, est le premier signe de l'anémie. S'y associent souvent un essoufflement au moindre effort, une pâleur et une perte de cheveux. Il existe plusieurs formes d'anémie, mais la plus courante est l'anémie ferriprive, causée par une carence en fer, le composant essentiel de l'hémoglobine. Les femmes sont plus vulnérables au manque de fer car les règles sont responsables d'une perte régulière de ce minéral. Si ces dernières sont abondantes ou simplement longues, les stocks peuvent s'épuiser en quelques mois et une anémie se constitue. La grossesse, par ailleurs, exige des quantités de fer importantes.

CAUSES

- Pertes de sang importantes
- Apports insuffisants de fer (régimes déséquilibrés, grossesse, anorexie)

SYMPTÔMES

- Fatigue, essoufflement
- Manque d'énergie, tristesse
- Pâleur
- Perte de cheveux

TRAITEMENT

- Suppression de la cause de perte de fer
- Apport prolongé de fer en comprimés

PRÉVENTION

- Alimentation riche en fer

Comment se manifeste ce type d'anémie ?

- **L'hémoglobine, qui donne au sang sa couleur vermillon,** est ce qui permet aux globules rouges de transporter l'oxygène, depuis les poumons, dans tout l'organisme. Une insuffisance en hémoglobine se traduit par une pâleur de la peau, visible surtout sur le visage et sur la paume des mains. Cette pâleur affecte également les muqueuses de la bouche (lèvres, langue, intérieur des joues) et la muqueuse tapissant l'intérieur des paupières (la conjonctive). L'anémie entraîne aussi un essoufflement et un épuisement rapide au cours d'un effort. Quand l'anémie est trop importante, la fatigue devient permanente, même au repos.
- **À ces manifestations, qui sont celles de toutes les anémies,** s'ajoutent celles de la déficience en fer dans le cas de l'anémie ferriprive. Ce sont notamment des ongles fragiles et cassants, des cheveux fins et clairsemés. La langue prend un aspect lisse et brillant. Une carence avancée en fer se manifeste par une difficulté à avaler, voire une perte d'appétit ou des nausées.

Pourquoi l'anémie par manque de fer est-elle si fréquente ?

- **La grande fréquence de l'anémie traduit celle, plus courante encore, de la carence en fer.** L'organisme est en effet, pour ce qui concerne le fer, un assez mauvais gestionnaire. Imprévoyant, il n'en entretient que de faibles réserves et, surtout, il est peu efficace à capter celui présent dans les aliments.
- **Une alimentation équilibrée n'apporte ainsi à l'organisme qu'à peine de quoi couvrir ses besoins journaliers en fer.** Aussi la moindre perte de sang, si minime soit-elle, met-elle à mal ce fragile équilibre. Les réserves de fer permettent, dans un premier temps, de reconstituer l'hémoglobine qui a été perdue. Mais ces stocks s'épuisent facilement, et le fer fait rapidement défaut. Si cette carence est trop marquée, ou se prolonge trop longtemps, elle provoque une insuffisance de la production en hémoglobine ; c'est alors qu'apparaît l'anémie.

● **Les saignements réguliers qu'occasionnent les règles** font que la femme est particulièrement sujette à la carence en fer et à l'anémie. Le risque en est d'autant plus grand que les règles sont abondantes ; l'anémie est ainsi souvent le signe révélateur d'une ménorragie.

Une anémie est par ailleurs très souvent observée au cours de la grossesse, le fœtus utilisant le fer de sa mère pour produire ses propres globules rouges. Dans une moindre mesure, l'allaitement entraîne lui aussi souvent une carence en fer.

Quelle alimentation adopter pour prévenir l'anémie ?

● **La quantité de fer contenue dans un aliment** ne correspond pas, loin de là, à celle qui sera effectivement retenue par l'organisme. Le fer est en effet un élément minéral assez mal absorbé par le système digestif ; il l'est cependant plus ou moins selon le type d'aliment consommé. Le fer apporté par les fruits, les légumes, les œufs ou les produits laitiers est particulièrement mal exploité par l'organisme. C'est pourquoi les aliments tels que les légumes secs (notamment, les lentilles), les céréales, et surtout les épinards, souvent cités pour leur richesse en fer, ne peuvent en réalité contribuer que modestement à subvenir aux besoins en fer de l'organisme.

● **La majeure partie du fer nécessaire à l'organisme est apportée par les viandes et les poissons,** où le fer est non seulement présent en grandes quantités, mais surtout sous une forme plus aisément assimilable par le corps que dans les autres aliments. Les viandes les plus riches en fer sont les viandes rouges, les abats (cœur, foie) et le boudin noir.

● **La capacité de l'organisme à extraire le fer des aliments** est en outre modifiée par la consommation conjointe de certaines substances. Ainsi, boire du thé, du café, ou du vin au cours d'un repas diminue notablement la quantité de fer assimilée.

À l'inverse, la vitamine C, apportée par les fruits et les légumes crus, facilite l'absorption du fer contenu dans les autres aliments du repas.

Quelles informations l'analyse de sang apporte-t-elle ?

Une simple numération sanguine (examen qui permet de comptabiliser les différents éléments du sang) suffit à montrer l'existence d'une anémie et à orienter le médecin sur son mécanisme. L'anémie est définie par un taux d'hémoglobine inférieur à 12 grammes pour 100 millilitres de sang. En dessous de 10 grammes, l'anémie devient importante et elle est grave en dessous de 7 grammes. La numération indique aussi le volume globulaire moyen (VGM) des hématies (globules rouges). Dans les anémies par manque de fer, il est abaissé, parce que l'organisme, en tentant de lutter contre l'anémie, produit davantage de globules rouges, mais pauvres en hémoglobine et trop petits (microcytose). C'est pourquoi le nombre de ces globules n'est pas un bon critère. Il est également possible de mesurer le taux de ferritine, qui témoigne du stock de fer.

Que faire lorsque le fer apporté par l'alimentation ne suffit plus ?

● **L'anémie ferriprive se traite par une supplémentation en fer,** c'est-à-dire un apport de fer par voie orale en plus de celui apporté par l'alimentation. Du fait de la médiocre capacité de l'organisme à absorber le fer qui lui est proposé, les quantités prescrites sont importantes, et le traitement doit souvent être poursuivi pendant au moins trois mois . Une supplémentation peut également être prescrite, en prévention, chez la femme enceinte, en particulier en cas de grossesses rapprochées, ou chez la femme qui allaite son enfant.

● **La prise orale de fer peut s'accompagner d'effets secondaires plus ou moins gênants :** maux d'estomac, perturbations du transit intestinal… Il est alors possible d'interrompre le traitement un ou deux jours.

L'anorexie mentale

L'anorexie mentale est un trouble psychique profond, qui s'accompagne d'une grave perturbation du comportement alimentaire, touchant le plus souvent les adolescentes et les femmes jeunes. Elle constitue une véritable maladie, qui envahit et bouleverse toute la vie de la jeune fille, allant parfois jusqu'à mettre en danger sa vie même. Souvent difficile à détecter, du moins à son commencement, l'anorexie constitue toujours la manifestation d'une souffrance psychologique intense, et doit impérativement être traitée. Les traitements sont longs, difficiles, et demandent souvent une implication particulière des proches.

CAUSES
- Troubles psychologiques
- Pression sociale

SYMPTÔMES
- Perte de poids considérable
- Carences alimentaires
- Évanouissements
- Hyperactivité
- Disparition des règles

TRAITEMENT
- Psychothérapie
- Mesures diététiques
- Antidépresseurs
- Hospitalisation dans les cas les plus graves

Qu'est-ce qu'un comportement alimentaire « anormal » ?

- **La façon dont on se nourrit résulte, schématiquement, d'un compromis** entre les besoins réels de l'organisme (l'appétit en est l'expression « naturelle ») et le plaisir qu'apportent certains aliments, indépendamment de leur valeur nutritive. S'ajoutent à cela les habitudes culturelles et les contraintes diététiques que chacun s'impose pour des raisons d'ordre religieux, mais aussi médical ou esthétique. Il est fréquent que cet équilibre soit perturbé occasionnellement, sans que cette incartade constitue un véritable trouble du comportement alimentaire.
- **L'anorexie mentale ainsi que la boulimie constituent des troubles psychiatriques à part entière,** qui se situent bien au-delà de simples écarts, mineurs et transitoires. Elles sont toutes deux de véritables maladies au cours desquelles le comportement alimentaire est dramatiquement et durablement perturbé, traduisant une souffrance psychique profonde.
- **Ces maladies ne résultent pas d'une perturbation de l'appétit,** à la différence de l'amaigrissement, par exemple, qui peut, dans certains cas, accompagner la dépression. Ainsi, la personne anorexique ressent la faim – mais la combat de façon permanente et obsessionnelle. De même, les troubles boulimiques ont d'autres causes qu'une simple exagération de l'appétit.
- **L'anorexie mentale et la boulimie présentent des points communs,** notamment la préoccupation excessive, maladive, pour son poids, ainsi qu'une fixation souvent obsessionnelle sur la nourriture. Il peut par ailleurs arriver que la jeune anorexique abandonne la maîtrise de son alimentation pour laisser place à une perte totale de contrôle de soi, c'est-à-dire à une crise de boulimie.
- **Si l'anorexie se trouve ainsi parfois émaillée d'épisodes boulimiques,** les deux maladies n'en restent pas moins fondamentalement différentes ; elles ne constituent pas, comme on serait tenté de le croire, deux facettes d'un même trouble. Le « profil » psychologique d'une personne atteinte de boulimie est

en effet – au-delà du trouble alimentaire en lui-même – bien distinct de celui d'une personne souffrant d'anorexie. Les facteurs contribuant à l'apparition de la maladie sont, en outre, différents dans les deux cas.

● **L'anorexie mentale est un trouble psychologique grave,** consistant à s'interdire à peu près toute alimentation, volontairement et sans limitation dans le temps. Ce comportement, dicté par une peur permanente et irrationnelle de grossir, entraîne un amaigrissement, parfois dramatique, ainsi qu'une perturbation du fonctionnement général de l'organisme.

Cette maladie s'accompagne également d'un trouble de la perception du corps très particulier : la personne anorexique continue en fait de se trouver grosse, même quand elle est dans un état de maigreur extrême.

● **L'anorexie mentale n'est pas une affection rare, puisqu'elle atteint plus d'une jeune fille sur cent.** Apparaissant le plus souvent à l'adolescence, elle se déclare parfois très tôt, dès l'âge de 10 ans. Les garçons en sont beaucoup plus rarement atteints.

● **Il est fréquent que l'entourage d'une personne atteinte d'anorexie mentale ne s'aperçoive que tardivement de l'existence de la maladie.** Plusieurs éléments concourent à cette « invisibilité » des troubles : la personnalité des jeunes filles atteintes, la façon dont la maladie s'installe chez elles et, surtout, sa dissimulation volontaire et permanente.

Quels sont les comportements caractéristiques de l'anorexie mentale ?

● **Le comportement d'une personne atteinte d'anorexie mentale est tout entier dirigé par l'obsession de maigrir.** Cette fascination maladive pour la maigreur se traduit en premier lieu dans son alimentation, qui est restreinte de façon drastique, à commencer par les aliments gras ou sucrés, qui sont systématiquement écartés.

● **La jeune fille anorexique est souvent hyperactive** sur les plans physique et intellectuel : elle soumet son corps à des efforts permanents, en se nourrissant de moins en moins et en faisant, parallèlement, beaucoup de sport. La faim, omniprésente, est combattue en avalant de grandes quantités d'eau, ou à l'aide de produits coupe-faim. La jeune femme a en outre souvent recours aux laxatifs et aux diurétiques afin d'accélérer son amaigrissement.

● **Ce comportement se distingue d'un simple régime amaigrissant par la sévérité des restrictions** – qui peut aller jusqu'à cesser quasiment de s'alimenter –, ainsi que par sa durée et l'idée d'aller toujours plus loin dans la perte des kilos. Dans ce cas, l'objectif n'est pas d'atteindre un « poids idéal » réel, que la jeune fille pourrait formuler, comme au cours d'un régime banal, mais un poids imaginaire, toujours plus faible. Aussi la privation n'a-t-elle ici pas de fin.

● **Consciente de l'anormalité de son comportement – du moins dans les premiers temps de la maladie –,** la jeune fille vit dans la crainte permanente d'être « démasquée ». Confrontée aux inquiétudes de ses proches, elle conteste la réalité, ou l'impute à telle ou telle circonstance du moment (préoccupations scolaires ou professionnelles, fatigue, etc.). La jeune femme s'efforce par ailleurs, sous divers prétextes, d'éviter de prendre ses repas en famille ou en quelque compagnie que ce soit. Lorsqu'elle est contrainte de prendre part à un repas commun, elle s'éternise devant son assiette, pour finalement n'y presque pas toucher, ou bien dissimuler des aliments sur elle.

● **Mais, souvent, une autre « stratégie » est bientôt adoptée par l'anorexique,** qui lui permet de participer au repas en s'y comportant et en mangeant normalement. Elle consiste à s'isoler, après être sortie de table, pour se faire vomir.

● **Dans un grand nombre de cas, l'anorexie mentale s'accompagne de crises de boulimie,** similaires à celles observées dans la boulimie véritable : brèves, brutales, elles sont elles aussi dissimulées à l'entourage et sont en général suivies de vomissements provoqués, ainsi que d'un état de prostration, de dégoût et de repli sur soi-même.

● **Parallèlement aux restrictions alimentaires qu'elle s'impose,** la jeune fille pratique une activité sportive intense, poursuivie malgré la faiblesse qui l'envahit.

Quelles sont les conséquences de l'anorexie sur l'organisme ?

● **L'anorexie mentale se traduit tout d'abord par une perte de poids considérable,** pouvant atteindre, plus ou moins rapidement, 10, voire 20 kilos, et conduisant la jeune fille à un état de maigreur parfois extrême. En même temps se développent de multiples carences alimentaires : en fer, en vitamines, etc. Elles se manifestent entre autres par une anémie, des évanouissements, et une plus grande fragilité aux infections. La température du corps est anormalement basse, et la personne devient très frileuse. L'état général de l'organisme se trouve peu à peu altéré, allant parfois jusqu'à mettre en danger la vie de l'anorexique.
Cet état physique contraste avec le sentiment de « triomphe » de l'esprit sur le corps, un sentiment de « toute-puissance » qui augmente encore la force de résistance de la jeune anorexique.

● **Il existe par ailleurs une manifestation caractéristique de la maladie, survenant parfois de manière très précoce : l'aménorrhée, c'est-à-dire la disparition des règles.** Plus difficile à détecter chez la très jeune fille – chez qui elle peut sembler n'être qu'un retard dans l'apparition des premières règles –, l'aménorrhée constitue néanmoins, si elle vient s'ajouter à une modification du comportement alimentaire, un signe d'alerte de l'anorexie mentale. Une constipation durable est, par ailleurs, souvent présente, conséquence du repos forcé dans lequel est mis le système digestif.

Quelles sont les causes de l'anorexie mentale ?

● **L'anorexie mentale est une affection particulièrement complexe,** dont les causes, encore assez mal élucidées, se situent à plusieurs niveaux.

● **La maladie s'accompagne en premier lieu d'une profonde perturbation de la perception que la jeune fille a de son propre corps.** Quel que soit son poids, la jeune anorexique a d'elle-même une image qui est celle d'une personne obèse. Cette image s'impose à elle inexorablement, la rendant tout à fait incapable de réaliser l'état de grande maigreur dans lequel elle peut se trouver.
Mais cette perturbation de l'image de soi est sans doute moins à considérer comme une cause que comme une manifestation particulière de la maladie, qui trouve son origine dans une perturbation plus profonde de la personnalité survenant à la puberté.

● **L'anorexie mentale traduit en effet une impossibilité pour la jeune fille d'accepter les changements qui s'opèrent en elle** lors de l'adolescence, et en particulier de voir son corps lui « échapper » pour devenir celui d'une femme. Ces bouleversements, et en particulier l'éveil de sa sexualité, suscitent en elle un malaise profond, démesuré, auquel elle se soustrait en réprimant sa féminité naissante, et en s'efforçant d'exercer sur son corps un contrôle absolu.

● **La jeune malade vise ainsi, en tout domaine, à « se suffire à elle-même ». Cette attitude se manifeste également sur le plan affectif,** l'anorexique n'entretenant souvent avec autrui que des relations plutôt superficielles, lointaines, sans engagement véritable de sa part – ni amical ni, encore moins, amoureux. Ces perturbations de la personnalité n'apparaissent néanmoins généralement pas sans raison, et la cause première de l'anorexie mentale réside le plus souvent dans les relations que la jeune fille entretient avec ses proches, et plus particulièrement avec sa mère.

Pourquoi les adolescentes et les jeunes femmes sont-elles plus exposées ?

● **Chacun entretient avec la nourriture des rapports plus ou moins complexes, parfois révélateurs de mécanismes psychiques profonds.** Chez la jeune fille et la jeune femme, l'alimentation est étroitement liée de façon inconsciente, à la perception de son propre corps, de sa féminité, et à ses rapports avec le monde qui l'entoure. Les grands bouleversements qui affectent le corps de la jeune fille au moment de l'adolescence sont souvent pour elle un motif d'inquiétude, voire d'angoisse, ce malaise pouvant se traduire dans ses goûts et ses habitudes alimentaires. Manger, c'est continuer à grandir et grandir c'est devenir une femme. Une des premières conséquences de l'amaigrissement de l'anorexique est « d'effacer » les formes naissantes de la jeune fille. L'adolescente peut ainsi engager des régimes plus ou moins sévères, dictés par la crainte de grossir ou, au contraire, rechercher un réconfort dans une alimentation abondante ou dans des crises de fringale.

● **Des comportements de cet ordre sont courants et naturels.** Ils sont aujourd'hui largement favorisés par le « harcèlement diététique » relayé par les médias et les industriels, qui élèvent la minceur extrême en idéal de beauté, en même temps qu'ils multiplient les incitations à s'alimenter de manière tout à fait déréglée. Mais à ce malaise « normal », ressenti par toute jeune fille, peut venir se greffer une souffrance plus profonde – née, par exemple, d'un problème dans ses relations avec ses proches, en particulier avec sa mère, qui incarne souvent le modèle de femme adulte que l'adolescente redoute. Cette souffrance trouve alors un « terrain » d'expression privilégié dans les rapports que la jeune fille entretient avec la nourriture. Aux perturbations « normales » de l'alimentation se substituent alors celles, pathologiques, que sont l'anorexie mentale ou la boulimie, qui s'accompagnent souvent d'une dépression et/ou d'un trouble de la personnalité.

Comment traiter l'anorexie mentale ?

● **Le traitement de l'anorexie mentale repose sur une prise en charge à la fois nutritionnelle et psychologique de la jeune malade.** L'objectif du traitement n'est en effet pas uniquement de ramener la jeune fille anorexique à un poids satisfaisant, mais de modifier en profondeur son attitude vis-à-vis de la nourriture.

Ce traitement est long et difficile ; il demande beaucoup de patience, tant de la part des médecins que des proches. Ayant peu à peu organisé toute son existence autour de sa maladie, la jeune anorexique n'éprouve en effet aucun désir d'en guérir, et va au contraire opposer une résistance considérable aux soins qui lui sont proposés, résistance qui persistera longtemps, de façon souvent insidieuse, au cours du traitement.

● **Dans certains cas, la sévérité de la dénutrition ainsi que le refus des soins par la jeune fille rendent nécessaire l'hospitalisation dans un centre spécialisé,** où collaborent médecins nutritionnistes, psychiatres et psychologues. Cette période de séparation, souvent difficile à vivre pour la malade comme pour son entourage, est généralement favorable, voire indispensable, au traitement des troubles psychologiques qui font le « cœur » de la maladie.

Il s'avère souvent très utile, après qu'une alimentation normale a été rétablie, que la jeune fille engage une psychothérapie afin de mettre au jour et tenter de résoudre les problèmes profonds qui l'ont entraînée dans l'anorexie, et d'éviter ainsi qu'ils ne se manifestent à nouveau. La maladie résultant souvent d'une difficulté dans les rapports de l'adolescente avec ses proches, il peut être efficace que les parents prennent part à cette partie du traitement afin de comprendre la nature des problèmes de leur fille et de l'aider à les surmonter.

Chez qui et comment l'anorexie mentale apparaît-elle ?

L'anorexie mentale touche d'une façon générale des jeunes femmes actives, souvent brillantes, très investies dans leur travail ou leurs études ou encore dans leurs activités sportives. Cette grande vitalité, tenue pour gage d'une personnalité équilibrée, contribue parfois à éteindre les soupçons que pourrait susciter dans l'entourage le peu que la malade laisse apparaître de ses troubles. Car la maladie se manifeste « en silence », sans que la personnalité de la jeune fille ne soit visiblement modifiée.

L'anxiété

L'anxiété est un ressenti tout à fait normal : elle fait en effet partie de notre palette émotionnelle et ce sentiment accompagne bien des moments-clefs de notre existence. Elle peut cependant devenir « anormale » et se transformer en trouble émotionnel, lorsqu'elle devient synonyme d'insécurité permanente. L'anxiété se caractérise par de l'appréhension, une tension nerveuse, un malaise, voire même des états de panique sans raison apparente. Elle comporte une part psychologique mais aussi une part somatique et s'exprime de façon aiguë ou chronique.

CAUSES

- Maladie organique grave
- Traumatismes
- Autres troubles psychologiques

SYMPTÔMES

- Sentiment d'insécurité permanent
- Craintes diverses face à l'avenir
- Hyperémotivité
- Instabilité
- Appréhension constante du pire : « scénarios catastrophe »

TRAITEMENT

- Psychothérapie
- Antidépresseurs
- Tranquillisants
- Sophrologie
- Relaxation

Quelle est la différence entre une anxiété « normale » et pathologique ?

- **L'anxiété est nécessaire à l'existence puisqu'elle permet de s'adapter à certaines situations, afin de les affronter.** Ce sentiment est considéré comme « anodin » tant que la personne le tolère bien et arrive à le contrôler sans qu'il n'y ait de conséquences sur sa vie de tous les jours et tant qu'il n'implique pas d'effets somatiques. L'anxiété est alors une émotion ressentie dans des contextes particuliers qui jalonnent toute existence : examens, maladie ou décès d'un proche, accidents, changement de vie professionnelle, situations de stress inhabituelles, etc.
- **L'anxiété devient « anormale » lorsqu'elle apparaît en dehors de ces instants émotionnels et qu'elle survient sans raison apparente.** Elle s'installe alors dans la vie quotidienne, limitant la personne dans ses comportements et dans ses possibilités d'adaptation. L'anxiété devient alors pathologique.

Comment se manifeste l'anxiété aiguë ?

- **L'anxiété aiguë, appellée aussi « attaque de panique »,** selon les critères diagnostiques actuels, intervient par crises et n'est pas déclenchée par une situation particulière. La personne qui en est atteinte ressent une profonde angoisse totalement imprévisible, qui dure de quelques minutes à deux heures. On considère qu'un individu souffre d'attaque de panique si des crises se produisent trois à quatre fois dans le même mois.
- **La crise s'accompagne de symptômes assez variés :** palpitations, sensations d'étouffement, tension élevée ; nausées, douleurs abdominales, vomissements, diarrhée ; tremblements, picotements aux extrémités ; bouffées de chaleur, suées, frissons.

Quelles sont les différences avec l'anxiété chronique ?

- **L'anxiété chronique, ou « généralisée », est un sentiment que le patient ressent de façon permanente et qui perturbe son existence.** Celui-ci se fait toujours du souci de façon injustifiée. Il vit dans l'attente craintive de malheurs ou d'événements négatifs : ce sont les « scénarios catastrophe ». Ce « sursis » qu'il ressent face à une catastrophe – qui ne viendra pas – fait de l'anxieux chronique une personne qui vit sur le qui-vive et dans l'insécurité. Il supporte mal les séparations, a du mal à trancher dans ses choix, s'angoisse inlassablement pour ses proches, a tendance à ruminer le passé et à transformer les tracas quotidiens en montagnes inaccessibles.

- **L'anxieux chronique ressent les mêmes symptômes que ceux qui accompagnent l'anxiété aiguë.** D'autres signes sont parfois aussi présents : sensation de boule dans la gorge, mains froides, sécheresse dans la bouche, état « survolté » ou, au contraire, impression « d'être à bout ». On dit que le malade « somatise son angoisse », c'est-à-dire qu'il l'exprime par le biais de son corps.

Quelles sont les causes de l'anxiété ?

- **Les causes de l'anxiété pathologique sont assez mal connues.** Il se dégage cependant quelques explications. Déjà, il existe des caractères anxieux « de nature ». L'anxiété est alors un trait de personnalité qui peut éventuellement prédisposer à une chronicité du phénomène.
- **L'anxiété peut aussi être due à la prise de café ou à l'abus de certains médicaments** (amphétamines, barbituriques, anxiolytiques, hormones corticostéroïdes et thyroïdiennes), à un problème médical ou une maladie organique grave. Elle peut aussi être liée à un autre trouble psychologique : phobie, troubles obsessionnels, anorexie, hypocondrie, dépression.
- **L'enfance et le climat familial jouent un rôle : des parents anxieux ont tendance à transmettre leurs angoisses à leurs enfants.** En outre, les traumatismes psychologiques de l'enfance et même de l'âge adulte entraînent souvent de l'anxiété. À noter que les phases de sevrage (tabac, drogue, alcool) sont aussi des périodes où l'anxiété peut être accrue.

L'anxiété se soigne-t-elle ?

- **L'anxiété se soigne et les traitements visent une guérison rapide** afin d'éviter toute aggravation et complications.
- **Le traitement de l'anxiété aiguë a comme objectif principal de prévenir d'autres crises de panique.** Les antidépresseurs évitent les rechutes après un délai d'action variant de deux à quatre semaines. Même si les crises d'anxiété disparaissent, le traitement sera maintenu pendant plusieurs mois. Une psychothérapie cognitive et comportementale est fréquemment conseillée.
- **Dans le cadre d'une anxiété chronique, le traitement associe généralement les tranquillisants et une psychothérapie.** La difficulté du traitement de ce type d'anxiété est justement liée à son caractère chronique. Il est souhaitable de trouver, sur le long terme, d'autres moyens thérapeutiques que l'usage des tranquillisants, pour éviter la dépendance au traitement. La relaxation ou encore la sophrologie, qui peuvent faire diminuer le niveau d'anxiété par la détente musculaire qu'elles occasionnent, sont souvent utiles.

Anxiété et dépression : traiter la première pour éviter la seconde

Si une trop grande anxiété altère vite la qualité de la vie quotidienne, elle peut aussi être à l'origine d'une dépression si elle n'est pas traitée. Déjà, ces deux troubles sont souvent associés et auraient tendance à se confondre. Pourtant, il existe des distinctions précises. Le dépressif « n'attend plus rien », se dévalorise et son existence se ralentit peu à peu. L'anxieux, en revanche, a toujours des attentes mais qui génèrent de l'angoisse, le mettent sur ses gardes et l'épuisent. Trop d'épisodes de stress accumulés peuvent entraîner des manifestations d'anxiété prolongées qui, elles-mêmes, sur le long terme, déclencheront parfois une dépression. D'où la nécessité d'aller consulter quand l'anxiété devient difficile à vivre.

Arthrose et rhumatismes

Sous le terme de « rhumatismes », qui ne correspond pas à une réalité médicale, sont regroupés des affections ou des troubles articulaires aux multiples visages : arthrose, arthrite, polyarthrite... Tous ont un dénominateur commun : la douleur. De la gêne occasionnelle à la douleur permanente, parfois chronique, ces atteintes sont l'un des motifs les plus fréquents de consultation chez un généraliste. Et les femmes, pour des raisons hormonales et génétiques, sont beaucoup plus touchées que les hommes.

CAUSE
- Usure d'un cartilage

SYMPTÔMES
- Raideur
- Douleur

TRAITEMENT
- Analgésiques
- Anti-inflammatoires
- Corticoïdes
- Immobilisation de l'articulation malade
- Pose de prothèse

Qu'appelle-t-on un rhumatisme ?

● **Les rhumatismes peuvent être classés en deux grandes catégories.** D'une part, les rhumatismes dus à l'usure de l'articulation : on compte dans cette catégorie l'arthrose, liée au vieillissement naturel ou encore à certaines conditions professionnelles ou sportives (rhumatisme dégénératif ou mécanique). D'autre part, les rhumatismes inflammatoires, parmi lesquels on retrouve la monoarthrite ou la polyarthrite.

Qu'est-ce que l'arthrose ?

● **Contrairement à l'arthrite, l'arthrose ne s'accompagne pas d'inflammation.** Elle est trois fois plus fréquente chez la femme que chez l'homme : l'arthrose de la main concerne par exemple 80 % de femmes ! Elle se traduit par une détérioration du cartilage et une prolifération du tissu osseux.

● **Elle apparaît souvent vers 60 ans lorsque le cartilage, qui recouvre les surfaces osseuses des articulations, perd de sa souplesse et de son élasticité,** provoquant ainsi une raideur douloureuse et donc un mauvais fonctionnement de l'articulation.

● **Elle peut survenir plus tôt, à cause d'un traumatisme ayant abîmé le cartilage ou parce que l'articulation a été trop sollicitée :** c'est un phénomène que l'on retrouve souvent chez les sportifs de haut niveau ou chez ceux qui ont exercé un travail manuel.

● **L'arthrose peut atteindre les doigts, les orteils, la colonne vertébrale, les genoux et les hanches.**

Quels sont les signes annonciateurs d'arthrose ?

● **Les raideurs et la douleur qu'elles impliquent se manifestent après un effort.** Cette gêne disparaît durant le sommeil. En revanche, au réveil, il faut un certain temps pour que l'articulation malade retrouve une mobilité normale : plus ce temps de « remise en route » est long, plus il prouve la gravité et l'évolution de la maladie.

● **L'arthrose progresse souvent par poussées durant lesquelles la douleur est plus vive, due à la destruction du cartilage.** L'articulation est raide et gonflée.

La radiographie de l'articulation incriminée peut ne rien révéler lors d'une première poussée mais elle est cependant conseillée pour confirmer ou non la caractère de la douleur et voir ainsi s'il ne s'agit pas d'arthrite. Après plusieurs poussées, la radiographie va montrer les signes d'une arthrose déclarée.

Comment peut-on être soulagé de l'arthrose ?

Lors des crises, il est conseillé de mettre l'articulation malade au repos. Les analgésiques, l'aspirine, les anti-inflammatoires et les infiltrations de corticoïdes ont un effet bénéfique sur la douleur mais n'ont aucune incidence sur la destruction du cartilage. Une fois la poussée calmée, l'articulation va retrouver un fonctionnement normal s'il lui reste assez de cartilage.

La chirurgie, avec la mise en place d'une prothèse, n'intervient que lorsque le cartilage est totalement détruit.

En revanche, il n'existe pas vraiment de traitement préventif de l'arthrose, si ce n'est de ne pas trop solliciter l'articulation concernée, en luttant contre l'obésité par exemple.

Quelles différences existe-t-il avec l'arthrite ?

Contrairement à l'arthrose, l'arthrite est une inflammation de l'articulation, qui se manifeste non seulement par une raideur, mais aussi par un gonflement de la zone douloureuse et quelquefois par une rougeur.

On parle de monoarthrite si une seule articulation est atteinte, d'oligoarthrite lorsque la maladie en touche deux, trois ou quatre, enfin de polyarthrite quand plus de cinq articulations souffrent de cette inflammation.

Plus ou moins grave suivant son évolution, l'arthrite peut cependant aboutir à la raideur et à la déformation définitive de l'articulation touchée.

Il existe trois grandes familles d'arthrite. D'une part, les arthrites infectieuses dues à l'invasion, par l'intermédiaire du sang, de microbes dans l'articulation. Elles ne touchent en général qu'une seule articulation. D'autre part, les arthrites inflammatoires non infectieuses caractérisées par l'inflammation du tissu tapissant la face interne des articulations. La plus fréquente est l'arthrite rhumatoïde qui touche en majorité les femmes de plus de 50 ans.
Enfin, les arthrites non infectieuses microcristallines provoquées par l'accumulation dans l'articulation de cristaux (d'acide urique ou de gyrophosphates).

Si la majorité des arthrites nécessitent la prise de médicaments pour soulager la douleur, certaines demandent un traitement spécifique : prise d'antibiotiques en cas d'infection ou de corticostéroïdes en cas d'inflammation.

Lorsque les articulations sont déformées ou détruites, la pose d'une prothèse s'avère alors nécessaire pour retrouver une certaine mobilité.

Pour mieux vivre avec ses rhumatismes

Les articulations supportent difficilement les kilos superflus ! Lorsqu'on a tendance à l'embonpoint, mieux vaut faire un régime afin de soulager les articulations d'un poids trop lourd. Contrairement aux idées reçues, rhumatismes et sport ne sont pas incompatibles. Il est plus raisonnable d'éviter cependant les sports violents et ceux qui demandent un geste répété d'une même articulation (tennis, ski de piste par exemple). En revanche, la marche, la natation, le yoga, la gymnastique sont des sports conseillés. Apprendre à gérer son stress a aussi son importance : le mauvais stress pèse toujours sur le corps et reste à l'origine de tensions et de raideurs. Enfin, il ne faut pas hésiter à se rendre chez le kinésithérapeute ou l'ergothérapeute, qui peuvent soulager les douleurs lors d'une séance et qui apprennent aussi à faire les bons mouvements et à éviter les mauvais dans la vie de tous les jours. À noter aussi que certains agents naturels tels que la boue, l'eau et la chaleur (physiothérapie) permettent d'atténuer les symptômes.

La boulimie

Il est devenu courant de qualifier de boulimie toute espèce d'excès alimentaire, fringale occasionnelle ou augmentation temporaire de l'appétit, telles que peuvent en susciter l'approche des règles ou même seulement l'inquiétude ou l'ennui. Or la véritable boulimie, dite « boulimie nerveuse », constitue une maladie à part entière, sans commune mesure avec de tels écarts. Elle se manifeste par des crises répétées et violentes de « frénésie alimentaire », durant lesquelles des quantités énormes de nourriture sont englouties, sans faim ni plaisir, et qu'accompagnent souvent des vomissements. Ces crises suscitent chez la malade un intense sentiment de honte et de culpabilité, qui lui fait dissimuler ses troubles.

CAUSES

- Pression sociale
- Trouble de l'impulsivité
- Dépression

SYMPTÔMES

- Crises régulières et brèves de frénésie alimentaire, avec vomissements provoqués
- Comportements associés : régimes, usage de laxatifs et diurétiques
- Poids normal

TRAITEMENT

- Psychothérapie
- Antidépresseurs

Qui est touché par la boulimie ? Comment la définir ?

La boulimie n'est pas une maladie rare : touchant en particulier les femmes jeunes, elle en atteint près de 3 sur 100. Les troubles s'installent progressivement, les crises prenant de plus en plus d'ampleur, en même temps que se développent des comportements « associés », tels que les vomissements provoqués. Les médecins considèrent qu'une jeune femme présente une boulimie véritable si elle connaît plus d'une crise par semaine, durant trois mois consécutifs.

En quoi consiste une crise de boulimie ?

● **La crise de boulimie est tout entière dominée par l'impulsivité,** c'est-à-dire une perte totale du contrôle de soi. Favorisée par la solitude, la tristesse ou l'inquiétude, la crise peut aussi bien survenir sans raison apparente. Un besoin irrépressible de manger s'impose alors, qui doit être assouvi sans délai, quels que soient le lieu et le moment – conduisant le cas échéant la personne à s'isoler précipitamment.

● **La sensation éprouvée à cet instant n'a que peu à voir avec la faim ;** elle s'apparente à une violente crise d'angoisse, envahissant toute la conscience de la personne et la privant de toute possibilité de résister ou même de raisonner. La boulimique s'abandonne alors à un pillage frénétique des aliments disponibles, et plus particulièrement ceux à forte valeur énergétique, riches en sucres ou en graisse et ceux pouvant être consommés rapidement. Les aliments sont ingurgités de façon chaotique, à peine mâchés, sans aucun plaisir.

● **La crise dure ainsi de une à deux heures,** jusqu'à ce que des malaises physiques (douleurs abdominales, nausées) y mettent fin. La jeune malade prend rapidement l'habitude de se faire vomir au terme de la crise. Les quantités ainsi ingérées sont considérables, représentant plusieurs fois celles consommées au cours d'un repas normal. Au sortir de la crise, la malade se trouve envahie par la honte, la culpabilité et la répugnance que lui inspire sa propre conduite.

Le comportement en dehors des crises

La préoccupation obsessionnelle que la jeune femme boulimique a de son poids la conduit à adopter des comportements visant à contrebalancer la crise, tant sur le plan psychologique que diététique : utilisation de laxatifs et de diurétiques, pratique sportive intense, restrictions sévères de l'alimentation.

Quelles sont les causes de la boulimie ?

● **La boulimie est une maladie complexe résultant de l'interaction de multiples facteurs.** Les troubles boulimiques dérivent en premier lieu d'une préoccupation excessive de la malade à l'égard de son poids. Cette obsession est suscitée par l'importance considérable que la société actuelle accorde à l'apparence corporelle, et notamment à la minceur. Mais si cette « pression sociale » exerce un rôle déterminant dans l'apparition de la maladie, c'est aussi que la jeune boulimique s'y montre anormalement sensible.

● **La maladie se manifeste par ailleurs par une impulsivité excessive, c'est-à-dire une tendance à perdre facilement le contrôle de son comportement.** Ainsi le contrôle que la jeune femme exerce en permanence sur son alimentation se trouve-t-il, du fait de cette impulsivité, brutalement mis en déroute, pour céder la place à la crise de boulimie. Cette instabilité est souvent perceptible dans le comportement général de la malade, très expansive, et dans ses relations avec autrui, souvent chaotiques.

● **La boulimie s'accompagne parfois d'autres troubles psychologiques liés à l'impulsivité,** tels que l'abus d'alcool ou d'autres substances, etc. Ces troubles de l'impulsivité trouvent leur origine dans des dysfonctionnements du système nerveux très semblables à ceux observés dans la dépression nerveuse. La boulimie peut ainsi être considérée comme une manifestation particulière de la dépression, une sorte d'« échappatoire » développée inconsciemment par la malade pour lutter contre la dépression et l'anxiété.

Comment traite-t-on la boulimie ?

● **Contrairement à la jeune anorexique, la personne atteinte de boulimie éprouve le désir de sortir de la maladie.** Les principaux obstacles à lever pour l'amener à consulter un médecin sont sa volonté de garder le secret sur ses troubles et l'illusion qu'elle parviendra à en guérir par ses propres moyens.

● **Le traitement de la boulimie repose principalement sur la psychothérapie,** notamment sur la technique appelée « thérapie comportementale », par laquelle la jeune malade apprend à maîtriser ses impulsions.

Les thérapies de groupe parfois proposées sont également efficaces. Il est aussi possible d'entreprendre une thérapie de plus longue haleine pour mettre au jour les conflits psychiques profonds dont la boulimie peut être la manifestation. Des antidépresseurs sont enfin fréquemment prescrits, afin de soigner la dépression qui souvent sous-tend la boulimie, ces médicaments s'étant révélés un traitement efficace des troubles boulimiques eux-mêmes.

Quelles sont les conséquences sur l'organisme ?

La boulimie n'occasionne pas véritablement de modification caractéristique du poids. Comme elle a une alimentation normale, et souvent même restreinte en dehors de ses crises, la personne boulimique présente en général un poids normal. Les vomissements qui accompagnent les crises entraînent des inflammations, voire des ulcères de l'œsophage et de l'estomac, ainsi qu'une usure de l'émail des dents. Ces vomissements, de même que l'utilisation de laxatifs ou de diurétiques, occasionnent en outre des carences nutritionnelles se manifestant par une grande faiblesse musculaire, voire des troubles cardiaques. Les cycles menstruels sont par ailleurs souvent perturbés.

Le cancer de l'ovaire

Le cancer de l'ovaire est rare : il concerne 1 % de la population générale, plus particulièrement les femmes ménopausées. En revanche, chez les femmes qui ont plus d'un antécédent familial direct (filles/mères/sœurs) de cancer de l'ovaire et/ou du sein, la fréquence augmente jusqu'à 25 %. Lorsqu'une femme a de tels risques familiaux, un dépistage par échographie pelvienne et dosage de certains marqueurs sanguins se justifie. La prévention repose alors sur le blocage ovarien par la pilule, suivi plus tard par l'ablation des ovaires (ovariectomie bilatérale).

FACTEURS FAVORISANTS
- Facteurs génétiques
- Traitement hormonal substitutif (THS)

FACTEUR PROTECTEUR
- Contraception orale

SYMPTÔMES
- Douleur pelvienne
- Signes urinaires
- Signes généraux (amaigrissement, fatigue prolongée et inexpliquée…)

TRAITEMENT
- Chirurgie
- Chimiothérapie
- Radiothérapie

Quels sont les facteurs de risque du cancer de l'ovaire ?

D'autres facteurs, dont l'incidence est beaucoup moins forte que le risque génétique, ont été évoqués. Certaines études ont mis en cause le traitement contre l'infertilité par des médicaments ou des hormones (dans le cadre de l'aide à la procréation), puis d'autres ont affirmé l'innocuité de ce dernier. En revanche, la prise de la pilule contraceptive diminue de manière significative la fréquence du cancer de l'ovaire.

Comment se manifeste ce cancer ?

L'ovaire peut augmenter jusqu'à une taille importante et rester indolore et n'entraîner aucun autre signe. La tumeur est alors découverte lors d'un examen gynécologique ou d'une échographie pelvienne. C'est tout le problème du diagnostic de ce cancer qui évolue très longtemps sans signe apparent. Lorsqu'ils existent, les symptômes sont liés à la compression exercée par la tumeur ou aux complications qu'elle peut entraîner.

Les symptômes liés à la compression. La tumeur peut être responsable d'un gonflement de l'abdomen ou d'une douleur dans le bas-ventre d'intensité très variable. Une sensation de lourdeur dans le petit bassin est parfois ressentie, avec des effets sur la vessie (envies fréquentes d'uriner) et sur le rectum. Mais ces symptômes évoquent aussi une affection des organes de la même région : trompes utérines, utérus ou organes digestifs et ne suffisent donc pas à établir un diagnostic.

Les symptômes liés aux complications. La tumeur ovarienne peut tourner sur son axe, se tordre ou se rompre, provoquant une douleur abdominale brutale aiguë. Ce signe peut cependant aussi révéler une urgence digestive (appendicite) ou gynécologique (grossesse extra-utérine). Dans tous les cas, une intervention chirurgicale en urgence doit être pratiquée.

Des signes généraux comme une fatigue prolongée, un manque d'appétit et un amaigrissement peuvent aussi être présents ; ils incitent à pratiquer une recherche générale de lésion cancéreuse.

Comment fait-on le diagnostic et quel est le traitement ?

● **Dans 80 % des cas, l'échographie pelvienne permet de distinguer la nature bénigne ou maligne d'une tumeur de l'ovaire.** Dans les autres cas, les examens radiologiques (scanner ou IRM) peuvent affiner cette prédiction, mais seule l'intervention chirurgicale avec examen histologique (examen des tissus au microscope) au laboratoire de la tumeur ovarienne apporte un diagnostic précis.

● **Dans certains cas, l'examen histologique pratiqué pendant le déroulement de l'opération chirurgicale ne suffit pas à affirmer le diagnostic.** Il faut attendre le résultat de l'analyse approfondie du tissu enlevé pour pouvoir se prononcer. Le chirurgien peut ainsi être amené, au cours de l'intervention et selon le degré de suspicion d'un cancer et l'âge de la patiente, à pratiquer l'ablation préventive d'autres organes que l'ovaire, éventualité qui doit être bien expliquée à la femme au préalable. Lorsque la suspicion de cancer est faible, que la femme est jeune et surtout désire encore des grossesses, seuls la trompe utérine et l'ovaire sont enlevés (annexectomie unilatérale).

À l'opposé, lorsque la suspicion de cancer est forte et que la femme est ménopausée, une ablation de l'utérus et des deux ovaires est proposée. Pour chaque cas particulier entre ces deux extrêmes, les différentes possibilités envisagées par le chirurgien, en dehors des contextes d'urgence ne le permettant pas, doivent être clarifiées auprès de la patiente.

● **En même temps que le diagnostic est établi grâce à l'examen histologique de la tumeur, le stade d'évolution du cancer est évalué.** Chirurgie, chimiothérapie et radiothérapie sont alors associées pour traiter ce cancer, au pronostic parfois très pessimiste.

Comment vit-on sans ovaires ?

L'ablation d'un seul ovaire ne change rien : le potentiel de fertilité est préservé et un seul ovaire suffit à la sécrétion hormonale. En cas d'ablation bilatérale chez une femme non ménopausée, les symptômes de manque en œstrogènes surviennent très vite, marqués par des bouffées de chaleur importantes. Certains médicaments non hormonaux permettent de les supporter. Le cancer de l'ovaire n'étant pas un cancer hormonodépendant, une substitution œstrogénique est envisageable lorsqu'elle est souhaitée, et après évaluation du risque de cancer du sein. En effet, c'est parfois le même facteur de risque familial qui augmente à la fois la probabilité d'un cancer du sein et d'un cancer de l'ovaire.

Qui sont les femmes à « risque » ?

Des mutations transmises de mère en fille ont été identifiées dans certaines familles présentant une fréquence élevée de cancer du sein et de l'ovaire (BRCA 1 et 2 sont les plus connues). Ces mutations sont reconnues par l'examen des chromosomes à partir d'un échantillon de sang. Dans ces familles, le cancer (sein et/ou ovaire) survient à un âge plus jeune qu'il ne l'est en général – avant 50 ans, et son pronostic est souvent mauvais. Heureusement, ces familles sont très rares, et chaque famille dépistée est surveillée de près. Pour un cancer comme pour l'autre, la solution préventive « idéale » est une ablation des seins (avec remplacement par prothèses) et des ovaires. Les premiers résultats de cette attitude sont bons en termes de prévention s'ils sont pratiqués par de « bonnes mains », car il ne faut laisser aucune cellule mammaire épithéliale, tout en proposant un résultat esthétique satisfaisant, et aucune cellule ovarienne. Ces interventions n'ont de sens que si elles sont pratiquées chez une femme encore jeune, qui a déjà eu toutes les grossesses qu'elle souhaitait. Cette attitude « maximaliste », qui a pour but la prévention d'un risque qui ne dépasse pas un sur deux, peut avoir une incidence sur toute la vie de la femme concernée. Les décisions doivent être bien réfléchies et discutées avec des conseillers spécialisés en génétique.

Le cancer du sein

C'est le cancer le plus fréquent de la femme, deuxième cause de mortalité après les maladies cardiovasculaires. Il atteint une femme sur dix en France. La fréquence du cancer du sein varie selon les continents et les populations. Il existe d'importants facteurs de risque propres à l'environnement tels que l'alimentation et le mode de vie. Les Japonaises, par exemple, ont un risque bien plus faible au Japon, mais rejoignent le risque beaucoup plus élevé des Américaines du Nord ou des Européennes lorsqu'elles émigrent aux États-Unis ou en Europe. Toutefois, les études qui ont cherché à démontrer un effet préventif par une modification du régime alimentaire (moins de graisses ou consommation de soja) n'ont pas été couronnées de succès.

FACTEURS FAVORISANTS

- Facteurs génétiques
- Hérédité familiale
- Puberté précoce (avant 10 ans) ; première grossesse après 30 ans ; ménopause tardive (après 55 ans)
- Traitement hormonal substitutif (THS)
- Âge de plus de 60 ans

SYMPTÔMES

- Boule en général indolore dans un sein
- Modification de la forme d'un sein
- Écoulement sanglant du mamelon

TRAITEMENT

- Chirurgie
- Hormonothérapie
- Chimiothérapie
- Radiothérapie

Quels sont les facteurs de risque ?

● **Il existe un risque familial certain,** plus élevé dès qu'une femme apparentée au premier degré (mère, sœur ou tante) a eu un cancer du sein, surtout avant l'âge de 50 ans.
On retrouve aussi un risque plus élevé lorsque les hommes apparentés ont été atteints d'un cancer de la prostate.

● **Le risque génétique est lié à l'apparition de certaines mutations portées sur les chromosomes** (BRCA 1 et 2 sont les plus connues). Ce risque concerne environ 5% des femmes, mais est lié à l'apparition d'un cancer, plus d'une fois sur deux, survenant avant 50 ans. Dans certains cas, le risque de cancer du sein est associé à celui du cancer de l'ovaire. Prédire ces risques avant l'apparition d'une tumeur permet d'établir une surveillance adéquate et/ou de proposer ces solutions pour prévenir l'apparition du cancer.

● **Dans la majorité des cas, on ne retrouve ni hérédité familiale ni risque génétique.** C'est pourquoi de plus en plus de pays, notamment la France, se dotent d'un programme de dépistage du cancer du sein par mammographie systématique dès l'âge de 50 ans. L'efficacité de cette politique repose sur le fait qu'un cancer pris à son tout début est guérissable par les traitements actuels. À l'opposé, un cancer découvert tardivement reste de sombre pronostic.

Comment se manifeste ce cancer ?

Il se manifeste par une grosseur dans le sein, une modification de son aspect (ride, zone plane, peau d'orange) ou, plus rarement, par un écoulement sanglant du mamelon. Il peut toucher d'emblée les deux seins. En général, l'origine du cancer est le tissu mammaire lui-même. Parfois, c'est la peau du mamelon qui est le point de départ.

Comment fait-on le diagnostic ?

● **Le plus souvent, le cancer est décelé par la mammographie de dépistage.** Chez toutes les femmes qui se soumettent au dépistage par mammographie, la découverte d'une opacité (tache blanche) aux contours et aux caractéristiques suspects selon les classifications établies, fait rechercher un cancer. La présence de microcalcifications disposées selon un certain ordre attire aussi l'attention. En cas de suspicion, une biopsie (prélèvement de tissu à des fins d'analyse) est réalisée, le plus souvent sous anesthésie locale et sous contrôle radiologique, car le territoire suspect est souvent si restreint que la petite aiguille doit être dirigée avec une grande précision.

- **Le succès du dépistage permet de déceler des « micro-cancers » appelés « cancers in situ »,** c'est-à-dire qui n'ont pas encore envahi le tissu. Le risque d'aggravation de ces cancers étant très limité, l'attitude thérapeutique s'efforce de proposer le traitement le moins agressif possible. À l'opposé, lorsque la tumeur est découverte à un stade déjà évolué, l'intervention est à la fois diagnostique (avec analyse du tissu en cours d'intervention) et curatrice. L'entretien préalable entre le chirurgien et la femme précise l'étendue possible des tissus enlevés (exérèse).
- **L'autoexamen des seins régulier par chaque femme est recommandé.** Cependant, il nécessite une bonne technique et ne va déceler que des tumeurs déjà palpables. Un volume important des seins ou des irrégularités préexistantes gênent cet examen. La palpation soigneuse des seins par un praticien entraîné peut être plus appropriée pour percevoir une très petite boule.
- **Parfois, plus qu'une boule, c'est une asymétrie du sein – la peau du sein est différente, le mamelon est rétracté ou dévié –, ou la découverte d'un ganglion au niveau de l'aisselle correspondante qui donnent l'alerte.** Plus rarement, le diagnostic est suspecté devant une inflammation douloureuse et étendue du sein.
- **Le diagnostic est plus difficile dans certaines circonstances :** au cours de la grossesse, en présence d'une maladie fibrokystique des seins ou d'une tumeur bénigne connue. Si la suspicion est éveillée, une cytologie et/ou une biopsie sera réalisée, et les contrôles seront plus fréquents.
- **L'échographie complète la mammographie pour préciser la nature d'une opacité** (tissulaire ou liquidienne). Cet examen est aussi utile pour diriger précisément une ponction de liquide, le cas échéant.

Comment confirme-t-on le cancer du sein ?

Le cancer est confirmé par l'analyse d'un petit morceau de tissu mammaire obtenu par la biopsie. L'analyste recherche la présence de récepteurs aux œstrogènes, très importante pour prévoir l'efficacité d'une hormonothérapie, et évalue l'agressivité du cancer selon certaines caractéristiques.

Comment traite-t-on le cancer du sein ?

- **Le traitement est d'abord chirurgical.** Le chirurgien enlève uniquement la tumeur ou est obligé de pratiquer l'ablation du sein entier ; il tente alors de réaliser une chirurgie reconstructive dans le même temps. Il examine le ganglion satellite ou explore l'aisselle à la recherche d'envahissement des autres ganglions.
- **À l'issue du résultat de la chirurgie, la nécessité et les**

Les particularités du cancer sous THS

Lorsqu'il est poursuivi plus de cinq ou dix ans, le traitement hormonal substitutif augmente légèrement le risque de cancer du sein. Mais les femmes qui suivent un tel traitement sont particulièrement bien surveillées, par un examen clinique deux fois par an et par une mammographie tous les deux ans. Les cancers ainsi dépistés sont donc traités de façon très précoce. Certaines études démontrent que ces cancers ont, en outre, une évolution particulièrement favorable, ne mettant pas en jeu la vie de la patiente. D'une manière générale, les cancers survenant après 60 ans sont souvent beaucoup moins agressifs que ceux qui surviennent chez les femmes plus jeunes.

modalités du traitement complémentaire sont établies. Une radiothérapie dirigée sur le sein opéré est très souvent préconisée. Elle est réalisée en plusieurs séances pendant quatre ou cinq semaines. Une chimiothérapie peut être nécessaire. En général, quand des récepteurs aux œstrogènes sont présents dans la tumeur, un traitement de cinq ans par des anti-œstrogènes (tamoxifène) est rapidement mis en route.

Comment vit-on après un cancer du sein ?

- **Le sein est un symbole de féminité, de maternité, de sexualité ; il reflète en quelque sorte « l'image » de la femme.** Toute atteinte à son intégrité est douloureuse et particulièrement chargée d'anxiété. Les praticiens qui entourent la prise en charge d'un cancer du sein le savent bien et tâchent de respecter au maximum l'aspect très émotionnel et particulier de cette maladie. La recherche en chirurgie tend à diminuer au maximum la nécessité d'amputer le sein, en favorisant les ablations limitées et en élaborant des techniques de reconstruction. Dans ce cas, soit dès la première intervention, soit quelques semaines plus tard, le volume normal du sein opéré est rétabli, visant à la meilleure symétrie possible. Toutefois, la reconstruction affecte toujours le mamelon qui n'a donc plus la même sensibilité ou excitabilité sexuelle qu'auparavant.
- **Lorsque la chimiothérapie est nécessaire, elle entraîne parfois une ménopause précoce chez les femmes encore réglées.** La prise de tamoxifène, préconisée dans les deux tiers des cas, peut, en outre, exacerber les bouffées de chaleur, même chez les femmes déjà ménopausées au moment du diagnostic. Cependant, ce traitement est réellement efficace sur la prévention des récidives et sur la survie. Il est très bien supporté la plupart du temps.
- **Chez les femmes qui ont un cancer du sein très jeunes, avant d'avoir eu des enfants, des traitements bloquant de manière temporaire les ovaires sont proposés**, dans le but de préserver le potentiel de fertilité après que l'assurance d'une rémission a été obtenue. Dans certains cas, discutés individuellement, une grossesse peut être envisagée après traitement.
- **Une fois passées les deux premières années après le diagnostic et le traitement, on s'éloigne du risque de récidives.** Dans nombre de cancers pris précocement, jusqu'au stade II, la survie sans récidive dépasse les 90 %.
- **Chez certaines femmes encore jeunes, qui se plaignent de bouffées de chaleur et de sueurs véritablement invalidantes**, alors que leur cancer est considéré guéri depuis plusieurs années, et bien que cela soit contre-indiqué, une supplémentation œstrogénique est quelquefois discutée. En effet, seuls les œstrogènes sont efficaces sur ces symptômes. Mais le cancer du sein est une maladie favorisée par les œstrogènes.

Cependant, il ne semble pas que la récidive d'un cancer du sein guéri soit favorisée par la prise d'œstrogènes. Ce genre d'attitude comporte des risques et des bénéfices, à assumer clairement par la femme et le praticien.

Plusieurs femmes de ma famille ont un cancer du sein. Que dois-je faire ?

Si, dans une famille, une ou plusieurs femmes avec un lien de parenté direct ont eu un cancer du sein, surtout diagnostiqué avant l'âge de 50 ans, il est important pour les autres de consulter un spécialiste, ou de répondre à l'enquête que peut proposer un praticien qui soigne la famille. La détection du risque par mutation génétique est évaluée à partir d'un échantillon de sang. Si une mutation est détectée, il est possible de donner une approximation du risque de cancer du sein ou de l'ovaire, de discuter des attitudes préventives ou en tout cas d'une surveillance adaptée. Le bénéfice à attendre de cette démarche est d'autant plus grand que les femmes y pensent à un âge jeune. Il s'agit d'un bénéfice non seulement individuel, mais aussi propre à faire progresser la prise en charge du cancer du sein dans son ensemble.

Le cancer de l'utérus

L'utérus est composé de plusieurs parties : le corps, qui héberge le fœtus pendant la grossesse, et, vers le bas, le col, qui fait communiquer le corps de l'utérus avec le vagin. Les cancers du col et du corps de l'utérus (ou cancer de l'endomètre, nom de la muqueuse qui tapisse l'intérieur de l'utérus) diffèrent en tous points. Le cancer du col de l'utérus est fréquent, atteint plutôt la femme jeune, avant la ménopause. À l'inverse, le cancer du corps de l'utérus est un cancer de la femme ménopausée dans 75 % des cas ; il est exceptionnel avant 40 ans.

FACTEURS FAVORISANTS

- Infections génitales
- Activité sexuelle précoce, partenaires multiples

ou

- Obésité, diabète, hypertension artérielle
- Ménopause tardive, absence de grossesse
- Traitement par tamoxifène ou par œstrogènes seuls

SYMPTÔMES

- Saignements en dehors des règles, après un rapport

ou

- Règles plus abondantes, plus fréquentes ou après la ménopause

TRAITEMENT

- Chirurgie et/ou radiothérapie

ou

- Chirurgie, parfois radiothérapie et chimiothérapie

Cancer du col et cancer du corps : des affections bien distinctes

● **Les cancers du col et du corps de l'utérus concernent des tissus, formés pendant la vie embryonnaire, de nature distincte,** d'où leur différence de facteurs favorisants et de prise en charge. En effet l'utérus, au tout début de la vie, se construit à partir de deux tissus, qui se réunissent au niveau du col utérin.

● **Le risque d'un cancer du col de l'utérus est augmenté par l'activité sexuelle (début précoce, partenaires multiples), le nombre de grossesses (plus d'une) et le tabagisme.** Les lésions précancéreuses sont dépistées par le frottis cervico-vaginal systématique : ce sont les dysplasies (anomalies tissulaires) du col, mieux observées par une colposcopie (examen du col utérin à la loupe). Le diagnostic est confirmé par une biopsie (prélèvement de tissu à des fins d'analyse), et le traitement au stade précoce permet la guérison, prévenant l'apparition d'un cancer étendu à la région du petit bassin.

● **Le cancer du corps de l'utérus est lié aux circonstances exposant de façon prolongée aux œstrogènes endogènes (c'est-à-dire sécrétés par la femme elle-même) :** ménopause tardive, absence de grossesse. Il peut survenir en l'absence de toute activité sexuelle.

L'hyperplasie (épaississement exagéré) de l'endomètre, témoin d'un excès d'œstrogènes, peut précéder un cancer de l'endomètre. De façon exceptionnelle, le cancer tire son origine de la paroi (sarcome) ou des glandes (adénocarcinome) de l'utérus. Les œstrogènes pris en traitement sont aussi un facteur d'augmentation du risque de cancer du corps utérin : le traitement substitutif hormonal doit ainsi toujours comporter des progestatifs, pour contrer au maximum l'effet des œstrogènes sur l'endomètre.

Chez la femme ménopausée, le tamoxifène, prescrit pour prévenir une récidive de cancer du sein, a un effet œstrogénique sur l'utérus et peut provoquer un cancer de l'endomètre, bien que ce fait soit très rare.

Le diagnostic précoce de ce cancer, face à un saignement survenant après la ménopause, permet sa guérison. Il est confirmé grâce à une biopsie de l'endomètre, réalisée sous contrôle hystéroscopique (par l'intermédiaire d'un tuyau flexible muni de fibres optiques).

Le cancer du col de l'utérus

L'intérêt du frottis cervical

● **En pratique, on ne devrait plus observer de manifestation du cancer du col utérin** du fait du dépistage systématique par des frottis cervicaux, pratiqués à intervalles réguliers. Qu'il soit effectué par un généraliste ou par un gynécologue, le frottis cervical, réalisé lors de l'examen au spéculum, est un geste simple, sans conséquence pour l'organisme, indolore. En outre, la lecture par le médecin des résultats de l'analyse faite au laboratoire est aisée.

● **Lorsque le résultat d'un premier frottis cervical est classé en « cellules normales, non suspectes »**, un deuxième frottis est réalisé un an plus tard, et si son résultat est non suspect, un contrôle à intervalles réguliers (trois ou cinq ans selon le risque et les résultats antérieurs) est recommandé jusqu'à 65 ans. À titre individuel, il est possible de rapprocher les contrôles (intervalle de dix-huit mois ou de deux ans), surtout si l'on a changé de partenaire.

● **Si les résultats montrent un aspect inflammatoire,** il s'agit souvent d'une infection du col (cervicite), qu'il faut traiter avant de refaire un frottis de contrôle.

● **Enfin, si le frottis montre une dysplasie ou des cellules suspectes,** une colposcopie (examen à la loupe du col) pour biopsie est nécessaire. Le traitement de la dysplasie (anomalie cellulaire) empêche la survenue du cancer proprement dit.

Éviter le cancer de l'utérus, affaire de dépistage

Le cancer de l'utérus, qu'il atteigne le col ou le corps, est de moins en moins souvent fatal. Le dépistage systématique par les frottis du col, les surveillances sous traitement hormonal (pilule, THS ou tamoxifène) et les examens gynécologiques réguliers pour toutes les femmes sont la clef de ce succès. Pour le cancer du col, l'amélioration du pronostic repose sur la qualité et la régularité du dépistage, car un cancer du col étendu reste une maladie grave. Pour le cancer de l'endomètre, les techniques de chirurgie gynécologique et de traitement complémentaire se sont adaptées pour préserver au maximum la qualité de vie des patientes, guéries dans une grande majorité des cas aujourd'hui.
Ces progrès s'efforcent d'éviter les cicatrices, les atteintes des muscles abdominaux, les lésions des organes proches (vessie, vagin, rectum).

Un cancer aux manifestations tardives

● **Grâce au dépistage par des frottis cervicaux réguliers, le cancer du col de l'utérus est prévenu ou traité très précocement.** Lorsque le cancer est avancé, il se manifeste par un saignement vaginal provoqué par les rapports sexuels, ou survenant entre les règles. Ce dernier symptôme est cependant relativement fréquent, notamment sous pilule contraceptive ; il n'inquiète alors pas spécialement la femme qui en est atteinte. Un saignement survenant après la ménopause, surtout en l'absence de traitement hormonal, est aussi un signe d'alarme.

● **Le cancer peut s'étendre, de proche en proche, au corps de l'utérus et à la vessie et essaimer (métastases) au foie.**

Comment se traite le cancer du col ?

Le traitement dépend de l'extension du cancer. Lorsque le dépistage signale un début de cancer, une ablation limitée du col de l'utérus (conisation) assure la guérison et n'empêche pas des grossesses ultérieures. Dans les autres cas, une ablation de l'utérus, des trompes et des ovaires, et de la partie supérieure du vagin est nécessaire, associée à une radiothérapie locale ou externe.

Les papillomavirus HPV

Les papillomavirus sont des virus provoquant des lésions sur la peau et les muqueuses. Chez la femme, l'infection par les papillomavirus de l'appareil génital peut favoriser le développement d'un cancer du col de l'utérus. Celle-ci peut se manifester par l'apparition de verrues ou d'excroissances appelées « crêtes-de-coq » ou « condylomes » et se transmet sexuellement. Les recherches sur un vaccin se poursuivent.

Le cancer du corps de l'utérus

Comment se manifeste-t-il ?

● **Le cancer du corps de l'utérus se manifeste essentiellement par des saignements vaginaux.** Il s'agit habituellement d'un saignement survenant chez une femme ménopausée, donc a priori anormal et suffisamment inquiétant pour susciter une consultation. Lorsque la femme est traitée par des hormones substitutives de la ménopause, elle peut avoir ou non des règles, selon que le progestatif est pris en continu ou par séquences de deux semaines. Dans le premier cas, il n'y a pas de règles : la femme est en aménorrhée ; dans le second, des règles surviennent quelques jours toutes les quatre semaines, habituellement de durée et d'abondance faibles et régulières.

● **Si, sans modification notable du traitement, des saignements surviennent lors d'une aménorrhée ou que les règles provoquées se modifient, il faut consulter.** Le médecin pratiquera ou fera pratiquer une échographie de l'utérus, à la recherche d'une hyperplasie de l'endomètre, voire une biopsie de l'utérus sous hystéroscopie. Ces examens révèlent le plus souvent une cause bénigne du saignement, mais ils permettent de déceler un cancer à son début, quand son traitement assure la guérison.

Comment fait-on le diagnostic et quel est le traitement ?

● **L'échographie de l'utérus ou l'hystérographie** (radiographie de l'utérus) montrent des épaississements et des aspects évocateurs de l'endomètre, mais ce n'est que la biopsie (prélèvement de tissu, en vue d'une analyse au microscope) réalisée sous contrôle hystéroscopique, qui peut affirmer le diagnostic.

● **Chez une femme ménopausée, l'intervention chirurgicale enlève l'utérus et les ovaires.** Le geste chirurgical est souvent le seul traitement nécessaire, et le pronostic excellent. Lorsque le cancer est découvert à un stade plus avancé, ou lors des rares récidives, une radiothérapie (externe ou interne) et une chimiothérapie sont utilisées.

● **Chez une femme jeune non ménopausée,** dans les formes très précoces, il est possible d'éviter une chirurgie pour préserver la possibilité de grossesses ultérieures.

● **Avant l'ablation chirurgicale, un bilan d'extension local soigneux est fait grâce à des examens radiologiques**, pour décider de la voie chirurgicale la moins « traumatisante » et la plus intéressante pour une bonne efficacité. La chirurgie est faite par voie vaginale dans tous les cas qui s'y prêtent, évitant ainsi d'ouvrir l'abdomen.

Cancer de l'utérus, contraception et grossesse

Lorsque ce cancer touche une femme jeune, les médecins essaient de préserver ses chances d'avoir de futures grossesses. Dans les formes très limitées du cancer du col, le traitement chirurgical enlève ce dernier et conserve l'utérus. Les femmes ainsi traitées peuvent utiliser tout type de contraception et avoir des grossesses sans risque de récidive. Dans les formes très limitées du cancer du corps, le traitement repose sur la prise pendant plusieurs mois de fortes doses de progestatifs. La contraception recommandée est à base de progestatifs seuls, sous forme de comprimés ou de stérilet aux progestatifs. Côté grossesse, la situation est ambiguë : la forte production d'œstrogènes qui accompagne toute grossesse risque de favoriser la récidive de ce cancer hormonodépendant. Il faut discuter au cas par cas selon l'âge de la femme, son désir d'enfant, l'extension du cancer, le recul depuis le diagnostic.

Colopathie et constipation

Sous le nom de « colopathie fonctionnelle » est rassemblé un certain nombre de troubles qui touchent la « machine » intestinale : douleurs abdominales, constipation, diarrhée, ballonnements. Très répandue et très féminine, cette affection est aussi appelée syndrome du côlon irritable, colite spasmodique ou tout simplement troubles fonctionnels intestinaux. Peu importe le nom qu'on lui donne, toujours est-il que l'ensemble des désagréments dus à la colopathie sont bénins et ne comportent aucun risque de complication, même si celle-ci perdure. Cependant, lorsqu'ils sont répétés, ces maux sont responsables d'un réel inconfort, surtout lorsqu'ils deviennent chroniques. Dans la grande majorité des cas, la colopathie apparaît entre 30 et 50 ans.

CAUSES
- Mauvais équilibre alimentaire
- Stress
- Mauvais fonctionnement du tube digestif

SYMPTÔMES
- Constipation
- Ballonnements
- Diarrhées
- Douleurs abdominales

TRAITEMENT
- Alimentation riche en fibres
- Activité physique régulière
- Laxatifs

À quoi reconnaît-on la colopathie ?

● **La colopathie se traduit par de multiples troubles digestifs dont les plus fréquents sont des douleurs, de la constipation, des diarrhées ou encore des ballonnements.** La colopathie peut aussi entraîner une digestion lente, une satiété précoce et, dans une moindre mesure, une fatigue physique et intellectuelle.

● **Suivant les personnes, ces troubles vont s'associer les uns aux autres de façon différente.** Le plus souvent, les personnes atteintes se plaignent de constipation. Chez d'autres, l'affection se manifeste par des douleurs dans l'abdomen et des diarrhées impérieuses. Enfin, d'autres malades souffrent essentiellement de ballonnements.

Comment se traduisent les symptômes de la colopathie?

● **Les douleurs ressemblent en général à des spasmes qui apparaissent par intermittence.** Elles se manifestent le plus souvent pendant la journée, en particulier après les repas, et ont tendance à se calmer au cours de la nuit. La douleur se localise sur le trajet du côlon mais peut aussi apparaître dans une autre partie de l'abdomen.

● **Les ballonnements se concrétisent par un gonflement de l'abdomen qui survient très rapidement, le plus souvent après un repas.** Ils sont très inconfortables et donnent parfois à la personne qui en souffre une impression d'étouffement, alors qu'il n'en est rien.

● **Enfin, les troubles du transit intestinal** se traduisent par une constipation ou une diarrhée qui a tendance à survenir après les repas. Chez certains patients, il y a une alternance d'épisodes de diarrhée et d'épisodes de constipation.

Comment peut-on diagnostiquer une colopathie ?

● **Une donnée est sûre : les mécanismes et les causes de la maladie restent flous.** Il semblerait qu'une anomalie des muscles du tube digestif ou une sensibilité accrue des organes abdominaux puisse expliquer en partie cette affection. En fait, le tube digestif est normal anatomiquement mais son fonctionnement, en revanche, est pathologique.

- **On pense aussi que le stress joue un rôle important dans l'apparition de la colopathie, sans qu'il puisse pour autant tout expliquer.** Malgré tout, et même si l'examen clinique réalisé par un médecin ne montre généralement rien, les signes évoqués par le patient parlent d'eux-mêmes et suffisent à diagnostiquer une colopathie.
- **Certains examens complémentaires (échographie, endoscopie, par exemple) peuvent cependant être réalisés** si les symptômes sont apparus brusquement et s'ils s'accompagnent de fièvre ou d'un amaigrissement brutal.

Existe-t-il un traitement spécifique de la colopathie ?

- **Les colopathies fonctionnelles sont délicates à enrayer puisqu'il n'existe pas de traitement précis et réellement identifié.** Leur prise en charge médicale est donc difficile.
- **Bien évidemment, l'alimentation doit être variée et équilibrée.** Certains malades arrivent à savoir quels sont les aliments déclencheurs et vont alors les supprimer d'eux-mêmes de leur alimentation.
- **Certains médicaments peuvent être prescrits** (par exemple, antispasmodiques contre les ballonnements, laxatifs contre la constipation) mais ils ne doivent être utilisés que ponctuellement.
- **En revanche, une activité physique relaxante est souvent conseillée,** afin d'éliminer le stress que l'on retrouve souvent chez les personnes touchées.

Quels sont les éléments qui favorisent la constipation ?

- **S'il n'existe pas de rythme « standard » pour aller à la selle, les médecins parlent de constipation pour toute personne qui va à la selle moins de trois fois par semaine.** La constipation est une affection plutôt féminine : près de 80 % des malades sont des femmes.
- **Certaines constipations sont dues à la « paresse » du gros intestin :** le tube digestif se contractant mal, les selles progressent lentement. Dans d'autres cas, le malade souffre de troubles de l'évacuation des selles, liés à un mauvais fonctionnement de la dernière partie du côlon, le rectum et l'anus. On rencontre deux types de constipation : celle qui survient épisodiquement et celle qui est chronique.
- **Les causes d'une constipation occasionnelle sont assez nombreuses et variées :** modification des habitudes alimentaires, voyage, grossesse, prise de certains médicaments, alitement prolongé, période de stress. Dans ces cas, le retour à la « normale » permet de retrouver un transit régulier.
- **La constipation chronique, ou permanente, est favorisée par une alimentation qui ne com-**

Constipation et alimentation

Si aucun aliment ne doit être rayé de l'assiette, certains sont cependant à limiter. Les plats riches en graisses et épicés sont à éviter tout comme les féculents et les farineux : pommes de terre et riz par exemple. Si les épisodes de constipation s'accompagnent en plus de ballonnements, il est préférable de ne pas manger de haricots blancs ou encore de choux.
À l'opposé, certains aliments favorisent le transit. Ce sont principalement les produits riches en fibre tels que les légumes verts, la salade, les fruits (noix, abricots, figues, pruneaux), les produits céréaliers (son de blé, farine de blé complet). Les fibres jouent un rôle essentiel : leur capacité de rétention d'eau permet l'accélération du transit et l'augmentation des selles. En outre, il est important de boire beaucoup : entre 1,5 et 2 litres par jour. Variez les plaisirs : alternez l'eau avec des jus de fruits pressés, des tisanes ou encore du thé.

prend pas assez de fibres alimentaires. En effet, ces substances d'origine végétale, non digérées par l'intestin, exercent une fonction régulatrice sur le déplacement du contenu du tube digestif. D'autres facteurs favorables ont été identifiés : la sédentarité et le stress.

- **Enfin, certaines maladies plus graves peuvent se révéler par une constipation : le cancer du côlon par exemple.** Mais, dans ce cas de figure, le phénomène apparaît brutalement chez une personne qui auparavant avait un transit tout à fait normal.

Pourquoi la grossesse est-elle un facteur déclenchant ?

- **D'une part, les hormones sécrétées par le placenta pendant la grossesse entraînent un relâchement de tous les muscles,** y compris ceux de l'abdomen et des intestins.
- **D'autre part, l'utérus de la femme enceinte appuie sur le côlon** et, par conséquent, gêne le cheminement des selles.
- **L'alitement étant un facteur déclenchant de la constipation,** les femmes qui doivent restées allongées pendant leur grossesse sont encore plus exposées.
- **Cette constipation pendant la grossesse n'est pas dangereuse, ni pour la future maman, ni pour le bébé.** Légumes, fruits et fibres dans l'alimentation aident à lutter contre ce désagrément temporaire.
- **En cas de constipation rebelle, et en particulier si elle est associée à des hémorroïdes,** le médecin pourra prescrire un laxatif à base d'huile de paraffine, sans conséquence pour le bébé.

Prudence avec les laxatifs

Beaucoup de femmes souffrant de constipation et angoissées par leur transit intestinal prennent des laxatifs. Si cette famille de médicaments permet effectivement de soulager ponctuellement la constipation, il est vivement déconseillé de les prendre à long terme. En tout état de cause, ils doivent être prescrits par un médecin et la posologie doit être respectée. Une surconsommation de laxatifs n'est pas sans conséquences sur l'organisme, puisque elle peut entraîner une inflammation du côlon et de l'intestin grêle. Les médecins parlent de « la maladie des laxatifs ». Les personnes qui multiplient la prise de ces médicaments finissent par devenir très amaigries et déshydratées. Certains malades en deviennent totalement dépendants sans même réellement s'en rendre compte. Pour guérir de cette « maladie des laxatifs », un soutien psychologique est souvent nécessaire.

Comment être soulagé de la constipation ?

- **Pour lutter contre la constipation, il faut adopter des règles d'hygiène de vie :** choisir une alimentation variée et équilibrée, supprimer les aliments qui sont connus comme des facteurs déclenchants, consommer en bonnes quantités des aliments riches en fibres (céréales, abricots, pruneaux, lentilles...). Boire suffisamment, manger à des horaires réguliers et éviter de sauter des repas sont particulièrement recommandés.
- **En outre, il est important de limiter les situations de stress et la sédentarité.** C'est pour combattre ces deux causes que l'exercice physique est vivement conseillé : avoir une activité sportive permet de se détendre et de stimuler la ceinture abdominale. Enfin, il est essentiel de ne jamais se retenir d'aller aux toilettes, même si l'on ressent une certaine appréhension.
- **Dans des cas très précis et, sous surveillance médicale, des laxatifs peuvent être prescrits.** À noter que la constipation, même chronique, ne connaît que très rarement des complications : les plus fréquentes sont les hémorroïdes. Il arrive aussi que les selles étant difficiles à extraire, cela entraîne des fissures au niveau de l'anus. Ce n'est que dans des cas exceptionnels, et le plus souvent chez des personnes affaiblies et alitées, que la constipation peut entraîner une occlusion de l'intestin.

Couperose et rosacée

Il n'y a rien d'exceptionnel à voir son visage rougir sous le coup d'une émotion, par grande chaleur ou après un repas. Ces rougeurs peuvent cependant peu à peu conduire à l'installation d'une couperose, c'est-à-dire une dilatation permanente des petits vaisseaux sanguins du visage.
À ce trouble, fréquent, viennent souvent s'ajouter de petits boutons, semblables à ceux de l'acné : la rosacée.
Divers traitements peuvent être proposés pour atténuer les manifestations de ces troubles — mais le meilleur remède consiste cependant à se préserver des divers facteurs contribuant à leur apparition et à leur aggravation.

CAUSES
- Trouble de la circulation locale du visage
- Fragilité naturelle de la peau
- Exposition répétée au soleil, à la chaleur, au froid
- Alimentation

SYMPTÔMES
- Rougeur permanente du visage
- Apparition de petites lignes rouges ou violettes sur les pommettes et les ailes du nez
- Boutons

TRAITEMENT
- Protection de la peau
- Élimination des petits vaisseaux
- Médicaments antiacnéiques

Quelles sont les manifestations de la couperose ?

● **La couperose est une dilatation permanente des petits vaisseaux de la peau du visage.** Ce trouble apparaît généralement entre 30 et 50 ans, et atteint plus souvent les femmes à la peau claire et fragile.

● **La couperose se révèle de manière progressive.** Elle se manifeste dans un premier temps par des rougeurs marquées du visage, survenant en particulier après les repas ou lorsque la personne se trouve dans une ambiance surchauffée.

● **Peu à peu, la rougeur devient permanente, notamment sur les ailes du nez et sur les pommettes,** où bientôt apparaissent de minces filets rouges ou violets, sinueux, avec parfois des lignes bleues plus épaisses. Cette marbrure est le signe d'une dilatation excessive des vaisseaux sanguins, qui deviennent ainsi anormalement visibles. Ces manifestations peuvent ensuite s'étendre à tout le nez, aux joues, au menton et au front. Une rosacée peut alors survenir.

Quelles sont les causes de la couperose ?

● **La couperose est un trouble local de la circulation sanguine, résultant de l'action de facteurs externes sur une peau naturellement fragile.** Les causes de cette fragilité sont mal connues ; un facteur héréditaire semble impliqué. Une couperose transitoire est parfois observée au cours de la grossesse, qui disparaît spontanément dans les semaines qui suivent l'accouchement.

● **Des facteurs très divers contribuent à l'apparition de la maladie et à son aggravation.** Ce sont tout d'abord des éléments de l'environnement : l'exposition répétée au soleil, à la chaleur, au froid, ou encore les variations brusques de la température. Les plats trop épicés, ainsi que les produits « excitants » comme le café, le thé et l'alcool sont néfastes, de même que le tabac, lui aussi un excitant.
En outre, les traitements locaux à base de cortisone (anti-inflammatoire) favorisent la dilatation des vaisseaux, et par conséquent contribuent à aggraver la couperose.

Comment traiter les manifestations de la couperose ?

● **Il n'existe pas de traitement permettant de remédier au trouble circulatoire à l'origine de la couperose.** Il est en revanche possible d'en atténuer les manifestations en éliminant les petits vaisseaux de la peau rendus visibles du fait de leur dilatation, par électrocoagulation ou par utilisation d'un laser.

● **Plusieurs séances sont souvent nécessaires.** L'apparition de légers saignements, de croûtes ou de taches semblables à des bleus, dans les jours qui suivent une séance, est normale. Ces effets secondaires disparaissent en une ou deux semaines. L'exposition de la peau au soleil doit ensuite être évitée durant quelques mois.

● **La technique dite des « douches filiformes », consistant à projeter sur les régions couperosées un mince filet d'eau à haute pression,** constitue un traitement efficace, mais douloureux, de la maladie ; il est notamment proposé dans le cadre de certaines cures thermales.

Comment prévenir la couperose ?

● **La progression de la couperose n'est pas inéluctable.** C'est en effet la répétition des crises de rougissement, premières manifestations de la maladie, qui entraîne l'apparition de la couperose proprement dite – rougeur permanente, apparition des vaisseaux, rosacée. Limiter la fréquence de ces crises permet donc de retarder, voire d'éviter l'installation d'une couperose définitive, ou du moins d'en atténuer la gravité.

● **La prévention consiste à se préserver des différents facteurs déclenchant ou favorisant les crises :** expositions au soleil, à la chaleur ou au froid, aliments « excitants » – en particulier l'alcool –, épices, etc.

La peau doit être protégée du vent comme du soleil par une crème solaire, quelle que soit la saison, et du froid par une crème grasse. Les bains chauds, les saunas, mais aussi les boissons chaudes sont à éviter. Lorsqu'une crise survient, sucer un glaçon permet d'en atténuer les effets sur la peau.

Comment éviter de « rougir de colère » ?

La joie, la colère ou la surprise se traduisent souvent par une rougeur du visage, et ce d'autant plus que l'on est nerveuse, anxieuse ou émotive. Aussi est-il recommandé aux femmes sujettes à la couperose d'« éviter les émotions fortes ». Certaines situations s'y prêtent ; l'on peut assez souvent se préserver des conflits, se tenir à distance de telle personne particulièrement agaçante, ou s'abstenir des loisirs à sensation forte, grand huit ou saut en parachute. Il semble néanmoins difficile, au jour le jour, de réprimer des émotions moins prévisibles. Il est, en revanche, possible d'atténuer la « tension nerveuse » qui prédispose à y réagir trop vivement – et notamment à rougir facilement. La pratique de la relaxation, les cures thermales ou un suivi psychologique peuvent y contribuer ; le médecin peut également proposer un anxiolytique.

La rosacée

● **La rosacée est une complication fréquente de la couperose.** Elle se manifeste par des éruptions sur les joues, le nez, le front, et le menton, de boutons rouges, enflés, semblables aux boutons d'acné juvénile – l'atteinte est aussi appelée « acné rosacée ». Ces boutons correspondent à de petites infections locales – conséquence, notamment, de la mauvaise circulation du sang dans la peau du visage.

● **Le traitement de la rosacée est comparable à celui de l'acné.** La peau doit être nettoyée régulièrement avec un savon doux. Des applications locales d'antiseptiques, d'antibiotiques et de dérivés de la vitamine A peuvent être utilisées, souvent associées à des antibiotiques par voie orale.

Le Roaccutane® est réservé aux rosacées sévères ; il doit être accompagné d'une contraception orale stricte. Ces traitements doivent être poursuivis plusieurs mois pour éviter les récidives.

Cystite et infections urinaires

La cystite est une inflammation de la vessie, due le plus souvent à une infection. C'est une maladie très féminine : on estime qu'une femme sur cinq aura une cystite une fois dans sa vie ! Dans la grande majorité des cas, les infections urinaires sont sans gravité et, si elles sont bien traitées, elles ont très rarement des conséquences plus graves sur l'organisme. Mais elles sont douloureuses, éprouvantes et demandent à être prises en charge rapidement et correctement pour éviter les récidives et les complications.

CAUSES
- Accumulation de germes dans la vessie
- Remontée de l'urine vers le rein

SYMPTÔMES
- Envies fréquentes et impérieuses d'uriner
- Douleurs et brûlures en fin de miction
- Urines troubles
- Fièvre
- Douleurs lombaires

TRAITEMENT
- Antibiotiques
- Consommation abondante de boissons (au moins 1,5 litre par jour)
- Bonne hygiène locale

Pourquoi la cystite est-elle du « genre féminin » ?

- **Les infections urinaires, qu'elles soient aiguës ou chroniques, touchent un des organes qui composent l'appareil urinaire : la vessie, les reins, l'urètre.** La vessie fait office de réservoir d'urine, les reins la fabriquent et enfin l'urètre permet son évacuation.
- **C'est une simple question d'anatomie qui prédispose largement plus les femmes que les hommes à souffrir de ce type d'infections.** En effet, l'urètre, le canal par lequel l'urine s'écoule de la vessie, est beaucoup plus court chez la femme que chez l'homme. La vessie ne contient normalement aucun germe : quand il y en a, ils proviennent de l'extérieur. Les microbes, pour parvenir à la vessie, doivent pénétrer dans l'urètre puis le remonter : chez la femme, c'est nettement plus facile puisque l'orifice de l'urètre est près de l'orifice anal, où sont présents de nombreux germes. Le simple fait de s'essuyer d'arrière en avant ramène les germes vers l'urètre ; ils n'ont plus alors que deux centimètres à parcourir pour s'installer dans la vessie et se multiplier, provoquant l'inflammation de celle-ci, soit une cystite.

Quels sont les symptômes d'une crise de cystite ?

- **Au tout début, l'inflammation de la vessie peut passer inaperçue.** Mais cela ne dure généralement pas.
- **Les symptômes les plus caractéristiques sont des brûlures urinaires,** surtout en fin de miction, des envies fréquentes et impérieuses d'uriner pour, très souvent, n'émettre que quelques gouttes. On peut aussi ressentir une difficulté à évacuer l'urine qui semble « bloquée » dans le canal de l'urètre.
- **Il peut exister aussi des saignements en fin de miction (qui ne sont pas un signe de gravité)** ainsi que des douleurs au-dessus du pubis.
- **Enfin, l'urine est dans la plupart des cas trouble, parfois malodorante.** Les signes peu-

vent se réduire simplement à des urines légèrement colorées.

● **Quand il n'y a pas de complications, la cystite ne donne aucune fièvre et aucune douleur dans le dos.**

Quels sont les examens et les traitements ?

● **Le germe à l'origine de la cystite est très souvent un colibacille qui se trouve naturellement, et à quelques milliards d'exemplaires, dans le gros intestin.** Comme il est bien connu que ce germe est souvent le fautif, il est rare que soit effectué un examen cytobactériologique des urines (ECBU) lors d'une première crise. Pour une première infection, on peut se contenter de faire une détection de l'infection par le biais d'une bandelette trempée dans l'urine.

● **En général, un traitement appelé « traitement minute » est prescrit.** Il peut être donné à toutes femmes de 15 à 65 ans, sauf en cas de grossesse et de diabète. Il consiste à prendre toute la dose d'antibiotique nécessaire en une seule fois. Cette médication s'avère être, dans la plupart des cas, efficace au bout de trois à quatre jours.

● **Lorsque l'infection urinaire récidive,** c'est-à-dire qu'une nouvelle crise survient dans les semaines suivantes, on pratique alors un examen cytobactériologique des urines. Le traitement antibiotique est alors confirmé ou modifié, mais prescrit pour une durée de trois à sept jours.

● **Les récidives sont souvent dues à un traitement mal suivi :** il est donc important de bien respecter les consignes prodiguées par le médecin et de ne pas arrêter les antibiotiques sous prétexte que les douleurs urinaires ont disparu. En outre, il est essentiel de ne pas faire d'automédication, par exemple en prenant, en cas de rechute, un traitement antérieur non terminé.

L'examen cytobactériologique des urines (ECBU)

Cet examen se réalise en laboratoire à partir d'urines récemment émises. Il est presque systématiquement pratiqué chez des personnes souffrant d'infections urinaires récidivantes. En effet, cet examen médical permet de déterminer avec précision quel microbe est à l'origine de l'infection et de tester alors différents antibiotiques sur la bactérie trouvée (antibiogramme). L'ECBU et l'antibiogramme permettent de ne pas traiter à l'aveugle les infections urinaires et d'avoir ainsi une prise en charge ajustée du patient, qui pourra intervenir deux à trois jours après l'examen. Un ECBU de contrôle peut, dans certains cas, être pratiqué deux jours après l'arrêt de l'antibiothérapie pour vérifier la disparition des germes.

Comment éviter les récidives ?

● **Il n'existe pas bien sûr de remède miracle contre les récidives, cependant quelques réflexes de bonne hygiène de vie peuvent aider à les enrayer.** Boire suffisamment est certainement l'un des premiers automatismes à adopter. En effet, l'organisme se défend contre l'infection urinaire par la vidange de la vessie ; un apport d'eau suffisant pour assurer un débit régulier est donc essentiel. On recommande entre 1,5 et 2 litres d'eau par jour, voire 3 ! Il faut boire régulièrement, par petites quantités, afin que les urines soient moins concentrées et par conséquent moins susceptibles de développer le germe de l'infection.

● **Aller uriner régulièrement et ne pas chercher à se retenir sont aussi de bonnes habitudes à prendre.** Tout comme il est conseillé d'aller aux toilettes après chaque rapport sexuel, permettant ainsi d'évacuer des bactéries éventuellement présentes dans l'urètre. Avoir aussi le bon geste pour s'essuyer : d'avant en arrière et non le contraire !

● **Les microbes prolifèrent beaucoup plus facilement dans l'humidité et la chaleur :** les sous-vêtements synthétiques sont donc déconseillés, ainsi que les vêtements trop serrés. Enfin, il est préférable d'éviter les toilettes vaginales trop fréquentes et, en tout état de cause, d'utiliser des produits adaptés (demandez conseil à votre médecin).

Enfin, l'infection urinaire est aussi une histoire de couple : il n'est pas inopportun de demander à son compagnon de faire aussi une analyse d'urine. L'infection pouvant se transmettre lors des rapports sexuels, elle risque de passer de l'un à l'autre et continuer ainsi à être le facteur de récidive malgré un traitement, si l'un des deux ignore qu'il est infecté.

Peut-il y avoir des complications ?

Si une cystite isolée reste banale et bénigne chez une femme, il ne faut cependant pas perdre de vue que, mal soignée ou ignorée, elle peut devenir plus grave. Si les infections se répètent trop, elles peuvent, au bout d'un certain temps, atteindre les reins et provoquer ainsi une pyélonéphrite. Les germes incriminés remontent alors les uretères qui relient les reins à la vessie.

Plusieurs symptômes doivent alerter et conduire à consulter rapidement un médecin. Tout d'abord, une fièvre élevée (entre 39 et 40 °C), des douleurs lombaires mais aussi des nausées et des vomissements. Des signes généraux comme une grande fatigue et un amaigrissement peuvent également survenir.

Le traitement repose sur une antibiothérapie, administrée par voie orale, mais parfois aussi par voie intraveineuse ou intramusculaire. La médication est plus longue que dans le cas d'une infection urinaire simple.

Une pyélonéphrite n'est pas forcément annoncée par des signes de cystite puisqu'elle peut être aussi déclenchée par un reflux de l'urine de la vessie vers le rein, dû à une malformation de l'implantation des uretères dans la vessie.

Les personnes exposées aux infections urinaires

Les infections urinaires ne sont pas héréditaires. Cependant, on estime que quelques femmes sont plus prédisposées que d'autres : le germe incriminé, le colibacille, semble adhérer à la paroi de la vessie plus facilement chez certaines, alors que chez d'autres, il va s'éliminer plus rapidement. Il y a aussi des périodes de l'existence où l'apparition d'infections urinaires, ou de récidives, est plus élevée : la petite enfance, les premiers rapports sexuels, la grossesse ou encore la ménopause. Les femmes enceintes sont particulièrement vulnérables : la compression de la vessie, associée à la modification hormonale qui intervient au cours des premiers mois, peuvent en effet favoriser une stagnation de l'urine. Les fréquents besoins d'uriner n'étonnent pas vraiment durant cette période. Le diagnostic s'en trouve plus délicat à établir. Ce qui explique que les analyses d'urine font partie du suivi médical de la grossesse. Enfin, les personnes diabétiques font l'objet d'une attention particulière : c'est le sucre contenu dans les urines qui peut favoriser la multiplication des bactéries responsables des infections.

Les petites filles peuvent-elles être atteintes ?

Tout comme leur maman, les petites filles sont plus touchées que les petits garçons. En particulier, vers 5 ou 6 ans, âge où elles savent se retenir et attendent parfois pour aller aux toilettes parce qu'elles sont en train de jouer !

Les symptômes sont les mêmes que chez les adultes. On peut y ajouter l'énurésie secondaire (un enfant jusque-là propre la nuit se remet à faire pipi au lit). Et ne pas perdre de vue que les érythèmes fessiers comme les vaginites sont des réservoirs microbiens à l'origine d'infections urinaires.

Les petites filles font souvent une nouvelle crise liée au même germe ou une récidive avec un germe différent dans l'année qui suit une première infection. Il peut alors y avoir prescription d'un traitement d'entretien. Tout le problème des infections de l'appareil urinaire de l'enfant est dominé par la recherche d'une lésion anatomique responsable du développement ou de la récidive de l'infection.

La dépression

Chacun connaît des moments de tristesse, d'abattement, dont la raison apparaît plus ou moins claire. Dans de telles circonstances, une question vient immanquablement à l'esprit : s'agit-il d'une dépression ? Différente du « coup de cafard » passager, la dépression est une véritable maladie, dont les symptômes se manifestent dans la durée. Le traitement de cette affection complexe est souvent difficile et long, mais il a prouvé son efficacité.

CAUSES

- Troubles affectifs
- Troubles psychiques réactionnels
- Troubles biologiques

SYMPTÔMES

- Tristesse profonde et durable
- Troubles du sommeil et de l'appétit
- Troubles de la concentration et de la mémoire
- Anxiété
- Perte ou prise de poids

TRAITEMENT

- Psychothérapie (de soutien et d'inspiration psychanalytique)
- Antidépresseurs
- Anxiolytiques

Comment définit-on la dépression ?

● **La dépression se définit comme un état de tristesse profonde, durable et douloureuse,** qui s'accompagne d'un ralentissement des activités intellectuelles et physiques, d'une anxiété plus ou moins marquée, de troubles du sommeil et de l'appétit, ainsi que d'une incapacité à éprouver et même à rechercher le plaisir.

● **Ces symptômes, s'ils constituent la toile de fond de toutes les dépressions,** peuvent néanmoins se manifester ou se déguiser de multiples façons, et surtout sont rarement exprimés par le malade lui-même, la dépression se caractérisant le plus souvent par un déni de la maladie et un refus des soins. Or la dépression est aujourd'hui efficacement traitée, et l'est d'autant mieux que les soins sont mis en œuvre de façon précoce. Il convient donc d'être attentif aux signes précurseurs de cette maladie, qui est fréquente, en particulier chez les femmes, et qui, si elle n'est pas traitée, peut avoir de graves conséquences.

Quelles sont les particularités de la dépression chez la femme ?

● **Si les symptômes de la dépression féminine sont comparables à ceux de la maladie chez l'homme,** elle s'en distingue en revanche par sa fréquence, et par la nature des facteurs favorisant son apparition.

Ainsi, selon les statistiques, en France, un homme sur dix environ connaîtra au cours de sa vie une dépression, tandis que ce sont plus de deux femmes sur dix qui seront touchées par la maladie.

Chez la femme, la dépression tend à apparaître tôt, avant l'âge de 45 ans, et elle est plus fréquente chez les célibataires ou les divorcées ; elle est favorisée, entre autres, par une situation économique précaire.

● **Les femmes semblent également plus sensibles aux événements de la vie affective,** touchant la famille ou les amis, quand les hommes tendraient à être plus facilement déstabilisés par les conditions professionnelles ou par les ruptures. Par ailleurs, les jours et les semaines qui suivent un accouchement représentent pour la femme une période de vulnérabilité vis-à-vis de la dépression.

● **L'existence d'antécédents familiaux de dépression** – en particulier si le père ou la mère ont été concernés –, le décès d'un des deux parents durant l'enfance constituent un terrain favorable à la maladie, de même que la consommation de drogues, l'abus d'alcool ou de médicaments agissant sur le système nerveux (tranquillisants, stimulants).

● **Il est néanmoins important de conserver à l'esprit que ces différents facteurs de risque ne sont que des données statistiques,** et que la dépression peut apparaître chez absolument n'importe qui, quels que soient son milieu social, son sexe, son âge et son style de vie, et qu'elle ne fait pas nécessairement suite à un événement pénible de l'existence. Mais, même si elle n'est pas réactionnelle à un contexte singulier, la dépression s'inscrit dans des situations de « perte » réelle ou fantasmatique, ainsi que dans une « structure de personnalité particulière ». C'est souvent au cours d'un travail de psychothérapie qu'il est possible, a posteriori, de comprendre « le sens » de cette maladie.

Comment identifier la dépression ?

● **Dans son commencement, la dépression se manifeste par une modification globale du comportement, assez typique.** Il est cependant difficile de la distinguer d'un accès de fatigue ou d'irritabilité, en particulier si elle suit ou accompagne une période éprouvante de la vie. Les signes englobent une anxiété nouvelle ou accrue, des réactions inhabituelles aux contrariétés, de brefs accès inexpliqués de joie, de colère ou de pleurs. Le sommeil est difficile à trouver, et la nuit est perturbée : réveils intempestifs, souvent entre minuit et deux heures du matin, puis, parfois, à plusieurs reprises dans la nuit. Une prise ou une perte de poids est constatée, sans résulter d'aucun régime suivi à dessein.
Toutes ces manifestations, souvent mises sur le compte d'une déprime passagère, conduisent rarement à une consultation médicale. Il est pourtant souhaitable d'en faire part à son généraliste, qui, ainsi alerté, pourra par la suite plus facilement et plus rapidement diagnostiquer une éventuelle dépression.

● **Mais c'est habituellement bien plus tard, plusieurs mois après ces premiers signes, que la dépression est perçue par l'entourage ou par le médecin.** La malade est alors en état de grande souffrance morale, qu'elle exprime avec réticence et que parfois même elle niera. L'idée de la dépression, dans une société fondée sur la recherche de l'efficacité et de la performance, est souvent associée à une idée de défaillance, voire de culpabilité. Ainsi, en plus de la profonde souffrance et de l'extrême perte d'énergie ressenties, la personne déprimée souffre du poids du regard des autres sur sa maladie. Plusieurs types de troubles sont alors présents, l'intensité de chacun d'eux variant largement d'une personne à l'autre.

● **L'humeur est marquée par une profonde tristesse, qui envahit la pensée en permanence.** Qu'elle fasse suite ou non à un événement pénible, cette tristesse, dite pathologique, persiste de façon anormalement intense et durable. Les activités, les relations et les projets, qui, avant, étaient source d'émotions, de plaisir et d'intérêt, laissent indifférent, paraissent ternes, vains et vides de sens. L'affection envers les proches s'émousse. L'image que l'on a de soi-même se dévalorise : on se juge médiocre, inutile et diminuée. Souvent, un sentiment de culpabilité, l'impression d'avoir failli à ses responsabilités sont ressentis à tout propos. L'idée de la mort

La dépression « saisonnière »

Cette forme particulière de dépression se caractérise par sa survenue régulière, chaque année, à la même époque – souvent l'automne ou l'hiver, plus rarement l'été. Elle touche plus spécifiquement les femmes jeunes, âgées de moins de 35 ans. Ses manifestations sont identiques à celles de la dépression « classique ». Due à une perturbation de l'horloge biologique interne, elle se traite notamment par des séances quotidiennes d'exposition à un éclairage reproduisant la lumière solaire (luxthérapie).

est présente, de façon plus ou moins entêtante. La tentation du suicide est très fréquemment éprouvée ; le passage à l'acte n'est pas rare, et constitue le principal danger de la maladie. Parfois, des comportements suicidaires, plus ou moins conscients, expriment le profond désespoir de la personne déprimée et sa « mise en danger » : tabagisme, consommation abusive d'alcool et de drogues, ou conduite imprudente.

- **Un ralentissement du fonctionnement général de la personne affecte tant les actes et les déplacements que la pensée et le langage.** Les gestes du quotidien paraissent harassants, et sont effectués avec lenteur, voire négligés. Il devient difficile de se concentrer, de soutenir un raisonnement ou une conversation. L'expression orale est lente, le ton monotone et la voix basse. La moindre décision à prendre plonge dans une interminable hésitation.

Les troubles de l'humeur et le ralentissement des activités présentent souvent une évolution au cours de la journée : plus marqués le matin, ils régressent légèrement en fin d'après-midi.

- **L'anxiété est souvent présente lors de la dépression, en particulier chez la femme.** Elle peut se manifester soit en alternance avec les moments de grande tristesse, soit en permanence, conjointement aux idées dépressives. Elle se traduit par une inquiétude excessive, irrationnelle, concernant des sujets personnels ou des thèmes plus généraux. Elle peut aussi se manifester par crises brèves (20 à 30 minutes), dites « attaques de panique », durant lesquelles une angoisse intense submerge la conscience en l'absence de tout danger réel – angoisse qui s'accompagne de signes physiques tels que palpitations, douleurs dans la poitrine, difficultés à respirer ou vertiges.
- **Le sommeil est perturbé durant la seconde partie de la nuit :** le réveil survient souvent anormalement tôt le matin. Dans certains cas, au contraire, la personne dort de façon exagérée, y compris dans la journée.
- **On constate souvent un amaigrissement** alors qu'aucun régime n'a été engagé dans ce but, ou parfois, au contraire, une prise de poids.
- **La vie sexuelle se trouve considérablement appauvrie** du fait d'une disparition du désir.
- **Il arrive que des douleurs se manifestent** en l'absence de maladie physique susceptible de les expliquer : maux de tête, douleurs dentaires ou dans la langue, crampes, mal au dos, etc.
- **La maladie se déguise quelquefois pour passer inaperçue aux yeux de l'entourage,** voire de la malade elle-même. Ainsi, une dépression dans laquelle les troubles anxieux sont prédominants se traduira avant tout par une agitation, une agressivité et une irritabilité marquées. Dans certains cas, les symptômes phy-

Consulter : le pas décisif

La dépression est une maladie aujourd'hui efficacement soignée… lorsqu'elle est diagnostiquée. Or si actuellement, en France, près de neuf dépressions sur dix ne sont pas traitées, c'est précisément que la plupart n'ont pas été détectées. Les manifestations de la maladie sont souvent perçues comme des phénomènes passagers, ne débordant pas du cadre des sensations pénibles que chacun peut éprouver, sans pour autant être « malade ». Aussi conduisent-elles rarement à consulter. Des symptômes tels que l'indifférence envers ses proches, la perte d'intérêt pour toute forme d'activité et pour sa profession, ou encore la disparition des désirs sexuels, suscitent en général un sentiment de culpabilité, lourdement amplifié par la dépression. La dépression amène en effet à se reprocher ses troubles plutôt qu'à s'en inquiéter, à considérer sa souffrance comme irrémédiable et à perdre le désir naturel de bien-être : on ne désire pas la guérison, ou même on la refuse. Cette tendance va en s'accentuant avec la maladie. C'est dire à la fois l'importance et la difficulté qu'il y a à consulter pour des troubles dépressifs, et à les exposer sans masque au médecin. Cette « première » consultation constitue en effet, en soi, un pas décisif vers la guérison.

siques, eux aussi dus à l'anxiété, peuvent prendre le pas sur les troubles psychiques. Ainsi, des douleurs persistantes et inexpliquées, localisées mais pourtant difficiles à décrire, peuvent être les uniques signes d'une dépression, alors appelée « dépression masquée ».

● **On tend, de plus en plus et à tort, à confondre les sentiments naturels que sont la tristesse ou le chagrin, et la maladie véritable qu'est la dépression.** Cette confusion règne parfois jusque dans les cabinets médicaux, où il est devenu courant de prescrire des antidépresseurs en l'absence de dépression véritable, afin de soulager une déprime passagère ou d'aider à passer un moment difficile de l'existence. Le paradoxe étant que, à l'inverse, l'immense majorité des personnes souffrant véritablement de dépression ne sont pas traitées, la plupart du temps faute d'avoir seulement consulté un médecin.

Comment la dépression apparaît-elle ?

● **La dépression est une maladie complexe,** présentant à la fois des aspects biologiques et des aspects psychiques. Sur le plan biologique, la dépression est associée à une altération de certains mécanismes du système nerveux – c'est en remédiant à ces dysfonctionnements qu'agissent les antidépresseurs. Les facteurs psychiques sont extrêmement variables d'une personne à l'autre, et interviennent à plusieurs titres dans la dépression.

● **Lorsque la maladie apparaît, l'attention du médecin se porte en particulier sur l'événement** ou les circonstances susceptibles de l'avoir suscitée. Une dépression peut ainsi faire suite à un deuil, à un divorce, à une perte d'emploi, à une maladie, à une intervention chirurgicale, à la ménopause... Néanmoins, l'événement déclenchant ne revêt pas nécessairement un aspect défavorable, et est parfois lié à une promotion professionnelle, un déménagement, un accouchement, voire un simple voyage. Ces différentes circonstances ont en commun de déstabiliser, d'une façon ou d'une autre, l'existence : la dépression naîtrait ainsi de la difficulté éprouvée à s'adapter à une situation nouvelle. Une telle déstabilisation peut du reste être ressentie sans qu'aucune modification profonde de l'existence n'y soit associée. Il arrive ainsi que la dépression se déclare en certaines périodes de la vie considérées comme charnières – en particulier, chez la femme, aux alentours de la cinquantaine.

● **Il est toutefois important de souligner qu'un grand nombre de dépressions échappent tout à fait à cette sorte d'explication,** la maladie survenant sans qu'aucune circonstance ou aucun événement particulier ne l'ait déclenchée. Les facteurs psychologiques impliqués dans la dépression ne

L'attitude de l'entourage

C'est souvent à l'incitation de ses proches que la personne dépressive en vient, malgré ses réticences, à consulter un médecin. Aussi bien est-ce là la meilleure aide que l'on puisse apporter à une personne malade : l'amener à exposer ses problèmes à un médecin.

À l'inverse, toute attitude visant à encourager la personne dépressive à surmonter par elle-même sa souffrance est inutile, et de nature à aggraver la maladie. L'exhorter au courage ou à la patience, la pousser à se distraire ou à se reposer, ou, pire encore, lui représenter l'absence de véritable « raison » à sa tristesse sont autant de discours qui accentuent le sentiment d'impuissance et de culpabilité de la personne dépressive, et l'enfoncent dans la maladie.

Il est souvent difficile, voire douloureux, de s'apercevoir – ou de s'avouer – qu'un proche puisse souffrir de dépression. Plus difficile encore ensuite de vaincre le déni ou même l'hostilité où se réfugie la personne dépressive, et de l'aider à admettre qu'elle a besoin d'aide. Difficile enfin, pour le malade mais aussi pour ses proches, de convenir que cette aide ne peut venir que d'un médecin.

Il n'est pas inutile, parfois, que le conjoint de la personne malade, ou toute autre personne partageant sa vie, ait elle-même recours à un soutien psychologique.

se limitent pas en effet, comme on le croit souvent, à une situation précise, récente et éprouvante, qui à elle seule susciterait « logiquement » la maladie. La dépression peut trouver ses racines dans toute l'histoire de la personne, et dévoiler des phénomènes psychiques présents de longue date, jusqu'alors plus ou moins silencieux, et qui se manifestent brutalement dans la maladie. Ces facteurs psychologiques, bien que parfois profonds, sont accessibles au traitement par la psychothérapie.

Quels sont les traitements disponibles ?

La dépression est une maladie connue depuis l'Antiquité. Les possibilités qui s'offrent aujourd'hui pour traiter la dépression n'ont, en revanche, à peu près rien à voir avec ce qu'ils étaient il y a seulement quelques années. Car la dépression est une maladie qu'il est désormais possible de guérir, par l'action conjointe de médicaments, les antidépresseurs, et de la psychothérapie.

- **Les antidépresseurs sont parfois prescrits par le médecin généraliste, mais ce dernier peut décider aussi d'orienter le malade vers un spécialiste, le psychiatre.** Plusieurs familles d'antidépresseurs existent, agissant selon des mécanismes distincts. Quel que soit leur type, les antidépresseurs ont des effets qui se manifestent en moyenne à partir de la deuxième ou de la troisième semaine de traitement, parfois un peu plus tard. Les éventuels effets indésirables, qui sont fonction du médicament et varient d'une personne à l'autre, n'apparaissent le plus souvent que de façon passagère, en début de cure. Le traitement doit être suivi sans interruption durant six mois, voire un an, afin d'obtenir une guérison complète et de prévenir les récidives.
- **Des anxiolytiques et des somnifères peuvent en outre être prescrits en début de traitement.** Ils permettent de soulager l'anxiété et l'insomnie jusqu'à ce que ces troubles disparaissent, avec les autres symptômes de la dépression, effacés sous l'effet des antidépresseurs.
- **La psychothérapie entre à part entière dans le traitement de la dépression.** Elle est assurée par un spécialiste formé à ce type de prise en charge, psychiatre ou psychothérapeute. Un accompagnement psychologique est nécessaire, en premier lieu tout au long de la maladie, puis au cours de la période, délicate, qui suit la guérison.

Au sortir de la maladie, une psychothérapie d'un autre ordre peut être engagée. Elle vise à mettre au jour les causes profondes de la dépression et à y remédier, afin d'en prévenir la récidive. Plusieurs techniques psychothérapiques permettent d'atteindre ce résultat ; le thérapeute détermine laquelle est la plus indiquée à chaque situation.

Le traitement d'une dépression doit, dans tous les cas, se donner pour objectif d'obtenir une guérison complète de la maladie, et d'essayer de donner un sens à cet épisode très difficile à vivre.

Traiter une dépression est essentiel

La dépression est parfois présentée comme une maladie dont la guérison survient spontanément, et qu'il n'est donc pas nécessaire de traiter. Il est vrai qu'une dépression non traitée disparaît le plus souvent d'elle-même : la durée moyenne d'un épisode dépressif est de six à huit mois, mais elle peut dépasser deux années en l'absence de traitement. Or, quelle qu'en soit la durée, cette période est marquée par une souffrance morale intense, qui amène certains à mettre fin à leurs jours – quand le traitement permet le plus souvent une amélioration des symptômes en moins de trois semaines.
La dépression récidive neuf fois sur dix ; dans un cas sur deux, cette récidive survient au cours des deux années qui suivent, la plupart du temps parce que le traitement a été engagé trop tard, ou qu'il ne l'a pas été du tout.
La croyance en une guérison spontanée de la dépression, si elle n'est pas totalement infondée, constitue donc avant tout un facteur important d'aggravation de la maladie et peut l'entraîner dans une forme chronique.

Distilbène : ses conséquences

Prescrit contre les fausses couches à des millions de femmes dans le monde à partir des années 1950, le Distilbène® a, en France, été finalement interdit aux femmes enceintes en 1977. La communauté scientifique s'était rendu compte que ce médicament provoquait des malformations gynécologiques et des cancers chez les enfants des femmes traitées. Des répercussions dramatiques qui touchent encore des femmes aujourd'hui et expliquent des cas de malformations utérines et de fausses couches à répétition. On estime que, de 1950 à 1976, près de 160 000 femmes ont été « traitées » par le Distilbène® en France.

CAUSE

- Mère ayant pris du Distilbène® enceinte

CONSÉQUENCES

- Stérilité
- Fausse couche
- Accouchement prématuré
- Grossesse extra-utérine

TRAITEMENT

- Surveillance étroite des grossesses des patientes

Quel est l'historique du Distilbène® ?

- **Le diéthylstilbestrol, essentiellement commercialisé sous le nom de Distilbène®, est le premier œstrogène de synthèse actif par voie buccale.** Mise au point en 1938 par un chimiste anglais, cette hormone synthétique voit en 1946 son utilisation préconisée par un couple d'Américains, l'un gynécologue, l'autre biochimiste, et passe de l'anonymat à une prescription de masse dans le monde entier. Des études avaient alors évalué son utilité dans le traitement des grossesses menacées.
- **Dès la fin des années 1950, la prescription de Distilbène® atteint des records,** les médecins préconisant des doses de plus en plus fortes au fur et à mesure de l'avancée de la grossesse.
- **C'est en 1971 que le lien est établi entre l'apparition de cancers du vagin à cellules claires et la prescription de Distilbène® chez les mères des jeunes filles développant ce type de cancer.**

Pourquoi cette molécule a-t-elle causé des malformations ?

Au début de son développement, le fœtus a un potentiel féminin et masculin. Les ébauches des deux sexes sont présentes ; c'est en fait le déterminisme chromosomique et les hormones qui vont conduire à ce que le fœtus devienne « petite fille » ou « petit garçon ». Le diéthylstilbestrol, qui parvenait au fœtus via le placenta, a agi sur le développement des organes génitaux. Il a, semble-t-il, causé de petites anomalies chez les fœtus masculins mais a, en revanche, modifié la façon dont les organes féminins se sont développés, entraînant ainsi des malformations de l'appareil reproductif, qui ne se révéleront qu'au moment de l'adolescence ou des grossesses.

Quelles sont les conséquences du Distilbène® sur la fertilité des femmes ?

- **Certaines jeunes femmes connaissent des difficultés à se retrouver enceintes.** Un tiers des jeunes femmes exposées connaîtront ce qu'on appelle une « stérilité primaire », c'est-à-dire des obstacles pour concevoir leur premier enfant : le délai moyen est de 2,7 ans chez elles contre 1,8 an chez celles qui connaissent aussi des difficultés mais pour d'autres raisons.

● **Parmi les femmes qui sont enceintes facilement, seules 40 à 50 % d'entre elles pourront mener à terme une première grossesse.** Certaines femmes accoucheront prématurément d'un enfant viable, d'autres feront une fausse couche au deuxième trimestre de la grossesse, d'autres une fausse couche plus précoce et, enfin, certaines développeront une grossesse extra-utérine.

● **Même si la fréquence de ces difficultés à mener à terme une grossesse n'est pas facile à établir,** on estime cependant que le risque d'accouchement prématuré et de fausse couche est le double du taux habituel et que le risque de grossesse extra-utérine est multiplié par six par rapport à la « normale ».

Quelles sont les malformations dues à la prise de Distilbène® « in utero » ?

● **Au niveau du vagin et du col, on remarque un phénomène particulier.** Il s'agit de la présence anormale d'un tissu glandulaire sur une partie plus ou moins étendue du col. C'est en quelque sorte une « preuve » de prise de Distilbène®, mais qui n'a en soi aucune gravité.

● **Autre anomalie, la modification du col de l'utérus :** il est plus petit et plus court qu'un col normal et risque de s'ouvrir prématurément.

● **On trouve surtout des anomalies de l'utérus.** Ce dernier est plus petit. La cavité est réduite, en forme de T. La fréquence de l'atteinte de la cavité utérine varie entre 50 et 70 %, en fonction du moment de la prise du Distilbène® par la mère. Plus la prise a été précoce, plus cela est grave. Enfin, il existe parfois des modifications des trompes : lorsqu'elles sont touchées, leur jonction avec la cavité utérine se fait de manière anormale.

● **Le Distilbène® a aussi une incidence sur la fréquence du cancer à cellules claires du vagin et du col :** celui-ci se manifeste souvent par des saignements, d'où un diagnostic difficile puisqu'on a tendance à prendre ces saignements pour un dérèglement hormonal.

Peut-on remédier aux complications ?

● **Pour éviter des naissances prématurées, des mesures préventives peuvent être prises quand les femmes sont averties de la prise du Distilbène® par leur mère et qu'elles en parlent à leur médecin.** Une surveillance attentive permet de décider d'une mise au repos précoce et stricte facilitant la poursuite de la grossesse jusqu'à la naissance d'un enfant viable.

● **Il n'existe aucun traitement pour prévenir une grossesse extra-utérine,** mais si le diagnostic est précoce, on peut retirer l'œuf de la trompe sans être obligé d'enlever celle-ci.

● **Contre le risque de fausse couche, il n'existe pas de traitement,** mais de la progestérone peut être prescrite.

● **Malgré tout, il faut souligner que la majorité des femmes « victimes » du Distilbène® finissent par avoir un enfant,** même si c'est parfois au prix d'une longue persévérance.

L'intérêt de l'hystérographie

La fréquence des complications varie sans doute selon l'importance des anomalies utérines. D'où l'intérêt, lorsque la jeune femme sait que sa mère a pris du Distilbène®, de pratiquer un examen du col utérin et une radiographie de l'utérus, appelée hystérographie. Celle-ci permet de montrer la petite taille de la cavité utérine. Il est alors plus facile pour le médecin « d'imposer » à la future maman de se soumettre à une surveillance rigoureuse lors de la grossesse et, si besoin, à un repos précoce, parfois dès le début de la grossesse. Être informée du risque permet aussi à la jeune femme de choisir le moment opportun pour mettre en route un bébé, mettant de cette façon toutes les chances de son côté pour mener à bien sa grossesse.

L'endométriose

Très fréquente, l'endométriose se manifeste le plus souvent par des douleurs ou par une difficulté à devenir enceinte. Elle toucherait de nombreuses femmes entre la puberté et la ménopause, plus particulièrement entre 25 et 40 ans. Dans cette maladie, la muqueuse qui tapisse l'intérieur de l'utérus (l'endomètre) se développe à des endroits où elle ne devrait pas exister.
Chez 30 à 40 % des femmes qu'elle affecte, l'endométriose entraîne des problèmes de stérilité, qui sont en partie fonction des « localisations » de l'affection ; l'atteinte des trompes de Fallope est bien sûr préoccupante, mais de simples granulations sur le péritoine (ce « film d'emballage vivant » qui recouvre les organes abdominaux) peuvent suffire à gêner la fécondité.

CAUSE
- Remontée du sang menstruel par les trompes vers la cavité abdominale

SYMPTÔMES
- Douleurs dans le bas-ventre, en particulier à la fin des règles
- Règles longues, très abondantes
- Anémie

TRAITEMENT
- Médicaments (œstroprogestatifs, progestatifs, analogues de la LH-RH)
- Traitement chirurgical

Que se passe-t-il en cas d'endométriose ?

● **À la fin de chaque cycle féminin, la surface de la muqueuse utérine (endomètre),** qui s'était épaissie durant la deuxième partie du cycle pour accueillir un éventuel œuf, est éliminée sous la forme des règles. On sait qu'il arrive qu'une partie du sang menstruel, contenant des morceaux d'endomètre, remonte par les trompes jusque dans la cavité abdominale : ces derniers seraient capables de s'y fixer, créant ainsi des foyers d'endométriose.
Il existe d'autres hypothèses sur l'origine de cette affection, car ce mécanisme ne permet pas d'expliquer les cas, extrêmement rares, où l'endométriose apparaît à grande distance de l'utérus (jusque dans les seins, par exemple).

● **Quelle que soit leur localisation, ces petits « îlots » de muqueuse égarée subissent à chaque cycle les mêmes variations que l'endomètre.** Au moment des règles, un saignement se produit en leur sein ; si celui-ci ne peut s'évacuer, des kystes de taille très variable peuvent se constituer.

● **Les localisations de l'endométriose sont multiples :**
– dans 40 % des cas, elle se développe dans le muscle utérin : c'est l'adénomyose. Cette localisation entraîne des règles abondantes, plus longues et douloureuses, et des douleurs.
– dans 60 % des cas, les fragments d'endomètre sont situés en dehors de l'utérus (on parle alors d'endométriose externe). Ils s'implantent alors sur les ovaires, les trompes, le col de l'utérus, le vagin, la cloison qui sépare le rectum du vagin, le périnée, le péritoine, la vulve, etc. Plus rarement, des îlots peuvent être présents au niveau de l'intestin, de la vessie ou de l'uretère, voire même sur des organes beaucoup plus éloignés.

● **L'endométriose a souvent une autre conséquence, celle de favoriser l'apparition d'adhérences,** zones où deux organes normalement indépendants se soudent (l'ovaire à la paroi abdominale, la trompe à une anse intestinale, etc.). Ces adhérences peuvent elles-mêmes être causes de douleurs et être responsables d'une stérilité.

Comment se manifeste une endométriose ?

● **Les douleurs constituent le signe le plus typique.** Pendant les règles, elles sont particulièrement évocatrices si elles surviennent à la fin de celles-ci, surtout chez une femme qui n'avait pas de problèmes auparavant. Mais une dysménorrhée (règles douloureuses) banale et « de toujours » peut aussi révéler une endométriose, surtout si les traitements habituels sont inefficaces. Au cours des rapports sexuels, les douleurs profondes sont également assez caractéristiques, elles sont souvent liées à certaines positions plus qu'à d'autres, et débutent parfois plusieurs heures après le rapport.

Les règles sont souvent longues, très abondantes, traînantes. Elles peuvent causer une anémie par perte excessive de fer.

● **Il faut savoir que l'intensité des symptômes ne correspond pas toujours à l'importance des lésions :** des localisations minimes peuvent être très douloureuses alors que des formes plus étendues ne donnent parfois aucun signe et sont découvertes par hasard, lors d'un examen, d'une intervention…

Comment fait-on le diagnostic ?

● **Orienté par les symptômes décrits, l'examen gynécologique peut confirmer le diagnostic** lorsqu'il montre un kyste endométriosique bleuté sur le col utérin, ou des nodules douloureux à l'endroit où le fond du vagin s'insère sur le col. Un ovaire trop gros, une zone douloureuse sur le côté de l'utérus attireront aussi l'attention du médecin. D'autres examens sont alors utiles.

● **Dans l'adénomyose, le premier examen nécessaire est l'échographie,** éventuellement complétée par une hystérographie (radiographie de l'utérus) et une hystéroscopie (visualisation directe de la cavité utérine avec une fibre optique).

● **Dans le cas d'une endométriose externe, l'échographie doit être le premier examen complémentaire,** avec un dosage dans le sang du « CA 125 », un marqueur de certaines tumeurs bénignes et malignes qui peut s'élever dans l'endométriose.

● **L'IRM (imagerie par résonance magnétique)** permet aussi de visualiser bon nombre des lésions.

● **L'hystérographie quant à elle reste utile lorsqu'il existe un projet de grossesse :** elle permet de vérifier si les trompes ne sont pas bouchées.

● **Seule la cœlioscopie permet de faire un bilan vraiment complet et une évaluation précise de la localisation, de la gravité et de l'étendue de l'endométriose.** Elle a l'inconvénient d'être une véritable intervention chirurgicale, avec les risques que cela comporte toujours. L'un des problèmes lorsque l'on suspecte une endométriose est donc de décider à partir de quel moment cette opération s'impose réellement. Lorsqu'elle a lieu, elle permet de réaliser dans le même temps le diagnostic et le traitement chirurgical de la plupart des lésions.

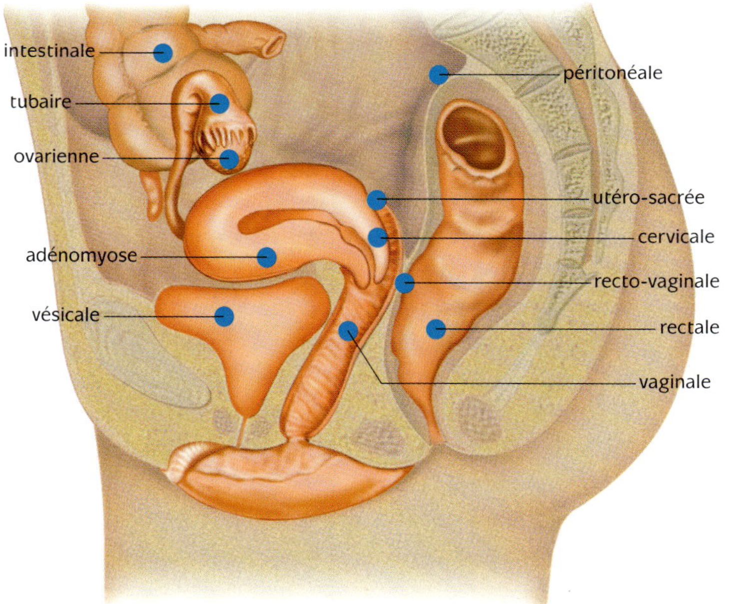

La localisation de l'endométriose*. Les fragments d'endomètre peuvent se situer dans le muscle utérin ou en dehors de l'utérus (ovaires, trompes…).*

Quel est le traitement de l'endométriose ?

● **Les traitements médicaux.** Ils ont pour objectif de provoquer l'atrophie (diminution de volume) et, si possible, la disparition des lésions d'endométriose. Les pilules œstroprogestatives classiques bloquent l'ovulation, et la présence du progestatif tout au long de leur prise freine le développement de l'endomètre, quelle que soit sa localisation. Les contraceptions progestatives pures bloquent aussi l'ovulation et induisent une atrophie plus marquée de la muqueuse utérine. Certains médicaments, semblables à l'hormone LH-RH, bloquent complètement la commande des ovaires au niveau de l'hypophyse (la glande « chef d'orchestre » du système hormonal, située à la base du cerveau). Appelés « analogues de la LH-RH », ils empêchent cette hormone, sécrétée par l'hypothalamus, d'atteindre ses récepteurs situés dans l'hypophyse. Celle-ci ne transmet plus d'ordre aux ovaires, qui ne produisent plus d'hormones : c'est une situation de pseudo-ménopause, où les effets sont les mêmes (avec la possibilité de bouffées de chaleur), mais où la cause est différente (dans la ménopause, ce sont les ovaires qui deviennent incapables de fonctionner).
La disparition des hormones ovariennes pendant la durée du traitement (quelques mois) provoque l'atrophie des lésions d'endométriose et leur disparition si elles sont petites ou si la chirurgie les a assez réduites.
Ce traitement est souvent le complément de la chirurgie. Utilisé seul lorsqu'il s'agit surtout d'un problème de douleurs, il apporte une amélioration au moins temporaire (90 % à six mois, environ 50 % au bout de cinq ans).

● **Le traitement chirurgical.** Il est généralement effectué lors de la cœlioscopie et il vise à détruire autant que possible les lésions au moyen de très petits instruments passés à travers la paroi abdominale. Certaines localisations nécessitent le recours à la chirurgie classique. Dans les formes étendues, une chirurgie « conservatrice » (qui réparerait sans rien détruire d'essentiel) devient trop difficile. S'il existe un projet de grossesse, il peut être préférable de renoncer et de passer directement à la fécondation in vitro. Dans des cas rares, si les symptômes sont très gênants et rebelles aux traitements, si l'intéressée l'accepte (et bien sûr s'il n'y a plus de projet de grossesse), on peut en arriver à l'hystérectomie (ablation de l'utérus). Dans ce cas, le fait de laisser au moins l'un des deux ovaires permet de ne pas provoquer de troubles hormonaux : même si, faute d'utérus, il n'y a plus de règles, la production hormonale et l'ovulation continuent jusqu'à l'âge normal de la ménopause.

Endométriose et stérilité

La complication majeure de l'endométriose est la stérilité, qui atteint 30 à 40 % des patientes. Ce risque est dû aux anomalies que la maladie provoque au niveau des trompes (qui permettent l'ascension des spermatozoïdes, abritent la fécondation et conduisent l'œuf fécondé dans l'utérus), aux adhérences qui peuvent empêcher la capture de l'ovule par la trompe, à l'effet apparemment néfaste de la présence d'endomètre au niveau du péritoine, à des troubles de l'ovulation, à l'augmentation des grossesses extra-utérines.

Quelle est l'évolution de l'endométriose au cours de la vie ?

Les lésions d'endométriose ont tendance à s'aggraver et à proliférer, au fil des cycles menstruels, sous l'influence des incitations hormonales. Cette évolution est courante, mais il arrive toutefois que l'inverse se produise et que les fragments régressent.
L'absence des règles durant la grossesse améliore habituellement l'endométriose. Après la ménopause, la carence hormonale conduit naturellement à une guérison spontanée ; les traitements hormonaux substitutifs ont tendance à ralentir cette évolution bénéfique.

Les fibromes utérins

Les fibromes (ou myomes utérins) sont des tumeurs bénignes très fréquentes qui se développent dans l'utérus. Ils concernent 20 % des femmes au-delà de 35 ans. Ils sont souvent découverts entre 40 et 50 ans, lors d'un examen systématique ou lorsque les symptômes commencent à se manifester. Cependant, dans la majorité des cas, ils n'entraînent aucun signe. Leur origine est inconnue, mais ils sont plus fréquents dans certaines familles et chez les femmes noires. Ils sont constitués de tissu musculaire et de tissu conjonctif fibreux, et sont souvent associés à d'autres anomalies de l'utérus, en particulier l'endométriose. Seuls les fibromes qui entraînent des complications relèvent d'un traitement médical ou chirurgical.

CAUSE

- Origine inconnue, sans doute taux d'œstrogènes localement trop élevé

SYMPTÔMES

- Aucun symptôme
- Douleurs et pesanteur du bassin
- Augmentation du volume de l'abdomen

TRAITEMENT

- Simple surveillance
- Ablation du fibrome (myomectomie)
- Ablation de l'utérus (hystérectomie)

Comment se traduit un fibrome ?

● **Très souvent, la présence d'un fibrome ne provoque aucun symptôme.** Dans le cas contraire, un fibrome se manifeste en général par des troubles menstruels : les règles sont de plus en plus abondantes et prolongées (ménorragies), des saignements se produisent entre les règles (métrorragies). S'y associent des douleurs et une pesanteur du bassin, une augmentation du volume de l'abdomen.

● **Les fibromes forment des masses arrondies qui se développent le plus souvent dans le corps de l'utérus, mais parfois aussi au niveau du col ou de la jonction du col et du corps.** Selon leur localisation dans le muscle utérin, on distingue les fibromes interstitiels, situés dans l'épaisseur du muscle, les fibromes sous-séreux, qui saillent à la surface de l'utérus, et les fibromes sous-muqueux, en relief dans la cavité utérine, qui causent des saignements ou des hémorragies.

Comment un fibrome évolue-t-il ?

● **On ne connaît pas bien l'origine des fibromes, mais ils seraient liés à un taux d'œstrogènes localement trop élevé.** Plusieurs faits tendent à confirmer cette hypothèse : il n'y a pas de fibromes avant la puberté ; les fibromes augmentent quand la femme reçoit un traitement à base d'œstrogènes et pendant la grossesse ; ils régressent après la ménopause.

● **Les fibromes utérins ont une évolution lente et régressent après la ménopause (mais un traitement hormonal substitutif aura tendance à prolonger leur présence).** La majorité d'entre eux sont bien tolérés ou provoquent des troubles modérés. Cependant, certains peuvent être à l'origine de complications. Des pertes sanguines importantes ou persistantes sont responsables d'anémies, de malaises. Des complications mécaniques, telles qu'une torsion ou des compressions, se produisent parfois. Les gros fibromes, en comprimant les organes voisins, peuvent provoquer des troubles urinaires ou veineux, une constipation. Une mauvaise vascularisation du fibrome peut conduire à sa nécrose : ce phénomène est très douloureux, mais il entraîne la diminution ou la disparition du fibrome. La présence de fibromes peut entraîner une infertilité et des difficultés pendant la grossesse. Les fibromes ne dégénèrent quasiment jamais en cancer.

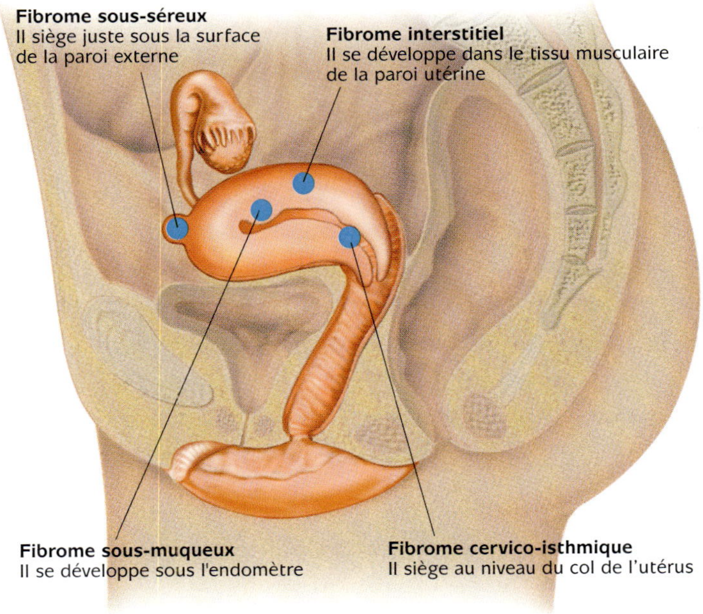

La localisation des fibromes. *Les fibromes peuvent se développer dans différentes parties du corps de l'utérus ainsi qu'au niveau du col.*

Quels sont les traitements ?

● **Un fibrome de taille modérée et qui n'entraîne aucun symptôme exige une simple surveillance.** Les traitements sont indiqués pour les fibromes qui se manifestent par des troubles ou qui induisent des complications.

● **Le choix d'une méthode thérapeutique dépend du volume, du siège et du retentissement du ou des fibromes.** Différents traitements, en particulier les dérivés de la progestérone, peuvent aider à contrôler les saignements. Dans certains cas (fibrome sous-muqueux, fibrome volumineux, complications), un traitement chirurgical est proposé. Chaque fois que possible et particulièrement chez la femme de moins de 40 ans, le traitement conservateur est choisi de préférence : il consiste à enlever le fibrome (myomectomie) tout en respectant l'utérus.

● **En fonction du site et de la taille du fibrome, diverses techniques sont utilisées pour procéder à son ablation.** La chirurgie par hystéroscopie (à l'aide d'un tube muni d'un système optique, introduit par le vagin) est bien adaptée à l'ablation des fibromes situés à l'intérieur de la cavité utérine. En cas de fibromes interstitiels ou sous-séreux, de taille modérée, la chirurgie peut faire appel à la cœlioscopie (introduction d'un tube muni d'un système optique à travers la paroi de l'abdomen).

● **L'ablation de l'utérus (hystérectomie) est envisagée après échec du traitement médical des saignements, ou lorsque le fibrome devient vraiment très gros et risque de provoquer des complications graves.** Cette intervention constitue toujours un traumatisme psychologique. C'est très rarement une nécessité urgente et il est donc important de se donner du temps avant d'arriver à cette décision.

Comment fait-on le diagnostic d'un fibrome ?

L'examen gynécologique permet d'établir le diagnostic : il révèle une augmentation du volume de l'utérus, qui est dur, fibreux, bosselé. Divers examens complémentaires sont nécessaires pour préciser la taille et la localisation du fibrome. L'échographie pelvienne permet d'évaluer le nombre de fibromes, leurs dimensions et leurs localisations. Un examen radiologique de l'utérus (hystérographie) révèle l'aspect de la cavité utérine. L'examen direct de la cavité utérine avec un tube muni d'un système optique (hystéroscopie) rend possible le diagnostic d'un fibrome sous-muqueux.

Les hémorroïdes

Rares sont celles qui ne connaissent pas une crise d'hémorroïdes au cours de leur vie, d'autant plus que la grossesse et l'accouchement sont des moments où cette affection a tendance à se réveiller. Parce qu'il s'agit d'un problème très intime, la crise hémorroïdaire demeure souvent encore taboue : on n'ose pas en parler et elle reste parfois mal soignée ou pas du tout. Il est pourtant essentiel de consulter : le médecin étant le seul à pouvoir confirmer le diagnostic et prescrire un traitement efficace.

CAUSES

- Troubles du transit intestinal
- Grossesse et accouchement
- Café, alcool, thé, épices
- Hérédité

SYMPTÔMES

- Irritation et démangeaisons
- Saignements
- Douleurs

TRAITEMENT

- Antihémorroïdaire
- Anti-inflammatoire
- Pommade antiseptique
- Injections sclérosantes
- Ligature
- Ablation

Qu'est-ce qu'une hémorroïde ?

- **Une hémorroïde est une dilatation de l'une des veines de la zone anale, comprenant l'anus et le rectum ainsi que le tissu l'entourant.** Ce type de dilatation est semblable aux varices qui peuvent apparaître sur les jambes.
- **Cette anomalie des veines peut survenir dans la partie haute du canal anal, on parle alors d'hémorroïdes internes, ou encore dans la partie basse au niveau même de l'anus : il s'agit alors d'hémorroïdes externes.**
- **Cette affection, courante chez l'adulte, peut être permanente ou apparaître par crise.** Elle est souvent favorisée par la constipation (à cause des efforts de défécation qui l'accompagnent) ou encore par la grossesse en raison de l'amplification de la circulation veineuse que celle-ci entraîne. Il existe aussi une prédisposition héréditaire à cette affection.

Quels sont les symptômes ?

- **Les hémorroïdes entraînent des désagréments très différents selon les individus, qui vont de la simple gêne jusqu à de vives douleurs.** Parfois, les hémorroïdes ne déclenchent aucun symptôme particulier.
- **Une démangeaison accompagnée d'irritation et/ou de saignements pendant ou après les selles sont les signes les plus courants.** Les saignements proviennent des lésions au niveau des petits vaisseaux sanguins qui irriguent l'anus.
- **Lorsqu'elle existe, la douleur peut être une simple sensation de pesanteur au niveau de l'anus : c'est l'inflammation de la veine dilatée.** Mais elle peut aussi être beaucoup plus violente et devenir difficilement supportable : elle est alors causée par l'étranglement d'une hémorroïde qui, en ayant trop gonflé, forme une excroissance à l'extérieur de l'anus. D'autres douleurs peuvent alors être provoquées par des caillots de sang qui se forment à l'intérieur de cette veine.

Quels facteurs favorisent une crise hémorroïdaire ?

- **Certaines circonstances favorisent les crises d'hémorroïdes.** Il est assez simple de les repérer quand on souffre d'hémorroïdes.

La constipation et, dans une moindre mesure, la diarrhée favorisent la survenue d'une crise. Certains produits peuvent être à l'origine de l'apparition d'hémorroïdes : l'alcool, le café, le thé, les épices, le tabac. Les individus sujets aux crises remarquent souvent d'eux-mêmes que celles-ci se produisent après un bon repas bien arrosé !

La grossesse et l'accouchement, ainsi que la déshydratation, sont aussi parfois en cause. Enfin, on peut noter que la position assise prolongée tout comme des efforts physiques répétés et violents font également apparaître des épisodes hémorroïdaires.

Comment s'établit le diagnostic ?

Même s'il peut être délicat d'aller consulter pour cela, même si les saignements ne sont pas abondants et même si la douleur est tout à fait supportable, il est impératif d'aller voir un médecin lorsque l'on a des symptômes d'hémorroïdes. Le diagnostic sera confirmé par un examen proctologique. Ce dernier comprend une palpation du rectum, appelé toucher rectal, un examen du bord de l'anus et éventuellement une anuscopie réalisée à l'aide d'un tube muni d'un dispositif d'optique et d'un système d'éclairage. Cet examen permet au praticien de classer les hémorroïdes en fonction de leur position anatomique et donc de prescrire un traitement adapté ou éventuellement d'autres examens complémentaires.

Si, dans la plupart des cas, les hémorroïdes sont banales, certaines complications peuvent survenir : abcès ou fissures anales. Ou bien encore, les saignements et les douleurs deviennent des signaux d'alerte de maladies plus préoccupantes. D'où l'importance de consulter, pour que le médecin procède à l'examen approfondi de l'anus, du rectum et du côlon, permettant d'exclure, ou de confirmer, l'hypothèse d'un cancer d'un de ces organes.

Quels sont les traitements ?

Les hémorroïdes sont systématiquement traitées à partir du moment où elles entraînent une gêne. Le plus souvent, des antihémorroïdaires sont prescrits par voie orale et/ou locale. Le traitement peut aussi comprendre des laxatifs pour lutter contre la constipation, des anti-inflammatoires ou encore des antispasmodiques. Une pommade pour prévenir les infections ou encore calmer la douleur peut être appliquée. Au cours de la grossesse, le traitement est surtout local.

Lorsqu'elles sont plus importantes, les hémorroïdes sont soignées par de petits traitements chirurgicaux. Certains consistent à faire des injections dans les varices afin de les scléroser ; d'autres passent par la ligature de la base de l'hémorroïde, ce qui entraîne la mort des tissus qui la constituent.

Enfin, dans les cas les plus graves (hémorroïdes importantes extériorisées avec des saignements conséquents et répétés), une hémorroïdectomie est effectuée. Cette intervention chirurgicale consiste, sous anesthésie générale, à supprimer définitivement les hémorroïdes.

La prévention des hémorroïdes : une bonne hygiène de vie

Il est possible d'éviter certains facteurs contribuant à l'apparition d'hémorroïdes, avec une bonne hygiène de vie ou quelques bons réflexes. Il est essentiel d'avoir une alimentation équilibrée et surtout riche en fibres : ces dernières facilitent le transit intestinal et évitent ainsi la constipation et les contractions qui les accompagnent. Faire de l'exercice permet de renforcer les muscles de la région du rectum et d'éviter ainsi des stations trop longues aux toilettes qui impliquent une contraction des veines favorisant la congestion. Il est bien évidemment recommandé d'éviter les épices ainsi que le café et le thé. Enfin, lors d'un repas riche et arrosé, il faut avoir le réflexe de boire beaucoup d'eau afin d'éviter la déshydratation qui a tendance à survenir avec la prise excessive d'alcool.

L'hépatite B

Dues à des virus, les hépatites virales se traduisent par une inflammation du foie dont les cellules, qui sont détruites, ne peuvent plus assurer pleinement leurs fonctions.
Il existe cinq types d'hépatite, A, B, C, D et E, chacune due à des virus différents. C'est donc logiquement le virus B qui est responsable du développement de l'hépatite B.
Elle est moins anodine que l'hépatite A, la plus fréquente, en ce sens qu'elle peut persister au-delà de six mois et donc devenir chronique. Cependant, dans 90 % des cas, on arrive à s'en débarrasser sans qu'il ne reste de séquelles.

CAUSE
- Contamination par le virus par voies sexuelle ou sanguine

SYMPTÔMES
- Parfois, aucun symptôme
- Fatigue générale
- Fièvre
- Jaunisse
- Urines foncées

TRAITEMENT
- Repos
- Alimentation équilibrée
- Antiviraux

Quels sont les modes de transmission de l'hépatite B ?

● **Le virus de l'hépatite B est transmis par le sang et les sécrétions sexuelles (sperme, sécrétions vaginales).** Le risque de transmission de l'hépatite B lors de soins médicaux (prélèvements, transfusions, soins dentaires) est assez élevé puisque la contagion se fait par contact avec du sang ou des dérivés sanguins. La toxicomanie représente pour les mêmes raisons (seringues contaminées et échangées) un facteur de risque de transmission important. Enfin, la pratique des tatouages, ou encore des piercing peut aussi être une source de contamination en l'absence de précautions d'asepsie.

● **Autre type de transmission : celle de la mère à son enfant au moment de l'accouchement.** Mais ce risque est considérablement réduit pour le nouveau-né, lorsqu'on lui injecte des immunoglobulines anti-hépatite B et qu'on le vaccine contre le virus de l'hépatite B. L'allaitement maternel est alors déconseillé

Quels sont les symptômes de l'hépatite B ?

● **La survenue d'une hépatite B peut passer totalement inaperçue :** le porteur est un malade qui s'ignore et peut alors contaminer d'autres personnes sans le savoir.

● **Mais le plus souvent, l'hépatite débute par des signes qui peuvent ressembler à ceux de la grippe : fièvre, courbatures, maux de tête et une grande fatigue.** Un ictère (appelé plus communément « jaunisse ») peut aussi apparaître au bout de quelques jours : la peau et le blanc des yeux prennent une coloration jaune. Dans certains cas, les urines peuvent être très foncées et, à l'inverse, les selles anormalement claires.

Comment fait-on le diagnostic ?

● **Pour confirmer le diagnostic d'hépatite B, un examen sanguin est réalisé.** Le virus ou les anticorps produits par l'organisme contre le virus (test sérologique) sont alors recherchés.

● **Par ailleurs, des dosages sanguins montrent une augmentation importante de certaines**

substances hépatiques, les transaminases. Cette augmentation est la preuve que les cellules du foie sont endommagées.

Comment l'hépatite B évolue-t-elle, et peut-il y avoir des complications ?

● **La plupart du temps, l'hépatite va guérir spontanément.** Si la fatigue peut persister pendant plusieurs mois, une fois la guérison survenue, le foie est de nouveau fonctionnel, ayant régénéré les cellules détruites.

● **Le risque le plus fréquent avec l'hépatite B est le passage au stade chronique.** Les symptômes et les mauvais résultats sanguins persistent alors au-delà de six mois. Cette hépatite, qui devient donc chronique, peut, elle aussi, passer toute seule au bout d'une certain temps. Elle entraîne dans des cas plus rares, l'apparition d'une cirrhose ou d'un cancer du foie.

● **Autre possibilité, quoique exceptionnelle, l'hépatite prend d'emblée une forme extrêmement grave.** On parle alors d'hépatite fulminante. Celle-ci provoque en quelques jours une destruction massive du foie, avec des conséquences irréversibles entraînant le décès de la personne qui en est atteinte.

Comment se traite l'hépatite B ?

● **Dans la forme la plus classique et la plus anodine de l'hépatite B, il est recommandé à la personne malade de se reposer.** Il n'y pas vraiment de régime alimentaire à suivre mais il est conseillé d'avoir une alimentation équilibrée et de supprimer totalement l'alcool. Il est préférable aussi d'éviter les graisses, généralement mal tolérées. La guérison s'annonce lorsque le malade émet, d'un seul coup, une grande quantité d'urine.

● **Quand l'hépatite prend une forme chronique, des médicaments antiviraux (interféron) sont prescrits.** Dans le cas de complications graves, une greffe du foie peut être envisagée.

La prévention contre l'hépatite B

● **Il existe un vaccin qui protège de l'hépatite B.** Il est recommandé dans le calendrier vaccinal. Il se fait en trois injections à un mois d'intervalle avec un rappel un an après et ensuite tous les cinq ans.

● **L'hépatite B est considérée comme une infection sexuellement transmissible (IST).** Il faut par conséquent se protéger impérativement avec des préservatifs lors des rapports sexuels avec un partenaire dont on ignore l'état de santé.

● **Enfin, pour les adeptes de tatouage et de piercing,** il est important de demander ou de vérifier, dans la mesure du possible, soi-même que les aiguilles qui servent à ce type de pratique sortent d'emballage unique et stérile, indiquant ainsi qu'elles n'ont pas été utilisées pour quelqu'un d'autre.

Le vaccin contre l'hépatite B

Avec près de deux milliards de personnes infectées, dont 350 millions de porteurs chroniques du virus, l'hépatite B représente l'un des principaux problème de santé publique dans le monde. Il existe un vaccin pour prévenir l'hépatite B, qu'il est conseillé de faire aux jeunes enfants, aux adolescents et à certaines populations d'adultes dites « à risque » (personnel médical, personnes ayant des partenaires sexuels multiples, toxicomanes, voyageurs en zone d'endémie, etc.). Une polémique a entouré ce vaccin à propos d'une éventuelle corrélation entre son injection et la survenue de sclérose en plaques. Les études réalisées à ce sujet n'ont pas permis d'établir un lien de causalité entre la vaccination contre l'hépatite B et la sclérose en plaques. L'hypothèse la plus communément admise est que cette maladie frappe les patients ayant des prédispositions génétiques et que certains facteurs environnementaux, dont peut-être le vaccin de l'hépatite B, peuvent favoriser les poussées de la maladie. Le vaccin contre l'hépatite B reste donc la meilleure prévention contre cette pathologie.

L'hypertension artérielle

L'hypertension artérielle (HTA) est une anomalie fréquente, conséquence de divers éléments tenant au mode de vie. Ne donnant souvent lieu à aucun signe caractéristique, elle constitue un facteur de risque important pour les maladies cardiovasculaires. Aussi doit-elle impérativement être dépistée et prise en charge – son traitement passant avant tout par l'adoption d'une hygiène de vie adaptée.

CAUSES
- Hérédité
- Âge
- Tabac
- Surpoids
- Excès alimentaires : sel, graisses, alcool

SYMPTÔMES
- Tension artérielle supérieure à 14-8,5

TRAITEMENT
- Médicaments anti-HTA à vie
- Arrêt du tabac
- Régime alimentaire adapté (peu salé)

Qu'est-ce que la tension artérielle ?

● **La tension artérielle est la pression que le sang, sous l'effet des contractions du cœur, exerce sur la paroi des artères.** Une augmentation transitoire de la tension artérielle se produit après un effort ou une émotion – aussi le médecin la mesure-t-il au repos, et au calme. Lorsqu'il prend la tension, il mesure deux valeurs.

● **La plus élevée, dite « pression systolique »**, correspond à la tension artérielle enregistrée durant la contraction du cœur (la systole). Ses valeurs normales sont inférieures à 14.

● **La seconde valeur, plus faible, dite « pression diastolique »**, est celle mesurée durant le relâchement du cœur (la diastole). Sa valeur est normalement inférieure à 8,5.

À quoi correspond une hypertension ?

● **Il existe une hypertension artérielle (HTA) lorsque les deux valeurs mesurées par le médecin sont l'une et l'autre supérieures à la normale.** Une élévation de la pression systolique seule – la valeur diastolique restant inférieure à 8,5 – est souvent d'origine psychologique, et ne constitue pas, en général, une hypertension véritable. Ainsi une tension de 15-8 peut-elle être considérée comme normale, quand des valeurs de 16-10 traduisent en revanche une hypertension.

● **Le médecin vérifie la permanence de cette hypertension par une nouvelle mesure, prise quelques semaines plus tard, avant d'engager un traitement adapté.** La tension artérielle augmentant normalement avec l'âge, une hypertension modérée n'est pas nécessairement préoccupante chez la personne âgée.

Quels sont les risques auxquels expose l'hypertension ?

● **L'hypertension constitue l'un des principaux facteurs prédisposant à une maladie cardiovasculaire.** Elle favorise en effet l'athérosclérose, c'est-à-dire la formation de plaques de graisse sur la paroi des artères – notamment celles alimentant le cœur, le rein, le cerveau et la rétine –, avec pour conséquence une oxygénation insuffisante des organes. En l'absence de traitement, l'hypertension peut ainsi conduire à une insuffisance cardiaque et renale

– voire, si l'artère vient à se boucher, à un accident vasculaire cérébral ou à un infarctus.

Quels sont les facteurs prédisposant à l'hypertension ?

L'hypertension artérielle résulte le plus souvent des effets conjugués de plusieurs facteurs.

- **Une prédisposition héréditaire** peut exister chez une personne dont les parents sont atteints d'hypertension.
- **L'avancée en âge** s'accompagne d'une augmentation du risque d'hypertension, plus particulièrement à partir de 50 ans.
- **L'apparition de l'hypertension est en outre largement déterminée par des éléments relatifs au mode de vie** – qui sont les seuls sur lesquels il soit possible d'agir en vue de prévenir ou de traiter la maladie. Le tabac figure au premier plan de ces facteurs. Outre le danger important qu'il représente en lui-même, il amplifie lourdement l'effet des autres facteurs de risque. L'association du tabac et de la pilule expose à des risques cardiovasculaires importants. La contraception orale peut, chez certaines femmes, entraîner à elle seule une hypertension. Un régime trop riche en sel ou/et en graisses, ainsi que la consommation d'alcool peut favoriser une hypertension artérielle. Une activité physique insuffisante et, surtout, un excès de poids augmentent aussi le risque d'hypertension.

Des facteurs psychologiques tels que l'anxiété ou le surmenage peuvent également contribuer à l'apparition de cette affection.

La prévention des maladies cardiovasculaires

Les principaux facteurs de risque cardiovasculaire sont l'hypertension, le tabagisme, l'excès de poids et l'excès de cholestérol. Tous contribuent à la détérioration des artères (athérosclérose), ainsi qu'à une fatigue précoce du muscle cardiaque. La prévention passe par une surveillance régulière de la tension artérielle et du cholestérol sanguin (normalement inférieur à 2,5 g/l). Le tabac constitue un facteur de risque majeur, en particulier chez la femme utilisant une contraception orale. L'arrêt du tabac ramène en quelques mois le risque cardiovasculaire à un niveau équivalent à celui d'une personne n'ayant jamais fumé. Une alimentation adaptée permet de prévenir et de traiter l'excès de cholestérol, ainsi que le surpoids. Il est recommandé de réduire les apports en graisses animales, pour privilégier les graisses végétales (remplacer le beurre par l'huile et la margarine) et d'éviter les charcuteries, les abats et les viandes grasses au profit des poissons ou des volailles. Il est préférable de limiter sa consommation d'alcool et d'aliments sucrés. Une activité physique régulière permet d'entretenir le fonctionnement du cœur.

Comment détecter et traiter l'hypertension ?

- **Si elle se signale parfois par des maux de tête, des vertiges, des bourdonnements d'oreilles ou des troubles visuels, l'hypertension ne donne souvent lieu à aucun trouble perceptible.** C'est pourquoi une surveillance régulière est nécessaire, surtout chez les personnes prédisposées.
- **De nombreux types de médicaments peuvent être utilisés contre l'hypertension.** Les traitements doivent être suivis très régulièrement, et n'être en aucun cas interrompus : leur action se dissipe en effet alors totalement, entraînant une remontée parfois brutale de la tension artérielle, susceptible d'entraîner un accident vasculaire.
- **Cependant ces traitements sont inutiles s'ils ne s'accompagnent pas d'une modification du mode de vie – principal facteur de guérison de l'hypertension.** Il s'agit d'abord d'arrêter de fumer. Un régime appauvri en sel et en graisses est recommandé, ainsi qu'une réduction de la consommation d'alcool. Entretenir une activité physique régulière contribue efficacement à faire baisser la tension artérielle. Par ailleurs, toute réduction d'un éventuel surpoids entraîne une diminution significative du risque d'hypertension.

L'incontinence urinaire

Si une petite fuite lors d'un fou-rire n'est pas un drame, la véritable incontinence représente un handicap réel et fréquent, qui atteint profondément l'image de soi. Près de 3 millions de femmes seraient concernées en France, dont la moitié entre 45 et 65 ans. L'incontinence urinaire obéit à deux mécanismes possibles. L'incontinence par défaut de transmission des pressions est un problème de mécanique où la modification de la position de la vessie est responsable de fuites au moment des efforts. L'incontinence par vessie instable suscite, souvent à des moments particuliers, une envie soudaine et irrépressible d'uriner.

CAUSES

- Abaissement du col et du sphincter vésicaux

ou

- Vessie trop sensible à la pression
- Contractions de la vessie apparaissant pour un remplissage modéré

SYMPTÔMES

- Incontinence lors des efforts, sans envie d'uriner

ou

- Besoin irrépressible d'uriner

TRAITEMENT

- Administration d'œstrogènes si carence
- Rééducation du périnée
- Chirurgie : TVT ou repositionnement de la vessie et d'autres organes descendus

ou

- Médicaments stabilisant la vessie
- Rééducation comportementale

Quels en sont les mécanismes ?

● **En cas d'incontinence urinaire mécanique, les fuites sont soudaines, sans envie d'uriner et surviennent d'abord dans les situations d'effort important.** Si l'incontinence s'aggrave, les fuites deviennent alors envahissantes, provoquées par un éternuement, le fait de porter un objet, la marche.

Normalement, la pression à l'intérieur de l'abdomen s'exerce sur toute la sphère vésicale, y compris sur la zone du sphincter ; cette pression aide ce dernier à rester clos. Les efforts augmentent la pression abdominale et abaissent le col de la vessie : celui-ci descend alors trop bas pour que la pression abdominale puisse encore aider le sphincter à rester fermé.

● **L'incontinence urinaire par hypercontractilité de la vessie est marquée par l'augmentation de la fréquence des envies d'uriner (pollakiurie) et l'urgence du besoin, en particulier dans certaines circonstances,** la plus typique étant celle où il n'y a plus qu'à déverrouiller sa porte pour accéder aux toilettes (« syndrome du paillasson »).

Il faut d'abord vérifier l'absence d'infection et rechercher d'autres anomalies vésicales et urétrales (cystites inflammatoires non infectieuses, polypes, etc.). Il arrive fréquemment que l'on ne trouve aucune cause.

● **Confrontées au problème de l'incontinence urinaire, les femmes adoptent diverses stratégies : boire moins de liquide, repérer à l'avance les toilettes salvatrices ou renoncer à certaines situations.** Ce n'est qu'en désespoir de cause qu'elles adoptent les couches ou les garnitures. Aujourd'hui, le tabou qui entoure l'incontinence s'atténue : les femmes qui ont bénéficié d'une rééducation périnéale postnatale ont, pour aborder avec leur médecin ce sujet, moins de difficultés que leurs aînées.

Quels éléments favorisent l'incontinence ?

● **L'incontinence urinaire mécanique est souvent causée par les traumatismes obstétricaux** (grossesses répétées, gros bébés, accouchements rapides, utilisation de forceps). Le manque d'œstrogènes après l'accouchement ou à la ménopause favorise aussi ce type d'incontinence, de même que tout ce qui augmente la pression abdominale (toux, constipation, etc.). L'urètre, le sphincter, la commande nerveuse de la vessie peuvent être abîmés par une intervention chirurgicale, une radiothérapie, une maladie, un traitement... ou tout simplement le vieillissement.

● **L'instabilité vésicale est favorisée par le froid, les bruits d'eau, le stress, le fait de savoir qu'il est impossible de trouver des toilettes.**

Comment peut-on évaluer l'incontinence ?

● **L'examen gynécologique permet au médecin de se faire une première idée sur les causes de l'incontinence.** Un test peut être pratiqué pour savoir si une cystite est responsable.

● **Le bilan urodynamique fait la part entre les causes mécaniques et l'instabilité de la vessie.** S'il faut corriger un prolapsus (descente d'organe), le bilan doit être complété par un colpo-recto-cystogramme, qui permet d'étudier tous les organes qui sont concernés.

● **Le médecin évalue les efforts et les circonstances qui déclenchent les fuites d'urine, les conduites d'évitement, le type de protections utilisées et la fréquence des changes.** Il tient compte aussi de la souffrance ressentie par la femme qui ne peut plus se retenir, qui lutte contre les odeurs incommodantes, ainsi que du retentissement sur la vie sexuelle.

Le bilan urodynamique

Lorsqu'une chirurgie est envisagée, des examens complémentaires sont nécessaires, parmi lesquels le bilan urodynamique. Normalement, lorsque la vessie contient 300 millilitres d'urines, des signaux sont émis pour avertir « qu'il serait souhaitable de trouver des toilettes dans un proche avenir ». À partir de 500 millilitres, des signaux d'alerte sont envoyés régulièrement ; ils se traduisent par une envie d'uriner constante. Le bilan urodynamique a pour but d'évaluer le fonctionnement de la vessie : le débit urinaire, la pression à laquelle la vessie réagit, l'efficacité du sphincter... Par conséquent, l'introduction de petits capteurs via l'urètre, le vagin et parfois l'anus est nécessaire pour réaliser l'examen. La coopération active de la femme est indispensable ; elle doit signaler ce qu'elle ressent en fonction des relevés de pression. Cet examen dure au moins une demi-heure, et permet de prévoir le bénéfice à attendre d'une intervention chirurgicale. Il n'est pas douloureux.

Quels traitements sont proposés ?

● **Dans le cas d'une incontinence mécanique, il est utile de corriger une éventuelle carence en œstrogènes : des ovules vaginaux une à deux fois par semaine suffisent en général.** La rééducation du périnée (le muscle qui, de la vulve à l'anus, soutient, tel un hamac, les organes génitaux internes et le rectum) peut suffire pour régler le problème ; elle peut aussi faciliter une intervention chirurgicale ultérieure. Il faut ensuite entretenir la tonicité du périnée par des exercices réguliers.

● **Si une intervention chirurgicale est nécessaire, deux possibilités sont envisageables.** Si le problème se limite à la vessie, le TVT (Tension-free Vaginal Tape) est réalisable sous anesthésie locale. Il consiste à passer une bandelette synthétique depuis le pubis jusque sous l'orifice urinaire, créant ainsi un soutien sous l'urètre qui évite les fuites lors des efforts. Si l'abaissement de la vessie est associé à d'autres prolapsus, une chirurgie de réparation globale peut être nécessaire.

● **L'incontinence par instabilité vésicale se soigne grâce à des médicaments qui améliorent le contrôle de la vessie.** Plusieurs d'entre eux sont des dérivés de l'atropine qui peuvent assécher la bouche et être contre-indiqués en cas de glaucome. Une rééducation comportementale aide aussi à mieux contrôler la situation.

Les infections des organes génitaux

Les organes génitaux de la femme peuvent être touchés par de nombreuses infections. Elles se manifestent souvent par des écoulements vaginaux anormaux et des douleurs, mais ne s'accompagnent d'aucun signe perceptible dans d'autres cas. Le dépistage et le traitement de telles infections sont nécessaires, pour en prévenir les éventuelles complications, notamment la stérilité, et éviter la contamination du ou des partenaires – les germes impliqués étant très généralement transmissibles par voie sexuelle.

CAUSES

- Contamination par voie sexuelle
- Déséquilibre de la flore vaginale
- Port du stérilet

SYMPTÔMES

- Parfois aucun
- Pertes vaginales anormales
- Irritation, brûlure au moment d'uriner, douleurs lors des rapports sexuels
- Pertes de sang en dehors des règles, douleurs pelviennes, fièvre

TRAITEMENT

- Anti-infectieux adapté, local ou général
- Traitement du partenaire

Quelles sont les différentes infections génitales de la femme ?

● **Les infections les plus fréquentes concernent les voies génitales « basses »** que sont la vulve et le vagin – ce sont, respectivement, les vulvites et les vaginites. Les vulvovaginites sont des infections s'étendant aux deux zones. Peuvent également être touchées des glandes associées au vagin, les glandes de Bartholin, donnant alors une bartholinite.

● **De nombreux types de microbes sont susceptibles de provoquer une infection génitale « basse » ;** ces atteintes peuvent de ce fait présenter des aspects divers. La plupart se manifestent par une irritation, rendant notamment les rapports sexuels douloureux, et par des pertes vaginales. Elles sont décelables à l'examen gynécologique.

● **Les infections des voies génitales « hautes »** touchent le col utérin, la muqueuse qui tapisse les parois de l'utérus (endomètre) et les trompes de Fallope. Ce sont respectivement les cervicites, les endométrites et les salpingites. Elles sont moins fréquentes, mais plus sérieuses que les infections des voies basses, car susceptibles de compromettre la fertilité. Dues à des bactéries, elles peuvent se manifester par des pertes vaginales, des saignements, de la fièvre ou des douleurs pelviennes, mais assez souvent elles n'occasionnent aucun signe et sont découvertes fortuitement au cours d'un examen de stérilité – ces atteintes n'étant pas décelables au simple examen gynécologique.

Les infections de la vulve et du vagin

La vulvite

C'est une inflammation de la vulve (petites et grandes lèvres, clitoris). Les zones enflammées présentent un aspect enflé et rougi ; elles suscitent des démangeaisons et des douleurs au contact de l'urine ou lors des rapports sexuels.

● **Une inflammation des grandes lèvres ou de la face externe des petites lèvres** n'est généralement pas d'origine infectieuse. Elle résulte le plus souvent d'une irritation ou d'une allergie, due, par exemple, au tissu d'un sous-vêtement, à un type de serviette hygiénique ou à un produit utilisé pour la toilette.

● **Une inflammation de la face interne des petites lèvres** est en revanche généralement due à une infection, tout particulièrement si un écoulement vaginal est associé. L'affection peut être une mycose, un herpès génital, une trichomonase ou un condylome (sorte de verrue, appelée « crêtes de coq », causée par un virus).

● **Beaucoup plus rarement, la vulve** peut être le siège d'un chancre, manifestation commune à plusieurs maladies sexuellement transmissibles.

● **Le traitement de la vulvite** repose sur l'application locale de produits apaisant l'irritation et de crèmes ou de gels luttant contre le microbe identifié.

La vaginite

● **La vaginite est une inflammation de la muqueuse du vagin.** Si elle est le plus souvent d'origine infectieuse, elle peut aussi être due à une allergie (à un produit utilisé pour la toilette, par exemple) ou à la présence dans le vagin d'un corps étranger, tel qu'un tampon hygiénique laissé en place trop longtemps. Chez la femme ménopausée, la vaginite peut résulter d'un amincissement de la paroi vaginale.

● **Quelle que soit son origine, la vaginite se traduit généralement par des pertes vaginales parfois mêlées de sang,** des démangeaisons, une sensation de brûlure au moment d'uriner, ainsi que par des douleurs ressenties lors des rapports sexuels.

● **La mycose et la trichomonase sont les causes les plus fréquentes de vaginite.** La « vaginose bactérienne » est une vaginite peu douloureuse, qui se manifeste principalement par des écoulements grisâtres et malodorants. Plus rare, une infection par le gonocoque (la bactérie responsable de la blennorragie) est bien plus préoccupante, car susceptible de gagner l'utérus et les trompes de Fallope. Cette infection peut occasionner des écoulements jaunâtres, fluides, ainsi qu'une légère irritation, mais souvent elle ne donne lieu à aucune manifestation ; c'est parfois son apparition chez le partenaire (la blennorragie se manifestant chez l'homme par une infection urinaire très douloureuse) qui la fait rechercher.

● **Le traitement** – par voie orale ou sous forme d'ovules gynécologiques à introduire dans le vagin – est fonction du microbe responsable.

● **La vulvovaginite est l'infection simultanée de la vulve et du vagin,** soit par le même germe, soit par deux germes différents. Les manifestations sont celles, additionnées, de la vulvite et de la vaginite.

La bartholinite

● **La bartholinite est une infection,** par une bactérie, de l'une ou des deux glandes de Bartholin. Ces petites glandes, qui participent à la lubrification vaginale, sont situées de part et d'autre du vagin, entre l'orifice vaginal et

Les mycoses génitales (ou candidoses)

Les mycoses représentent une grande partie des infections génitales « basses ». Le germe responsable est un champignon microscopique, Candida albicans *– ces infections sont couramment appelées des candidoses. Une candidose génitale se traduit par des écoulements blanchâtres, épais, et par des sensations désagréables (démangeaisons, brûlures au moment d'uriner, douleurs lors des rapports sexuels) particulièrement marquées. Le candida est présent de façon naturelle à la surface de la muqueuse vaginale, et de nombreuses circonstances peuvent en entraîner la prolifération. Aussi la candidose a-t-elle dans la majorité des cas une autre origine qu'un rapport sexuel contaminant. La prise d'un traitement antibiotique est ainsi une cause fréquente de candidose. L'infection peut également survenir en effet secondaire d'un médicament immunosuppresseur ou d'un contraceptif oral. Les candidoses sont en outre plus fréquentes chez les diabétiques et chez la femme enceinte.*

les petites lèvres. Cette affection fait le plus souvent suite à une infection vaginale, mais il arrive aussi qu'elle survienne spontanément, du fait d'une obstruction du canal de la glande.

● **La bartholinite se manifeste par une rougeur et un gonflement douloureux de la vulve,** parfois accompagnés de fièvre. À ce stade, l'infection, susceptible d'occasionner un abscès, peut être enrayée par un traitement antibiotique. Il est alors souvent nécessaire de réaliser une petite opération afin de nettoyer la glande. En cas de récidives trop fréquentes, il est préférable d'ôter la ou les glandes, qui ne sont pas indispensables à la lubrification vaginale.

Comment prévenir les infections de la vulve et du vagin ?

● **La muqueuse qui recouvre les parois du vagin** est en permanence habitée par des micro-organismes, qui composent la « flore vaginale ». Une partie importante de cette flore exerce un effet protecteur sur la muqueuse, empêchant le développement de germes infectieux. Ces derniers sont en effet souvent présents sur la muqueuse, mais en nombre trop faible pour causer une véritable infection. C'est en particulier le cas du champignon *Candida albicans*, décelable chez une grande partie des femmes, mais aussi de nombreuses bactéries. Toute vaginite résulte d'une perturbation de la flore vaginale, soit brutale, du fait d'une arrivée massive de germes infectieux (c'est notamment le cas lorsque la maladie est contractée par voie sexuelle), soit, plus insidieusement, par une agression régulière affaiblissant les germes protecteurs et permettant le développement des germes nuisibles.

● **La préservation de l'équilibre de la flore vaginale passe en premier lieu par une hygiène** intime rigoureuse mais non excessive, utilisant des produits doux, non acides. Les sous-vêtements doivent être régulièrement changés et lavés à haute température ; il est déconseillé d'utiliser ceux d'une autre personne. Le port de vêtements trop serrés favorise les infections.

La trichomonase

La trichomonase est une maladie fréquente, que l'on rencontre en particulier chez les femmes jeunes. Elle est due à une infection des voies génitales « basses » par un parasite, le trichomonas. La transmission peut se faire directement, par voie sexuelle, ou indirectement, par utilisation de serviette de toilette, de linge ou de sanitaires contaminés – le trichomonas étant capable de survivre quelque temps en milieu humide.
Les manifestations de la trichomonase tendent à s'accentuer à l'approche des règles ; ce sont des pertes vaginales verdâtres, fluides, abondantes et malodorantes, une irritation et des douleurs. Ces signes sont cependant plus ou moins marqués, et parfois quasi inexistants.
Le traitement comprend la prise d'antibiotiques.

Les infections de l'utérus et des trompes de Fallope

La cervicite

La cervicite est une infection du col de l'utérus. La signification en est différente selon que l'infection touche la partie externe du col, l'exocol, en contact avec le vagin (exocervicite), ou sa partie interne, l'endocol, située du côté de l'utérus (endocervicite). Les manifestations sont, dans les deux cas, des pertes vaginales, parfois des saignements ou des douleurs. Une cervicite peut néanmoins exister sans entraîner aucun symptôme.

● **L'exocervicite,** décelable à l'examen gynécologique, peut être considérée, en fin de compte, comme une infection génitale « basse ». Les germes impliqués sont en effet les mêmes que ceux des vaginites (trichomonas et candida notamment), la plupart étant incapables de franchir le col de l'utérus.

● **L'endocervicite,** invisible lors d'un simple examen gynécologique, constitue en revanche une infection génitale « haute ». Les germes responsables sont des bactéries (gonocoque, chlamydia ou mycoplasme), qui sont, elles, susceptibles de s'étendre à la muqueuse de l'utérus, voire aux trompes de Fallope. Un traitement antibiotique est donc nécessaire pour éviter une endométrite ou une salpingite.

L'endométrite

L'endométrite est une infection de la muqueuse (l'endomètre) tapissant la paroi de l'utérus.

- **Différentes sortes de bactéries peuvent en être responsables,** notamment le gonocoque, une chlamydia ou un mycoplasme. L'endométrite peut survenir en complication d'un accouchement ou d'un avortement – du fait de la persistance de fragments de placenta sur la paroi utérine –, ou encore se déclarer sans préalable. Par ailleurs, le port du stérilet accroît le risque d'endométrite.
- **L'infection peut se manifester par des pertes vaginales malodorantes et jaunâtres, et par des douleurs pelviennes,** parfois accompagnées de saignements en dehors des règles ou de fièvre. Mais l'endométrite peut également s'installer en l'absence de toute manifestation perceptible, et être découverte lors d'un examen de l'utérus.
- **Le traitement d'une endométrite est impératif,** afin d'éviter la propagation de l'infection vers les trompes de Fallope, c'est-à-dire la salpingite. Si l'infection fait suite à une grossesse, il est d'abord nécessaire, par un curetage ou une hystéroscopie, d'évacuer de la cavité utérine les fragments de placenta susceptibles de s'y être maintenus. Le port du stérilet doit être abandonné. Quelle que soit l'origine de l'infection, un traitement antibiotique doit être engagé.

La salpingite

La salpingite est une infection bactérienne de l'une ou des deux trompes de Fallope, qui relient les ovaires à l'utérus.
Cette atteinte est assez fréquente et elle touche particulièrement les femmes jeunes n'ayant jamais eu d'enfant.

- **Elle est le plus souvent due à une chlamydia, parfois au gonocoque ou à un mycoplasme,** la contamination se faisant fréquemment par la voie sexuelle. Le port du stérilet augmente le risque de salpingite.
- **La maladie se manifeste par des écoulements vaginaux anormaux,** des douleurs pelviennes, des pertes de sang en dehors des règles, et une fièvre plus ou moins élevée. Il n'est cependant pas rare que la salpingite passe tout à fait inaperçue.
- **Lorsqu'elle est diagnostiquée, un traitement antibiotique doit être engagé sans délai.** La salpingite est en effet susceptible de compromettre le fonctionnement de la trompe, entraînant une stérilité définitive, si les deux trompes sont simultanément touchées – ce qui est fréquemment le cas.

Les autres complications possibles sont une propagation de l'infection à l'utérus (endométrite) ou aux ovaires (ovarite). Une surveillance étroite est ensuite nécessaire afin de s'assurer du bon rétablissement du fonctionnement des trompes, puis, à plus long terme, afin d'éviter une éventuelle récidive.

Une infection génitale est-elle une maladie sexuellement transmissible ?

Tous les germes responsables d'infection génitale sont transmissibles par voie sexuelle. Cela ne signifie pas que l'infection a nécessairement été contractée au cours d'un rapport sexuel ; une candidose, par exemple, peut se déclarer sous l'effet de certains médicaments.
Cela implique, en revanche, qu'une femme souffrant d'une infection génitale, quelle qu'elle soit, est susceptible de transmettre le microbe responsable lors d'un rapport sexuel. Aussi est-il recommandé que la femme atteinte s'abstienne de tout rapport sexuel (ou, dans certains cas, que le couple utilise toujours un préservatif) tant que dure l'infection. La disparition des symptômes ne signifiant pas toujours que le germe a été complètement éradiqué, le risque de transmission doit en général être évalué par des examens particuliers. Il est par ailleurs souhaitable qu'une femme ayant une infection génitale en informe son ou ses partenaires afin que ceux-ci puissent bénéficier d'un dépistage ou d'un traitement adapté.

Les infections sexuellement transmissibles (IST)

Les infections sexuellement transmissibles (IST) représentent un ensemble de maladies très disparate, tant par la nature des germes responsables – bactérie, virus, champignon ou parasite – que par la gravité des atteintes. La fréquence de ces maladies est, dans l'ensemble, importante, et elle tend à l'être de plus en plus. À l'exception du sida et des hépatites, les manifestations des infections sexuellement transmissibles sont localisées aux organes génitaux. La prévention revêt, pour ces maladies, une importance particulière.

CAUSES

- Bactérie, virus, champignon ou parasite
- Perturbation de la flore vaginale

SYMPTÔMES

- Pertes vaginales anormales
- Lésions sur la vulve
- Démangeaisons
- Douleurs au moment d'uriner ou lors des rapports sexuels
- Douleurs dans le bassin
- Stérilité

TRAITEMENT

- Médicament spécifique du germe responsable
- Traitement des partenaires
- Prévention

Le condylome

Les condylomes sont des verrues plus ou moins étendues se développant sur les organes génitaux ou sur l'anus, dues à un virus, le papillomavirus. Cette affection est bénigne, indolore et souvent peu gênante, mais elle est très contagieuse, et récidive souvent. En outre, elle favorise la survenue d'un cancer du col utérin. Elle est aujourd'hui très fréquente. Le risque de transmission est d'autant plus grand que les lésions sont nombreuses et importantes.

Quelle forme peut prendre un condylome ?

Quelques semaines après la contamination, le condylome apparaît sur la vulve, le vagin, le col de l'utérus (décelable à l'examen gynécologique) ou près de l'anus. Il ne forme au début qu'une minuscule verrue, à peine visible, qui se développe ensuite peu à peu jusqu'à former une excroissance caractéristique, appelée « crête-de-coq ».

En l'absence de traitement, les condylomes peuvent ensuite se multiplier. Dans certains cas, le condylome ne « bourgeonne » pas, mais forme un film invisible s'étendant peu à peu à la surface de la peau. La détection de ce type particulier de condylome, appelé « condylome plan », demande un examen particulier.

Comment traite-t-on les condylomes ?

Différents types de traitements locaux sont possibles. Un médicament appelé podophylline peut être prescrit – son utilisation demande certaines précautions, en particulier que la peau soit lavée après chaque application. Le médecin peut également proposer de détruire le condylome au cours d'une petite intervention (notamment par l'utilisation du laser ou l'application d'azote liquide).

Ces différents traitements permettent l'élimination du condylome, mais ils ne garantissent cependant pas la disparition complète du virus qui en est la cause ; c'est pourquoi une surveillance régulière est nécessaire, les récidives étant fréquentes

La gonococcie

● **La gonococcie, communément appelée « blennorragie », est l'infection des organes génitaux par une bactérie, le gonocoque.** Quoique sa fréquence diminue régulièrement, cette maladie est encore très répandue, en particulier chez les personnes à partenaires multiples. La gonococcie se transmet principalement par voie sexuelle.

● **La maladie étant extrêmement contagieuse, un seul rapport est souvent suffisant pour transmettre le germe.** Une transmission indirecte est néanmoins possible, par contact avec un linge ou des sanitaires contaminés par exemple, le gonocoque pouvant survivre quelque temps dans un milieu humide.

Dans quels cas une gonococcie est-elle recherchée ?

● **La détection d'une gonococcie est, chez la femme, rendue difficile par la grande discrétion avec laquelle l'infection s'installe et se propage.** Occasionnant parfois une légère sensation de brûlure au moment d'uriner, des pertes vaginales jaunâtres ou des douleurs discrètes dans le bassin, c'est le plus souvent sans donner lieu à aucun trouble que le gonocoque se multiplie et s'étend à tous les organes génitaux. Aussi est-ce fréquemment la découverte de la maladie chez un partenaire qui conduit à rechercher l'infection chez la femme. La blennorragie se manifeste en effet chez l'homme, au contraire de chez la femme, de façon très perceptible : le pénis laisse échapper un écoulement abondant, jaunâtre, qui tache les sous-vêtements ; de vives douleurs se font ressentir au moment d'uriner (la maladie est vulgairement appelée « chaude-pisse »), et les urines sont troubles.

● **Une infection par le gonocoque est parfois découverte tardivement au cours d'un examen de stérilité.** L'une des principales complications de la gonococcie est en effet une extension de l'infection aux trompes (salpingite), pouvant altérer la fertilité.

Comment se traite une gonococcie ?

● **L'infection par le gonocoque est d'abord vérifiée par l'examen en laboratoire d'un prélèvement vaginal ou utérin,** parfois complété par une prise de sang. Les mêmes examens sont réalisés, après le traitement, afin de s'assurer de la complète disparition du germe.

● **Le traitement de la gonococcie repose sur les antibiotiques ;** la guérison est assurée, et même parfois rapide, si la maladie est détectée assez tôt. Il est entre-temps impératif que la personne s'abstienne de tout rapport sexuel, et ce jusqu'à ce que la disparition du gonocoque soit certifiée par les examens de laboratoire. Les partenaires doivent être traités, qu'ils présentent des signes de blennorragie ou non.

L'herpès génital

● **L'herpès génital est une infection extrêmement répandue, et très contagieuse.** Elle est due à un virus, appelé *Herpes simplex* de type 2. Bien que bénigne, cette maladie tend à récidiver, et

Comment prévenir les complications des IST ?

Les IST tendent, chez la femme, à se manifester de façon discrète, et ainsi à n'être découvertes que tardivement. La période durant laquelle la femme peut transmettre la maladie est alors plus longue, et le risque que se développe une complication, en particulier une atteinte des trompes, susceptible de compromettre sa fertilité, augmente.

Une consultation régulière chez son médecin est donc recommandée, à titre préventif, en particulier si l'on a de nombreux partenaires. Il est en outre important de signaler toute anomalie touchant les organes génitaux, qu'il s'agisse d'une lésion située sur la vulve ou à proximité, de pertes vaginales, de saignements en dehors des règles, de douleurs lors des rapports sexuels ou au moment d'uriner, de démangeaisons ou de douleurs dans le bas-ventre.

peut ainsi perturber la vie de la personne atteinte. La présence du virus chez une femme enceinte rend certaines précautions nécessaires.

Comment se manifeste la contamination ?

● **Une première poussée d'herpès peut survenir quelques jours après la contamination, la crise étant alors appelée « primo-infection ».** Une sensation de brûlure envahit d'abord la région de la vulve, parfois aussi le pourtour de l'anus. Il se forme ensuite une plaque rouge, où apparaissent de petites cloques, en bouquets, qui bientôt éclatent spontanément et donnent des plaies peu étendues mais très douloureuses, notamment au contact de l'urine, et qui cicatrisent difficilement. Ces lésions, ainsi que le liquide clair qui s'en échappe, contiennent énormément de virus et sont donc très contagieuses. La cicatrisation des lésions se fait en 2 ou 3 semaines, formant des croûtes qui tombent ensuite sans laisser de cicatrice.

● **Il est néanmoins très fréquent que la contamination se fasse sans qu'ait lieu cette poussée initiale,** passant alors tout à fait inaperçue – cette situation est appelée « primo-infection asymptomatique ». C'est la raison pour laquelle de très nombreuses personnes sont porteuses du virus sans le savoir.

Quels sont les signes ultérieurs ?

● **Une infection par le virus de l'herpès est, malheureusement, définitive.** La maladie est donc susceptible de récidiver, plus ou moins souvent. Une fois qu'il a pénétré dans l'organisme, le virus va en effet se fixer à proximité de la zone de contamination, où il persistera toute la vie. Le virus peut dès lors, en certaines circonstances, se « réveiller » et occasionner une nouvelle crise d'herpès. Ces récidives présentent la même allure qu'une primo-infection, la poussée étant néanmoins plus courte – moins d'une semaine –, et moins intense. La zone touchée est toujours à peu près la même, d'une crise à l'autre, chez une personne donnée. Outre les organes génitaux et l'anus, l'infection peut également s'étendre aux fesses ou aux cuisses.

● **La fréquence des récidives est très variable d'une personne à l'autre.** La survenue d'une poussée peut être favorisée par diverses circonstances telles que les règles, la grossesse, la survenue d'une autre infection, ou encore la fatigue, l'anxiété ou un choc émotionnel. De la même façon que pour la primo-infection, les lésions apparaissant au cours de ces récidives sont très contagieuses.

Comment éviter de transmettre un herpès ?

La transmission du virus se fait par voie sexuelle.
La personne atteinte est principalement contagieuse lors des poussées d'herpès – qu'il s'agisse de la primo-infection ou d'une récidive –, et durant la semaine qui suit. Il est recommandé de s'abstenir de tout rapport sexuel durant toute cette période – l'usage du préservatif n'étant alors pas suffisant pour empêcher avec certitude la transmission. Le risque de contamination est, en dehors des poussées, très faible, mais pas tout à fait nul – l'usage du préservatif est donc alors souhaitable.
Il faut par ailleurs signaler que le virus Herpes simplex *de type 1, responsable de l'herpès labial (les « boutons de fièvre ») peut contaminer les organes génitaux, à l'occasion d'un rapport buccogénital.*
De la même façon, une contamination de la bouche par le virus de type 2 est également possible.
Il est donc préférable d'éviter tout rapport buccogénital lors d'une éruption d'herpès, buccal ou génital.

Quel traitement en cas de poussée d'herpès ?

● **Il n'existe aucun traitement permettant d'éliminer le virus de l'organisme, ou même de prévenir les crises.** Il est en revanche possible, une fois la crise engagée, de faciliter la cicatrisation des lésions en y appliquant quotidiennement un antiseptique local. Des antalgiques par voie orale ou un gel insensibilisant (anesthésique local) permettent d'atténuer les douleurs.

● **Un traitement antiviral peut être proposé, si les récidives sont fréquentes, afin de réduire l'intensité et la durée des crises.** Le traitement est d'autant plus efficace qu'il est engagé tôt, dès les premières manifestations de la poussée. L'antiviral peut se présenter sous forme de gel, à appliquer plusieurs fois par jour, ou être prescrit en traitement par voie orale.

L'infection à chlamydia

● **La chlamydiose est l'infection des voies génitales par la bactérie chlamydia.** Elle représente aujourd'hui la plus fréquente des maladies sexuellement transmissibles. Elle touche plus particulièrement les femmes jeunes, entre 20 et 30 ans.

Dans quels cas une chlamydiose est-elle recherchée ?

● **Comme la plupart des infections bactériennes, la chlamydiose se développe souvent « discrètement », suscitant peu de manifestations, voire pas du tout.** Les signes les plus fréquents sont des pertes vaginales anormales, accompagnées parfois d'une sensation de brûlure au moment d'uriner, ou de douleurs lors des rapports sexuels. Des saignements en dehors des règles et des douleurs dans le bas-ventre peuvent se produire.

● **L'existence de l'un de ces signes doit être signalée au médecin, car elle justifie, du fait de la grande fréquence de la maladie, un dépistage de la chlamydia.** Le germe est également recherché en présence d'une autre infection génitale, notamment la trichomonase, parfois associée à la chlamydiose, ou lorsque le partenaire présente des troubles laissant soupçonner une infection par la chlamydia, tels qu'un écoulement anormal par le pénis ou des douleurs au moment d'uriner.

Il importe en effet que la maladie soit détectée le plus tôt possible, et ce afin d'éviter que l'infection ne gagne les trompes, provoquant une salpingite, affection susceptible à son tour d'altérer la fertilité. La chlamydiose figure en effet parmi les causes les plus fréquentes de stérilité féminine.

Comment se traite l'infection à chlamydia ?

● **La chlamydiose est efficacement traitée par des antibiotiques par voie orale, en une seule prise ou durant dix ou vingt jours selon les cas.** Il est particulièrement important de traiter la chlamydiose chez la femme enceinte, le germe pouvant être transmis à l'enfant lors de l'accouchement.

● **Le traitement du ou des partenaires est nécessaire.** Il est conseillé de s'abstenir de tout rapport sexuel jusqu'à ce que les examens de laboratoire, réalisés régulièrement, garantissent la disparition complète du germe.

L'infection à mycoplasmes

● **Les mycoplasmes sont de petites bactéries, présentes normalement à la surface des muqueuses – notamment celle du vagin –, mais qui, si elles se**

Herpès et grossesse

Il est important, en cas de grossesse, de signaler à l'obstétricien l'existence d'un herpès génital. Il existe en effet un risque que le virus soit transmis à l'enfant lors de l'accouchement – l'herpès étant susceptible d'occasionner chez le nouveau-né des troubles bien plus graves que chez l'adulte. Le risque de transmission est faible si l'accouchement n'intervient pas au cours d'une poussée d'herpès. Ce risque est en revanche sensiblement augmenté si l'accouchement survient durant une crise, tout particulièrement s'il s'agit de la primo-infection. Il est alors préférable de réaliser une césarienne, afin d'éviter le passage de l'enfant par les voies naturelles, et donc le contact avec les lésions. La mère doit par ailleurs, dans ses rapports ultérieurs avec son enfant, prendre certaines précautions afin d'éviter une contamination indirecte, par les mains par exemple.

La prévention des infections sexuellement transmissibles

La prévention des IST consiste avant tout, bien sûr, à limiter les risques de contamination au cours des rapports sexuels. Mais elle a aussi pour objectif d'éviter les récidives d'une infection déjà contractée et d'éviter la survenue « spontanée » de la maladie, certaines IST pouvant apparaître sans que le germe ait été transmis par voie sexuelle.

Comment limiter les risques de contracter une infection lors de rapports sexuels ?
Tout rapport sexuel non protégé présente un risque de contamination. Personne ne peut, quel que soit son mode de vie, être assuré de ne pas être atteint d'une IST – le germe pouvant être présent sans occasionner aucun trouble. C'est pourquoi seul l'usage systématique du préservatif permet d'écarter avec certitude tout risque de contracter une IST au cours des rapports. Cette précaution est tout particulièrement souhaitable lors de rapports sexuels « à risques ».

Avec quel partenaire un rapport sexuel est-il à considérer comme « risqué » ?
Tout d'abord, celui dont on ne sait rien, ou du moins dont on ne connaît pas la vie sexuelle, présente ou passée – et surtout s'il se montre réticent à utiliser un préservatif. Les IST sont par ailleurs plus fréquentes chez les personnes dont la sexualité est intense, partagée entre plusieurs partenaires, ou habituées à en changer fréquemment. C'est en particulier le cas des personnes fréquentant les « lieux de rencontre » où les rapports épisodiques avec des inconnus sont facilités (bars, saunas ou boîtes de nuit), et plus encore des hommes ayant des relations avec des prostituées. Les IST sont également plus répandues chez les hommes ayant des partenaires des deux sexes, ainsi que chez les personnes consommant des drogues « injectables ». Indirectement, une personne ayant eu des rapports avec un individu appartenant à l'une de ces populations exposées aux IST constitue à son tour un partenaire « à risque ».

Quelles mesures prendre pour ne pas développer une infection génitale « spontanée » ?
Plusieurs germes responsables d'IST sont naturellement présents sur la muqueuse du vagin, parmi les autres micro-organismes qui composent la « flore vaginale ». Cela est en particulier le cas du champignon Candida albicans*, mais également de certaines bactéries, telles que les mycoplasmes ou le gardnerella (responsable de la vaginose). Ces germes ne donnent lieu, dans des conditions normales, à aucun trouble. Ils sont cependant susceptibles, à la faveur d'une perturbation de la flore vaginale, de se multiplier excessivement et d'occasionner une infection – celle-ci pouvant dès lors être transmise à un partenaire. La prévention de ces IST « spontanées » repose sur quelques mesures simples, visant à préserver l'équilibre du milieu vaginal. Elle passe en premier lieu par une hygiène « intime » adéquate. La vulve doit être lavée chaque jour avec un savon doux – les savons acides favorisant les mycoses. Une toilette après les rapports sexuels est également souhaitable. La « douche vaginale », c'est-à-dire un nettoyage direct du vagin, à l'eau ou, pire, au savon, est en revanche tout à fait déconseillée, même de manière occasionnelle. Il faut changer tous les jours de sous-vêtements et éviter les matières synthétiques. Les vêtements trop serrés favorisent également les infections. Le port du stérilet peut favoriser une infection à chlamydia des trompes chez les femmes qui ont des partenaires multiples (pénétration des chlamydias dans le col puis l'utérus).*

multiplient excessivement, peuvent occasionner une infection, appelée « mycoplasmose ». La maladie peut ainsi apparaître à la faveur d'une perturbation de la flore vaginale, de la même façon que les mycoses, ou être contractée par voie sexuelle.

● **Les manifestations, et les complications possibles d'une mycoplasmose sont assez semblables, chez l'homme comme chez la femme, à celles de la chlamydiose** – en particulier du fait que l'infection passe souvent, chez la femme, tout à fait inaperçue. Le risque de salpingite semble toutefois bien moins important que dans le cas d'une infection à chlamydia. Le traitement d'une mycoplasmose repose sur des antibiotiques, à prendre durant deux ou trois semaines, et doit être également suivi par le ou les partenaires.

La mycose

● **La mycose génitale est une infection de la vulve et du vagin par un champignon microscopique, le *Candida albicans* – la maladie est également appelée « candidose ».** Les mycoses sont des affections très courantes, bénignes, mais gênantes, à cause de leur tendance à récidiver.

Quelles sont les manifestations de la mycose ?

● **La mycose se traduit par des écoulements vaginaux blanchâtres, épais, voire pâteux,** qui peuvent former sur la vulve de petites croûtes semblables à du lait caillé. L'intérieur de la vulve (les lèvres et l'orifice du vagin) est irrité, suscitant des démangeaisons permanentes. La vulve est souvent rougie et enflée. Une sensation de brûlure est éprouvée au moment d'uriner. Les rapports sexuels sont douloureux, parfois très pénibles.

Dans quelles circonstances une mycose apparaît-elle ?

● **Bien qu'elle soit une infection sexuellement transmissible, la mycose résulte plus souvent d'une perturbation du milieu vaginal que d'un rapport contaminant.** Le *Candida albicans* est en effet naturellement présent à la surface de la muqueuse vaginale. Il est en outre particulièrement enclin à se multiplier de façon exagérée – entraînant l'apparition d'une mycose – dès lors que l'équilibre de cette muqueuse est perturbé.

● **Les mycoses sont en outre plus fréquentes chez les diabétiques et chez la femme enceinte,** et sont favorisées par certains traitements (antibiotiques, contraceptifs oraux).

Comment traite-t-on la mycose ?

● **La mycose se traite par application locale de médicaments appelés « antifongiques » (ou « antimycosiques »),** le plus souvent sous forme d'ovules gynécologiques, à placer dans le vagin, parfois complétés d'une crème à étendre sur les lésions externes. Le traitement du ou des partenaires est parfois nécessaire. La prévention des récidives, qui peuvent être fréquentes chez certaines femmes, repose surtout sur l'adoption de mesures d'hygiène simples favorisant l'équilibre de la flore vaginale (utilisation de produits alcalins locaux conseillés par le médecin).

Le pou du pubis

● **Plus connu sous le terme familier de morpion, le pou du pubis est un minuscule insecte, long de 2 ou 3 mm, parent du pou de tête.** Parasite de l'être humain, il infeste la toison pubienne, prélevant par piqûre le sang dont il se nourrit ; ces piqûres occasionnent de fortes démangeaisons. Il se reproduit vite et peut, si aucun traitement n'est engagé, s'étendre aux jambes, aux aisselles, voire aux sourcils.

● **Le pou du pubis se transmet principalement lors des rapports sexuels.** Une transmission indirecte, par l'intermédiaire d'un vêtement ou de la literie par exemple, est néanmoins possible.

● **Le traitement est comparable à celui du pou de tête.** Il consiste en l'application locale d'un produit antipou – tel que le DDT ou le lindane, disponibles en spray, lotion, gel, etc. –, suivie d'un peignage soigneux des poils pubiens, pour en débarrasser les poux et surtout les lentes. Une seconde application doit quelquefois être faite une semaine plus tard. Il est indispensable de traiter également les vêtements et la literie, ou, du moins, de les laver à haute température (plus de 60 °C).

La syphilis

La syphilis est une maladie sexuellement transmissible due à une bactérie, appelée « le tréponème pâle ». Cette infection, autrefois très grave et incurable, fut responsable d'épidémies importantes jusqu'au milieu du xxe siècle – période à partir de laquelle la découverte de la pénicilline a permis de la guérir et de réduire de façon notable sa fréquence. La maladie n'a néanmoins pas été totalement éradiquée, et une forte recrudescence de la syphilis a notamment accompagné l'apparition de l'épidémie de sida. Sa fréquence est depuis fluctuante, et surtout difficile à déterminer, la maladie passant souvent inaperçue.

La transmission de la syphilis se fait quasi exclusivement par voie sexuelle. La maladie est très contagieuse, et une personne infectée, non traitée, est susceptible de transmettre le germe durant trois à cinq ans.

Quelles sont les manifestations de la maladie ?

La syphilis présente, en l'absence de traitement, quatre stades d'évolution.

La syphilis primaire survient deux à six semaines après la contamination. La principale manifestation est l'apparition d'un chancre, le plus souvent sur les organes génitaux (vulve, vagin, ou col de l'utérus), l'anus, parfois la bouche. Le chancre est une lésion présentant l'aspect d'une petite plaie arrondie, large de quelques millimètres, indolore, reposant sur une base très dure. Le gonflement d'un ou de quelques ganglions lymphatiques proches est parfois perceptible au toucher, mais indolore. Toutefois, du fait de son emplacement et de sa petite taille, le chancre passe le plus souvent inaperçu ; il disparaît spontanément en un à trois mois.

La syphilis secondaire peut débuter deux ou trois mois après la contamination, parfois bien plus tard. Les manifestations sont variables ; les plus significatives et les plus fréquentes atteignent la peau et les muqueuses (bouche, vagin), et surviennent en deux vagues. Dans un premier temps apparaissent sur la peau des taches rosées, peu visibles et insensibles. Cette éruption, appelée « roséole » dure quelques semaines et s'accompagne souvent de l'apparition sur les muqueuses de taches rouges, elles aussi indolores. Une chute de cheveux importante, en plaques, peut ensuite se produire. Une seconde éruption survient quelque temps plus tard, en plusieurs poussées successives. Il s'agit de petits boutons brun-rouge, indolores, appelés « syphilides », qui apparaissent principalement sur les organes génitaux, autour de la bouche, ainsi que sur la paume des mains et sur la plante des pieds. La phase secondaire est par ailleurs souvent marquée par un ensemble de signes diffus, semblables à ceux de la grippe – fatigue, fièvre, maux de tête et courbatures –, et par un gonflement des ganglions lymphatiques de tout le corps. L'ensemble de la phase secondaire peut durer, en l'absence de traitement, deux ou trois ans.

C'est durant les phases primaire et secondaire de la maladie que le risque de transmis-

Comment traite-t-on la syphilis ?

La syphilis est très efficacement soignée par la pénicilline. Le traitement est d'autant plus facile que l'infection est détectée tôt – ce qui, précisément, constitue la principale difficulté posée par la maladie. Au cours des phases primaire et secondaire, la présence du germe peut être détectée par une analyse de sang, ou par l'examen d'un prélèvement réalisé sur une lésion – chancre, roséole ou syphilide. Une fois la maladie entrée dans sa phase « latente », seule l'analyse de sang permet sa détection. La personne atteinte de syphilis primaire ou secondaire doit s'abstenir de tout rapport sexuel. Les personnes avec qui la malade a eu des rapports sexuels au cours des mois ou des années passées doivent être recherchées et traitées. La syphilis est systématiquement dépistée en début de grossesse – une transmission du germe de la mère à l'enfant étant possible, quoique rare –, ainsi qu'avant le mariage.

sion est le plus important, du fait de la présence importante du germe dans les lésions de la peau et surtout des muqueuses (chancre, syphilides).

● **Une phase « latente », durant laquelle la maladie n'entraîne aucune manifestation perceptible, fait suite à la phase secondaire.** Il n'y a alors pratiquement plus aucun risque de contagion. Le tour que prend ensuite la maladie est très variable et imprévisible.

● **Dans les deux tiers des cas, la maladie ne se manifestera plus jamais, soit que le germe a disparu, soit qu'il demeure inactif.** Sinon, en l'absence de traitement, la maladie connaît un ultime développement, très tardif – plusieurs années, parfois plus de vingt ans, après la phase secondaire –, appelé « syphilis tertiaire ». Il est toutefois devenu exceptionnel que cette dernière manifestation de la maladie advienne. Elle se signale par l'apparition de lésions planes et molles, appelées « gommes », sur la peau et les muqueuses ; des atteintes semblables se développent sur les organes internes. Ces gommes traduisent l'invasion de tout l'organisme par le germe, occasionnant des dégâts considérables à tous les niveaux.

La trichomonase

● **La trichomonase est une affection de la vulve et du vagin, souvent aussi de l'urètre, le conduit qui évacue l'urine.** Elle est due à l'infection par un parasite microscopique, le trichomonas. Cette affection est très fréquente, en particulier chez les femmes jeunes. Elle est tout à fait bénigne.

● **La maladie se transmet principalement lors de rapports sexuels,** mais elle peut se contracter en utilisant un linge ou des sanitaires contaminés, le parasite pouvant survivre quelque temps dans un milieu humide.

Comment se manifeste la trichomonase ?

● **La trichomonase se signale par des pertes vaginales abondantes, verdâtres et malodorantes.** Lorsqu'elles s'écoulent, elles entraînent une irritation de 0par des rougeurs et des démangeaisons, ainsi que de vives douleurs lors des rapports sexuels. Ces manifestations sont souvent accentuées lors des règles. L'atteinte de l'urètre se traduit par des brûlures au moment d'uriner.

● **L'intensité de ces diverses manifestations est cependant variable d'un cas à l'autre,** et il peut arriver que la maladie passe à peu près inaperçue – le germe étant néanmoins présent, et transmissible.

Comment traite-t-on la trichomonase ?

● **La trichomonase est efficacement soignée par des antibiotiques, en application locale (ovules gynécologiques) ou par voie orale** – le traitement pouvant alors être administré en une seule prise, ou réparti sur plusieurs jours.

● **Le traitement du ou des partenaires est nécessaire, qu'ils présentent ou non les signes d'une infection.** L'existence d'une trichomonase conduit généralement à dépister d'autres infections, le parasite s'associant quelquefois à certaines bactéries telles que le gonocoque.

La vaginose bactérienne

● **La vaginose bactérienne est une affection fréquente, due à une infection du vagin, et parfois de la vulve, par une bactérie, le gardnerella.** Elle se manifeste par des pertes vaginales fluides, grisâtres, à l'odeur désagréable et caractéristique de poisson. Ces signes peuvent être plus intenses à certaines périodes du cycle ou après les rapports sexuels.

● **La bactérie responsable de la vaginose est normalement présente sur la muqueuse vaginale.** L'apparition d'une vaginose peut être due à une prolifération anormale du germe, suite à une perturbation de la flore vaginale ou à une contamination par voie sexuelle. Quelle que soit la cause de son apparition, la vaginose est transmissible sexuellement : l'usage du préservatif est recommandé tant que dure la maladie.

● **La vaginose se traite à l'aide d'antibiotiques, par voie orale ou locale.** Le traitement du ou des partenaires peut être nécessaire en cas de récidives. La maladie doit en particulier être prise en charge si elle survient au cours d'une grossesse.

L'insomnie

Chacun d'entre nous a été, au moins une fois au cours de son existence, confronté à une période de mauvais sommeil. On parle d'insomnie lorsqu'il existe une baisse conséquente de la qualité et de la quantité de repos. Ce trouble est très fréquent et a tendance à augmenter avec l'âge. L'insomnie se traduit de différentes façons : difficultés à s'endormir, périodes d'éveil durant la nuit ou encore réveils précoces. Les mécanismes de la régulation du sommeil sont complexes et les facteurs qui les dérèglent nombreux : l'insomnie, qu'elle soit occasionnelle ou chronique, se manifeste ainsi différemment au cours de la vie.

CAUSES

- Mauvaise hygiène de vie
- Stress
- Anxiété, angoisse
- Maladies psychiatriques
- Dérèglement de l'horloge biologique

SYMPTÔMES

- Difficultés d'endormissement
- Réveils nocturnes et matinaux
- Fatigue constante
- Maux de tête en journée
- Changements d'humeur

TRAITEMENT

- Bonne hygiène de vie
- Rééducation du sommeil
- Somnifères
- Soutien psychologique

Comment distinguer insomnies occasionnelles et chroniques ?

Les insomnies occasionnelles sont les plus fréquentes. N'importe quel bon dormeur peut un jour ou l'autre souffrir de périodes d'insomnie, qui durent alors quelques jours ou quelques semaines.
Les causes de ce trouble du sommeil sont en général assez faciles à identifier : mauvaise hygiène de vie, prise de médicaments, changement dans sa vie professionnelle ou affective, ou encore période de stress ou d'anxiété. Ces insomnies sont banales, mais elles dégénèrent parfois en un problème chronique.

Les insomnies chroniques durent des mois, voire des années. La personne devient insomniaque : la qualité du sommeil réparateur disparaît ; les réveils nocturnes sont nombreux ; l'endormissement prend des heures ou le réveil se produit vers quatre ou cinq heures du matin. L'insomnie chronique peut être due à une accumulation d'insomnies occasionnelles ; le sommeil ne vient plus au bon moment. Enfin, la plupart des maladies psychiques ou psychiatriques sont accompagnées d'insomnie chronique.

Il ne faut pas se croire insomniaque si l'on ne dort que cinq ou six heures par nuit. C'est simplement que l'on a besoin de peu de sommeil. De même, si durant deux à trois jours les nuits paraissent moins réparatrices, cela ne signifie pas que l'on souffre de troubles du sommeil.

Quelles sont les causes de l'insomnie ?

Une mauvaise hygiène de vie est susceptible de déclencher une insomnie. La prise excessive d'excitants (café, thé, alcool, tabac) mais aussi des dîners trop lourds peuvent être responsables de difficultés à trouver le sommeil. Certains médicaments, type cortisone ou bêtabloquants, interfèrent parfois sur la qualité du sommeil.

L'insomnie peut aussi avoir des causes organiques, comme le syndrome des jambes sans repos (énervements, picotements dans les jambes qui donnent un sommeil agité) ou encore l'apnée du sommeil.

Des causes psychologiques sont, dans un grand nombre de cas, à l'origine d'insomnie. Le stress et l'angoisse liés à un événement traumatisant se réactivent souvent dans le noir et le silence, conduisant à des difficultés à s'endormir. Le manque de sommeil est aussi très fréquent chez les personnes dépressives, qui vont se réveiller très tôt le matin sans arriver à se rendormir. Enfin, les anxieux, dont le sommeil est parfois vécu comme un état trop proche de la mort, peuvent avoir un sommeil perturbé.

Quels sont les méfaits de l'insomnie ?

L'insomnie a fatalement des conséquences sur la qualité de la vie et sur le bien-être. Mal dormir ou peu dormir entraîne à la longue de la fatigue, une baisse de vigilance et d'efficacité, des difficultés de concentration, de l'irritabilité, voire de l'agressivité. La vie affective, sociale et professionnelle peut s'en trouver altérée.

En outre, les risques pour la santé sont réels. L'insomnie entraîne bien évidemment de la fatigue mais aussi des maux de tête, des tensions musculaires, et accroît les risques de dépression. En cas d'apnée du sommeil, on peut craindre une augmentation des risques cardio-vasculaires. Enfin, il faut prendre en compte les risques plus élevés d'accidents de la circulation ou d'accidents du travail, qui augmentent en cas de fatigue et de somnolence dues à l'insomnie.

Les phases du sommeil

Trois conditions sont à réunir pour arriver à passer une bonne nuit : être calme pour « se laisser aller dans les bras de Morphée », se sentir en sécurité et respecter ses rythmes biologiques. Pour cela, il est important de comprendre comment fonctionne le sommeil. Ce dernier se décompose en phases. Elles sont au nombre de trois et définissent un cycle de sommeil. Au cours d'une nuit, on compte cinq ou six cycles qui se succèdent. La première phase est l'endormissement. Il ne faut pas rater ce moment important : une fois que le « marchand de sable est passé », il est délicat de le rattraper. La deuxième phase est le sommeil lent qui se décline en quatre stades : le niveau 1 correspondant à un assoupissement léger et le niveau 4 à un sommeil profond. La troisième phase est celle du sommeil paradoxal : cette période offre un sommeil plus léger avec des mouvements oculaires et cardiaques. C'est aussi le moment des rêves. À noter que les périodes de sommeil profond surviennent en début de nuit et permettent une meilleure récupération de la fatigue alors que le sommeil paradoxal intervient en fin de nuit.

Quelles sont les solutions pour éviter les insomnies ?

Des petites astuces, qui relèvent souvent du bon sens, à la prise de somnifères, les solutions ne manquent pas pour enrayer les épisodes d'insomnie.

En cas d'insomnies occasionnelles dues à une mauvaise hygiène de vie ou à un dérèglement de l'horloge biologique, il est important de remettre de l'ordre ! Éviter les excitants, prendre un bain chaud, pratiquer une activité physique ou, au contraire, favoriser un moment de détente et de calme entre le dîner et le coucher peuvent favoriser un bon endormissement. Lorsque le rythme du sommeil a été malmené (se coucher trop tôt ou trop tard), une véritable rééducation s'impose pour modifier les mauvaises habitudes.

Dans ces cas, et dans les cas d'insomnies chroniques bien évidemment, le recours aux somnifères peut s'avérer malgré tout la seule solution. Les hypnotiques (médicaments contre les insomnies) ne sont pas anodins même si ceux dits de « deuxième génération » n'amènent pas de dépendance. La règle d'or consiste à en limiter l'utilisation dans le temps et à les arrêter par palier sur plusieurs jours.

On trouve là la raison essentielle d'aller consulter un médecin en cas d'insomnie et d'éviter à tout prix l'automédication.

Jambes lourdes, varices, phlébite

La sensation de lourdeur dans les jambes et les varices sont des troubles fréquents chez les femmes, bénins, témoins de la fragilité des veines des jambes. Certaines précautions permettent de s'en prémunir et il existe des traitements pour y remédier. Plus rare, la phlébite est une perturbation potentiellement grave de la circulation sanguine, survenant dans des circonstances particulières.

CAUSES

- Dilatation permanente d'une veine

ou

- Formation d'un caillot à l'intérieur d'une veine

SIGNES ET SYMPTÔMES

- Sensation de lourdeur dans les jambes
- Apparition d'une ligne bleue sur la jambe, saillante en position debout

ou

- Gonflement de la jambe, douleur dans le mollet

TRAITEMENT

- Bas de contention, veinotoniques
- Élimination de la varice par le médecin

ou

- Injection en urgence d'anticoagulants

Pourquoi la circulation sanguine est-elle si souvent perturbée dans les jambes ?

- **Les jambes sont à la fois la région la plus basse du corps et la plus éloignée du cœur. Le sang a donc « naturellement » tendance à s'y accumuler.** Divers mécanismes auxiliaires doivent s'ajouter à l'action du cœur pour permettre la remontée du sang dans les veines. Les muscles de la jambe, par leurs contractions, y contribuent efficacement. Les veines des jambes sont en outre dotées de « valvules », sortes de clapets empêchant le sang de refluer vers le bas.
- **Le bon fonctionnement des veines de la jambe est ainsi conditionné par de multiples éléments – qui sont autant de facteurs de fragilité.** Cette vulnérabilité explique la grande fréquence des troubles associés à l'insuffisance veineuse : « jambes lourdes » et varices.

Jambes lourdes et varices

Une perturbation du fonctionnement des valvules est une anomalie fréquente chez les femmes. Elle entraîne une rétention de sang dans les jambes, qui se manifeste dans un premier temps par une sensation de lourdeur, des fourmillements, voire des douleurs. Ces troubles constituent les premières manifestations d'une insuffisance veineuse, susceptible, en l'absence de mesures adaptées, de provoquer l'apparition de varices.

Qu'est-ce qu'une varice ?

Une rétention continue de sang dans une veine lui fait peu à peu perdre son élasticité. Il s'ensuit une dilatation permanente du vaisseau, c'est-à-dire une varice : la veine devient visible à travers la peau, où elle dessine un cordon sinueux, bleu, plat lorsque l'on est allongé, saillant et souple en position debout.

Quels sont les facteurs responsables de la formation des varices ?

- **L'apparition de varices est déterminée en partie, par une fragilité particulière des veines, d'origine héréditaire.** L'élasticité des parois veineuses est en outre amoindrie par les hormones sexuelles féminines : le risque de développer des varices se trouve ainsi augmenté au cours de la grossesse, ainsi que par la prise d'un contraceptif oral.

● **L'absence d'activité physique, un excès de poids ou encore le maintien prolongé en position debout sont les principaux facteurs responsables des varices.** La chaleur est aussi en cause : température ambiante excessive, chauffage par le sol, bains chauds, sauna, épilation à la cire chaude ou encore expositions au soleil. Les vêtements enserrant trop fortement la jambe – bas, chaussettes ou chaussures – perturbent la circulation à la manière d'un garrot, et sont donc responsables de varices.

Comment remédier à l'insuffisance veineuse ?

● **Il s'agit d'abord d'éviter les diverses circonstances favorisant l'insuffisance veineuse** : surpoids, chaleur, stations debout prolongées...

● **Pratiquer une activité physique régulière, telle que la marche ou la natation,** dormir avec les jambes légèrement surélevées, porter des collants de contention, permettent d'aider la circulation veineuse dans les jambes, atténuant ainsi la sensation de jambes lourdes, et de prévenir l'apparition des varices ou d'empêcher leur aggravation.

● **Le médecin peut également prescrire des « veinotoniques »,** médicaments renforçant les parois veineuses, ou proposer d'éliminer une varice, soit en la détruisant par injection d'un produit « sclérosant », soit en l'ôtant par une intervention chirurgicale.

La phlébite

Une phlébite correspond à la formation d'un caillot sanguin à l'intérieur d'une veine de la jambe. Elle peut toucher une veine superficielle – elle est alors tout à fait bénigne –, mais la phlébite touche le plus souvent une veine profonde ; elle constitue alors une atteinte sérieuse, devant être traitée sans attendre.

Dans quelles circonstances une phlébite risque-t-elle de se produire ?

● **Une phlébite a pour origine une diminution durable de la circulation dans la jambe.** Cette situation peut résulter d'un alitement prolongé (suite à une opération ou un accouchement) ou de l'immobilisation de la jambe par un plâtre.

La circulation peut se trouver amoindrie par une compression de la veine, telle qu'il peut s'en produire à la fin de la grossesse ou au cours d'un long voyage effectué en position assise, en avion par exemple. Le risque de phlébite est par ailleurs augmenté par l'utilisation d'une contraception orale, en particulier s'il s'y ajoute la consommation de tabac.

Comment l'éviter ?

● **La prévention consiste à réduire autant que possible la durée de l'alitement consécutif à une opération ou un accouchement.** L'immobilisation par un plâtre peut être compensée par des contractions volontaires des muscles de la jambe. Un traitement anticoagulant est parfois prescrit à titre préventif, dans les situations à risque.

● **Les bas de contention, portés durant toute la période d'immobilisation, permettent de façon efficace de prévenir la phlébite.** Il est également recommandé, au cours d'un long voyage en avion, de se déplacer régulièrement, et de boire abondamment.

Phlébite superficielle et phlébite profonde

● **Une phlébite superficielle se signale par une inflammation de la veine sur quelques centimètres,** se traduisant par un durcissement douloureux et une rougeur de la peau. Bénigne, cette affection se traite par des anti-inflammatoires.

● **Une phlébite profonde se manifeste par un léger gonflement de la jambe, une sensation de chaleur et des douleurs dans le mollet, avec parfois une légère fièvre.** Le principal risque est l'embolie pulmonaire. Elle survient lorsqu'un fragment du caillot apparu dans la jambe s'en détache et va obstruer l'un des vaisseaux reliant le cœur au poumon, entraînant de graves troubles respiratoires, susceptibles de mettre la vie de la personne en danger.

● **La phlébite profonde doit être traitée en urgence, à l'hôpital, par injection d'anticoagulants.**

Les kystes de l'ovaire

La plupart du temps dénués de symptômes, les kystes de l'ovaire sont souvent découverts lors d'une échographie. Ils peuvent être fonctionnels : ils sont alors bénins et disparaissent après trois cycles sous pilule contraceptive. Il existe aussi des kystes organiques ; ils ont la caractéristique de persister sous contraception orale. Parmi ceux-ci, certains sont bénins, d'autres malins. La seule manière de vérifier la bénignité d'un kyste organique est d'examiner les tissus qui le constituent, après l'avoir retiré au cours d'une intervention.

CAUSES
- Inconnue
- Parfois troubles de l'ovulation
- Stimulation ovarienne

SYMPTÔMES
- Douleur pelvienne
- Cycles irréguliers

TRAITEMENT
- Blocage de l'ovulation
- Ablation chirurgicale en cas de persistance

Que se passe-t-il en cas de kystes ?

- **L'ovaire est formé d'une multitude de très petites sphères contenant des ovocytes : les follicules primordiaux.** Le mécanisme de l'ovulation stimule plusieurs de ces follicules à chaque cycle, puis, en temps normal, un seul follicule préovulatoire atteint un diamètre de 2 cm environ dans l'un des ovaires. C'est ce follicule qui expulse son ovocyte lors de l'ovulation. Cet ovocyte va devenir un ovule en cas de fécondation et éventuellement aller s'implanter dans l'utérus (nidation) pour commencer une grossesse. Le follicule qui l'entourait dans l'ovaire va se refermer et former le corps lutéal, ou corps jaune, structure kystisque qui sécrète la progestérone lors de la deuxième partie du cycle.
- **Lorsqu'un follicule préovulatoire (ou plusieurs), ou un corps lutéal persistant, atteint des dimensions anormalement grandes,** il apparaît comme un kyste liquidien à l'échographie (respectivement kyste folliculaire et kyste lutéal). Ces kystes étant dépendants de la stimulation ovarienne, le fait de bloquer l'ovulation (par la pilule contraceptive) les fait disparaître. On les appelle kystes fonctionnels ; ils constituent 90 % des cas de kystes chez la femme avant la ménopause et sont toujours bénins.
- **Les autres kystes ovariens sont représentés par les kystes organiques.** Ceux-ci ont la caractéristique d'être permanents, identiques quel que soit le moment du cycle et de ne pas disparaître sous contraception orale. On distingue différents types : le kyste dermoïde, formé d'une architecture embryonnaire incluant de la peau ; le kyste mucoïde, dû à la sécrétion d'une substance pâteuse et le kyste séreux, de contenu plus fluide.
- **Enfin, des kystes peuvent apparaître chez une femme souffrant d'endométriose,** maladie au cours de laquelle la muqueuse de l'utérus (l'endomètre) se developpe à des endroits où elle ne devrait pas exister.

Comment se manifestent les kystes de l'ovaire ?

- **Une augmentation modérée ou importante du volume d'un ovaire peut rester tout à fait indolore et ne s'accompagner d'aucun autre symptôme ;** elle est alors découverte lors d'un examen gynécologique ou d'une échographie pelvienne.

● **Dans d'autres cas, les kystes entraînent des signes, liés soit à la compression qu'il exercent sur l'ovaire, soit aux hormones qu'ils peuvent éventuellement sécréter.** Les symptômes liés à la compression sont une douleur pelvienne latérale, d'intensité très variable, qui peut varier selon la position que l'on prend, et être provoquée ou intensifiée par les rapports sexuels, et une sensation de lourdeur dans le petit bassin, avec retentissement sur la vessie (envies fréquentes d'uriner) et/ou sur le rectum (constipation). Ces symptômes ne permettent pas de faire, cliniquement, la différence avec une affection des organes de la même région : trompes utérines, fibromes utérins ou structures digestives.

● **Exceptionnellement, les tumeurs bénignes de l'ovaire sécrètent des hormones qui perturbent le cycle** (modification ou arrêt des règles), ou provoquent une virilisation chez la femme ménopausée. Ces tumeurs peuvent être si petites qu'on ne les diagnostique qu'à l'aide d'examens biologiques qui révèlent des taux d'hormones anormaux.

● **Il arrive, dans de rares cas, que les kystes se compliquent.** Lorsqu'un kyste est volumineux, il peut tourner et se tordre, se rompre ou s'infecter. Des symptômes aigus peuvent survenir, tels qu'une douleur brutale et aiguë de la région pelvienne, avec des perturbations digestives et urinaires. Lorsque le kyste n'a pas été précédemment diagnostiqué, le médecin recherche alors, par différents examens, une urgence digestive telle qu'une appendicite, ou gynécologique telle qu'une salpingite ou une grossesse extra-utérine. Dans tous les cas, c'est une intervention d'urgence, notamment pour préserver l'ovaire et la trompe du côté atteint.

Comment traite-t-on les kystes de l'ovaire ?

● **Si le kyste a toutes les caractéristiques, à l'examen échographique, d'un kyste fonctionnel** (petit volume, parois fines, contenu homogène liquidien), un traitement bloquant l'ovulation (habituellement une pilule contraceptive) est donné pendant quelques semaines (deux à trois cycles). Sa disparition est vérifiée lors d'une deuxième échographie pelvienne.

● **Si le kyste ne semble pas fonctionnel, s'il persiste après le blocage de l'ovulation** et notamment s'il survient chez une femme avec un risque génétique augmenté de cancer, une démarche thérapeutique pour affiner le diagnostic et pratiquer son exérèse (c'est-à-dire son ablation) est nécessaire. En effet, la seule manière d'affirmer la bénignité d'un kyste est d'examiner au microscope les tissus qui le constituent (examen histologique).

Il est à noter qu'une simple biopsie (prélèvement d'une petite partie) du kyste n'est pas possible, car celui-ci ne doit pas se rompre avant exérèse. En outre, les kystes dermoïdes et les kystes mucineux peuvent évoluer vers des complications, qu'il est préférable de prévenir.

Selon les circonstances (nature et volume du kyste, état des organes environnants, âge de la femme, désir de grossesse), le médecin enlèvera uniquement le kyste ou bien l'ovaire atteint. Parfois les deux ovaires sont porteurs de kystes, la démarche thérapeutique est alors d'autant plus délicate.

● **Les kystes qui surviennent dans le cadre d'une endométriose** nécessitent le plus souvent une ablation.

Quelles sont les causes des kystes ovariens ?

L'origine des kystes fonctionnels est inconnue. Ils sont cependant liés à la qualité de la stimulation ovarienne par les hormones sécrétées par l'hypophyse. On les rencontre notamment au cours du syndrome des ovaires polykystiques (présence de multiples kystes dans les ovaires se traduisant notamment par un espacement des règles), ou après des stimulations ovariennes dans le cadre de la procréation médicalement assistée. Les kystes organiques ont également une cause inconnue.

Le mal de dos

Le mal de dos, en particulier les douleurs touchant le bas de la colonne vertébrale, est extrêmement fréquent. Manifestation de lésions en général bénignes, souvent même sans cause physique précise, il résulte en général de la répétition de gestes et de positions inappropriés, ou alors, il survient dans un contexte de tension psychologique.

CAUSES

- Manipulation fréquente de charges lourdes
- Position assise prolongée
- Lésion d'une vertèbre ou d'un disque intervertébral
- Arthrose, ostéoporose
- Anxiété, dépression

SYMPTÔMES

- Douleur dans le bas du dos
- Lumbago
- Sciatique

TRAITEMENT

- Antidouleurs et anti-inflammatoires
- Kinésithérapie
- Apprentissage de gestes et de positions adaptés

Pourquoi a-t-on si souvent mal au dos ?

● **La colonne vertébrale est constituée de l'empilement de 24 vertèbres « mobiles »,** chacune reposant sur la suivante par l'intermédiaire de 2 articulations et d'un joint fibreux, élastique, le « disque intervertébral ». La colonne vertébrale est en outre reliée au reste du squelette par un édifice complexe d'articulations, de muscles et de tendons, lui conférant à la fois stabilité et mobilité.

● **La colonne vertébrale a en effet vocation à assurer le soutien et l'équilibre de l'ensemble du corps, quels que soient sa position et le mouvement qu'il effectue.** Aussi se trouve-t-elle « naturellement » le réceptacle où viennent se répercuter toutes les agressions et tous les déséquilibres auxquels chacun, sans s'en rendre compte, expose en permanence son organisme – dans ses activités, ses déplacements, ou même seulement par sa façon de se tenir. Il n'est pas jusqu'aux perturbations d'ordre psychologique qui ne trouvent écho dans la « santé » du dos – les douleurs étant souvent accentuées, voire provoquées par l'anxiété, ou une dépression.

● **La capacité de la colonne vertébrale à « absorber » ces agressions est grande, mais pas illimitée.** Aussi peut-elle se trouver dépassée, peu à peu ou brutalement, par la répétition de positions ou de mouvements déséquilibrés.

C'est alors qu'apparaît la douleur, parfois associée à une lésion (touchant l'articulation ou le disque intervertébral), mais plus souvent sans qu'aucune cause physique précise puisse être identifiée.

Quelles lésions physiques peuvent être à l'origine d'un mal de dos ?

● **L'affection la plus souvent impliquée dans les maux de dos est la hernie discale,** qui est une déformation du disque intervertébral, lequel se trouve partiellement expulsé de son emplacement normal, entre les deux vertèbres.

● **Un mal de dos peut également être dû à une arthrose,** c'est-à-dire une usure des articulations entre deux vertèbres. Plus fréquente (et à vrai dire habituelle) chez les personnes de plus de 60 ans, l'arthrose provoque en général une douleur qui apparaît de manière moins brutale que la hernie discale.

● **L'ostéoporose qui apparaît quelquefois à la ménopause s'accompagne souvent d'un tassement des vertèbres,** se traduisant par une diminution perceptible de la taille, et parfois aussi par des maux de dos.

● **Un traumatisme particulier, tel qu'une chute,** peut entraîner une fissure ou un tassement de la vertèbre, source de douleur.

Quelles sont les différentes formes de mal de dos ?

● **Les maux de dos les plus fréquents sont les lombalgies, c'est-à-dire des douleurs touchant la partie basse de la colonne vertébrale,** en dessous de la taille. Les cinq vertèbres qui la composent sont en effet les plus sollicitées, tant dans le port du poids du corps que dans les mouvements imprimés à la colonne vertébrale. La douleur se propageant très souvent aux alentours de la colonne, elle est fréquemment imputée, à tort, aux reins ou au bassin. Il n'est pas rare que la douleur s'étende jusqu'à la cuisse, voire à toute la jambe, donnant alors lieu à une sciatique.

● **Le lumbago est une douleur lombaire intense, apparaissant de manière brutale, suite à un faux mouvement ou à une crise de toux.** La douleur limite les mouvements de la colonne, la personne, se trouvant figée dans une position anormale, est parfois contrainte de garder le lit deux ou trois jours.

● **Plus rarement la douleur atteint la partie haute du dos, entre la base du cou et la taille – elle est alors appelée « dorsalgie ».** Une telle douleur peut traduire une atteinte physique, touchant une vertèbre ou un disque, mais il est très fréquent, en particulier chez la femme jeune, qu'elle relève uniquement de troubles psychologiques. Elle est alors un signe révélateur d'un état dépressif masqué.

Quelle signification peut avoir le moment d'apparition des douleurs ?

Dans la plupart des cas, le mal de dos se manifeste dans la journée, s'accentuant lors d'un effort *– en particulier s'il s'agit de soulever ou de transporter un objet pesant –, ou après que l'on est resté assis trop longtemps. La douleur va souvent en s'amplifiant au fil de la journée. Elle est apaisée par le repos, et ne perturbe pas le sommeil.* ***Une douleur se manifestant, au contraire, au cours du sommeil,*** *réveillant la personne dans la seconde partie de la nuit, pour se dissiper peu à peu dans la journée, traduit généralement une inflammation, touchant soit un disque intervertébral, soit une articulation. Une telle atteinte peut demander un traitement particulier.*

Comment soigne-t-on un mal de dos ?

● **Les maux de dos, aussi douloureux soient-ils, relèvent le plus souvent d'affections bénignes, dont la guérison se fait de manière spontanée en quelques semaines.** Aussi le traitement vise-t-il essentiellement à atténuer les douleurs et à accélérer le rétablissement. Il repose surtout sur l'administration d'antidouleurs et d'anti-inflammatoires par voie orale, parfois complétée d'injections locales, à proximité de la vertèbre touchée, de corticoïdes (anti-inflammatoires puissants).

● **La douleur contraint souvent à garder le lit quelques jours ; mais une immobilité trop prolongée n'est pas souhaitable ;** Il est recommandé de reprendre sans trop tarder ses activités, progressivement et avec prudence.

● **Le port d'un corset, durant quelques semaines, peut également être nécessaire,** afin d'immobiliser, pour la protéger, la colonne vertébrale.

● **La kinésithérapie constitue un aspect fondamental du traitement,** tant dans la rééducation, qui doit être entreprise après la crise, que dans la prévention des récidives.

Comment prévenir au jour le jour le mal de dos ?

La prévention du mal de dos consiste tout d'abord à éviter les multiples situations qui contribuent peu à peu à affaiblir la colonne vertébrale, et conduisent, à plus ou moins long terme, à l'apparition de douleurs.

Quelles sont les positions à éviter ?

● **Rester trop longtemps en position assise est éprouvant pour la colonne vertébrale, et cela d'autant plus que le buste se trouve incliné vers l'avant.** C'est en particulier le cas de trajets longs ou répétés en voiture, qui, à la position assise inconfortable, ajoutent les vibrations du véhicule, elles aussi néfastes à la colonne.

● **La position assise prolongée liée au travail de bureau, ou à l'utilisation d'un ordinateur, peut être rendue moins pénible par divers aménagements de l'environnement** : siège confortable, réglable en hauteur et en inclinaison, monté sur roulettes, pivotant et muni d'accoudoirs. L'écran de l'ordinateur doit se trouver à la hauteur des yeux, à 50 cm de distance.

● **Il est préférable, pour dormir, de s'allonger sur le dos, ou, mieux, sur le côté, en chien de fusil, plutôt que sur le ventre.** Le matelas doit être assez ferme, et l'oreiller pas trop épais.

● **La station debout, ou les piétinements trop prolongés sont à éviter.**

Quels sont les mouvements à risque ?

● **Les activités les plus nuisibles pour la colonne vertébrale sont celles impliquant le soulèvement ou le transport d'une charge lourde**, et ce d'autant plus qu'elle est tenue loin de l'axe du corps.

● **Sont également éprouvants les mouvements à la fois trop amples et trop rapides de la colonne,** par exemple ceux produits pour passer d'une position à une autre – s'asseoir, s'allonger, se lever. Ces différents mouvements sont encore plus nocifs s'ils requièrent le déplacement de la colonne dans plusieurs directions à la fois, tel que se pencher en avant tout en se tournant sur le côté. C'est en particulier le cas des gestes effectués pour monter ou descendre d'une voiture, qui combinent flexions et torsions rapides du tronc.

Quels gestes adopter pour préserver sa colonne vertébrale ?

● **L'adoption de certaines habitudes simples permet d'éviter que les douleurs ne se prolongent ou récidivent.** Il s'agit dans un premier temps de respecter, dans ses différents mouvements, la courbure naturelle du dos, en particulier d'éviter les flexions amples ou brutales.

● **Les gestes doivent être réalisés de la même façon que si l'on portait un corset, limitant les mouvements du dos et amenant à recourir aux autres articulations.** Ainsi, pour ramasser un objet au sol, il est préférable de s'accroupir, voire de poser un genou à terre, afin de conserver le dos droit, plutôt que d'incliner le buste. Si la charge à soulever est lourde, il est préférable de réaliser le mouvement en plusieurs fois, en la posant dans un premier temps sur la cuisse. La charge à transporter doit être maintenue le plus près possible de l'axe du corps, en l'enserrant plutôt qu'en la tenant à bout de bras.

● **Les divers changements de position du corps doivent, de la même façon, s'effectuer en conservant le dos droit, et en s'aidant le plus possible des bras et des jambes.** Par exemple, prendre appui sur les accoudoirs pour s'asseoir, ne pas se coucher en un seul mouvement, mais d'abord s'asseoir sur le lit, en fléchissant les jambes, puis s'allonger en s'aidant des bras.
Descendre ou monter de voiture doivent aussi s'effectuer en plusieurs temps, en passant par une position intermédiaire —assise, les jambes à l'extérieur du véhicule.

● **Le kinésithérapeute peut enseigner certaines techniques, dites de « verrouillage »**, consistant à contracter au cours du mouvement certains muscles du dos ou du ventre, afin de constituer une sorte de « corset musculaire » pour protéger les vertèbres.

● **La préservation d'une bonne musculature dorsale est un facteur important de préservation de la santé du dos.** Certains sports y pourvoient très efficacement, en particulier la natation, mais également la marche. Le kinésithérapeute peut indiquer quelques mouvements qui, réalisés régulièrement, permettent d'entretenir la musculature et la souplesse du dos.

Maux de tête et migraine

Tous les maux de tête (ou céphalées) ne sont pas des migraines. Ces dernières, qui touchent un adulte sur dix, plus souvent les femmes, ont un caractère bien spécifique. Elles entraînent un réel handicap social et professionnel pour celui qui les vit. Leur origine reste encore floue même si certains facteurs bien précis ont été identifiés comme déclencheurs de crise. La migraine n'est pas une fatalité puisqu'elle peut être soignée ou soulagée. D'où l'utilité de consulter un médecin, qui, grâce à un interrogatoire précis, en fera le diagnostic. Aucun examen complémentaire n'est nécessaire.

CAUSES

- Neurologiques
- Psychologiques
- Alimentaires
- Environnementales

SYMPTÔMES

- Douleur violente d'un côté de la tête
- Impression pulsatile
- Nausées et vomissements
- Fourmillements
- Pâleur

TRAITEMENT

- Antalgiques
- Anti-inflammatoires
- Vasoconstricteurs

Quel est le mécanisme de la migraine et quels sont les facteurs déclenchants ?

● **Si élucider le mécanisme de déclenchement de la migraine n'est pas simple, on peut, globalement, dire qu'elle est due à un enchaînement complexe de phénomènes neurologiques, vasculaires et biochimiques.** La migraine semble due à une erreur de réglage de certains centres de régulation du cerveau, qui réagissent de façon excessive à des facteurs déclenchants. L'intensité de ces facteurs, ou l'association de plusieurs d'entre eux, stimule de manière exagérée ces centres et les font « se décharger » dans les nerfs se dirigeant vers les artères de la face et de la tête. C'est cette excitation qui provoque une dilatation douloureuse des artères.

● **Les facteurs déclenchants d'une crise de migraine sont nombreux et variés.** Celle-ci peut avoir une origine psychologique : contrariété, anxiété, émotion, stress, choc psychologique (triste ou heureux).

● **Les modifications du mode de vie sont quelquefois en cause : déménagement, changement de travail, période de chômage, voyages, surmenage.** Certains aliments sont incriminés : l'alcool, le chocolat, les graisses cuites, certains fromages et les agrumes, tout comme des mauvaises habitudes alimentaires : jeûne, repas sautés ou irréguliers.

Des facteurs sensoriels sont aussi à l'origine des crises : la lumière, le bruit, les odeurs ou les vibrations. À noter que les vents chauds, les orages ou la chaleur humide peuvent déclencher des migraines. Le manque de sommeil a également sa part de responsabilité.

Hormones et migraine ont-elles un lien ?

● **Dans les facteurs aggravants de la migraine, on compte les fluctuations hormonales.** La majorité des femmes victimes de migraine trouvent un lien entre leurs règles et leurs crises, qui sont alors plus longues et plus intenses. La chute brutale des œstrogènes en fin de cycle explique ce phénomène.

● **Le lien entre la migraine et les hormones est aussi prouvé**

par la prise de la pilule : les contraceptifs oraux peuvent parfois améliorer la situation, mais aussi l'aggraver ou la déclencher. C'est pour cette raison qu'il est conseillé aux migraineuses de prendre plutôt une pilule dite « minidosée ».

- **Autre preuve de la corrélation entre les deux, la période de la ménopause :** juste avant et au moment de celle-ci, les crises sont plus sévères et plus nombreuses avant de s'atténuer après la ménopause.

Comment savoir si l'on est vraiment migraineuse ?

- **Pour arriver à différencier une simple céphalée d'une vraie migraine, plusieurs éléments sont à prendre en considération.** La douleur touche plutôt une moitié de la tête (gauche ou droite, le côté pouvant varier suivant les crises). Il existe une impression pulsatile, c'est-à-dire que l'on sent le battement de son cœur ou de ses artères. La douleur est aggravée par des gestes simples tels que se baisser pour ramasser quelque chose ou monter des escaliers. Elle est associée à une gêne réelle due à la lumière ou au bruit. Elle peut aussi provoquer des nausées, des vomissements, une certaine pâleur.
- **Quand il y a engourdissements, fourmillements et plus rarement troubles du langage,** on parle alors de « migraine accompagnée ».
- **La durée de ce « mal de tête » très spécifique est à prendre en considération :** une migraine peut durer de 4 à 72 heures. Elle s'installe plus volontiers le matin et son intensité augmente petit à petit jusqu'à obliger le malade à cesser toute activité.
- **En outre, contrairement aux autres maux de tête, des signes annonciateurs existent :** dans les 24 heures précédentes, la personne peut être fatiguée, irritable et souffrir de divers troubles digestifs.

Comment se soigner ?

- **Une proportion non négligeable de personnes souffrant de migraines l'ignore.** Ces personnes vivent leurs céphalées comme une fatalité et les traitent par une automédication parfois mal adaptée. D'où la nécessité d'aller voir son généraliste lorsque l'on soupçonne d'être migraineuse : par un questionnaire précis, il saura confirmer le diagnostic et orientera vers une médication adaptée.
- **Le traitement comprend d'une part la prise en charge du soulagement de la crise et, d'autre part, le traitement de fond.** Il est indispensable d'instaurer un traitement dès le début de la crise par des antalgiques, des anti-inflammatoires ou/et des vasoconstricteurs (pour lutter contre la dilatation des artères).
- **Le traitement de fond nécessite la prise quotidienne d'un médicament qui va avoir un effet préventif sur la survenue des migraines.** Certains médicaments agissent sur les vaisseaux pour les empêcher de se dilater et éviter ainsi l'inflammation, tandis que d'autres ont des effets plutôt sur la transmission des informations douloureuses par le système nerveux.
- **Ce traitement de fond s'avère en général efficace au bout de deux ou trois mois.** Il est néanmoins possible de le prolonger de six mois à un an.

Comment atténuer une crise de migraine ?

Lorsqu'on sent qu'une migraine est sous-jacente, quelques gestes peuvent permettre d'atténuer l'intensité de la crise. S'allonger à l'abri de la lumière et du bruit. Presser les tempes avec les pouces en faisant de petits mouvements circulaires. Appliquer du froid ou du très chaud sur la tête. Toujours en étant juste au stade des prémisses, boire un café assez fort : cette boisson peut aider les vaisseaux sanguins cérébraux dilatés à se « resserrer » plus rapidement. Enfin, on peut aussi avaler un morceau de sucre et porter des lunettes de soleil. Ces petits « trucs » ne pourront toutefois pas supprimer la crise, c'est pour cette raison que, dès les premiers symptômes, la prise d'antalgiques est nécessaire.

L'obésité

Au-delà d'un surpoids exagéré, l'obésité constitue un état dangereux pour la personne qui en est atteinte car elle l'expose à de nombreuses affections diminuant notablement son espérance de vie. Si des facteurs génétiques peuvent y prédisposer, l'obésité résulte avant tout d'un déséquilibre important entre les apports alimentaires et les dépenses énergétiques de l'organisme. La prise en charge de cette affection consiste en une véritable « rééducation » nutritionnelle et demande donc une participation active de la personne atteinte. Un suivi médical spécialisé, à long terme, est pour cela nécessaire. Une perte de poids rapide n'est en effet jamais une solution satisfaisante à l'obésité.

CAUSES

- Alimentation excessive
- Activité physique insuffisante
- Facteurs prédisposants : génétiques, hormonaux, psychologiques

SYMPTÔMES

- Indice de masse corporelle (IMC) supérieur à 30
- Excès de tissu adipeux dans les hanches, les fesses et les cuisses, voire l'abdomen
- Arthrose
- Calculs biliaires

TRAITEMENT

- Suivi médical à long terme
- Régime amaigrissant adapté

Qu'est-ce que l'obésité ?

L'organisme est pourvu d'un tissu spécialisé dans la conservation de réserves énergétiques, sous forme de graisse, appelé « tissu adipeux ». Réparti en plusieurs endroits du corps, ce tissu représente, normalement, environ un quart du poids total de l'organisme chez la femme. Un excès modéré de la teneur de l'organisme en tissu adipeux constitue un surpoids. Lorsque son importance est telle qu'elle constitue une menace pour la santé de la personne, on parle d'obésité.

Quels sont les risques auxquels expose l'obésité ?

● **L'obésité entraîne, de façon générale, une nette diminution de l'espérance de vie,** conséquence du risque accru de maladie qu'elle suscite. Les troubles auxquels l'obésité prédispose sont fonction de son importance, de son ancienneté, mais aussi de la forme qu'elle revêt.

● **Chez la femme, l'obésité se développe en effet souvent sous une forme particulière, appelée « obésité gynoïde ».** Le tissu adipeux en excès tend à plutôt se localiser dans le bas du corps, en particulier sur les cuisses, les fesses et les hanches. L'obésité gynoïde favorise plus particulièrement des troubles articulaires tels que l'arthrose du genou et de la hanche.

● **Il n'est cependant pas rare qu'une femme développe une obésité de type « masculin » (dite « androïde »),** caractérisée par une accumulation de graisse dans l'abdomen et la poitrine, et dont les conséquences sur la santé sont nettement plus graves. L'obésité androïde est en effet associée à une nette augmentation des risques de diabète, d'hypertension artérielle et d'accident cardiaque.

● **Une obésité sévère (correspondant à un IMC supérieur à 35) associe généralement les deux formes de répartition du tissu adipeux, androïde et gynoïde,** exposant de la sorte aux risques cumulés des deux types d'obésité.

● **L'obésité suscite par ailleurs des difficultés à respirer,** allant parfois jusqu'à réveiller la personne au cours de la nuit. Elle prédispose en outre la femme aux calculs biliaires, et est associée à un risque accru des cancers de l'utérus, des seins et des ovaires, ainsi que ceux des voies biliaires.

Quelles sont les causes de l'obésité ?

● **L'obésité résulte principalement d'une alimentation exagérée par rapport aux besoins énergétiques de l'organisme.** Certains comportements alimentaires favorisent l'apparition d'un surpoids. C'est en particulier le cas du « grignotage » incessant, et plus généralement des alimentations « déréglées », sans horaires, débordant du cadre des repas pour prendre place à n'importe quel moment de la journée. Ce mode d'alimentation est propice aux excès, notamment du fait qu'il amène à perdre toute notion des quantités consommées au cours de la journée.

À ce comportement s'ajoute souvent une méconnaissance de la valeur énergétique des aliments absorbés.

● **L'obésité est parfois liée à un comportement dominé par la valeur « affective » de l'alimentation, dans laquelle la personne recherche avant tout un réconfort psychologique.** Une telle « compensation alimentaire » s'observe surtout chez les personnes sujettes à la dépression ou à l'anxiété. L'obésité suscitant souvent elle-même une souffrance psychologique, un cercle vicieux s'installe, la maladie contribuant à sa propre aggravation.

● **Le type d'aliments consommés en excès est une donnée à prendre en compte. Ce sont surtout les aliments sucrés et gras qui sont en cause.** Ces derniers apportent en effet une quantité importante d'énergie sous un faible volume.

● **Une activité physique insuffisante – en regard des apports alimentaires – est un des principaux facteurs pouvant entraîner une obésité.** Les comportements déterminant au jour le jour les dépenses énergétiques de l'organisme sont très divers : l'activité professionnelle, la nature des loisirs ou les moyens de locomotion employés. De la même façon que les habitudes alimentaires, le mode de vie est déterminé par des facteurs psychologiques, l'environnement, les usages familiaux, etc.

● **Les différents éléments concourant à l'obésité peuvent se mettre en place dès l'enfance, ou s'installer plus tardivement.** Un événement particulier, tel qu'un bouleversement du mode de vie ou un choc émotionnel, est parfois identifié comme étant à l'origine de l'obésité. Dans d'autres cas, l'obésité s'installe progressivement, le poids augmentant insensiblement au fil des années.

Poids excessif ou obésité ? L'indice de masse corporelle (IMC)

L'un des principaux outils utilisés par les médecins pour évaluer l'importance du tissu adipeux dans l'organisme est l'indice de masse corporelle (IMC). Le calcul de cet indice est simple, sa valeur s'obtenant en divisant le poids (en kilos) par le carré de la taille (en mètres) :

$$\text{IMC} = \frac{\text{poids (en kg)}}{\text{taille x taille (en m)}}$$

Les valeurs normales de l'IMC sont, pour la femme, comprises entre 18 et 25. Un IMC compris entre 25 et 30 indique un « surpoids », c'est-à-dire un excès de graisse n'ayant généralement pas de conséquence pour la santé. L'obésité correspond à un IMC supérieur à 30, valeur à partir de laquelle les risques de développer une maladie liée à l'excès de poids sont nettement augmentés. L'obésité est dite « sévère » si l'IMC est supérieur à 35, et « massive » s'il dépasse 40.

Certaines personnes sont-elles prédisposées à l'obésité ?

● **L'obésité est nettement plus fréquente chez les personnes nées de parents obèses.** Aussi peut-on considérer qu'il existe une prédisposition « familiale » à l'obésité. Celle-là n'est néanmoins pas nécessairement de nature génétique, les parents transmettant à leurs enfants, outre leur patrimoine héréditaire, une certaine culture, des habitudes alimentaires et un mode de vie qui peuvent, aussi bien que les gènes, expliquer la transmission familiale de l'obésité.

● **Certaines personnes, du fait de facteurs génétiques, ont un risque accru de souffrir d'obésité.** Ces facteurs sont nombreux, et il n'existe pas, comme on l'a cru un temps, un seul gène de l'obésité.

● **L'obésité est ainsi en particulier favorisée par une tendance de l'organisme à « mettre en réserve » l'énergie apportée par l'alimentation, sous forme de graisses,** plutôt qu'à l'utiliser, notamment pour produire de la chaleur et entretenir la « masse maigre » (muscles, os). Ce sont également des facteurs génétiques qui déterminent la répartition du tissu adipeux dans l'organisme, et donc le caractère androïde ou gynoïde de l'obésité.

Comment traite-t-on l'obésité ?

● **L'obésité demande une prise en charge médicale à long terme, à laquelle la personne soignée doit adhérer de façon active et volontaire.** Il s'agit dans un premier temps d'identifier les habitudes alimentaires responsables du surpoids, dont la personne malade n'a pas toujours conscience. Une véritable « rééducation » nutritionnelle est alors mise en place. Le médecin, ou un diététicien, aide la personne à adopter une alimentation adéquate, réduisant les apports en énergie sans pour autant occasionner de carence – par exemple, en protéines, afin d'éviter une perte de « masse maigre », en particulier de muscle –, ni susciter une trop grande frustration, cause fréquente d'échec des régimes amaigrissants. Le médecin attire l'attention sur la valeur calorique importante, souvent ignorée, d'aliments tels que les boissons sucrées, l'alcool, ou les plats riches en graisses « masquées ». Les aliments comme les fruits, les légumes verts et les légumes secs sont mis en avant. La réorganisation des apports journaliers autour de véritables repas est un élément important du traitement.

● **Toute réduction de poids, si minime soit-elle, est associée à une diminution importante des risques de maladie auxquels expose l'obésité.** À l'inverse, les régimes trop sévères, entraînant une perte de poids rapide, sont souvent inefficaces à long terme, et source de complications psychologiques.

● **Les procédés adoptés spontanément par les personnes désireuses de perdre du poids,** ou ceux suggérés par certains médias ou quelques pseudo-spécialistes de l'amaigrissement, promettant une perte de poids « rapide et spectaculaire », sont très souvent inefficaces, voire dangereux.

● **Dans certains cas d'obésité sévère, mettant en danger la vie de la personne et résistant aux traitements habituellement efficaces, une intervention chirurgicale (gastroplastie) peut être proposée.** L'opération consiste à diminuer artificiellement le volume de l'estomac – par la pose d'« anneaux gastriques », par exemple –, réduisant ainsi la quantité d'aliments que la personne peut ingérer. De telles interventions sont lourdes et présentent de nombreux effets secondaires.

À quelles périodes une femme est-elle plus susceptible de prendre du poids ?

Le corps de la femme tend naturellement, à partir de la puberté, à augmenter sa masse grasse – et à développer ainsi des formes plus « rondes » que le corps masculin. Une prise de poids régulière est donc, chez la femme adulte, habituelle et normale – elle est en moyenne de 10 kilos entre 20 et 50 ans.
Certaines périodes de la vie d'une femme y sont plus particulièrement propices, notamment du fait des bouleversements hormonaux qui les accompagnent : ce sont les grossesses et la ménopause.
Ces événements peuvent ainsi, sans constituer la cause directe d'une obésité, contribuer à son apparition ou à son aggravation.

L'ostéoporose

L'ostéoporose est une diminution de la densité de l'os, qui le rend plus fragile. L'os, siège d'un remaniement permanent tout au long de la vie, a une densité, donc une solidité, maximale en fin d'adolescence. Puis celle-ci diminue avec l'âge – une femme de 75 ans a perdu 50 % de sa masse osseuse – et avec la baisse des hormones sexuelles. La ménopause, qui s'accompagne de la disparition des œstrogènes, accélère la fragilisation. Pour prévenir cette affection très fréquente – une femme sur trois est atteinte d'ostéoporose –, rien ne vaut la consommation de produits laitiers et la marche.

CAUSES

- Ostéoporose familiale
- Déficit en calcium ou en vitamine D
- Traitement au long cours par corticoïdes
- Hyperparathyroidie
- Immobilisation prolongée
- Ménopause précoce
- Maigreur, tabagisme, sédentarité

SYMPTÔMES

- Douleurs lombaires aiguës
- Perte de taille en hauteur
- Fractures « spontanées »

TRAITEMENT

- Hormonal (œstrogènes, antiœstrogènes)
- Non hormonal : biphosphonates, vitamine D et calcium

Comment se manifeste l'ostéoporose ?

L'ostéoporose est surtout marquée par une raréfaction de la trame osseuse. À l'intérieur des os plats, tels que les corps des vertèbres, se trouvent des petites travées situées dans les trois directions, contribuant à une solidité tridimensionnelle. La raréfaction de ces travées conduit à une fragilisation des vertèbres. Des traumatismes mineurs provoquent « l'aplatissement » des corps vertébraux qui perdent de la hauteur et prennent l'aspect de galettes (plus larges que hautes). Ces phénomènes répétés causent des douleurs dans le dos et une réduction de la hauteur du tronc.

L'ostéoporose affecte aussi l'os cortical, c'est-à-dire l'os qui forme la coque des os longs (fémur, os des bras, côtes). Lorsque l'os cortical est trop aminci, un léger choc peut causer une fracture aux points les plus fragiles : col du fémur, poignet. On parle de fractures « spontanées » car l'événement les occasionnant est disproportionné : chute légère sur la main, petite glissade dans la salle de bains... La fracture du col du fémur est particulièrement grave car elle interrompt la marche, impose l'alitement et l'hospitalisation, provoque une perte de sang qui fatigue le cœur, favorise les thromboses. Enfin, l'intervention chirurgicale qu'elle nécessite comporte des dangers. L'issue heureuse de cet accident repose pour beaucoup sur la vitalité et la bonne santé de la victime.

Dans la plupart des cas, il n'existe pas de retentissement sur la moelle épinière ni sur les nerfs : on n'observe ni sciatique ni douleurs en dehors du dos

Comment fait-on le diagnostic de l'ostéoporose ?

En cas de douleurs dans le dos, des clichés radiologiques sont demandés. Le cliché peut montrer des tassements, révélant parfois des microtraumatismes passés inaperçus et quasi indolores. L'aspect des vertèbres sur les clichés permet au médecin de suspecter une ostéoporose. Pour confirmer le diagnostic et, le cas échéant, évaluer l'importance de celle-ci, il est nécessaire de mesurer la densité osseuse.

● **L'examen qui mesure la densité osseuse est l'ostéodensitométrie**. Cet examen est aujourd'hui couramment pratiqué par les radiologues et les rhumatologues, en cabinet médical comme à l'hôpital. Il utilise les rayons X, mais à très faible dose. Le praticien mesure le contenu en minéral (donc en calcium) des os, au niveau de la colonne lombaire, du col fémoral et du poignet. Lorsque le résultat donne un chiffre significativement plus bas que la densité osseuse normale pour l'âge, le diagnostic d'ostéoporose est porté.

Cet examen est indiqué en cas de fracture, ou de tassement vertébral, mais surtout pour dépister l'ostéoporose lorsqu'il existe des facteurs favorisants, ou pour évaluer l'effet d'un traitement spécifique.

● **D'autres examens existent (échographie du pied, du doigt)** plus rapides et moins coûteux, mais leur fiabilité n'a pas encore été confirmée.

● **Aucun test sanguin ou urinaire ne permet de faire un diagnostic d'ostéoporose.** Dans le cadre du suivi du traitement, il peut être utile de doser certains composants du sang ou des urines, qui témoignent de l'importance de l'activité de destruction et de formation de tous les os du squelette. Ces marqueurs osseux sont, en effet, modifiés après quelques semaines de traitement.

Quels sont les traitements de l'ostéoporose ?

● **Dans le cas d'une ostéoporose avérée, c'est-à-dire après le constat d'une ou de plusieurs fractures, la probabilité que d'autres fractures se produisent augmente considérablement.** D'où l'importance, alors, d'un traitement. Les médicaments, sous la forme d'hormones sexuelles ou d'autres molécules, favorisent la reconstruction osseuse ou bloquent sa destruction.

Toutefois, aucune thérapie ne remplacera jamais la prévention, par la pratique régulière d'un exercice physique, comme la marche, et la consommation de produits laitiers.

● **En cas de douleur, le traitement repose d'abord sur le repos, l'administration d'antalgiques, puis la reprise douce des activités.** Parfois, des injections de calcitonine (hormone ayant une action sur les os) sont prescrites ; elles ont aussi un effet antalgique.

● **Dans tous les cas, le médecin s'assure que les apports alimentaires en calcium et en vitamine D sont suffisants.** Dans le cas contraire, il est possible d'augmenter les apports de calcium par des comprimés, et de vitamine D par des gouttes ou des injections effectuées à intervalles réguliers.

● **Les autres traitements « de fond » nécessitent une discussion entre la patiente et son médecin.** Le traitement hormonal de la ménopause freine la destruction osseuse et permet de « regagner » de l'os. Seuls les œstrogènes sont actifs, et on suspecte qu'une dose seuil minimale, particulière à chaque femme, est nécessaire.

Ce traitement doit être poursuivi plusieurs années pour être efficace, en l'absence de contre-indication. Bien que recommandé par le rhumatologue, il nécessite un suivi gynécologique, pour l'adaptation des doses en fonction de la tolérance mammaire et des saignements.

● **Le traitement médicamenteux par des biphosphonates est indiqué dans la prévention de la maladie et en cas d'ostéoporose avérée,** c'est-à-dire diagnostiquée par une baisse importante de la densité osseuse, ou par la survenue de fractures

Quel suivi pour les femmes souffrant d'ostéoporose ?

Pour juger de l'efficacité d'un traitement chez une femme souffrant d'ostéoporose et ainsi minimiser les risques de fractures, il est indispensable de contrôler régulièrement la densité de l'os et sa solidité, grâce à l'ostéodensitométrie. L'os étant un tissu à renouvellement continu mais assez lent, aucune modification n'est, en général, visible avant environ 1 an de traitement, voire parfois même 2 ans.

ostéoporotiques. Les nouvelles formes hebdomadaires rendent moins contraignantes les précautions nécessaires à la prise : le matin à jeun avec 200 ml d'eau du robinet, une demi-heure avant tout repas, et en position verticale pour éviter l'inefficacité (car le médicament ne serait pas absorbé par l'intestin), et les douleurs gastriques associées (irritation possible de l'œsophage).

● **Le raloxifène est un médicament antiœstrogénique dont l'efficacité paraît inférieure aux deux premiers traitements.** Cette molécule, qui peut réveiller ou exacerber des bouffées de chaleur, présente le même risque que les œstrogènes de provoquer une thrombose veineuse, mais elle n'augmente pas le risque de cancer du sein, voire même le diminue.

● **À l'avenir, le traitement par hormones parathyroidiennes, nécessitant une injection sous-cutanée quotidienne, deviendra disponible.** Il est vraisemblable que le prix et les contraintes de ce traitement le réserveront aux femmes gravement atteintes, et sans doute en association avec un traitement hormonal substitutif de la ménopause ou à la prise de biphosphonates.

La prévention pour toutes les femmes

Même les femmes qui n'ont pas de facteurs de risque et qui n'ont jamais eu de fractures ont tout intérêt à prévenir l'ostéoporose. En effet, si chacune perd de la densité osseuse à un rythme qui lui est propre et déterminé en partie par ses gènes, la fragilisation des os avec l'âge n'en concerne pas moins toutes les femmes...

● **Consommer des produits laitiers.** La prévention passe avant tout par l'absorption de suffisamment de calcium (laitages, fromage) et de vitamine D (beurre, et, en parallèle, exposition au soleil). Cela est valable tout au long de la vie, mais tout particulièrement dans l'enfance, au moment de l'adolescence et après la ménopause. Lorsqu'on n'aime vraiment pas les laitages, et que l'on se méfie du fromage parce qu'il apporte aussi beaucoup de gras et de sel – on le déconseille parfois dans les régimes sans graisses ou en cas d'hypertension artérielle –, reste la possibilité de prendre quotidiennement des comprimés de calcium.

● **Pratiquer une activité physique régulière.** Le renouvelement du tissu osseux, qui est généré et détruit en permanence, dépend pour beaucoup des pressions exercées sur le squelette. En l'absence de sollicitations, un déséquilibre se crée. C'est pour cette raison que l'activité physique est tellement importante ; d'ailleurs, les cosmonautes qui restent longtemps en apesanteur subissent une diminution de la densité osseuse.

● **Trop de maigreur nuit.** Les femmes présentant un surpoids sont plus rarement atteintes d'ostéoporose. À cela, différentes raisons : en effet, l'abondance de leur tissu graisseux transforme les androgènes secrétés par les glandes surrénales en œstrogènes, les phénomènes de pressions, chez ces femmes, sont plus importants, et, en cas de traumatisme ou de chute, l'épaisseur de la peau en regard de l'os amortit le choc, et la victime s'en sort avec des hématomes, mais pas de fractures.

Les os et le calcium

Le calcium est indispensable à la solidité osseuse. L'os calcifié, contrairement au cartilage, est bien visible à la radiographie (il est opaque aux rayons X). L'ensemble des os du squelette contient environ 1 kilogramme de calcium, soit 99 % du calcium de l'organisme. Ainsi, l'os est le réservoir essentiel pour le calcium, qui intervient dans le fonctionnement des cellules, notamment les cellules musculaires (muscle cardiaque surtout). Une hormone produite par la glande thyroïde, la calcitonine, facilite la fixation du calcium sur l'os. Une autre hormone, la parathormone, sécrétée par les glandes parathyroïdes, permet, à l'inverse, de mobiliser le calcium de l'os. L'équilibre entre ces deux hormones régularise le taux de calcium dans le sang.

Les pertes blanches

Les pertes blanches ou leucorrhées apparaissent chez les fillettes avant les premières règles et traduisent le début du fonctionnement du vagin et du col utérin.
Ces écoulements ou ces suintements sont rarement perçus de façon positive, peut-être parce qu'il n'est pas facile d'accepter que ce qui tache les slips est parfaitement normal et propre. Pourtant, ces « pertes » sont le lot de toutes les femmes, tant que leurs ovaires sécrètent des hormones, et elles signalent le bon fonctionnement de leur corps. Cependant, elles sont parfois aussi le signe d'infections, dont certaines peuvent avoir des conséquences graves. Elles sont alors habituellement accompagnées d'autres symptômes, qui doivent amener à consulter un médecin.

CAUSES

- Desquamation de la muqueuse vaginale, flore vaginale, glaire cervicale

ou

- Infection

SYMPTÔMES

- Pertes transparentes avant l'ovulation, plus épaisses après

ou

- Pertes colorées, malodorantes
- Brûlures et irritations
- Démangeaisons, brûlures urinaires, douleurs, fièvre

TRAITEMENT

- Pas de traitement pour les pertes physiologiques

ou

- Ovules vaginaux et soins externes
- Antibiotiques et traitements spécifiques

Les pertes blanches physiologiques

- **Les leucorrhées regroupent en fait toutes les pertes qui ne sont pas des saignements.** Toute femme a, de manière tout à fait normale, des pertes blanches ; elles sont alors dites « physiologiques ».
- **Ces pertes ont plusieurs sources :** la glaire produite par le col utérin (dont le rôle est, entre autres, de favoriser l'ascension des spermatozoïdes), transparente, élastique et filante avant l'ovulation, plus épaisse et blanche après celle-ci ; la desquamation des cellules superficielles de la muqueuse vaginale ; la flore vaginale physiologique.
- **Elles ne nécessitent aucun traitement et ne peuvent être supprimées.** Les pilules contraceptives les modifient, particulièrement en supprimant la glaire préovulatoire.

Les pertes blanches pathologiques

- **Les pertes blanches qui témoignent d'une infection (dites « pathologiques ») ont des caractéristiques devant amener à consulter.** Le plus souvent, il s'agit de pertes colorées, malodorantes, accompagnées de brûlures ou de démangeaisons. Il peut s'y associer des signes urinaires, des douleurs au-dessus du pubis, voire de la fièvre.
- **L'infection peut être due à un déséquilibre de la flore vaginale ou à une contamination par un germe sexuellement transmissible.**
- **Les germes responsables peuvent être des champignons (*Candida albicans*), des parasites (*Trichomonas vaginalis*), des bactéries (*Gardnerella vaginalis*, gonocoque, mycoplasme, chlamydia), des virus (herpès).** Le médecin peut être amené, pour identifier l'origine de l'infection, à faire pratiquer un prélèvement cervico-vaginal (culture et examen au microscope de prélèvements effectués en différents endroits de l'appareil génital).
- **Le traitement dépend du germe en cause :** ovules vaginaux, soins externes pour les déséquilibres de la flore ; antibiotiques, traitements spécifiques pour les germes dangereux et/ou dans les situations compliquées.

Les pertes de sang hors des règles : les métrorragies

Les médecins appellent « métrorragies » les pertes de sang en dehors de la période des règles. De tels saignements sont un symptôme commun à une multitude de troubles, de nature très diverse ; la plupart sont bénins, certains sont très sérieux. Aussi les métrorragies sont-elles une anomalie très fréquente (la majorité des femmes est concernée un jour ou l'autre) et leur survenue doit impérativement être signalée au médecin. Lorsque les saignements sont rapprochés les uns des autres, il est difficile de reconnaître ceux qui correspondent aux règles : on parle de méno-métrorragies (les règles hémorragiques étant appelées ménorragies).

CAUSES
- Nombreuses et variables selon l'âge

SYMPTÔMES
- Pertes de sang en dehors des règles
- Saignements désorganisant le cycle

TRAITEMENT
- Traitement hormonal
- Traitement de la cause physique (polype, fibrome, etc.)

Comment se manifestent les métrorragies ?

- **L'aspect des métrorragies et les circonstances de leur survenue sont très variables :** leur couleur va du rose au noir ; elles sont plus ou moins fluides et abondantes, avec présence ou non de caillots. Les métrorragies peuvent être isolées ou alors se répéter, parfois au même moment au cours de chaque cycle ; elles peuvent être déclenchées par les rapports sexuels.
- **Les caractéristiques des métrorragies constituent des indices pour le médecin.** Les troubles qui accompagnent les saignements doivent aussi être mentionnés : écoulements vaginaux non sanguins, douleurs dans l'abdomen ou dans les seins, nausées, fatigue (évocatrice d'anémie). Les maladies, les traitements suivis et le type de contraception sont aussi pris en compte.

Quelles en sont les causes ?

- **Un très grand nombre de circonstances peuvent donner lieu à une métrorragie.** Les causes envisagées varient selon l'âge de la femme ; elles sont souvent de nature hormonale.
- **L'important est de vérifier qu'il n'existe pas une cause physique, éventuellement grave.** C'est pourquoi tout saignement génital inhabituel doit conduire à consulter un médecin.

À l'adolescence

- **Avant que les cycles menstruels réguliers ne se soient installés, des irrégularités de cycle peuvent être confondues avec des métrorragies.** Un bilan doit être effectué et un traitement hormonal est parfois proposé.

Avant la ménopause

- **Sous contraception orale, les saignements sont en général dus à des horaires de prise irréguliers.** S'ils persistent malgré une bonne ponctualité, il faut consulter ; la contraception sera modifiée.
- **Les stérilets au cuivre entraînent plus souvent des règles**

abondantes que des métrorragies. La survenue de saignements en dehors des règles doit faire consulter pour vérifier que le stérilet ne s'est pas déplacé ou qu'il n'y a pas d'infection. Les stérilets n'empêchent pas les grossesses extra-utérines et ce diagnostic doit aussi être envisagé.

● **L'ovulation, qui survient aux alentours du 14e jour si le cycle dure 28 jours, peut donner lieu à un petit saignement** et, pendant quelques heures, à des douleurs dans le bas-ventre.

● **Les causes physiques de métrorragies sont très nombreuses.** Les saignements provoqués par les rapports sexuels sont souvent dus à une anomalie du col de l'utérus : polype, inflammation, mais aussi, très rarement maintenant grâce au suivi préventif par frottis de dépistage, cancer. Les saignements spontanés peuvent traduire une atteinte de l'utérus, telle que polype, fibrome, endométriose, épaississement ou amincissement de la muqueuse utérine, infection, cancer…

Cette dernière cause est, bien sûr, la plus redoutée, et c'est celle que le médecin s'attachera d'abord à éliminer, mais le cancer du corps utérin est très rare avant la ménopause. Diverses pathologies des ovaires ou des trompes de Fallope, de nature infectieuse ou tumorale, peuvent également être envisagées.

● **La plupart des métrorragies survenant avant la ménopause ont pour origine une perturbation de l'équilibre hormonal.** Ces déséquilibres sont eux-mêmes suscités par les situations induisant un stress ou des troubles psychologiques. On ne peut attribuer les métrorragies à ces circonstances que lorsque les autres causes ont été écartées. Ces métrorragies peuvent s'estomper spontanément ou à l'aide d'un traitement hormonal.

Après la ménopause

● **Chez les femmes non traitées.** La ménopause étant définie par la disparition des règles, tout saignement survenant chez une femme ménopausée est anormal. Une métrorragie fait en premier lieu rechercher un cancer du corps de l'utérus. Les autres causes possibles sont bénignes: polypes, fibromes, muqueuse de l'utérus trop épaisse ou trop mince, infections. La fragilité de la muqueuse vaginale, atrophiée par plusieurs années sans hormones, est une cause fréquente de petits saignements qui ne sont pas des métrorragies puisqu'ils ne viennent pas de l'utérus.

● **Chez les femmes traitées.** Chez les femmes recevant un traitement substitutif hormonal reproduisant des cycles naturels, avec saignements réguliers, des pertes de sang survenant en dehors de la période programmée doivent faire consulter, de même que tout saignement survenant chez les femmes sous traitement continu non cyclique. Il s'agit le plus souvent d'un traitement mal équilibré entraînant une muqueuse trop mince ou trop épaisse, mais il faut toujours s'assurer qu'il ne s'agit pas d'une autre cause.

Grossesse et saignements

Si l'on est enceinte ou si l'on soupçonne un début de grossesse, il faut impérativement alerter son médecin en cas de métrorragie. La coexistence de saignements et des signes caractéristiques de la grossesse (gonflement des seins, somnolence, etc.) constituent une anomalie qui peut en effet révéler une grossesse extra-utérine ou une fausse couche.

Il peut être délicat de reconnaître si les saignements relèvent d'une métrorragie ou de règles tardives.

En cas de grossesse extra-utérine, le liquide émis présente une couleur brun-noir et s'accompagne d'une douleur inhabituelle, diffuse et permanente. Une fausse couche se traduit, quant à elle, par des saignements rouge vif, associés à des contractions. Seuls l'examen gynécologique, l'échographie et la recherche de l'hormone ß-hCG dans le sang ou les urines permettent d'établir avec certitude l'origine de la métrorragie.

En revanche, une métrorragie survenant plus tardivement au cours de la grossesse peut être due à une anomalie du placenta, de gravité variable.

La pilosité excessive

L'abondance et la localisation des poils qui recouvrent le corps sont sous la dépendance des hormones sexuelles. Une pilosité abondante peut susciter une gêne d'ordre esthétique, mais elle ne constitue une véritable anomalie que si elle se développe sur des régions où les poils sont normalement absents chez la femme – visage, poitrine. Ce trouble, appelé « hirsutisme », n'a le plus souvent pas de cause précise, mais il peut parfois traduire une anomalie du fonctionnement des ovaires, ou résulter de certains traitements – aussi doit-il être signalé au médecin. Diverses solutions peuvent être proposées pour remédier à une pilosité excessive, quelle que soit sa nature.

CAUSES

- Activité excessive des hormones sexuelles mâles
- Trouble ovarien
- Traitements hormonaux

SYMPTÔMES

- Présence de poils sur le visage, la poitrine, l'abdomen et l'intérieur des cuisses
- Troubles des règles
- Acné

TRAITEMENT

- Antiandrogènes
- Soins « cosmétiques »

Pilosité abondante ou anormale ?

● **La pilosité normale de la femme se localise au pubis, aux aisselles, aux bras et aux jambes.** Cette pilosité est très variable d'une femme à l'autre. Elle est parfois très abondante ; c'est en particulier souvent le cas des femmes originaires des régions méditerranéennes. Il s'agit alors d'une particularité ethnique, transmise de mère en fille et qui ne relève d'aucune anomalie physique ni hormonale.

● **En revanche, peut être considérée comme anormale une pilosité se développant au visage** – c'est-à-dire aux endroits où, chez l'homme, poussent la barbe et la moustache –, sur la poitrine (autour des mamelons et entre les seins), sur tout le ventre ou encore sur l'intérieur des cuisses. Les poils sont alors épais, longs, et colorés – plus que dans les autres régions du corps. Cette anomalie, appelée « hirsutisme », peut avoir différentes causes.

Quelles peuvent être les causes d'une pilosité anormale ?

● **L'hirsutisme est le plus souvent dû à une sensibilité excessive du système pileux vis-à-vis des hormones sexuelles mâles (androgènes).** Cette anomalie est d'origine génétique. La pilosité anormale apparaît en général à la puberté. Elle s'accentue au fil du temps et ne s'accompagne d'aucun trouble menstruel.

● **L'apparition d'une pilosité « masculine » peut néanmoins, dans certains cas, traduire un excès d'hormones mâles.** L'hirsutisme s'accompagne alors souvent d'un allongement anormal de la durée du cycle menstruel, voire d'une disparition complète des règles. Parfois d'autres signes de « masculinisation », comme une modification de la voix, qui devient plus grave, ou une perte de cheveux, s'observent.

À quoi peut être dû un excès d'androgènes ?

● **Le désordre hormonal qui accompagne la puberté donne parfois lieu à un déséquilibre transitoire de la production d'hormones mâles.** Cette perturbation passe le plus souvent inaperçue, ses manifestations (acné, prise de poids, irrégularité des cycles) se confondant avec les signes habituels de la puberté. Un hirsutisme discret peut alors se manifester, qui disparaît spontanément à mesure que le fonctionnement normal du système hormonal se met en place.

● **Les traitements hormonaux qui contiennent des hormones sexuelles mâles peuvent entraîner une masculinisation se traduisant par un hirsutisme.** C'est le cas des androgènes de synthèse utilisés pour stimuler la synthèse de protéines afin de pallier une insuffisance de celle-ci (dans l'ostéoporose, par exemple) ou pour augmenter artificiellement la masse musculaire.

● **Certains contraceptifs oraux,** bien qu'ils ne contiennent pas d'androgènes, peuvent présenter des effets secondaires « androgéniques ». Le plus fréquent est l'apparition d'une acné, mais une pilosité anormale peut aussi survenir.

● **L'hirsutisme peut enfin traduire une anomalie du fonctionnement des l'ovaires, ou, plus rarement, des glandes surrénales, entraînant une production excessive d'androgènes.** Il peut notamment s'inscrire parmi les manifestations d'un syndrome polykystique des ovaires, atteinte bénigne se traduisant avant tout par une perturbation du cycle menstruel.

Comment peut-on remédier à une pilosité anormale ?

● **L'élimination définitive d'une pilosité anormale demande, dans la plupart des cas, d'associer un traitement hormonal long à des soins locaux répétés – aussi demande-t-elle une certaine patience.** C'est pourquoi certaines femmes préfèrent avoir recours à des procédés aux effets provisoires, mais plus rapides.

● **Le traitement hormonal de l'hirsutisme repose sur la prescription de médicaments dits « antiandrogènes », c'est-à-dire** s'opposant à l'action des hormones mâles sur le système pileux. Le traitement doit être poursuivi plusieurs mois avant de commencer à agir. En général, ces médicaments ont un effet contraceptif.

● **Les soins locaux disponibles sont nombreux.** Le procédé le plus efficace demeure l'épilation électrique, qui est réalisée par un dermatologue. Cette technique a pour avantage une disparition définitive des poils. Néanmoins, elle peut être assez douloureuse. De nombreuses séances sont en outre nécessaires, et le coût du traitement est souvent élevé.

● **Aussi l'épilation à la cire, dans les régions du corps où elle est possible, est-elle parfois préférée, bien qu'elle n'élimine pas définitivement le poil et doive donc être répétée régulièrement.** Dans certains cas encore, une simple décoloration des poils est jugée suffisante ; il existe dans le commerce divers produits destinés à cet usage.

● **Le rasage est en revanche déconseillé, les poils repoussant ensuite plus nombreux et plus épais.**

Quel est le rapport entre la pilosité et les hormones sexuelles mâles ?

L'organisme féminin produit lui aussi des hormones sexuelles mâles, mais en bien moindre quantité que chez l'homme. Ces hormones « androgènes » sont, chez la femme, produites par les ovaires et les glandes surrénales. La peau y est particulièrement sensible, et plus spécialement les petites glandes où prennent naissance les poils – les follicules pilo-sébacés. C'est notamment de l'action des androgènes sur ces follicules que résulte l'acné. Une stimulation excessive par les androgènes – soit par excès d'hormones, soit du fait d'une sensibilité exagérée des follicules – se traduit par une activation du système pileux aux endroits où, normalement, seuls les hommes ont des poils : visage, poitrine. La « masculinisation » suscitée par un excès d'androgènes peut parfois aller jusqu'à une modification de la voix, qui se fait plus grave, une prise de muscle, une perte de cheveux, une diminution du volume des seins, voire un allongement du clitoris.

Polypes et hyperplasie

Les polypes sont des excroissances qui peuvent se développer dans toute cavité revêtue d'une muqueuse. Ceux de l'utérus sont donc développés à partir de l'endomètre, la muqueuse utérine. Ils peuvent être localisés à l'intérieur de la cavité utérine (polypes de l'endomètre) ou être situés au niveau du col de l'utérus (polypes cervicaux) ; ils sont alors visibles par l'examen au spéculum. L'hyperplasie est une augmentation de l'épaisseur de l'endomètre.

CAUSES
- Inconnue
- Insuffisance en progestérone pour l'hyperplasie

SYMPTÔMES
- Aucun symptôme (polypes du col)
- Règles abondantes
- Saignements entre les règles

TRAITEMENT
- Ablation des polypes
- Traitement progestatif pour les hyperplasies simples
- Curetage pour les hyperplasies complexes
- Endométrectomie

Quels sont les causes et les symptômes ?

● **La cause des polypes utérins est mal connue.** L'hyperplasie de l'endomètre est liée à une insuffisance en progestérone.

● **Les polypes, surtout ceux du col, sont parfois dénués de symptômes.** Le plus souvent, comme l'hyperplasie, ils se traduisent par des règles abondantes et des saignements entre les règles.

Comment fait-on le diagnostic et quel est le traitement ?

● **Les polypes du col sont vus à l'examen gynécologique.** Les polypes de l'endomètre et l'hyperplasie sont visualisés grâce à l'échographie et à l'hystéroscopie. Cette dernière, effectuée avec un tube optique, est possible sans anesthésie, mais si une intervention semble nécessaire d'après l'échographie, il vaut mieux la réaliser sous anesthésie générale, pour procéder en même temps au traitement.

● **On traite les polypes et les hyperplasies parce qu'ils sont cause de saignements et de règles abondantes, mais aussi parce qu'ils peuvent dégénérer en cancer.** Cette transformation est exceptionnelle pour les polypes, mais l'hyperplasie utérine favorise à long terme le risque de cancer de l'endomètre. Il existe différents degrés d'hyperplasie : simple, polypoïde, glandulo-kystique, atypique.

● **Une simple pince suffit pour enlever les polypes du col.** Les polypes de l'endomètre sont retirés, sous anesthésie générale, par curetage. L'hystéroscopie permet de guider le curetage et de contrôler l'efficacité de l'intervention ; elle peut montrer une hyperplasie associée.

● **Deux ou trois cycles de traitement progestatif à dose assez élevée peuvent suffire à traiter une hyperplasie simple.** Les formes plus complexes (glandulo-kystiques et atypiques) résistent à ce traitement et doivent faire l'objet d'un curetage sous hystéroscopie.

● **L'endométrectomie est un nouveau traitement** qui tente de résoudre le problème des saignements en supprimant, chez des femmes qui n'ont plus de projet de grossesse, la majeure partie de l'endomètre (par laser, thermo-coagulation ou électro-résection).

Le prolapsus génital

Le prolapsus, ou « descente d'organes », correspond à la situation où une partie des organes génitaux de la femme « descend » et apparaît éventuellement à la vulve, parce que l'appareil de soutien et de suspension de ces derniers est devenu insuffisant. La rééducation des muscles du périnée et une prise en charge plus précoce de ce trouble ont fait diminuer la fréquence et l'importance des prolapsus ; les formes « historiques », celles dans lesquelles l'utérus arrivait à s'extérioriser, sont devenues très rares. Les traitements chirurgicaux permettent de guérir les symptômes associés au prolapsus et, le plus souvent, de restituer une anatomie normale.

CAUSES
- Étirement des ligaments maintenant l'utérus en place
- Déficience du périnée

SYMPTÔMES
- Pesanteur dans le bas-ventre
- Sensation d'une descente d'organes
- Douleurs lombaires
- Fuites urinaires

TRAITEMENT
- Chirurgie
- Traitement de l'incontinence urinaire

PRÉVENTION
- Surveillance des grossesses pour éviter les bébés très gros
- Contrôle du périnée pendant l'accouchement
- Rééducation périnéale post-natale

Quels sont les signes d'un prolapsus ?

● **Un prolapsus génital se manifeste par une pesanteur dans le bas-ventre, la sensation d'une descente d'organes et des douleurs lombaires.** Souvent aussi, c'est la perception d'une « boule » dans le vagin ou à la vulve qui donne l'alerte. Les fuites urinaires (et plus rarement anales) sont aussi un symptôme révélateur habituel.

● **Plusieurs stades de prolapsus peuvent se rencontrer.** Au premier stade, à l'effort, le col de l'utérus descend dans le vagin, mais il reprend facilement sa place. Au deuxième stade, après un effort ou une longue station debout, le col sort par la vulve mais remonte lorsque la tension cesse. La vulve peut alors parfois être tuméfiée. Dans les cas avancés, l'utérus est en permanence visible à l'extérieur du vagin.

Quelles sont les causes d'un prolapsus ?

● **Normalement, l'utérus est maintenu en place dans le petit bassin par des ligaments qui assurent sa suspension, et soutenu par le dessous par les muscles du plancher pelvien.** L'étirement de ces ligaments et la perte d'efficacité du périnée constituent la cause essentielle des prolapsus. Ils peuvent être consécutifs aux accouchements (naissance d'un gros bébé, accouchement très rapide ou ayant provoqué des déchirures périnéales, accouchements répétés).

● **Un prolapsus génital s'observe le plus souvent chez les femmes d'âge moyen qui ont eu plusieurs enfants,** bien qu'il survienne aussi chez les femmes sans enfant et chez les femmes âgées. Il était plus fréquent lorsque les femmes avaient davantage d'enfants, d'autant que la rééducation du périnée n'existait pas et que leur état général était plutôt moins bon qu'aujourd'hui. L'obésité aggrave, par ailleurs, le risque de prolapsus.

● **Ce sont principalement l'utérus et les parois antérieure et postérieure du vagin qui « descendent »,** entraînant plus ou moins avec eux la base de la vessie et la face avant du rectum. Le cul-de-sac de Douglas constitue la partie la plus basse de la cavité abdominale, il forme une

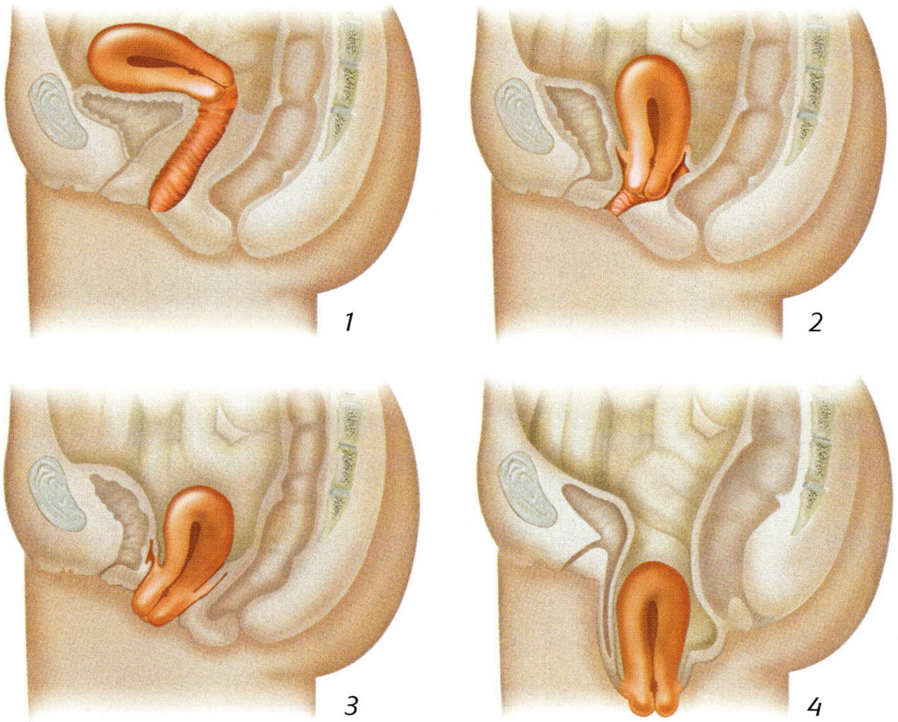

***Les différents degrés de prolapsus.** L'utérus (correctement placé en 1) descend progressivement dans le vagin. Au premier degré (2), la descente est limitée et l'utérus reste dans le vagin. Puis le col devient visible au niveau de la vulve (3) et, enfin la totalité de l'utérus est à l'extérieur (4). Dans ce cas, le prolapsus de l'utérus est associé à une descente de la vessie, du cul-de-sac de Douglas et du rectum.*

sorte de godet derrière l'utérus, au dessus du fond du vagin. Il peut aussi glisser vers le bas entre le rectum et le vagin.

Comment fait-on le diagnostic de prolapsus ?

● **Un prolapsus génital est diagnostiqué par l'examen clinique,** parfois lors d'un examen gynécologique de routine.

● **Différents examens radiologiques permettent de bien visualiser l'ensemble des modifications anatomiques.** En effet, si une intervention chirurgicale est prévue, il est très important de bien diagnostiquer toutes les caractéristiques du prolapsus (en négliger une risquerait de compromettre le bon résultat de l'intervention).

● **Il est aussi utile de vérifier que l'éventuelle incontinence urinaire n'est pas due à une cause indépendante du prolapsus, en particulier une hypercontractibilité de la vessie : c'est le rôle des explorations urodynamiques.** Ces examens permettent en effet de distinguer l'incontinence urinaire d'effort, purement mécanique et survenant aux éternuements, aux éclats de rires…, et liée à un prolapsus, de l'instabilité vésicale, affaire de commande nerveuse de la vessie. La pression abdominale résultant d'un effort se répartit normalement sur tout le volume de la vessie. Si celle-ci est trop basse, la partie où se trouve le sphincter ne bénéficie plus de cette pression qui aide aussi la vessie à rester fermée et la fuite se produit, cas de l'incontinence urinaire d'effort. Le mauvais fonctionnement de la commande nerveuse de la vessie se traduit par un besoin impérieux d'uriner, souvent à un moment particulier (par exemple au moment où on est arrivée chez soi et où il n'y a plus qu'à déverrouiller la porte : c'est le « syndrome du paillasson »). Le traitement est médicamenteux ; les techniques de relaxation et de reconditionnement peuvent aussi aider.

Quel est le traitement ?

● **Le traitement est d'abord préventif.** En évitant les naissances de bébés trop gros (surveillance de la grossesse), en contrôlant bien le périnée pendant l'accouchement (épisiotomie en cas de besoin), en permettant aux femmes de bien rééduquer leur périnée après la naissance de leur enfant et en vérifiant régulièrement l'efficacité de cette rééducation (il est facile de s'en assurer à chaque examen gynécologique), on diminue la fréquence et l'importance des prolapsus.

● **Si les mesures de prévention n'ont pas suffi, le traitement est chirurgical.** Il dépend de la nature et de l'importance du prolapsus, de l'âge de la femme, de la qualité de ses tissus, de l'existence ou non de relations sexuelles ainsi que du désir de maternité. Le traitement fait appel à différentes techniques destinées à remettre en place les organes déplacés.

Dans certains cas, il peut être associé à une ablation de l'utérus (hystérectomie).

● **L'hystéropexie consiste à fixer l'utérus à un élément stable du petit bassin à l'aide de fil ou de treillis.** Deux méthodes sont encore utilisées : la fixation à un ligament de la première vertèbre sacrée (promontofixation) et le raccourcissement des ligaments ronds qui soutiennent l'utérus (hystéropexie ligamentaire).

● **La colpopérinéorraphie vise à redonner au vagin et au périnée leur forme, leur position et leurs dimensions initiales.** Elle a pour principale indication les prolapsus génitaux avec béance de la vulve, consécutifs à un traumatisme (le plus souvent lié à l'accouchement d'un gros bébé). L'intervention se pratique par les voies naturelles, la patiente se trouvant sous anesthésie générale ou régionale. Elle permet de continuer à mener une vie sexuelle. Toutefois, on s'efforce de l'éviter chez les femmes en période d'activité génitale pour limiter les risques de douleurs apparaissant au cours des rapports sexuels.

● **À toutes ces interventions peuvent s'adjoindre le traitement de l'incontinence urinaire, ainsi que la réparation d'une rectocèle (le rectum fait saillie dans le vagin) ou d'une élytrocèle (le cul-de-sac de Douglas passe entre le rectum et le vagin).** Le TVT (Tension Free Vaginal Tape) est une intervention simple qui ne constitue pas un traitement des prolapsus, mais qui résout souvent l'incontinence urinaire qui leur est associée (s'il s'agit bien d'une incontinence d'effort pure, d'où l'importance du bilan préalable). Si le prolapsus n'est pas important, le TVT peut être le seul acte chirurgical nécessaire et il est réalisable sans anesthésie générale. Cette intervention consiste à faire passer une bandelette synthétique sous le méat urinaire et à la faire remonter de chaque côté sous la peau jusqu'au pubis ; elle crée une sorte de siphon très efficace.

● **Aux femmes très âgées qui ne veulent pas ou ne peuvent pas être opérées est proposé le port d'un anneau de caoutchouc plus ou moins flexible, le pessaire.** Placé autour du col utérin, il permet de maintenir les organes en place. Pour ne pas causer d'infection, il doit être changé régulièrement et nécessite une surveillance médicale ainsi qu'un traitement anti-infectieux local. Le pessaire est introduit manuellement au fond du vagin, de sorte que le col de l'utérus fasse saillie au centre.

Le vocabulaire des médecins pour préciser les prolapsus

L'abaissement de l'utérus constitue ***l'hystéroptose*** *(le suffixe « ptose » désigne, en général, la situation trop basse d'une partie du corps). Il arrive souvent que l'utérus, faute de trouver ses appuis naturels, subisse un* ***allongement hypertrophique du col.*** *La descente de la paroi du vagin, crée une* ***colpocèle.*** *On observe surtout des colpocèles antérieures et postérieures parce que les parois latérales du vagin sont mieux arrimées. Si l'urètre descend avec le vagin antérieur, c'est une* ***urétrocèle.*** *Si la vessie descend dans la colpocèle antérieure, c'est une* ***cystocèle.*** *Si le rectum se glisse dans la colpocèle postérieure, c'est une* ***rectocèle.*** *Si le cul-de-sac de Douglas passe entre le rectum et le vagin, c'est une* ***élytrocèle.***

La rétention d'eau

Le corps humain est constitué de 60 % d'eau. Normalement, il existe un équilibre entre les quantités de liquide présentes dans le sang et dans les tissus. Cependant, il arrive que cet équilibre se dérègle. Survient alors la rétention anormale du liquide dans les tissus de l'organisme que l'on appelle « œdème ». Ce trouble fréquent, qui atteint surtout les femmes, apparaît très souvent au niveau des jambes.

CAUSES

- Inflammation d'une veine ou d'un vaisseau lymphatique
- Insuffisance cardiaque
- Carence en protéines
- Rétention de sel

SYMPTÔMES

- Augmentation de poids
- Gonflement des chevilles ou des jambes
- Douleur et sensation de chaleur

TRAITEMENT

- Anticoagulants
- Diurétiques
- Cardiotoniques et vasodilatateurs
- Bas de contention

Quelles sont les causes d'une rétention d'eau ?

Une rétention d'eau peut être due à la présence d'un obstacle dans une veine ou dans un vaisseau lymphatique. Cet obstacle gêne la circulation des liquides. On parle de « phlébite » si c'est une veine qui est en cause, de « lymphangite » si c'est un vaisseau lymphatique. Plus rarement, une tumeur (lymphome) peut comprimer un vaisseau et entraîner l'apparition d'un œdème. L'insuffisance cardiaque, en augmentant la pression sanguine peut aussi être à l'origine d'un œdème des jambes.

Par ailleurs, une carence ou, à l'opposé, un excès de certaines substances dans le sang, entraînent parfois un dérèglement du mécanisme de régulation des liquides de l'organisme. On retrouve souvent en cause une diminution du taux de protéines, une rétention de sel due à une insuffisance rénale ou hépatique ou encore un manque de vitamines B1.

Comment apparaît un œdème et comment l'enrayer ?

Lorsque l'œdème devient vraiment important, les jambes gonflent, surtout le soir. Ce premier symptôme est souvent accompagné d'une grande fatigue. Le gonflement est très variable : il peut rester cantonner aux chevilles ou bien toucher l'ensemble des jambes. L'œdème peut aussi se manifester sur une seule jambe : il s'agit alors d'une insuffisance veineuse provoquée par des varices ou d'une phlébite d'une veine profonde. Le malade ressent alors une douleur intense et une sensation de chaleur. Il n'est pas rare que l'œdème se complique : plaie persistante ou encore inflammation de la peau liée à l'infection par une bactérie.

Le traitement est différent suivant l'origine de l'œdème : anticoagulants en cas de phlébite ; diurétiques, cardiotoniques et vasodilatateurs en cas d'insuffisance cardiaque. Il est conseillé aux malades de porter des bas de contention afin de faciliter le retour du sang des extrémités vers le cœur. En cas d'insuffisance veineuse, il est recommandé de dormir avec les jambes légèrement surélevées et de prendre des veinotoniques. Dans de nombreux cas, un régime alimentaire pauvre en sel est prescrit. Enfin, des massages peuvent aussi être pratiqués.

La sciatique

La sciatique est une douleur ressentie dans toute la jambe, des orteils au bassin, due à une irritation de la racine du nerf sciatique et propagée par le nerf lui-même. Elle traduit le plus souvent une lésion bénigne et passagère des vertèbres, souvent consécutive à un faux mouvement.

CAUSES
- Irritation de la racine du nerf sciatique
- Hernie discale
- Arthrose

SYMPTÔMES
- Lumbago
- Douleur longeant toute la jambe, de la cuisse aux orteils

TRAITEMENT
- Antalgiques et anti-inflammatoires
- Kinésithérapie

Quelle est la cause d'une sciatique ?

- **Le nerf sciatique est constitué de la réunion de deux « branches » nerveuses,** prenant naissance dans le bas de la colonne vertébrale, pour se prolonger sur toute la jambe, où elles se partagent le contrôle des différents muscles.
- **Une irritation de la racine de l'une de ces branches se traduit par une douleur se propageant à toutes les régions de la jambe qu'elle parcourt.** Cette irritation est souvent due, chez les personnes jeunes, à une « hernie discale », c'est-à-dire une déformation de l'un des petits disques s'intercalant entre deux vertèbres, ce disque venant alors comprimer le nerf passant à proximité. Chez les personnes âgées, la sciatique résulte parfois du vieillissement d'une articulation joignant deux vertèbres (arthrose).

Comment se manifeste-t-elle et comment la traiter ?

- **La crise de sciatique est souvent annoncée par une douleur dans le bas du dos.**
- **La douleur se propage ensuite à la jambe, se localisant différemment selon que l'anomalie touche l'une ou l'autre branche du nerf sciatique.** Une compression de la 1re branche se manifeste par une douleur sur la partie externe de la cuisse et du mollet, sur le dos du pied jusqu'au gros orteil. Une atteinte de la 2e branche entraîne une douleur sur tout l'arrière de la jambe, de la fesse au talon, longeant la plante et le côté extérieur du pied, jusqu'au petit orteil. La douleur est vive, accentuée lors d'un effort ou lorsque l'on tousse.
- **En général, la douleur évolue spontanément de manière favorable en moins de deux mois.** Le traitement (antalgiques et anti-inflammatoires) vise à atténuer la douleur et à faciliter la guérison. Il est nécessaire de garder le lit tant que la douleur l'impose, les déplacements et les activités pouvant ensuite être repris progressivement.
- **Une rééducation est nécessaire, pour remuscler la jambe et le dos.** Le kinésithérapeute indiquera les positions et les mouvements à adopter et ceux à éviter, pour prévenir une récidive.
- **Dans de rares cas, la douleur persiste :** une sciatique qui dure plus de deux mois peut ainsi demander une intervention chirurgicale.
- **La prise en charge d'une sciatique due à une arthrose est comparable.**

Seins : les différentes grosseurs bénignes

La découverte d'une « grosseur » dans le sein suscite immanquablement la crainte d'un cancer. Or ce risque est assez faible, en particulier chez la femme de moins de 50 ans, et cette inquiétante grosseur se révèle, dans neuf cas sur dix, être une atteinte bénigne : kyste, adénofibrome ou « mastose ». De telles anomalies sont fréquentes et n'augmentent pas le risque de développer ultérieurement un cancer du sein. L'existence d'une grosseur dans le sein doit néanmoins conduire à consulter un médecin, d'une part car sa nature non cancéreuse doit être vérifiée, d'autre part parce que ces lésions, quoique bénignes, nécessitent une surveillance et parfois un traitement.

CAUSES
- Adénofibrome
- Kyste
- Mastose
- Lipomes

SYMPTÔMES
- Petite boule lisse indolore et mobile
- ou Douleurs plus ou moins marquées
- ou Lésions perceptibles au toucher

TRAITEMENT
- Ponction
- ou Traitement hormonal par voie orale ; applications locales de gel de progestérone
- ou Antibiotiques, anti-inflammatoires, drainage

Quels examens sont nécessaires ?

L'apparition d'une grosseur dans un sein, fréquemment découverte au toucher par la femme elle-même, conduit le médecin à réaliser divers examens : leurs objectifs sont d'une part d'écarter l'éventualité d'un cancer et d'autre part d'identifier avec certitude la lésion.

La mammographie et l'échographie permettent de détecter une grosseur, d'en visualiser l'aspect et de surveiller son évolution, mais elles sont parfois insuffisantes à en identifier la nature.

L'examen le plus approprié pour cela est la ponction, ou cytoponction, qui est un prélèvement fait dans la lésion à l'aide d'une mince aiguille. Cet examen est extrêmement simple, rapide et indolore. Le prélèvement est peut-être exclusivement liquide s'il s'agit d'un kyste. Celui-ci est alors entièrement ponctionné et se trouve donc par le même geste identifié et éliminé. En cas d'adénofibrome, ce prélèvement est au contraire constitué principalement de cellules. Ces cellules doivent être ensuite examinées en laboratoire, afin de confirmer l'aspect bénin de la tumeur.

Quels traitements pour quelles grosseurs ?

L'adénofibrome. Une grosseur au niveau du sein chez une femme jeune a de très grandes chances d'être un adénofibrome, une tumeur bénigne de la glande mammaire. Cette anomalie survient chez une femme sur cinq ; elle est donc assez fréquente. Elle peut se déclarer entre 15 et 35 ans ; rarement au-delà de 40 ans. L'adénofibrome forme une petite boule lisse, indolore, assez ferme, très mobile sous la peau, d'un diamètre de 2 ou 3 cm en moyenne, parfois plus. Il n'est pas rare que plusieurs adénofibromes coexistent, dans un sein ou dans les deux. L'adénofibrome, se formant à partir d'une glande mammaire, est de ce fait sensible aux variations hormonales qui marquent le cycle menstruel.

Son volume peut ainsi augmenter, de façon plus moins marquée, à l'approche des règles, occasionnant alors parfois des douleurs.

La stratégie à adopter est en grande partie fonction de l'âge de la femme, mais tous les adénofibromes doivent être surveillés par un examen clinique et par une échographie ; toute modification nette doit conduire à pratiquer une cytoponction. Avant 20 ans, les petits adénofibromes régressent souvent spontanément. Jusqu'à 35 ans, une surveillance, avec ponctions éventuelles, suffit. Si l'adénofibrome s'accroît, s'il change de texture, s'il est douloureux, si l'on a passé l'âge de 35 ans, il est préférable de l'opérer, car l'association à un cancer débutant devient un peu plus fréquente. L'intervention est simple et permet une analyse complète de la tumeur. Elle supprime aussi l'angoisse entretenue par une surveillance prolongée. L'indication chirurgicale sera cependant discutée au cas par cas. En cas d'adénofibromes multiples, on évite de les retirer tous pour ne pas, en modifiant la structure du sein, rendre le suivi plus difficile. Par ailleurs, la contraception orale doit être adaptée en fonction des adénofibromes et de leurs caractéristiques.

● **Les kystes.** Un kyste mammaire est une poche de liquide se formant spontanément à l'intérieur du sein. Il s'agit d'une anomalie fréquente et tout à fait bénigne. Une femme sur deux en est atteinte un jour ou l'autre, le plus souvent entre 40 et 50 ans. Il est néanmoins susceptible d'apparaître à tout âge.

Le kyste se signale souvent par des douleurs, plus ou moins marquées. C'est notamment le cas des kystes apparaissant soudain, en quelques jours, durant la seconde partie d'un cycle menstruel. Mais sa présence peut passer inaperçue, le kyste étant alors découvert fortuitement, à l'occasion d'un examen médical. Le kyste « simple », isolé, n'est symptomatique d'aucune maladie. Il est néanmoins plus fréquent chez les femmes qui ont des cycles irréguliers. Un kyste d'apparition brutale fait souvent suite à un choc psychologique. L'association de plusieurs kystes, souvent dans les deux seins, s'inscrit généralement dans le cadre de la maladie polykystique.

En l'absence de traitement, le kyste peut disparaître spontanément ou bien, au contraire, persister. Il se manifeste alors de manière cyclique. Le kyste est rapidement et définitivement éliminé par une ponction, geste médical simple et indolore.

● **Mastose et mastopathies bénignes.** Certaines femmes présentent diverses atteintes bénignes, surtout dans la partie haute et externe des seins. Ces lésions sont des « plaques de mastose », zones de plus grande densité et de plus grande sensibilité des seins. Elles sont éventuellement associées à des kystes, à des petites boules de graisse (lipomes) ou à des adénofibromes, dans le cadre des mastopathies bénignes. Elles sont douloureuses, surtout avant les règles, et souvent perceptibles au toucher. Elles se traduisent par des zones durcies, bien délimitées, des petites granulations ou des grosseurs multiples.

Les déséquilibres hormonaux sont une cause fréquente de mastose. Toutes les situations de stress (professionnelles, affectives, liées à une maladie) peuvent, en perturbant la « boucle de commande » du cycle féminin, provoquer des dérèglements hormonaux susceptibles de déclencher ou d'aggraver ce trouble. Une contraception hormonale comme un traitement de la ménopause mal adapté accentuent aussi parfois la maladie.

Le rôle de l'insuffisance en progestérone est actuellement discuté. Les traitements progestatifs (gel transcutané et comprimés de progestatifs de synthèse) sont souvent efficaces, ce qui justifie de les essayer, en n'hésitant pas à les remettre en cause s'ils s'avèrent inefficaces ou s'ils aggravent la situation. Les éventuels kystes sont ponctionnés s'ils deviennent tendus et douloureux ; la ponction peut permettre d'obtenir leur disparition définitive.

Une étroite surveillance médicale est nécessaire, la présence de la maladie compliquant l'examen du sein. Le dépistage du cancer du sein doit donc être réalisé de façon plus attentive et plus fréquente. La mastose s'atténue progressivement à la ménopause, mais les traitements hormonaux de substitution ont tendance à la prolonger.

Les seins douloureux

Parcourus par un réseau particulièrement dense de vaisseaux sanguins et de fibres nerveuses, très sensibles aux variations hormonales, les seins sont souvent le siège de sensations douloureuses, de nature diverse. Les plus courantes sont les mastodynies, douleurs d'origine hormonale, survenant dans les deux seins, quelques jours avant les règles. Des douleurs plus localisées, ne touchant qu'un seul sein, peuvent être causées par un kyste.

CAUSES

- Mastose, souvent prémenstruelle
- Kyste isolé
- Maladie polykystique
- Infection (mastite, abcès), cancer
- Douleurs intercostales

SYMPTÔMES

- Douleurs isolées
- Douleurs dans le cadre d'un syndrome prémenstruel
- Douleurs associées à des anomalies de palpation
- Douleurs associées à une inflammation aiguë, infectieuse (mastite, abcès) ou cancéreuse (mastite carcinomateuse)

TRAITEMENT

- Progestérone par voie locale ou par voie orale
- Anti-inflammatoires
- Régime appauvri en sel

Comment se manifestent ces douleurs et comment les traiter ?

Les douleurs prémenstruelles. Il est fréquent que les quelques jours qui précèdent les règles soient marqués d'une sensation de lourdeur, de tension douloureuse dans les seins. Ces douleurs, appelées mastodynies, ne traduisent aucun trouble physique mais peuvent occasionner, par leur intensité ou leur durée, une gêne véritable. Elles constituent alors une anomalie, pour laquelle des traitements existent. Généralement, d'autres troubles, physiques ou psychologiques, s'y associent pour former le syndrome prémenstruel.

Ces douleurs, d'origine hormonale, dépendent aussi du contexte psychologique. Un événement douloureux ou un climat plus général de mal-être peuvent ainsi à eux seuls susciter des douleurs mammaires. La cause « locale » des douleurs est une perturbation de la circulation sanguine, se traduisant par une rétention d'eau dans les seins, qui se trouvent de ce fait enflés et tendus.

Le principal traitement de ces mastodynies est la progestérone, en application locale ou par voie orale. Sont également souvent prescrits des anti-inflammatoires ainsi que des médicaments favorisant la circulation sanguine. Les extraits d'huile de bourrache et d'onagre peuvent aussi être efficaces et méritent d'être essayés. Un régime appauvri en sel contribue également à limiter la rétention d'eau dans les seins.

Les kystes peuvent occasionner des douleurs soudaines lorsqu'ils se mettent « sous tension » ou lorsqu'ils sont le point de départ d'une infection (mastite). Ils nécessitent alors une consulation en urgence.

Les « fausses » mastodynies. Certaines douleurs ressenties dans les seins trouvent leur origine en un tout autre endroit : le dos, le sternum, l'épaule ou les côtes, ou encore le muscle situé sous le sein.

La douleur ne se manifeste alors pas à l'endroit où elle prend naissance, mais suit le trajet d'un nerf pour aller se projeter dans le sein. La distinction avec une mastodynie véritable est parfois difficile à établir, l'origine des douleurs n'étant, dans certains cas, identifiée que lorsque les traitements hormonaux s'avèrent inefficaces.

Les écoulements anormaux

Un écoulement par les mamelons en dehors des périodes d'allaitement constitue une anomalie qu'il est préférable de signaler au médecin. Il faut avant tout distinguer le type d'écoulement selon que le liquide émis est du lait (galactorrhée) ou une autre substance.

CAUSES

- Sécrétion excessive de prolactine
- Persistance non expliquée de la lactation, longtemps après l'arrêt de l'allaitement

ou

- Dilatation d'un canal galactophore
- Tumeur bénigne (papillome) d'un canal
- Cancer du sein

SYMPTÔMES

- Écoulement spontané de lait par tous les pores
- Écoulement abondant de liquide transparent, par un ou plusieurs pores
- Écoulement de liquide brun foncé verdâtre ou sanglant, par un ou plusieurs pores

TRAITEMENT

- Suppression de la cause d'hyperprolactinémie
- Si aucune cause n'est trouvée, surveillance

ou

- Surveillance (dilatation galactophorique)
- Ablation du canal contenant le papillome
- Traitement d'un cancer intragalactophorique

Quelles sont les causes de ces écoulements ?

● **Les galactorrhées.** Il s'agit d'écoulements laiteux persistant bien après que l'allaitement a été interrompu ou apparaissant spontanément, en dehors de toute lactation. Il faut d'abord vérifier par une prise de sang s'il n'existe pas un excès de production de la prolactine, l'hormone sécrétée par l'hypophyse qui commande la lactation. Dans ce cas, on note aussi habituellement un espacement ou une disparition des règles (syndrome aménorrhée-galactorrhée).

Une sécrétion excessive de prolactine peut être la conséquence de la prise de nombreux médicaments (certains antidépresseurs, antihypertenseurs, anti-acides, antihistaminiques...). Elle peut aussi être due à des tumeurs hypophysaires, à rechercher par un scanner ou une IRM (imagerie par résonance magnétique). Ces « adénomes » hypophysaires sont bénins, mais s'ils grossissent, ils risquent de causer une cécité en comprimant les nerfs optiques. Il existe des médicaments permettant de faire diminuer les adénomes hypophysaires ; leur ablation chirurgicale est rarement nécessaire. La prise d'une pilule œstroprogestative est formellement contre-indiquée : elle serait particulièrement dangereuse dans ce cas puisqu'elle pourrait provoquer une augmentation rapide du volume de la tumeur.

● **Les écoulements non laiteux.** L'écoulement par le mamelon d'un liquide non laiteux, éventuellement coloré ou sanglant, traduit une maladie du sein et doit toujours faire consulter. Ces écoulements concernent souvent un seul sein et un nombre limité de pores. Le plus souvent, il s'agit d'une simple dilatation d'un canal d'une glande mammaire (canal galactophore, c'est à dire porteur de lait), dans lequel se sont accumulées des sérosités (liquides) et des cellules du revêtement du canal. Il est toujours nécessaire de pratiquer une mammographie associée à une échographie. Une cytologie (étude des cellules) de l'écoulement (simplement par frottis) et une galactographie (on injecte dans le canal dilaté un liquide opaque aux rayons avec un très fin cathéter) sont éventuellement pratiquées.

Ces examens permettent en effet de vérifier s'il n'existe pas une tumeur bénigne (papillome) ou maligne à l'intérieur de ce galactophore et, le cas échéant, de la prendre en charge dans les meilleures conditions.

Le sida

Le sida (syndrome immunodéficitaire acquis) correspond à un déficit immunitaire chronique induit par le virus VIH, qui fait partie de la famille des rétrovirus. Ce déficit de l'immunité cellulaire provoque des manifestations cliniques diverses et nombreuses. Le virus a été isolé en 1983 à l'Institut Pasteur de Paris par l'équipe du professeur Luc Montagnier. Depuis, on connaît son mode de transmission, ou de non transmission. Des traitements permettent de lutter contre les affections qui en découlent mais le vaccin n'ayant toujours pas été trouvé, la prévention reste la seule carte à jouer pour ne pas être contaminé.

CAUSE

- Infection par le VIH, après rapport sexuel avec une personne contaminée, ou par l'intermédiaire de sang contaminé

SYMPTÔMES

- Déficit du système immunitaire

TRAITEMENT

- Antiviraux sous forme de trithérapie

Comment se développe la maladie ?

- **Dans les dix années suivant la découverte de leur séropositivité,** 60 % des personnes contaminées développent un véritable sida, 20 % ne présentent aucun signe de la phase sida et enfin 20 % ne connaissent que des symptômes mineurs.
- **Il y a une très grande diversité de manifestations.** Cependant, certaines sont plus fréquentes que d'autres : les cancers, le sarcome de Kaposi, les infections opportunistes, appelées ainsi car les microbes profitent de l'amoindrissement des défenses immunitaires pour envahir l'organisme. Et enfin, les manifestations neurologiques quand le VIH pénètre dans le cerveau : elles se caractérisent par des pertes de mémoire, une certaine confusion de langage, une diminution de l'acuité visuelle, et divers troubles psychiques.
- **Le sida n'a pas une évolution continue.** En effet, il évolue par poussées successives séparées par des phases de latence. Il arrive même que le malade semble en rémission mais, parfois, ces périodes sont suivies de rechutes.

Comment se fait la contamination par voie sexuelle ?

- **L'être humain est le seul réservoir du virus :** la contamination se fait donc uniquement par le contact avec des personnes infectées.
- **Le VIH se transmet par les sécrétions sexuelles et par le sang.** Faire l'amour peut devenir l'acte de tous les dangers s'il est fait avec une personne contaminée, même si celui-ci n'est accompli qu'une fois ! Toutes les relations sexuelles, qu'elles soient vaginales ou anales, homosexuelles ou hétérosexuelles, peuvent transmettre le VIH. La transmission du virus se fait, dans les couples hétérosexuels, aussi bien dans le sens « homme-femme » que « femme-homme ». En raison de la plus grande fragilité des muqueuses, les relations anales sont plus « infectantes » que les relations vaginales. Toutes les infections génitales de l'un des partenaires augmentent considérablement le risque de transmission de la maladie, qu'elles

soient situées sur le gland ou le vagin. Les contacts oraux-génitaux et oraux-anaux comportent eux aussi des risques. De ce fait, il est recommandé d'utiliser aussi un préservatif lors de ces pratiques.

Le risque de la contamination par le sang existe-t-il toujours ?

● **La transmission du VIH par le sang peut avoir lieu à différentes occasions : lors d'une transfusion ou de l'injection de produits sanguins.** Mais celle-ci est devenue exceptionnelle en France du fait de la nouvelle réglementation en application depuis 1985.

● **La contamination peut se faire aussi par des seringues et des aiguilles souillées** : c'est en fait le problème des toxicomanes qui utilisent du matériel ayant déjà servi. En revanche, dans le milieu médical, les seringues, les aiguilles ou autres instruments ne présentent plus aucun risque, tant sont rigoureuses les précautions qui entourent leur usage. En ce qui concerne le tatouage et le piercing, le risque est nul si le matériel est stérilisé et neuf (il sort d'une pochette fermée) et si la personne qui exerce porte elle-même des gants stériles.

● **Au cours de la grossesse, le risque existe pour le bébé** : en effet, le VIH peut se transmettre de la maman à son bébé, soit à travers le placenta pendant la grossesse, soit au moment de l'accouchement.

Comment savoir si l'on est contaminé ?

● **Lorsqu'il y a eu rapport sexuel non protégé, le risque est présent, d'autant plus si l'on ne connaît pas l'état de santé du partenaire.** Si le rapport date de moins de 48 heures, il est vivement conseillé d'aller consulter un médecin. Celui-ci peut prescrire un traitement antiviral destiné à prévenir l'infection. Si le rapport est plus ancien, seul un test diagnostic peut permettre de révéler la séropositivité. Une prise de sang permettra de découvrir des anticorps dirigés contre le virus (séropositivité) ou du virus lui-même (sida déclaré).

Quel est le traitement ?

● **Le but des traitements est d'empêcher la prolifération du virus.** Il en existe deux grands types : d'une part, les inhibiteurs de la transcriptase reverse qui vont empêcher cette enzyme de transformer l'ARN du virus en ADN. Le patrimoine génétique du VIH ne pourra pas s'intégrer au génome du lymphocyte (cellule du système immunitaire). D'autre part, les antiprotéases qui vont empêcher la protéase de fonctionner. Cette enzyme ne peut plus terminer la fabrication des protéines du virus, notamment celles de l'enveloppe. Le nouveau virus fabriqué ne peut plus ainsi infecter d'autres cellules.

● **Ces deux traitements sont en général administrés sous forme de trithérapies** (deux inhibiteurs de la transcriptase inverse et une antiprotéase). Cela permet de rendre le virus indétectable dans le sang, mais ne l'élimine pas. De plus, ces traitements comportent d'importants effets secondaires. L'espoir d'arriver à éradiquer cette maladie ne se trouve que dans la mise au point d'un vaccin.

Pour éviter le sida aujourd'hui : le port systématique du préservatif

C'est la contamination par voie sexuelle qui reste actuellement prédominante, celle par le sang ayant été enrayée grâce à des réglementations draconiennes. La seule solution aujourd'hui pour éviter cette maladie est le port systématique d'un préservatif pour tout rapport sexuel avec un partenaire dont on ne connaît pas l'état de santé.
Le préservatif masculin ne doit servir qu'une seule fois et être donc changé à chaque rapport afin d'éviter tout risque de rupture du latex. Il existe aussi un préservatif féminin, prélubrifié, à placer dans le vagin dans les heures précédant des rapports (en France, ce préservatif est très peu utilisé).

Le syndrome des ovaires polykystiques

Le syndrome des ovaires polykystiques se manifeste par un dérèglement du fonctionnement des ovaires, qui conduit, à partir de la puberté, à un espacement progressif des règles et, en général, à l'apparition d'une hyperpilosité, accompagnée d'acné et de séborrhée (peau grasse). Parallèlement à ces symptômes, il existe souvent un excès de poids et une prédisposition au diabète. L'ensemble des signes, comme la difficulté à concevoir une grossesse, sont très variables en fonction des cas. Selon que l'on utilise des critères plus ou moins stricts, on estime que la maladie concerne de 3 à 20 % des femmes.

CAUSES

- Inconnue
- Facteurs associés : excès de poids, diabète, risque cardiovasculaire

SYMPTÔMES

- Espacement des règles (spanioménorrhée)
- Hirsutisme
- Pigmentation noirâtre des aisselles, du cou et des coudes (acanthosis nigricans)
- Ovulations irrégulières

TRAITEMENT

- Régularisation des règles
- Traitement de l'hirsutisme
- Aide à la procréation

Comment se manifeste ce syndrome ?

- **Les troubles apparaissent dans les années qui suivent les premières règles.** En l'absence de contraception orale (qui provoque des « fausses règles » régulières), la jeune fille constate un espacement progressif de ses menstruations (spanioménorrhée), qui surviennent tous les deux mois, voire deux ou trois fois par an ; cette perturbation du cycle peut cependant ne pas exister. L'excès de pilosité (hirsutisme) est le signe le plus constant ; il touche le visage, les seins, la ligne médiane du ventre, les membres. Une acné se manifeste. Souvent, un surpoids ou une obésité apparaissent. Chez les femmes obèses, une pigmentation noirâtre des aisselles, du cou et des coudes (acanthosis nigricans) peut survenir, pouvant évoquer, à tort, un manqued'hygiène. Les brunes sont plus affectées par ces troubles dermatologiques.
- **Le surpoids est lié à une mauvaise sensibilité à l'insuline.** L'augmentation de cette hormone, qui fait pénétrer le sucre dans les cellules, perturbe aussi le fonctionnement des hormones ovariennes et hypophysaires. L'excès de poids prédomine sur le torse (surpoids tronculaire, de type masculin) plutôt que sur les hanches et les fesses. Il est souvent associé à une tendance au diabète et évolue en général vers une obésité.
- **En cas de désir de grossesse, la situation est très variable.** Parfois, la grossesse souhaitée survient spontanément. Dans d'autres cas, un véritable traitement de stérilité est nécessaire. À l'heure actuelle, aucune prédiction de la fécondité future n'est possible. Une femme qui a déjà conçu spontanément pourra avoir besoin d'une aide médicale pour les grossesses suivantes, et inversement.

Comment fait-on le diagnostic ?

- **L'échographie montre des ovaires augmentés de volume, remplis de microkystes,** avec une augmentation de l'épaisseur du tissu ovarien (le stroma) qui les entoure.

- **La production d'hormones qui commandent les ovaires est perturbée, avec une augmentation de la LH par rapport à la FSH** (une hausse modérée de la prolactine est souvent associée). Les hormones masculines, les androgènes, en particulier la testostérone libre, la Delta 4 androstènedione et la SDHEA, sont en général trop élevées.
- **D'autres maladies peuvent entraîner un espacement des règles, un hirsutisme ou une pigmentation et beaucoup d'aspects d'ovaires microkystiques à l'échographie ne correspondent pas à un syndrome des ovaires polykystiques.** Il faut donc écarter, par un bilan soigneux, les autres causes d'augmentation des androgènes ou de troubles des règles, qui peuvent relever de traitements différents. Le diagnostic de syndrome des ovaires polykystiques n'est posé que sur un ensemble d'arguments.

Quel est le traitement ?

- **La sécrétion des œstrogènes par les ovaires persiste dans le syndrome des ovaires polykystiques, mais la quasi-absence d'ovulation implique une carence en progestérone qu'il est souhaitable de compenser par la prise de progestatifs dix jours par mois.** Cette carence peut, en effet, exposer à long terme à un risque accru de cancer de l'endomètre. Même en l'absence de règles, une ovulation peut survenir à tout moment : une contraception est nécessaire en l'absence de désir de grossesse.
- **La contraception orale résout ces problèmes et instaure des règles artificielles.**
- **L'hirsutisme aussi est amélioré par la contraception orale.** On utilise souvent l'association d'un progestatif anti-androgène puissant (acétate de cyprotérone) et d'œstrogènes naturels. Lorsque l'hirsutisme est très gênant, une épilation électrique définitive est recommandée sur certaines zones ; elle nécessite de nombreuses séances. Le rasage est déconseillé car il favorise la repousse des poils.
- **L'excès de poids et la résistance à l'insuline qui lui est liée sont plus difficiles à soigner.** La perte de poids provoque pourtant une amélioration de tous les signes du syndrome des ovaires polykystiques.

L'activité physique est aussi importante que le régime, d'autant que la tendance au diabète et l'excès de poids de type masculin constituent des facteurs de risque cardiovasculaire. Une prise en charge spécialisée est le plus souvent nécessaire.

- **La grossesse survient parfois au terme d'une durée normale de rapports non protégés.** Pour d'autres femmes, une aide médicale à la procréation sera nécessaire. La stimulation ovarienne est délicate (risque d'hyper-stimulation), et elle n'est pas toujours fructueuse. On pratique donc parfois un geste chirurgical qui consiste à créer, lors d'une cœlioscopie, des ouvertures à la surface des ovaires.

Récemment, on a découvert qu'un médicament utilisé contre le diabète (la metformine), en corrigeant le taux d'insuline dans le sang (insulinémie), pouvait régulariser les cycles et favoriser la reprise de l'ovulation.

Les résultats du bilan médical

Ce bilan doit obligatoirement être fait en début de cycle : on déclenche donc habituellement les règles par une traitement progestatif de 10 jours. Les taux hormonaux ne sont pas interprétables en dehors de cette précaution. Les résultats qui permettent d'orienter le diagnostic vers un syndrome des ovaires polykystiques sont les suivants :

– augmentation de la LH, hyperstimulable sous LHRH ;
– augmentation modérée de la prolactine ;
– augmentation des androgènes (hormones sexuelles masculines) ;
– aspect augmenté de volume et présence de kystes multiples sur les deux ovaires ;
– taux normaux des autres hormones surrénaliennes et des œstrogènes.

Le syndrome prémenstruel

Fatiguée, irritable, dépressive, impression d'être gonflée, sensations douloureuses dans les seins, le bas-ventre... Pour bien des femmes (près d'une sur deux selon certaines enquêtes), le syndrome prémenstruel fait partie de ces réalités qui, mois après mois, rendent la vie affective, familiale et sociale plus difficile. La nature et l'intensité des symptômes, qui surviennent souvent à la même période, varient beaucoup d'une femme à l'autre. Une bonne hygiène de vie atténue souvent la gêne qu'ils occasionnent.

CAUSES

- Déséquilibre hormonal après l'ovulation
- Rétention excessive d'eau
- Facteurs psychologiques : stress, conflits...

SYMPTÔMES

- Tension des seins
- Ballonnement
- Troubles psychologiques : tristesse, anxiété, sautes d'humeur, irritabilité, fatigue...

TRAITEMENT

- Mesures d'hygiène : aliments à éviter, pratique d'un sport...
- Antalgiques, compléments nutritionnels...
- Traitement hormonal

Quelles sont les manifestations ?

● **Les troubles apparaissent, selon les femmes, entre le 14e et le 2e jour précédant les règles ;** chez une femme donnée, ils surviennent à peu près au même moment, d'un cycle à l'autre. Ils persistent jusqu'aux règles et disparaissent assez vite (24 à 48 heures) après leur déclenchement. C'est cette chronologie, et la répétition des troubles d'un cycle à l'autre, qui, plus que les symptômes en eux-mêmes, caractérisent le syndrome prémenstruel.

● **Parmi les très nombreux signes** physiques et psychologiques du syndrome prémenstruel, trois types sont particulièrement caractéristiques :
– une tension et une hypersensibilité des seins, allant parfois jusqu'à rendre tout contact désagréable (le port du soutien-gorge en devenant même gênant) ;
– un ballonnement abdominal, souvent accompagné d'une sensation de lourdeur dans le petit bassin, d'une constipation, parfois de diarrhées, de nausées, voire de vomissements ;
– des troubles psychologiques. Il peut s'agir d'une dépression passagère, se traduisant par une profonde tristesse et des crises de larmes inexpliquées, d'anxiété, de sautes d'humeur brutales, d'une grande irritabilité, entraînant des colères brusques ; ou bien d'une fatigue permanente, ainsi que de troubles du sommeil (insomnie ou, au contraire, hypersomnie) et du comportement alimentaire (faim permanente, attirance inhabituelle pour certains aliments).

● **Peuvent également s'ajouter d'autres symptômes,** tels que migraines, douleurs articulaires, troubles veineux (jambes lourdes, hémorroïdes), vertiges, troubles de la vision, problèmes de peau (acné), prise transitoire de poids, gonflement du visage, des doigts et des chevilles, signes allergiques (nez bouché, éternuements), etc.

Quelles sont les causes du syndrome prémenstruel ?

● **Le syndrome prémenstruel peut s'installer progressivement, avec les années, ou brusquement,** à la suite d'une grossesse, d'une infection génitale ou d'un choc affectif. Certaines femmes y sont plus prédisposées que d'autres, notamment celles présentant des antécédents familiaux, celles sujettes aux troubles de l'humeur ou aux règles douloureuses (dysménorrhées).

● **Les mécanismes précis de ce trouble** sont encore mal connus. Le syndrome prémenstruel a vraisemblablement son origine dans le déséquilibre hormonal qui fait suite à l'ovulation. Ainsi les femmes qui prennent la pilule y sont-elles moins exposées, de même qu'il disparaît pendant la grossesse et, de façon définitive, à la ménopause. Certains symptômes pourraient s'expliquer par une rétention excessive d'eau dans les tissus, entraînant notamment la tension mammaire. Il est en revanche bien établi que les facteurs psychologiques de l'environnement, tels que le stress ou les conflits, professionnels et affectifs, jouent un rôle déterminant dans la sévérité des signes.

Comment prévenir le syndrome prémenstruel ?

Il n'existe pas de traitement global du syndrome prémenstruel. Néanmoins, la plupart de ses manifestations peuvent être atténuées, voire évitées, grâce à une certaine hygiène de vie.

● **Un régime alimentaire** réduisant la consommation de sel (ce dernier favorisant la rétention d'eau) et de sucre est conseillé. Les excitants (café, thé, boissons à base de cola, alcool) doivent être écartés. Une diminution de la consommation de tabac est souhaitable.

● **La pratique d'une activité physique** (marche, natation) ou le recours à des techniques de relaxation permettent d'apaiser la tension nerveuse, le stress et l'anxiété, et d'atténuer ainsi l'irritabilité et les sautes d'humeur.

● **En fonction de la date prévue des règles,** il convient d'éviter les situations génératrices de stress, de conflit et de fatigue, et de privilégier le repos, le calme et le sommeil, dès que l'emploi du temps le permet.

● **Le recours aux médicaments,** notamment aux antalgiques ou aux tranquillisants, est envisageable, mais il doit être encadré par un médecin. De la même manière, certains compléments nutritionnels, parfois recommandés dans le cadre du syndrome prémenstruel, tels qu'une supplémentation en magnésium, en calcium ou en vitamine B6, doivent faire l'objet d'une prescription. Une consultation médicale chez le généraliste ou chez le gynécologue est donc souvent souhaitable.

● **La question du rôle de la progestérone n'est pas résolue.** Deux points de vue s'affrontent : pour les uns, le syndrome prémenstruel serait dû à l'insuffisance de production de cette hormone en seconde partie de cycle ; pour les autres, ce serait, au contraire, une intolérance à la progestérone qui serait responsable des symptômes. On constate que certaines femmes voient leur problème résolu par la prise, durant la seconde partie du cycle, de progestérone naturelle, sous forme orale ou vaginale. D'autres femmes, à l'inverse, n'en tirent aucun bénéfice ou même se sentent encore moins bien ! Il semble donc raisonnable d'essayer ces traitements tout en sachant vite y renoncer si l'essai n'est pas concluant.

Faut-il consulter ?

La consultation médicale s'avèrera nécessaire si les mesures personnelles qui sont prises ne suffisent pas à rendre tolérables les troubles. Des médicaments peuvent alors être prescrits afin de traiter les manifestations les plus gênantes, comme la douleur ou la constipation. Des traitements hormonaux peuvent être proposés dans les formes les plus sévères du syndrome, quoique leur efficacité n'ait pas été établie avec certitude. En prévision de la consultation, il est utile de noter chaque jour l'apparition et l'évolution des différents troubles ressentis, et ce sur au moins deux cycles consécutifs, de façon à éclairer le médecin avec précision. Ce diagnostic d'un syndrome prémenstruel, qui ne nécessite par ailleurs aucun examen complémentaire, permet d'écarter l'éventualité d'une maladie sous-jacente, par exemple une dépression, qui s'accentuerait à l'approche des règles.

Les troubles de la glande thyroïde

Les troubles de la glande thyroïde sont fréquents, particulièrement chez la femme, et de nature très diverse. Un trouble de l'activité de la glande se traduit par une perturbation générale du fonctionnement de l'organisme, qui se trouve « accéléré » ou « ralenti » selon que les hormones thyroïdiennes sont produites en excès ou font au contraire défaut. De tels signes ne sont cependant pas toujours faciles à identifier. L'apparition d'une grosseur sur la thyroïde, autre anomalie fréquente de la glande, peut correspondre à différentes atteintes, le plus souvent bénignes. Dans toutes ces situations, quelques examens simples permettent d'identifier l'affection en cause, parmi les nombreuses possibles.

CAUSES

- Maladie de Basedow
- Nodule thyroïdien

SYMPTÔMES

- Grosseur palpable à la base du cou
- Sensation de chaleur permanente, tremblements, nervosité, amaigrissement
- ou Apathie, altération de la peau du visage
- Yeux exorbités

TRAITEMENT

- Thyroxine
- Antithyroïdiens
- ou Chirurgie
- ou Administration d'iode radioactif

Quel est le rôle de la glande thyroïde et quels troubles peuvent l'affecter ?

- **La thyroïde est une petite glande, située à la base et en avant du cou, constituée de deux lobes.** Elle a pour rôle de produire, à partir de l'iode apporté par l'alimentation, deux hormones, appelées T3 et T4, dont l'effet, qui est de stimuler l'activité cellulaire, s'exerce sur toutes les cellules du corps. La thyroïde constitue ainsi, via ses hormones, un régulateur du fonctionnement de tous les tissus de l'organisme.
- **La libération des hormones thyroïdiennes dans le sang est elle-même contrôlée par une autre glande, l'hypophyse.**
- **La glande thyroïde est affectée par deux grands types d'anomalies.** D'une part, elle peut augmenter de volume – par apparition d'une grosseur localisée, un « nodule », ou par un gonflement de toute la glande, appelé « goitre ». D'autre part, la production des hormones thyroïdiennes est parfois perturbée : elle est alors excessive (hyperthyroïdie) ou, au contraire, insuffisante (hypothyroïdie).
- **Chacune de ces anomalies peut avoir diverses causes.** En outre, les deux sortes de troubles, grosseur de la glande et perturbation de son activité, peuvent s'associer ou se manifester isolément. Toute anomalie de la thyroïde, constatée ou soupçonnée, doit conduire à consulter un médecin, quelques examens simples étant suffisants, mais nécessaires, pour déterminer la nature de l'atteinte et engager un traitement adapté.
- **La maladie de Basedow et les nodules thyroïdiens** sont les affections atteignant la thyroïde les plus fréquentes.

Comment se traduit un excès d'hormones thyroïdiennes ?

- **Un excès d'hormones thyroïdiennes, appelé « hyperthyroïdie », entraîne une augmen-**

tation de l'activité générale de l'organisme, et donc de sa consommation énergétique. Il en résulte un amaigrissement, se produisant sans que l'appétit ni l'alimentation ne soient diminués, une sensation de chaleur permanente, des sueurs. La soif est exagérée. Le cœur bat anormalement vite, même au repos, y compris la nuit. Des tremblements rapides agitent les mains. Le comportement et l'humeur sont marqués par une excitation permanente, une irritabilité, et les insomnies sont fréquentes.

Comment se traduit un déficit en hormones thyroïdiennes ?

● **Un déficit en hormones thyroïdiennes, appelé « hypothyroïdie », occasionne une diminution du fonctionnement général de l'organisme, dont les conséquences sont très diverses.** Le visage prend un aspect caractéristique : la peau s'épaissit, devient froide et sèche, le teint est pâle, voire jaune, les traits sont grossis. Les cheveux et les poils se raréfient, se fragilisent ; les ongles sont cassants. Une constipation s'installe, et l'on devient frileux. Le rythme du cœur est anormalement bas. Le fonctionnement psychologique est ralenti : la concentration est difficile, la mémoire défaillante. Le désir sexuel disparaît, ainsi que les règles et la fécondité (un traitement par thyroxine ramène la situation à la normale). La vision et l'audition sont parfois altérées.

Quels sont les examens permettant d'identifier une atteinte de la thyroïde ?

● **Lors de la consultation, le médecin recherche les signes, visibles ou exprimés par la patiente, d'une hypo- ou d'une hyperthyroïdie.** Il réalise une palpation de la zone du cou où se trouve la thyroïde afin d'y déceler une éventuelle grosseur. Cette détection étant facilitée par la déglutition, le médecin demande, lorsqu'il réalise cet examen, d'avaler sa salive, voire de boire un verre d'eau.

● **Une échographie de la thyroïde permet d'évaluer le volume de celle-ci et de déterminer la nature d'un nodule :** liquide – il s'agit alors d'un kyste – ou solide – constitué de cellules. En outre, l'échographie permet également de détecter la présence éventuelle de nodules trop petits pour être décelés à la palpation.

● **La scintigraphie fournit une image de la thyroïde indiquant l'intensité de la production d'hormones,** permettant ainsi d'estimer l'activité de toute la glande, et celle d'un nodule en particulier.

● **Un dosage sanguin des hormones thyroïdiennes (notamment la T4) et de la TSH** (l'hormone par laquelle l'hypophyse contrôle l'activité de la thyroïde) permet de déceler une anomalie du fonctionnement de la thyroïde. Ainsi, l'hyperthyroïdie se caractérise par un excès de T4 et un taux anormalement bas de TSH ; l'inverse traduisant une hypothyroïdie.

● **Une analyse d'urine peut être demandée si une hyperthyroïdie par apport excessif d'iode est soupçonnée** (le plus souvent du fait de la prise d'un médicament fortement iodé).

Une affection de la thyroïde assez fréquente : la maladie de Basedow

● **La maladie de Basedow est une affection thyroïdienne fréquente, touchant en particulier les jeunes femmes.** Elle se définit par l'association de trois types de symptômes : une hyperthyroïdie, un goitre (souvent peu marqué) et des anomalies oculaires – paupières excessivement rétractées, yeux exorbités, parfois enflammés, donnant au regard une expression « dramatique » caractéristique. Ces manifestations oculaires sont cependant d'intensité variable, et, surtout, elles peuvent ne pas apparaître en même temps que les signes d'hyperthyroïdie, mais les précéder, ou les suivre, parfois de plusieurs années.

Quelles sont les causes de la maladie de Basedow ?

● **La maladie résulte d'une activité excessive de la thyroïde, due à la production anormale par l'organisme d'une substance exerçant sur la glande une stimulation permanente, prenant le pas sur la stimula-**

tion « naturelle » exercée par l'hypophyse. Les causes de l'apparition de cette substance ne sont, en revanche, pas clairement établies. Un facteur héréditaire semble impliqué, la maladie s'observant parfois chez plusieurs membres d'une même famille. Les conditions psychologiques semblent surtout déterminantes, la maladie apparaissant le plus souvent dans un contexte de surmenage ou de conflit, ou suite à une modification importante de la vie de la personne.

Comment traite-t-on la maladie de Basedow ?

- **Le traitement de la maladie de Basedow repose en premier lieu sur une restauration de l'activité normale de la glande thyroïde, grâce à des médicaments, dits « antithyroïdiens », qui inhibent la production d'hormones thyroïdiennes.** Ce traitement permet de faire disparaître l'hyperthyroïdie en deux à quatre mois, mais il doit être poursuivi un an et demi ou deux ans pour rétablir un fonctionnement normal de la glande.
- **Des médicaments régulateurs du rythme cardiaque (des bêtabloquants) et des tranquillisants peuvent être prescrits en début de traitement,** afin d'atténuer les manifestations de l'hyperthyroïdie le temps que celle-ci disparaisse.
- **Les manifestations oculaires de la maladie doivent en outre faire l'objet d'un traitement à part entière.** Les yeux, fragilisés, doivent être protégés des agressions de toute nature – fumée du tabac, vent, luminosité excessive –, notamment par le port de lunettes. Des larmes artificielles permettent de pallier la déshydratation, et l'utilisation de pansements oculaires durant la nuit peut être nécessaire si la fermeture des paupières ne suffit plus à recouvrir entièrement l'œil. Les troubles oculaires peuvent par ailleurs persister malgré le traitement antithyroïdien, et demander des soins spécifiques, tels que l'application d'anti-inflammatoires puissants (corticostéroïdes).

Les grosseurs qui affectent la glande thyroïde : les nodules thyroïdiens

La présence, sur la thyroïde, d'une ou de plusieurs grosseurs, appelées « nodules thyroïdiens », est une anomalie très fréquente, en particulier chez la femme .

Comment se manifeste un nodule thyroïdien ?

Bien qu'elle soit fréquente, la présence d'un nodule passe le plus souvent inaperçue, ne s'accompagnant d'aucun symptôme particulier. Le nodule suscite quelquefois une gêne dans le cou ; il peut par ailleurs, selon sa nature, occasionner une hypo- ou une hyperthyroïdie, qui le fait découvrir.

Quels sont les différents types de nodules thyroïdiens ?

- **Un nodule thyroïdien peut n'être qu'une simple poche emplie de liquide – c'est-à-dire un kyste –, ou se composer de cellules.** C'est à l'échographie que cet aspect du nodule est révélé. Une scintigraphie est en général réalisée afin de déterminer si le nodule est susceptible de produire des hormones thyroïdiennes (il est alors dit « chaud ») ou non (nodule dit « froid »).
- **Le traitement préconisé est fonction du type de nodule.** Un nodule chaud est très souvent associé à une hyperthyroïdie, déjà installée ou à venir ; il est donc préférable de l'éliminer, soit au cours d'une intervention chirurgicale, soit par l'administration d'iode radioactif, qui va le détruire.
- **En l'absence d'activité sécrétrice (nodule froid), une ponction est généralement réalisée, c'est-à-dire un prélèvement du contenu du nodule effectué à travers la peau.** S'il s'agit d'un kyste, le contenu (qui est liquide), est entièrement prélevé, le nodule se trouvant ainsi éliminé. Sinon, le prélèvement est examiné afin d'écarter tout risque de cancer.
- **Dans la grande majorité des cas, le nodule se révèle bénin, et, comme il n'occasionne aucun trouble, il ne demande pas de traitement particulier.** Une surveillance régulière est néanmoins nécessaire.
- **L'élimination du nodule n'est utile que dans le cas, rare, où il occasionne une gêne ou une perturbation du fonctionnement de la glande, ou, plus rarement encore, si un cancer est suspecté.**

Les troubles de l'hypophyse

L'hypophyse, petite glande située à la base du cerveau, sécrète de multiples hormones, par lesquelles elle contrôle diverses fonctions importantes de l'organisme (fonctionnement des ovaires, lactation, etc.) et dirige l'activité de nombreuses autres glandes (thyroïde, ovaires, surrénales, etc.). L'anomalie la plus fréquente du fonctionnement de l'hypophyse est la production excessive de l'une de ses hormones, la prolactine, impliquée dans la lactation. Ce trouble, qui survient le plus souvent en effet secondaire d'un médicament, se traduit en particulier par une perturbation du cycle menstruel. Beaucoup plus rarement, l'hypophyse peut être atteinte d'une tumeur bénigne perturbant la production de l'une ou l'autre de ses hormones.

CAUSES
- Effets indésirables de certains médicaments
- Tumeur bénigne de l'hypophyse
- Grossesse

SYMPTÔMES
- Diminution ou disparition des règles
- Écoulement anormal de lait par les mamelons
- Stérilité

TRAITEMENT
- Interruption du traitement responsable
- Bromocriptine
- Traitement de la tumeur

Quel est le rôle de l'hypophyse dans le cycle menstruel ?

● **L'hypophyse occupe un rôle central dans le fonctionnement de l'organisme, et notamment dans celui des ovaires.** C'est en effet l'hypophyse qui, sous la commande de l'hypothalamus, stimule les ovaires par les « hormones gonadotropes » (FSH et LH), assurant à chaque cycle la maturation d'un follicule aboutissant à l'expulsion d'un ovule, ainsi que la production des hormones sexuelles féminines.

Les perturbations du cycle menstruel par la prolactine

● **Ce sont les variations périodiques de la production de FSH et de LH par l'hypophyse qui déterminent l'ovulation et la survenue des règles.** C'est pourtant une autre hormone produite par l'hypophyse, la prolactine, qui est le plus souvent à l'origine d'une perturbation du cycle menstruel. Cette hormone, dont le rôle normal est de stimuler la sécrétion de lait par les glandes mammaires, peut, en effet, en diverses circonstances se trouver produite en excès – trouble appelé « hyperprolactinémie » –, et venir interférer avec le cycle hormonal menstruel.

Quelles sont les manifestations d'un excès de prolactine ?

● **Une hyperprolactinémie se manifeste de manière plus ou moins marquée selon son intensité – c'est-à-dire selon la quantité de prolactine produite en excès.** Elle se traduit en premier lieu par une perturbation du cycle menstruel, due à une diminution de la production des hormones gonadotropes (FSH et LH).

● **La durée du cycle peut être très allongée (spanioménorrhée), les règles anormalement faibles (oligoménorrhée).** Les règles disparaissent parfois tout à fait (aménorrhée).

● **L'insuffisance en hormones gonadotropes peut entraîner un trouble de l'ovulation, et donc rendre impossible une grossesse.** Ces troubles s'accompagnent souvent d'un écoulement anormal de lait par les mamelons (appelé « galactorrhée » par les médecins), conséquence directe de l'action de la prolactine sur les seins.

Quelles peuvent être les causes d'un excès de prolactine ?

● **Une hyperprolactinémie est le plus souvent due à la prise de l'un des nombreux médicaments dont elle constitue un effet secondaire possible.** Ce sont notamment certains antidépresseurs et tranquillisants, les médicaments contre la nausée contenant de la métoclopramide (Primpéran® par exemple), certains antihistaminiques, des traitements contre l'hypertension artérielle, ou encore certains traitements hormonaux. Il importe donc, lors d'une consultation pour une diminution ou une disparition des règles, de signaler au médecin les différents traitements suivis, afin de lui permettre d'identifier une éventuelle origine médicamenteuse du trouble. L'interruption du traitement responsable – à décider en accord avec le médecin – entraîne la disparition rapide de l'hyperprolactinémie, et le retour des règles.

● **Une production excessive de prolactine conduit parfois le médecin à demander un examen de l'hypophyse, par scanner ou par IRM (imagerie par résonance magnétique), afin de vérifier l'absence d'une atteinte physique de la glande.** Une hyperprolactinémie peut en effet, en de très rares cas, traduire l'existence d'une petite tumeur bénigne de l'hypophyse, appelée « adénome ». Un médicament est alors prescrit, la bromocriptine, qui permet dans un premier temps de ramener la prolactine à un taux normal, puis de réduire la taille de la tumeur, voire de l'éliminer.

Quels sont les autres troubles de l'hypophyse ?

● **Divers types d'adénomes – outre celui impliqué dans l'hyperprolactinémie – peuvent atteindre l'hypophyse.** Les manifestations sont fonction du type d'adénome en cause, la tumeur pouvant entraîner une production excessive, ou, au contraire, insuffisante, d'une ou de plusieurs hormones hypophysaires. Un excès d'hormone de croissance (la STH) se manifeste, par exemple, par un agrandissement anormal des membres. Un excès de l'hormone stimulatrice de la thyroïde (la TSH) se signale par une hyperthyroïdie ; un déficit entraînant à l'inverse une hypothyroïdie. Un excès de corticotrophine (ACTH) induit une maladie de Cushing ; un déficit, une insuffisance surrénale.

● **Ces divers types d'adénomes sont rares, toujours bénins, et sont aujourd'hui efficacement traités, par des médicaments, une opération ou des rayons.** Des hormones de synthèse sont prescrites à vie, pour substituer celles produites normalement par la glande.

Anomalies du fonctionnement de l'hypophyse après un accouchement

Le fonctionnement de l'hypophyse est largement modifié tout au long de la grossesse, ainsi que dans les semaines qui suivent l'accouchement : la sécrétion des hormones stimulatrices de l'ovaire (FSH et LH) est suspendue, alors que celle de la prolactine est augmentée.
Le rétablissement du fonctionnement normal de l'hypophyse se signale par la réapparition des règles, appelée le « retour de couches », un ou deux mois après l'accouchement, si la femme n'allaite pas. Il n'est pas rare que la sécrétion de FSH et de LH tarde à se rétablir, sans raison précise. Aucun traitement particulier n'est alors nécessaire, les règles réapparaissant spontanément quelques mois plus tard. La production de prolactine peut, de la même façon, se maintenir à un niveau anormalement élevé après l'accouchement – ou après le sevrage de l'enfant –, entraînant un retard du retour de couches, et une persistance de la sécrétion de lait par les seins.
Un bref traitement permet alors de rétablir l'activité normale de l'hypophyse.

Les troubles des règles

La longueur et la régularité du cycle, comme les caractéristiques des règles, obéissent à des mécanismes complexes. Chaque femme a dans ce domaine sa spécificité : cycles très réguliers ou plus ou moins fantaisistes, règles courtes et peu douloureuses ou abondantes et accompagnées de douleurs et d'autres signes. De nombreuses circonstances, médicales, psychologiques, environnementales, peuvent perturber ce fonctionnement cyclique, induisant un inconfort parfois considérable et, souvent, une anxiété.

CAUSES

- Troubles hormonaux
- Anomalies physiques et génétiques
- Facteurs psychologiques
- Grossesse
- Utilisation de médicaments : pilule, antidépresseurs...
- Affections génitales
- Anorexie
- Maladies générales

SYMPTÔMES

- Absence de règles
- Cycles irréguliers
- Règles excessives
- Règles douloureuses

TRAITEMENT

- Traitement hormonal
- Traitement de la cause
- Interventions chirurgicales
- Antalgiques, anti-inflammatoires...

Absence de règles : l'aménorrhée

● **L'absence de règles est appelée aménorrhée.** Elle peut être primaire, s'il s'agit d'une jeune fille chez qui les règles ne sont pas encore apparues, ou secondaire, lorsqu'elle concerne une femme déjà réglée.

L'aménorrhée primaire

● **La première cause d'aménorrhée primaire est le retard pubertaire.** Ce dernier est défini par l'absence de tout développement mammaire à l'âge de 13 ans (l'apparition de poils sur le pubis et sous les aisselles ne suffit pas pour affirmer le début de la puberté car elle peut être due aux glandes surrénales). Le retard pubertaire est souvent familial, ce qui rassure a priori. Il existe parfois aussi une raison évidente : retentissement d'une maladie grave, d'une anorexie importante... Un bilan médical est toujours indispensable pour éliminer la possibilité d'un dysfonctionnement du centre de commande dans le cerveau (centre hypothalamo-hypophysaire) ou des ovaires. En effet, si les pubertés tardives sont le plus souvent des retards simples chez le garçon ; chez les filles, elles sont presque une fois sur deux liées à une anomalie médicale.

● **L'absence de règles après 16 ans chez une jeune fille dont la puberté s'est déroulée normalement doit faire consulter (les règles apparaissent en général entre 10 et 15 ans).** Elle peut être due à un choc psychologique ou à la prise d'un médicament. La présence d'autres signes tels qu'un écoulement mammaire, une variation de poids ou des maux de tête doit être signalée au médecin.

● **L'imperforation de l'hymen est une cause exceptionnelle : l'hymen ne comporte pas d'ouverture et, à chaque cycle, le sang des règles ne peut pas sortir, restant sous tension dans le vagin.** L'hymen est tendu, bombé. Le diagnostic est facile à établir. Une petite intervention suffit à créer une ouverture normale.

● **Diverses anomalies morphologiques des organes génitaux peuvent être à l'origine d'une aménorrhée.** Ces malformations, quoique congénitales, c'est-à-dire présente dès la naissance, peuvent passer inaperçues jusqu'à la puberté.

● **Une anomalie des chromosomes (syndrome de Turner,**

syndrome du testicule féminisant) ou des centres cérébraux de commande (tumeurs, pathologies congénitales) sont parfois aussi responsables d'une aménorrhée primaire.

L'aménorrhée secondaire

- **De nombreuses situations peuvent occasionner une disparition temporaire des règles chez une femme auparavant réglée.** Le terme d'aménorrhée secondaire est réservé à une interruption des règles persistant plus de trois mois consécutifs.
- **La grossesse est la cause la plus fréquente d'aménorrhée secondaire.** Elle est le plus souvent évidente, mais il est parfois difficile d'y penser. Il en est ainsi des grossesses survenant sous contraceptifs (on peut oublier que l'on a oublié une pilule !) ou sous stérilet.

Un cas très particulier (et tout de même très rare) est celui des grossesses survenant chez des femmes vierges. Vierges, elles le sont puisqu'il n'y a pas eu pénétration, mais elles ont bien eu des rapports sexuels externes. Au moment de l'ovulation, la glaire produite par le col de l'utérus (qui n'est distant de la vulve que de quelques centimètres) est élastique, abondante, lubrifiante ; elle sort du vagin par l'orifice naturel de l'hymen (exactement comme le fait le sang des règles). Si du sperme est émis contre la vulve, les spermatozoïdes pénètrent la glaire et rejoignent le col.

- **Les contraceptions orales sont une cause fréquente d'aménorrhée.** La plupart des pilules (à l'exception des micropilules progestatives) donnent lieu à des saignements réguliers (qui ne sont pas tout à fait des vraies règles) et qui souvent diminuent progressivement avec les années, la muqueuse de l'utérus devenant de moins en moins épaisse. L'absence occasionnelle ou régulière de ces saignements n'est pas inquiétante en soi, mais conduit en général à modifier la contraception, éventuellement de manière temporaire.
- **L'arrêt d'un traitement contraceptif oral peut être suivi d'une aménorrhée, de durée variable.** C'est moins fréquent avec les pilules actuelles qui sont très légères et, après un premier cycle naturel qui peut être un peu long, les cycles redeviennent normaux. Une aménorrhée « post-pilule » de plusieurs mois traduit une difficulté du système hormonal (partiellement mis au repos durant la prise de pilule) à retrouver un fonctionnement cyclique normal. Une telle aménorrhée est d'autant plus fréquente que les cycles étaient auparavant irréguliers ou qu'il existe des circonstances psychologiques difficiles, susceptibles par elles-mêmes de perturber la commande du cycle. Une telle situation, si elle persiste, doit conduire à consulter un médecin, pour vérifier s'il n'y a pas d'autre cause que l'arrêt de la pilule, et aussi parce que des traitements simples suffisent en général à relancer le cycle.
- **La réapparition des règles après une grossesse, appelée « retour de couches », survient en moyenne un ou deux mois après l'accouchement, ou quatre à six semaines après la fin de l'allaitement (en cas d'allaitement prolongé, les cycles finissent par réapparaître).** Un retard du retour des règles, en dehors de l'allaitement, peut, bien sûr, être dû à une nouvelle grossesse, mais parfois aussi à une inertie du centre de commande, le plus souvent liée à la fatigue de la maman et à sa relation intense avec son bébé. Un bref traitement est parfois nécessaire.
- **Divers médicaments sont susceptibles d'entraîner une aménorrhée, le plus souvent en augmentant la prolactine, l'hormone de la lactation ; il s'agit surtout d'antidépresseurs, de tranquillisants ou de traitements contre l'hypertension.** La disparition des règles est alors parfois accompagnée d'un discret écoulement de lait. L'interruption du traitement en cause amène la réapparition des règles, mais elle doit être convenue avec le médecin.
- **L'augmentation de la prolactine, qui induit une absence de règles, peut aussi être provoquée par une petite tumeur de l'hypophyse** (adénome à prolactine). Cette tumeur est bénigne, mais elle est mal placée car son développement risque de comprimer les nerfs optiques et de créer une hyperpression dans le cerveau, deux circonstances dangereuses qui peuvent être aggravées par la prise d'une pilule œstro-progestative.
- **Les facteurs psychologiques sont aussi souvent en cause ;**

on parle alors d'aménorrhée psychogène. En effet, le système hormonal régissant la survenue des règles est contrôlé par l'hypothalamus, structure cérébrale qui est en relation avec les centres nerveux qui gèrent les émotions. Une disparition des règles peut ainsi faire suite à un choc psychologique (décès, séparation...), ou apparaître dans un contexte de conflit et d'inquiétude. Une simple modification de l'environnement, un voyage, un séjour à l'étranger par exemple, suffisent parfois à susciter une aménorrhée. Une maladie affectant directement le psychisme, telle que la dépression nerveuse, est à plus forte raison susceptible d'occasionner une absence de règles.

Associée à un amaigrissement très important, l'aménorrhée fait en particulier rechercher une anorexie mentale. Dans ces cas, les dosages hormonaux montrent une inactivité du centre de commande hypothalamo-hypophysaire (diminution de la FSH, de la LH) et des ovaires (diminution des œstrogènes). Prolongée, cette carence hormonale pose un problème au niveau osseux (risque d'ostéoporose).

- **Diverses maladies peuvent engendrer une aménorrhée secondaire.** Ce sont notamment le diabète, les troubles thyroïdiens, une atteinte de l'hypophyse ou une insuffisance rénale. L'apparition d'une pilosité anormalement abondante associée à de l'acné et à une chute de cheveux, fait rechercher un problème au niveau de hormones masculines, notamment un syndrome des ovaires polykystiques.
- **Une aménorrhée survenant après l'ablation d'un polype ou après un curetage (IVG, fausse couche) doit être signalée sans délai au médecin.** Elle peut en effet résulter d'un accolement des parois utérines (synéchie), anomalie d'autant mieux traitée qu'elle est décelée tôt.
- **Enfin, certaines ménopauses surviennent avant 40 ans (ménopauses précoces).** Il existe en général des signes évocateurs (bouffées de chaleur...), mais le diagnostic est confirmé par des dosages hormonaux.

Les irrégularités du cycle menstruel

- **Il n'est pas nécessaire, pour être en bonne santé, d'être réglée de manière parfaitement régulière.** Des variations de quelques jours en plus ou en moins des 28 jours qui constituent la « norme » ne doivent pas être considérées comme une anomalie mais comme une particularité (à moins que des manifestations gênantes ne s'y associent). Des cycles de 23-25 jours ou de 30-35 jours constituent la norme de certaines femmes. D'autres connaissent une oscillation « régulière » de 25 à 35 jours, avec parfois une alternance entre cycles courts et longs.
- **Il arrive souvent qu'un cycle soit particulièrement long, avec des symptômes (tension mammaire et pesanteur pelvienne) évoquant une grossesse, alors que la femme n'est pas enceinte.** Il s'agit le plus souvent d'un kyste fonctionnel de l'ovaire, c'est-à-dire d'un follicule qui ne s'est pas rompu ou d'un corps jaune devenu volumineux, qui produit une quantité excessive d'hormones et empêche le cycle d'arriver à son terme. Un traitement progestatif de dix jours suffit habituellement à provoquer les règles et la situation se normalise en un à trois cycles.
- **Une grossesse peut être associée à des saignements ou à des pseudo-règles.** Au moindre doute, il ne faut donc pas hésiter à faire un test (ceux vendus en pharmacie ont une bonne fiabilité). L'enjeu essentiel est de ne pas méconnaître une grossesse extra-utérine du fait de l'urgence de son traitement et de sa gravité potentielle. Typiquement, celle-ci associe des « règles » bizarres, peu abondantes et brunes, des douleurs pelviennes et une tendance à s'évanouir : ces symptômes doivent faire consulter en urgence.
- **Un allongement du cycle plus important (règles espacées de plusieurs mois) constitue une spanioménorrhée.** Il justifie une consultation car les longues périodes de déséquilibre hormonal peuvent être nocives à long terme. Dans un grand nombre de cas, il s'agit d'un contexte psychologique ou environnemental difficile et la situation est semblable à celle des aménorrhées psychogènes. Parfois le contexte est différent : il existe des symptômes (acné, excès de poids et de pilosité) qui évoquent un syn-

drome des ovaires polykystiques. Une échographie et des dosages hormonaux seront nécessaires pour établir le diagnostic. L'administration d'un traitement progestatif ou d'une « pilule » protègeront la muqueuse utérine (endomètre) du risque, à long terme, de cancer.

Les règles excessives : les ménorragies

● **Il s'agit d'une exagération de l'abondance des règles, dans leur intensité ou dans leur durée.** Si elles ne traduisent le plus souvent qu'une anomalie bénigne de l'utérus, les ménorragies sont en revanche préoccupantes par leurs conséquences, les pertes importantes de sang qu'elles occasionnent entraînant très souvent une anémie par manque de fer.

Règles abondantes ou ménorragie ?

● **Comment savoir si ses règles sont simplement abondantes ou véritablement excessives ?** Doivent être considérées comme excessives les règles qui causent une anémie et celles dont l'intensité met en défaut les moyens de protection habituellement employés (la femme doit utiliser conjointement tampon et serviette hygiéniques, ou les remplacer très fréquemment).

● **Ces ménorragies apparaissent souvent de façon progressive, ne suscitant de ce fait qu'une inquiétude souvent modérée chez les femmes qui en sont atteintes, et celles-ci omettent parfois de les signaler à leur médecin.**

Quelles peuvent être les causes d'une ménorragie ?

● **Des ménorragies transitoires sont souvent observées lors de la puberté.** Elles traduisent la mise en marche hésitante du système hormonal et s'estompent spontanément avec l'installation de cycles réguliers. En cas de saignements très importants, il faut toujours penser à une insuffisance congénitale du système de coagulation (maladie de Willebrand), qui peut se révéler à l'apparition des règles.

● **Lors de périodes de stress, mais aussi avant la ménopause, des ovulations irrégulières entraînent fréquemment une perturbation des cycles et des ménorragies.**

● **Une grande partie des ménorragies ont néanmoins une origine physique, le plus souvent localisée dans l'utérus.** Les fibromes sont des tumeurs bénignes fibromusculaires, arrondies, isolées ou multiples, qui posent des problèmes soit par leur volume (phénomènes de pesanteur, de compression), soit par leur situation, en particulier lorsqu'ils se développent vers l'intérieur de l'utérus (fibromes sous-muqueux), provoquant ainsi des ménorragies.

● **Les polypes sont des excroissances de la muqueuse utérine (endomètre) qui provoquent des règles abondantes et prolongées et souvent aussi des saignements en dehors des règles.** Ils doivent être retirés à cause des saignements qu'ils provoquent, mais aussi parce qu'une dégénérescence cancéreuse n'est pas impossible. L'hyperplasie glandulokystique est un développement excessif de l'ensemble de la muqueuse, qui pose les mêmes problèmes que les polypes.

● **L'adénomyose est une forme particulière d'endométriose dans laquelle l'endomètre pénètre trop profondément dans le muscle utérin.** Elle survient surtout après 40 ans et s'associe à des règles douloureuses.

● **Les stérilets causent très souvent une amplification des règles pouvant conduire à le retirer.** Le stérilet à la progestérone résout en général ce problème.

Comment traiter une ménorragie ?

● **L'existence de règles excessives doit être reconnue par la femme et signalée au médecin, qui en cherchera la cause par l'examen gynécologique et une échographie.** Une hystéroscopie (visualisation de la cavité utérine par un fin tube optique) est éventuellement effectuée. Si celle-ci est pratiquée sous anesthésie générale parce que l'échographie a déjà montré un polype ou un fibrome, elle permet en même temps de guider l'ablation de ces lésions.

● **La prise d'un dérivé de la progestérone durant la seconde partie du cycle améliore en général les ménorragies d'origine hormonale ou physique.** D'autres médicaments peuvent être pris pendant les règles pour les diminuer : ils agissent sur certaines substances de l'organisme (prostaglandines), sur la coagulation ou sur les contractions de l'utérus. La prise suffisamment prolongée de comprimés de fer permet en outre d'éviter une anémie.

- **Une intervention chirurgicale n'est réalisée que si les ménorragies résistent au traitement médical et occasionnent une anémie sévère, ou si elles traduisent un trouble physique qui, en lui-même, requiert une telle intervention.**

Les règles douloureuses : les dysménorrhées

- **La dysménorrhée est la survenue, au moment des règles, de douleurs plus ou moins intenses dans le bas-ventre.** Ce trouble, très fréquent, en particulier chez les femmes jeunes, affecte en moyenne près d'une femme sur deux. Il perturbe parfois considérablement la vie sociale et affective de celle qui en souffre.

Quels troubles une dysménorrhée peut-elle traduire ?

On distingue d'une part les dysménorrhées primaires qui apparaissent dès les premiers cycles, et d'autre part les dysménorrhées secondaires, qui surviennent après plusieurs années de règles non douloureuses.

- **La plupart des dysménorrhées primaires ne relèvent d'aucun trouble physique et elles disparaissent en général après une première grossesse.** Elles ne doivent pas être considérées comme une manifestation naturelle et inévitable de la féminité, des traitements simples permettant de les atténuer ou de les supprimer.
- **Une dysménorrhée secondaire traduit très souvent une atteinte physique de l'appareil génital, qui doit être recherchée et traitée.** Il s'agit dans la plupart des cas d'une endométriose, parfois d'un polype fibreux que l'utérus tente d'expulser et, exceptionnellement, d'un rétrécissement du canal utérin (synéchie), consécutif à une intervention chirurgicale.

Comment traiter une dysménorrhée ?

- **Le traitement d'une dysménorrhée secondaire consiste en premier lieu en celui de la maladie qui la sous-tend.**
- **De nombreux médicaments permettent par ailleurs d'atténuer ou de dissiper les symptômes de la dysménorrhée.** Les anti-inflammatoires classiques (ibuprofène, acide néfénamique...) sont généralement très efficaces contre la douleur causée par les contractions utérines.
- **L'efficacité des différents produits disponibles dans ce domaine est variable d'une femme à une autre, et il revient à chacune de découvrir la molécule et le mode d'administration qui la soulagent le mieux.** Les antalgiques et les antispasmodiques sont également utiles. Les douleurs peuvent en outre être atténuées par l'application d'une bouillotte sur l'abdomen. L'aspirine tend à augmenter les règles et doit a priori être évitée.
- **Les traitements hormonaux progestatifs, pris en deuxième partie de cycle, exercent un effet préventif.** La prise d'un contraceptif oral, empêchant l'ovulation, est le moyen le plus efficace et le plus utilisé pour atténuer ou faire disparaître la dysménorrhée.

Quelles sont les causes de la douleur en elle-même ?

Les mécanismes constituant les causes « directes » des dysménorrhées ne sont qu'en partie connus. Il est probable que les douleurs de la dysménorrhée soient la traduction de contractions anormalement intenses et fréquentes du muscle utérin. Cette activité anormale peut elle-même être due à une vascularisation insuffisante de l'utérus, ou à une sécrétion excessive par l'organisme, au moment des règles, de substances responsables des contractions de l'accouchement, appelées les prostaglandines, dont les effets s'exerceraient ainsi en dehors de leur cadre normal.

Index

Les chiffres en italique renvoient aux illustrations dessinées, les chiffres en gras aux entrées plus détaillées.

A

B-C

D

E-F

G

H

I-L

M

N-O

P-Q

R

S

T

U-Z

Adresses utiles *Associations et sites d'aide aux femmes, aux familles et aux malades en France, en Belgique, en Suisse et au Québec*

Les listes d'associations françaises, belges, suisses et québécoises figurant dans les pages suivantes ont la plupart pour but de proposer des informations et une aide aux femmes, aux malades et à leur famille. Ces listes ne sauraient être exhaustives ni représentatives des organismes les plus efficaces ; une sélection – inévitablement arbitraire – s'est révélée indispensable. Les coordonnées sont généralement celles des sièges sociaux auprès desquels vous aurez tous les renseignements sur l'antenne de votre région. Si vous ne trouvez pas l'information concernant votre cas particulier, vous pouvez soit demander conseil à votre médecin, soit consulter les services sociaux.

FRANCE

URGENCES

15 – Aide médicale urgente
17 – Police secours
18 – Pompiers
Centres antipoison :

- Angers 02 41 48 21 21
- Bordeaux 05 56 96 40 80
- Grenoble 04 76 42 42 42
- Lille 08 25 81 28 22
- Lyon 04 72 11 69 11
- Marseille 04 91 75 25 25
- Nancy 03 83 32 36 36
- Nantes 02 41 48 21 21
- Nice 04 91 75 25 25
- Paris 01 40 05 48 48
- Reims 03 26 86 26 86
- Rennes 02 99 59 22 22
- Rouen 02 35 88 44 00
- Strasbourg 03 88 37 37 37
- Toulouse 05 61 77 74 47
- Tours 02 41 48 21 21

SANTÉ ET FORME

CHIRURGIE ESTHÉTIQUE ET RÉPARATRICE

Société française des chirurgiens esthétiques plasticiens
11 bis, rue du Colisée
75008 Paris
Tél. : 01 42 89 39 78
Regroupement de chirurgiens qualifiés en chirurgie plastique reconstructrice esthétique.

CONTRACEPTION

Confédération du mouvement français pour le planning familial
4, square Saint-Irénée
75011 Paris
Tél. : 01 48 07 29 10
Fax : 01 47 00 79 77
www.planning-familial.org
Informe sur toutes les questions relatives à la sexualité et aux droits des femmes.

MATERNITÉ

Centre international de recherche et de développement de l'haptonomie (CIRDH)
Mas del Ore
66400 Oms
Tél. : 04 68 39 42 23
www.haptonomie.org

Jumeaux et plus, l'association
28, place Saint-Georges
75009 Paris
Tél. : 01 44 53 06 03
Fax : 01 44 53 06 23
www.jumeaux-et-plus.asso.fr
Entraide matérielle et morale, espace d'échanges ouvert à tous les parents de jumeaux, triplés et plus.

La Leche League France
BP 18
78620 L'Étang-la-Ville
Tél. : 01 39 58 45 84
www.lllfrance.org
Information et soutien à l'allaitement maternel grâce à un réseau d'animatrices bénévoles. Aide par téléphone, réunion de mères, documentation.

MÉNOPAUSE

Association française pour l'étude de la ménopause (AFEM)
www.menopauseafem.com
Informe notamment sur les traitements hormonaux de substitution.

SOMMEIL

Institut du sommeil et de la vigilance
19, bd de la Chantourne
38700 La Tronche
Tél./fax : 04 38 37 27 27
www.institut-sommeil-vigilance.com
Informations sur le sommeil et ses troubles, annuaire des centres agréés par la Société française de recherche sur le sommeil (SFRS).

THERMALISME

Union nationale des établissements thermaux (UNET)
1, rue Cels
75014 Paris
Tél. : 01 53 91 05 75
Fax : 01 43 21 01 80
www.France-thermale.org

VIE QUOTIDIENNE ET SOCIALE

ADOPTION

Enfance et familles d'adoption
221, rue La Fayette
75010 Paris
Tél. : 01 40 05 57 70
(lundi et jeudi 10h-16h)
www.adoptionefa.com
Informe sur les démarches ; accompagne avant, pendant et après l'adoption.

AIDE À DOMICILE

Fédération nationale des aides à domicile en activités regroupées (FNADAR)
68, rue d'Hauteville
75010 Paris
Tél. : 01 55 33 14 30
www.aidadomicil.com
Gère des services d'aide à domicile dans toute la France.

Union nationale des associations d'aide à domicile en milieu rural (UNADMR)
184, rue du Faubourg-Saint-Denis
75010 Paris
Tél. : 01 44 65 55 55
Développe une aide à domicile en milieu rural pour les familles, les retraités, les personnes handicapées et les malades.

Union nationale des associations de soins et services à domicile (UNASSAD)
108-110, rue Saint-Maur
75011 Paris
Tél. : 01 49 23 82 52
www.unassad.net
Gère des services d'aide ménagère, de soins à domicile, d'auxiliaires de vie...

AIDE AUX FAMILLES

Centre national d'information et de documentation des femmes et des familles (CNIDFF)
7, rue du Jura
75013 Paris
Tél. : 01 42 17 12 34
www.infofemmes.com
Informations sur la vie familiale et la sexualité, la législation sociale, la formation...

Espace famille
5-13, rue Sibuet
75012 Paris
Tél. : 01 43 07 97 34

Fédération nationale couple et famille
28, place Saint-Georges
75009 Paris
Tél. : 01 42 85 25 98
Des conseillers conjugaux et familiaux assurent des permanences pour assister ceux qui ont besoin d'aide : couples en difficulté, parents, adolescents, femmes seules...

Fédération nationale des Écoles des parents et des éducateurs (FNEPE)
180 bis, rue de Grenelle
75007 Paris
Tél. : 01 47 53 62 70
www.ecoledesparents.org
Les Écoles des parents et des éducateurs aident à comprendre et prévenir les difficultés : éducation, scolarité, loisirs, problèmes juridiques, psychologiques, sexuels. La Fédération gère un centre de documentation et assure une permanence animée par des juristes, psychologues et conseillers d'orientation.
Paris : 01 44 93 44 93
Colmar : 03 89 41 72 48
Grenoble : 04 76 87 54 82
Lyon : 04 78 27 44 29
Metz : 03 87 69 04 87

Union nationale des associations familiales (UNAF)
29, place Saint-Georges
75009 Paris
Tél. : 01 49 95 36 00

AIDE AUX MOURANTS

Association pour le développement des soins palliatifs (ASP)
37, avenue de Clichy
75017 Paris
Tél. : 01 53 42 31 31
www. aspfondatrice.org
Assure une prise en charge globale du malade et aide à surmonter la douleur et l'angoisse au seuil de la mort.

Association JALMALV
132, rue du Faubourg-Saint-Denis
75010 Paris
Tél. : 01 40 35 17 42
Fax : 01 40 35 14 05
www.jalmav.org
Soutient les malades en fin de vie et leurs proches en participant à la création de lieux d'accueil où la souffrance physique, morale, sociale et spirituelle est prise en compte.

AIDE AUX PERSONNES ÂGÉES

Éternis
32, rue de l'Échiquier
75010 Paris
Tél. : 01 42 46 65 00
www.agevillage.com
Informe les personnes âgées dépendantes et leurs familles.

Soins à domicile
4, rue Auguste-Chapuis
75020 Paris
Tél. : 01 40 09 88 59
Garde et soins à domicile pour personnes âgées 7 jours/7, (auxiliaires de vie, aides-soignantes, aides ménagères)

AIDE AUX VICTIMES

AGENA
24, route de Rouen
80000 Amiens
Tél. : 03 22 33 39 39
www.agena.org
Conseil, accueil, sécurité, hébergement pour les femmes victimes de violences, enceintes ou en difficulté.

Aide aux parents d'enfants victimes (APEV)
3, rue Édouard-Branly
92130 Issy-les-Moulineaux
Tél. : 01 46 48 35 94
http://perso.club-internet.fr/apev
Association regroupant des familles dont un enfant a été assassiné ou a disparu.

Association européenne contre les violences faites aux femmes au travail
BP 108
75561 Paris Cedex 12
Tél. : 01 45 84 24 24
www.avftfrance.org
Défend par tout moyen légal les femmes victimes de harcèlement sexuel ou de discrimination sexiste.

Enfance et partage
2-4, cité de l'Ameublement
75011 Paris
Tél. : 01 55 25 65 65
Numéro vert : 0800 05 12 34 (service d'accueil pour l'enfance maltraitée)
www.enfance-et-partage.org
Traite des problèmes de violences, d'abus sexuels, d'inceste...

Fédération nationale « Solidarité femmes »
32, rue des Envierges
75020 Paris
Tél. : 01 40 33 80 60
Regroupe les associations SOS femmes en France, qui accueillent les femmes et les enfants battus ou victimes d'un viol ou d'un inceste.

ASSISTANCE AU DEUIL

Association Naître et vivre
5, rue La Pérouse
75116 Paris
Tél. : 01 47 23 05 08
www.naitre-et-vivre.asso.fr
Soutient les familles dans le deuil. Informe sur la mort subite du nourrisson.

« Vivre son deuil »
7, rue Taylor
75010 Paris
Tél. : 01 42 38 07 08
Écoute téléphonique : 01 42 38 08 08

BÉNÉVOLAT

Centre national du volontariat
127, rue Falguière
75015 Paris
Tél. : 01 40 61 01 61
Fax : 01 45 67 99 75
www.benevolat.com/

ÉDUCATION ET SOINS DES ENFANTS

Apprendre à lire autrement
Mme Nicole Séméria
La Vinsolière
49440 Angrie
Tél. : 02 41 61 03 21
http://site.voilà.fr/semeria

Association Enfance et Musique
17, rue Étienne-Marcel
93500 Pantin
Tél. : 01 48 10 30 00
www.enfancemusique.asso.fr
Pour que la musique retrouve sa place dans le quotidien des jeunes enfants.

Fédération des activités aquatiques d'éveil et de loisir (FAAEL)
5, cité Griset
75011 Paris
Tél. : 01 43 55 98 76
www.fael.asso.fr

PRÉVENTION DES RISQUES DOMESTIQUES

Centre européen de prévention des risques
18, rue Marcel-Paul
79000 Niort
Tél. : 05 49 04 66 77
Fax : 05 49 04 66 76
www.cepr.tm.fr
Renseignements sur les risques domestiques et alimentaires.

PRÉVENTION DES SUICIDES

Association SOS-Suicide Phénix
36, rue de Gergovie
75014 Paris
Tél. : 01 45 42 45 88
Écoute téléphonique et accueil des personnes qui ont des idées suicidaires ou ayant fait une tentative de suicide.

Association Suicide écoute
5, rue du Moulin-Vert
75014 Paris
Tél. : 01 45 39 40 00
(écoute téléphonique)
www.infosuicide.org

SOS-Dépression
162, bd du Montparnasse
75014 Paris
Tél. : 01 45 22 44 44
et 01 40 47 95 95
Répond 24h/24.

MALADIES ET PROBLÈMES DE SANTÉ DES ADULTES

ALCOOLISME, TABAGISME, TOXICOMANIE

Alcooliques anonymes (AA)
21, rue Trousseau
75011 Paris
Tél. : 01 48 06 43 68
Permanence
3, rue Frédéric-Sauton
75005 Paris
Tél. : 01 43 25 75 00
Organise des réunions
pour aider à ne plus boire.

Association nationale
de prévention contre
l'alcoolisme (ANPA)
20, rue Saint-Fiacre
75002 Paris
Tél. : 01 42 33 51 04
www.anpa.asso.fr
Renseigne sur les traitements
(cures de désintoxication, etc.).

Centre confluences SOS
drogue international
6, rue de la Fontaine-à-Mulard
75013 Paris
Tél. :01 43 13 14 30
www.groupe-sos.org
Apporte une aide
psychologique et juridique aux
toxicomanes et aux familles.

Comité national contre
le tabagisme (CNCT)
31, avenue
du Général-Michel-Bizot
75012 Paris
Tél. : 01 55 78 85 10
www.cnct.org

Drogue info-service
Numéro vert (gratuit) :
0800 23 13 13

Union familiale de lutte
contre les toxicomanies
(UNAFALT)
42, avenue Jean-Moulin
75014 Paris
Tél. :01 45 42 43 74
Association accueillant les
toxicomanes et leur famille.

ALIMENTATION, TROUBLES ALIMENTAIRES

Agence française de sécurité
sanitaire des aliments
27-31, avenue du Gal-Leclerc
BP 19 94701 Maisons-Alfort
Tél. : 01 49 77 13 50
Fiches thématiques et
dossiers sur les dioxines,
les allergies, la listéria.

Association pour la
coordination et la recherche
en obésité et nutrition
(ACRON)
941, rue du Capitaine-Julien
69140 Rillieux-la-Pape
www.obesity-diet.com
Des informations sur
la diététique et l'obésité.

ALLERGIES

Association française
pour la prévention
des allergies (AFPRAL)
BP 12
91240 St-Michel-sur-Orge
Tél. : 01 48 18 05 84
www.prevention-allergies.asso.fr

CANCER

Amitié cancer solidarité
Tél. : 01 42 03 28 78
www. chez.com/assocancer
Amélioration du quotidien
scolaire des enfants
hospitalisés ; accueil
et entraide pour tous les
malades, anciens malades,
leurs proches et leurs familles.

Ligue nationale française
contre le cancer
14, rue Corvisart
75013 Paris
Tél. : 01 53 55 25 66
www.ligue-cancer.asso.fr
Participe à la recherche,
prévention par l'information,
aide aux malades.

Vivre comme avant
13, rue Ferdinand-Roybet
30700 Uzès
Tél. : 04 66 03 40 58
Créée par des femmes
opérées d'un cancer du sein,
l'association aide
les personnes malades
qui ont besoin d'une écoute.

DIABÈTE

Association française
des diabétiques (AFD)
58, rue Alexandre-Dumas
75011 Paris
Tél. : 01 40 09 24 25
www.afd.asso.fr
Informe, aide et défend
les diabétiques ; permanences
téléphoniques, réseau
d'entraide et service social.

INCONTINENCE URINAIRE

Association d'aide aux
personnes incontinentes
(AAPI)
5, avenue du Maréchal-Juin
92100 Boulogne
Tél. : 01 46 99 18 99
http://orphanet.infobiogen.fr/associations/AAPI/AAPI.html

MALADIE D'ALZHEIMER

Association France-
alzheimer et troubles
apparentés
21, boulevard Montmartre
75002 Paris
Tél. : 01 42 97 52 41
www.francealzheimer.com
Aide les familles, agit auprès
des pouvoirs publics.

MALADIES CARDIOVASCULAIRES

Association nationale des
cardiaques congénitaux
Château-des-Côtes
78350 Les Loges-en-Josas
www.ancc.asso.fr
Soutien face aux difficultés
d'ordre social et moral,
défense des intérêts matériels
et moraux des malades
auprès des pouvoirs publics.

Comité français de
coordination des recherches
sur l'athérosclérose et
le cholestérol (ARCOL)
13, avenue des Arts
94100 Saint-Maur
Tél. : 01 42 83 96 63
www.arcol.asso.fr
Diffuse les travaux
de chercheurs ; conseils
alimentaires.

Fédération française
de cardiologie (FFC)
50, rue du Rocher
75008 Paris
Tél. : 01 44 90 83 83
www.fedecardio.com
Informe sur les différentes
maladies cardiovasculaires.

MALADIES MENTALES

SOS-Psychiatrie
85, bd de Port-Royal
75013 Paris
Tél. : 01 47 07 24 24
(répond 24h/24)

Union nationale des
associations de parents
et amis de personnes
handicapées mentales
(UNAPEI)
15, rue Coysevox
75018 Paris
Tél. : 01 44 85 50 50
www.unapei.org
Mouvement de parents
au service des personnes
handicapées mentales.

Urgence Psychiatrie
Tél. : 01 43 87 79 79
(7j/7 – 24h/24)

MALADIE DE PARKINSON

Association France-
parkinson
37 bis, rue La Fontaine
75016 Paris
Tél. : 01 45 20 22 20
www.franceparkinson.org
Fournit des informations sur
les progrès thérapeutiques,
apporte une aide aux malades.

Fédération française
des groupements
de parkinsoniens
34, route de Carrières
78400 Chatou
Tél. : 01 30 53 20 29
http://gpidf.free.fr

MIGRAINE

Association France migraine
59, avenue Kléber
75116 Paris
Tél. : 01 47 27 27 29
Fax : 01 47 04 22 01
Propose des informations sur
la migraine et ses traitements
ainsi que les coordonnées
des centres migraineux.

OSTÉOPOROSE

Association des femmes contre l'ostéoporose (AfcOP)
www.afcop.org
Incite les femmes à une prévention individuelle ; œuvre auprès des pouvoirs publics pour un meilleur remboursement du dépistage et des traitements.

RHUMATISMES, POLYARTHRITE RHUMATOÏDE

Association française de lutte antirhumatismale (AFLAR)
2, rue Bourgon 75013 Paris
Tél. : 01 45 80 30 00
http://aflar.unice.fr/html/
Lutte contre les maladies rhumatismales et le handicap qu'elles provoquent.

Association française des polyarthritiques
53, rue Compans
Escalier 46
75019 Paris
Tél. : 01 40 03 02 00
Fournit informations, conseils et adresses. Favorise les rencontres entre malades.

SIDA

Actions-traitements
190, boulevard de Charonne
75020 Paris
Tél. : 01 43 67 66 00
www.actions-traitements.org
Informe les malades sur les traitements médicaux.

Aides aux malades, à la recherche, information du public sur le sida (AIDES)
Tour Essor
14, rue Scandicci
93508 Pantin Cedex
Tél. : 0820 160 120
ou 01 41 83 46 46
www.aides.org
Aide aux malades, prévention et information.

Association de recherche, de communication et d'action pour le traitement du sida (ARCAT-SIDA)
94, rue Buzenval
75020 Paris
Tél. : 01 44 93 29 29
www.arcat-sida.org
Fournit des informations et des documents (édite le *Journal du sida*). Mène une action sociale vis-à-vis de personnes séropositives.

Sida info-service
Tél. : 0800 84 08 00
www.sida-info-service.org

MALADIES ET PROBLÈMES DE SANTÉ DES ENFANTS

AUTISME

Sésame Autisme (FFAPI)
53, rue Clisson
75013 Paris
Tél. : 01 44 24 50 00
www.sesame-autisme.org
Apporte soutien et informations aux parents d'enfants handicapés mentaux (autisme ou psychoses infantiles). Les représente auprès des pouvoirs publics.

CANCER

Choisir l'espoir
73, rue Gaston-Baratte
59493 Villeneuve-d'Ascq
Tél. : 03 20 64 04 99
www.fraternet.org/espoir
Renseigne les parents d'enfants atteints du cancer sur les divers services et aides. Propose un accompagnement à domicile.

DÉFICIENCES AUDITIVES

Adesda
Quartier du Parc
19 bis, avenue du Centre
78280 Guyancourt
Tél. : 01 39 30 65 80
http://adesda78.free.fr
Service de soins et d'éducation spécialisée pour les enfants déficients auditifs.

Association nationale des parents d'enfants déficients auditifs (ANPEDA)
76, boulevard Magenta
75010 Paris
Tél. : 01 53 35 86 86
http://orphanet.infobiogen.fr/associations/ANPEDA
Encourage les parents à faire bénéficier leur enfant sourd des progrès pédagogiques et techniques afin de favoriser son insertion sociale et professionnelle.

Bureau de coordination des associations de devenus sourds (BUCODES)
73, rue Riquet
75018 Paris
Tél. : 01 46 07 19 74
http://perso.club-internet.fr/bucodes
Développe l'enseignement de la lecture labiale pour les enfants et adultes devenus sourds qui ont gardé la maîtrise du langage.

DÉFICIENCES VISUELLES

Association nationale des parents d'enfants aveugles ou gravement déficients visuels (ANPEA)
41, rue Joseph-Python
75020 Paris
Tél. : 01 43 42 40 40
www.anpea.asso.fr

DIABÈTE

Aide aux jeunes diabétiques (AJD)
17, rue Gazan
75014 Paris
Tél. : 01 44 16 89 89
Apprend aux enfants et adolescents diabétiques à prendre en charge leur traitement quotidien. Organise des séjours de vacances.

DYSLEXIE

Dyslexia
274, boulevard Raspail
75014 Paris
Tél. : 01 43 35 31 05
Aide les enfants dyslexiques, dysorthographiques et dysphasiques ainsi que ceux atteints d'hyperémotivité et de troubles de l'attention.

ÉPILEPSIE

Association pour la recherche, pour l'éducation et l'insertion des jeunes épileptiques (ARPEIJE)
133, rue Falguière
75015 Paris
Tél. : 01 40 61 03 58
www.arpeije.org
Favorise l'insertion sociale des jeunes épileptiques.

HOSPITALISATION

Association Sparadrap
Centre national de ressources sur l'enfant et l'hôpital
48, rue de la Plaine
75020 Paris
Tél. : 01 43 48 11 80
www.sparadrap.org
Association de parents et de professionnels de la santé. Essaie de concilier les besoins des familles et des professionnels ; informe, conseille et rassure les enfants et leur famille.

MUCOVISCIDOSE

SOS mucoviscidose
ZAC de la Bonne Rencontre
1, voie Gallo-Romaine
77860 Quincy-Voisin
Tél. : 01 64 63 15 04
www.sosmucoviscidose.asso.fr
Au service des malades 24h/24 et 7 jours/7.

Vaincre la mucoviscidose
181, rue de Tolbiac
75013 Paris
Tél. : 01 40 78 91 91
www.vaincrelamuco.org
Apporte une aide morale et matérielle.

BELGIQUE

SANTÉ ET FORME

CONTRACEPTION

Fédération laïque des centres de planning familial
Rue Jean-Deroeck 44
1150 Bruxelles
Tél. : 02/502 82 03
flcp@freegates.be

MATERNITÉ

Infor-allaitement
Rue de Braives 11
4210 Vissoul (Burdinne)
Tél. : 02/242 99 33
Permanence téléphonique. Fournit des conseils pratiques, édite des dépliants et un guide de l'allaitement.

Office de la naissance et de l'enfance (ONE)
Avenue de la Toison-d'or 84-86
1060 Bruxelles
Tél. : 02/542 12 11
www.one.be
Organisme chargé de la protection maternelle et infantile.

VIE QUOTIDIENNE ET VIE SOCIALE

AIDE AUX FAMILLES

Ligue des familles
Rue du Trône 127
1050 Bruxelles
Tél. : 02/507 72 11
www.liguedesfamilles.be
Revue, services juridique et social, baby-sitting...

AIDE AUX MOURANTS

Continuing Care
Chaussée de Louvain 479
1030 Bruxelles
Tél. : 02/743 45 90
Tél. à Liège : 04/226 38 48
www.continuingcare.be
Soins palliatifs à domicile des malades en phase terminale du cancer.

AIDE AUX PERSONNES ÂGÉES

Télé-secours
Bd De Smet de Naeyer 578
1020 Bruxelles
Tél. : 02/478 28 47
Association d'aide à domicile et de sécurité à distance pour les personnes âgées.

ASSISTANCE AU DEUIL

Association pour la prévention de la mort subite du nourrisson
Hôpital universitaire des enfants Reine Fabiola
Avenue J.-J.-Crocq 15
1020 Bruxelles
Tél. : 02/477 21 11

ÉDUCATION ET SOINS

Délégation générale aux droits de l'enfant et à l'aide de la jeunesse
Communauté française
Rue de l'Association 11
1000 Bruxelles
Tél. : 02/223 09 35

Écoute jeunes
Tél. : 070/23 34 44

Infor-jeunes
Rue Van Arteveld 155
1000 Bruxelles
Tél. : 02/514 41 11
www.inforjeunes.be

SOS jeunes
Rue Mercelis 27
1000 Bruxelles
Tél. : 02/512 90 20
Service d'aide et d'accueil pour les jeunes en difficulté, accompagnement 24h/24.

Unicef Belgique
Rue Joseph-II 9
1000 Bruxelles
Tél. : 02/235 09 35
www.unicef.be

PRÉVENTION DES SUICIDES

Centre de prévention du suicide
Place du Châtelain 46
1050 Bruxelles
Tél. : 02/640 51 56
24h/24 : 0800 32 123
www.preventionsuicide.be
Suivi psychologique.

STÉRILITÉ

Centre des nouvelles parentalités
Rue Crickx 48/1
1060 Bruxelles
Tél. : 02/538 61 05
www.pragmasoft.be/nouvpar/cnpdet.htm
Informe les personnes confrontées à la stérilité.

MALADIES ET PROBLÈMES DE SANTÉ DES ADULTES

ALCOOLISME ET TOXICOMANIE

Alcooliques anonymes (AA)
Rue du Boulet 11
1000 Bruxelles
Tél. : 02/511 40 30

Infor-Drogues
Rue Marteau 19
1000 Bruxelles
Tél. : 02/227 52 52
www.infor-drogues.be
Permanence téléphonique 24h/24, information, prévention, aide sociale, juridique, psychologique et médicale.

ALLERGIE

Fondation pour la prévention des allergies
Rue de la Concorde 56
1050 Bruxelles
Tél. : 02/511 67 61
Permanence téléphonique. Fournit des informations sur les allergies et joue un rôle préventif.

CANCER

Cancer et psychologie
Avenue de Tervuren 215
Boîte 14
1150 Bruxelles
Tél. : 02/732 84 09
Écoute téléphonique, suivi psychologique, groupes de rencontres, entretiens.

Fédération belge contre le cancer
Chaussée de Louvain 479
1030 Bruxelles
Tél. : 02/736 99 99
(cancer-info : 0800/15 800)
www.acc-vkb.be
Information, soutien psychologique, aide sociale.

Jour-après-jour
Rue des Artistes 14
1020 Bruxelles
Tél./fax : 02/479 01 27
www.proximedia.com/web/jour-apres-jour.html

Œuvre belge du cancer
Écoute cancer : 0800 11 888

Vivre comme avant
Avenue Louise 223
1050 Saint-Gilles
Tél. : 02/649 41 68
Tél. à Liège : 04/226 38 48
Groupes de rencontres, aide psychologique pour les femmes qui ont subi l'ablation d'un sein.

DIABÈTE

Association belge du diabète
Place Homère-Goossens 1
1180 Bruxelles
Tél. : 02/374 31 95
www.diabete-abd.be
Information, éducation, aide aux diabétiques, vente de matériel au prix de gros.

MALADIE D'ALZHEIMER

Ligue Alzheimer
Clinique Le Péri
Rue Montagne-Ste-Walburge 4 bis
4000 Liège
Tél. : 04/225 87 11
www.alzheimer.be
Association de familles de malades. Entraide, information, écoute.

MALADIES CARDIOVASCULAIRES

Ligue cardiologique belge
Rue des Champs-Élysées 43
1050 Bruxelles
Tél. : 02/649 85 37
www.liguecardiologique.be
Diffusion de brochures sur les différents facteurs de risque.

MALADIES MENTALES

Info santé mentale
Fondation Julie-Renson
Rue de Lombardie 35
1060 Bruxelles
Tél. : 02/538 94 76
www.julierenson.be
Information sur les hôpitaux et internats pour adultes et enfants, organisation de journées de rencontres, édition de livres.

SIDA

Agence de prévention du sida
Rue Duquesnoy 45
1000 Bruxelles
Tél. : 02/627 75 12

Aide Info Sida
45, rue Duquesnoy
1000 Bruxelles
Tél. : 02/514 29 65
Écoute téléphonique : 0 800 20 120 (18h-21h)
www.cromozone.be/ais/intro.htm

TROUBLES ALIMENTAIRES

Infor Anorexie et Boulimie
20, clos du Bergoje
1160 Bruxelles
Tél./fax : 02/662 27 88
www.anorexie-boulimie.com

L'équipe comprend des personnes formées à l'écoute, des psychologues, des spécialistes dans le domaine des troubles alimentaires (information, prévention et orientation thérapeutique).

MALADIES ET PROBLÈMES DE SANTÉ DES ENFANTS

AUTISME

Association de parents pour l'épanouissement des personnes autistes (APEPA)
Rue Château-de-Balance 3
Boîte 27
5000 Namur
Tél. : 081/74 43 50
www.ulg.ac.be/apepa
Fournit des informations aux parents, organise des groupes de rencontre.

DÉFICIENCES AUDITIVES

Association des parents d'enfants déficients auditifs francophones (APEDAF)
Rue Van Eyck 11a
Boîte 5
1050 Bruxelles
Tél. : 02/644 66 77
www.apedaf.be

HANDICAPS MENTAUX

Association d'aide aux handicapés mentaux (ANHAM)
Rue de Limite 66
1210 Bruxelles
Tél. : 02/219 88 00
Organisation de rencontres, publication d'un bulletin, service d'aide aux parents, services social et juridique, placement dans des institutions, suivi des adultes.

MUCOVISCIDOSE

Association belge de lutte contre la mucoviscidose
Avenue Joseph-Borlé 12
1160 Bruxelles
Tél. : 02/675 57 69
www.muco.be
Soutien aux familles et aux patients, formation de familles d'écoute, aide à la recherche.

SUISSE

SANTÉ ET FORME

CONTRACEPTION

Centre d'information familiale et de régulation des naissances (CIFERN)
Bd de la Cluse 47
1205 Genève
Tél. : 022/321 01 91
Fax : 022/321 02 21
www.prevention.ch/planningfamilial.html
Prévention et promotion de la santé auprès des jeunes par l'information, l'orientation et l'aide. Informations sur toutes les questions d'ordre médical (contraception, grossesse, MST...), social, juridique et psychologique.

VIE QUOTIDIENNE ET VIE SOCIALE

AIDE AUX FAMILLES

Association suisse des services d'aide et de soins à domicile
Belpstrasse 24
Case postale 329
3000 Berne 14
Tél. : 031/381 22 81
www.spitexch.ch

École des parents
Rue de la Servette 91
1202 Genève
Tél. : 022/ 733 12 00
Fax : 022/ 733 82 11
www.lafamily.ch
Lieu d'accueil, d'écoute et de dialogue pour tout parent, futur parent, grand-parent. Gymnastique parents/bébé, bricolage parents/enfants, haptonomie, consultations conjugales, familiales et éducatives.

AIDE AUX PERSONNES ÂGÉES

Pro Senectute
Fondation suisse pour la vieillesse
Lavaterstrasse 60
Postfach
8027 Zurich
Tél. : 01/283 89 89
Rue du Simplon 23
Case postale 844
1800 Vevey 1
Tél. : 021/925 70 10
www.pro-senectute.ch

ÉDUCATION ET SOIN DES ENFANTS

Pro Juventute
Fondation suisse
Seehofstrasse 15
8032 Zurich
Tél. : 01/256 77 77
www.projuventute.ch

Service de protection de la jeunesse (PDS)
Rue Adrien-Lachenal 8
Case postale 3531
1211 Genève 3
Tél. : 022/327 64 00
Fax : 022/327 63 52
Service social de prévention à la disposition des jeunes et de leurs familles ; veille aux intérêts des mineurs.

PRÉVENTION DES RISQUES DOMESTIQUES

Bureau suisse de prévention des accidents (BPA)
Laupenstrasse 11
Case postale 8236
3001 Berne
Tél. : 031/390 22 22
www.bpa.ch
Prévention des accidents dans les domaines de la circulation routière, du sport, du ménage, du jardin et des loisirs.

MALADIES ET PROBLÈMES DE SANTÉ DES ADULTES

ALCOOLISME, TABAC ET TOXICOMANIE

Alcooliques anonymes (AA)
Bureau des services généraux
Case postale 05
1211 Genève 13
Tél. : (41) 22/344 33 22

Croix-Bleue suisse
Rue Haldimand 15
1003 Lausanne
Tél. : 021/312 63 05
www.croix-bleue.ch

Centre d'information sur le tabagisme
Rue des Condémines 14
1950 Sion
Tél. : 027/323 31 00

Centre suisse d'information toxicologique
Freierstrasse 16
8028 Zurich
Tél. : 01/251 51 51 (urgences)
et 01/251 66 66
www.toxi.ch

Institut suisse de prophylaxie de l'alcoolisme (ISPA)
Avenue Ruchonnet 14
Case postale 870
1001 Lausanne
Tél. : 021/321 29 11
www.sfa-ispa.ch

CANCER

Ligue suisse contre le cancer
Case postale 8219
3001 Berne
Tél. : 031/389 91 00
www.swisscancer.ch

DIABÈTE

Association suisse du diabète
Hegarstrasse 18
8032 Zurich
Tél. : 01/383 00 60
www.associationdudiabete.ch

INCONTINENCE URINAIRE

Société suisse d'aide aux personnes incontinentes
Gewerbestrasse 12
8132 Egg
Tél. : 01 994 74 30
Fax : 01 994 74 31
www.inkontinex.ch
Informe et conseille les patients ou/et les membres de leur famille sur les possibilités de prévention, de recherche des causes et de traitement de cette affection.

MALADIE D'ALZHEIMER

Alzheimer forum suisse
Hôpitaux universitaires de Genève
Contact : Reinhild Mulligan
Rue des Vollandes 69
1207 Genève

Tél. : 022/718 45 90
Secrétariat : Postfach 7832
3001 Berne
www.alzheimerforum.ch

Association Alzheimer suisse
Rue des Pêcheurs 8
1400 Yverdon
Tél. : 024/426 20 00
www.alz.ch

MALADIE DE PARKINSON

Association suisse de la maladie de Parkinson
Gewerbestrasse 12 A
Case postale 123
8132 Egg
Tél. : 01/984 01 69
www.parkinson.ch

RHUMATISMES, POLYARTHRITE RHUMATOÏDE

Ligue suisse contre le rhumatisme
Case postale 831
Renggerstrasse 71
8038 Zurich
Tél. : 01/487 40 00
Fax : 01/487 40 19
www.rheumaliga.ch
Création et développement de ligues contre le rhumatisme dans les cantons ; collecte de dons, magazine, organisations de patients.

SIDA

Aide suisse contre le sida (ASS)
Birmensdarferstrasse 169
8003 Zurich
Tél. : 01/455 59 00
www.aidsnet.ch

Sida Info Doc Suisse
Speichergasse 29
Case postale 5064
3001 Berne
Tél. : 031/312 12 66
www.aidsnet.ch

MALADIES ET PROBLÈMES DE SANTÉ DES ENFANTS

AUTISME

Autisme suisse romande
Mme Jacqueline Albert
Case postale 385
1225 Chêne-Bourg
Tél. : 022/349 28 24

DÉFICIENCES AUDITIVES

Association suisse de parents d'enfants déficients auditifs (ASPEDA)
S'adresser à Mme Marie-Claire Zimmermann
24, avenue de la Gare
1208 Genève
Tél. : 022/736 46 50
www.aspeda-gr.ch

DÉFICIENCES MOTRICES CÉRÉBRALES

Fondation suisse en faveur de l'enfant infirme moteur cérébral
Erlachstrasse 14
Case postale 8262
3011 Berne
Tél. : 031/308 15 15
www.cerebral.ch

DÉFICIENCES VISUELLES

Fédération suisse des parents d'aveugles et de malvoyants (FSPA)
Section Zurich
Friedackerstrasse 6
8050 Zurich
Tél. : 01/312 70 20

ÉPILEPSIE

Association suisse des parents d'épileptiques
Waldhofstrasse 21
6314 Unterägeri
Tél. : 041/750 50 02

Association suisse de parents d'enfants épileptiques
Rue de la Serre 7
CH-2000 Neuchâtel
Tél. : 032/724 08 14
www.parepi.ch

HANDICAPS MENTAUX

Fédération suisse des associations de parents de handicapés mentaux
Secrétariat central
Gesellschaftstrasse 30
Case postale 6819
3001 Berne
Tél. : 031/305 13 13
www.insieme.ch

MUCOVISCIDOSE

Société suisse pour la fibrose kystique (mucoviscidose)
Bellevuestrasse 166
3095 Spiegel b. Bern
Tél. : 031/972 28 28
Fax : 031/972 51 92
www.cfch.ch

QUÉBEC

SANTÉ ET FORME

MATERNITÉ

Fédération du Québec pour le planning des naissances
Maison Parent – Roback
110, rue Sainte-Thérèse
Bureau 405
Montréal, H2Y 1E6
Tél. : 514-866-3721
www.fpqn.qc.ca
Informe sur la contraception et sur l'avortement.

MÉNOPAUSE

Fondation ménopause/ostéoporose
2100, avenue Marlowe
Bureau 650
Montréal, QC H4A 3L5
Tél. : 514-369-7845
Fax : 514-369-7850
Ligne gratuite :
1-877-369-7845
Informe sur les changements liés à la ménopause et sur la prévention de l'ostéoporose.

VIE QUOTIDIENNE ET VIE SOCIALE

AIDE AUX PERSONNES ÂGÉES

Fédération de l'âge d'or du Québec (FADOQ)
4545, avenue Pierre-de-Coubertin
CP 1000 succ. M
Montréal – H1V 3R2
Tél. : 514-252-3017
ou 1-800-828-3344
Groupe de défense des droits des personnes âgées.

AIDE AUX MOURANTS

Mourir avec dignité (Dying with dignity)
706-188, avenue Eglinton Est
Toronto, Ontario – M4P 1G8
Tél. : 416-486-3998
Fax : 416-489-9010
Ligne gratuite :
1-800-495-6156
Association s'adressant aux patients, aux familles, aux professionnels de la santé et aux avocats.

AIDE AUX VICTIMES

Centre pour les victimes d'agression sexuelle
CLSC Métro
1801, bd de Maisonneuve Ouest, 4e étage
Montréal – H3G 1N2
Tél. : 514-934-0354
Association soutenant et accompagnant dans leurs démarches les victimes de viol.

Regroupement provincial des maisons d'hébergement et de transition pour femmes victimes de violence conjugale (RPMHTFVVC)
110, rue Sainte-Thérèse
Montréal (Québec) - H2Y 4A7
Tél. : 514-878-9134
www.maisons-femmes.qc.ca

PRÉVENTION DES SUICIDES

Suicide action Montréal inc.
4651, rue Saint-Denis
Montréal – PQ H2J 2L5
Tél. : 514-842-9287
et 514-723-4000
Service d'écoute. ; conseils pour prévenir ; soutien des proches des personnes ayant fait une tentative de suicide.

MALADIES ET PROBLÈMES DE SANTÉ DES ADULTES

ALCOOLISME, ET TOXICOMANIE

Al-Anon – Publications françaises inc.
202-777, rue Bellechasse
Montréal – H2S 3M9
À Québec :
Tél. : 418-522-0473
À Drummondville :
Tél. : 819-478-3545
À Montréal :
Tél. : 514-866-9803

www.al-anon.alateen.org
Soutient et conseille les conjointes et les enfants de personnes alcooliques.

Au-delà de l'abstinence
1004 A Louvain Est
Montréal H2M 2E8
Tél. : 1-514-387-0202
Aide à toute personne ayant des problèmes de dépendance à une substance toxique (alcool, drogue...)

Centre d'aide aux familles d'alcooliques et de toxicomanes (CAFAT)
Tél. : 450-699-9669
Groupes d'entraide et d'écoute fournissant information et documentation.

Centre Dollard-Cormier
950, Louvain Est
Montréal, QC H2M 2E8
Tél. : 514-385-0046
Fax : 514-385-5728
www.centredollardcormier.qc.ca
Aide aux toxicomanes et aux alcooliques de la région de Montréal. Service d'hébergement.

Comité permanent de lutte contre la toxicomanie
970, rue Louvain Est
Montréal (Québec) - H2M 2E8
Tél. : 514-389-6336
www.cplt.com

Les centres alternatifs de réhabilitation
3440, chemin de la Côte-des-Neiges
Montréal – H3H 1T8
Tél. : 514-931-2536
Centres de réinsertion proposant des méthodes alternatives aux méthodes traditionnelles de traitement des alcooliques.

Les enfants adultes d'alcooliques
Tél. : 514-729-7185
Apporte un soutien moral aux personnes qui ont grandi dans un milieu alcoolique.

Narcotiques anonymes
Tél. : 514-219-0555 à Montréal et 418-624-2598 à Québec
www.naquebec.org
Ligne d'écoute et de conseil pour les personnes confrontées à des problèmes d'abus de substances toxiques.

CANCER

Fondation québécoise du cancer
2075, rue de Champlain
Montréal – H2L 2T1
Info cancer : 514-527-2194
Fax : 514-527-1943
www.fqc.qc.ca
Fournit des services d'hébergement pour une somme minime aux patients en traitement à Montréal, mais demeurant à l'extérieur.

Institut national du cancer du Canada
Bureau 200
Toronto (Ontario) - M4V 3B1
Tél. : 416-961-7223
www.ncic.cancer.ca

Ligue Info Cancer
Tél. : 1-800-363-0063 ou 418-657-5334
Centre pancanadien d'information sans frais.

Organisation montréalaise des personnes atteintes du cancer (OMPAC)
Mme Hélène Jolin
7925, avenue Louis-Hébert
Montréal
Tél. : 514-729-8833
Soutien aux personnes atteintes de cancer.

Société canadienne du cancer
Division du Québec
5151, bd de l'Assomption
Montréal – H1T 4A9
Tél. : 514-255-5151
www.cancer.ca

DIABÈTE

Association Diabète Québec
5635, rue Sherbrooke Est
Montréal – H1N 1A2
Tél. : 514-259-3422
Numéro gratuit : 1-800-361-3504
www.diabete.qc.ca
Fournit des informations, propose différents services aux patients, notamment la location de lecteurs de glycémie portatifs.

MALADIE D'ALZHEIMER

Fédération québécoise des sociétés Alzheimer
5165, rue Sherbrooke ouest
Nureaux 211 et 410
Montréal – QCH4A 1T6
Tél. : 514-369-7891 et 514-369-0800
www.alzheimerquebec.ca
Fournit une information aux familles et favorise les projets de recherche.

MALADIES CARDIOVASCULAIRES

Fondation des maladies du cœur du Québec
1434, rue Sainte-Catherine Ouest, Bureau 500
Montréal – H3G 1R4
Tél. : 514-871-1551 ou 1-800-567-8563
www.hsf.ca/research ou *www.fmcoeur.ca*
Campagnes d'information, publication d'ouvrages, notamment sur le cholestérol.

MALADIE DE PARKINSON

Société parkinson du Québec
1253, avenue Mc Gill-College
Bureau 402
Montréal – H3B 2Y5
Tél. : 514-861-4422
Ligne gratuite : 1-800-720-1307
www.infoparkinson.org
Informe et fournit un soutien matériel et moral aux patients ainsi qu'à leur famille.

OSTÉOPOROSE

Fondation ménopause/ostéoporose
2100, avenue Marlowe
Bureau 650
Montréal, QC H4A 3L5
Tél. : 514-369-7845
Fax : 514-369-7850
Ligne gratuite : 1-877-369-7845

Société de l'ostéoporose du Canada
33, Laird Drive
Toronto (Ontario) M4G 3S9
Ligne gratuite : 1-800-977-1778
www.osteoporosis.ca

RHUMATISMES, POLYARTHRITE RHUMATOÏDE

Société d'arthrite du Québec
2155, rue Guy
Bureau 1120
Montréal – H3H 2R9
Tél. : 1-800-321-1433
Informe les patients sur les moyens mis à leur disposition pour leur simplifier la vie.

SIDA

Aids community care of Montreal
2075 Plessis
Basement Level
Montréal - QC H2L 2Y4
Tél. : 514-527-0928
Aide et soutient les personnes atteintes par le virus du sida.

Centre d'action sida Montréal pour les femmes
1750, rue Saint-André
3e étage
Montréal - QC H2L 3T8
Tél. :514-495-0990
Fax : 514-495-9176
Informations et documentation sur le sida, propose un service d'écoute.

MALADIES ET PROBLÈMES DE SANTÉ DES ENFANTS

CANCER

Organisation Leucan
3045, chemin de la Côte-Sainte-Catherine
Montréal – H3T 1C4
Tél. : 1-800-361-9643
Soutient les enfants et les adultes atteints de leucémie.

ÉPILEPSIE

Association québécoise de l'épilepsie
www.cam.org/~aqe
Épilepsie Montréal
3800, rue Radisson
Montréal Québec – H1M 1X6
Tél. : 514-252-0859
Fax : 514 252 9598
epimtl@cam.org
Recueil de fonds pour construire une maison pour les enfants épileptiques.

CRÉDITS PHOTOGRAPHIQUES

Couverture

1ère de couverture : Laure Lidji/Stock Image
dos de couverture : J.M. Foujols/Stock Image
4ème de couverture : Louise Mazzoni/Stock Image
4ème de couverture : Louise Mazzoni/Stock Image
4ème de couverture : Aline Rohmer/Stock Image
4ème de couverture : B2MProduction/Stock Image

Intérieur

(g : gauche ; d : droite ; m : milieu ; b : bas ; h : haut)

p. 11 et reprise p. 280 et p. 292 bd : J.M. Foujols/Stock Image
p. 12 et p. 292 hg : Laure Lidji/Stock Image
p. 14 : reprise de la 4ème de couverture
p. 15 : M. Plantec/Stock Image
p. 17 : Nina Mourier/Stock Image
p. 19 : Giral/BSIP
p. 20 : Jim Boorman/Stock Image
p. 22 : Imagestate Icon/Stock Image
p. 24 : P. Gueritot/BSIP
p. 26 : B2M Machet/Stock Image
p. 28 : Hugo Sara/Stock Image
p. 30 : PhotoDisc
p. 32 : J.M. Foujols/Stock Image
p. 34 : Britta Production/Stock Image
p. 36 : ICL/Stock Image
p. 37 : Maureen Lawrence/Stock Image
p. 38 : Lawrence Maureen/Stock Image
p. 40 : Boucharlat/BSIP
p. 43 : First Light/Stock Image
p. 44 : M. Plantec/Stock Image
p. 46 : Mauritius/Stock Image
p. 49 : M. Plantec/Stock Image
p. 50 : Mauritius/Stock Image
p. 52 : et reprise p. 292 bg : Jim Booman/Stock Image
p. 54 : J.-C. Marlay/Stock Image
p. 65 : Marco/Stock Image
p. 66 : Marco/Stock Image
p. 69 : Comstock
p. 70 : Comstock
p. 72 : Imagestate Icon/Stock Image
p. 75 : Bidjik/Stock Image
p. 76 : Imagestate Icon/Stock Image
p. 78 : Corbis
p. 80 : Droits réservés
p. 82 : Comstock
p. 88 : Comstock
p. 90 : G. Saint-Clair/Stock Image
p. 91 : Martha Forster/BSIP
p. 92 : Corbis
p. 96 : Marco/Stock Image
p. 98 : Victor Bertoni/Stock Image
p. 100 et reprise p. 292 mg : Michel Touraine/Stock Image
p. 102 : Claire Dubois/Stock Image
p. 104 : Aline Rohmer/Stock Image
p. 106 : Victor Bertoni/Stock Image
p. 108 : Corbis
p. 110 : Corbis
p. 113 : Bridgeman - Giraudon
p. 114 : Fitzwilliam Museum, University of Cambridge. Bridgeman/Giraudon
p. 115 : Digital Stocks
p. 119 : Archives Larbor
p. 122 : PhotoDisc
p. 125 : Droits réservés
p. 127 : Mauritius/Stock Image
p. 129 : Lawrence Maureen/Stock Image
p. 131 : Digital Stocks
p. 132 : Corbis
p. 134 : S.Berenger/Stock Image
p. 139 : Marco/Stock Image
p. 141 : Corbis
p. 144 : PhotoDisc
p. 146 : Agefotostock
p. 150 : PhotoDisc
p. 152 : Laurent/Louise Eve/BSIP
p. 154 : PhotoDisc
p. 157 : Giral/BSIP
p. 159 : Corbis
p. 160 : S. Berenger/Stock Image
p. 162 : Corbis
p. 164 : PhotoDisc
p. 167 : Corbis
p. 168 : Laure Lidji/Stock Image
p. 170 : V. Besnault/Stock Image
p. 171 : Digital Stocks
p. 172 : Digital Stocks
p. 175 : Image 100
p. 178 : Pedro del Rio/Stock Image
p. 181 : Droits réservés
p. 182 : PhotoDisc
p. 184 : PhotoDisc
p. 185 : Corbis
p. 187 : Diego Montes/Stock Image
p. 188 et reprise p. 292 hd : Anna Rossi/Stock Image
p. 190 : reprise du dos de couverture
p. 192 : reprise de la 4ème de couverture
p. 195 : PhotoDisc
p. 196 : Digital Stocks
p. 198 : Louise Mazzoni/Stock Image
p. 200 : Laure Lidji/Stock Image
p. 203 : ICL/Stock Image
p. 204 : PhotoDisc
p. 206 : PhotoDisc
p. 209 : Louise Mazzoni/Stock Image
p. 210 : Laure Lidji/Stock Image
p. 211 : Chassenet/BSIP
p. 212 : Keene/BSIP
p. 215 : Lea Donato/Stock Image
p. 216 : Anna Rossi/Stock Image
p. 218 : Bussy/Leheutre/BSIP
p. 221 : Laurent/Annette/BSIP
p. 222 : J.-M. Foujols/Stock Image
p. 224 : Aline Rohmer/Stock Image
p. 226 : Aline Rohmer/Stock Image
p. 229 : Anna Rossi/Stock Image
p. 231 : May/BSIP
p. 232 : Chassenet/BSIP
p. 234 : Bussy/A.L. Leheutre/BSIP
p. 236 : Claire Dubois/Stock Image
p. 237 : Aline Rohmer/Stock Image
p. 238 : reprise de la 4ème de couverture
p. 240 : M. Coudert/Marco Polo
p. 242 et reprise p. 292 md : Aline Rohmer/Stock Image
p. 244 : Corbis
p. 246 : Louis Datlas/Stock Image
p. 248 m : AGIP/Rue des Archives
p. 248 g : Eric Fougère/Corbis Kipa
p. 250 : Paul Marie/Stock Image
p. 252 : PhotoDisc
p. 254 : Aline Rohmer/Stock Image
p. 256 : La Ravonison.Chartie/BSIP
p. 258 : H. Cauvayre/Stock Image
p. 259 : Chassenet/BSIP
p. 260 : PhotoDisc
p. 261 : PhotoDisc
p. 262 : PhotoDisc
p. 264 : Chassenet/BSIP
p. 266 : B2M Production/Stock Image
p. 267 : Louis Datlas/Stock Image
p. 270 : Laurent/Chartier/BSIP
p. 273 : May/BSIP
p. 275 : H. Cauvayre/Stock Image
p. 276 : Elie Bernager/Stock Image
p. 278 : Anna Rossi/Stock Image
p. 282 : PhotoDisc
p. 285 : Droits réservés
p. 286 : reprise de la 4ème de couverture
p. 352 : PhotoDisc

ILLUSTRATIONS

Laurent Blondel

p. 16 : Les courbes de croissance
p. 58 : Les organes génitaux de la femme
p. 60 : Le rétrocontrôle hormonal
p. 62 : Le cycle menstruel
p. 63 : La pose d'un tampon
p. 120 : Le stérilet
p. 121 : Le préservatif féminin
p. 142 : L'accouchement
p. 153 : Courbes de température ovulatoire et anovulatoire
p. 332 : L'endométriose

Sylvie Rochart

pp. 94-95 : Sculptez votre silhouette
p. 148 : Après la grossesse, retrouvez votre forme
p. 149 : Faites bien travailler votre périnée
p. 268 : Calmer les douleurs du dos
p. 269 : Adopter les bonnes positions pour le dos

Delphine Bailly

p. 55 : Du corps de l'enfant à celui de la jeune fille
p. 57 : Bien connaître son corps/La vulve
p. 84 : Le préservatif masculin
p. 289 : L'autopalpation des seins

Impression De Agostini, Novara
Dépôt légal : octobre 2003. Imprimé en Italie (Printed in Italy)
560283/01 -10092125 septembre 2003